빈곤과 권력

능동적 시민과 효과적 국가는 세계를 어떻게 변화시킬 수 있는가

FROM POVERTY TO POWER
HOW **ACTIVE** CITIZENS
AND **EFFECTIVE** STATES
CAN **CHANGE** THE WORLD

From Poverty to Power, 2E by Duncan Green
Copyright © Oxfam International 2008, 2012
All rights reserved.

Korean Copyright © 2018 HANKOOK MUNHWASA
Published by arrangement with Practical Action Publishing Ltd., Rugby, UK
Through Bestun Korea Agency, Seoul, Korea.

이 책의 한국어 판권은 베스툰 코리아 에이전시를 통하여
저작권자인 Practical Action Publishing Ltd.와 독점 계약한 한국문화사에 있습니다.
저작권법에 의해 한국 내에서 보호를 받는 저작물이므로
어떠한 형태로든 무단 전재와 무단 복제를 금합니다.

제2판

빈곤과 권력
능동적 시민과 효과적 국가는
세계를 어떻게 변화시킬 수 있는가

2nd Edition
FROM POVERTY TO POWER
HOW **ACTIVE** CITIZENS
AND **EFFECTIVE** STATES
CAN **CHANGE** THE WORLD

Duncan Green 지음
김 장 생 옮김

한국문화사

제2판
빈곤과 권력
능동적 시민과 효과적 국가는 세계를 어떻게 변화시킬 수 있는가

1판1쇄 발행 2018년 4월 20일

원　제　FROM POVERTY TO POWER: HOW ACTIVE CITIZENS
　　　　AND EFFECTIVE STATES CAN CHANGE THE WORLD (2nd Edition)
지은이　Duncan Green
옮긴이　김 장 생
펴낸이　김 진 수
펴낸곳　**한국문화사**
등　록　1991년 11월 9일 제2-1276호
주　소　서울특별시 성동구 광나루로 130 서울숲IT캐슬 1310호
전　화　02-464-7708
팩　스　02-499-0846
이메일　hkm7708@hanmail.net
홈페이지　www.hankookmunhwasa.co.kr

책값은 뒤표지에 있습니다.

잘못된 책은 구매처에서 바꾸어 드립니다.
이 책의 내용은 저작권법에 따라 보호받고 있습니다.

ISBN 978-89-6817-629-6　93300

이 도서의 국립중앙도서관 출판예정도서목록(CIP)은 서지정보유통지원시스템
홈페이지(http://seoji.nl.go.kr)와 국가자료공동목록시스템(http://www.nl.go.kr/kolisnet)에서
이용하실 수 있습니다.(CIP제어번호: CIP2018011857)

본 저서는 2016년 정부(교육부)의 재원으로 한국연구재단의 지원을 받아
수행된 연구임. (NRF-2016S1A5B8925203)

역자 서문

　아우구스티누스에 의하면 학문이란 단순한 사실의 진술이나 묘사 혹은 이에 대한 분석과 지식의 축적을 의미하지 않는다. 그에게 천체의 움직임이나 물이 흘러가는 속도 그리고 나무와 곤충이 자라는 것과 같은 자연현상 그리고 국가의 법과 통치, 물건의 가격과 판매와 같은 경제현상들을 추적하고 원리를 밝히는 것은 중요하지만 그것은 학문이 해야만 할 고유의 일은 아니었다. 그것은 세계에 대한 기억과 재현에 불과 하기 때문이다. 그렇다면 학문이란 무엇인가? 학문은 자연과 인간사 속에서 선과 사랑 그리고 정의와 아름다움을 소망하고 갈구 하는 이성적 행위 그 자체이다. 인간의 위대함은 이성적 행위를 통하여 무너져 내린 국가의 정의를 다시 세우고, 전쟁 속에서 선과 사랑을 지켜내며, 노예가 되었던 이들의 자유와 아름다움을 위해 분투하는 능력, 즉 학문에 있다고 그는 말한다. 인간이 학문을 하는 이유는 비록 세계가 불완전할 지라도 우리에게는 완전한 선의 왕국을 향하여, 완전한 사랑의 왕국을 향하여, 영원한 진리의 왕국을 향하여 나아가야할 사명이 있기 때문이다. 이 사명은 선험적인 것이고, 주어진 것이며, 신적인 것이기에 학문은 우리를 초월의 세계로 이끈다. 초월적 세계의 향유. 이것이 바로 학문이다. 이러한 학문의 사명을 지켜 나갈 때 인간은 독재자로부터 해방 되고, 빈곤이라는 악마와 싸울 수 있으며, 공동체를 치유 할 수 있고 심지어 죽음의 공포로부터 자유로워 질 수 있다.

　반면 유사학문이란 선함도, 정의도, 아름다움도, 진정한 자유도 없는 지식 체계이다. 이러한 지식 체계는 악마적이며 파괴적일 수 있다. 역사적으로 우리는 유사학문의 악마적 속성을 경험해 왔다. 남영동 대공 분실을 설계한 건축가, 캄보디아 크메르 대학살을 위하여 고문 기계를 만든 엔지니어, 르완다 인종학살의 명분을 제시한 사회학자와 인류학자, 수백의 자이르 부족을 와해시키고 수백만을 노예로 잡아간 벨기에의 행정 전문가들, 남미 유아들의 영양실조를 막고자 실시한 급식 프로그램을 효율성을 이유로 집요히 훼방하여 끝내 철회 시키고만 경영학자. 이들은 뛰어난 능력으로 지식을 축적 하였으나, 이들의 지식은 악마적 유사학문이었으며 이로 인하여 사랑과 정의를 파괴하고 자유를 구속하였으며 인간에게 주어진 아름다움을 무너뜨리었다. 그리고 무엇보다도 이들의 지식은 우리가 무엇을 소망하고 꿈꾸어야 할지에 대한 지표를 상실케 하였다.

따라서 참된 학문을 하기 위해서는 유사학문으로의 유혹에 대한 투쟁이 수반되어야 한다. 학문은 사랑이 없는 엄밀성에 대한 저항이며, 소망이 없는 객관성에 대한 투쟁이고, 아름다움이 없는 지식의 축적에 대한 항거이다. 다른 한편, 학문은 인간이 스스로 인간이 되기 위한 존재론적 싸움이다. 인간다움의 아름다움과 인간다움의 선함 그리고 인간의 자유를 지키기 위하여 학문은 요구되기 때문이다.

개발학은 일차적으로는 삶의 끝자리에 서있는 모든 이들의 몸부림을 기록하고 분석하지만 더욱 궁극적으로는 이들이 만들어 나아가야할 소망이 헛된 것이 아님을 증명하고, 빈곤으로 인한 고통은 사라져야만 하고, 몇몇의 행복이 아닌 억압받는 이들을 보호하는 국가를 재건해야 한다는 말씀을 선포하는 학문이다. 콩고 민주 공화국의 소년병 아이들이 스스로 자신의 아름다움을 깨우칠 수 있도록 도우며, 남수단 지뢰 피해자들이 부족 간 갈등을 넘어 내전을 치유하는데 공헌할 수 있는 기회를 제공하고, 로힝야 부족을 차별하고 쫓아내는 어떠한 법과 제도도 거짓임을 밝히는 학문이 개발학이다. 전체 지구 인구의 1/3이 교육, 의료 보건, 수자원에 대한 적절한 접근을 하고 있지 못하고 있고, 1/6은 매일 먹을 식량을 걱정해야만 하는 현실 속에서 아이들이 학교에 다닐 수 있도록 하며 보건소에 약품을 조달 할 수 있도록 하고 시골 마을 농장에서 카사바와 얌을 생산할 수 있도록 여건을 마련함으로서 죽음의 공포로부터 인간을 구원하는 학문이 개발학이다. 이러한 개발학의 이념적 정향성은 개발학이 놓여있어야 할 자리를 결정한다. 개발학의 자리는 우아하고 경건한 하늘 위 연구실이 아니라, 빈곤에 떠밀려온 인도네시아 난민들이 임시로 머물고 있는 말레이시아 보르네오 섬이며, 내전으로 인하여 도망쳐 나온 D.R. 콩고와 남수단 난민들이 머물고 있고 우간다 카세세와 아주마니 그리고 도시화의 물결 속에서 자신의 토지를 잃어버린 농민들이 늘어나고 있는 캄보디아의 쓰레이산토 마을이다. 개발학이 자신의 자리를 옳게 잡았을 때 개발학은 위선적 가치중립을 넘어 가난한 이들의 편에 설 수 있게 된다. 가난한 이들을 위한 당파성. 서구 학문에서 오랫동안 금기시되어온 이 당파성이야 말로 개발학이 유념해야만 할 정향성이다.

  이 책에서 저자 그린 던컨은 개발학이 학문으로서 자리 잡기 위한 조건에 대하여 말하고 있다. 그에 따르면, 개발학이 진정한 학문으로 자리 잡기 위해서는 능동적 시민사회와 효과적 정부를 어떻게 세울 것인가에 대한 질문을 던져야 한다. 이는 개발학의 역사로부터 저자가 얻은 교훈이기도 한데, 그에 따르면, 기존의 개발학이 던져온 질문들은 언제나 주류 경제학 특히나 경제 성장을 둘러싼 질문들로 점철이 되었고 이 질문들에 대한 답들은 언제나 개발학이 학문이 되기 위한 중심 토대를 잃어버리고 있어 왔다. 개발학을 견인해온 주류 경제학은 언제나 생산과 소비의 증가를 통하여 재화의 전체 규모가 확장되면 다수가 만족하는 삶의 개선이 이루어지게 되리라고 설파해 왔다. 시기에 따라 정부와 시장의 역할에 대한 논쟁이 있었고 성장과 분배의 문제에 대한 논의 또한 지금까지 계속되고 있지만, 기본적으로 개발학의 토대라 여겨졌던 주류 경제학은 더 많은 재화의 유통에 관심이 있었지만, 경제 성장이 인간의 아름다움을 확대하고, 정의의 토대가 되며 사랑과 진리를 소망할 수 있는 사회를 만들 수 있을 것인지에 대한 비전은 보여주지 못해왔다. 개발학이 가지고 있어야할 궁극적 관심을 잃어버렸었던 것이다.

저자가 밝힌 능동적 시민사회란 자신을 스스로 규정하고 자신의 문제를 해결하고자 하는 주체적 시민을 의미한다. 빈곤의 처참함은 스스로의 운명을 타자에게 맡기는데 있는데, 유사 학문으로서의 개발학은 가난한 이들을 원조의 노예로 만들거나, 인간다운 삶을 시장에서 유통되는 재화로 만들어 그들에게서 인간다운 삶의 아름다움과 고귀함을 빼앗아 버린다. 하지만, 참된 개발학은 시민들이 스스로를 조직하고 자신의 운명을 만들기 위한 계획을 세워 빈곤에 대항하며 잃어버린 자신의 땅을 되찾을 시민사회를 지원해야 한다.

하지만, 저자는 시민사회의 힘에만 전적으로 의존할 만큼 낭만적이지는 않다. 개발은 효과적 정부를 요구한다. 이론상 정부는 국가의 행정과 재화를 제재할 법적 정당성을 가지지만 이러한 정부는 고전주의 경제학이 발견한 수많은 권력의 오용을 통하여 빈곤한 이들을 양산하고 개발의 뒷걸음치게도 해왔고 이러한 이유에서 신고전주의자들은 작은 정부를 추구한다. 그럼에도 불구하고 저자는 능동적 시민사회의 견제를 통하여 정부가 개발을 견인하게 해야 한다고 주장한다. 자본을 유치하고, 전략적 생산시설을 세우며, 인프라를 건설하고 효과적인 세수 집행을 하는 것을 자본에만 맡겨 둘 수는 없기 때문이다. 자본의 본질상 여성과 어린이 그리고 이주민들은 개발로부터 소외될 가능성이 매우 크다.

이 책의 미덕은 개발학의 이념적 정향성과 자리를 현실에 뿌리 내린 채 설명하고 있다는데 있다. 이론으로 현실을 설명하는 것이 아니라 능동적 시민사회와 효과적 정부가 함께 인간다운 삶을 되찾은 수많은 사례들을 통하여 개발학이 나아가야할 길을 설명하고 있다. 많은 개발학 서적들 가운데, 구체적인 인간의 이야기가 살아 숨 쉬고 있고 이러한 이야기들을 엮어 개발이 추구해야할 방향을 제시하고 있다는 점에서 이 책의 탁월함은 빛나고 있다.

역자는 2017년 7월 무정부 상태가 된 콩고 민주 공화국에서 번역을 시작하였다. 카빌라 정권의 도덕적, 법적 정당성은 사라졌고 이로 인해 수도 킨샤사를 제외한 대부분의 지역은 무정부 상태가 된 암담한 현실에서 번역은 진행 되었는데, 매일 아침이면 거리에서 책이 실사화 되고 있음을 확인 할 수 있었다. 거리에 넘쳐나는 걸인들, 흙먼지 속에서 카사바 몇 개, 감자 한 움큼을 팔려고 모여든 리미떼 시장 사람들, 행인들에게서 돈을 뜯어내기에 바쁜 경찰들, 아수라장이 된 가운데서도 가족을 위해 장터로 나선 여성들. 정부는 이 현실을 타개해 나아갈 의지도 힘도 없고, 또한 시민들은 조직화 되지 못했고 어찌할 바를 몰라 헤매고 있다. 이들에게 이 책이 직접적인 도움이 되기는 어려울 것이다. 하지만, 한국의 독자들 중 선한 마음으로 이들을 위해 노력해줄 한 사람이 있다면 역자로서 더할 나위없는 큰 기쁨이 될 것이다.

번역을 소홀히 여기는 학계 풍토에도 불구하고 본 책을 번역 할 수 있도록 지원해준 빈곤문제국제개발연구원의 정무권 교수와 한국연구재단에 감사의 마음을 드린다. 또한 이 책이 전해주고자 하는 메시지를 아프리카와 아시아의 조그만 시골마을에서 몸으로 실천하고 있는 황정인, 이동석, 김성규, 김진희, 이혜정에게 존경의 마음을 표하고 싶다. 조그마한 반도의 나라에서 잡을 수 없는 별을 잡는 심정으로 빈곤의 현장으로 뛰어들고 있는 많은 젊은이들에게 이 책이 조그마한 도움이 되기를 바랄뿐이다.

역사가 후퇴하고, 선의 왕국은 오지 않으며, 인류는 갈수록 굶주리게 될 수도 있다. 전쟁은 멈추지 않을 것이고 더 많은 이들이 독재자를 위한 노예가 될 수도 있을 것이다. 선한 싸움은 지고 말 것이며, 자유를 위한 노력들은 사그라들 수도 있다. 하지만 우리는 여전히 빛의 인도를 따라 동료들의 손을 잡고 선의 길을 떠나가야 할 것이다. 그 길이 멀고 험할지라도. 이것이 우리에게 주어진 사명이기 때문이다.

김 장 생
(jangsaeng@yonsei.ac.kr)

| 제2판 서문 |

 이 책의 제2판 편집을 위해 책을 다시 손질하는 것은 저자로서는 괴로운 일이다. 시간이 지나가며, 잘못 다루었거나, 다루지 못했던 주제들을 다시 생각하게 되었고, 책에 대한 비판과 평론이 줄 있게 되며 나 스스로의 생각에도 발전이 있었다.
 2007년 『가난한 이들에게 권력을』이 출판된 이래 격동의 사건들이 세계를 뒤흔들었다. 금융과 경제의 붕괴, 식량 가격의 혼돈과 정치적 격동. 그러나 기쁘게도 이러한 사건들은 이 책의 중심 주장인 효과적 국가와 능동적 시민들이 진정한 인간 개발을 가져온다는 것과 '국제적'에 과장되게 주안점을 두는 것과는 비교되는 '국가의' 개발을 가져오는 데 중심역할을 한다는 것을 폭넓게 지지하고 있다.
 미래의 위협이라는 커다란 프레임이 씌워진 기후 변화 논의는, 특히 가난하고 취약한 공동체에 다양한 층위의 충격을 가져오는 현재의 위험이 되어 버렸다. 이 문제의 긴급성은 아쉽게도 기후 협상가들에게 와 닿지 않았고, 이러한 사태는 개발학에 새로운 지적 반성을 요청하게 되었다. 에코 시스템에는 한계가 있고 우리는 그 한계를 넘으면 안 된다. 2011년 출범한 옥스팜의 GROW 캠페인은 이러한 문제의식으로부터 출발하게 된 것이다.
 이 책에 대한 비판들은 사적 영역의 역할에 중점을 두었고 바로 그 부분에서 내 생각도 변화가 시작되었으며 내가 축소해 왔던 중요한 점들을 다시 인식하게 해주었다. 2008년 내가 주장한 바와 같이 국가와 시민들이 시장과 사기업을 다룰 수 있을 것이지만 경제 권력의 본질과 그것을 행사하는 것은 내가 생각했던 것보다 더 많은 주의가 필요한 개발정치학의 핵심이다.

아마도 저자로서 나에게 가장 큰 변화는 디지털 혁명으로부터 시작되었다. 이 책을 출판하며 개설한 블로그[www.oxfamblogs.org/fp2p]는 빠르게 내 삶과 관계에 자리를 잡아갔고 책으로는 얻을 수 없는 독자와의 자연스러운 관계를 만들어 갈 수 있었다.

개발 활동가들이 좋은 질문을 던질 수 있도록 독려하는 '어떻게 변화가 일어나는가'라는 질문에 이 책은 초점을 두었고 특히 옥스팜 내부에서 활발히 토론이 이루어질 수 있도록 하는 것도 이 책의 목적 중 하나였다. 1판에서 다루었던 이 주제에 대한 이론들은 시효성이 더는 없어 2판에서는 다루지 않았고 (온라인판에는 여전히 있다) '어떻게 변화가 일어나는가'라는 질문은 나의 다음 책에서도 계속하여 중심 주제가 될 것이다. 모든 판단은 독자들의 몫이다.

던컨 그린

| 서문 |

 버나드 쇼는 100년 전 그의 1907년 희곡인 바라바 시장Major Barbara의 서문에서 '가장 큰 악마이자 최악의 범죄는 빈곤'이라고 썼다. 이 말은 빈곤이 전 세계에서 수많은 사람의 삶을 황폐하게 하는 거대한 참사라는 사실을 넘어 그 이상을 전하고 있다. 빈곤이라는 거대한 비극은 명백한 사실이다: 삶은 학대당하고 행복은 질식당하며, 창조성은 말살당하고, 자유는 빈곤의 불운으로 인하여 멸절된다. 그러나 버나드 쇼는 여기서 빈곤의 고통이나 빈곤과 함께 오는 불운에 대하여 말하고 있지는 않다. 그는 빈곤의 원인과 결과에 평을 하고 있는데, 빈곤은 죄악으로 나타나 범죄로 끝난다고 보았다. 왜 그런가? 어떻게 그 죄악이 나타나게 되는가?
 우리의 마음속에는 빈곤을 단순히 소득이 모자라는 것이라고 보는 전통적 관점이 자리 잡고 있을 수 있지만, 궁극적으로는 빈곤을 다양한 것들의 속박이라고 보아야만 한다: 최소한의 삶의 조건조차 성취할 수 있는 자유의 부재. 낮은 소득은 분명히 영향을 미칠 수 있다. 그러나 보건소의 부재, 약품 부족, 여성의 속박, 위험한 환경 요인, 일자리 부족(소득을 얻는 것보다 더 영향을 미칠 수 있음)과 같은 다른 많은 요소들도 영향을 미칠 수 있다. 이러한 여건을 점차적으로 더 만족하게 해 나갈 때, 빈곤은 감소할 수 있지만, 그것을 더 분명히 이루기 위하여 필요한 것은 사람들 특히나 취약한 사람들의 권력을 더 향상시켜 필요한 것들이 확충되고 부족한 것들이 없어지게 하는 것이다.
 복잡하고 다양한 과정의 결과로 사람들은 권력에서 거리를 둔 채로 머물러 있다. 가난한 이들의 궁핍은 악한 자들에 의한 권력의 비대칭성의 교묘한 조작의 결과만은 아니다. 그러나 궁핍이 어떻게 생겨났는가와는 관계없이, 일반적으로 이 비대칭성은 스스로 바로잡히지는 않는다. 대단히 많은 이들이 최소한의 효율적인 역량을 갖추고 또한 근본적인 자유를 가질 수 있게끔 하지 못하게 하는 상황을 궁핍에 의한 피해자와 다른 이들이 그대로 수용하는 것은 사회 변화를 가로막는 거대한 장벽이다. 의지할 곳 없이 처참한 상황에 부닥친 수백만의 사람들에 대한 공적인 분노가 없다는 것 또한 그러하다. 따라서 사람들을 낙담하게 만드는 데 적극적으로 나서는 사람들뿐만 아니라 수백만의 동료 인간들의 받아들일 수 없는 완전한 처참함을 그대로 참고 있으려 하는 모든 이들 또한 사회적 악에 동참하고 있다. 이러한 악의 본질은 원칙적으로 그리고 심지어 근원적으로 특정한 악한 행위자를 진단함으로써 밝혀지는 것은 아니다. 우리는 어떻게 대단히 많은 이들이 함께 무엇인가를 함으로써 그리고 하지 않음으로써 이러한 사회적 악에 다가가고 있는지 그리고 어떻게 우리의 정책, 기관, 개인 그리고 집단행동에서의 우선순위의 변화가 빈곤의 잔혹성을 제거하는 데 도움이 될 수 있는지를 보아야만 한다.

 옥스팜이 출간한 이 책은 나쁘게 편제된 세계에서 빈곤이 자신의 무기력함과 궁극적으로 맞닿아 있는 사람들의 권력을 강화함으로써 빈곤과 싸울 수 있는 대단히 다양한 방법을 탐구한다. 던컨 그린의 권위가 실린 이 책은 권력이 없는 이들에게 권력을 더 강화하고 확대하며 박탈당한 이들의 빈곤을 의미하는 억압을 감소시켜온 세계의 다양한 예들을 제시한다. 이러한 변화를 가져옴에 있어서, 국가는 분명히 중요한 역할을 할 수 있으나 국가만이 변화의 유일한 주체라는 것도, 사회가 감내하고 인내해야 하는 보편적 악을 다룰 수 있는 유일한 기관이라는 것은 아니다. 만일 빈곤이라는 악과 이와 연계된 범죄가 많은 사람의 작용과 반작용에 의해 나타나는 것이라면, 빈곤의 치유 또한 많은 사람의 협력을 통하여 만들어질 수 있다.

속박과 권력의 박탈이라는 만연한 문제에 대한 해결책을 찾고 확보하는 매우 효과적인 방법을 이 책을 '능동적 시민권'이라고 부른다. 독자들은 모로코 여성들의 권리 회복 운동으로부터 전 세계의 지뢰를 금지하는 국제 캠페인에 이르기까지 권력을 빼앗긴 이들에게 권력을 되찾아 주는 다양한 노력에 대하여 듣게 될 것이다. 이러한 움직임들은 모두 참을 수 없고 수용할 수 없는 박탈의 문제와 싸우는 데 있어 큰 변화를 가져올 것이다. 어떻게 조직화되고 신중히 계획된 노력을 통해 변화가 나타날 수 있는가를 보여주기 위하여 하나하나의 예들이 제시되고 탐구될 것이다.

많은 이들이 읽기를 바라는 이 책은 세 가지 이유에서 중요하다. 첫째, 박탈을 감소시키고 제거하는 방식과 방법을 논의하며 광범위하게 퍼진 박탈을 극복하기 위한 권력을 빼앗긴 이들에게 권력을 되찾아 주는 데 있어 권력을 빼앗긴 이들의 역할을 제시한다.

둘째, 이 책은 주로 경제 성장의 측면에서만 빈곤 극복을 생각하는 경향성을 고치는 데 일조 하고 있다. 분명 그 성과가 자주 과장될지라도 분명히 그 중요성을 간과할 수 없는 경제 성장은 많은 국가에서 대단히 낮은 소득으로 살아가는 사람들의 수를 줄이는 데 성공하였다. 그러나 중독성마저 보이는 이 성공이 가지는 흡입력 역시 다음의 두 가지 오해를 불러일으키는데 공조하였다. 첫째, 소득 상승은 빈곤의 속박을 제거하는데 유일하게 특화된 방법이다. (이것은 경제적, 사회적, 정치적 기회를 강화하는 것을 경시한다) 둘째, 높은 경제 성장은 필연적으로 가난한 이들의 소득을 올리는 특효약이다. (이것은 시장에 기반을 둔 집약적 경제 성장에서 가난한 이들이 타당하게 가져가야 할 몫을 가져가도록 하는데 요구되는 사회 변화를 간과한다) 빈곤은 많은 층위를 가지고 있고 속박을 없애는 것은 경제 성장보다 (그것 자체로 중요하지만) 더 중요한 것들을 요구한다는 것을 명확히 하고 바로 잡는 것은 대단히 중요하다.

셋째, 권력을 되찾음으로써 박탈을 제거한 성공적 케이스들을 제시함으로써 최근에 팽배한 필요한 변화를 일으키는 가능성에 대한 회의주의에 맞서는 데 도움을 준다. 국가 혹은 능동적 시민들의 공공의 노력이 유약하다는 과장된 믿음은 심지어 박탈과 고통이 제대로 인식되고 있을 때조차도 냉소주의를 낳고 무기력증과 무감각증의 토대를 제공한다. 실제로 무엇이 성취되어왔고 그 성취는 어떻게 가능케 되었는가를 되새겨 보는 것은 과장된 회의주의에 기반을 둔 무기력증을 종식하는데 매우 중요할 수 있다.

버나드 쇼는 '악마'와 '범죄'라는 비일상 단어로 빈곤의 특징을 묘사하였으나, 그는 빈곤의 원인과 본질을 더욱 철저히 사회적으로 분석하여 빈곤의 부당성을 제거하는데 더 많은 노력을 기울여야 한다고 점을 분명히 하고자 그러한 단어를 선택한 것이다. 조직된 행위를 통하여 일반인들이 성취할 수 있는 것들을 우리에게 말함으로써, 이 책은 빈곤을 없애는데 필요한 이해를 강화하고 희망을 던져주고 있다. 세계는 노하우만큼이나 희망을 필요로 한다. 이 책은 사회 행동의 풍요한 예들을 모았고 이 중요한 연구서로부터 많은 것들을 얻을 수 있음에 감사한다.

아마티아 센

| 감사의 말 |

　이 책에 대한 엄청난 공헌을 고려할 때 '편집자'라는 한 단어는 마크 프리드Mark Fried에게 충분하지 않다. 1판과 2판 모두에서 그는 책을 구성하고, 빠진 내용을 보완하며 더 나은 개선안을 제시하기 위해 편집 기과 개발에 대한 깊은 지식을 모두 동원하였고 이 모든 것을 지치지 않는 인내심과 유머 감각으로 해내었다. 애나 코링든Anna Coryndon의 지치지 않는 정열과 유머 감각 또한 이 책의 집필 초기 개념 정리로부터 복잡한 컨설팅을 거쳐 마지막 책이 나올 때까지 계속되었다. 나의 글이 느슨해질 때마다 그녀는 예리하게 작은 것 하나하나를 집어내 주었다. 조나단 마즐리아Jonathan Mazliah는 2판의 완벽한 매니저 역할을 해내는 데 부족함이 없었다. 이 세 명과 함께 일을 하는 것은 나에게 큰 기쁨이었다.

　이 책을 끝낼 수 있도록 시간과 자원을 허락해 준 옥스팜에 감사한다. 특히 필 블루머Phil Bloomer와 그의 전임자 저스틴 포시드Justin Forsyth는 책을 쓰는 내내 뛰어난 조언과 구체적인 지원을 해주었다. 존 앰블러John Ambler, 제이미 아틴자Jamie Atienza, 장 부크 비브란디Jan Bouke Wijbrandi, 베키 뷰엘Becky Buell, 샘 비커세트Sam Bickersteth, 마조렌 브로워Marjolein Brouwer, 셀린 카베리아Celine Charveriat, 제임스 엔솔James Ensor, 곤잘로 판쥴Gonzalo Fanjul, 롯 펠리즈코Lot Felizco, 제레미 홉스Jeremy Hobbs, 아비나슈 쿠마Avinash Kumar, 리차드 킹Richard King, 아담 리치Adam Leach, 톰 반 데 리Tom van der Lee, 룩 탁 츄엔Luk Tak Chuen 마지막으로 크리스 로체Chris Roche는 중요한 역할을 하였다. 지면의 한계상 사의를 표해야 할 모든 이들의 이름을 넣을 수는 없었고 웹사이트에 그 명단을 실었다.

옥스팜 외에 많은 학자와 많은 이들이 전문적 조언을 해 주었다. 사마 압달라Saamah Abdallah, 크리스 아담Chris Adam, 사비나 아키레Sabina Alkire, 수프리야 아케카Supriya Akerkar, 캐터린 바버Catherine Barber, 피터 바크비스Peter Bakvis, 니콜라스 바인Nicholas Bayne, 스테판 바스커빌Stefan Baskerville과 옥스퍼드 대학교의 1학년 학생들, 조 베알Jo Beall, 데이비드 부트David Booth, 사투니노 보라스 주니어Saturnino M. Borras, 오이군 브리니센Oygunn Brynildsen, 디아나 카막Diana Cammack, 장하준, 마르다 첸Martha Chen, 아누라다 체노이Anuradha Chenoy, 피터 촐라Peter Chowla, 존 클락John Clark, 크리스 클래머Chris Cramer, 패디 콜터Paddy Coulter, 제임스 달시James Darcy, 마이클 엘리스Michael Ellis, 로사린 에이벤Rosalind Eyben, 쥴리안 필로코스키Julian Filochowski, 션 폭스Sean Fox, 베레나 플리츠Verena Fritz, 존 가벤타John Gaventa, 조나단 헬린Jonathan Hellin, 마크 헤이우드Mark Heywood, 롤프 반 데어 후벤Rolph van der Hoeven, 리차드 졸리Richard Jolly, 조나단 디 존Jonathan di John, 로만 크나릭Roman Krznaric, 데이비드 르웬David Lewis, 매튜 록우드Matthew Lockwood, 이안 맥아우슬란Ian MacAuslan, 루쓰 메인Ruth Mayne, 블란코 밀라노빅Branko Milanovic, 누리아 몰리나Nuria Molina, 제이미 모리슨Jamie Morrison, 사라 물리Sarah Mulley, 카르마 나불시Karma Nabulsi, 피터 뉴웰Peter Newell, 셜리아 페이지Sheila Page, 제니 펄스Jenny Pearce, 제프 포웰Jeff Powell, 옥스퍼드 대학의 Queen Elizabeth House 학생들, 빅키 랜달Vicky Randall, 아마티아 센Amartya Sen, 프랜시스 스튜어트Frances Stewart, 파블로 수아레즈Pablo Suarez, 짐 숨베르그Jim Sumberg, 마이클 테일러Michael Taylor, 케빈 와킨스Kevin Watkins, 데이비드 우드워드David Woodward, 앤드류 야트Andrew Wyatt, 로저 예이츠Roger Yates 단 예오Dan Yeo. 하지만 모든 주장과 오류의 책임은 저자에게 있다.

마지막으로 집에서도 이기적이었던 나를 인내로 감래해 준 내 가족 캐

더린, 캘런, 핀라이에게 감사를 표한다.

이 책에서 언급된 비정부 및 시민 사회 단체들과 옥스팜 네트워크 명단은 책 웹사이트에서 찾아볼 수 있다: www.fp2p.org

|약어|

AIDS	acquired immune deficiency syndrome
ART	antiretroviral treatment/therapy
ARV	antiretroviral
ASEAN	Association of South-East Asian Nations
AU	African Union
CAP	Common Agricultural Policy
CDM	Clean Development Mechanism
CEDAW	Convention on the Elimination of All Forms of Discrimination Against Women
CERF	Central Emergency Response Fund
CGIAR	Consultative Group on International Agricultural Research
CSO	civil society organisation
CSR	corporate social responsibility
DAC	Development Assistance Committee (of the OECD)
DFID	Department for International Development (UK)
ECOSOC	United Nations Economic and Social Council
ECOWAS	Economic Community of West African States
EFA	Education for All
EITI	Extractive Industries Transparency Initiative
EPA	Economic Partnership Agreement
EPZ	export-processing zone
EU	ETS European Union Emissions Trading Scheme
FAO	Food and Agriculture Organization of the United Nations
FDI	foreign direct investment

FTA	free trade agreement
G7	the seven richest nations (USA, UK, Germany, Japan, Italy, France, and Canada)
G8	G7 nations + Russia
GATS	General Agreement on Trade in Services
GATT	General Agreement on Tariffs and Trade
GAVI	Global Alliance for Vaccines and Immunization
GBS	general budget support
GCAP	Global Call for Action against Poverty
GCE	Global Campaign for Education
GDP	gross domestic product
GNP	gross national product
HIPC	Heavily Indebted Poor Countries Debt Reduction Initiative
HIV	human immunodeficiency virus
ICC	International Criminal Court
ICRC	International Committee of the Red Cross
IDP	internally displaced person
IFI	international financial institution
IFRC	International Federation of the Red Cross and Red Crescent Societies
IHL	international humanitarian law
ILO	International Labour Organization
IMF	International Monetary Fund
INGO	international non-government organisation
IPCC	Intergovernmental Panel on Climate Change
LDC	least developed country
MDG	Millennium Development Goal
MDRI	Multilateral Debt Relief Initiative

MSF	Médecins Sans Frontieres
NAFTA	North American Free Trade Agreement
NGO	non-government organisation
OCHA	UN Office for the Co-ordination of Humanitarian Affairs (UN)
ODA	overseas development assistance
ODI	Overseas Development Institute, UK
OECD	Organisation for Economic Co-operation and Development
ORT	oral rehydration therapy
PRGF	Poverty Reduction and Growth Facility (IMF)
PRSP	Poverty Reduction Strategy Paper (IMF and World Bank)
SAP	structural adjustment programme
SAPRI	Structural Adjustment Participatory Review Initiative
SARS	severe acute respiratory syndrome
SMEs	small and medium-sized enterprises
SWAP	sector-wide approach
TNC	transnational corporation
TRIMS	Trade-Related Investment Measures
TRIPS	Trade-Related Aspects of Intellectual Property Rights
UNCAC	UN Convention Against Corruption
UNCTAD	United Nations Conference on Trade and Development
UNDP	United Nations Development Programme
UNFCCC	UN Framework Convention on Climate Change
UNHCR	United Nations High Commissioner for Refugees
UNICEF	United Nations Children's Fund
WFP	World Food Programme
WHO	World Health Organization
WIPO	World Intellectual Property Organization
WTO	World Trade Organisation

| 차례 |

- 역자 서문   v
- 제2판 서문   xi
- 서문   xiii
- 감사의 말   xvii
- 약어   xx

제1부 서론

불평등한 세계   3

제2부 권력과 정치

개발의 정치적 뿌리	27
나는 권리를 가지었다. 따라서 존재한다	33
나는 믿는다. 따라서 존재한다	47
나는 읽는다. 따라서 나는 존재한다	54
나는 검색한다. 따라서 존재한다	70
우리는 조직한다. 따라서 우리는 존재한다	79
나는 소유한다. 따라서 나는 존재한다	93
나는 투표한다. 따라서 나는 존재한다	104
나는 훔친다 따라서 나는 존재한다: 자연 자원, 부패 그리고 개발	113
나는 지배한다. 따라서 나는 존재한다	119
빈곤한 이들에게 권력을	136

제3부 빈곤과 부

21세기를 위한 경제학	141
토지에 기대어 사는 삶	157
변화하는 노동 세계	194
민간 영역과 공공의 이익	220
성장을 위해 나아감	236
지속 가능한 시장	256

제4부 인간 안전

위험을 안고 사는 삶	261
사회적 보호	272
금융과 취약성	285
배고픔과 기아	292
HIV, AIDS, 그리고 다른 보건의 위험요소들	298
자연재해의 위험	315
기후 변화: 이주, 적응, 조직화	329
벼랑 끝에 사는 삶: 아프리카의 유목민들	343
폭력과 분쟁	350
충격과 변화	368

제5부 국제 시스템

누가 세계를 지배하는가?	375
국제 금융 시스템	378
국제 무역 시스템	406
국제 원조 시스템	452
국제적 규정과 규범	491
인도주의적 구호와 평화를 위한 국제 시스템	497
기후 변화	527
21세기 지구 거버넌스	554

제6부 2008-11년 식량과 금융 위기

2008-11년 식량과 금융 위기	559
세계 금융 위기	560
칼날 위의 삶: 2008년과 2011년의 식량 가격 위기	571

제7부 결론

새 시대를 위한 새로운 계획	583
■ 참고문헌	586
■ 용어풀이	650
■ 찾아보기	656

박스 차례

박스 2.1 황금률	53
박스 2.2 효과적 국가는 능동적 시민과 양립하는가?	124
박스 3.1 어업 : 한정된 자원 관리	167
박스 3.2 지속 가능한 농업 초보자 안내	173
박스 3.4 틈새 해결: 공정 무역과 유기농	181
박스 3.5 인도의 여성 조직	213
박스 3.6 무역 협약은 노동권을 보장할 수 있는가?	217
박스 3.7 두 호랑이 이야기	245
박스 3.8 비교 우위의 불이익들	246
박스 4.1 기본 소득 보장: 다가올 위대한 구상	282
박스 4.2 빈곤을 극복하기	293
박스 4.3 사스: 세계 공조가 성취한 것들	306
박스 4.4 2004년 아시아 쓰나미	320
박스 4.5 쿠바 vs 카트리나: 재해 위험 감소의 교훈들	324
박스 4.6 중앙아시아의 기후 변화, 물, 그리고 분쟁	334
박스 5.1 이주민들이 변화를 만들어 낸다	431
박스 5.2 '운영 면허' 취득	439
박스 5.3 기업의 책임성 혹은 책무성? 자율성 vs 규율	448

표, 그림 차례

표 2.1 20세기 대규모 토지 개혁	100
표 3.1 2009년 Foreign Asset가 발표한 개발 도상 및 전환 경제권 중 비금융 부분 상위 50개 초국적 기업	228
표 3.2 Foreign Asset가 발표한 개발도상 및 전환 경제의 비금융부문 상위 10개 초국적 기업	229
표 5.1 새천년개발계획	455
표 5.2 원조에 대한 세 가지 거시적 관점: 삭스, 이스털리, 그리고 콜리어 비교	461
그림 3.1 인간의 번성을 위한 안전하고 정의로운 공간	153
그림 3.2 개발 영향 평가	154
그림 3.3 공평한 초기 토지 분배는 높은 경제 성장을 가져온다.	161
그림 3.4 고용 불안을 만드는 공급 사슬의 압력	207
그림 4.1 취약성은 어떻게 삶에 영향을 미치는가	266
그림 4.2 세계의 조기 사망의 원인 -2009년 기준-	271
그림 6.1 식량 가격 지수	572

・일러두기・

1. 본문의 강조나 책 제목은 고딕체로 표기했다.
2. 본문의 큰따옴표(" ")는 인용된 글을 표기했다.
3. 본문의 작은 따옴표(' ')는 강조의 글을 표기했다.

제1부

·

서론

불평등한 세계

> 광범위한 빈곤과 역겨운 불평등은 과학, 기술, 산업, 부의 축적에 있어 놀라운 진보를 이루어 낸 우리 시대의 대단히 끔찍한 재앙이다. 우리는 이것을 노예제와 아파르트헤이드와 같은 사회악으로 보아야만 한다.
>
> (넬슨 만델라Nelson Mandela, 런던 2005)

요람에서 무덤까지 한 인간의 삶은 현대 세계를 특징짓는 놀라울 정도의 불평등에 의해 결정된다. 노르웨이에서 태어난 소녀는 분명 노년까지 살 것이다.[1] 그 소녀가 시에라리온에 태어났다면, 다섯 번째 생일 전에 사망할 확률이 25퍼센트나 된다. 노르웨이 소녀는 좋은 학교를 입학하고 대학을 다니며 노년까지 건강하고 돌봄을 받으며 살게 될 것이다. 시에라리온에서는 3명 중 2명의 소녀만이 학교에 가볼 수 있고 많은 아이들은 중도에 포기하는데 그 이유는 학교에서 요구하는 수업료 혹은 낮은 교육 수준 혹은 형제자매를 돌보느라 집에 있어야만 해서, 혹은 가사를 위해 일을 하러 가야만 하기 때문이다. 4명의 여성 중 1명만이 읽고 쓸 줄 안다. 대학에 가는 것은 불가능에 가까운 꿈이다.

전 지구적 불평등은 놀라울 정도로 편만하게 퍼져있다. 세계에서 가장 부자인 500명의 수입은 가장 가난한 4억 1천 600만 명의 수입을 앞지르고

---

1 노르웨이의 유아 사망률은 250명 당 1명이다. UNDP (2007).

있다.² 3분마다 개발도상국 어딘 가에선 두 명의 여성이 임신상태 혹은 출산 중에 사망하고³ 40명이 넘는 어린이들이 설사병이나 말라리아 같은 피할 수도 있었을 질병으로 인하여 생명을 빼앗긴다.⁴ 보건의료가 가장 필요한 곳의 정부들이 가장 적은 예산을 보건의료에 편성한다.⁵

불평등이라는 '타고난 운명'을 끝내는 것은 아마도 21세기의 가장 큰 전 지구적 도전일 것이다. 지구화 시대에서 빈곤과 고통은 국경선 안에 머무르는 것이 아니라 이주민, 환경 파괴 그리고 분쟁과 같은 형태로 국경을 넘나들고 있기에 불평등은 모든 국가를 아우르는 사항이다.

전 세계적 불평등은 하나의 국가에서 일어나는 불평등보다 더 심각하다. 말도 되지 않는 이러한 불평등이 만일 한 국가 안에서 일어났다면 그 국가의 사회 정치는 녹아내려 버렸을 것이다. 세계화의 결과 중 하나는 세계는 점차 닮아 가게 된다는 것이다. 공동체는 점점 발달해가는 교통과 통신으로 인해 결속을 더해간다. 계속된 불평등의 정치적 대가는 커져만 가고 있다.

세계은행이 수집한 소득 분배 자료에 기반을 두어 옥스팜이 계산한 바에 따르면, 만일 전 지구적 불평등이 전 세계에서 가장 불평등이 심각한 나라인 아이티 수준만 된다면, 1달러 미만으로 살아가는 가난한 사람들의 수는 절반인 4억 9천만 명 정도로 줄 것이다. 더 나아가 불평등 수준이 중간쯤 되는 코스타리카 정도의 재분배만 이루어진다면, 1달러 미만으로 사는 사람들의 수는 지금의 5분의 1인 1억 9천만 명으로 떨어질 것이다.

---

2   UNDP (2005).
3   WHO (2010) 'Maternal Mortality' Fact Sheet.
4   WHO: Global Health Observatory (2011) 'Child Health'.
5   1인 당 년간 보건 지출은 낮은 보건 위험을 가진 고소득 OECD 국가의 3,000달러에서 높은 보건 위험 요소를 지니고 있는 저소득 국가의 78달러에 이르기까지 다양하다. 최빈국들이 가야할 길은 멀기만 하다. UNDP (2005) op. cit.

국가 내에서도 불평등은 끔찍할 정도로 생애 전반에 걸쳐있다. 가나와 세네갈에서 가장 가난한 20퍼센트에 속하는 집에서 태어난 아이들은 상위 20퍼센트의 집에서 태어난 아이들보다 5세 미만에 사망할 가능성이 2~3배 높다. 영국 정부의 '보건 불평등 과학 분석실'은 가장 부유한 지역의 예상 수명은 가장 가난한 지역보다 7~8년 길다.[6]

불평등은 성, 인종, 혹은 신분에 기반을 둔 차별에서 나오기도 하고 때로는 그것들로부터 직접 비롯되기도 하며 복잡하게 연계되어 있다. 흑인 브라질인들의 폭력으로 인한 사망자 수는 백인 브라질인에 비하여 두 배가 많고, 백인에 비하여 대학에 갈 확률은 3분의 1밖에 되지 않는다.[7] 과테말라에서, 유럽계 후손들의 경우 5번째 생일 이전에 사망하는 아이들은 1,000명당 56명인데, 토착인들은 1,000명당 79명이다. 인도의 비하르Bihar와 우타르 프라데시Uttar Pradesh주에서는 불가촉 카스트와 부족의 경우 초등학교에 입학하는 여자아이들은 37퍼센트지만 그렇지 않은 여자아이들은 60퍼센트,[8] 남자아이들은 77퍼센트에 이른다.[9]

가난한 이들에게 이러한 불평등은 풍족한 사회에서 살 때 누릴 수 있는 혜택을 포기하게끔 한다. 잘사는 나라들 또한 더 나을 바가 아니다. 캐나다 토착민들의 유아 사망률은 평균 국가 평균의 2~3배에 다다르고 토착민들은 일반 캐나다인보다 20년 일찍 사망한다.[10]

중간 소득 국가들은 가장 불평등이 심하게 나타난다. GINI 계수는 동유럽/과거 소련연방과 아시아는 1990년과 2008년 사이 불평등이 가장 많이

---

6   UK Department of Health (2005).
7   A. Ciconello (2007).
8   공식적으로는 불가촉 천민이라는 용어가 아닌 지정 카스트Scheduled castes라는 용어가 쓰인다.
9   DFID (2005) *Reducing Poverty by Tackling Social Exclusion*.
10 L. Kruzenga (2004) pp.13, 3; J.S. Frideres (1998).

증가하였다. 인도의 불평등은 지난 20년간 두 배가량 증가하였다.[11] 라틴 아메리카 지역은 2000년 이후 크게 호전되었지만 여전히 소득 불평등이 가장 높은 지역이다. 저소득 국가들의 결과는 섞여 있다. 사하라 이남 아프리카의 불평등은 높지만 1990년 이후 평균 5퍼센트가량 GINI 계수가 줄어들었다.[12]

'사라지는 여성' 현상보다 더 분명하게 불평등의 부당성을 보여줄 수 있는 것은 없다. 차별로 인하여 세계여성인구는 남성에 비교하여 더 적게 나타난다. 차별은 심지어 아이가 태어나기도 전에 선택적 낙태를 통하여 나타나고, 자라면서도 여자아이들의 영양과 건강 보건은 남자형제들에 비하여 무시된다. 1억 101만 명의 여성들이 사라지고 있다는 최근의 보고가 있는데 그 수는 20세기 전쟁에서 죽어간 사람들의 총합보다 많다. 이중 중국인과 인도인이 8,000만 명인데, 이는 놀랍게도 중국과 인도에서 여성 기대 인구의 6.7퍼센트, 7.9퍼센트에 해당한다.[13]

불평등에 대해 잘 알려지지 않았지만 중요한 측면은 핵심 서비스에 대한 질적 접근성이다. 인도에서 교육과 보건은 두 가지 형태로 가능하다. 낡은 과거의 것과는 대비되는 최첨단의 더 나은 서비스와 대부분의 가난한 이들을 위한 존엄성을 잃은 저질 서비스.

왜 불평등이 문제인가[14]

옥스팜과 다른 NGO들은 점점 더 벌어져 가는 세계적인 사회적 경제적

---

[11] Times of India (2011).
[12] I. Ortiz and M. Cummins (2011).
[13] S. Klasen and C. Wink (2003) pp. 263-99.
[14] 불평등의 성격과 범위 그리고 현재 추세에 대한 더 자세한 내용은 다음의 책 참조. D. Green (2006) 'Equality, Inequality, and Equity'.

양극화의 도덕적 모순에 오랜 시간 동안 주목해 왔다. 부자 나라와 개발도상국의 도시들에서 비만이라는 전염병이 수백만의 사람들을 마비시켜 가고 있는 반면, 8억 5천만 명의 사람들을 굶주리게 하는 시스템은 무언가 깊이 잘못되어 있다. '전 지구적 비만globesity'이라는 새 단어는 이 세계적 현상을 묘사하기 위해 만들어졌다.

극단적 불평등은 모든 사람이 어디서나 기본적인 권리를 누릴 수 있다는 널리 받아들여진 믿음을 훼손하기에 분노와 비난을 불러일으킨다. 동등한 시민권과 정치 권리를 지키고 경제적, 사회적 문화적 권리의 진보적인 실현을 위하여 유엔이 세운 국제 인간 기본권 체계를 의무적으로 따른다면, 불평등을 해결하는 것은 필수적이다.[15]

그러나 불평등과 재분배는 오랫동안 잘사는 국가들의 의사결정권자들에게는 한물간 주제였고 1990년대 등장한 새천년개발계획MDGs에서는 거의 언급되지 않는다.[16] '파도가 들어 모든 배를 띄운다'는 식의 워싱턴 합의에 마음이 동한 부자나라의 지도자들은 경제성장 하나만으로도 빈곤을 해결할 수 있다고 믿었다. 2005년 세계은행의 주요한 발간물들은 이러한 접근이 완전히 실패라는 것을 제기하고, UN은 불평등 문제를 해결하는 것이 우리시대에서 가장 위급한 임무 중 하나라는 것을 주장하였다.[17]

학자들은 '부의 창출자'에게 보상을 주는 불평등의 잠재성에 주안점을 두어왔고 그래서 혁신을 도모하였었다. 최근에 경제학자들은 **평등**이 성장에 도움이 되고 빈곤을 줄이는데 더 효과적이라고 주장한다.

---

15 E. Anderson and T. O'Neill (2006).
16 교육에서의 성평등은 MDGs 에서 명시적으로 다루고 있는 불평등의 유일한 항목이다.
17 평등 문제에 대한 변화하는 해석들은 다음의 보고서를 참조 하시오. World Bank (2006) *World Development Report 2006*; UNDP (2005) op. cit.; UN Department of Economic and Social Affairs (2005) op. cit.

불평등은 재능을 필요 없는 것으로 만들어 버린다. 만일 여성들이 높은 직급에서 배제된다면, 어느 나라건 절반의 재능이 버려진다. 인도의 모든 주가 카르나타카Karnataka에서처럼 직장에서 성차별을 가능한 없앤다면, 국가 전체의 성과는 3분의 1이 증가할 것이다.[18] 은행이 가난한 이들에게 대출을 거부한다면, 경제적 기회는 사라지고 만다.

불평등은 사회와 사회 제도를 약화 시킨다. 불평등한 사회에서 엘리트들은 정부와 제도를 손아귀에 넣기 쉽다. 그들은 전반적인 경제 발전보다는 자신들 만의 이익을 위해 그것을 이용한다.

불평등은 사회 통합을 약화 시킨다. 개인들 간의 '수직적 불평등vertical inequality'은 범죄를 높이지만 수평적 불평등horizontal inequality, 예를 들자면 다른 인종 간의 불평등은 국가를 몇십 년 뒤로 후퇴시키는 분쟁과 같은 것을 야기한다.

불평등은 빈곤에 대한 경제성장의 영향을 축소시킨다. 1퍼센트의 성장은 불평등한 사회에서보다 평등한 사회에서 더 많은 이익을 가난한 이들에게 가져다준다.

불평등은 가난을 대물림시킨다. 가장 잔인한 것은 어머니의 가난이 아이들의 삶을 통째로 파멸시켜 버린다는 것이다. 매년 개발도상국에서는 약 3000만 명의 어린이들이 태아 발육 단계 기간 동안 부족한 영양분으로 인하여 성장 장애를 지닌 채 태어난다. 몸무게 미달로 태어난 아기들은 거의 죽게 마련이고, 생존한다 할지라도, 거의 평생을 빈곤과 질병에 시달리게 된다.[19]

최근 불평등이 관심을 끌게 되었지만, 부자나라의 결정권자들은 미국의 뉴딜 정책이나 제 2차 세계 대전 이후 유럽에서 있었던 재분배 정책을

---

[18] A. Verschoor, A. Covarrubias, and C. Locke (2006).
[19] Chronic Poverty Research Centre (2004) op. cit.

멀리하고 있다. 세계은행은 교육 접근성, 차별로부터의 자유, 법 앞의 평등과 같은 기회의 평등을 주장하지만 절대적인 박탈을 피하는 것과 관련될 때만 더 큰 평등인 결과적 평등을 언급하고 있다. 부자 세계가 개발에 대해 말할 때는, 불평등에 대해서보다는 빈곤에 대해서 말하는 것을 더 좋아하고, 재분배보다는 불평등에 대해 말하기를 더 선호한다.

나아가, 불평등은 전 세계에 퍼져있는 빈곤 해결의 열쇠를 쥐고 있다. 빈곤의 종말을 가져오는 것은 새로운 주장이 아니다. 지금은 세계 경제가 그것을 실현할 수 있는 자원을 가지고 있다. 20세기에는 건강, 교육, 민주주의, 기술 그리고 경제 성장에서 놀라운 진보를 이루어 내었다. 매년 전 세계적 경제는 남성, 여성, 그리고 어린이 각각 마다 1만 1천 2백 5달러에 해당하는 상품과 서비스를 생산한다. 이는 10억 인구의 극히 가난한 이들의 1인당 소득인 456.25달러의 25배나 된다.[20] 다른 근거도 충분히 있다. 브룩킹 연구소 Brooking Institution의 분석에 따르면, 만일 가난한 이들의 손에 제대로 전달만 될 수 있다면, 매년 660억 달러는 하루 1.25달러 미만으로 살아가는 극히 빈곤한 이들 모두를 구하는데 충분한 금액이다.[21, 22] 이 금액은 세계 원조 금액의 반이 조금 넘는 액수이고 2010년 세계 군사비의 4퍼센트 정도에 불과하다.[23]

빈곤, 인간 불평등의 결과

기회와 자산 그리고 권력의 왜곡된 일어나는 끝자락에 극심한 빈곤으로

---

[20] 2010 GDP per capita, PPP (current international $), http://data.worldbank.org/indicator/NY.GDP.PCAP.PP.CD
[21] L. Chandy and G. Gertz (2011).
[22] UNDP (2005) op. cit.
[23] SIPRI (2011).

살아가는 10억 명의 사람들이 서 있다. 빈곤은 낮은 소득보다도 훨씬 더 심각한 것인데, 빈곤한 사람들이 스스로 빈곤을 정의할 때 그 사실이 가장 분명해진다. 빈곤은 무기력, 좌절, 궁핍 그리고 의사 결정 과정에서의 배제, 공공 서비스, 금융 시스템, 그리고 다른 공적 지원에 대한 접근의 상대적인 결여이다. 빈곤은 자신이나 자녀들을 위한 번성의 기회가 뿌리 째 부정되는 깊은 실존적 영향력을 가지고 있다. 로버트 챔벌스Robert Chambers와 같은 학자는 '상류' 세계와 '하류' 세계로 나누어진 세계에 대하여 이야기하는데 이 표현은 남성에 의한 여성의 종속 혹은 인종이나 사회 계급 사이의 권력 불균형과 같은 빈곤의 다양한 측면을 설명하기 위한 것이다.[24]

빈곤의 여러 차원은 각각이 서로를 강화한다. 가난한 이들은 차별을 받지만 많은 이들은 차별로 고통을 받기 때문에 가난하다. 남아시아에서 종교, 인종, 혹은 카스트로 인하여 차별을 받는 가계는 분명 노동 시장의 착취에 더 취약하고 다른 경제적으로 가난한 가정에 비하여 빚에 허덕이고 있다.

2000년 세계은행은 『가난한 이들의 목소리Voices of the Poor』를 발간하였다. 이 책은 전 세계에 6만 4천 명의 사람들과의 논의에 기반을 두어 내부로부터 빈곤을 이해하기 위한 기념비적인 시도이다.[25] 인터뷰로부터 도출된 것은 빈곤에 대한 인간적인 측면과 그 복잡성이다. 그것들은 좋게 보이고 싶고 사랑을 느끼고 싶고, 자녀들의 인생을 뒷바라지 잘해 줄 능력의 중요성 혹은 빈곤에 동반되는 정신적 고통 같은 것들인데 이것들은 자주 무시되어 왔다. 이 책의 결론은 '거듭거듭, 나쁜 삶의 핵심에는 무기력이 있는 것으로 보인다'는 것이다.

---

[24] R. Chambers (1997).
[25] R. Chambers et al. (2000).

이러한 '다층적 차원'의 빈곤의 역은 비록 중요하긴 할지라도 부가 아니다. 건강, 물리적 안정, 의미 있는 노동, 공동체와의 연계 그리고 그 외의 돈과 관계없는 요인들로부터 풍요한 삶의 더 넓은 의미는 나타난다. 그러한 이유에서 좋은 개발은 가난한 이들을 자선용 빈그릇으로 여기는 것이 아닌 가난한 이들의 기술과 강점 그리고 그들의 의견을 토대로 하여 시행되는 것이다.

빈곤에 대한 다층적 관점은 이론적으로 널리 받아들여질지라도, 실제로는 가장 보편적으로는 1.25달러를 극심한 빈곤선으로 정의되는 소득 빈곤에 관심을 쏟는다. 이것이 2015년까지 극심한 빈곤으로 살아가는 세계인구의 수를 절반으로 줄이겠다는 첫 번째 새천년개발계획의 기반을 형성하였다.26 그 선 이하로 살아가는 사람은 적절한 식사를 할 수 없는 사람으로 판단된다. 하루 2달러 '빈곤선'은 식량, 옷 그리고 머물 곳을 얻는데 필요한 최소 수준을 의미한다.

개발에는 수많은 좋은 소식들이 있다. (그러나 종종 더 멀리 보는 이들은 이것을 경시하곤 한다) 극단적 소득 빈곤은 시간이 지나며 줄어들고 있다. 1990년과 2005년 사이에 개발도상국에서 국제 극빈선인 1.25달러 미만으로 살아가는 이들의 수가 18억 2천만에서 14억으로 줄어들었다. 세계에서 인구 증가를 고려할 때 극빈자는 42퍼센트에서 26퍼센트로 준 것이다.27

빈곤의 본질과 지역 역시 변화한다. UN은 '빈곤과 빈곤에서 벗어나기를 반복하는 사람들의 증가, 도시 빈곤의 증가와 농촌 빈곤의 정체, 도시 빈민 가운데 비정규직 노동자 비율의 증가 그리고 빈곤 실업자의 수 증가'

---

26 새천년개발목표는 2000년 국제사회가 합의한 사항이며 보건, 교육, 빈곤과 같은 분야에서의 향상 목표를 설정하고 있다. 참조: www.un.org/millenniumgoals
27 World Bank (2008).

를 지적한다.28 2007년 역사상 처음으로 세계 도시 인구가 농촌 인구를 추월하였다. 이는 주로 개발도상국에서 도시 인구 증가에 의한 것이다. 오늘날에는 30억 인구가 도시에, 10억이 슬럼에 살고 있는데 이들은 질병과 폭력, 사회적, 정치적, 경제적 차별에 노출되어 있다. UN 해비타트는 세계 슬럼 인구가 향후 30년간 두 배로 늘어난다고 예측하는데 이것은 예상되는 도시화 비율을 웃도는 것이다.29

전 세계적으로 보면 소득 빈곤이 줄어든 것은 크게 중국과 인도의 경제적 상승에 기인한다고 볼 수 있다. 불평등은 더 악화가 되었을지라도, 특히 중국은 놀라운 성과를 올렸는데, 극빈곤층의 비율을 1981년 84퍼센트(8억 3천 5백만)에서 2005년 16퍼센트(2억 8백만)로 감소시켰다.30

많은 국가는 빈곤의 다른 측면들을 성공적으로 다루었다. 이집트는 1980년 이후 세계에서 유아 사망률을 가장 빨리 낮춘 국가 중 하나이다. 방글라데시, 온두라스, 니카라과, 베트남 역시 빠른 성과를 이루어 냈다.31

물론 이러한 성과는 축하받아야 하고 배워야만 한다. 그러나 이것이 진척이 더디거나 없는 경우, 그리고 많은 경우 빈곤이 더 심각해지고 있는 국가들과 분야에서의 어려움을 감추는 것이 되어서는 안 된다. 사하라 이남 아프리카의 경우, 극심한 빈곤층은 1990년에서 2005년 사이 1억 5십만으로 늘어났다.32

소득 빈곤을 넘어, 아직 할일은 더 많이 남아 있다. 1999년과 비교 하였을 때, 2009년 학교에 가지 못하는 초등학교 학생들은 3천 900만으로 줄었으나, 7천만 명이 교육을 받고 있지 못하고, 그중 53퍼센트는 여자아이들

---

28 UN Department of Economic and Social Affairs (2006) op. cit.
29 J. Beall and S. Fox (2006).
30 World Bank (2008) op. cit.
31 UN Department of Social and Economic Affairs (2006) op. cit.
32 World Bank (2008) op. cit.

이다. 1990년에 비하여 2009년에는 어린이 사망자 수가 4백 30만으로 줄었다. 8백만 어린이들이 매년 사망한다. 거의 모든 사망이 예방 가능하였다. 아프리카에서는 45초마다 말라리아로 어린이가 사망하는데 이 질병으로 인한 사망은 전체 사망의 20퍼센트에 다다른다.[33]

백신과 면역 세계 연대 Global Alliance for Vaccines and Immunization를 통하여 2001년 전 세계적으로 빠르게 확산된 지구적 예방 접종은 5백만의 생명을 구하며 사망자의 수를 경감시켰다.[34] 그러나 홍역, 디프테리아, 파상풍과 같이 간단한 접종으로도 예방할 수 있는 질병은 여전히 매년 백5십만의 어린이의 생명을 앗아가고 있다.[35] 사망하는 어린이보다도 더 많은 어린이가 질병에 걸리거나 학교에 못 가게 되는데, 이는 어린 시절의 좋지 않은 보건 상황이 성인이 되었을 때의 빈곤으로 이어지는 악순환에 빠지게 된다. 매년 임신과 관련된 원인으로 사망하는 35만 8천 명의 여성과[36] 매년 사망하는 어린이의 98퍼센트 이상이 가난한 국가에 살고 있다.[37] 가난한 몇몇 국가들이 이러한 고통에 종말을 가져왔다는 것은 위의 죽음을 더 받아들이기 어려운 것으로 볼 수밖에 없게 한다.

더러운 물은 건강을 악화시킨다. 지난 10년간 깨끗한 물을 얻을 수 있는 12억의 인구가 늘었다. 그러나 9천만 명의 사람들은 안전한 물에 접근할 수 없고 26억의 사람들은 개선된 위생 시설에 접근할 수 없다.[38] 물과 배설물로 전염되는 질병은 호흡기 전염에 이어 어린이 사망의 제 2의 원인이

---

[33] WHO Fact Sheet (2011) 'Malaria'.
[34] http://www.gavialliance.org/library/publications/gavi/presentationof-basic-facts-about-gavi/
[35] WHO Global Immunization Data report 2012, http://www.who.int/immunization_monitoring/Global_Immunization_Data.pdf
[36] WHO Fact Sheet (2010) 'Maternal mortality'.
[37] UNDP (2005) op. cit., p. 24.
[38] UNICEF/WHO Joint Monitoring Programme 2010.

된다.39 대략 3천 300명의 어린이들이 매일 사망하고 있다.40

배고픔은 가난한 이들의 미래를 구속하고 몸을 약하게 하는 건강 악화와 연계되어 있다. 세계에는 이미 모든 인구를 먹여 살릴 충분한 식량이 있음에도 4분의 1 이상의 취학 이전 아동을 포함한 9억 2천 5백만 이상의 인구는 2010년 현재 영양실조를 겪고 있고 그 수는 국제 곡물가와 함께 더 늘어나고 있다.41 매년 굶주리는 이들이 이 수준에 머무르게 되어 인간과 경제에 비참한 영향을 미치면, 조기 사망과 장애는 개발도상국의 생산성과 소득에서 5,000억 달러 이상을 빼앗아 가게 된다.42

빈곤은 1980 이래로 줄어들고 있는 반면, HIV와 AIDS는 세계의 가장 가난한 나라들에서 확산되어 가고 AIDS는 개발도상국에서 주로 여성들을 노리는 질병이 되었다. AIDS에 새로이 감염되는 사람들의 비율만큼 치료제의 확산이 이루어지고 있고 2009년 최고점을 찍은 사망자는 서서히 줄어가고 있음에도 약 1백80만 명의 사람들이 이 질병에 의해 사망하고 있고 2백 6십만 명이 새로이 HIV에 감염되고 있다. 거의 모든 사망자가 개발도상국 사람들이고 그중 72퍼센트가 아프리카 사람들이다. 3천 3백 3십만 명 정도가 HIV 보균자이고, 그중 2천 2백만 명이 사하라 이남 지역 사람들이다.43 레소토, 보츠와나, 스와질란드 국민 중 4분의 1이 HIV 양성 반응을 보이고, 이 국가들의 남부 지역과 남아공의 비율은 이것보다 훨씬 더 높다.44

---

39 WHO: Global Health Observatory (Undated).
40 다음의 웹페이지를 기반으로 계수 하였음. http://www.who.int/gho/child_health/mortality/mortality_under_five/en/index.html
41 Food and Agriculture Organization, hunger statistics, http://www.fao.org/hunger/en/
42 UN Department of Economic and Social Affairs (2006) op. cit., p. 75.
43 UNAIDS (2010) 'UNAIDS Report on the Global Aids Epidemic'.
44 Avert, sub-Saharan Africa HIV and AIDS statistics, http://www.avert.org/

하루 1.25달러 미만으로 살아가는 14억 인구 중 일부는 다른 이들보다 더 열악하게 살아가고 있다. 이들 중 대부분은 날씨의 변화, 개인적 상황, 경제에 따라 빈곤으로부터 탈출하거나 다시 빈곤해지고 있다. 인도 룩노우Lucknow 시의 슬럼 거주자에 대한 옥스팜 조사는 3년간 424 가구 중 110가구는 계속 가난하고, 162가구는 빈곤선 이상에 머물렀으며 3분의 1이 조금 넘는 나머지는 빈곤선을 넘나들고 있다.[45]

전 세계적으로 3억 4천만에서 4억 7천만의 사람들이 빈곤으로부터의 즉각적인 탈출이 거의 어려운 상태로 빈곤의 덫에 빠진 '만성적 빈곤' 상태에 있다.[46] 만성적 빈곤은 모든 지역에 존재하지만, 남아시아와 사하라 이남 지역에 집중되어 있다. 만성적 빈곤은 특히나 인종, 종교, 언어 때문에 사회적 차별을 경험하고 있는 어린이, 노인, 장애인에게 영향을 더 미친다.[47]

다층적 궁핍들은 서로를 더욱 강화한다. 이질적인 언어를 쓰는 학교에 보내진 원주민 어린이들은 심지어 인종차별이 없이 동일한 기회를 보장함에도 불구하고 나중에 직장을 구하고 빈곤으로부터 벗어나는데 필요한 교육을 받는 데 실패한다. 이들에게 사회적, 정치적 배제 그리고 외부 충격에 대한 취약성을 줄여나가는 것은 경제성장보다 더 시급한 것인데 그 이유는 많은 이들이 일자리 없이 그대로 방치되어 있기 때문이다.

능동적 시민권과 효과적 국가

넬슨 만델라가 말했듯, 빈곤과 극심한 불평등은 노예제나 아파타이트

---

africa-hiv-aids-statistics.htm
45 P. Kantor and P. Nair (2005).
46 Chronic Poverty Research Centre (2008).
47 Chronic Poverty Research Centre (2008) op. cit.

와 같이 정복 가능한 악과 같은 것이다. 이 책은 기회의 극단적 분배뿐만 아니라 빈곤과 불평등의 고리를 끊어 버릴 권력과 재산의 재분배 또한 주장한다.

빈곤하게 사는 이들은 분명 자녀 교육, 보건, 물, 위생 그리고 매일매일의 삶에서 생기는 충격을 넘어서는데 필요한 도움에 접근할 기회가 필요하다. 가난한 이들은 자신의 운명과 그것에 영향을 미치는 정당 정치, 사법 시스템, 토지, 노동, 상품 및 서비스 시장과 같은 요소들에 영향을 미칠 권력이 필요하다.

최근에는 아래로부터의 요구와 위에서의 계몽된 리더십이 함께 재분배를 놀랍게 이루어낸 보고들이 있다. 예를 들어, 몇몇 동아시아 국가들에서 엘리트들은 사회 분열을 막고 번성하는 경제 붐을 일으키고자 장기간에 걸친 평등책을 펴왔다. 대만과 베트남은 높은 수준의 평등과 놀라운 성장을 함께 결합하여 이루었다. 인도네시아와 말레이시아는 국가 주도로 일자리 창출과 재분배를 장기간 실시하여 불평등을 줄여나갔다.[48]

브라질의 페르난도 헨리 카르도소Fernando Henrique Cardoso, 루이즈 이나시오 룰라 아 실바Luiz Inácio Lula da Silva, 딜마 로세프Dilma Rousseff 정부에서는 불평등한 부와 기회를 재분배하는데 비즈니스 엘리트들을 동참시키려는 대중적인 운동들이 일어났다. 그 결과로서 가난한 가정이 아이들을 학교에 등교시키고 백신을 맞힐 수 있도록 매월 보조금을 주는 볼사 파밀리아Bolsa Familia와 같은 다양한 정부 프로그램을 통하여 빈곤한 이들에 대한 소득의 재분배와 좋은 경제 성과를 (예를 들면, 가난한 사람들에게 가장 혹독해온 인플레이션을 조정할 수 있는 것과 같은) 이루어 내었다.[49] 룰라 정부의 첫 임기 동안 가장 가난한 10퍼센트의 인구는 소득이 연간

---

[48] UN Department of Economic and Social Affairs (2006) op. cit., p. 25.
[49] F.H.G. Ferreira, P.G. Leite, and J.A. Litchfield (2005).

7퍼센트 늘어났으나 가장 상위 10퍼센트의 소득은 정체되었다. 그 결과, 500만에 가까운 브라질 사람들이 빈곤으로 벗어났고, 지난 30년 중 불평등이 가장 낮아졌다.[50] 남아공의 아파타이트 종식이라는 유사한 진전도 대중적 압박과 국가 행동에 의해 생겨났다고 볼 수 있다.

이 책은 빈곤과 불평등을 극복하는 노력을 세 가지 주요한 영역에서 다룰 것이다: 정치, 시장, 취약성, 각각의 영역에서 개발은 특히나 불평등을 극복하려는 차원에서 본다면 능동적 시민들과 효과적 국가의 상호 작용을 통하여 가장 큰 성과를 낼 수 있다.

능동적 시민권은 세금을 내고 법에 복종하고 정치적 사회적 시민의 권리를 행사하는 것을 포함하여 개인과 국가를 연계하는 권리와 의무의 결합을 의미한다. 능동적 시민들은 공식적 경제나 정치 혹은 역사적으로 가난하고 배제된 집단들이 자신의 목소리를 낼 수 있도록 하는 일종의 공동 행동을 통하여 이 권리를 정치적이거나 공적 생활의 질을 개선하는 데 사용한다. 어떤 문화권에서 여성과 같이 시민권을 모두 향유 할 수 없는 이들과 이주민들에게 가장 먼저 해야 할 것은 자신의 권리를 주장할 수 있는 조직을 하는 것이다.

효과적 국가는 안전과 법의 지배를 보장하고 포괄적 경제 성장을 가져올 효율적 전략을 시행할 수 있는 국가를 의미한다. '개발 국가'로 알려진 효과적 국가는 시민들에 대한 책임을 져야만 하고 그들의 권리를 보장할 수 있어야 한다.

왜 효과적 정부에 초점을 맞추는가? 그 이유는 역사상 어떠한 국가도 개발 과정을 능동적으로 관리 할 수 있는 정부 없이는 번영할 수 없다는 것을 보여주기 때문이다. 남한, 대만, 보츠와나, 마우리투스와 같은 국가들

---

[50] IPEA (2007).

의 놀라운 변화는 모두를 위한 보건과 교육을 실현하고 경제 성장의 과정을 능동적으로 촉진 시키고 관리하는 정부가 이끌어 왔음이 분명하다. 20년에 걸친 '구조 조정 계획'이라는 규제 완화와 국제 무역 그리고 원조 협정으로 쇠락을 한 많은 국가는 쇠약해지거나 자취를 감추게 되었다. 그러나 지름길은 없으며 원조나 NGO가 그 자리를 대신 할 수는 없다. 국가를 거치지 않고서는 개발에 다다를 수 없다.

왜 능동적 시민권인가? 사람들은 자신의 삶의 방향을 정하기 위해 함께 노력하기 때문에 자신의 사회에서 권리와 정의를 위해 싸우는 것은 정부와 사기업 그리고 다른 기관들이 책무성을 가지게 하는 데 중요한 역할을 하기 때문이다. 능동적 시민권은 그 본원의 장점이 있다. 빈곤한 이들은 정부 행동이나 복지의 수동적 수혜자로서 다루어지는 것이 아닌 자신의 운명을 결정하는 목소리를 가지고 있어야만 한다. 나아가, 정부, 사법부, 국회, 기업과 같은 시스템은 사람들을 정부나 다른 행동의 '대상'으로 삼을 때 빈곤과 불평등을 극복할 수 없다. 오히려 자신의 권리를 인식하고, 능동적으로 요구하여 열매를 맺는 것은 '주체'로 인식돼야만 한다.

물론, 능동적 시민들은 가난한 사람들만을 의미하지는 않는다. 중산층은 종종 풀뿌리 조직을 지원하는데 중요한 역할을 하고 엘리트들의 고질적인 태도와 신념에 도전하며 그들이 권력이 있는 이들을 극복해 나가는 데 도움을 준다.

모든 개발 활동가들은 국가와 시민들의 중심적인 역할을 인정한다. 그러나 실제로는 많은 NGO에게 개발은 오직 시민권에 대한 것이고, 많은 공적 원조 기구나 정부 부처에는 개발은 오직 국가에 대한 것만을 의미한다. 전자는 능동적 시민권을 진보의 유사어로 보았으나, 후자는 그 말을 정부에 의한 '자문'과 정기적인 선거로 축소하였다. 이와 유사하게, 후자는 국가를 개발의 모든 것이자 목적으로 보았으나, 전자는 자신들의 범위를 넘어서 있어 삼가야 할 것으로 보고 있다. 하지만, 옥스팜의 경험을 되돌아보면, 양자 모두 모든 개발에서 핵심을 이루고 있다.

능동적 시민과 효과적 국가에 대해 주안점을 두는 것은 개발에서 정치의 중심적 역할을 강하게 다룰 필요가 있다는 것을 의미한다. 너무나 자주, 개발에 대한 논의는 정치보다는 정책에 기반을 두고 진행된다. 이러한 주장을 하는 이들은 정치 지도자들과 정치 운동을 개발도상국에서는 불필요하거나 장애물로 그리는 '만일 내가 세계를 통치한다면, X를 할 것이다' 식의 접근을 채택한다. 잘해봤자, 정치는 탈정치화된 거버넌스로 축소된다. 그러나 좋게 든, 나쁘게 든 사회를 변화시키는 것은 이러한 리더들과 운동들이다. 정치를 이해하고 정치에 관여하는 것이 핵심이다.

이 책은 능동적 시민권과 효과적 국가는 서로 양립하며 또한 바람직하다는 바를 주장할 것이다. 문제는 그것들을 국가 개발에서 가능한 조속히 하나로 묶어내는 것이다. 하지만 양자의 관계는 복잡하여, 시민 사회 운동에는 흥망성쇠가 있는 것과는 달리 국가는 꾸준하며 서로 다른 리듬을 가지고 작동한다. 많은 경우, 장기적 개발은 기업으로 하여금 이윤만을 뽑아내는 것보다는 재투자를, 부자들이 국가의 안정과 성장을 위해 소득과 부의 재투자를 수용하는 것, 가난한 이들이 급하게 필요한 개선된 임금과 사회적 지출을 제한하는 것과 같은 순간적 욕구를 참아야 하는 요소들을 요구한다.

이를 위해서는 시민과 국가 사이의 명시적이든 암시적이든 신뢰와 확신을 구축하는 사회적 합의가 필요하다. 능동적 시민권과 효과적 정부의 본질과 양자의 관계는 권리, 태도, 믿음, 본질적 서비스, 정보 접근의 개념, 소유권, 부패, 민주주의의 확산과 같은 능동적 시민권에 공헌할 요소들을 다루는 2부에서 탐구될 것이다.

사기업과 같은 사적 영역이 긍정적으로든 부정적으로든 국가와 시민과 상호 관계하는 세 번째 요소라는 주장이 있다. 사기업들은 일자리와 상품을 생산하고, 지식과 기술을 전파하며, 국가에 세금을 낸다. 분명, 기업은 장기 개발에 대단히 중요한 경제 성장을 견인한다. 그러나 사적 영역은 그 부분들의 총합 그 이상이다. 경제적 권력은 정치적 권력 즉 시민과 국가가 상호 작용하고 개발이 일어나는 지형을 형성하는 결정권을 가진 이와 불가분의 관계로 연결되어 있다. 지나치게 비대해진 기업은 국가 (예를 들어, 뇌물이나 적절하지 않은 로비를 통하여)나 시민권을 (노동권을 부정함으로써) 무시할 수 있다.

이 책은 효과적 국가와 능동적 시민들이 개발이 추구하는 평등하고 지속 가능한 사적 영역 활동과 함께 경제 성장을 가져올 수 있는 조건들을 만들 수 있음을 주장하며 능동적 시민과 효과적 국가 사이의 상호 작용의 목표중 하나로서의 사적 영역의 번성을 제시할 것이다. 빈곤과 불평등을 넘어서는 시장의 중요한 역할과 함께 사적 영역은 실제 개발을 가져오는 데 필요한 경제학 분야와 그것이 농촌 생활, 노동 그리고 성장 모델에 갖는 의미를 대략적으로 보여주는 3부에서 논의될 것이다.

시민과 국가의 중요한 역할은 취약성에 대처하는 것이다. 빈곤한 이들은 개인적으로는 실업이나 질병에, 공동체 차원에서는 기후, 지진, 그리고 가장 가난한 이들에게 가장 큰 고통을 일으키는 갈등의 분출에 대해 잘사는 이들보다 더 취약하다.

취약성을 줄이려는 총체적 노력은 가난한 이들의 자기 조직화를 지원하고 거기에 힘을 실어 주며 우리가 '인간 안전human security'라 명명한 것을 국가 혹은 국제적 차원에서 지키는 것에 기반을 둬야 한다. 취약성과 안전을 추구하는 것은 폭력과 갈등, HIV와 AIDS, 자연재해의 위험 그리고 갈수록 커지는 가난한 이들과 공동체에 미치는 기후 변화의 영향과 빈곤과 가난의 본질과 이에 대한 대응으로서의 사회 보장 정책에 대한 관심을 다루는 4부에서 논의될 것이다.

성공한 개발의 역사는 변화의 용광로가 본원적으로는 국가와 지역적임을 보여주지만, 이러한 변화는 정치적, 경제적, 문화적으로 유대관계가 갈수록 깊어지는 지구화된 세계에서 일어나고 있다. 이러한 세계에서 부자 국가와 사회 그리고 회사는 큰 책임을 수반한다. 깊이 불평등한 글로벌 거버넌스의 형태들이 재점검되어야만 '지구적 공공의 선'이라 알려진 것을 관리할 수 있다. 공공의 선은 한 사람의 구매자 혹은 일련의 구매자들에게만 제한된 이익을 주지 않는다. 그러나 일단 이익이 제공되면, 많은 이들이 공짜로 즐길 수 있다. 그 예로 거리의 이름이나 깨끗한 환경을 들 수 있다. 지구적 차원에서 일어나는 기후 변화, 자본 흐름, 이주민, 갈등, 무역과 투자와 같은 과정들은 인간 지속가능성의 관점에서 다루어 져야만 한다. 다른 분야에서, 강력한 정부와 국제기구는 그 역할이 더 줄어야 한다. 예를 들어, 개발도상국에 특정한 경제 정책을 쓰는 것은 자제하고, 효과적 국가와 능동적 시민들이 개발의 드라마에서 주요 역할을 해야 하며 또한 실험과 실패를 통하여 배우고 성공하는 것이 허용되어야만 한다.

부자 나라에서 시민과 국가는 무기 무역, 지식과 기술의 자유로운 흐름을 제한하는 것, 기업의 부당 행위, 무역과 자본 시장의 강요된 자유화, 끔찍한 정도의 지구를 파괴하는 탄소 배출과 같은 현재의 위험한 행위를 근절하도록 스스로를 바로 잡는 데 집중해야 한다. '위해 행위 중단' 의제는 잘사는 나라의 사람들과 정부가 개발도상국의 가난한 사람들과 공동체의 투쟁에 적극적으로 연대하는 '지구적 시민권'에 의해 완성되어야 한다. 5부에서는 국제 금융 시스템, 무역, 원조, 인도주의적 원조와 기후 변화에 대하여 어떻게 이 문제가 다루어져야 하는 것은 5부에서 제시할 것이다.

시민과 국가의 결합이 지적으로 앞뒤가 꽉 막힌 청사진을 의미하는 것은 아니다. 이 책이 강조하듯이, 각각의 국가들은 발전에 이르는 다양한 길을 걸어왔다. 그러나 옥스팜의 현장 경험에 비추어 봤을 때, 모든 경우가 그러한 것은 아니지만 시민과 국가의 결합은 인간적인 지속 가능한 개발의 길을 건설하려는 깊은 마음속에 놓여 있다. 또한, 그 결합은 이 세기 동안 빈곤과 불평등을 극복하는 데 중요한 역할을 감당할 것이다.

시민과 국가 사이의 복잡한 상호 작용을 보여주는 가장 좋은 방법은 구체적인 변화를 체험하는 것이다. 이 책은 공동체, 국가 그리고 전 지구적 차원에서 여덟 가지의 예를 보여주며, 빈곤한 이에게 권력을 웹사이트에서 볼 수 있는 논문들을 통하여 제시된 방법론을 이용해 '변화는 어떻게 일어나는가'를 탐구할 것이다. 이것은 '진행 중에 있는 일'이며 어떻게 방법론을 개선할 것인지에 대한 제안을 특히 환영한다.

이 책에 대하여

『빈곤한 이들에게 권력을』은 부분적으로는 저자의 개인적인 고찰과 옥스팜 내부의 오랜 기간에 걸친 논의와 더불어 우리와는 완전히 다른 의견을 가진 많은 개발 전문가들과 대화의 결과를 담고 있다. 책의 내용은 분명히 대부분 옥스팜이 경험한 분야에 집중할 수밖에 없었고 현장에서의 경험으로부터 도출된 보편적인 이야기를 다루고 있다.

이 책은 옥스팜이 지금 가지고 있는 의견이나 옥스팜의 합의된 공식적 전략을 종합한 글이 ― 이것에 대해서는 옥스팜 인터내셔널의 전략 기획을 보면 된다[51] ― 아니다. 이 책의 목적은 현재도 계속하여 진행 중인 토론에 기여하는 것이다. 이 대화에 함께 하기 원하는 독자들은 옥스팜 웹페이지를 방문하면 된다.[52]

---

[51] www.oxfam.org/en/about/accountability/strategic_plan
[52] www.fp2p.org

2008년 처음 출간된 『빈곤한 이들에게 권력을』은 한국어53, 스페인어, 포르투갈어, 이탈리아어로 번역이 되어있고, 책이 목표로 하였던 토론은 동일한 이름의 블로그에서 계속 이어지고 있다.54 책이 출판된 이후 경제적, 정치적 혼돈의 시간이 지났다. 세계의 금융이 무너져 내리고, 식량 가격이 폭등했으며, G20에 의해 G8이 저물고 아랍의 봄 사건은 가장 기억할 만 하다. 이 사건들은 이 책을 개정하고 최신 정보들을 부가하여 새 판을 낼 수 있도록 자극을 주었다.

필요 없는 엄청난 불의와 고통이 만들어낸 도덕적 분노를 넘어 이 책은 지구 행성의 생태계 자체가 위협에 처해 있는 오늘날 또 다른 개발 문제에 대한 위급성을 다루고 있다. 우리는 돌아올 수 있는 지점을 통과하기 이전에 안전하고 공평하며 지속 가능한 세계를 건설해야만 한다. 40년 전 마틴 루터 킹 주니어는 다음과 같이 선견지명으로 말했다.

> 우리는 지금 긴박하고 험악한 상황을 마주하고 있다. 인간의 진보는 불가피한 것도 스스로 일어나는 것도 아니다. … 삶과 역사의 수수께끼가 드러나며 너무 늦어 버린 것과 같은 것이 있다. … 우리는 시간이 멈추기를 간곡히 호소할 수 있지만, 시간은 모든 애청에 귀를 막고 흘러간다. 많은 문명의 어지러운 잔해와 색 바랜 유골에는 무기력한 한마디 말이 남겨져 있다: 너무 늦었다.55

이 책은 지도자, 조직, 그리고 개인이 지금 행동으로 움직인다면 아직 늦지 않았다는 믿음에 기초해 있다. 오늘 시작하자.

---

53 역자 주 - 던컨 그린, 『빈곤에서 권력으로 - 국가와 시민은 어떻게 빈곤과 불평등을 해결할 수 있을까-』, 주성수 역, (서울: 이매진, 2010)
54 http://www.oxfamblogs.org/fp2p/
55 M.L. King (1968) *Where Do We Go From Here? Chaos or Community.*

제2부

·

권력과 정치

개발의 정치적 뿌리

제로니마 퀴비퀴비Jeronima Quiviquivi는 강렬한 인상을 가진 여성이다. 그녀는 열대 오후의 열기 가운데 토착 마을인 몬테베르데Monteverde의 언저리에 있는 새로 지은 집 밖에서 여섯 명의 아이들에 둘러싸인 채로 볼리비아 저지대의 치키타노Chiquitano 인디언 부족의 투쟁을 회상한다.

> 나의 아버지는 우리의 권리에 대하여 아무것도 알지 못하였습니다. 우리는 백인들이 이야기한 것만을 하였지요. 오직 그들만이 권력을 가지고 대통령이 될 수 있었습니다. 우리는 읍내로도 갈 수 없어요. 사람들이 우리를 보고 저주를 퍼부었기 때문이에요. 그러나 우리가 조직을 가지게 되고 우리의 리더를 뽑게 되었을 때, 우리도 권리가 있다는 것을 인식하게 되었습니다.

그들은 처음에는 다른 마을의 치키타노 사람들과 만나고 이야기할 수 있는 유일한 방법인 축구 경기를 하며 조직화를 하였다. 몬테베르데의 토착 활동가들은 토지, 교육, 권리, 정치적 목소리와 같은 그들에게 중요한 사항들을 가지고 투쟁을 하였다. 투쟁하는 순간들은 공동의 역사를 만들어 가는 데 도움을 주었다. 지방 정부 사무실에서 분노를 폭발하여 몇 년 전부터 급여를 주어야 함에도 그렇지 않았던 불법을 증명하는 서류를 빼앗았다. 그들은 볼리비아 산악지대 원주민 다수의 공통적 정체성을 강화하는 수도 라 파즈La Paz로 먼 행진을 하였다. ('변화는 어떻게 일어나는가:

볼리비아 치키타노인들의 혁명' 사례 연구 참조)

지금 치키타노인들은 한때 백인들이 가졌던 권력의 자리를 가져왔다. 그들은 자신의 시장과 국회의원을 가지고 있고 라 파즈에는 남미 최초의 원주민 대통령 에보 모랄레스가 있다. 그리고 권력이 생기자 귀한 토지가 따라왔다. 10년간의 캠페인 끝에 2007년 7월 3일, 몬테베르데의 치키타노인들은 천 헥타르의 '공동 소유 토지'를 받아내는 협정에 사인하였다.

이 놀라운 투쟁의 역사는 가정에서의 관계도 변화시켰다. 제로니마의 남편은 지역 지도자인데, 지금은 그녀가 회의가 있을 때는 아이들을 돌본다. 그녀는 말한다. "우리는 여성들을 별도로 만나곤 했습니다. 그러나 지금은 남자들도 만나지요. 더는 남자들이 두렵지 않습니다."

치키타노인들이 주변화를 벗어난 이야기는 개발에서 권력과 정치의 중심적인 역할을 강조하고 있다. 개인들과 가족들 그리고 공동체들과 국가들 사이의 상호 관계는 권리, 안전, 번영으로 혹은 빈곤과 취약성으로 공동체를 이끌어 갈 수도 있다. 권력과 정치는 불의와 불평등을 넘어서고 극심한 빈곤을 제거하기 위해 20세기의 정치적 사회적 변화의 놀라운 노정을 이 세계가 세울 수 있을 것인가를 결정한다.

시민과 효과적 국가는 권력과 정치의 핵심에 있다. '시민'이라는 말은 아이들이나, 이주자처럼 비록 투표를 할 수 없을 지라도 특정한 장소에 살아가고 있는 모든 이들을 의미한다. '효과적 국가'는 포괄적 경제성장을 위해 효율적인 전략을 기획하고 실행하며 법의 지배와 안보를 지키며 시민들의 권리를 책임지고 보장할 수 있는 국가를 의미한다. 능동적 시민과 효과적 국가 사이의 상호관계는 그 복잡성과 계급 간의 연대 그리고 저점과 고점, 많은 모순과 함께 아래에서 논의될 것이다.

개인 차원에서, 능동적 시민권은 자기 신뢰가 커지는 것과 자신에게서 권력이 점차적으로 사라지는 상황을 내면화하는 것을 막는 것을 의미하고 다른 사람들과의 관계에서는 결정에 영향을 미치고 중재할 수 있는 능력을 개발하는 것을 의미한다. 또한, 능동적 시민권은 권한이 주어진 개인들이 함께 일할 때, 마을이나 이웃 혹은 더 넓은 단계에서의 집단행동을 포함한다.[1] 궁극적으로 능동적 시민권은 효과적 국가를 건설하는 정치 시스템과 연계되어 있고 '그들'과 '우리'를 넘어 공공의 문제에 대한 일정의 책임감을 가지는 것을 의미한다. 그렇게 되지 못하면, 프랑스 철학자 버틀란드 드 주브네의 명언이 말하는 바처럼 "양들의 사회는 시간이 흐르면 늑대의 정부를 탄생시킨다."[2]

능동적 시민권은 꼭 거기에 제한되는 것은 아니지만 정치적 활동을 포함한다. 이것은 그 이익이 순전히 개인이나 가족의 범위를 넘어서는 것일 때, 신앙 단체나 주민 협회, 비즈니스 행위를 사회적 목적에 부합하게 하는 '사회적 기업'과 그 모든 사회적 조직에 참여하는 것을 포함하여 개인 활동 까지를 포괄한다. 따라서 그것은 필연적으로 그 범위가 분명하지 않고 전환적 특징과 특히 국가와 같은 권력 구조와의 관계에서 구분된다는 점에서 사회 네트워크를 포함한 사회적 자본의 넓은 개념과도 차이가 난다.

이러한 권력 행사는 중요한 자유의 형태로서 그것 자체로 목적이 되고 또한 국가, 시장, 공동체, 가족과 같은 다양한 사회 제도들이 인간의 권리를 존중하고 그들의 요구를 법, 지배, 정책 그리고 매일매일의 실천을 통하여 충족시키는 수단이기도 하다. 제도는 때로 여성, 원주민 사회, 장애인 그리고 다른 특정한 단체를 차별한다. 그러나 개인들이 함께 차별에 도전한다면, 자신을 억누르는 제도를 변화시킬 수 있다. 가난한 이들을 재난이나 빈곤 혹은 기아의 수동적인 '피해자'나 원조의 '수혜자'로 그리는 것과 대조되는 것으로 이러한 차별에 대한 도전의 측면에서 보자면 가난한 이

---

1 J. Rowlands (1997), p. 15.
2 B. de Jouvenel (1949) *On Power*.

들의 조직이 중앙에 서게 된다. 방글라데시학자 나일라 카비어Naila Kabeer
의 말대로, "'나는 할 수 없어'라는 말속에서 드러나는 무기력한 상황과는
달리 적극적 활동은 우리는 할 수 있어라는 말을 할 수 있는 집단적 자기
확신의 요소를 포함한다."[3]

옥스팜은 세계 곳곳에서 빈곤한 삶을 살고 있던 사람들이 사회적, 정치적, 경제적 활동을 통하여 근본적이고 지속적인 삶의 변화를 가져온 것을 목격하였다. 그 활동은 권력, 발언권, 기회 그리고 자산을 역사적으로 가지지 못한 이들에게 재분배함으로서 깊이 뿌리박힌 불평등과 싸우는 중심적인 역할을 하였다. 그 활동은 자주 지역, 국가 그리고 세계적 차원 모두에서 빈번히 일어날지라도, 세계보다는 국가에서, 국가보다는 지역에서 더 자주 일어난다. 이것은 때로는 발전하는 가운데 긍정적인 대안을 만들어내기도 하며 강요된 변화를 거부하기도 하지만 주로는 토지, 공공 지출, 혹은 신용과 같은 자원의 분배에 집중한다. 이것은 개혁이 종종 과격해지고, 축적된 개혁은 시간이 지나며 혁명이 되기도 하지만 거의 언제나 혁명보다는 개혁을 추구한다.

그럼에도 불구하고 이러한 활동만으로는 충분하지 않다. 사람들의 삶에 권력을 행사하는 제도 중 장기적 발전 목표를 추구하며 개인의 권력과 시장을 연계 할 수 있는 것은 국가밖에 없다.

개발은 평화롭지 못하다. 국가가 변화할 때, 사회적, 경제적 구조는 빠르게 변화하고, 새로운 계급이 나타나며, 새로운 부가 역사상 없던 속도로 축적된다. 이 격변 가운데 승자와 패자는 계속 서로를 공격한다. 오늘날 산업화된 국가들에서 이러한 사회적 경제적 변화가 나타나기까지는 수 세기가 걸렸으나 개발도상국에서는 유사한 변화가 놀랍게도 수십 년 만에

---

[3] 다음 책에서 재인용. J. Rowlands, 'Questioning Empowerment', op. cit., p. 22.

나타났다.[4]

시민과 국가는 함께 개발의 중요한 세 번째 요소인 사적 영역의 발전을 견인해 내었다. 그러나 상호 작용은 양방향이다. 경제의 본질과 경제 권력의 분배는 국가와 시민의 발전에 근본적인 영향을 미쳤다. 경제 엘리트는 그 결과에 대한 온전한 책임을 질 수는 없지만 어떠한 정치를 받아들일 것인가를 결정하는 데 폭넓은 영향을 미친다.

몇몇 국가에서, 이러한 '창조적 파괴'의 과정은 생동감 있고 창조적인 자본주의를 가져왔지만, 다른 국가에서는 일하지 않는 계급이 자원을 훔쳐가는 '정치 파괴' 상태를 만들어 냈으며 후세들에게는 혼돈만을 남겼다. 국가의 본질과 정치적 발전은 국가가 나아가야 하는 길을 결정하는 데 중요하다.

효율적이고 책임성 있는 국가는 개발의 핵심이다. 국가는 모든 이를 위한 보건, 교육, 물 그리고 위생 시설을 보장하고 안보와 법치 그리고 사회적, 경제적 안정을 유지한다. 또한, 국가는 경제를 발전시키고, 향상시키며 규제한다. 사적 영역에서건 공적 운동에서건 둘 다 중요한 역할을 하지만, 둘 중 어디에도 지름길은 없다.

따라서 개발의 중요한 도전 중 하나는 효율적이고 책임감이 있어 소득뿐만 아니라 모든 형태의 빈곤과 불평등을 극복하며 능동적인 시민권이 꽃필 수 있게 하는 권리에 대해 존중을 하는 국가를 어떻게 세울 것인가이다. 효과적 국가는 가난한 이들과 공동체가 시장으로부터 이익을 취하며 충격에 대한 취약성을 줄여나가는데 중요하다. 이것은 이 책 곳곳에서 다시 다룰 것이다.

그러나 그 기원의 모호함에도 불구하고 현대 국가들은 국제 법에 의하

---

[4] M.H. Khan (2002) 'State Failure in Developing Countries and Strategies of Institutional Reform'.

여 인권을 존중해야 하는 의무를 지고 있고 국제 사회와 시민운동의 압력으로 그 역할을 점점 확대해 나아가고 있다. 이러한 이유에서, 시민과 국가의 접점이 되는 정치를 통하여 정치적 행동의 어려움과 더불어 더 큰 자유를 향한 진보의 증거를 검토하는 것이 이 장의 중심 주제이다.

나는 권리를 가지었다. 따라서 존재한다

삶의 가장 고양된 형태는 그 존재가 행위를 지배할 때 나타난다.
(성 토마스 아퀴나스Saint Thomas Aquinas, 13세기)

만일 물고기 한 마리를 주면, 하루 치 먹을거리가 해결해주지만, 물고기 잡는 법을 알려주면, 평생을 먹거리를 해결해 준다'는 개발의 격언이 있다. 옳은 말이지만, 3부의 '변화는 어떻게 일어나는가: 티감가르Tikamgarth 수산 공동체'의 예에서 볼 수 있는 바와 같이 그 사람은 먼저 연못에서 낚시를 할 수 있는 권리가 있어야만 한다. 나아가 캄보디아에서 온 마을 지도자가 밝힌 바와 같이 "남성도 여성 같아야 한다." 그녀는 말한다.

> 그 여자는 이미 낚시하는 법을 알아요. 그녀는 그저 불법 벌목 회사나 어부들이 강을 떠나기를 바랄 뿐이에요. 정부가 아시아 개발은행의 도움을 받아 자신의 삶을 해치는 커다란 댐을 설치하지 않기를 바라요. 경찰이 폭력적으로 공동체를 댐으로부터 멀리 쫓아내지 않기를 바랍니다. 자선을 바라는 것이 아니에요. 자신의 기본 권리가 존중받기를 바랄 뿐입니다.[5]

---

5 Interview with Oxfam Australia/Community Aid Abroad, cited in 'Advocacy for the Eradication of Poverty', Oxfam Novib.

어떤 것에 대한 권리를 가지고 있다는 것을 느끼는 것은 단순히 그것을 원하고 필요로 하는 것보다 훨씬 더 강력한 것이다. 이것은 누군가가 응답을 해야만 하는 의무를 지는 것을 암시한다. 권리는 사람들, 특히 가장 취약하고 사회로부터 배제된 사람들로 하여금 '의무를 진 이들'로 알려진 권력을 가진 사람들에게 요구할 수 있는 구조적 요구 혹은 권한을 장기간 보호한다. 의무를 진 이들은 거꾸로 '권리를 가진 이'의 권리를 존중하고, 보호하며, 지키는 의무를 진다. 따라서 권리는 자연히 시민권, 참여 그리고 권력 개념과 연계된다.

그러나 권리만으로는 충분하지 않다. 인도 경제학자 아마티아 센Amartya Sen의 말에 따르면 개인들은 능력, 즉 권리와 권리를 행사할 능력이 필요하다. 그런데 그 능력은 가난하고, 글을 모르고, 궁핍하고, 아프고, 주요한 정보가 없거나 폭력의 공포 속에서 살 때는 무시된다. 여자아이들에게 학교에 갈 '권리'를 가지고 있는 것은 만일 그 아이들이 집안일의 중압감과 가정과 마을에서의 편견이나 집에서 밥을 먹을 때 제일 마지막 순서에 서야만 할 때, 배고픈 채로 온종일 지내야 할 때, 물을 나르고, 청소하며 나이 어린 형제들을 돌보아야 할 때는 아무런 의미가 없다. 능력은 사람들이 무엇을 할 수 있고 그들이 무엇이 될 수 있는가를 결정한다.[6] 생산적인 노동을 통하여 물리적 안보를 얻는 것은 이러한 능력의 중요한 요소가 된다.

모든 권리는 필연적으로 도덕적 연계의 그물망과 사회를 하나로 묶어주는 의무감을 구성하는 책임감과 연결된다. 가난한 사람들도 공동체에 대한 책임감을 느끼지만, 공평과 공정에 기초한 사회를 우리가 세운다면, 권력이 있는 이들과 조직들 특히나 정부는 특별한 책임감을 진다.

---

[6] 능력에 대해서는 다음의 책을 참조. see M. Nussbaum (1999) *Sex and Social Justice*.

권리의 뿌리

모든 이들이 공평한 위엄과 가치를 지니었으며 자연권을 가졌다는 사상은 17, 18세기에 서유럽에서 국가의 임의적 권력으로부터 개인을 지키기 위한 수단으로 발전되었다. 어떤 사상가는 두 가지 '인권 혁명'에 대하여 말한다: 첫 번째는 미국 독립선언(1776)과 인간과 시민의 권리에 대한 프랑스 인권 선언(1789). 두 번째는 2차 세계대전 이후 나온 역사상 최초로 전 세계적 책무로서의 인권을 인식한 보편적 인권 선언(1948)이다.[7] 어린이의 권리, 민족, 성별에 방점을 둔 새로운 조약들로 인권 범위가 점점 더 넓혀져 가며 이 두 번째 혁명은 계속되어가고 있다. 이것은 새로이 등장하는 국제 법과 전 지구적 거버넌스 시스템의 기초를 형성한다. (5부를 보시오)

인권의 진보는 민주주의와 탈식민주의가 확산 되고 대중들이 사회조직에서 어느 정도 자신의 소리를 내게 되어 20세기 후반을 수놓은 상징물이 되었다. 대중들의 문해 교육과 보건에서의 진전이 전조가 되어 이러한 권리를 행사할 수 있는 권리가 강화 되게 되었다.

인권은 세 가지로 구분될 수 있다: 시민적이고 정치적인 혹은 '소극적' 권리. 국가는 이것을 무조건 지켜야만 한다. 교육받을 권리와 같은 경제적, 사회적 그리고 문화적 이거나 '적극적 권리'. 국가는 이것을 능동적으로 진작시키고 이를 위해 재정을 확보해야만 한다. 마지막으로 국가가 존중해야만 하는 자기 결정권과 같은 집단적 권리. 최근, UN은 권리의 범위를 기업과 같은 비정부 행위자까지 넓히고 있다.[8]

---

7   See introduction to P. Gready and J. Ensor (2005) *Reinventing Development?: Translating Rights Based Approaches, from Theory to Practice*, Zed Books.
8   P. Uvin (2004) *Human Rights and Development*, Kumarian, p. 14. See www.business-humanrights.org/Home for more on businesses and human rights.

보통선거와 노예제도가 폐지된 이래 새로운 형태의 권리는 초기에는 비이성적이고 부당한 것으로 권력을 가진 이들에게는 비추어졌으나 차츰 주류 사회에 공통된 인식으로 받아들여지게 되었다. 최근에는 여성과 아동에 대한 동등한 권리에 대한 문화적 논쟁이 되었다.

UN 선언 이후 오랫동안, 인권이라는 수식은 냉전의 선전 전에서 무기로 축소되어 왔다. 경제학자인 J.K. 갈브레이트J.K. Galbraith가 농담 삼아 말한 것과 같이 '자본주의하에서 인간은 인간을 착취하지만, 사회주의하에서는 거꾸로 착취당하던 사람이 착취하던 사람을 착취한다.' 사회주의나 자본주의 모두 인권에 이르는 길은 멀었다. 서구는 사회주의 국가를 향하여 시민적이고 정치적인 권리를 부정한다고 손가락질을 한다. 동구는 자본주의 국가가 모든 시민을 위한 경제적이고 사회적인 권리를 확보하는 데 실패 하였고, 자이르의 모부터 세세 세코Mobuto Sese Seko나 칠레의 마우구스토 피노체트Augusto Pinochet와 같은 독재자를 지원했다고 비난한다.

냉전의 종식은 많은 개발 활동가들로 하여금 두 개의 원리를 개발에 대한 '권리에 근거한 접근'으로 수렴시켰다. 정치적이고 시민적인 권리와 경제적이고 사회적인 권리를 연합시킴으로써 이 접근은 국가와 시민 사이의 새롭고, 정의로우며 생동감 있는 '사회적 계약'을 세우는 것을 목표로 하였다.9

인권과 개발은 매우 다른 세계로 느껴진다. 거칠게 말하자면, 법률가와 학자는 전자를, 경제학자와 엔지니어는 후자에 속한다. 서로 공통점이 없는 양자이기에 커뮤니케이션 문제가 나타나지만 반면에 그렇기에 서로에게서 배울 것이 많다. 유엔에 따르면, 인권의 전통은 법률, 사법부 그리고

---

9   R.C. Offenheiser and S.H. Holcombe (2003) 'Challenges and Opportunities in Implementing a Rights-Based Approach to Development: An Oxfam America Perspective'.

소송 절차와 같은 합법적 장치와 제도를 인간의 자유와 발전을 보장하기 위한 도구로 도입하였다. 권리는 도덕적 정당화와 사회정의가 인간 개발의 목표를 위해 쓰일 수 있도록 한다. 권리적 관점은 가장 소외당하고 빼앗긴 이들에게 우선성을 둘 수 있도록 한다. 또한, 이것은 모든 이들을 위한 정보와 정치적 목소리의 필요성을 개발의 문제로, 시민과 정치적 권리를 통합적 개발 과정의 부분으로 정향 시킨다. 인간 개발은 권리를 충족시키기 위한 것으로 역동적인 장기적 관점을 제시하고 권리가 실현되거나 위협받을 수 있는 사회-정치적 맥락에 주의를 기울인다. 따라서 인간 개발은 권리 실현을 위한 장기적 전략을 세우는 데 일조한다. 요약하자면, 인간 개발은 인간 권리를 실현하고 인간 권리는 모든 인간 개발의 본질이다.[10]

때로 국제 인권 시스템을 사용하여 많은 나라의 시민들이 정부에 압박을 가하여 성공적으로 권리를 보장하는 법을 통과시켜 왔다. 최근 인도는 식량과 정보 권리에 있어서 몇 가지 놀라운 성과를 보이며 이 분야를 선도해왔다.[11] 현재 많은 나라에서 시민들이 자신의 권리가 침해당했다고 느껴지면 신고를 할 수 있는 옴부즈맨제도를 운영하고 있다. UN 협약에 부응하여 도입된 이러한 법률은 태도와 행위에 지속적으로 낙숫물 효과를 가져온다. 표면 밑으로 나타나는 권리에 대한 이해의 변화는 시민 단체들이 정치적인 개혁을 추구하면서 폭발적으로 표면 위로 드러난다. 실제로 이러한 일들은 라 파즈, 키에프, 베를린, 테헤란, 마닐라에서 자신의 권리를 요구하는 군중들이 정부를 정복시키고 급속한 변화의 시대를 가져온 사태를 통해 볼 수 있다.

---

10 UNDP, *Human Development Report 2000*, p. 2.
11 다음을 참조. www.righttofoodindia.org and www.righttoinformation.info

권리와 빈곤

옥스팜은 빈곤은 자신의 삶의 중요한 측면들을 제어할 능력이 거부되는 상대적 무기력의 상태라는 전제로부터 출발한다.[12] 빈곤은 국가, 사회 그리고 가계 차원에서 정책과 실행을 통한 제도적으로 깊이 뿌리박힌 불평등과 공평하지 못한 권력 관계의 증상이다. 사람들은 종종 돈, 토지 혹은 자유를 가지고 있지 못한데, 그 이유는 그들은 자신의 삶에서 선택할 수 있는 자원을 요구하고 통제할 수 있는 능력이 제한됨으로 자신의 계급, 성별, 민족, 나이 혹은 성 지향성과 같은 인격적 정체성의 하나 혹은 더 많은 측면에서 차별을 당하고 있기 때문이다.

세계에서 7명 중 1명, 약 9억 명의 사람들이 민족, 언어, 종교적 정체성에 근거하여 차별을 당한다.[13] 이 배제된 사람들은 '만성적으로 빈곤한 이들'의 중심을 이룬다. 종종 평등하지 못한 권력 관계는 오래된 불의에 의한 것이다. 예를 들어 인도 북부의 유타르 프라데시Uttar Pradesh주에서는 여성 가운데 80퍼센트가 보건소에 가기 위해서는 남편의 허락을 맡아야 하고, 60퍼센트는 집을 나가기 위해서는 허락이 필요하다. 최근 다르지만 이것과 유사한 관계들이 있는데 그것은 가난한 국가와 부자 국가들 사이의 협상에서의 불공정성과 경제적 세계화의 결과이다.

권리에 근거한 개발 접근의 주요한 목적은 빈곤, 탈권력화 그리고 분쟁의 자가 발전적 악순환을 모든 이들이 권리를 누리고 국가에 의무를 질 것을 요구할 수 있는 선순환으로 변환시키는 방법을 찾아내는 것이다. 또한, 의무를 진 이들은 사람들의 인권을 진작시키고 지키며 충족시킬 수

---

[12] M. Brouwer et al. (2005) 'The Experiences of Oxfam International and its Affiliates in Rights-Based Programming and Campaigning'.
[13] DFID (2005) *Reducing Poverty by Tackling Social Exclusion*, p. 5.

있는 의지와 역량을 가지게 하는 것이 그 목적이 된다.

권리에 기반을 둔 접근은 가난한 이들이 자선의 수동적 수혜자로서 기본적 필요만을 충족시켜야 한다는 의견을 거부한다. 사람들은 자신의 권리를 실현하려 하는 자기 계발의 능동적 주체이다. 국가를 포함한 개발의 시행자들은 사람들이 갑작스러운 재난이나 억압 혹은 폭력으로부터의 보호와 교육, 보건, 물, 위생 시설과 같은 품위 있는 삶의 본질을 지키려는 권리를 보장함으로써 자신의 권리를 실현할 수 있는 능력을 개발시켜 주어야 한다. 정보와 기술에 대한 접근성과 같은 덜 시급해 보이는 문제도 장기적으로 볼 때는 중요하다.

이러한 권리에 기반을 둔 접근은 국제 사회와 국제법에 의해 승인을 받고 국제법에 따라 해석된 원칙에 의거 하여 공평과 정의에 대한 논의를 진전시켜 나간다. 국가가 시민의 요구를 받아들이고 다양한 세력들에 의존하고 있는 시대에, 인권 틀은 정부와 시민들이 정의를 찾는 데 도움을 준다.[14] 권리에 기반을 둔 접근은 옥스팜과 다른 권리에 기반을 둔 기관들이 책임성을 높이도록 촉구한다. 그렇게 하여, 이 기관들이 차별과 배제를 무시하고, 현존하는 권력의 불균형을 강화하며, 오래된 자선 철학을 고수하게 되는 것을 막을 수 있다.

권리와 권력

자신의 권력을 실현하는 사람들의 역량과 그 역량을 채워주는 국가의 역량은 물론 상대적 권력에 근거한다. 권력의 불평등은 가난한 이들과 부자들의 삶에 경제적 불평등을 가져온다. 권력은 개인과 집단의 상호적이

---

[14] R.C. Offenheiser and S.H. Holcombe (2003) op. cit., p. 33.

고 내적인 사유를 형성하며 가계, 공동체 그리고 넓게는 사회를 관통하는 력장force field을 닮아있다. 력장과 같이 이것은 종종 사건에 미치는 영향을 통해서만 찾을 수 있다.

개발 정책과 시행은 마치 권력이 존재하지 않는 것처럼 진행된다. 원조 공여국들과 수혜국들이 2005년 원조 효과성 파리 선언문을 합의하였을 때, 그들은 '파트너'와 '파트너십'이라는 단어를 96번이나 사용하였지만 '권력'이라는 말은 한 번도 사용하지 않았다. 부자국가와 가난한 국가들 사이의 불공평한 권력 관계를 무시하면서 말이다.[15] 권력이 어떻게 권력이 있는 이들과 없는 이들 사이의 삶에 갈등을 조장하는가를 이해하는 것은 개발의 핵심인 능동적 시민권과 효과적 국가의 절충을 가져오는 노력의 본질이다.

권력은 때로 다른 타자의 동의가 있건 그렇지 못하건 자신이 목표하는 바를 얻을 수 있는 이해가 된다. 그러나 권력은 최소한 네 가지 형태를 지니고 있다.

- **군림**하는 권력: 약자 위에 군림하는 강자의 권력. 이 권력은 때로는 감추어져 있다. 예를 들면, 정치 토론의 장으로부터 엘리트들이 거리를 두는 것.
- **행사**하는 권력: 행동을 결정하고 실행하는 능력
- **함께**하는 권력: 조직, 협력, 연대를 통한 집단적 권력
- **내적 권력**: 때로는 문화, 종교 혹은 다른 집단적 정체성과 연계된 개인적 확신으로 어떤 사유와 행동이 합법적이거나 받아들일 만하다는 것에 영향을 준다.

---

[15] R. Chambers, 'Transforming Power: From Zero-Sum to Win-Win?', *IDS Bulletin*, November 2006, p. 108.

권력은 실재하지만 개념적으로는 갈피를 잡기 어렵다. 모든 개인과 집단은 복합적 관계를 맺고 그 관계는 어느 정도 권력적 형태를 띤다. 그 누구도 전적으로 권력이 없지 않다. 어머니는 아이들에게 권력을 가지고 있지만 그 권력은 아마도 폭력적인 남성 파트너의 허락에 달려 있을 것이다. 반대로 그녀의 아이들은 어린 동생들에 대하여 권력을 가지고 있다. 나아가 권력의 분배를 바꾸는 것이 언제나 '제로섬 게임'은 아니다. 권력을 얻으려는 이가 동일한 정도의 권력을 다른 이로 하여금 잃게 할 필요는 없다.

권리에 기반을 둔 접근은 가난한 이들이 스스로 자신감을 회복하고 (내적 권력) 조직화를 함으로써 (함께 하는 권력) 권력을 가질 수 있도록 도와준다. 옥스팜 현장 프로그램 방문을 통해 NGO, 활동가, 동기부여 리더, 학자와 같은 외부인과의 접촉이 볼리비아 치키타노에서 처럼 사람들의 시각이 넓어지고 자신의 권리를 깨닫게 된 개인의 변화 과정의 촉매작용을 할 수 있는지 보여주는 이야기를 볼 수 있다. 치키타노 활동가 미구엘 리베라Miguel Rivera에 따르면 "우리의 권리 의식은 외부에서 왔습니다. 정치 지도자들과 ILO 협약 169조(원주민 권리)로 부터 왔습니다. 이것은 중요합니다. 이것이 원주민들을 일깨워 주었습니다."[16]

전에는 소외되었던 사람들과 단체들이 이제는 자신들에게 '군림하는 권력'을 가진 엘리트에게 도전함으로써 자신의 권리를 요구하는 '내적 권력'을 가지게 되었고 자신의 삶을 개선할 수 있는 '행사하는 권력'을 얻어냄으로써 자신의 권력을 주장 하게 되었다. 인도 자영업 여성 연합 SEWA과 같은 잘 알려진 개발 단체들은 이러한 '아래로부터'의 과정을 밟는다.

---

16 저자 인터뷰 2006.

러시아 소수민족 학살로부터 르완다 인종 학살에 이르기까지 '비문명 사회'의 오랜 전통을 보았을 때, '함께 하는 권력'이 언제나 발전적인 것은 아니다. 더 중요한 것은 '군림하는 권력'이 언제나 해로운 것도 아니다. 사람들의 삶의 지속적인 개선을 가져오는 것은 국가의 '군림하는 권력'을 멀리하는 것이 아니라 그것을 제어할 수 있도록 하는 것이다.

가족, 공동체, 넓게는 국가에서 권력의 자리에 있는 사람들은 자신의 이익을 추구하는 데 있어 더 자원이 많고, 네트워크가 넓고, 조직되었으며 기술도 풍부하다. 자신의 특권을 지키고 자신만의 서클에서 다른 이들을 배제하는데 권력을 이용할 수 있다. 경제 권력과 정치 권력은 언제나 서로 연계되어 있다. 모든 국가에서 엘리트들은 역사적으로 극단화되었고 때로는 폭력적이었고, 권력을 지키고, 그 권력을 연장하고자 하였다. 불평등을 강화하는 책무성과 투명성의 결여와 같은 문제들을 만드는 구조와 활동은 우연적인 것이 아니다. 그것을 개혁하려는 노력은 끈덕지고 때로는 폭력적이기까지 한 저항에 부딪힌다. 정치적, 경제적 권력을 더 공평하게 재분배하는 것은 종종 이러한 영속적인 불평등의 고리를 끊어내는 첫 발걸음이 된다.

영국 국가 보건 서비스British National Health Service의 창립자이자 웨일즈 출신의 급진주의자 어네린 베반Aneurin Bevan은 "권력 취득의 목적은 그것을 떠나보내기 위한 것이다"라고 믿었고 실제로 권력이 있는 이들은 이기적인 이유와 이타적인 이유를 조합하여 그것을 다른 이들과 나누는 선택을 할 수도 있다. 따라서 개발을 위하여 권력을 가지는 것은 리더 개인의 덕목이나 헤아림에 달린 것이 아니라 권력의 분산, 법, 독립적인 미디어와 같은 공적인 감시와 제도적인 견제 및 균형에 근거하게 된다. 이 모든 것은 권리를 보장하기 위한 것이다.

권리를 요구하는 것은 느리고, 합법적이며 평화로울 수 있으나 폭력이 수반된 강력한 저항이나 새로이 권력을 가지게 된 이들이 그 자리에서 내려오기를 거부할 때는 대립과 분쟁의 순간을 맞이하게 된다. 남아공의 아파타이트 반대 투쟁과 같은 정의를 향한 오랜 저항운동에서, 폭력적 대립은 수십 년간 계속되었고 새로운 집단 국가 정체성이 형성되는 중요한 사건이 되었다. 심지어 이러한 드라마틱한 사건이 끝났을 때도 권리를 향상하려는 이 대립과 협상은 계속되고 있다.

> 사례 연구

변화는 어떻게 일어나는가: 볼리비아 치키타노 사람들을 위한 혁명

2007년 7월 3일, 12년간의 끊임없는 투쟁 뒤에, 인구가 약 12만 명 정도가 되는 볼리비아의 치키타노 사람들은 산타 크루트 동쪽, 몬테베르데에 1만 헥타르의 토지에 대한 합법적으로 명의 이전을 얻어내게 된다. 첫 번째 원주민 대통령인 에보 모랄레스와 몇몇 장관들이 이 행사에 참석하였다. 세 명의 시장, 열 명의 지방 의원 (6명의 여성과 4명의 남성), 상원 의원, 하원 의원, 제헌 국민의회 의원 2명이 참석을 하였는데 이들 모두 치키타노였다.

한 세대 전만 하더라도 이러한 이벤트는 생각조차 하지 못했던 것이다. 1980년대 까지만 해도 지역 정부, 지주, 교회를 위해 무임금으로 일을 하고 토지 소유가 금지된 채 거의 봉건제의 상태에서 살고 있었다.

치키타노 사람들은 예수회 원주민 선교 정착치reducciones에서[17] 살아남은 이들로 볼리비아 외부에는 잘 알려져 있다. 이곳에서 그들은 바로크 음악을 배우고 외부 관광객을 불러들이는 아름다운 교회를 세웠다.

---

17 역자 주 - 기독교로 개종한 뒤 머무르게 되는 원주민들의 정착지.

이 이야기는 1986년 영화 미션The Mission에서 다루고 있다.

19세기 볼리비아 정부는 동부 저지대를 식민지화했다. 30년간의 고무 붐이 부는 동안 수천 명의 치키타노 사람들과 다른 원주민들은 고무나무 지대에서 노예화가 되었다. 1952년 산악지대를 휩쓴 과격 혁명 기간 동안, 동떨어져 있던 동부에서는 원주민 가족 노예무역이 계속되었고 그들은 고무나무 지대에서 노동을 계속하였다.

1980년대가 되어 원주민 정체성이 서서히 1952년 민족주의에 의해 야기된 계급에 근거한 소농 정체성을 대신하게 되며 변화의 바람이 불기 시작했다. 치키타노 사람들은 스스로를 자신만의 요구를 지닌 원주민으로 규정짓기 시작하였고 450개가 넘는 공동체를 대표하는 치키타노 원주민 조직OICH을 빠르게 구성하였다. 어떤 노인 여성은 이렇게 설명한다. "바로 얼마 전부터 우리는 스스로를 치키타노 인디언이라고 부르기 시작하였습니다. … 우리는 서로 닮았고 모두 주인들에게로 넘겨졌습니다. 얼마 전까지 그들은 우리는 캄바스cambas 혹은 소농이라고 불렀습니다."

이 과정은 예상 밖으로 1980년대의 구조 조정 정책으로 촉발되었다. 이 구조 조정은 사회 권리의 개선과 국가개입을 30년 뒤로 돌려, 볼리비아 전역의 저항운동을 불러일으켰다. 다른 사회 운동을 따라 저지대 사람들은 1990년 수도 라파즈로 행하는 행진을 조직 하였고 이 행진은 어떤 참가자가 말했듯 "동부에도 원주민이 존재한다는 사실을 보여주었다." 원주민들은 문자적, 정치적 운동을 해 나갔다.

1990년대는 워싱턴 합의 정책의 강경론자 내에서 타협적인 기류가 나타났는데, 이것은 지방정부 및 농업 개혁을 가속화하는 것을 포함한다. 1995년 1월 치키타노 사람들은 '원 공동체 영토Original Community Territory' 라는 새로운 원칙하에 몬테베르데 지역에 대한 권리 요구를 처음으로 표명하였다. 1년 반 뒤 두 번째 행진은 그 원칙에 대한 국회의 인정을 끌어냈다. 그 뒤 지루한 법적 절차가 뒤따랐다. 그러나 2000년 동부 원주민들의 세 번째 행진이 시작되자, 그 파급 효과는 전국으로 퍼져 나갔다. 코차밤바Cochabamba시에서 물 서비스의 민영화는 물 회사를 시에서 몰아내고 전국적인 저항 운동의 물결을 일으킨 봉기가 되었다. 2003년 또 다른 행진에서 치키타노 사람들은 국가적 요구를 하며 전국 연맹을 결성하였다. 지금은 상원의원이 된 키치타노 리더인 카를로스 쿠아사세Carlos Cuasase는 이렇게 기억한다. "우리는 산악지대 리더 중 한 사람을 만났습니다. 그리고 이렇게 이야기했습니다. "보세요. 우리는 당신들과 동일한 문제를 가지고 있고 동일한 것을 필요로 합니다." 우리는 탄화수소 국유화법뿐만 아니라 산악지대와 저지대 원주민들의 권리를 지키는 것에 동의하였습니다."

2003년 10월 저항 운동이 대통령 산체스 드 로자다Sánchez de Lozada를 몰아내고 증명발급이 쉬워지게 되었으며 전통 정당과 관계없이 후보 등록이 자유로워지자 2005년 시장 선거에서 원주민들이 시장에 당선되었다. 같은 해 12월 볼리비아는 에보 모랄레스는 대통령으로 선출하였다. 새로운 외무부 장관은 고등교육을 받지 못한 원주민 지도자가, 법무부 장관은 전 가정 노동자 연맹 리더가, 수자원 장관은 엘 알토El Alto의 전 도시 조직 지도자 이자 목수로 일하였던 이가 지명되었다. 선거는 치키타노를 포함한 볼리비아 원주민들의 운명에 큰 변화를 가져왔다.

볼리비아의 변화는 왜 일어났는가는 세 가지 이유에서 설명될 수 있다. 첫째, 대형 천연가스 유전의 발견은 국가가 역사적 기회의 문턱에 있다는 일반적 인식을 하게 해 주었다. 둘째, 원주민들은 정체성에 대한 역사적 전통과 저항으로 부터 힘을 얻었다. 셋째, 노조, 마을 조직, 원주민 조직과 같은 사회 조직 들이 대중적 분노를 일으킬 수 있었다.

정치적 전략 역시 핵심적이었다. 볼리비아의 역사 속에서 군사 쿠데타 후에는 폭력적 억압이 따라 온다는 것을 알고 있었던 치키타노 리더들은 볼리비아의 역사 속에서 강하게 흐르고 있는 협상의 전통에 강조점을 두었다. 그들의 주된 의도는 중앙 정부가 권리의 의무 수행자로서의 역할을 수행하도록 압력을 가하는 것이었고, 반대파들의 속임수와 지연에도 불구하고 법적 절차를 고수 하였다. 지금 그들이 당면한 도전은 새로운 헌법에 들어있는 원주민 권리를 시행하고, 지속적으로 원주민들의 영토를 관리하며 새로운 세대 리더들을 준비하는 것이다.

출처　E. Caceres (2007) 'Territories and Citizenship, the Revolution of the Chiquitanos', background paper for Oxfam International; Diakonia, La Paz (2006) 'Género, etnicidad yparticipación política', García Linera. For a short chronology of the Original Community Territory legal process up to 2001, see *Artículo Primero*, vol. 5, no. 19, 2001.

나는 믿는다. 따라서 존재한다

한 사람의 신념이 있는 사람은 99명의 관심만 있는 사람과 같은 힘을 가진다.
(존 스튜어트 밀John Stuart Mill, 19세기 영국 경제학자이자 철학자)

마리아 다 펜하 나스키멘토Maria da Penha Nascimento는 브라질의 메마르고 가난한 북동부의 알라고아 그란데Alagoa Grande 농촌 노동자 조합의 회장으로 선출된 큰 외모가 눈길을 끄는 여성이다. 그녀가 살아온 이야기를 해주었는데, 절반쯤은 드럼과 같이 두드려대는 갑작스러운 폭우 소리에 듣지를 못하였다. 한없이 가난한 한 여성의 이야기이다. 7살 때부터 일을 시작한 이혼 가정에서 태어났고, 12살 때 어머니가 결핵으로 돌아가셨으며 어린 나이에 결혼하였고 6명의 아이를 먹여 살리느라 고생을 하였다. 후에, 마르가리다 마리아 말베스Margarida Maria Alves라는 카리스마가 넘치는 여성 지도자에 의해 영감을 받아 조합에 가입하고 변화가 시작되었다. 아마도 지역 영주에 의해서 마르가리다가 암살되자 널리 알려진 펜하Penha가 다음 리더가 되었다.[18]

라틴 아메리카에는 펜하와 같은 수천 명의 여성이 있으며 세계 곳곳에

---

18 R. Chambers, op. cit., p. 99.

는 영감을 지닌 풀뿌리 활동가들이 사회적, 정치적 삶에 정열적으로 활력을 불어넣고 있다. 그들에게 동기부여를 주고 있는 것은 스스로에 대한, 더 나은 미래에 대한, 정의와 권력을 향한 투쟁에 대한, 모든 곳에서의 남성과 여성의 위엄에 대한 믿음이다.

태도와 믿음

개발은 사람들의 관점과 믿음의 중요성을 간과한 채 이해 당사자 단체, 경제 성장, 제도적 발전 혹은 기술적 변화와 같은 메마른 언어에 갇히고 만다. 최소한 개발은 계산에 관한 것만큼이나 열정에 대한 것이다. 개발에 대한 영향력 측면에서 보자면 태도와 믿음은 매우 모호한 것이다. 그것은 힘을 주기도, 힘을 빼기도, 동원하기도, 잠재울 수도 있다. 적절한 환경 속에서 그것은 권력이 있는 이들에게 공공성을 더해 줄 수 있거나 능동적 시민권의 심장에 있는 '내적 권력'으로의 문을 열 수도 있다.

태도와 믿음은 왜 사람들이 그렇게 자주 '합리적 선택'에 반대되는 선택을 하는가를 설명하는 데 도움을 준다. 심지어 투표하는 것과 같은 단순한 행위도 자기중심적 생각보다는 작은 표 하나가 투표 결과를 바꾼다는 민주주의 혹은 시민의 의무의 중요성에 대한 믿음에 힘입은바 크다. 세계 곳곳에서 시민과 정치 리더들은 자기 중심성이 아닌 신념에 의해 행위를 한다. 그들은 조직을 만들거나 참여하며 자신의 삶과 다른 가난하고 소외된 이들의 삶을 개선하기 위해서 쉼 없이 일한다. 종종 노동은 시간, 기회, 신체적 안전과 같은 진정한 희생을 포함한다. 활동가들과 이야기 하고 모임을 하는 것은 옥스팜과 같은 기관에는 가장 큰 영광중 하나이다.

머리가 희끗희끗한 활동가 그리고 부모들은 언제나 젊은이들의 헌신 부족을 보며 한탄을 한다. 기원전 8세기, 헤시오드는 이렇게 말한다. "말할 수 없이 경솔한 젊은 아이들을 보니, 오늘날 경솔한 젊은이들에게 기대는 사람들의 미래에는 희망이 없어 보인다." 좋은 소식은 가난한 국가들에서는 이러한 불평이 맞지 않는다는 것이다. 중국, 인도, 나이지리아, 베트남, 짐바브웨에서 젊은이들은 나이 많은 이들보다 정치에 더 관심이 있다는 조사가 있다. 인도네시아와 이란에서 정치에 관한 관심은 젊은이들 사이에서 가장 높고 나이가 들어가며 서서히 줄어든다.[19] 부자 나라에는 비록 기존 정당 활동이 줄어 왔을지라도 데모, 파업, 소비자 불매 운동이나 청원에 참여하는 인구의 퍼센트가 갈수록 증가해 왔다.[20] 이러한 청년 활동은 오랜 효과를 가져온다. 어린 시절의 참여는 미래에도 참여를 할 수 있는 의지와 능력의 좋은 표식이다.[21]

엘리트들의 태도와 믿음은 능동적 시민과 효과적 정부의 결함을 만드는 데 있어 중요하다. 부유한 이는 오직 어리석은 이만이 세금을 낸다고 믿는 가? 그들은 빈곤과 불평등을 줄이는데 어떠한 개인적인 책임감을 느끼는 가? 높은 벽과 사립학교, 사적 의료 보험, 그리고 외국에서의 대학 교육으로 많은 나라에서 부자들은 자신을 둘러싼 엄청난 빈곤과 불평등으로부터 자신을 보호할 수 있다.[22] 그러나 종종 엘리트들은 사회 운동이나 NGO 리더가 되기 위해 자신의 길에서 벗어나기도 한다. 그들은 권력이 어떻게 작동하는지에 대한 이해와 자신의 기술과 네트워크를 사회운동과 NGO에 제공한다. 엘리트 서클에 남아있는 다른 이들은 인권과 시민의 주인이 아닌 시민의 시종으로서의 국가의 역할을 강조하는 공공성을 발전시켜 나가는 데 중요한 역할을 할 수 있다.

---

[19] D. Green (2006) *Faces of Latin America*.
[20] World Bank (2006) *World Development Report 2007*.
[21] G. Mulgan (2006).
[22] World Bank (2006) op. cit.

많은 국가에서 가장 깊이 뿌리박힌 믿음들은 성, 민족과 같은 정체성과 연계되어 있다. 이러한 믿음은 종종 법이나 개인적으로 깊은 불평등을 합리화하거나 강화한다. 태도와 믿음을 변화시키는 것은 개발을 향한 노력의 중요한 부분이다. 남아시아에서 '우리는 할 수 있다We can' 캠페인은 가정 폭력에 대한 태도를 바꾸는데 획기적인 성공을 얻어 내었다. 이 캠페인은 기금이나 법제화를 위하여 정부를 타깃으로 한 기본 전략보다는 사람과 사람을 만나는 모델을 이용하였다. (4부의 '여성에 대한 폭력' 장을 보시오)

종교와 능동적 시민권

아마도 태도와 믿음을 형성하는 데 있어 가장 강력한 힘은 종교일 것이다. 많은 국가에서 가난한 이들은 그 어떠한 기관보다도 지역 교회, 모스크, 사찰을 더 신뢰할 것이다.[23] 지난 50년간 세속화는 유럽인들의 삶의 주요한 특징이 되어 왔지만, 세계의 다른 곳에서는 종교 기관들이 공동체 삶의 중심에 남아 있다. 많은 국가에서는 종교적 열정이 높아져 왔는데, 아마도 그것은 삶과 문화가 세계화나 안정된 시골 공동체에서 혼란스러운 도시로의 이주에 의해 도전 받을 때 믿음이 평안과 안정감을 줄 수 있기 때문일 것이다.

비록 종교 간의 분쟁과 분열에 대중적 관심이 있지만, 아마도 더 놀라운 것은 종교 간의 공통점이다. (박스 2.1) 1998년 9개 종교 대표자들이 (바하이, 불교, 기독교, 힌두교, 자이나교, 유대교, 무슬림, 시크교, 도교) 세계 믿음과 개발 컨퍼런스에 참석 하였을 때, 그들은 삶의 가장 깊은 진리들에

---

[23] E. Reis and M. Moore (2005).

대한 놀라울 만한 공통점들을 보여 주었다.

- 물질적 성공이 참된 개발을 가져올 수 없다: 경제적 활동들은 삶의 다른 측면들과 상호 연계되어 있다.
- 세계는 하나님께 속한다. 인간은 다른 생명체에게 해가 되는 방식으로 행동할 권리가 없다.
- 모든 이는 동등한 가치를 지닌다.
- 인간의 잘됨과 정체성은 영적, 사회적 문화적 전통에 뿌리내리고 있다.
- 사회적 결속은 참된 개발의 본질이다.
- 사회와 세계는 공평과 정의에 기반을 두고 운행되어야만 한다.[24]

이 결속은 개발도상국들의 종교간의 협력을 통해 나타난다. 세속화된 기관인 옥스팜은 사회 정의와 권리라는 공동의 목적을 함께 하는 종교 기관들과 협력하고 그들을 지원한다.

태도와 믿음 그리고 개인적 행동과 함께, 종교의 영향력은 사회로 뻗어 나간다. 많은 종교는 직접적으로 능동적 시민권을 촉진 시킨다. 40여 개국에서 부자 채권자들을 설득하여 세계에서 가장 가난한 국가들이 진 수십억 달러의 빚을 탕감해 주자는 캠페인 희년 2000Jubilee 2000은 성서의 희년 개념에 근거해 있다. 희년이란 매 50년마다 빚 때문에 노예가 된 이들을 풀어 주고, 빚 때문에 땅을 잃어버린 이들에게 땅을 돌려주고, 불평등으로 찢어진 공동체를 회복시켜주는 것을 의미한다. 영국 버밍햄에서 열린 G8 회의에 경고음을 내고 빚 문제를 의제로 넣으라는 압박을 가한 희년 2000 참가자 70,000명 중 상당수는 빚 문제와 성서의 사회 정의를 향한 부름

---

[24] R. Chambers, D. Narayan, M.K. Shah, and P. Petesch (eds.) (2000).

사이의 직접적 관계를 보았던 교회 출석자들이었다.

남아공에서 HIV 보균자들이나 AIDS로 인한 고아들을 돕는 공동체 프로젝트를 운영하는 강력하고 카리스마 넘치는 여성들 중 상당수는 적극적인 교회 출석자들인데 그들은 종종 지치고 그 누구도 사의를 표하지 않는 업무에 자신의 믿음으로 부토 정렬과 에너지를 쏟아 붓고 있다. 라틴 아메리카 곳곳에서, 급진적 가톨릭 교인들은 억압적 정부에 대항하는 '가난한 이들을 선호함'이라는 운동을 일으켰다. 이 운동은 엘 살바도르의 악명 높은 우파 암살단으로 하여금 '애국자가 되어 신부를 죽이자'라는 자동차 범퍼 스티커를 붙이게 하였고 나아가 산 살바도르의 로메로 주교가 1980년 이들로부터 암살을 당하게 된다. 그가 군사 폭압에 공개적으로 반대했기 때문이었다. 이란에서는 무슬림 성직자들이 1979년 샤아와 그의 악명 높은 비밀경찰에 맞서 대중 혁명을 일으켰다.

그러나 근본적인 모호성은 종교와 정치 간의 상호 관계를 특징짓는다. 마르크스가 종교를 인민의 눈을 가리고 그들을 억압하는 진실을 못 보게 하는 '인민의 아편'이라고 보았듯이, 그람시가 종교를 엘리트들이 자신이 지배하고 그 지배를 공고히 하기 위한 수단으로 보았듯이, 듀르케임은 종교를 사회적 결속력과 안정성을 더하는 집단 정체성을 만드는 방법으로 묘사한다.[25] 다른 시대에 다른 장소에서 종교는 활동과 위안 혹은 반대로 증오를 불러일으킨다.

---

[25] W. Tyndale (1998) 'Key Issues for Development: A Discussion Paper for the Contribution by the World Faiths Development Dialogue (WFDD) to the World Bank's *World Development Report 2001*'.

박스 2.1
황금률

기독교: 받고자 하는 대로 남에게 하라 (예수, 누가복음 6:31)
불교: 네가 해롭다고 여기는 방식으로 남을 해하지 마라 (우다나바르가 5, 18)
유교: 분명 이것은 사랑 중 최고의 것이다: 남들이 네게 하지 않았으면 하는 일을 남에게 하지 말라 (논어 15, 23)
이슬람: 자신이 바라는 것을 형제를 위해 하는 것보다 더 참된 믿음은 없다 (아지줄라 하디스 150)
도교: 네 이웃의 얻음을 너의 얻음으로, 이웃의 실패를 너의 실패로 여기라 (T'ai Shang Kan Ying P'ien)
조로아스터교: 자신에게 좋지 않은 것을 남에게도 하지 않는 본성만이 홀로 선하다 (다디스탄 이 디닉 94-5)
자이나교: 자신이 바라는 방식으로 세상의 모든 피조물을 대하여야 한다 (살아있는 종교들의 지혜. 69- I:II:33)
브라마니즘: 이것이 모든 의무이니 네게 했을 때 고통스러운 것을 남에게 하지 마라 (마하바라타 5, 1517)

여성 인권에 대해서만큼 반대되는 양상이 분명히 나타나는 것도 없다. 모든 종교의 근본주의자는 여성 해방을 근원적으로 불쾌한 것으로 여긴다. 근본주의자들의 영향력은 예를 들어, 바티칸, 이란 정부 그리고 미국 정부가 함께 성과 출산 권리에 대한 국제적 진보를 막는 기묘한 연맹을 만들기도 한다. 동시에, 종교 조직들은 여성 활동가들의 노력으로 변화하는 가운데 있기도 하다. 이슬람과 가톨릭의 경우, 경전에 대한 재해석은 변화하는 태도와 믿음 그리고 여성의 권리와 함께 종교적 계서제에 반대하며 믿음에 대한 새로운 대중적 접근으로 나아가고 있다. ('변화는 어떻게 일어나는가: 모로코에서 여성 권리의 쟁취' 참조)

나는 읽는다. 따라서 나는 존재한다

판자촌의 새벽은 가난한 이들의 삶에서 필수 서비스가 가지는 중요한 증거들을 보여준다. 예상 밖으로 깨끗한 교복을 입은 아이들이 우중충한 판잣집에서 나오면, 여자들은 하루에 쓸 물을 긷거나 아파서 기침하는 아이를 데리고 동네 보건소에 가서 못 믿을 정도로 긴 줄을 서서 기다린다. 이러한 서비스에서 배제된 이들은 보이지도 않는다: 여자아이들은 집안일을 하느라 학교에 가지 못하고 특별한 보조가 있어야 공적인 생활에 참여할 수 있는 장애인과 노인들이 있다.

적절한 공공 서비스의 제공은 역동적 경제를 세워나가고 국가의 합법성을 지킨다는 측면에서 효과적 국가의 중심적인 역할이다. 보건, 교육, 깨끗한 물, 위생 부문에 대한 사회적 투자는 성장한 국가들의 사치가 아니라 그 성장의 요건이며 그 성장을 더 잘 이끌어 나갈 수 있게 하며 성장을 공평히 해준다.[26] 이러한 서비스는 유엔이 보편적 권리라고 표명한 품위 있는 삶의 기본 토대가 된다.

개선은 종종 누적되어 나타난다: 나이지리아에서의 한 연구는 문맹 어머니들에게 보건 시설을 제공해 주는 것은 자녀 출산 시 기대 수명을 20퍼센트 늘려주고 보건 시설 없이 교육을 제공하는 것은 33퍼센트가 늘지만, 두 가지를 함께 제공하는 경우, 기대 수명이 무려 87퍼센트가 늘어난

---

[26] E. Tomalin (2007).

다.27 인도에서 옥스팜과 함께 일했던 한 가난한 여성에 따르면, 글을 배우게 되면 "더 똑똑해지고, 서류를 작성할 수 있으며 결혼한 뒤에도 부모님에게서 온 편지를 읽을 수 있고, 버스 정류장을 읽을 수 없어서 못 타던 버스를 탈 수 있어 마을을 떠날 수도 있다. 좋은 남자를 만나고 정부 공무원이 될 수도 있다."28

필수 서비스는 삶의 질을 향상해주고 가난한 공동체가 사회의 능동적 구성원이 될 수 있도록 하며 경제를 활성화한다. 적정한 예산 편성과 관리 그리고 질적으로 우수한 공공 서비스는 다음 세대에 까지 권력과 발언권을 재분배하여 불평등과 싸우는데 중요한 수단이 된다. 반대로, 예산 편성이 제대로 되지 않고, 질적으로도 나쁜 공공 서비스는 불평등을 확대하여 사회의 가장 소외된 이들을 더욱 배제 시킨다.

공공 서비스는 성 불평등에 큰 영향을 미친다. 양질의 기초 서비스의 부재는 여성과 소녀들에 대한 부정적 영향을 배가한다. 첫째, 공공서비스에 돈을 내야 한다면, 남성과 소년들만 지속적으로 그 서비스에 대한 접근권이 높아진다. 남자아이들은 집안에서 학비를 대주고, 아픈 엄마에 앞서 아픈 아버지 치료를 위한 비용이 지출된다. 둘째, 필수 서비스가 부재할 때, 게으름을 메꾸어야 하는 것은 여성들과 소녀들이다. 그들은 물을 긷기 위해 수 마일을 걸어야 하고 공공 서비스가 없을 때 친척을 돌보기 위한 부담은 가사 노동을 하는 여성이 진다. 무료 공공 서비스와 여성의 해방은 동전의 양면이다.

공공 서비스를 제공하는 노동자는 교육이나 보건 서비스를 제공하는 것과 같이 즉각적인 업무를 넘어 더 능동적인 일을 하고 있다. 농촌 공동체에서, 학교 선생님은 중요한 지역 지도자이고 학교는 지역에서 국가를 대

---

27 P. Watt (1999).
28 S. Mehrotra and R. Jolly (eds) (1997), p. 64.

표하여 나타나는 몇 안 되는 표식 중 하나이다. 공공 영역 노조는 종종 외국 정치에도 대단히 능동적이며 몇몇 국가에서는 심각한 탄압을 받는다.

개발에서 공공 서비스의 핵심적 역할에도 불구하고 수백만의 사람들이 여전히 죽어가고 있고 아프고, 학교에 다니지 못하고 있다. 가난한 나라에서는 선생님이 없고, 의사와 간호사가 없기 때문이다. 옥스팜은 개발도상국에서 2백만 명의 선생님과 4백 25만 명의 보건 노동자들이 보건과 교육을 위해 더 충원되어야 한다고 계측하고 있다. 그러나 원조 공여는 이에 못 미치고 있어 선생님과 보건 노동자의 교육과 월급을 채우기 위한 국가 계획의 8퍼센트 정도만이 충당되고 있다.[29]

공공 서비스가 있는 곳에서조차 여성, 빈곤층, 노약자, 장애인, HIV나 AIDS 감염자 혹은 특정한 민족이나 종교 집단의 다양한 요구를 해결해 주지 못하고 있다. 이것은 아마도 부분적으로는 정부 공무원이 압도적으로 남성이고 신체가 건강하며 그리고 주로 다수 민족 출신이기 때문일 것이다. 이것은 정책과 서비스를 제공할 때는 다양한 시민들을 포함해야 하는 것의 중요성을 말해준다.

보건은 4부에서 다루고 이 장에서는 교육, 물, 위생과 더불어 필수 서비스를 제공하면서 시민과 국가의 역할에 대해 알아보기로 한다.

교육

교육은 빈곤의 사슬을 끊는 데 있어서 중요한 역할을 한다. 교육은 그것 자체로 권리이며 개인들이 삶을 누리고 세계를 이해하며 스스로에 대한 확신을 가져 자신의 목소리를 들을 수 있도록 해준다. 좋은 교육은 더 위대

---

[29] 저자 인터뷰, November 2006.

한 자유와 선택으로 인도하는 해방의 힘을 가지고 있고 개선된 보건과 기회를 얻고 물질적 풍요로움으로 인도하는 문을 열어준다. 평균 1년 정규 교육을 더 받을 때마다 5~10퍼센트의 임금이 상승하고, 기술 습득은 다음 세대의 삶의 질을 변화시킨다.30

지난 10년간, 브라질은 사회 보호 계획을 따라 폭넓게 가난한 이들에게 교육을 제공하여 역사상 가장 낮은 극심한 불평등을 성취하였다.31 학교에 가는 것은 빈곤이 다음 세대로 전수되는 것을 막는데 가장 강력한 방법이다. 세수를 확대하여 이러한 서비스를 확충한다면 불평등을 줄이는 효과는 더 커질 것이다.

반대로, 교육이 없다면 불평등은 지속될 것이다. 여자아이거나, 가난하거나 농촌 지역에 살고 있다면, 교육을 받을 기회가 적어질 것이다. 이 세 가지가 겹쳐지는 경우, 그 결과는 더 놀라울 수 있다. 시골에 사는 가난한 여자아이들은 잘사는 집의 남자아이들 보다 학교에 갈 확률이 16배나 더 적다.32 기니에서는, 교육받은 엄마를 두고 도시에서 상위 10퍼센트 안에 드는 잘사는 집에서 자라는 남자아이는 교육받지 못한 엄마 밑에서 가장 가난한 집에서 자란 시골 여자아이보다 학교에 갈 확률이 126배나 높다.33

여성과 여자 어린이를 교육하는 것은 특별히 중요한데 그 이유는 가정과 더 넓은 사회에서 남성과의 불평등을 넘어설 수 있도록 해주기 때문이다. 교육받은 여성은 더 건강한 아이와 작은 가족을 가질 수 있는데 이것은 교육이 결혼 시장에서 경쟁력을 가지게 해준다는 것을 의미한다. 교육은

---

30 Oxfam International (2007) 'Paying for People'.
31 I. Goldin and K. Reinert (2006), p. 129.
32 www.siuc.edu/~fsolt/swiid/swiid.html
33 UNESCO (2011), p. 43.

여성이 스스로 돈을 벌 수 있도록 해주고 따라서 본인이 원할 경우, 폭력적이거나 혹은 행복하지 않은 관계를 맺지 않고 독신으로 살 수 있도록 해준다. 교육은 소년과 소녀 모두의 지평을 제한하는 남성과 여성의 일반적 성 역할을 무너뜨릴 수 있고 특히 소녀들은 교육을 통하여 이러한 편견에 도전하는 자기 확신을 가질 수 있다.

나이가 되었지만 학교에 등록하지 못한 어린이들의 수가 줄어드는 데는 성과가 있었지만, 세계는 2015년을 목표로 한 모든 이를 위한 교육Education for All을 시행하는 것에는 실패하였다. 1999년에서 2008년 사이 5천 2백만 명의 어린이들이 새로이 초등학교에 등록을 하였다. 그러나 학교 중도 탈락자는 너무나 천천히 줄어들고 있다. 2008년에만 6천 7백만 명의 어린이들이 학교에서 중도 탈락을 하였다.[34] 놀라운 것은 보편 교육을 향한 진척은 지난 5년간 느리게 진행되고 있는데, 중도 탈락한 어린이들의 수는 그 전 5년간에 비하면 절반 정도로 줄었으나 동시에 많은 어린이들은 초등학교 졸업 전에 학교를 그만두고 있다. 사하라 이남 아프리카에서만 이러한 추세가 계속된다면, 2015년에는 오늘날보다 더 많은 아이들이 학교에서 중도 탈락을 할 것이다.[35]

문해 교육은 개선된 건강과 기회를 주고 인간다운 삶을 열어 주지만 2015년까지의 성인 문맹을 반으로 줄이겠다는 목표는 크게 빗나갔다. 문해 교육은 교육 정책에서 무시되어 왔고 따라서 7억 9천 6백만 정도의 성인들은 (이는 세계 성인 인구의 17퍼센트임) 여전히 기본적인 문해 능력을 결여하고 있고 이들 중 3분의 2가 여성이다.[36] 2005년까지 초등 교육에서 성평등을 구현하려는 새천년개발계획Millennium Development Goals은 크

---

[34] UNESCO (2007), p. 12.
[35] UNESCO (2011), p. 40.
[36] Ibid., p. 6.

게 빗나갔다.37 초등 교육에서의 성평등 구현은 새천년개발계획의 여덟 가지 목표 중 유일하게 평등에 초점을 둔 목표였다.

다른 분야에서도 목표는 절반 정도 채워졌다. 특히 사하라 이남과 남아시아에서 갈 길은 멀지라도 중등학교 입학률은 빠르게 늘고 있다. 세계적으로 확대되고 있는 고등학교교육에서는 전 세계적인 불평등도 나타나고 있다. 1999년에 비하여 2008년에는 6천 500만 정도 되는 학생들이 더 공부할 수 있게 되었는데, 동아시아와 태평양 지역이 대부분의 성장을 이끌었다. 중국에서만 고등학생이 2000만 명이 늘었는데 다른 가난한 국가들에서는 진전이 더디다. 지난 10년간 사하라 이남이나, 남아시아, 서아시아에서 총입학률에는 큰 변화가 없었다. 고등학교 교육에 대한 접근성의 차이는 미래의 경제 성장과 세계화 정도를 짐작하게 해줄 수 있다.

과거 10년간 성취한 학교 입학률 특히나 소녀들의 증가 이유에는 등록금의 폐지, 경제 성장 그리고 정부의 학교 재정 지원금을 감소시킨 도시화가 포함된다. 공적 압박 또한 그 역할을 해내었다. 세계 교육 캠페인the Global Campaign for Education이 주관한 120개국에서의 국가적 풀뿌리 운동은 정부들이 특히 초등 교육에 더 많은 지출을 의무화하도록 압박을 가하였다.38 자료 접근이 가능한 3분의 2 국가들에서 교육 예산이 증가하였다. 케냐에서는 우리 교육Elimu Yetu과 같은 국가 교육 연맹이 무상 초등 교육을 총선의 중심 의제로 만드는데 결정적 역할을 하였다. 무상 교육은 2002년 시행되었고 그 결과 120만의 어린이들이 처음으로 학교에 갈 수 있게 되었다.39

교육의 질 또한 중요하다. 교실 크기, 교과서의 질과 보유 여부, 교과

37　Ibid., p 65.
38　UN Department of Statistics (2011).
39　www.campaignforeducation.org

내용 그리고 교사 교육은 모두 아이들이 학교에 갈 것인가와 무엇을 배울 것인가를 결정한다. 아이들이 바글대는 교실에서 박봉에 시달리며, 동기 부여가 되지 않은 채 거의 훈련을 받지 못한 교사가 하는 따분한 수업과 생동감 넘치고, 아이들의 관심사와 경험 그리고 문화에 관심을 가지고 힘을 주는 교실은 전혀 다른 세계이다. 질 좋은 교육은 어린이의 권리를 존중하고 능동적 시민권을 독려하며 정의롭고 민주적인 사회를 세우는 데 공헌한다.

더 많은 교사를 양성하고 채용하는 것은 질 좋은 교육을 만드는 데 중요한 문제가 된다. 더 작은 교실 크기와 교사의 질과 의욕은 교육의 성과를 향상하는 결정적 요소이다. 교사 없는 교실은 의미가 없지만, 교실 없는 교사는 아이들을 교육할 수 있다. 2000년 우간다의 입학률은 54퍼센트에서 90퍼센트로 두 배가 늘었는데 이것은 1997년 교사 월급을 8달러에서 72달러로 늘린 것에 힘입었다. 또한, 우간다 정부는 훈련받은 인력이 농촌 지역에서 일하도록 하여 농촌 지역의 학교에 인력 배치가 잘 될 수 있도록 하였다.

스리랑카에서는 모든 교사가 3, 4년간 '어려운 학교'에서 일하도록 한다. 감비아에서는 정부가 외진 지역에 새집을 건축하고 여성 교사들이 편안한 주거 생활을 할 수 있도록 '교사 주거 대출 계획'을 세웠다. 니카라과에서는 수천 명의 자원 봉사자들이 국가 문해 캠페인을 성공적으로 도왔다.

물과 화장실

물론 학교에 다녔으면 좋겠죠. 글을 읽고 쓰는 법을 배우고 싶어요. 그런데 어떻게 할 수 있죠? 어머니가 나보고 물을 길어 오라고 하는데 말이죠.
(예니 바잔Yeni Bazan, 10살, 볼리비아 엘 알토)

코란은 '우리는 모든 것에 물로서 생명을 준다'라고 말한다. 깨끗한 물과 화장실에의 접근은 기본 권리이고 사람들에게 위엄있고 편안한 삶을 보장하는 데 있어 핵심이 된다.

개발도상국에서 마시는 물을 개선된 곳으로부터 얻을 수 있는 사람들의 수는 1990년 71퍼센트에서 2008년 84퍼센트로 늘어났고 12억 명에 다다르는 사람들이 화장실을 얻게 되었다.[40] 그러나 이로 인해서 많은 사람이 큰돈을 지불 하고 있다. 4,000명의 가까운 어린이들이 더러운 물로 인하여 매일 사망하고 있고[41] 예방 가능한 병인 설사병은 현재 사하라 이남에서 가장 큰 사망의 원인이 된다.[42] 8억 8천 4백만의 사람들이 취수할 수 있는 적절한 시설이 없고 26억의 사람들이 기본적인 화장실이 없다.[43]

여성들과 소녀들은 부족한 물과 화장실 부족이나 가난의 짐을 더 많이 지고 있다. 보건과 관계된 사항을 포함하여, 깨끗한 물에 대한 접근권은 특히 농촌 지역에서 여성들이 수고를 기울여야 하는 시간을 덜어 줄 수 있다. 그 시간에 여성들은 기술을 배우고 돈을 벌고, 친구들이나 가족과 즐겁게 지낼 수 있고, 하루를 마치고 지친 몸에 휴식을 줄 수 있다. 유사하게 화장실의 부족은 여성들을 폭력과 성폭력의 위협에 노출시킨다. 남자와 여자 화장실이 따로 분리되어 있지 않은 학교에서는 더 많은 여자아이들이 학교를 중도 포기한다.[44] 소녀들이 물을 길어 오는 천형과 취약한 화장실의 문제로부터 헤어 나오기 전에는 그들의 어머니보다 더 나은 삶을 살 수 없고 자신의 딸들을 같은 운명으로부터 보호할 수 없다.

물과 화장실에 대한 접근의 불평등은 심각하다. 거의 11억에 다다르는

---

[40] Oxfam International and WaterAid (2006).
[41] WHO and UNICEF (2010).
[42] WaterAid based on WHO, 'Safer Water, Better Health'.
[43] R. E. Black et al. (2010).
[44] WHO and UNICEF (2010) op. cit.

인구가 하루 20리터 훨씬 안 되는 정도의 깨끗한 물을 (보통은 5리터) 쓸 수밖에 없는데, 아시아, 라틴 아메리카, 아프리카의 소득이 높은 지역에서는 하루에 몇 백 리터의 물을 사용한다. 역설적이게도 중산층 이상의 가계에 공급되는 수돗물은 종종 항아리로 담아 파는 물보다 싸다. 자카르타, 마닐라, 나이로비의 슬럼에 사는 사람들은 같은 도시의 고소득자들이 사는 물보다 다섯 배에서 열 배나 더 비싼 물을 쓰고 있다. 이것은 뉴욕이나 런던의 소비자들이 쓰는 물보다 더 비싸다. 불평등한 접근권의 문제에는 다른 불평등도 녹아 있다. 여성에게는 남성들보다 화장실이 더 중요하지만 가계 예산에서 여성을 위한 비중은 더 적다.

물과 화장실 문제에 대한 행동권을 부정할 수는 없다. 경제적으로 볼 때, 이 부문에 1달러를 투자하면 다른 생산적인 분야에서 8달러의 부가적인 가치를 생산한다.[45] UN 보고서는 사하라 이남 아프리카에서의 경제 손실을 GDP의 5퍼센트 (매년 280억 달러)로 보고 있으며 이렇게 결론을 내린다. '물과 화장실이 만드는 만큼의 경제적 손실을 그 어떤 테러리즘도 발생시키고 있지 못하다.'[46] 인간적으로 볼 때, 안전한 물과 수세식 화장실에 대한 접근권은 어린이 사망률을 감소시키는 데 중요한 역할을 할 수 있다. 그러나 다른 공공 서비스와 마찬가지로, 이것을 행동으로 옮기는 것은 나쁜 조언, 북반구의 압력, 이기심 그리고 어떤 경우에는 대중들의 태도와 믿음에 의해 후퇴를 한다.

산아 제한

정부 기획자나 경제학자들은 한 가지 필수적인 서비스를 중요하게 여기

---

[45] D. Casella (2004).
[46] UNDP (2006) *Human Development Report 2006*.

지 않아서 무시되곤 해왔다. 그것은 출산과 성 보건이다. 만일 여성들이 자신의 인간 권리를 깨닫게 되고, 국가가 더 넓은 건강과 보건을 보장한다면, 여성들은 성과 육아에서 자신의 몸에 어떤 일이 일어날 것인가를 결정지을 수 있을 것이다. 출산과 성 보건 프로그램 제공과 이러한 서비스에 대한 여성들의 접근을 보장하는 데 실패 한다면 이것은 가임 가능한 여성들의 죽음과 질병의 3분의 1, 미숙아 사망과 질병의 거의 5분의 1을 구하는 데 실패하는 것이다.[47] 경제적 기회와 여성의 교육, 그리고 그들의 태도와 믿음의 변화는 여성에 대한 편견을 종식 시키는 데 중요한 역할을 한다.

2008년 개발도상국에서의 현대화된 피임약 구매를 위한 사적 공적 지출은 6억 3백만 명의 여성들이 필요한 양을 채울 수 있다. 이러한 가족계획 서비스와 실행은 매년 1억 8천 8백만 명의 원치 않는 임신을 막고 5천 4백만의 계획되지 않은 출산과 1억 1천 2백만의 유산을 피할 수 있다. 현대식 피임약은[48] 120만 명의 유아 사망과 23만 명의 임신 관련 사망을 막는 것을 포함하여 측정 가능한 보건의 이익을 얻을 수 있고 1990년 이래 개발도상국에서 모성 사망률을 3분의 1 이상 줄이는 데 공헌하였다.[49]

보건에서의 영향 외에도 가족계획 프로그램은 사회적, 경제적, 심리적 이득을 여성에게 줄 수 있다. 출산율을 제한할 수 있는 능력을 가지고 있다는 것은 가난한 여성들이 그 능력을 가지고 있지 못하여 계획하지 않았던 임신을 해 아이를 돌보아야 할 때는 가능하지 않았던 선택을 할 수 있게 되는 것을 의미한다. 만일 어떤 여성이 자신의 자녀 수와 출산 횟수를 제한할 수 있다면, 그녀는 돈을 벌고 자신을 대표하는 남성에게 기대는 것이

---

[47] 이와 같은 통계는 보건 지출과 관련된 경제적 손실과 생산성의 손실을 보여주고 있다. UNDP, *Human Development Report 2006*, p.12.
[48] S. Singh et al. (2004).
[49] Guttmacher Institute (2010).

아니라, 어머니의 역할과 다른 역할을 균형 있게 맞추어서 임금 노동을 하거나 이웃과 시간을 보내거나 할 수 있을 것이다.

현대 피임 방법이 가능하기 전에는 많은 사회에서 여성들은 수유기 동안에는 섹스를 금기시하는 것과 같은 방식으로 출산을 피해왔다. 그러나 이러한 '연약함이라는 무기'조차 여성의 상대적 권력에 따라 다르다. 인도와 중국에서의 연구에 기초하여 아마티아 센은 여성의 권력과 출산 제한 사이의 상관관계를 찾아내었다. 인도에서 여성의 교육과 경제적 독립성은 '가장 훌륭한 피임약'으로서 가정의 크기를 줄이는 것으로 판명되었다. 실제 소득은 가정의 크기에 아무런 영향을 미치지 못한다. 중국의 놀라운 '1자녀' 정책과 인도의 기록을 비교하여 센은 다음과 같은 사항을 발견하였다. "중국에서 사용한 강제 방법은 타밀 라두Tamil Nadu나 케랄라Kerala 어디에서도 사용되지 않았지만 양 도시 모두 중국보다 더 빠른 출산 저하를 가져왔다. 인구 문제 해결은 더 적은 자유가 아닌 더 많은 자유이다."50

국가 대 개인

적절한 보건, 교육, 음료수, 화장실에 대한 접근을 보장함에 있어 국가를 대신할 수 있는 것은 없다.51 이것은 오늘날 만큼이나 역사적으로도 사실이다. 19세기 후반 런던은 이질과 장티푸스와 같은 전염병으로 뒤덮였다. 아동 사망률은 현재 사하라 이남 아프리카만큼이나 높았다. 민간의 물 공급이 비효율적이고 비싸며 부패하자 영국 정부는 공공 물, 위생 관리 시스템을 도입하였다.52 19세기 독일에서 국가 보건 시스템은 복합 보험

---

50 Calculated from http://unstats.un.org/unsd/mdg/Resources/Static/Data/2011%20Stat%20Annex.pdf
51 A. Sen (1999), p. 222.
52 관련된 논의는 다음 자료를 참조. Oxfam International and Water Aid (2006) op. cit.

시스템을 하나의 시스템으로 통일하였다. 공공의무교육은 20세기에는 유럽, 북아메리카, 일본으로 확대되었고, 이러한 국가 복지는 2차 세계 대전 이후로 더 많이 퍼져 나갔다.

국가가 모든 학교와 보건소 혹은 물 파이프의 최종 제공기관이 될 필요는 없다. 실제로는 이러한 것들은 NGO, 종교 집단이나 사기업이 제공한다. 레소토와 남아공에서 보건과 동물 질병 관리 서비스와 같은 영역에서 일하는 지역 자원봉사자나 유급 노동자들은 이러한 것을 증명하였다.[53] 그러나 국가는 시민 사회 기관이 하나의 유기적 시스템 안에서 작동할 수 있도록 보장해야만 한다. 정부는 재원을 마련하여 운영 비용을 충당하고 정기적인 모니터링을 하여 서비스 질을 유지 시킨다. 성공한 사례들은 다른 공급자들을 규제하고 통합하여 국가 공급과 연계하여 왔다.[54]

아르메니아에서 1991년 공산정부가 무너진 후 국가 의료 보건 시스템이 몰락하였을 때, NGO들은 국가의 역할을 대신해 나가기 시작하였다. 지역 NGO인 공동체 돕기Support to Communities는 단순한 건강 금융 계획을 세웠고 사람들에게 보건소나 간호사 그리고 수고 시스템을 운영하는데 필요한 작은 정도의 금액을 기부해 달라고 요청하였다. 그 목적은 국가가 그 프로그램을 맡아서 크게 확장할 수 있는 모델을 만드는 것이었다. 공동체 돕기는 빠르게 공동체의 신뢰를 얻었고 아르메니아 정부가 이것을 전국으로 확대할 수 있도록 로비를 하기에 앞서 외진 지역의 마을마다 이 계획을 구축하였다.

이와는 대조되게, 중국이 영리 병원과 건강 보험 계획에 따라 무상 공공 의료 보호를 폐지하자 가계의 의료비용은 40배가 올랐고 유아 사망은 더

---

53 Public Services International Research Unit, 2003.
54 ODI (2007) 'Community-Based Workers: A possible solution to more services, reaching many communities and within budget'.

디게 줄어들었다. 과거 무상으로 제공되던 서비스는 중국 농촌 지역의 경우 다섯 명 중 한 명만 가입하고 있는 건강 보험이 대체하고 있다.[55]

좋은 소식은 기술이 발전해 가고 서비스를 어떻게 공급할 것인가에 대한 우리의 이해 역시 폭이 넓어져 감에 따라 가장 가난한 국가들에서도 성공을 하는 사례들이 나타나고 있다는 것이다. 예를 들자면 산업화된 국가에서는 200년 걸리던 의료와 교육의 발전이 스리랑카, 말레이시아, 인도의 케랄라와 최근에는 타밀 라두에서는 한 세대 만에 성취되었다.

실현 가능한 정책들

스리랑카는 '중하소득 국가'로 분류가 되지만 임산부 사망률은 세계에서 가장 낮다. 스리랑카 여성이 출산 할 때, 훈련받은 조무사가 함께 있을 확률은 96퍼센트이다. 만일 여성이나 여성의 가족이 의약품이 필요하다면, 집에서 걸어갈 수 있는 거리에 있는 공중 보건소에서 훈련받은 간호사의 도움으로 무상으로 약을 받을 수 있다. 아이들은 초등학교에 무료로 갈 수 있고 여자아이들을 위한 교육은 대학까지 무료이다.

이를 유전이 풍부하지만 1인당 국민 소득에 한참 못 미치는 공공 서비스 투자를 하는 카자흐스탄과 비교해 보라. 스리랑카는 카자흐스탄에 비하여 1인당 국민소득이 60퍼센트에 못 미치지만, 카자흐스탄의 어린이는 다섯 살이 되기 전에 사망할 확률이 거의 다섯 배나 되고 학교에 가고 깨끗한 물을 마시거나 화장실을 사용할 확률은 한참 낮다.

전 세계에서 얻은 옥스팜의 경험에 비추어 볼 때 성공적인 정부는 여성과 어린이들이 기초적인 보건 서비스와 교육을 받는데 드는 비용을 없애

---

55   Oxfam International and WaterAid (2006) op. cit., p. 8.

고 물과 위생 서비스를 보조해 줌으로써 그 결과를 얻었다. 실제로 제 역할을 하는 다른 정책들은 장기적 공공 서비스 역량을 기르고 농촌 지역으로 서비스를 확대하며 교사와 간호사에 투자하고 서비스의 사용자이자 공급자로서 여성의 자율성과 사회적 신분을 강화한다.

기초 보건이나 교육 시설의 유상화는 어떠한 것이건 간에 가난한 이들에게는 치명적인 영향을 미침으로 이러한 비용 부담은 없어져야 한다. 1980년대와 1990년대 초반까지 사용자 비용을 주장하였던 세계은행의 입장은 최소한 공식적으로는 변화하였다. 비록 보건에서 이용자 부담에 대한 입장은 모호 하지만, 교육에서는 더는 이용자 부담을 고집하고 있지 않다. 잠비아가 2006년 농촌 인구에 대한 이용자 부담을 폐지시킨 것과 같이, 채무 면제를 받은 정부들은 이용자 부담금을 없애고 있다.

물의 경우, 이용자 부담은 제한된 자원의 지속 가능한 사용을 가능하게 한다. 그러나 물 사용의 구조와 요금은 가난한 이들이 물 사용에 접근이 가능할 수 있도록 관리 되어야 한다. 브라질의 뽀르토 알레그레Porto Alegre에서는 물 가격 지원을 해주는데 10,000리터를 4,000리터 가격만 받는다. 우간다 수도청NWSC는 지역 수도를 설치해주고 민간이 관리하게 하여 물 가격을 볼 수 있는 눈금이 있는데 물 가격은 사기업이 제공하는 것보다 훨씬 싸다.[56]

너무나 자주 경제학자들은 생산의 효율성과 현존하는 구조와 제한 조건 하에서의 분배에 초점을 두고 가난한 사람들 특히 가난한 여성들에 대한 깊이 뿌리박힌 편견은 무시한다. 무엇보다 여성의 배제를 넘어서기 위해서는 여성의 권리에 대한 인식이 필요하다. 여성을 교육과 보건 인력으로 고용하는 것과 같이 서비스 제공의 전면에 여성을 세우는 것 또한 다른

---

[56] Oxfam International and WaterAid (2006) op. cit., p. 8.

여성과 소녀들에게 그 서비스를 사용할 수 있도록 용기를 불어 넣어준다. 말리에서 소녀들을 학교에 보내는 것의 중요성을 부모에게 알려주는 일을 하는 지역 여성인 아니마드리스*animatrice*는 대단히 놀라운 성과를 거두고 있다. 대부분의 교사가 여성인 팔레스타인은 실제 입학비율이 중동에서 가장 높은 국가 중 하나이고 97퍼센트의 소녀들이 중학교로 진학을 한다.

서비스에 대한 여성들의 접근은 여성들의 손에 현금을 넣어주는 사회 보호 기금으로 더 활성화될 수 있다. (4부 참조) 멕시코의 프로그레사 PROGRESA 프로그램은 2백 6십만 농촌 가구를 포함하고 현금 소득과 영양 보조를 보건 및 교육 프로그램 참여와 연계시킨다. 몇몇 사업의 디자인은 직접적으로 여성을 목표로 한다. 어머니들이 수혜자이며 현금 수령자이기도 하다. 임신한 어머니와 5세 미만의 아이들을 위주로 한 가족 전체가 보건소 방문 스케줄을 따라야 하고 여성들은 월별 건강 교육 강좌를 들어야만 한다. 아이들은 학교 출석률이 80퍼센트 이상이어야 하는데, 재정 지원은 소녀들의 경우 약간 더 높다. 프로그레사PROGRESA는 아이들과 어린이들의 건강에 긍정적 영향을 남기고 있고 가구당 식량 소비를 늘리며 부가 소득에 대한 여성들의 권리를 향상시키고 있다.[57]

모든 시민에게 필요한 투자와 정책의 변화는 존엄한 삶을 가져올 것이라는 낙관주의에는 몇 가지 이유가 있다. 옥스팜이 일하고 있는 모든 나라에서 문해, 투표에 의해 세워진 정부, 능동적인 활동들이 불가역적으로 퍼져나가는 것을 보아왔다. 이런 것들로 인하여 시민들의 목소리가 커지고 개선된 필수 서비스에 대한 요구가 커지고 있다. 도시화는 인구 집중과 같은 환경과 사회 문제를 야기할 수 있지만, 화장실, 수도 서비스, 병원, 교실을 더욱 쉽게 제공할 수 있다. 조사에 따르면, 개발도상국에서의 엘리

---

57 Ibid., p. 86.

트들은 국가 발전의 기초로서의 적정한 교육 시스템의 역할을 깨닫고 있지만, 보건에 대해서는 다른 생각을 하는 것으로 나타났다.[58]

---

[58] www.ifpri.org/2020/focus/focus06/focus06_11.htm

나는 검색한다. 따라서 존재한다

> 지식이 힘이다.
> (프란시스 베이컨Francis Bacon)

인도 수도 델리의 북동쪽 구석 슬럼 지역인 순더 나그리Sunder Nagri의 사람들은 정부 관료들이 약속했음에도 불구하고 지난 20년간 하수도 없이 지내왔다. 2005년 정보의 권리 법이 새로이 만들어지며 지방 사업가인 노세 알리Noshe Ali는 순더 나그리에서 모든 이들이 이미 추측해 왔던 것을 실제로 발견할 수 있었다. 그것은 정부가 하수도관을 묻을 계획이 아예 없었다는 것이다. 이에 대한 정보로 무장한 알리는 시의 담당자에게 그 사업을 시행할 예산을 확보케 하였고 일은 1년 안에 시작이 되었다.

오래지 않아 한 지역 여성이 알리가 한 일을 따라 하였다. 자신의 두 딸의 출생증명서를 받기 위하여 800루피 (20달러)를 요구받았지만 거부하였고 오히려 자신의 신청이 늦어진 데는 정부의 책임이 있다는 것을 보여주는 정보 접근 권리를 이용하였다.[59] 그녀가 창피를 당한 것이 아니라 지방정부는 그녀에게 출생 신고서를 빨리 만들어 주어야 했다.

---

[59] E. Reis and M. Moore (2005) op. cit.

지식과 정보에 대한 접근

정보에 대한 접근에는 복잡한 토론이 필요하지 않다. 이것은 시민권의 기본 도구이다. 지식은 지평을 넓히고, 사람들이 정보에 입각한 적절한 선택을 하도록 도와주며 사람들의 권리를 요구하는 능력을 강화한다. 지식과 정보에 대한 접근을 확보하는 것은 전 세계의 불평등에 단단히 자리 잡은 권력과 목소리의 뿌리 깊은 불평등을 해결하는데 필수적이다. 국가 차원에서 지식을 습득하고 적용하며 생산하는 능력과 그것을 기술로 전환시키는 것은 경제의 전망을 결정한다.

정보에 대한 가난한 이들의 접근은 최근 많이 늘어났는데, 문해 수준의 향상과 라디오, TV, 핸드폰과 인터넷의 확산에 힘입은바 크다. 2011년까지 핸드폰 사용자는 산업화 된 국가들보다 세배 이상의 신규 이용자가 생겼고 아프리카에서 20퍼센트 이상의 성장을 보이고 있다.[60] 핸드폰은 가난한 이들의 금융, 시장 정보 그리고 서로에 대한 접근성을 변화시켜왔다.[61]

어느 정도는 법제화가 진행되었다. 10년 전까지만 해도 정보의 자유가 허용된 국가는 몇 되지 않았다. 지금은 50개국 이상에 정보 자유법이 있고 15~20개국 이상이 고려중이다.[62] 인터넷 개척자인 스튜어트 브랜드Stewart Brand의 말에 따르면, "인터넷은 자유를 추구한다."

핸드폰, 이메일, 인터넷은 시민 사회 단체와 NGO들이 운영되는 방식

---

[60] S. Narayan (2006), p.33; R. Jenkins and A.M. Goetz (1999); BBC, 14 November 2006, 'Information law lifts Indian poor', http://news.bbc.co.uk/2/hi/south_asia/6124898.stm
[61] International Telecommunications Union, 'Key Global Telecom Indicators for the World Telecommunication Service Sector'.
[62] UK Development Studies Association, 'Information, Technology and Development' Study Group (2007) 'Mobiles and Development: Infrastructure, Poverty, Enterprise and Social Development', workshop summary and papers, www.sed.manchester.ac.uk/research/events/conferences/mobile.htm

특히나 국제적인 일을 하는 방식을 변화시켜왔다. 특정한 문제에 대한 정보가 공유되며, 하룻밤 만에 전 세계적 네트워크가 생겨날 수 있고 블로그와 웹사이트들은 기존의 미디어를 거치지 않고도 새로운 시청자와 만날 수 있다. 이러한 연계성의 증가는 네트워크를 하고 연대를 구성해 내는데 소모되는 경비를 크게 줄여 왔다. (이메일의 가득 차 받은 편지함에 드는 비용 외에는 들지 않는다)

자유롭고 책임감 있는 미디어는 권리문제에 대한 대중적 관심을 불러 일으키지만, 반대로 앙갚음을 할 수도 있다. 파키스탄, 이라크, 리비아, 멕시코는 2011년 현재 저널리스트들에게는 가장 위험한 나라들이다.[63] 여러 아프리카 국가에서 미디어는 남아공의 소울 시티 Soul City와 같은 대중적 드라마를 통하여 HIV와 AIDS에 대한 오명과 차별과 효과적으로 싸우고 있고 가정 폭력과 강간과 같은 사회적 주제들에 관한 토론을 장려하고 있다.[64] 아르메니아에서는 <나의 권리 My Right>라는 법정 드라마 TV 시리즈가 놀랍게도 제일의 쇼가 되어 법 제도에 대한 대중적 이해와 깊이를 더하게 되었다. 한 마을에서 나의 권리가 방송되기 전에 전기가 몇 분 동안 나가자 사람들은 시장의 사무실로 행진을 하였고 공무원들이 자신들을 문자적으로 그리고 비유적으로 어둠 속에 가두어 놓으려 했다고 비난하였다.[65]

사방을 둘러싼 인터넷 광고에도 불구하고 2011년 아프리카에는 100명당 11명의 인터넷 사용자가 있었을 뿐이었다.[66] 얼굴을 직접 보고 말하는

---

[63] World Bank (2004) 'Legislation on freedom of information: trends and standards', www1.worldbank.org/prem/PREMNotes/premnote93.pdf
[64] '47 Journalists Killed in 2011/Motive Confirmed', Committee to Protect Journalists, http://www.cpj.org/killed/2011/
[65] DFID (2005), p. 15.
[66] World Bank (2005).

것과 전화 말고는 가난한 이들은 정가 부나 사기업이 독점하는 미디어를 통해서만 정보를 접하고 있다. 세계 인구 중에 15퍼센트만이 정치 뉴스가 믿을 만하고, 저널리스트의 안전이 보장되고, 미디어에 대한 국가의 개입이 최소화되며, 언론사가 법적, 경제적 압력의 대상이 되지 않는 국가에 살고 있다.[67]

정부는 미디어를 손에 넣기 위해 뇌물을 사용한다. 1990년대 페루의 유명한 후지모리 정부는 판사와 정치인들에게 보다 100배나 많은 뇌물을 TV 채널 사주들에게 썼다. 정부 권력을 제어하는 가장 강한 잠재력을 지닌 것도, 가장 큰 뇌물이 필요한 것도 뉴스 미디어이다.[68]

가난한 사람들을 위한 주요 정보 통로인 라디오는 새로운 방송을 개국하는 진입 비용이 적어 국가와 민간 기업의 통제를 약화시킬 수 있다. 라틴 아메리카의 전역에 지역 방송사들이 잘 세워져 있고 아프리카에서도 빠르게 퍼져 나가고 있다. 라디오는 비공식 언어로 정보를 통용하는 몇 안 되는 통로 중 하나인데, 하루 1.25달러 미만으로 살아가고 국가 공식 언어를 모르는 사람들이 대부분인 가난한 공동체에 라디오는 힘을 준다.[69]

볼리비아, 에콰도르, 페루에서 천만 명 정도 되는 사람들이 사용하는 언어인 퀘차Quechua는 TV에서는 거의 나오지 않고 인터넷에서는 완전히 존재하지 않는다. 이와는 반대로, 180개의 라디오 채널이 퀘차를 사용한다.

수요(개선된 문해, 더욱 확신에 찬 시민, 선출된 정부의 확산)와 공급(지식을 더욱 넓고 싸게 이용할 수 있도록 하는 기술)의 조화 덕분에 정보

---

[67] www.internetworldstats.com/stats.htm
[68] K. D. Karlekar (2011).
[69] J. McMillan and P. Zoido (2004) 'How to Subvert Democracy: Montesinos in Peru', 27 March 2004.

에 대한 접근을 가져오는 힘은 강력하다. 몇몇 세계적 기업가 손에 있는 미디어의 집중현상에도 불구하고 앞으로 다가올 시대에는 가난한 사람들이 다양한 전통적이며 새로운 방식을 통하여 지식과 정보에 대한 더욱 큰 접근권을 가지게 될 것이다.

정보에 대한 접근은 가난한 사람들이 자신의 삶에 영향을 미치는 결정을 내리는 데 도움을 준다. 태평양 제도에서, 솔로몬 군도 자연 자원과 권리 연맹the Solomon Islands Natural Resources and Rights Coalition은 지역 공동체들이 벌목 계약과 같은 정부 문서에 대해 접근할 수 있도록 도와주어 그들이 산림에 대한 권리를 위해 투쟁 할 수 있게 되었다. 정보에 대한 공공의 접근은 위 인도의 예에서 볼 수 있듯이 정부가 더욱 효율적일 수 있게끔 해준다.

기술의 약속

구강 수분 요법oral rehydration therapy이 1960년대 후반에 방글라데시의 설사 질환 연구 센터International Center Disarrheal Disease Research에서 개발되었을 때 저명한 의학 저널인 <랜싯Lancet >은 이를 아마도 20세기에서 가장 중요한 의학 성과일 것이라고 극찬을 하였다. 설사에 의한 탈수증의 유일한 치료 방법은 정맥주사로 멸균수를 보충하는 것이었는데 이는 50달러나 되어 대부분의 개발도상국의 보건소 예산과 시설을 훨씬 넘었다. 이에 반해, 구강 수분 요법은 10센트 미만에 가능하다. 과학자들은 구강 수분 요법이 물만 사용했을 때 보다 어린이의 용해 능력을 25배나 더 향상시키며 수백만의 생명을 살린다는 것을 발견하였다.[70]

---

[70] C. Kenny (undated).

기술은 기계나 공정을 통해 구현되는 지식이며, 빠르고 명백히 통증 없이 개발에 다다르는 궤도라는 매력을 가지고 있다. 지식을 창출하고 그것을 기술로 만드는 국가의 역량은 경제 전망을 결정한다. 그러나 낙천주의자들의 열광적인 환호에도 불구하고, 기술은 가난한 이들의 역량을 키우는 국가의 능력에 심각한 장애 요인이 되는 정치와 권력의 문제에 발목을 잡히고 있다. 기술이 언제나 상냥한 것은 아니다. 세계 2차 대전 중 핵무기를 개발하던 맨해튼 프로젝트에서 일한 뒤 알버트 아인슈타인은 이렇게 말한다. "기술 발전은 마치 병적 범죄자의 손에 놓인 도끼와도 같다."

기술의 진보는 종종 불평등을 가속화 한다. 권력과 발언권을 가지고 있는 이들은 새로운 기술들을 습득하고 이에 적응할 수 있는 더 좋은 위치에 있기에 금융과 기술의 적용면에서 부자들의 요구에 맞추어 연구 개발이 이루어질 수 있다. 1975년에서 1996년 사이 시장으로 진입한 새로운 약 중 1퍼센트 만이 열대 질병을 위한 것이었다. 인도주의적 노력에도 불구하고 10년 후도 이 불균형이 남아 있다. 500억~600억 달러의 세계 보건 연구 예산의 10퍼센트만이 세계 인구의 90퍼센트에 영향을 미치는 질병을 위해 사용되었다.[71]

HIV에 작용하는 효과적 살균제를 개발하려는 노력의 실패는 세계 의학 연구의 순위 중요성이 왜곡된 예이다. 부분적으로는 제약 회사들은 오랫동안 이 전염성 질병이 남성 동성애자들에게 영향을 미쳐온 부자 국가들의 시장을 신경 쓰고 있기 때문에 남성을 중심으로 한 예방 방법에 초점을 두어 왔다. 주 대상이 이성애자이며 섹스에 대한 여성의 협상력이 제한되어 있기 때문에 여성에 의해 제어될 수 있으면서도 출산을 제약하지 않는 예방 방법이 시급히 필요하다. 최근의 연구들은 그 차이를 줄이려 하고 있으나,

---

[71] UNDP (2001), p. 28.

돌파구를 찾는 것은 아직 멀어 보인다. 마찬가지로, 수백만의 여성들을 HIV 로부터 지킬 수 있는 값싼 여성용 콘돔은 아직 개발되고 있지 않다.

다른 기관들 보다 빌 & 메린다 게이츠 재단Bill & Melinda Gates Foundation 은 이러한 오류를 바로잡으려 무시되어온 질병을 위한 연구 기금을 제공하고 있다. 영국, 캐나다, 다른 정부들은 '시장의 책무 강화'라고 부르는 프로그램을 제공한다. 이것은 연구를 진작시키기 위하여 새로운 백신 구매를 보장하는 것이다. 이 아이디어는 새로운 것이 아니다. 1974년 영국 정부는 누구든지 바다의 경도를 채는 방법을 발명하는 이에게 2만 파운드를 제공하기로 하였다. 이 계획은 제대로 역할을 하였다. 1735년 시계공이자 발명가인 존 해리슨John Harrison이 정밀한 해양 크로노미터를 제작하였다.[72]

연구는 점차 사기업이 주도하고 있다. 농업에서 5개의 다국적 기업인 바이엘Bayer, 도우 아그로Dow Agro, 듀퐁DuPont, 몬산토Monsanto, 신젠타Syngenta는 농업 연구에 연간 73억 달러를 쓰고 있다. 이것은 국제 농업 개발 자문 단체의 공적 예산의 18배가 된다.[73] 민간 기업의 연구는 공적인 필요가 아니라 미래의 수익 기회에 부응하려 하기에 (두 가지가 공존할 때도 있지만) 열대 질병이나 카사바나 수수와 같은 가난한 공동체의 식량 작물 품종을 향상시키거나, 열대 질병과 같은 것들은 높은 수익과 높은 가치의 제품에 비하여 무시가 되곤 한다.

개발 연구가 부유한 이들에 의해 좌지우지되고, 사기업이 이끌고 갈 때조차도 가난한 사람들에게 이익을 줄 것이다. 하지만 개발연구가 가난한 이들의 요구에 부응하지 않는다면 그 전망은 밝지 않을 것이며 더 많은 위험요소들을 가지게 될 것이다. 예를 들어, 바이오 기술은 기후 변화에 적합한 핵심 도구가 될 수 있는 가뭄에 저항력이 강한 씨앗을 생산할 수 있다.

---

[72] M. Leach and I. Scoones (2006), p. 32.
[73] UNDP (2001), p. 100.

그러나 반대로 개발도상국의 농민들이 필요로 하는 종 다양성을 해칠 수 있고 씨앗 변종을 제어함으로써 다국적 기업의 손에 권력을 가져다줄 수 있다.

정부의 규제를 받지 않으면 사기업이 주도하는 연구 개발은 '가진 자'와 '가지지 못한 자'들 사이의 기술적 차이를 더 크게 할 수 있다. 다른 이해 당사자들에 의해 독려 되고 지원을 받는 효과적 국가는 연구 개발과 고등교육 기관의 기금과 연구를 규제함으로써 기술 개발이 가난한 이들의 요구에 초점을 두게 할 수 있다. 남반구와 북반구에서 능동적인 시민들은 사기업과 국가에 압력을 가함으로써 새로운 기술의 이익이 가난한 이들에게 갈 수 있게 하는데 기여할 수 있다.

무엇보다, 가장 가난하고 가장 소외된 이들의 요구를 반영하는 '적정기술appropriate technology'의 개발에 주안점이 있어야 하고 에코 시스템의 지속가능성이 존중되어야만 한다. 1987년 세계 식량 상World Food Prize 수상자인 인도의 M.S. 스와미나단M.S. Swaminathan은 마하트마 간디의 말을 이것에 적용하였다. "당신이 본 사람 중 가장 가난하고 약한 사람을 기억하십시오. 그리고 스스로 물어보십시오. 당신이 걸으려 하는 발걸음이 그들에게 어떻게 쓰일 수 있는지를."[74]

전 세계적 연구 개발의 초점을 재정위 시키는 것과는 별개로 개발도상국은 부국의 일 하기 좋은 조건과 급여의 유혹으로 인한 훈련받은 전문가의 유출로 인해 지식을 창출하는 자신의 역량을 발전시키는데 있어 어려움에 부닥친다. 이러한 전 세계적 문제가 해결되기 전에는 개발도상국의 고등교육 시스템이 과학 기반을 쌓으려는 노력들은 모두 수포로 돌아갈 것이다. 이주 문제는 5부에서 다룰 것이다.

---

[74] CGIAR, see: www.cgiar.org; M. Leach and I. Scoones (2006) op. cit.,p. 33.

두뇌 유출 보다 더 걱정스러운 것은 최근 가난한 이들과 국가들에 대해 왜곡되어 나타나는 전 세계적 지식 거버넌스이다. '지식 재산 권리 intellectual property rights'는 국내외 법에 명시가 되어 있다. 갈수록 더욱 공격적으로 되어가는 지식 재산 규제는 가난한 국가로의 기술 이전을 격감시키는 반면, 가난한 국가에 가뜩이나 희소한 기금과 인력을 오직 외국 회사들에만 이익을 가져도 주는 영역에 쓰이도록 요구하고 있다. 기술 집약 생산품의 가격을 부풀리는 방식으로 지식 재산은 경제 발전에 해로운 세금을 부과하고 있다. 이주 문제와 마찬가지로 5부에서 이 문제를 다루기로 한다.

우리는 조직한다. 따라서 우리는 존재한다

> 깨어있는 시민 단체가 세상을 바꿀 수 있다는 것에 대해 의심하지 않는다.
> - 사실, 이것만이 세상을 변화시켜 왔다.
> (마가렛 미드Margaret Mead, 인류학자)

몇 백 야드 떨어진 곳의 암울하게 펄럭이는 거대한 붉은 깃발은 불법 이주자의 첫 번째 표시이다. 이중 철조망과 메마른 모래 언덕 건너편에는 몇 주 전부터 땅이 없는 40가구가 헛간에 자리 잡고 있다. 그들은 이 집단 야영장을 '희망Esperança'라고 불러왔다. 이미 거주자들은 성과를 만들고 있다. 노끈으로 엮은 나뭇가지로 벽을 만든 헛간의 지붕은 플라스틱에서 타일로 바뀌었다. 원래는 안전문제로 500명이 그곳에 거주하고 있었다. 10명의 무장한 경찰들이 그들을 몰아내기 위해 그곳에 도착했을 때, 맨 앞에 아이들이 돌을 들고 서 있었다. 그들 뒤에는 여성들과 청소년들이 그리고 그 뒤에는 농기구를 든 남성들이 있었다. 경찰들은 싸우지 않고 물러섰고, 불법 거주자들이 처음으로 참마와 회향을 심을 수 있게 해 주었다.[75]

붉은 깃발은 브라질의 토지 없는 노동자 운동Landless Workers Movement인 MST의 것이다. MST는 토지 없는 소농들을 잘 조직하여 아직 개간되지

---

75 UNDP (2001), p. 75.

않은 농지나 쓸모없는 땅으로 갈 수 있도록 도와준다. 새로 개간한 고랑에 서서 비를 기다리던 한 불법 거주자가 이렇게 말한다. "사람들은 이곳에 땅을 찾아 왔습니다. 우리는 부자가 되는 것에는 관심이 없습니다. 땅이 사람을 만들었고 사람은 그곳에서 살아갑니다. 땅 주인은 그 땅이 자신의 것이라고 말하지만, 자신은 농사를 짓지도 않으면서 어떻게 그렇게 말할 수 있을까요?"

MST는 개발도상국의 수천의 '시민사회조직 중 하나인데, 개발도상국에서의 정치 활동은 공식 정치 외부에서 일어난다. 시민사회조직은 종교 조직, 노동조합이나 기업 협회와 같이 대단히 제도화가 잘된 단체, 지역 협회, 농민 조직이나 문화 단체와 같은 지역 조직, 사회 운동과 네트워크와 같은 느슨한 네트워크를 포함한다.[76] 시민사회조직은 능동적 시민과 효과적 국가 사이의 소통에서 중요한 역할을 하며 이것은 권력, 발언권, 기회를 재분배할 수 있다. 또한, 그 조직은 공동체를 위한 도덕적, 정치적, 경제적 기초를 만든다. 사회적 변화의 역사를 통하여 현재 우리가 국가의 역할이라고 볼 수 있는 많은 것들이 처음에는 정치인과 관료들이 아닌 유토피아적 실험을 거쳐서 나온 것들이라는 것을 볼 수 있다.[77]

변화를 가져옴에 있어, 수적 우세를 강화하거나, 탄압의 가능성을 줄이는데 시민들은 언제나 서로 협력해 왔다. 시민사회조직은 순수하게 지역 차원에서 자생성과 사회에서 소외된 단체를 돕기 위한 자선, 그리고 MST의 경우와 같이 직접적으로 행동으로 옮길 수 있는 것이나, 노조의 경우와 같이 구성원들의 이익을 대변하는 것과 같이 정치적, 사회적 변화를 위해 일하는 변혁적 이슈에 초점을 둔다. 다른 조직들은 옥스팜과 같이 로비나 캠페인을 하거나, 연구 혹은 권력이 있는 이들을 감시한다. 오늘날 활발히

---

[76] D. Green (2006).
[77] DFID (2007) 'Civil Society and Good Governance'.

활동하는 사회 운동들은 참된 민주주의의 핵심적인 부분이며 '변화를 위한 가능성이 살아있는 곳'으로 많은 이들이 보고 있다.[78] UN에 따르면, 5명 중 1명이 시민사회조직에 참여하는 것으로 보인다.[79]

장기적 요소와 단기적 요소가 시민 사회의 등장을 이끌어 왔다. 장기적으로 볼 때, 문해, 민주주의, 권리의식의 확산은 능동적 시민권의 등장을 촉진해 왔다. 국가 차원에는 못 미치는 개인과 가계 차원을 넘어서 작동하는 시민사회조직은 근대화와 함께 약해진 씨족, 카스트 혹은 종교의 전통적 연계성을 보충하는 역할을 할 수 있다. 오랜 시간에 걸쳐 시민사회조직에서 함께 활동함으로써 시민들은 모든 사회가 의존하는 신뢰와 협력을 다시 세우는 데 도움을 얻을 수 있다.[80] 그러나 어떤 시민 조직은 차별과 공포 그리고 불신을 강화하고, 종교적, 인종주의적 학살이나 준군사조직에서 볼 수 있는 바와 같이 '비시민 사회'라고 불리는 이들의 활동은 때로 폭력으로 물들어 있다는 것을 기억해야 한다.

시민 사회와 변화

많은 시민사회조직은 스스로를 '변화의 매개자'로 보고 있다. 그들은 가난한 이들을 지원하는 데 있어 공을 들이지만 눈에 거의 보이지 않는다. 그들은 가난한 이들이 자신의 권리를 요구하고, 길거리에 가로등을 설치하고, 도로를 포장하며, 학교나 병원을 세우는 것과 같은 풀뿌리 지역의 발전을 위하여 권력이 있는 이들에게 압력을 가하거나 손 씻는 것에서부터 노동 권리에 이르기까지 모든 것에 대한 공공 교육 프로그램을 제공한

---

[78] G. Mulgan (2006) op. cit., p. 237.
[79] J. Howell and J. Pearce (2001).
[80] UNDP (2000), p. 5.

다. 그러나 최근에는 시민 사회의 가장 두드러진 역할은 전 세계 미디어에 나오는 것과 같이 권위주의 정권을 민주 정부로 대체하는 것을 돕는 데 있다. 1980년대 이래로, 시민 사회 저항의 지속적인 물결은 라틴아메리카에서 군사 정부를 전복시키고, 동유럽과 중앙아시아에서 공산주의와 권위주의 정권의 몰락을 가져왔으며, 필리핀과 인도네시아의 독재자를 축출하고 남아공에서 아파타이트의 종식을 가져오는 데 도움을 주었다.

미국 정부가 세운 프리덤 하우스Freedom House에 따르면, 2005년까지 33년간 시민 저항은 억압적 혹은 독재 정권에서 비교적 '자유로운' 정권으로 옮겨간 67개국 중 50개국에서 중요한 역할을 해왔다. 이 국가들 중 다수는 독재 정권에서 투표로 선출된 정부로 바뀌는데 영향을 받았다.[81] 보이 스카우트, 대중 저항, 파업, 시민 불복종, 봉쇄와 같은 전략이 포함되었다. 다른 압박 수단들이 정치적 전환 (야당이나 군대의 개입, 외국 국가의 참여 등)에 공헌을 했지만, 강하고 결집력이 강한 비폭력 시민 연대는 핵심적이었다.

한 가지 예를 들자면, 1992년 세워진 1,000명의 법조인 네트워크인 조지아 청년 법조인 연맹Georgian Young Lawyers' Association (GYLA)이 있다. GYLA는 가난한 사람들에게 무료 법률 자문을 해주며 정부의 실정을 비판한다. 캄라Kamra(충분함)이라고 알려진 운동의 설립 멤버로서 GYLA는 2003년 부패한 에듀워드 셰발드타제Eduward Shevardnadze 정권을 축출한 저항 운동에 불꽃을 당기었다. 그들은 200여 군대의 선거를 자체적으로 감시하였고 거기서 얻은 부정 선거 증거들을 근거로 하여 정부를 상대로 한 소송에서 이겼다.[82]

꾸준히 돌아가는 정부라는 기계와 비교하였을 때, 시민 사회 활동은 저

---

[81] J. Howell and J. Pearce (2001) op. cit., p. 31.
[82] A. Karatnycky and P. Ackerman (2005).

항과 위기를 겪으며 흥하고 쇠하며 또한 법 개정이나 시민 사회 중심 리더들을 고용하는 더욱 진보적인 정부를 세우는 것과 같은 승리 후에는 다시 추락을 하곤 한다. 이러한 상황에서, 많은 시민사회조직들은 반대 전략에서 긍정 전략으로 가는 것에 어려움을 느낀다. 종교 기관으로부터 후원을 주로 받는 다른 시민사회조직들은 훨씬 더 안정적이고 정부의 간섭을 거의 받지 않지만, 그들도 활동과 침묵이 번갈아 오는 경험을 한다.

대중 저항보다는 덜 극적이긴 하지만 동일하게 중요한 것은 시민 사회가 정책 변화를 위해 폭넓은 대중적 지지를 보여줄 수 있다는 것이다. 그렇게 함으로 기존의 정책을 유지하고자 하는 이들의 압력에 저항하고 행동하는 것이 더 쉬워질 수 있다. 예를 들면, 1990년대 후반, 니카라과의 마리아 엘레나 쿠아드라 여성 운동Maria Elena Cuadra Women's Movement은 국가수출 가공 공단에서 노동조건 개선을 요구하는 5만 명의 서명을 모았고 노동부 장관이 새로운 법률안을 통과시키도록 압박을 가하여 공장주들이 자발적인 운영 강령을 도입하도록 하였다.

잘 나타나지는 않지만, 시민 사회는 일당 국가와 같은 정치 체계에서도 중요한 역할을 한다. 한 베트남 연구는 훈련과 교육, 개선된 커뮤니케이션(예를 들어, 세계은행이 기금을 투자하여, 마을과 주 정부 간에 연락을 쉽게 하도록 개선된 도로 사업) 그리고 지방 정부로 하여금 빈곤 감소에 시민들의 참여를 독려하는 중앙 정부의 압력 간의 선순환을 보여준다. 그 결과 마을과 지방 정부는 상호 신뢰할 수 있게 되었고 더욱 열린 자세로 의견과 아이디어를 나눌 수 있게 되었다.[83]

시민사회조직의 장기적 효과는 대부분 믿음과 태도의 변화를 가져오는 사람들의 기술과 역량의 느린 축적에 기초한다. 예를 들어, 세르비아에서

---

[83] Georgian Young Lawyers' Association (GYLA) http://gyla.ge/index.php?lang=en

시민 단체 네트워크는 더 많은 여성과 청년이 참여하고 리더의 자리에 그들이 갈 수 있도록 함으로써 가장 가난한 공동체인 로마 사람들의 협상력과 로비 역량을 강화하고자 한다.

시민 사회는 종합 지원과 자원봉사 조직General Assiatance and Volunteer Organiation(GAVO)와 같이 시민들의 복지에 주된 관심을 두는 지역 단체를 기반으로 한다. 이 조직은 1992년 소말리아로 알려진 아프리카의 뿔의 건조지대인 베르베라Bervera의 서로 다른 씨족 출신의 12명의 청년에 의해 설립되었다. 그들의 어린 시절은 내전으로 산산이 부서졌고, 그들은 자원봉사 활동을 통하여 도시의 문제들을 해결할 수 있기를 바라고 있다.

가장 어려움에 빠진 시민들을 도우라는 코란 선생님의 조언대로, 그들은 전쟁 트라우마로 고통받는 지역 정신 병원의 환자들로부터 일을 시작하였다. 머리와 손톱을 잘라주고 금요일에는 선선한 평야로 그들을 데리고 나가고 옷을 빨아 주었다. 많은 사람이 정신병을 주문과 연결 지으려 하여 병원은 정부나 민간의 기부를 받지 못한다. GAVO의 자원 봉사자들은 대중 극장에서 공동체 사람들을 교육하고 가족과 씨족을 넘어 모금하였으며 그 과정에서 사회적 금기를 깨기도 한다.

4년 만에 GAVO는 외과 병원을 세워 정신병을 이해하는데 고움을 주고 지역 상인이나 시 정부로부터 지속적인 기금을 모금하였다. 자신들의 활동 범위가 좁은 것을 깨닫게 된 그들은 어린이 권리와 관련된 정부의 정책에 변화를 주고자 로비를 시작하였다.

역설적으로 GAVO와 같은 단체들은 종종 기부자들에게 개발과는 크게 상관없는 것으로 비추어진다. 그들은 주로 '진보적'이기보다는 '전통적'이고 국가 차원의 큰 도전과는 거리가 있는 사람들이다. 그러나 이러한 단체들은 공동체와 일반 시민들이 자신이 마주하고 있는 어려움에 대해 토론하고 행동을 취할 기회를 제공한다. 작은 규모 일지라도, 이러한 단체들은 민주적 문화의 발전과 국가적 도전들을 해결하는데 필요한 도구이자 수단이 될 수 있다. GAVO는 자선 활동에서 공공 서비스로, 대중 접촉에서 권리 보호로 나아가는 여정을 걸어왔다.

시민 사회는 주로 도시 외곽이나 인구가 늘어가는 판자촌에서 가장 활발하다. 교육에 대한 접근성 향상과 거리거리 마다 의견과 정보 교환으로 인하여 도시민들은 더욱 시민사회조직에 참여하고 있다. 도시는 주거, 교육, 보건 혹은 적절한 물과 위생을 요구하는 사회운동으로 가득한, 살아있는 정치적 공간이다. 노동자와 고용주 혹은 서비스 제공자와 이용자 간의 갈등과 저항이 넘쳐난다.

연대와 참여

실제로 시민 사회는 중산층 이상의 활동가로 이루어진 NGO, 노조, 교회와 같은 조직을 형성하는 풀뿌리 사회 운동을 포함하는 복잡한 정치와 사회 생태계이다. 이러한 이질적인 조직 간의 연대는 생산적이며 동시에 염려가 되는 것이기도 한데, NGO나 유사한 기구들이 지원금을 타기 위하여 자신이 대표하지도 않는 집단을 '대표'하여 종종 비난하거나 심각한 싸움을 하기도 한다.

자주 있는 긴장의 원인은 로비와 같은 조금 덜 나타나는 내부적 참여나 거리에서의 대중 저항과 같은 '외부'에서의 대립을 할 것인가 말 것인가에 대한 전략적인 것이다. 대중 동원에 기반을 둔 외부 전략은 종종 냉철하고 변하지 않는 메시지가 필요하지만, 이것은 정부 공무원과 정치 지도자를 소외시키고 내부자들의 의사 결정권자에 대한 접근을 제한한다. 반대로, 내부자 전략은 배신자 공포를 만들고 협력자들의 동원을 약화함으로써 배신자와 협력자가 뒤섞여 전체적인 상황을 불투명하게 할 수 있다. 두 가지 전략 모두 필요하고 '내부-외부' 전략은 대단히 효과적일 수 있다. 갈등과 협력은 때로 정책, 정신, 고집스러운 리더들을 변화시키는데 필요하다.

시민사회조직들은 사회에 편만한 불평등으로부터 자유롭지 않다. 민족과 카스트에 기초한 권력 집단같이 남성들이 주도한다. 소외된 집단의 시민사회조직은 여성, 원주민이나 HIV 보균자들이 자신들의 관심사가 계속하여 이슈에서 사라지게 되는 것을 알게 되었을 때, 일반적인 대중들에게 서비스를 제공하던 시민사회조직에서 분리되어 등장하게 된다.

활발한 참여는 공동의 목적과 강한 소속감을 만드는 내적 장점이 있다. 파키스탄에서 한 여성이 연구자에게 말한다. "단체가 만들어지기 전에, 우리는 아무것도 모르고 완전히 무지했지요. 단체는 우리에게 새로운 영혼을 넣어 주었습니다."[84] 참여는 자기 확신과 소속감을 세워주어 소외된 집단과 개인들이 사회 주변부의 한계에 도전하게끔 해준다.

그러나 참여가 공짜는 아니다. 시민사회조직의 활동은 계속되는 회의와 자발적인 노력, 그리고 고집 세고 공격적인 정부 당국자들과의 대립을 포함한다. 활동에 참여하는 사람들은 종교적, 정치적 혹은 의무감에서 자신의 헌신과 믿음이 점차적으로 줄어간다. 라틴 아메리카에서 여성 활동가들은 직장에서 일하고 가사 노동을 하고 남는 시간에 공동체 일에 관여하는 삼중 일에 피곤함을 호소한다.

나아가 시민 사회 단체에 참가하는 것은 억압과 더 심한 위험성을 수반한다. 개발도상국에서 기존의 권력 구조에 도전하는 활동가들은 경찰과 청부 살인, 준군사조직 혹은 남편과 아버지로부터의 공격에 직면하고 있다. 많은 국가에서, 여성 활동가들의 활동이 전통적 불평등에 도전하거나 활동 때문에 정해진 시간에 저녁 식사를 함께하지 못하게 되면서 가정에

---

[84] S. Hopkins Leisher (2003).

서의 폭력적 반발에 시달리게 된다.

　참여에 따르는 사적 이익과 비용을 넘어, 강한 시민 사회는 정당들이 공공의 지원을 얻기 위하여 그리고 사회적 진보를 달성할 수 있도록 압박을 가한다. 가나에서, 정치 리더십, 독립적 언론, 그리고 시민 사회 조직의 강한 네트워크는 노동 단체, 비즈니스 엘리트, 전통적으로 권위를 지닌 엘리트 집단, 코코아 농민 그리고 도시 청년들을 포함한 이해 당사자 집단의 정치를 형성해 내었다. 집권 여당이 2000년 대선에서 지고 질서 있는 정권 교체가 이루어지자, 더욱 안정된 국가로 나아갈 수 있게 되었다. 2004년 여당이 다시 재집권했으나 선거는 매우 치열하였다. 문해, 정보 접근성, 사회 조직 측면에서의 안정적 발전은 다른 국가들의 본이 될 수 있을 것이다.

　시민 사회는 '사람들이 민주주의를 누릴 수 있게' 하는데 중요한 역할을 할 수 있다.[85] 심지어 가장 깨끗하고 투명한 선거 시스템조차도 사기업 로비스트, 부패한 정치 네트워크와 같은 비민주적 조직에 의해 평가가 절해 될 수 있다. 시민 사회의 감시와 활동이라는 형태를 띤 태양 빛은 이러한 비민주성에 가장 좋은 방부제가 된다. 최근 시민 사회 단체들은 정부가 불평등과 빈곤을 다루는데 예산을 집행하도록 노력해 왔다. 이러한 '예산 감시'는 공약된 예산과 실제로 집행된 예산 모두에 대한 철저한 분석과 예산 분배의 방향에 영향을 미치는 것을 포함한다. 이스라엘에는 미즈라히 유대인, 여성 그리고 아랍 시민들의 공평한 권리를 위하여 일하는 여러 사회 운동 활동가들이 설립한 NGO인 아드바 센터 Adva Centre가 있는데 이 센터는 미디어 캠페인, 대중 교육, 국회 로비, 분석 등의 방법을 모두 동원한다.

　과테말라의 사회 소비 실험 the Social Spending Observatory은 2004년 분기별

---

[85] B. Knight et al. (2002), p. 148.

정부 지출을 비밀리에 감추려는 것에 도전하기 위해 세워졌다. 실험실의 활동은 다수 원주민의 빈곤에 예산이 투입되고 있지 않다는 것에 초점을 두었다. 남아공과 같은 곳에서의 '성 문제 예산 지출 감시' 프로젝트는 여성들에 대한 예산 지출의 효과를 주로 분석한다. 우간다와 같은 곳에서의 감시 프로그램은 부패문제를 지적하고 공론화한다.

값싼 통신 기술의 빠른 확대는 시민사회단체가 '세계화'될 수 있도록 해 주었다. 전 세계의 소농들과 땅을 가지고 있지 못한 이들을 연결해주는 비아 캄페시나Via Campesina는 좋은 예이다.[86] 다른 예로는 국제 감시 NGO인 사회 감시Social Watch가 있는데 이 단체는 50여 개국의 시민 단체들로 구성되었다. 우루과이에 기반을 둔 사회 감시는 빈곤 타파와 평등 문제에 대한 정부의 국제 활동을 감시한다.[87] 다른 단체들은 정기적으로 열리는 세계 사회 포럼World Social Forum을 통하여 연계하게 되는데, 포르토 알레그로Porto Alegre에서 2012년에 열린 11차 대회 때는 전 세계에서 4만여 명이 모여들었다.

최근에는 남-북반구의 시민사회단체 연합이 세계 무역 기구와 세계은행 그리고 G8 회의의 주제에 자신들의 정치적 문제들을 성공적으로 압박을 가하여 제기하였다. 국제 형사 재판소와 국제 지뢰 협약과 같은 획기적인 계획들이 NGO와 시민들 공동의 노력으로 제기되었고, 지속적인 캠페인을 통하여 노동 권리를 위한 국제적 협력을 지속하고 지역 공동체와 환경에 미치는 악영향을 줄일 수 있도록 하였다. 향후 몇 년간 이러한 목적을 지닌 국제적 캠페인은 탄소 배출량을 줄이고 빈곤한 국가들에서 기후변화에 적응하는데 필요한 비용을 부담하도록 정부를 압박하는 데 중요한

---

[86] '민주주의 (democracy)'라는 단어는 사람을 의미하는 그리스어 '데모스 (demos)'와 권력을 의미하는 '크라토스 (kratos)'에서 유래하였다.
[87] http://viacampesina.org/en/

역할을 할 것이다. 국제 앰네스티의 '양심수' 활동은 북반구에서의 캠페인이 남반구에서 독재자의 손에 고문과 억압을 받는 활동가들을 위한 대단히 가치 있는 연대가 될 수 있다는 것을 보여준다.

몇몇 학자들에 따르면 시민사회단체들의 주된 관심사인 '물화reification'는 노조와 정당들의 기여보다 역사적으로 훨씬 더 중요한 역할을 해왔다. 서구 정부와 인도주의자들은 자신들이 인정하는 지역 개발 NGO, 비즈니스 협회, 여성 단체, 법률 협회, 신용협동조합과 같은 도시, 중산층 그리고 현대화된 시민사회 단체들에 돈을 기부한다. 종종 그들은 일자리가 부족할 때, 비교적 교육을 더 받은 이들이 실업급여를 받을 수 있도록 활동하는 시민사회단체를 지원한다. 이 과정에서 그들은 특히 가난한 공동체에서는 더욱 뿌리를 깊이 내리고 있는 친척, 인종, 종교 혹은 또래 집단을 무시해 왔다.

기부자들이 무시한다는 것이 나쁜 것은 아니다. 어떤 공여 정부들은 자신들의 이익을 위협하는 급진적 사회 운동을 막기 위해 공여금을 계획적으로 운영한다. 다른 공여자들은 사회시민단체들을 부담스럽게 여기는 것이 아니라 아예 그들에게 단순한 행정을 맡김으로써 사회시민단체의 잠재력을 줄여 나간다. 이 주제에 대한 두 명의 정부 관리에 따르면, '청사진을 제시하고, 기술적인 문제를 해결해 주며, 성과의 정도를 측정함으로써 프로그램을 튼실하게 하는 공여 시민 사회는 시민 사회의 가장 중요한 목표, 이른바 세계는 달라질 수 있을 것이라는 상상의 자유를 방해하고 궁극적으로는 그 목표를 파괴할 수 있다는 위험을 감수하고 있다.'[88]

능동적 참여는 사람들은 자신이 소비하는 것(나는 쇼핑한다. 따라서 나는 존재한다)이나 선거를 통하여 자신을 표현한다는 의견이나 시민들은

---

[88] www.socialwatch.org/en/portada.htm

지혜롭고 잘 훈련된 행정가들이 가져다주는 국가 소비의 수동적 소비라는 생각과는 극명히 대조된다.

능동적이고 진보적인 시민사회는 참여하는 이들의 삶과 사회 모두를 강화하고, 가난한 이들이 변화를 요구하고 권력이 있는 이들을 책임감 있게 함으로써 근본적으로 변혁적일 수 있다. 다시 말하지만, 능동적 시민권은 국가를 더욱 효과적으로 만들 수 있다. 국가가 부재할 때, 시민사회조직은 최소의 서비스를 작동하게 할 수 있다. 그러나 시민사회조직이 개발로 나아가는 마법의 통로는 아니며 또한 이 조직이 사람들의 삶을 지속적이고 구체적으로 개선해 가는 효과적이고 책임 있는 정부를 대신 할 수도 없다. 실제로 개발은 두 가지 모두를 필요로 한다.

사례 연구

변화는 어떻게 일어나는가: 모로코에서의 여성 권리의 승리

2004년 국회가 만장일치로 여성의 권리를 급진적으로 강화하는 신 이슬람 가족법a new Islamic Family Code을 통과 시킨 것은 모로코의 여성 조직들의 놀라운 승리였다. 이 개혁은 남성의 보호 없이도 법적 문제를 결정할 수 있는 권리와 자녀와 가계에 대한 동일한 권리 그리고 남편과 부인이 모두 동의하는 경우 이혼을 할 수 있다는 것을 포함한다.

활동가들은 1960년대부터 개혁을 추진해 왔고 1992년 여성 활동가 연맹Union de l'Action Feminine이 무다와나Moudawana라 알려진 가정법률체계를 바꾸고자 하는 풀뿌리 캠페인을 시작하였다. 그들은 백만 명 이상의 서명을 받았고, 그다음 해에는 최초의 법 개정안을 만들었다. 일부다처제와 이혼과 같은 주요 문제는 그대로 남겨졌지만 아버지는 더는 딸들을 결혼을 위해 내쫓을 수 없게 되었다. 활동가들은 계속하여 이러한 개혁을 이루어 내었고 무다와나는 더는 거룩하고 손댈 수 없는 것으로 여겨지지 않게 되었다.

여성 권익 단체들은 가족법에 나타난 코란의 보수적 해석이 코란의 참된 정신에 반하고 있다는 것을 주장하며 이슬람의 틀 안에서 지속해서 활동을 벌였다. 활동가 라베아 나시리Rabéa Naciri는 이렇게 회상한다. "우리는 종교적 틀과 보편적 인권 틀을 분리하려 하지 않았습니다. 우리는 이슬람이 여성의 평등과 권익에 반하지 않으며 이슬람이 그렇게 비쳐서는 안 된다고 지속적으로 주장 하였습니다. 이슬람법은 인간이 역사 속에서 만든 산물이며 따라서 현재를 살고 있는 모슬렘의 요구를 충족시킬 수 있도록 변화할 수 있습니다."

1997년 선거에서 사회주의 야당이 승리한 것은 캠페인에서 가장 중요한 순간이었다. 여성의 발언권이 더 커질 수 있었던 정치적 계기는 1999년 모하메드 6세의 즉위였다. 국회 연설에서 왕은 공개적으로 여성의 평등권 요구를 지지하였다. 이 기회를 놓치지 않고, 여성 권익 활동가들은 여성을 포함한 개발 활동 계획Plan of Action for the Integration of Women in Development(프랑스어 약자로는 PANIFD)을 만들었는데, 이것은 UN의 베이징 여성대회의 강령을 포함하고 있었다. 압데레하만 엘 유수피 Abderrhamane el-Youssoufi 총리는 이 계획을 승인하였다.

보수파와 이슬람 정치인들은 곧 모로코 가족 보호 국가 단체Organisme national pour la protection de la famille Morocaine를 규합하였고 모스크와 대중 언론을 통하여 캠페인을 시작하였다. 종교적 보수주의자들은 법의 어떠한 개정도 이슬람에 반하는 것이라고 주장 하였고 또한 이슬람 정치인들은 이것은 서구 영향에 따른 개혁이라고 비난을 하였다. 얼마 지나지 않아 정부는 여성을 포함한 개발 활동 계획의 지지를 철회하였다.

그러나 여성 단체들은 노력을 배가하였고 2000년에는 라밧Rabat의 거리로 수십만의 남녀가 나와 데모를 하였다. 같은 시간 반대파들은 카사블랑카에서 비슷한 규모의 시위를 열었다.

시위 후에 모하메드 6세 국왕은 여성 단체, 정치, 사회 운동 단체에서 40명의 중요한 여성 지도자들을 모아, 이 문제에 대해 제안을 해달라는 부탁을 하였다. 그리고 그는 종교학자, 법률가, 사회학자, 의사들로 구성된 무다나와 개혁을 위한 왕립 위원회를 발족시켰다. 중요한 것은 그 위원회 구성원 중 세 명은 대단히 높은 존경을 받는 전문가들이었다.

왕이 내린 규범은 위원회의 제안은 이슬람의 근본 원칙과 정신에 부합해야 하고, 가족과 가족의 화합에 대한 이슬람의 법적 전통을 따라야 하며, 모로코의 국제 인권 의무를 충족시켜야만 한다는 것이었다.

2년이 지체된 후, 2004년 위원회는 9개월간 공청회를 열어 구 무다나와에 대한 분석을 하고, 여러 지역에서 제기하는 제안들에 대하여 논의하여 최종적으로 국왕에게 안을 제출하였다. 이 기간 동안 여성을 포함한 개발 활동 계획은 캠페인을 계속하였고 위원회에 대한 로비와 함께 대중들에게도 그 필요성을 알렸다. 활동가들은 가정 폭력, 이혼 혹은 과거 법 하에서의 조혼을 경험한 여성들의 실제 사례들을 이용하여 남성들에게 자신의 딸들이 이러한 피해로부터 보호되기를 원하는지 물었다.

2004년 2월 3일 무다나와를 개정하는 새로운 가정법이 국회에서 만장일치로 통과되었다. 여성들은 중요한 법적 자치권을 얻었고 이혼, 법적 보호, 결혼, 그리고 가족 관계에서 더욱 평등하게 되었다. 무다나와의 재해석은 여성의 권리와 가정에서의 여성의 위치에 대하여 지배적인 사유 방식에 도전한 것이다.

무다나와 개혁을 위한 캠페인에서 활동가들은 영리한 '내-외부' 전략을 사용하였는데 이것은 대중 시위와 위원회에 로비하는 대중 계몽 캠페인을 섞은 것이다. 캠페인은 모로코 여성들에게 가정에서의 삶의 질 개선뿐만 아니라, 진보적 개혁을 향한 길을 닦은 것이다.

참조 Alexandra Pittman and Rabéa Naciri (2007) 'Cultural Adaptations: The Moroccan Women's Campaign to Change the Moudawana', Institute for Development Studies, available at: www.ids.ac.uk/ids/Part/proj/pnp.html

나는 소유한다. 따라서 나는 존재한다

몇 백만의 인도인들에게 갠지스 강은 성스러운 강이지만, 알라하바드 Allahabad의 순례도시에 있는 산자이 나가르Sanjay Nagar의 슬럼 강가에 사는 사람들에게는 매년 퇴거를 해야 한다는 것을 의미한다. 매년 갠지스 강에서 목욕하기 위해 오는 사람들을 위해 자신들의 판잣집이 불도저로 밀려나기 때문이다. 판잣집은 진흙으로 벽을 세우고 밧줄로 플라스틱 지붕을 세운 집이다. 진흙 길은 버려진 샌들로 덮혀 카펫처럼 되어 버렸고, 쓰레기 더미 사이에는 돼지가 자리를 잡고 있고 악취가 진동한다. 산자이 나가르는 최소한의 거주지를 제공하고 있지만 퇴거의 두려움은 거주자들의 마음 속에 불안함으로 남아 있다. "언제 우리는 퇴거당하죠?", "우리는 납작 엎드리고, 힘들게 잠들고, 돌아와야만 합니다. 하지만 우리가 집을 다시 지을 수 있을지는 모릅니다." 지금 그 지역은 '미화'작업 중이고 이 퇴거가 마지막이 될 수도 있다.

가난하게 사는 삶에서 가장 힘든 것 중 하나는 북반구에서는 보장이 되는 집과 투지에 대한 권리가 안정적이지 않다는 것이다. 인도, 가나, 캄보디아, 볼리비아에서, 50퍼센트가 넘는 도시 거주자들은 비공식적 거주지에 살고, UN은 도시에서 안정적인 소유권이 없이 사는 사람들의 수가 2020년에는 15억에 다다를 것으로 예상한다.[89] 2007년과 2008년 4백 3십

---

[89] J. Howell and J. Pearce, op. cit., p. 237.

만의 사람들이 위협이나 강제 퇴거를 당할 위기에 있다.[90]

퇴거는 권력 있는 지주나 정부 관료에 의해 일어나며 종종 폭력적이다. 짐바브웨에서 2005년 문자적으로 '쓰레기 청소'를 의미하는 무람바츠비나 작전Operation Murambatsvina은 70만 명의 도시 거주자들을 집에서 몰아냈고, 이는 240만 명의 사람들에게 영향을 미치었다. 청년 민병대가 운영하는 불도저와 철거대는 집을 없애버렸고, 비공식 경제에서 활동하는 길거리 판매업체 등의 사람들은 체포되었고 그들의 비즈니스는 파괴되었다.[91]

재산권과 개발

재산의 '권리'에 대한 의견은 분분하다. 재산권은 인권협약에 포함되어 있지는 않지만, 그 권리는 세계인권선언 17조에서 인정되고 있다. '모든 인간은 단독으로는 물론 다른 이와 공동으로 자신의 재산을 소유할 권리를 가진다. 그 누구도 그 재산을 독단적으로 빼앗겨서는 안 된다.'

재산권은 아마도 빈곤한 이들의 취약성을 감소시키는 방법 중 가장 분명한 것일 것이다. 남아공의 부자 거주지역에서 철조망과 무장 경고 사인이 의미하는 바와 같이 부자들은 자신의 재산을 지키는 다른 방법들을 가지고 있지만, 가난한 이들은 법적 보호가 필요하다. 재산권의 부재는 불평등과 배제의 문제를 다루기 어렵게 한다.

많은 경제학자들은 재산권을 지키는 것은 토지와 건설에 대한 투자를 촉진해 더 큰 발전으로 나아가는 열쇠가 된다고 주장한다. 그러나 재산권과 성장 사이의 연계는 약하고[92] 역사적으로 반대되는 예들은 대단히

---

[90] 'Safe as houses: Securing urban land tenure and property rights', *Insights* Issue 48, October 2003.
[91] Centre on Housing Rights and Evictions (2009)
[92] J. Beall and S. Fox (2008).

많다. 최근에 중국은 대부분의 경우 재산권이 비교적 불분명한 상황에서도 사적, 공적, 혼합적 재산권이 복잡하게 섞인 실험을 성공적으로 하였다.

더 나아가, 현존하는 재산권을 무시하며 지주들의 권한을 몰수하였는데, 많은 경우 이것은 경제 발전에 도움이 되었다. 1949년 대만에서의 신속하고 광범위한 토지 개혁을 보면, 모든 농토를 국가는 시장 가격 미만으로 구매하였고, 이를 임의의 낮은 가격에 토지 임대농에게 판매하였다. 이러한 강제적 이전은 재산권과는 맞지 않지만, 이들 국가는 넓은 경제 확장의 기틀을 마련하였다.[93]

가장 최근에는 페루 경제학자 에르난도 드 소토Hernando de Soto는 가난한 이들이 집이나 토지를 담보물로 하여 신용을 얻고 비즈니스를 시작할 수 있음으로써 '죽은 자산에 생명을 불어넣는' 재산권이 빈곤한 이들을 빈곤으로부터 탈출 할 수 있도록 도와준다고 주장하여 주목을 받고 있다. 그는 대도시 다섯 군데에서 나온 자료를 인용하여 가난한 이들이 소유한 '죽은 자본'이 무려 9조 3천억 달러에 이른다는 다소 의심스러운 추정을 하며 이 금액은 세계에서 가장 큰 주식 시장 20개를 합한 것과 비슷하다고 말한다.[94]

다양한 정치인들이 드 소토의 의견을 열광적으로 받아들였다. 2005년 남아공 정부의 주택 정책 문서인 <새로운 지평Breaking New Ground>은 1994년 이후 정부가 지은 신규 주택 160만 채는 가난한 이들에게는 '가치 있는 자산'이 되지 못했음을 보여주며 가난한 이들이 소유권을 가져서 거주 자산 시장에 참가할 수 있도록 해야 한다는 점을 강조한다.[95]

---

[93] M.H Khan (2006).
[94] M.H Khan (2002) op. cit.
[95] H. de Soto (2000).

사람들은 효과적인 재산권 시스템이 관습 법체계 혹은 불법 거주자나 정착민들이 만든 것과 같은 비법률 시스템으로 나타난다는 점을 간과하고 있다. 그를 더 열성적으로 따르는 이들은 토지 사용의 복잡하고 미묘한 형태와 가난한 사람들 사이에서 이미 시행중인 일종의 재산권을 과도하게 무시한 채 '기존의' 법적 체계를 도입하려 한다.

파푸아뉴기니에서는 97퍼센트가 넘는 토지가 이러한 전통적 방식의 소유권 하에 있는데 이러한 토지 소유권이 개발에 방해가 된다는 전제하에 오스트리아 정부와 세계은행으로부터 개혁을 해야 한다는 심한 압력을 받고 있다. 그러나 오스트리아 국립대학의 연구는 파푸아뉴기니에서 전통 임대인들의 경우 최근 수십 년간의 농업 생산이 내수 소비용과 수출용 모두 안정적으로 늘어 왔으나 토지 소유권이 정식으로 등록된 경우에는 대부분 줄었다는 것을 보여준다. 개인 토지 소유권은 세계 가격 하락, 시장 변화에 따른 생산 작물의 변화, 열악한 운송 인프라, 안전 문제들의 생산자들이 당면한 문제들과 충격을 해결하는 데 도움이 되지 못한다. 반면 전통적 임대 체계 하에서의 소농들은 변화하는 제한 조건과 환경 변화에 적응할 준비가 되어있다.[96]

그러나 전통 법률은 정치적 혹은 사회적 진공 상태에서 발전할 수 있는 것이 아니다. 그 법률들은 종종 권력을 더 가지고 있는 단체들의 이익을 반영하고 또한 빈곤과 배제를 생산하는 여성, 소수 인종, 가장 가난한 공동체와 카스트와 같은 구조에 의해 결정된다.

더 나아가 공식 토지 소유권리 증서를 분배하는 것은 신용을 얻을 수 있는 계기가 될 것이라는 주장은 잘못된 것으로 증명되었다. 시중 은행들

---

[96] B. Cousins et al. (2005) 'Will formalising property rights reduce poverty in South Africa's "second economy"? Questioning the mythologies of Hernando de Soto', Programme for Land and Agrarian Studies policy brief.

은 가난한 이들에게 대출을 해주려 하지 않고 가난한 이들도 마찬가지로 자신들의 소중한 토지 소유권리 증서를 위험에 빠뜨리는데 망설인다. 최근 부에노스아이레스와 소토의 고향인 리마시의 슬럼가에서의 비교 연구들은 자신의 집의 소유권리 증서를 가지고 있는 가정과 가지지 못한 가정을 비교하였고 토지를 소유한 가정이 신용을 더 가지고 있지 않다는 것을 발견하였다.[97] 토지 소유권리 증서가 주어진 지 7년이 지난, 케냐 서부 마을에서의 연구는 896개의 소유권리 증서 중 3퍼센트만이 대출을 얻는 데 사용되었다는 것을 발견하였다.

사고팔 수 있는 토지 소유권리 증서를 분배하는 것은 총을 들이밀고 토지를 훔치려는 이들을 멈추게 할 수 있으며 가난한 사람들에게 기회를 줄 수 있지만, 더 가난한 이웃의 토지를 대지주나 농민들이 사들임으로써 불평등을 야기할 수도 있다. 1990년 멕시코에서는 공동체 소유의 토지를 개인 소유로 대체하였고 이는 빠른 토지 집중을 가져왔다.[98] 유사하게, 라오스에서는 공동 소유권 시스템을 해체하는 것을 벌목이나 광산과 같은 자원을 얻기 위해 기존의 정주민들을 몰아내는 법적 체계를 통하여 하였다.

단순히 토지를 사유화하고 개인에게 매각 하는 방법은 그 비용을 기부자들이 부담하는 경우 조차도 대중 정치인들의 선거에는 적절할 수 있으나 그것만으로는 분명히 불충분하다. 효과적 국가는 재산권이 안전하고 또한 평등하며 복수 소유권을 (남편과 부인이 함께 소유권을 가지고 있는) 인정하고 있다는 사실을 확증할 필요가 있다. 따라서 재산은 개인, 가족, 공동체 차원에서 등록이 되어야 한다. 슬럼가 거주민 조직의 압력하에 시 정부는 물과 화장실의 향상된 보급을 확보하고 도시 경제를 공식화하는

---

[97] M. Bourke (2005).
[98] *The Economist*, 26 August. (2006).

수단으로서의 재산권을 강화할 필요성을 더욱 인식하고 있다. 주민 조직과 도시 빈민 연맹은 도시 토지를 조사하고 빈민들이 토지를 소유할 수 있게 하는 몇몇 시에서는 중요한 역할을 하고 있다.[99]

토지 개혁

1910~17년 멕시코 혁명에서 소농들이 일어서는데 영감을 준 에밀리아노 자파타Emiliano Zapata는 이렇게 함성을 외쳤다. "토지와 자유!" 그 결과인 토지 개혁은 그 뒤 몇십 년간 멕시코의 상대적 번영을 설명하는 데 도움이 된다. 토지 개혁은 중국, 러시아, 쿠바, 베트남 혁명의 중요한 특징이며 동아시아 호랑이 국가들의 경제적 변혁의 첫걸음이었다. 특히나 이전에 농노 사회였던 곳에서, 토지 개혁은 권력 관계를 변화시킬 수 있고 사회적 경제적 불평등으로부터의 근본적 변화를 가져오게 해준다.

잘못된 토지 소유권은 불평등의 근본적 원인이다. 대부분의 개발도상국에서 여성은 식량 생산의 60~80퍼센트를 담당하지만 2퍼센트 미만의 토지를 소유한다.[100] 토지는 권력을 강화한다. 인도 케랄라Kerala에서의 연구는 소유권이 없는 여성의 절반 정도가 물리적 폭력을 당했는데 소유권이 있는 여성은 7퍼센트만 폭력을 당한다는 사실을 발견하였다. 다른 연구들은 토지를 소유하지 못한 여성들은 통계적으로 HIV에 감염될 확률이 더 높다는 것을 보여준다.[101] 볼리비아의 치키타노(2부의 사례 연구 참조)와 같은 원주민 단체들은 전통적 토지 영역을 자신들의 정체성의 핵심적 부분

---

[99] D. Green (2003), p. 155.
[100] International Institute for Environment and Development (IIED), Natural Resources Institute (NRI), Royal African Society (RAS) (2005), 'Land in Africa: Market Asset of Secure Livelihood?'.
[101] UNFPA (2005).

이라고 보고 있다.

토지에 대한 분쟁은 특히나 재난 이후에 심각해진다. 지진, 가뭄이나 전쟁은 사람들이 자신의 토지를 떠나게 하고, 이후에는 권력 있는 지역 엘리트나 사업가들이 그 소유권이 불분명한 토지를 가져가려 한다. 과부가 된 여성들은 자주 재산을 몰수당하고, 어떤 경우는 가족들이 재산을 빼앗아 간다. 이러한 충격 후에 압력에 저항하고 토지의 균등한 분배를 확보하는 것은 국가의 중요한 임무이다.

볼리비아, 브라질, 인도, 필리핀과 같은 국가에서 원주민과 토지 없는 이들을 위한 운동의 등장은 개발 지상주의자들이 보았을 때 국가가 재분배에 개입하는 것은 심한 간섭이라고 여겨 1980년대 이후 사라진 토지 개혁을 최근의 이슈로 다시 불러왔다.

그 결과는 엄청났다. 캄보디아에서는 1998년에서 2001년 사이 정부와 시민 사회의 전에 볼 수 없었던 협력은 소농, 원주민, 상업 투자자, 불법 거주민의 필요를 충족시키는 첫 번째 국가 토지 정책을 낳았다. 백만 개 이상의 토지 소유권이 분배되었고, 많은 여성이 처음으로 소유권을 가지게 되었다.[102] 필리핀에서 공공 및 사유 토지 개혁은 1990년 중반 전임 국방부 장관인 피델 라모스Fidel Ramos가 대통령직에 있을 때 시작되었다. 두 필리핀 학자의 분석은 능동적 시민권과 효과적 국가의 강한 조화를 지목한다. '아래로부터의 강한 사회적 압력과 위로부터의 국가의 개혁 계획 그리고 둘 사이의 상호 관계.' 필리핀에서 이것은 냄비의 위아래서 불을 쬐어 만드는 전통 떡의 이름을 따라 '비빙카 전략bibingka strategy'으로 알려졌다.

---

[102] Judith Rodin, President, Rockefeller Foundation, speech to National Association of Women Judges' Annual Conference, November 2007.

표 2.1 20세기 대규모 토지 개혁

국가 (수혜자 규모 순)	개혁법 집행 연도	전체 농가 중 수혜 가구 %	전체 농지 중 재분배된 토지 %
중국	1946-56	90 정도	80
한국	1945, 1950	75-77	65
쿠바	1959-1965	60	60
에티오피아	1975, 1979	57	76
이라크	1958, 1971	56	60
멕시코	1915, 1934, 1940, 1971	55 정도	42
튀니지	1956, 1957, 1958, 1964	49	57
이란	1962, 1967, 1989	45	34
페루	1969, 1970	40	38
알제리	1932, 1971	37	50
예멘 남부	1969, 1970	25	47
니카라과	1979, 1984, 1986	23	28
스리랑카	1972, 1973	23	12
엘살바도르	1980	23	22
시리아	1958, 1963, 1980	16	10
이집트	1952, 1961	14	10
리비아	1970-1975	12	13
칠레	1967-1973	12	13
필리핀	1972, 1988, 1994	8	10
인도	1953-1979	4	3
파키스탄	1959, 1972	3	4
모로코	1956, 1963, 1973	2	4

어디서든, 토지 개혁은 기복이 있다. 짐바브웨에서 생산성이 높은 백인 소유의 농장들이 거의 농업 경험이 없는 정부 지지자들에게 상으로 넘겨졌고 그 결과 거의 전멸에 가까운 작황이 나왔다. 신용, 인프라나 농촌 지도와 같은 중요한 서비스에 대한 접근을 확보하지 못할 때, 토지 개혁은 실패해 왔다. 많은 국가에서 토지 개혁은 완강한 비판과 지방 엘리트들의

폭력적 저항, 국가의 의지 부족, 수십만 소농들에게 토지 소유권을 추진하는 데 따르는 심각한 관료주의와 법적 복잡성으로 인하여 동력을 상실한다. 필리핀에서도 개혁은 지속적인 도전을 받았다. 이러한 상황에서 개혁의 속도를 천천히 조절하는 것은 때때로 저항과 토지 점거로 터져 나오는 끓는듯한 분노를 낳는다.

후원자와 많은 정부는 이른바 '시장이 이끄는' 정책을 소개하며 토지개혁에 관한 관심을 다시 불러 일으켰다. 이 정책은 국가가 '구매자와 판매자' 접근을 취함으로써 강요된 재분배를 피하려 한다. 그렇게 함으로써 대농은 그들의 토지를 소농과 토지가 없는 노동자에게 판매하려 하고, 국가는 소농들이 토지를 구매할 수 있도록 금융을 조성하는 것과 같은 판매를 촉진하는 역할을 한다. 강제 구매나 압류와 같은 방법들은 지주들의 강력한 반발을 가져오고 지주 동맹은 개혁의 큰 걸림돌이 될 수 있다.

시장이 이끄는 접근법은 사회 정의를 무시한다는 많은 비판을 받아왔다. 수혜자들은 종종 가장 가난한 이들이 아니며 또한 이 접근법을 따르면, 가난한 이들은 빚을 져야만 새로운 일을 시작할 수 있다. 또한, 이 접근법은 전통적인 토지 임대 시스템과 다른 사람을 무시하고 오직 개인의 토지 소유권만을 인정하고 있다. 실제로, 정부는 낮은 가격이나 무상으로 공공 토지를 매각하는 이상한 일을 하곤 한다.

여성의 재산권

부유한 국가에서, 재산권은 19세기 1세대 페미니스트들이 투쟁의 목표로 삼은 첫 번째 목표였고, 오늘날에는 전 세계의 가난한 여성 조직들에 핵심적 사항으로 남아있다.[103] 많은 국가에서, 태도, 신념 그리고 법적 차별의 조합은 '전통적' 법률과 '근대적' 법률 모두에서 여성이 토지 소유를 하지 못하게 배제한다. 여성은 거의 토지에 대한 완전한 소유권을 가지지 못하고 대신 아버지, 형제, 남편과 아들과 같은 남성 친척을 통해서만이 2차 청구권을 가지고 협상을 할 수 있다. 여성은 보통 남편의 사후 집을 물려받을 수가 없다. 전통 법의 공식화는 종종 복수 소유의 토지가 한 명의 소유권자만을 인정한다는 것을 의미하고 이 경우 남성만이 소유권자가 된다. 예를 들어, 1988년 케냐의 항소 법원은 전통법에 따라 아내의 재산은 남편이 공식적으로 소유권자가 되면 소멸하게 된다고 판결하였다.[104] 많은 여성은 전통 법 하에서 2등 시민으로 지내거나 공식 법체계에서 완전히 보이지 않는 존재로 지내거나 둘 중 하나로 지내야 하는 진퇴양난의 형편이다.

재산권의 부정은 모든 여성에게 영향을 미친다. 삶을 꾸리는 것은 거주할 곳과 무엇으로 생계를 꾸릴 것인가에 따라 농사지을 토지나 비즈니스를 할 공간, 재료와 기구를 살 돈 그리고 아이를 돌보아줄 누군가를 필요로 한다. 그러나 소유를 하기 위한 법적 권리가 없는 경우 결혼 유무에 관계없이 개도국에서 빈곤하게 살고 있는 모든 여성은 이러한 것을 가질 수 있는 남성과의 관계에 의존할 수밖에 없다. 그래서 여성들의 생계는 위태로운 처지에 있다. 만일 관계가 틀어지거나, 남편이 병에 걸리거나 사망하게 된다면, 부인과 아이들은 어떻게 생존할 수 있겠는가?

가계에서 가장 피해를 보는 것은 HIV, AIDS 혹은 전쟁으로 인해 생긴 과부와 깨어진 가정의 여성들이다. 그 수가 급성장하는 과부들이 빠지는 곤경은 짐바브웨의 78세 과부인 치라라Chilala의 경우에서 잘 볼 수 있다.

---

[103] Oxfam GB (2006).
[104] 예를 들어, 영국에서는 1884년에 제정된 기혼 여성 재산법은 여성들이 자신의 소유권을 유지하며 재산을 가져오는 것을 허용했지만 그 이전에는 자들의 재산은 자동으로 그들의 남편에게 넘겨졌다.

1990년 남편이 죽자, 시동생은 그의 시신을 집 근처에 묻고 그녀가 무서워서 가까이 갈 수 없게 되자 그 땅을 빼앗아 버렸다.[105]

토지에 대한 분쟁은 앞으로 더 심각해질 것 같다. 도시에는 폭증하는 인구로 가장 가난하고 소외된 이들을 전례 없이 불안하고 위험한 곳으로 밀어내며 집을 가진 이들과 집이 없는 이들 사이의 간극을 더욱 심각하게 만들고 있다. 지방에서는, 기후 변화와 환경 악화가 경작 가능한 비옥한 토지를 줄이고 있고 바이오 연료와 새로운 작물들은 토지가를 올리며 가난한 사람들을 쥐어짜내고 있다. 소농, 토지를 소유하고 있지 않은 노동자들 그리고 원주민들의 야심 찬 운동마저 점차 수그러들고 있다. 어떻게 국가와 시민운동이 토지라는 압력솥을 다룰 것인가는 세계에서 가장 가난한 많은 국가의 미래 발전에 중요한 역할을 할 것이다.

---

[105] C. Nyamu-Musembi (2006).

나는 투표한다. 따라서 나는 존재한다

플로리다, 라고스, 나이로비에서 선거는 혼돈의 장이다. 하루 동안 열리는 이 행사는 국가 시민, 용기와 두려움 그리고 분열과 화합, 정당과 반칙이 공존하는 행사이다. 부정이나 도둑 선거는 불안정이나 폭력을 유발할 수 있다. 하지만 아마도 선거에 대한 가장 놀라운 사실은 이러한 결함을 가지고 있지만, 선거제도가 여러 나라로 확산되어 가고 있다는 것이다.

보통 선거로 정부를 선출하는 것은 아마도 20세기의 가장 놀라운 정치 혁신일 것이다. 1900년 뉴질랜드는 모든 성인 시민들이 참여하는 선거로 정부를 선출한 유일한 국가였다. 20세기 말에는 파시즘과 공산주의 그리고 선거로 뽑힌 정부에 대한 연이은 군사 쿠데타 등을 포함한 여러 번의 심각한 위기가 있었음에도 현존하는 192개국 중 120개국에서 선거 민주주의를 채택하고 있고, 그중 85개국은 법치주의와 시민과 정치 권리를 준수한다는 의미에서 민주주의를 '온전히' 구현한다고 여겨진다.[106]

최근 민주화는 속도는 빨라져 왔다. 1974년 포르투갈 이후, 민주주의는 가장 먼저 그리스와 스페인 그리고 남미로 퍼져 나갔으며 1979년과 1985년 사이 이들 19 국가들에서 선출된 시민 정부는 군사정권을 교체하였다. 1980년대 중반과 1990년대 초반에는 필리핀, 남한, 대만, 방글라데시, 네팔이 민주화가 되었다. 1989년 베를린 장벽의 해체와 1991년 소련 연방의

---

[106] International Institute for Environment and Development, Natural Resources Institute, Royal African Society (2005) op. cit.

붕괴는 소비에트 연방 국가들에서 경쟁적으로 선거제도를 가져왔고, 베넹과 남아공은 1990년 아프리카 정권 교체의 물길을 열었다. 아프리카인들의 3분의 2 이상이 민주적 다당제 선거 시스템을 갖춘 국가들에서 살고 있고, 아프리카의 정부들은 2005년 토고에서 일어난 반민주주의 쿠데타에 앞장서서 반대를 하였다.[107]

그러나 민주주의를 위해 희생된 많은 것들은 '인민의 힘'에 기원을 둔 민주주의의 어원의 창백한 측면을 보여준다. 많은 국가에서 민주주의는 서구적 개념의 얄팍한 포장지로 존재하며 진정한 민주적 실천이나 문화로 나타나지 않는 형식적 제도 체제일 뿐이다. 다당제 선거는 압도적인 행정 권력, 언론의 자유 제한, 그리고 민주주의의 의미를 해치는 인권 침해를 가리는 연막이 될 수도 있다.

이른바 '배제적 민주주의'는 대중적이지 못하다. 1999년 세계적으로 실시한 설문에서 50,000명 중 10퍼센트만이 정부가 '사람들의 의지를 반영한다'라고 답하였다.[108] 정치적 배제의 모욕은 파키스탄의 바루키스탄 Baluchistan의 소농들의 말에서 잘 나타나 있다. 그들은 연구자들에게 다음과 같이 말한다. "선거 기간에 그들은 (정치인) 표를 위하여 우리를 일일이 찾아온다. 그러나 선거 후에는 우리를 피하고 우리에게서 고약한 냄새가 나는 것처럼 여긴다. 처음에는 우리를 껴안지만, 나중에는 땀과 먼지가 그들을 쫓아내 버린다."[109]

그러나 가난한 이들은 계속하여 대안이 아닌 자신들이 선거로 뽑은 정부를 지원한다. 이것은 윈스턴 처칠의 격언을 떠오르게 한다. "민주주의는 지금까지 시도했던 모든 것을 제외하고는 최악의 정부 형태이다."

---

[107] J. Gaventa (2005).
[108] UNDP (2005).
[109] UNDP (2002), p. 1.

민주주의와 개발

민주주의는 그것 자체로 바람직하다. 2005년 국제 설문 조사는 여러 나라의 10명 중 8명은 민주주의가 최고의 정부 시스템이라고 믿고 있다.[110] 다른 지역 조사는 아프리카인들의 69퍼센트와 라틴 아메리카에서 더 많은 사람이 민주주의가 다른 정치 시스템보다 '언제나 더 바람직' 하다고 믿고 있다.[111]

이러한 선호는 국제법에도 반영이 되어 있다. 세계인권선언 21조에는 모든 개인이 '직접 또는 대표인을 통하여 국가 정부에 참여할 권리를 가지고 있고 국민의 의사는 정부 권리의 기초이다. 국민의 의사는 보편적, 일반적 선거에 의해 나타나야 하며 그 과정은 정기적이고 자유로운 진정한 비밀 선거로 치러져야만 한다'고 밝히고 있다.

다른 정치 시스템보다 민주주의는 집회와 발언의 자유와 같은 개인의 정치적 권리와 시민의 자유를 증진하고 보호해 왔다. 역으로 이러한 권리와 자유는 경제적, 사회적, 문화적 권리를 누릴 수 있는 길을 닦으며 민주적 정치를 키워나가고, 민주적 가치가 자리 잡을 수 있도록 도와준다. 민주주의가 언제나 상냥한 얼굴을 하는 것은 아니다. 미국, 아르헨티나, 오스트레일리아에서 민주주의의 탄생은 원주민에 대한 인종학살에 가까운 것을 저질렀다. 최근 레바논, 아프가니스탄, 케냐와 팔레스타인 자치정부에서 민주주의로의 전환에서 나타나는 바와 같이 광범위한 국가 제도 없이는 (4부 참조) 현존하는 권력 구조에 근본적인 도전을 할 수 있는 선거는 폭력을 유발할 수 있다. 알제리, 부룬디, 유고슬라비아에서 1990년대 선거는 직접적인 내전을 유발하였다.[112]

---

[110] B. Knight et al. (2002) op. cit., p. 76.
[111] Gallup (2005).

민주주의는 주기적인 선거 외에도 제도와 장치로 가장 잘 이해될 수 있는데 제도와 장치는 역방향으로 나아가기도 하고 모두 발전적으로 진보하기도 한다. 이러한 서로 다른 입법, 사법, 행정, 언론 그리고 시민사회 제도들의 견제와 균형은 시민들의 권력을 존중하는 정권의 민주적 의사 결정의 정도를 결정한다.[113] 콩고 민주 공화국과 같이 약하거나 존재감이 미미한 제도를 두고 있는 국가에 선거가 도입된다면, 이것은 국가 건설의 노력을 약화하는 정치적 붕괴와 '패악의 정치'에 불을 댕길 수 있다.

평등의 확대는 민주주의를 가능하게 하고 역으로 민주주의는 평등을 촉진 시키며 영광과 약탈이 아닌 시민들의 평범한 요구에 정부가 주된 관심을 두도록 한다. 연구에 따르면, 민주주의와 초등 교육의 확대는 분명한 연관성을 가지고 있다. 소득 효과를 제외한다면 민주주의는 독재에 비하여 공공재와 서비스에 25~50퍼센트를 더 지출하고 있다.[114] 민주주의 역시 남성과 여성의 권력 관계를 평등하게 하는 효과를 가지고 있다. 역으로 민주주의가 불평등을 바로 잡는 데 실패하면 시민사회의 개입과 투표율은 하락한다.[115] 결함이 있는 민주주의가 다수가 독점하게 하고 소수를 배제하게 될 때 그들은 불평등을 조장하게 된다.

아마티아 센은 민주주의가 제 역할을 할 때 빈곤은 생기지 않는다는 유명한 주장을 한다. 하지만 민주주의와 경제적 안녕 사이의 더 깊은 관계는 논란의 여지가 있다. 중국, 베트남, 인도네시아 그리고 남한이 권위주의 정부하에서 경제적으로 도약을 했지만, 민주화가 언제나 성장을 가져온 것은 아니었다.

---

[112] Afrobarometer (2006); Latinbarometro, 다음의 책에서 재인용. Graham and Sukhtankar (2004).
[113] E.D. Mansfield and J. Snyder (2005).
[114] G. Mulgan (2006) op. cit.
[115] Ibid.

민주주의는 패한 후보는 그 패배를 받아들여야 한다는 것과 같은 기본적인 합의가 필요하다. 대만과 한국에서와 같은 토지 개혁을 통한 재분배와 같은 급진적 변화가 경제적 도약을 위해서 필요할 때조차도 이를 민주 정부가 추진하는 것은 대단히 어렵다. 같은 이유에서 민주 정권은 노조원들과 같은 반대파가 살해당하고 감옥에 가고 혹은 자유 시장 경제 체제 도입으로 망명을 떠나 버린 칠레의 피노체트 독재정권도 시행한 급진적인 반-빈곤 개혁과 같은 것을 외면하기는 어렵다. 바로 이러한 관성이 축복이 될 수 있다. 한 연구에 따르면 경제적으로는 민주주의 국가가 비민주주의 국가보다 더 느리게 성장을 하지만, 길게 보면 불가피하게 가난한 이들에게 가장 혹독하고 불평등을 양산하는 경제 호황과 파산을 피하며 더 안정적으로 성장을 해 왔다.[116]

경제학자 장하준은 "시장과 민주주의는 근본적인 부분에서 충돌한다. 민주주의는 1인 1표의 원칙으로 운영되지만 시장은 1달러 1표의 원칙으로 운영이 된다"고 주장한다. 장하준은 "대부분의 19세기 자유주의자들은 민주주의를 반대하였는데 그 이유는 민주주의가 자유 시장과 양립할 수 없다고 생각했기 때문이었다"는 점을 지적한다.[117] 그들은 민주주의가 가난한 다수에게 소수의 부자를 착취하는 정책을 (예를 들어 누진세, 사유 재산의 국유화) 도입하여 부의 창출이 가져올 이익을 파괴할 것'이라고 주장하였다.[118]

아마도 그는 시장과 민주주의의 관계를 과장한 것일 텐데, 그는 많은 북반구 정부에서처럼 관계가 축복받은 것이라기보다는 어렵고 폭풍이 몰아치는 결혼을 더 닮았다는 것을 보여준다. (실제로는 많은 자유주의자들은

---

[116] Ibid.
[117] N. Birdsall (2007).
[118] N. Bobbio, translated by M. Ryle and K. Soper (1990)

시장과 자산이 주는 안정과 독립성이 민주주의가 작동하게 해준다고 믿었다)

 전반적으로 볼 때, 가장 설득력 있는 가설은 민주주의가 경제성장을 가져오는 것보다는 경제 성장은 민주주의를 진작시킨다는 것이다. 예를 들어, 남한의 경우 경제 성장은 자신들의 일에 국가가 깊게 관여하고 있다는 것에 분노하는 교육 받은 비즈니스 엘리트들을 낳았다. 분석가들은 이러한 일들이 중국에서도 중산층의 성장함에 따라 동일하게 일어날 것이라고 보고 있다. 그러나 이 가설은 불편한 질문을 하게 한다. 가난한 국가에서 민주주의를 위한 싸움은 더 많은 자유를 가져올 것이지만, 저성장에 따르는 비용은 어떻게 하는가? 그리고 개발을 폭넓게 이해한다면 이것은 받아들일 만한 것인가? 성장을 추구하는 것은 권위주의 정부와 권리의 포기를 정당화하는가? 민주주의는 여러 나라의 개발 과정에서 그 시기를 달리하며 나타나고 또한 빈곤, 불평등 그리고 성장에 다른 영향을 미치기 때문에 어떻게 제도, 사건, 지리 그리고 정책이 상호 영향을 미치며 민주주의라는 결과를 가져오는가를 이해하는 것은 남은 과제이다.

국회와 정당

 선출된 입법기관은 때로는 무시되지만 효과적이고 책무성 있는 국가를 건설하는 데 있어 핵심적인 역할을 한다. 많은 국가에서는 역사적으로 유약한 '고무 직인'을 찍는 일을 하는 국회나 의회는 종종 대표성을 가지지 못하고 유력한 정치 리더들에게 빌붙어 자신의 자리를 유지하고, 문제를 일으키는 정적들을 확실하게 제압하려 한다. 2011년 여성은 세계 국회 의석의 19퍼센트만을 차지하고 있고 이러한 국회는 여성을 대표하지 못한다.[119] 현재 세계에서 가장 평등한 국회는 르완다 하원인데 여성이 51퍼센트를 차지하고 있다.[120, 121] 입법부는 종종 예산이 없고 제 역할을 수행하는데 필요한 기본적인 기술이 없으며, 자기 역할을 하도록 도와줄 수 있는 노조, 민간 영역, 언론, 시민사회로부터 동떨어져 있다.

예를 들어 탄자니아에서 예산 과정을 심의하거나 나이지리아에서 3선을 위해 헌법을 개정하려는 대통령을 제재하는 것과 같은 일을 함으로써 국회는 스스로를 내세울 수 있다. 그들은 국제기구들과의 차관 협약을 심사할 수 있는 권한을 요구해 왔고, 공여국의 환심을 사기 위한 노력을 해왔다. (북반구의 정부 기구 중 USAID는 입법기구를 강화하기 위한 기금을 지원해 왔다) 40개국이 넘는 국가들이 정치 사무국에 여성 선출이나 선발을 보장하는 법을 도입해왔고, 국회에서 여성의 평균 점유율은 1995년 이후 배가 늘었다.[122]

여론조사는 국회가 국민으로부터 거의 격멸을 당해 왔고 개발학에서는 보이지도 않지만, 정당들은 시민과 국가를 연계하는데 중요한 역할을 한다는 것을 보여준다. 개발은 개인의 선택의 자유에 대한 것일 뿐만 아니라, 집단 수준에서 어려운 결정을 내리는 것에 대한 것이기도 하다. 정당들은 대중의 지지를 얻기 위하여 갈등을 조율하며 그들의 필요와 욕망에 대한 면밀한 검토를 한다. 선거에서 이기면, 정당은 대중의 욕망을 정책으로 전환하려 한다. 사무실에서 정당은 책무성에 초점을 두고 정부에 영향을 미치기 위한 통로가 된다. 사회 운동과 가난한 공동체는 공무원과 정치 리더뿐만 아니라 정당에도 로비를 한다. 실제로, 브라질의 PT(Partido dos Trabalhadores, 노동자 정당)는 국가의 활기찬 사회 운동과 조합으로부터 성장

---

[119] H.-J. Chang (2007).

[120] Inter-Parliamentary Union, 'Parliaments at a glance: Women parliamentarians', http://www.ipu.org/parline/WomenInParliament.asp?REGION=All&typesearch=1&LANG=ENG

[121] International Women's Democracy Centre, www.iwdc.org/resources/factsheet.htm

[122] UN Women (2011).

하였고 양자의 강한 연계를 유지하고 있다.

그러나 많은 정당이 이것에 부합하게 활동하는 데 실패하고, 개인이나 엘리트들이 자신을 살찌우거나 권력을 얻는데 필요한 단순한 도구가 될 뿐이다. 정당 정치는 종종 정책이 아닌 누가 남고, 누가 나가고, 누가 국가의 금고를 노리는가와 같은 개인사에 초점을 두며 가십거리가 된다. 후원 정치는 지역의 '거물'이 국가 자원을 지지와 권력을 얻기 위해 사용하며 민족, 부족, 지역 그리고 종교로 정당을 쉽게 나누어 버린다. 예를 들면, 말라위와 탄자니아에서 정당의 활성화는 후원 정치를 여러 갈래로 갈라놓았고 이는 경쟁 정당들이 권력을 추구하며 심각한 정치적 불안정을 가져왔다.[123] 새로운 정당들은 그들의 리더와 함께 하룻밤 만에 나타나고 사라진다. 다른 국가에서는 대통령은 국회의 늘어만 가는 정당들을 무기력하게 만든다.

대부분의 정당은 이러한 양극단 사이 어딘가에 있으며 때로 시민 사회의 지위를 반영하고 또한 개인적 이익보다는 집단의 이익을 제공하도록 다른 정당들을 압박하는 역량을 보여준다. 시간이 흐르며 약한 정당이 강해지고 강한 정당이 약해지기도 하는 것처럼, 유용한 민주적 기능을 수행하는 정당의 능력과 의지는 생기기도 없어지기도 한다. 민주주의에서 정당의 핵심적 역할을 볼 때, 정당을 강화 하는 것은 시민과 국가를 연계하는 중요한 일이다. 정당 내 민주주의, 투명성 (예를 들면, 기금의 사용과 리더 선출), 정당과 캠페인 기금 모금과 같은 중요한 문제들은 남반구뿐만 아니라 북반구에서도 당면한 과제이다.

어떠한 정치 시스템도 고정되어 있지 않다. 국가와 정당 시스템은 계속하여 진화하는데, 어떤 국가는 책무성을 강화할 수 있었지만, 다른 국가들

---

[123] www.quotaproject.org/system.cfm

은 독재와 부유층의 손아귀에 놀아나게 되었다. 정치 시스템의 진보를 요구함으로써 (그리고 퇴행을 막음으로써) 민주주의를 강화하는 것은 국가의 시민과 발전과 정의를 촉진하고자 하는 외부인들이 효과적 국가를 건설하는 데 있어 핵심적 임무가 된다.

나는 훔친다 따라서 나는 존재한다: 자연 자원, 부패 그리고 개발

가난한 사람들은 부패를 증오한다. 빈곤이 무엇인지에 관하여 물을 때면 그들은 소득의 부재가 아닌 경찰관이나 공무원으로부터의 뇌물 요구에 저항할 수 없는 무기력을 토로한다. 이러한 부패는 능동적인 시민권을 세우려는 노력을 저하하는 근본적 무력감과 배제를 낳는다.

경제적으로 부패는 가난한 사람들에게 가장 큰 영향을 미친다. 루마니아에서 세계은행 연구는 가장 가난한 1/3 가정은 수입의 11퍼센트를 뇌물로 주는 데 반해 가장 부유한 1/3은 2퍼센트만을 줄 뿐이라는 사실을 보여준다.[124] 부패는 부유한 국가와 가난한 국가들에서 모두 동일하게 퍼져있다. 미국 법무부 장관은 폭력 사건에 이어 두 번째로 많은 범죄가 보험사기이며 이에 따르는 비용은 매년 수십억 달러에 이른다고 밝혔다.[125] 많은 국가에서 사기업들은 정부 조달을 따기 위해 큰 금액의 뇌물을 주고 있다. 전 세계의 개발도상국에서는 물, 교육, 보건 서비스에 비공식적 '비용'을 내고 있다.[126]

부패는 개인적 이익을 위해 자신에게 부여된 권력을 남용하는 것이다. 필요에 의한 부패 (때로 작은 부패로 알려져 있다)는 탐욕을 위한 부패와

---

[124] M. Lockwood (2005).
[125] World Bank (2003).
[126] M. K. Sparrow (2006), p. 16.

는 (큰 부패) 대조된다. 이 두 가지는 가난한 사람들과 국가에 다른 영향을 미치고 따라서 다른 치료책이 필요하다.

작은 부패는 업무 수행에 실패한 서비스 제공자와 국가 고용인들이 작은 규모의 불법적 비용을 청구하는 것을 포함한다. 이것이 개발도상국에서 가난한 사람들이 가장 직접적으로 경험하는 부패이다. 배고픈 사람들이 밀가루 한 포대에 자신의 투표권을 팔지 않는 것은 어려우며 또한 월급을 제대로 받지 못하는 공무원들이 뇌물의 유혹에 저항하기도 쉽지 않은 것처럼 빈곤은 부패를 부추긴다. 그러나 태도와 신념 역시 역할을 한다. 동아프리카, 인도네시아, 중앙아메리카의 옥스팜 직원들은 이 지역에서 영향력 있는 자리에 있는 사람들은 자신의 가정과 출신 지역을 돌보아야 한다는 믿음이 널리 퍼져 있다고 보고하는데 이것은 때로 수용할 수 없는 부패일지라도 사람들은 공적으로 감내해 줄 수 있다는 것을 의미한다.

빈곤은 작은 부패를 부추기지만, 개발은 부패의 위협을 감소시킨다. 개발은 세금을 징수하고 적정한 급여를 주며, 공무원들의 부정행위를 처벌하는 정부의 역량을 배가시켜 이러한 부패가 국가 시스템을 녹슬게 하지 못하게 한다. 캄보디아와 체코 공화국에서는 윤리 행동 강령과 함께 보건 노동자들의 임금 향상이 비공식적 뇌물 수수를 줄이고 가난한 사람들에게 더 낮은 보건 서비스를 제공할 수 있었다.[127] 노동조합과 전문직 협회는 전문적 윤리 기준을 개발하고 관련된 노동자들의 서비스를 개선하는 데 중요한 역할을 할 수 있다.

유사한 수준의 국가들 사이에도 큰 차이가 있다는 것은 문제를 다루기 위해 단순히 성장하는 것 외에도 더 많은 것을 할 수 있다는 것을 의미한다. 국제투명성기구의 2010년 부패 인지 지수에 따르면 영국은 칠레와 유

---

[127] H. Elshorst and D. O'Leary (2005).

사한 수준의 부패를 보이고 미국은 우루과이와 비슷하다. 이탈리아는 르완다와 조지아보다 1인당 국민소득이 각각 24배와 6배 크지만, 부패 지수는 세계 67위로 르완다와 조지아 사이에 끼어있다.[128]

큰 부패는 다르다. 이것은 수십억 달러를 훔친 자이르의 모부투Mobutu와 인도네시아의 수하르토 대통령의 경우와 같이 국가 예산에 영향을 미칠 뿐만 아니라, 민간 영역에도 영향을 미치어 운영자와 소유자의 재산을 강탈함으로써 경쟁하고, 발전하고 투자하는 기업의 능력을 소멸시켜 버린다. 더 놀라운 것은 사회경제 엘리트 간의 밀접한 관계는 경제 전체가 아닌 민간 영역에서 그들의 친구와 가족에게 유리한 정책을 펼치도록 정치인들과 공무원을 유도한다는 것이다. 석유, 가스, 무기, 건설과 같은 영역에서, 대단히 큰 금액의 뇌물이 거래를 대가로 대형 기업으로부터 국가 공무원에게 주기적으로 전달되고 있고, 이에 반해 수많은 민영화 프로그램은 국가의 부를 네트워크가 잘되어 있는 엘리트에게 전달해 주는 구실 거리가 되고 있다.

부의 저주

자연자원에 대한 국가의 의존은 큰 부패에 일조하는 근본적 요인이다. 위대한 우루과이 작가 에드아르도 갈레아노Eduardo Galeano는 이것을 '부의 저주'라 명명하였다. 풍부한 석유, 가스, 광석의 매장량은 남한이나 대만과 같이 자원이 없이 인적 자원만을 가지고 있는 국가들의 오랜 투자와 힘든 노력으로 성취한 성공이 아닌 졸부들이 권력을 잡게 만들어 정치의 대동맥에 독을 주사하는 것과 같다. 거꾸로 나이지리아에서는 1960년대 이후

---

[128] Oxfam International and WaterAid (2006) op. cit.

3,000억 달러어치의 석유가 사라져 버리고 있어 국가에 미치는 영향은 거의 미미하다.129 나이지리아에서 포장된 도로를 찾아보기는 어렵고, 60퍼센트 이상의 국민은 하루 1.25달러 미만으로 살고 있다.130

자연 자원은 국가와 시민 사이의 '사회적 관계'를 단절시킬 수 있다. 정부가 석유 수입에 의존하게 되면, 정부 수입을 올리기 위하여 세금을 징수할 필요가 없고, 공적인 정당성을 획득하는 것이 아니라, 뇌물로 권력을 얻으려 한다. 이러한 환경에서, 민주주의는 양날의 검과 같다. 옥스퍼드 대학의 폴 콜리어Paul Collier의 연구에 따르면 국가가 자유로운 언론과 독립적 사법부를 통하여 균형과 견제가 이루어지고 또한 경쟁적 투표가 이루어지는 국가에서는 자연 자원은 일반적으로 경제적 이익을 가져다준다. 왜냐하면, 정부는 더욱 책무성이 있고 효율성이 높아야 한다는 압력을 받기 때문이다. 그러나 제도적인 견제와 균형에서는 멀리 떨어져 있는 경쟁적 선거는 정당들이 부를 자신의 손에 넣으려고 애를 쓰며, 더욱 심각한 부패와 혼돈을 양산한다. 권위주의 정권하에서는 이러한 국가들의 경제적 성장은 더욱 낮아진다. 이러한 사실들이 이라크의 미래에 암시하는 바는 우울한 것이다.131

그러나 자연 자원이 개발에 있어서 사형선고와 같은 것은 아니다. 다이아몬드를 관리하는 보츠와나의 방식은 앙골라, 시에라리온, 콩고 민주 공화국에서 피로 물든 다이아몬드가 가져온 황폐화와는 크게 대비된다. 또한, 말레이시아는 주석과 고무 생산국에서 벗어나 전자레인지와 핸드폰을 생산하고 있다. 핵심은 땅속에서 나오는 돈을 관리할 강력하고 책무성 있

---

[129] Corruption Perceptions Index 2010 Results, http://www.transparency.org/policy_research/surveys_indices/cpi/2010/results
[130] Paul Wolfowitz, World Bank, quoted in the *Observer*, 5 November 2006.
[131] World Bank, Poverty headcount ratio at $1.25 a day, http://data.worldbank.org/indicator/SI.POV.DDAY

는 제도적 장치를 가지거나 만드는 것에 있다.

효과적 국가는 정치적 유혹에 저항할 수 있고 자연자원의 혜택으로부터 나오는 수익으로 장기적 발전을 만들어 나갈 수 있다. 노르웨이는 자국의 석유에 75퍼센트의 세금을 부과하고, 이를 가지고 석유가 고갈된 뒤에도 국가 부를 위한 장기 금융 시스템을 만들기 위해 '석유 기금'을 만들고 있다. 반대로, 400년간 '부의 저주'로부터 고통받은 볼리비아는[132] 자국 석유와 가스에 고작 18퍼센트만을 부과하였는데, 2003년 군중 폭동이 일어나 정부의 교체와 50퍼센트의 새로운 세금 부과를 하라는 압박을 가하였다. 볼리비아의 새 리더들은 노르웨이의 조언을 받았고, 2007년 에너지 분야 공공제도를 강화하기 위한 양 정부 간 상호 협력에 합의하였다.

강한 시민 조직 역시 중요한 역할을 할 수 있다. 석유, 가스 회사들이 정부에 지급하는 것과 정부가 받은 것을 공개시키기 위하여 국제사회가 만든 채취산업투명성기구는[133] 나이지리아로 하여금 첫 번째 독립 감사기구를 두게 하였고 이후 10억 달러 이상의 세수를 더 걷을 수 있었다.[134] 이러한 투명성은 시민 사회가 부패의 기회를 줄이고 세수의 흐름을 감시할 수 있게끔 하였다.

반부패를 향한 노력에서 최선의 결과는 정부가 책무성을 가지도록 압력을 가하는 능동적 시민으로부터 나온다. 인도에서 정보에 대한 접근권 개선운동은 놀라운 성공을 거두었다. 칠레에서, 시민 단체들은 정당의 정치 기금을 감시한다. 말라위에서는 시민단체들이 학교를 방문하여 해외 원조로 지급된 교과서를 실제로 가지고 있는지 확인을 한다. 우간다에서 교육

---

[132] P. Collier, 'The Resource Curse, Democracy and Growth', talk at Centre for Islamic Studies, Oxford, 15 November 2006.
[133] E. Galeano (1973).
[134] http://eitransparency.org

비 지출에 대한 정보 공공화 캠페인은 정부 예산에 대한 시민들의 관심을 돌릴 수 있었고 결국 학교에 도달하는 예산액을 늘렸으며[135] 반부패 단체는 도로 재정비로 책정된 1만 5천 파운드를 자신의 주머니에 넣은 부패한 관료를 지목하고 망신을 주었다. 그는 체포되었고, 돈을 돌려놓게 되었다. 크게 보면, 양자성 원조는 경찰과 사법부와 같은 부패 문제를 해결할 수 있는 국가 기구를 강화하는 데 사용되고 있다.

부패는 개발에서 핵심적인 문제는 아니다. 북반부 국가들이 보여주는 바와 같이 부패한 국가도 여전히 발전할 수 있다. 그러나 부패는 분명 자원을 낭비하게 하고 시민과 국가의 신뢰를 쌓기 어렵게 한다. 반대로, 시민들의 감시를 독려하고 노동 조건과 임금을 향상시키고 편견 없는 법치를 강화하여 부패와 싸우는 것은 개발의 핵심에 놓여 있는 효과적 국가와 능동적 시민의 조화를 강화할 수 있다.

---

[135] UK DFID (2007).

나는 지배한다. 따라서 나는 존재한다

1960년대 초반, 이전 국명은 자이르였던 콩고 민주 공화국의 1인당 소득은 남한의 두 배가 넘었다. 두 나라는 배고프고 글을 모르는 국민으로 넘쳐났다. 두 나라는 미국의 원조를 크게 받았으나 갈등으로 나라가 황폐해 졌다. 그 이후 남한은 국민의 삶을 변혁시킨 놀라운 개발의 성공 이야기를 써나갔으나 콩고 민주 공화국은 내전으로 치달으며 경제는 내려앉게 되었다. 크게 보면, 이 차이는 효율적이고 개발을 목표로 하는 국가의 존재 여부에 달려있다고 볼 수 있다.

역사적으로 볼 때 국가는 비교적 최근에 나타난 것으로 볼 수 있지만, 국가 없는 성공적 개발을 상상하는 것은 어렵다. 국가는 보건, 교육, 물, 위생의 보급을 보장해야 한다. 국가는 권리, 안전, 법치, 사회 경제적 안정을 지켜야 하고 경제를 규제하고 발전시키며 향상시킨다. 개발의 가장 큰 도전은 효율적이고 책무성 있는 국가를 세우는 일이다.

국가가 권력의 유일한 원천은 아니다. 많은 국가에서 교회, 씨족, 장로, 부족장이라는 전통 구조는 시장이나 도지사라는 공식 국가 시스템과 양립하는 한편, 시민 사회와 사적 영역은 권력의 부가적 원천이 되기도 한다. 몇몇 곳에서는 국가는 수도 외에서는 영향을 거의 미치지 못한다. 또한, 때로 피로 물들기도 하는 국가의 본질은 정체되어 있는 것이 아니다. 사회 역사학자 찰스 틸리의 말에 따르면, "전쟁은 국가를 만들고, 국가는 전쟁을 만든다."[136]

시간이 지나며 몇몇 국가들의 주인은 하인보다도 더 노골적인 권력과 악당의 세계라는 진흙탕에 빠져 허우적거리게 되었지만 다른 국가들은 국토를 지키기 위해 세금을 인상할 수 있는 권리와 같은 계급이나 다른 이해관계 단체 간의 타협을 통하여 발전해 왔다. 사회 운영을 위한 규율과 규칙을 정착시키고 개발의 핵심적 서비스를 제공하며 법과 제도는 이해관계 단체들로부터 독립적인 권한을 행사해왔다. 모든 나라에서 국가는 진행 중이며, 지속적인 권력 투쟁의 장이며 또한 권력, 발언권, 자산 그리고 기회의 재분배 차원에서 발전만큼이나 퇴행도 일어나는 곳이다.

전체적으로 볼 때, 국가는 성장하는 경향성을 가지고 있다. 12세기 중국의 정치 사상가 진량陳亮은 인간의 마음은 "대부분 이기적이지만, 법과 규율은 이것을 공공성을 띠게 한다. 이러한 이유에서 세계는 분명 법과 제도의 수립을 향해 나아간다"고 말했다.[137] 국가의 역할이 확대될 때, 국가는 경제에서 차지하는 비중이 커지게 된다. 1870년 선진국 국가에서는 GDP의 11퍼센트를 차지하였으나, 1960년에는 28퍼센트, 2006년에는 42퍼센트를 차지하였다.[138]

냉전이 시작될 때 쓴 『1984년』에서 소설가 조지 오웰은 '인간의 얼굴에 영원히 군화 자국을 남기는 빅 브라더 국가'의 암울한 미래를 그렸다. 사실, 20세기에는 1억 7천만 명의 사람들이 정부에 의해 살해되고 있는데, 그 수는 국가 간 전쟁에 의해 살해된 수의 네 배에 이른다.[139] 그러나 오늘날에는 가장 참혹한 황폐화와 고통은 약하거나 그 존재가 미미한 국가에 동반된다. 학교에서 중도 탈락한 어린이들의 절반과 5세 미만이 되기 전에

---

[136] S. Pradhan (2006) Presentation and background papers from 'Consultation on the World Bank's Approach to Governance and Anti-Corruption', 4 December 2006.
[137] C. Tilly (1990).
[138] G. Mulgan (2006) op. cit., p. 168.
[139] OECD (2007) 'OECD in Figures 2007'.

죽는 아이들의 절반이 지금 '취약' 국가로 분류되는 나라에서 살고 있다.140

국가의 중심 역학에 대한 대중의 인식은 오르락 내리락 하곤 한다. 잘 알려진 말라위 학자 탄디카 만다위Thandika Mkandawire에 따르면 "오늘날 아프리카의 국가는 그 유약함과 과도함, 시장의 기능에 대한 개입과 억압, 해외 세력에 대한 의존 그리고 그 편재와 그 부재로 가장 사악한 사회 제도이다."141 1980년대와 1990년대 '워싱턴 합의'를 따르는 이들은 국가는 문제의 일부이지 해결의 일부가 아니라고 주장하였다. (5부 참조) 20세기가 저물고 이러한 시장 근본주의가 퇴색하게 되고 정도의 차이에 따라 다르지만, 원조 기부자들과 워싱턴 기구들은 그들의 관심을 국가가 부재하는 것이 아니라 어떻게 국가가 더 효율적이고 책무성을 갖도록 할 수 있는가에 관심을 두게 하였다.

어떻게 국가는 최선의 개발을 가져올 수 있는가? 한 가지는 분명하다. 노벨상 수상자인 과학자 리누스 폴링Linus Pauling은 이렇게 말한다. "좋은 아이디어를 얻는 최선의 방법은 많은 아이디어를 찾아낸 다음 나쁜 것들을 버리면 된다." 국가에 대해서도 마찬가지이다. 성공적인 제도들은 특정한 국가적 현실로부터 발전되어 나오고, 성공적인 국가는 어딘가로부터 제도와 정책을 도입해 오는 것이 아니라 실행하고 실패하며 그 가운데 배우는 것에서 나온다.

역사적으로 개발도상국들은 유럽과 북미에 한참이나 뒤떨어져 있다는 북반구에서 널리 퍼져 있는 가정에도 불구하고 가장 가난한 국가들의 정치 문화는 대단히 젊다. 많은 국가는 정치 제도에 반영된 종교 문화 전통에 기인해 있다. 영국 총리 토니 블레어의 자문관이었던 지오프 멀건Geoff

---

140 G. Mulgan, op. cit.
141 IDS (2006) 'Building Effective States: Taking a Citizen's Perspective', p. 3.

Mulgan은 서구가 권력에 대한 제도적 균형과 감시와 같은 좋은 정부의 구조에 강조점을 두는 반면 인도와 중국의 전통은 어떻게 도덕적 원칙들이 통치자와 공무원의 정신으로 내면화될 수 있는가에 주안점을 둔다는 점을 지적한다. 공무원의 성적과 학업을 중시하는 유교에 기반을 둔 동아시아 전통은 부분적으로는 영속적인 엘리트층의 형성을 막으려는 것이다.[142]

최근 가장 성공적인 발전 국가들인 대만, 남한, 싱가포르, 말레이시아, 베트남, 중국과 같은 '아시아 호랑이'에 대한 연구로부터 많은 교훈을 얻을 수 있다. 이 국가들은 크기, 경제, 정치면에서 대단히 다를지라도 이 국가들은 경제적으로 성공적인 국가가 해야만 하는 것들을 보여주는 몇 가지 공통점이 있다.

미래를 위한 통치. 이러한 국가들의 정부와 공무원은 단기적인 성과를 올리려 하거나 소수를 위한 부가 아니라, 국가를 변혁시키려는 목적이 있었다. 국가 공무원들은 개인적 혹은 정당 연줄 때문이 아니라 역량으로 선발이 된다.

성장 촉진. 위 국가들은 모두 인프라 건설을 하고 '승자가 된' 산업을 지원하고 신용을 제공하는 등 경제에 능동적으로 개입을 하였다. 중요한 것은 '패자'들을 탈락시킬 수 있었다는 것이다. 만일 특정 회사나 특정 부문의 경제가 제대로 작동하지 않으면 국가는 지원을 끊고 침몰하도록 그냥 놔두었다. 국내 예금과 투자를 증진하며 이 국가들은 외자 의존도를 최소화하였다.

평등한 출발. 남한과 대만은 극단적 토지 개혁 형태의 '사전 분배'로 말레이시아는 소외된 말레이 인종을 경제적으로 포용하는 프로그램으로 2차 세계대전 이후 상승할 수 있었다.

---

[142] T. Mkandawire (2001).

세계 경제로의 통합과 차별화. 호랑이 국가들은 부를 창출하기 위하여 무역을 했으나 신산업은 보호하였다. 정부는 외국 회사도 자국 회사와 동일하게 대우해 달라는 미국과 유럽에 굴복하는 것이 아니라 외국 투자에 참여하는 선별적 자국 회사들을 능동적으로 보호하였다. 이러한 경제 개발 정책들은 3부에서 자세히 다룰 것이다.

보편적 보건과 교육 보장. 개발은 건강하고 교육받은 국민과 동의어인데 그 이유는 산업 경제가 기술 있고 적절한 노동력을 필요하기 때문만은 아니다. 최근 동아시아뿐만 아니라 많은 개발도상국이 보건과 교육에서 큰 진전을 이루어 내었다.

동아시아의 성공에 관한 연구는 몇 가지 보편화된 신화가 잘못된 것이었음을 지적한다. 높은 부패지수에도 불구하고 경제들은 성장하였다. 중국과 베트남과 같은 국가들은 세계은행이나 다른 기구들이 핵심적으로 제시한 서구적 '재산권'을 보호하지 않았다. 말레이시아와 베트남은 개발도상국에는 사형선고와 같은 것으로 비치는 막대한 농업과 자원이라는 '자원의 저주'를 극복하였다.

효과적 국가의 정치

국가는 사회의 본질과 역사를 반영한다. 효과적 국가의 특징 중 하나는 인적 자원과 인프라 그리고 생산에 투자하여 국가를 세우는 데 일조하기 원하는 경제 및 정치 엘리트들을 가지고 있다는 것이다. 이러한 엘리트들은 때로는 부패하였지만 경제가 번성해야만 지속적인 부정도 가능하다는 것을 알고 있고 스스로 작은 정도의 부정만을 저질렀다. 반대로, 엘리트들이 졸부 정치인들이거나 비즈니스 리더 혹은 자국에 위험을 감수한 투자를 하지 않으려 하고 투자는 안전한 외국에만 두려고 하는 이들일 때, 효과적 국가를 건설하는 것은 지극히 어렵다. 이러한 '국가 부르주아 문제'라 불리는 것들이 라틴 아메리카와 아프리카의 많은 국가를 괴롭힌다.

박스 2.2
효과적 국가는 능동적 시민과 양립하는가?

지난 2세기 동안 강국의 출현은 나폴레옹(프랑스), 카보르Cavour(이탈리아), 비스마르크(독일), 아타튀르크Atatürk(터키), 마오쩌둥(중국), 스탈린(소련), 장개석(대만), 조모 케냐타(케냐) 그리고 수카르노(인도네시아)와 같이 유명한 이들뿐만 아니라 보츠와나의 세레세 카마Seretse Khama, 르완다의 폴 카가메, 그리고 멕시코의 라자로 카르데나Lázaro Cárdenas와 같은 그렇게 유명하지는 않은 인물들도 수없이 많이 함께하였다.

이러한 리더들은 국가 정체성과 자부심에 영감을 주지만, 그들의 유명세는 민주주의에 대한 헌신으로부터 비롯된 것은 아니다. 그들 중 전체주의 가장 악명이 높은 이들은 시민들의 어떠한 독립적 행동도 못하게 하며 전체주의 국가를 수립하려 하였다.

동아시아와 다른 곳에서도 마찬가지로 효과적 국가는 일반적으로 민주주의나 인권에 대해 어떠한 인정도 하지 않은 채 출발하였고 후에 증진해 나갔다. 라틴 아메리카에서는 능동적 사회운동과 정치 조직들을 수용해 내지 못하였다. 능동적 시민과 효과적 정부는 상호 배타적인 것인가? 아니면 이것은 선택의 오류일 뿐인가? 이 두 가지를 이미 갖춘 국가들은 벌써 가난에서 벗어났고 개발의 레이더에서 사라진 것인가? 과거 스웨덴과 핀란드 같은 국가들이 이루어낸 성공적 변혁은 민주주의하에서 사회적 합의로 이루어진 것이었는데 이것은 효과적 국가와 능동적 시민들의 교묘한 조화가 성취할 수 있는 것이 무엇인가를 보여준다. 자료는 제한적이고 정량화의 문제가 있지만 능동적 시민권과 효과적 정부의 상호 관계를 보여주며 선후 관계를 볼 수는 없지만, 이것은 최소한 양자가 서로 양립할 수 없다는 것은 아니라는 것을 의미한다.[143]

어떠한 경우든, 권위주의가 경제 성장을 견인할 수 있다는 것을 희망하는 것은 옳은 선택이 될 수 없다. 싱가포르의 리콴유나 중국 공산당의 경우처럼, 시민이나 비즈니스 리더를 무시하여 경제를 무너뜨린 독재자는 여럿이 있다. 나아가, 권위주의적 개발 방식은 갈수록 어려워진다. 민주주의의 확산은 오늘날 독재자들이 국내적, 국제적 정당성을 얻는 것을 더욱 어렵게 한다. 권리에 대한 폭넓은 인지는 경제적 성장만으로는 그것이

---

[143] G. Mulgan (2006) op. cit.

필요할 때조차도 정당성을 확보하기 어렵고 진정한 개발을 이루는 근본적 변혁을 이루는 것이 어렵게 될 것이다.

같은 맥락에서, 많은 아프리카 학자들은 억압이 아니라 협력으로 그리고 초기 동아시아의 개발 국가들의 핵심 사항이었던 국가와 민간 영역의 배타성이 아닌 시민 사회에 중요한 기능을 부여하는 것에 기반을 둔 '민주적 개발 국가'를 주장한다.[144]

권력 있는 엘리트들을 국가 프로젝트와 연계시키는 끈은 역사, 두려움, 문화, 이데올로기, 리더십이나 국가 자부심으로부터 나온다. 동아시아에서 전쟁, 부패, 전쟁의 패배는 일본 민족주의와 중국 공산주의의 등장을 가져왔고 내부 엘리트들의 사멸과 지속적인 외부 위협은 남한, 홍콩 그리고 대만에서 중요하였다. 가부장제라는 문화적 전통과 교육에 대한 강조는 종종 지나치게 그 중요성이 강조되었지만 의심할 바 없이 도움이 되었다. 문화는 끊임없이 변화한다. 남한의 도약에 앞서 유교주의의 권위와 지배층에 대한 숭상은 왜 국가가 개발에 실패하였는가를 설명해 주는 이유 중 하나로 거론이 된다. 또한, 효과적 국가는 많은 문화에서 등장하였다. '아프리카'나 '남미'의 가치 때문에 보츠와나 혹은 우루과이가 인근국과는 달리 효과적 국가를 건설할 수 있었다고는 말할 수 없다.

성공적인 국가는 어려운 균형 집행을 잘 관리를 해 나간다. 그 국가들은 자신의 단기적 이익을 위해 국가를 볼모로 잡으려는 단체들과 거리를 유지해야 하지만, 경제의 가능성과 필요를 이해하기 위하여 사회에 깊숙이 통합된 채로 남아 있어야만 한다. 이러한 '굳건한 자율성embedded autonomy'[145]은 실력 있는 공무원 임명을 필요로 하는데, 이들은 국가가 개발에 필요한 경제적, 사회적, 정치적 제도를 구축하며 다양한 실험을 할 수 있고, 그

---

[144] 10개 개발 도상 국가들의시민 사회 지표 CIVICUS와 세계은행의 자원할당지수 간에는 강한 상관관계가 있음이 분명하다.
[145] O. Edigheji (2007).

과정에서 나타나는 실수로부터 교훈을 얻어 시민들에게 서비스를 제공할 수 있다.

가능한 개발에 실패하는 국가들에서는 이러한 자율성이 유지되지 않았다. 라틴 아메리카에서, 관세 장벽 안에서 초기에 승승장구하던 많은 비즈니스는 투자와 생산성을 늘리는 데 실패하였고 지속적인 보호와 보조금을 위한 정부 로비에만 집중하였다. 라틴 아메리카 정부들은 승자를 뽑는 데는 미숙했지만, 패자들은 정부를 뽑는 데 달인이었다.

국가는 자신의 권리를 요구하고 보호하기 위하여 국가의 권리를 받아들인 시민들의 마음에 드는 정당성이 필요하다. 국가는 은행과 유사한데, 이들은 화려한 건물들과 그럴듯한 환상을 만드는 의식으로 자신을 감추어 공공의 신뢰를 얻어낸다. 이것이 없으면, 그들은 대단히 취약해지기 때문이다. 은행을 운영하는 것과 유사하게, 이러한 정당화를 상실하였을 때 어떤 일이 일어나는가는 2011년 '아랍의 봄'이나 1990년 초 동유럽에서 공산권 국가에서 권위주의 정권의 연이은 몰락을 통해 볼 수 있다. 사회 내에서의 갈등을 평화롭게 관리하기 위해서, 국가 역시 비즈니스, 민족, 종교 지도자 혹은 지역의 권력 브로커와 같은 가장 권력 있는 시민들의 지지가 필요하다.

정당화는 국가와 시민 사이의 '사회적 계약'에 기반을 둔다. 이 사회적 계약은 명시적이건 그렇지 않건 간에 상호 책임과 권리를 세우는 시민, 비즈니스 그리고 국가 사이의 신뢰와 확신을 구축한다. 국가의 보호책임은 징집과 계엄의 권리를 부여하고 공공의 부를 위한 국가의 책무는 세금을 인상할 권리를 준다. 정의를 실현할 책임은 국가에 체포와 구금의 권리를 부여한다.

비민주 정권조차도 시간이 흐르면 생존을 위한 일정 정도의 정당성을 필요로 한다. 인도네시아에서 수하르토Suharto 정권(1967~98)은 군대에 기반을 두었고 권위주의적 성격임에도 기본 교육과 보건 서비스 그리고 농촌 개발에 관심을 두며 오랫동안 주요한 정당성을 확보해 왔다.

치우치지 않은 공정한 법 체제 유지, 형평성 있는 세수입 그리고 현명한 예산 집행은 국가의 효율성과 정당성을 볼 수 있는 세 가지 가늠자이다. 최근 국가의 지출은 시민들에게 국가 예산을 더 가까이 가져가려는 목적으로 분권화를 향해 변모해 나가고 있다.

정의를 향해 나아가는 길

법과 같은 제도와 발전의 관계는 양날의 검이다. 법률은 리더들과 엘리트들이 주가 된 국회에 의해 합의가 된다. 루소에 따르면, "법은 언제나 가진 자들에게는 이롭고 아무것도 가지지 않은 이들에게 해롭다."[146] 이주민이나 여성들과 같은 '시민이 아닌 이들'에 대한 차별이 법에 남겨질 수도 있다. 파키스탄에서는 모슬렘 여성의 증거는 남성의 절반에 해당하는 가치를 가진다.[147]

그런데도 불구하고, 법과 법원에서 정의를 향한 접근은 가난한 이들에게 권력을 주고 이들을 보호하는데 중요한 도구가 될 수 있다. 예를 들면, 토지와 주택의 소유권을 법적으로 보호하는 것은 가난한 이들이 임의로 수용되거나 퇴거를 당하는 것으로부터 고통받지 않게 하는 데 중요한 문제가 된다. 브라질, 인도, 인도네시아, 남아공 그리고 나이지리아에서 사회적, 경제적 권리 (특히 건강 보험과 교육)를 강화하기 위한 활동을 하는 운동가들은 자신의 운동을 성공으로 이끌기 위해 법원을 이용하고 있다.[148]

개발도상국들에서, 법률과 현실 사이에는 간극이 존재한다. 가난한 이

---

[146] P. Evans (1995).
[147] J.-J. Rousseau (1762), I, 9.
[148] DFID (2005), p. 4.

들은 자신의 문제를 해결하기 위해 사법 시스템의 도움을 얻는 것에 어려움이 있다. 그들은 정보를 얻기 어렵고, 경찰은 적대적이거나 도움이 안 되고 (특히 여성들이나 소수 민족에게는) 판사들은 '건방진' 사회 운동가들보다는 이웃이나 부유한 친구들의 편을 들어 준다. 복잡한 법체계는 글을 모르는 이들이나 공용어를 모르는 토착민들에게는 특히나 난공불락이다. 정의는 돈이 든다. 한 과테말라의 마을 사람은 이것을 이렇게 표현한다. "만일 우리가 법원에서 정의를 찾으려 한다면, 우리는 땅이나 재산을 팔아야 한다. 결국, 우리는 더 가난해진다."

정의는 공평과 원칙에 기반을 둬야 한다고 말하지만, 실제로는 법체계가 그렇게 되기 위한 압력을 넣는 활동들에 핵심적 노력을 기울여야 한다. 남아공에서 가정 폭력에 맞서기 위해 법체계를 이용하는 여성 조직들은 법원 밖에서 노래하고 춤추는 시위가 자신들의 성공 가능성을 크게 높인다는 사실을 발견하였다.[149]

시스템적인 실패에 맞서 전 세계의 수많은 NGO와 법률 지원 조직들이 가난한 이들과 그들의 조직이 정의를 향해 나아갈 수 있도록 싸우고 있다. 예멘에서는 예멘 여성 연대(YWU)의 자원 법률가들이 교도소, 법원, 그리고 경찰서에서 가난한 여성들을 위한 법률 지원을 하는데 2004~5년 사이에는 450명의 여성 죄수들을 구해 주었다. 예멘 여성 연대가 시작한 시위로 인하여 남성 후견인이 오기 전까지는 여성을 수감하는 것이 허용되던 법이 개정되었고, 여성이 처음으로 구치소에 직원으로 고용되어 여성이 위협을 훨씬 덜 느끼게 되었다.

---

[149] V. Gauri and D.M. Brinks (eds) (2008).

과세

18세기 철학자 에드먼트 버크Edmund Burke는 "세금은 국가의 중요한 관심사일 뿐만 아니라 더 나아가 국가 자체이다."[150] 과세는 빈곤과 싸울 수 있는 공공 지출을 위한 수익일 뿐만 아니라 불평등을 줄이기 위한 부와 기회를 재분배할 수 있다. 또한, 과세는 공공책무성의 핵심이다. 이 책에서 기술된 것과 같이 정부가 공무원 임금을 국민에게 의존하는 한, 국민이 국가의 말을 들으라고 압력을 가하는 것은 언제나 힘든 싸움이 될 것이다.

흥미롭게도 세금이 '닭이 먼저냐 달걀이 먼저냐'를 보여주는 많은 가난한 국가에서 과세는 보이지 않는 문제가 된다. 세수 없이는 국가는 공무원 임금을 주기 어렵고, 경쟁력 있는 시민 서비스는 과세가 필요하다. 인구 5900만인 콩고 민주 공화국 전체에서 세금을 내는 사람은 고작 700명이며, 이들은 국내 수입의 90퍼센트를 담당한다.[151] 가난한 아프리카와 라틴 아메리카의 국가들은 전통적으로 원조와 자원 그리고 관세에 의존하는데, 관세는 무역 자유화로 인하여 급격히 줄어들고 있다. 최근의 한 연구는 소말릴란드의 효율적인 국가 수립과 이웃 국가인 소말리아의 분쟁으로부터 벗어나는 데 성공한 것은 선별적 원조로 인한 것임을 밝히고 있다. 이것은 정치적 안정과 민주주의의 기초가 되는 균형과 견제를 받아들임으로써 새로 세워진 정부가 비즈니스와 관세로부터 나오는 세수에 의존하게 하며 이를 통하여 다시 세수 협상력을 강화하도록 한다.[152]

불평등을 효과적으로 해결하려 한다면 과세는 중요하다. 가난한 이들은 소득 대부분을 식품, 옷 그리고 다른 필수적인 것들을 위해 소비하기 때문

---

[150] 저자 인터뷰: Wendy Isaack, POWA (People Opposing Women's Abuse), South Africa, 2007.
[151] P. O'Brien (2001).
[152] G. Hesselbein et al. (2006).

에 소득과 이윤이나 자산에 대한 세금은 소비세보다도 더 바람직하다. 최근 라틴 아메리카에서 세계은행에 의해 시작된 세금 개혁은 부가가치세(VAT)를 늘리고 누진세는 좀 더 낮춘 데 반해, 동아시아에서는 정반대의 정책을 실시하였다.[153] 특히나 대다수의 노동자나 자산이 비공식 경제 부문에 있을 때, 부가가치세는 징수가 쉽다는 은행의 논리로 인하여 가난한 이들이 공평하지 않게도 더 많은 세금을 내게 되었다. 이러한 역진세는 라틴 아메리카의 고질적인 불평등을 설명하는 데 도움이 된다. 혹은 역으로 이것은 깊이 분열된 사회에서 정치적 합의의 부재를 보여주는 것이기도 하다. 공여국에 의한 부가가치세로의 이전은 향후 정부의 예산 지출에 대한 시민 사회의 논의가 커짐에 따라 정치적 문제가 될 수 있을 것이다.

남아공의 경우는 주의 깊게 볼 필요가 있다. 남아공은 아파타이트에서 다수지배제로의 이전을 통하여 사회적 누진세와 법인 과세의 비율을 높여왔다. 이 나라는 브라질보다 세 배 이상을 징수하는데 이는 지난 20년간의 정치적 혼돈에도 불구하고 백인 엘리트와 비즈니스계의 '법 준수 문화'를 정착시켰다는 표시이다.

칠레의 누진세 시스템은 1990년대 군사정권에서 시민 정권으로의 전환기에 나타난 독특한 합의의 결과로 나타났다. 시민 정부는 독재 치하에서 경제적 변화에 의해 가난해진 많은 사람에게 빚진 '사회적 부채'와 관련하여 주요 관계자들과 폭넓고 깊은 논의를 하였다. 그 결과로, 더 많은 사회적 지출을 위한 추가적인 세수를 개인과 법인 소득세와 부가가치세를 높이는 것으로 충당하자는 데 합의를 하였다.[154]

---

[153] N. Eubank (2010).
[154] J. Di John (2006).

분권화

최근 몇십 년간 분권화를 통하여 국가 구조에 더욱 혁신적인 많은 변화가 일어났다. 1990년대 말에는 80퍼센트의 국가들이 중앙에서 지방으로의 권력과 결정권을 넘겨주었고[155] 분권화는 좋고 싫은 이유에서 유행하였다. 긍정적인 측면으로는, 지역의 필요에 맞춘 지역적 결정권을 확보함으로써 권력을 사람들에게 가까이 가져갈 수 있다는 것이다. 나아가 어떤 이들은 심지어 분권화가 콜롬비아에서 마약 거래로 알려진 메델린Medellín과 같은 무정부 상태의 지역에서도 '지역의 개발 정부'를 만들 수 있다고까지 이야기한다.[156] 이보다 덜 긍정적으로는, 어떤 정부들은 분권화가 특히 노동조합과 같은 시민사회조직의 요구를 무시하고 또한 정부의 크기를 줄일 수 있다는 점에서 정치적으로 받아들일 수 있다고 보았다.

남페루의 퀴키 킬라Quique Quilla에서 산디아Sandia라는 농촌 도시의 시장은 중앙 정부에서 할 때보다 절반의 예산이면 학교를 지을 수 있다고 보았고 지방 정부에 대한 국민의 새로운 참여와 이해는 지방 정치의 본질을 변화시킨다고 말한다. '시장 입후보자들은 더는 예전과 같이 불가능한 약속을 하지 않는다. 사람들은 이것이 불가능하다는 것을 알기 때문이다.' 그는 또 다른 한편 화려해 보이지 않는 가로등이나 위생, 물과 같이 일들이 아니라, 페루의 내륙지역에 보기는 좋지만 텅 빈 운동경기장 같은 상징적 사업에 자원을 낭비하는 것을 걱정한다.

가장 성공적인 경우인 볼리비아, 브라질, 인도에서, 분권화는 놀라운 영향을 미쳤다. 시민들의 요구와 이에 대한 정부의 응답은 더욱 효율적이고 책무성이 강한 국가를 만드는 결과를 가져왔다. 볼리비아의 1994년 대중

---

[155] IDS (2005).
[156] J. Beall and S. Fox (2008) op. cit.

참여 법은 예산과 책임성을 지역으로 이양하고 지역 단체들의 대표들이 참여하는 지역 감시 위원회를 발족시켰다. 1인당 국민 소득에 기반을 두어 공공 예산을 배분하는 간단한 결정으로 3개 대 도시 및 정치적으로 연계가 잘된 도시들의 예산은 86퍼센트에서 27퍼센트로 줄었고 원주민 단체는 국가의 공무에 훨씬 더 큰 목소리를 낼 수 있게 되었다.[157]

아마도 가장 잘 알려진 분권화된 시민 참여의 경우는 브라질의 참여 예산 과정 Participatory Budget process 일 것이다. 이것은 포르토 알레그레 Porto Algre 시에서 출발하였는데 2000년에는 140개 브라질 시에 퍼지게 되었다. 모든 이에게 공개된 회의는 예산의 우선순위를 정하고 대표자를 선출한다. 결과는 놀라웠다. 포르토 알레그레의 지방 마을들이 우선순위를 물과 위생으로 정하자 물 서비스를 받는 가계의 비율은 1989년 80퍼센트에서 1996년에는 98퍼센트로 늘어났다.[158]

인도에서 차별철폐 조처와 결합한 분권화는 여성리더십의 향상을 가져왔다. 1992년 헌법 개정은 여성에게 할당된 지방 의회 panchayat 의석수를 최소 1/3로 정하였다. 선출된 여성 중 40퍼센트 정도는 빈곤선 이하의 가정 출신이고 이는 물, 공중 화장실, 소녀들을 위한 학교 출석 장려와 다른 필수적인 서비스에 공공 예산을 투입할 수 있게 되었다.[159]

그러나 다른 경우, 분권화는 가난한 이들에게 차이를 거의 만들지 못하였고 다른 경우에서는 더욱 상황을 악화시켰다. 권력을 가진 지방 엘리트들은 분권화의 과정을 중간에서 가로챘고 권력이 아니라 어려운 일들을 가난한 이들에게 떠넘겼다. 특히 가난한 지역에서 지방 정부들은 질 좋은 서비스를 제공하기 위한 돈과 기술 전문성을 가지고 있지 못하다. 반면,

---

[157] M. Bateman et al. (2011).
[158] Oxfam (2005) 'Decentralization Learning Guide'.
[159] H. Wainwright (2003).

부자 지역에서는 가난한 지역에 비하여 세수가 쉬워 자원은 제공하지 않고 지역민에게 책임을 부가하는 분권화는 국가의 공공 예산 재분배를 약화하고, 불평등을 양산할 수 있다.

개발 정책의 다른 도구들과 마찬가지로, 분권화는 책무성을 강화하고 지방 엘리트들과의 담합을 피할 뿐만 아니라 정부 예산과 기술 자원을 지방으로 보낼 수 있는 역량과 책임을 정부가 가지도록 압력을 가할 수 있는 잘 조직되고 유능한 사회 운동이 필요하다.

약한 국가를 변화시키기

개발도상국들은 대부분 위에서 언급된 효과적 국가모델과는 공통점을 거의 가지고 있지 못하다. 몇 가지 예외적 경우를 제외하고는, 사하라 이남 아프리카, 중앙아메리카, 중앙아시아 국가들은 경제가 후퇴하기 전에 가져올 수 있는 짧은 개발 호황을 누리지도 못하였다.

나쁜 거버넌스가 계속되는 것은 아니다. 한때 '실패한' 국가였지만 극복에 성공한 많은 국가가 있다. 말레이시아는 독립 후 인종 폭동을 녹여내어 산업화로 나아갔다. 경제학자 장하준은 자신의 모국 남한을 지목한다. 1960년대 세계은행은 남한의 정부 공무원들을 파키스탄과 필리핀으로 보내어 '좋은 거버넌스를 배울 기회'를 제공하였다.[160]

아프리카에서 보츠와나는 탈식민화와 막대한 다이아몬드 매장의 '저주'가 개발의 성공으로 이어진 것을 보여주며 모리셔스는 설탕 의존에서 금융, 관광, 섬유로 다양화하는 데 성공하였다. (변화는 어떻게 일어나는가: 아프리카에서의 두 가지 성공 스토리(보츠와나와 마우리티우스) 참조) 더

---

[160] B.S. Baviskar (2003); Centre for Women's Development Studies (1999).

최근에는 가나와 탄자니아가 공공제도를 강화하고 르완다, 모잠비크, 베트남은 처참한 분쟁 뒤에 경제를 성공적으로 재건하였다.

아프리카의 뿔에 있는 소말릴란드는 상황이 매우 안 좋음에도 변화는 가능하다는 것을 보여 주었다. 1991년 갈등으로 붕괴해 가는 소말리아로부터 독립을 선언한 후 소말릴란드는 대통령과 국회 선거 그리고 전통 장로회의 조합에 근거한 괄목할 만한 내부 안정화를 성취하였다. 이것은 혁신적이고 공동체에 근거한 평화 구축을 이루었고 또한 해외의 이주민 공동체로부터 오는 자원과 관심을 이용하였다.

분쟁 후 아프리카 국가들을 재건하려는 노력을 연구한 한 연구는 안정은 근본적으로 권력의 정치적 연대에 핵심적으로 의존한다는 결론을 내렸다.[161] 실제적인 타협이거나 아니면 다른 그룹에 대한 한 그룹의 완전한 승리이건 간에 중요한 것은 정치적 안정이 전쟁을 종식할 수 있을 것인가 이다. 따라서 우간다, 에티오피아, 르완다에서 내전의 완전한 승리는 국가 재건과 안정기로 진입할 수 있도록 하였지만, 콩고 민주 공화국에서 주요 당사자들을 제외한 평화 협상은 국가를 약하게 만들었다. 이것은 엘살바도르 내전의 진정한 타협의 경우에도 또는 더 최근의 이해 당사자들이 제외된 채로 진행된 아프가니스탄 평화 협정에도 적용될 수 있다. 이것이 사실이라면, 분쟁을 어떻게 해결할 수 있는가에 대한 교훈을 얻을 수 있다. 불완전한 협상은 단기적인 인간 고통을 줄일 수 있지만, 국가는 지속적인 불안정으로 시달릴 것이다.

경제에 충격요법을 쓰거나(베트남, 모잠비크), 세금 개혁(칠레) 혹은 국가 헌법을 개정(브라질)하는 것과 같은 방법을 통하여 전쟁이나 경제 위기 혹은 국가 제도를 강화하기 위한 민주주의로의 회기 후에 국가를 재건하

---

[161] H.-J. Chang (2007) op. cit.

는 것은 사회적이고 정치적인 합의를 만들어 낼 수 있는 순간을 포착하는 것에 달려있다. 그 순간을 포착하는 국가의 능력은 국내 정치와 제도에 기초한다. 제도와 정치는 긴장을 관리하고, 안정성을 보장하거나 해치고 비즈니스를 '활성화하는 환경'을 만들거나 파괴한다. 무엇보다, 이것들은 권리를 존중하거나 무시하고 불평등과 빈곤을 줄이거나 확대한다.

이중 그 어떤 것도 쉽지 않다. 독일 철학자 헤겔은 국가를 '예술 작품'이라고 표현한다. 의식적 예술 작품으로서 가장 위대한 헌법과 국가는 시각예술, 음악, 철학 혹은 시를 통해 나타난 문명의 가장 위대한 성과로 비유될 수 있다. 이것들은 인간 상상의 집합적 표현이며 사람들의 삶을 바꾸어 왔다는 면에서 개인적 성취를 넘어서는 것이다.[162]

능동적 시민권, 효과적 국가 그리고 민주주의의 상호 관계는 복잡하고 지속적으로 변화한다. 시민의 역량은 때로 정보, 교육, 건강을 증진하는 것과 같은 국가의 활동을 통해 발전한다. 국가의 제도는 권력을 지니게 된 시민들의 활동을 통하여 구성되고 세워지며 재구성된다. 형식적 민주주의는 시민의 발언권과 권한을 강화하는데, 이것은 민주적 과정의 본질에 의거한다. 반대로 이것은 가난하고 소외된 공동체를 배제시키고 그들에게 권력을 주는 것이 아니라 그들을 포기하게 만들 수도 있다.

---

[162] G. Hesselbein et al. (2006) op. cit.

빈곤한 이들에게 권력을

개발은 단순히 수익을 늘리는 것을 넘어서 국민의 기대와 삶을 변혁시키는 것이다. 지난 60년간 대단히 많은 진보를 이루었음에도, 불의와 불평등 그리고 필요 없는 고통을 해결하는 데 있어 남아있는 많은 일이 있다. 이 노력의 첫걸음은 모든 이들이 자신의 권리와 능력을 실현할 수 있도록 보장하는 노력이 있어야만 한다는 것이다. 가난하게 사는 이들은 자신의 삶과 운명을 결정할 힘을 가지거나 만들어내야만 한다. 국가의 발전을 위해서는 풍요로운 삶이 의존하는 기본 서비스를 제공할 수 있고 할 의지가 있는 교육을 받고, 정보가 있으며, 건강한 시민과 정부가 필요하다. 국가는 경제 성장의 질과 정도가 개발의 필요를 달성할 수 있도록 보장해야만 한다. 국가와 시민 그리고 경제권을 가진 이들은 (비즈니스, 지주, 금융) 상호 관계를 통하여 (언제나 평화로운 것은 아니지만) 개발의 본질을 결정할 수 있다.

효율적인 국가 수립의 정치에 대해 세계화는 복잡한 의미를 던지고 있다. 국가가 사용할 수 있는 경제 정책에 점점 더 많은 제한을 지구화가 둔다는 것은 명확하다. 이점은 5부에서 다루어질 것이다.

그러나 그것의 정치적 영향은 점점 더 확산될 것이다. 거의 모든 국가에서 가장 세계화된 이들은 정치, 경제 엘리트들이다. 이들은 더 많은 수입 상품을 소비하고, 더 멀리 여행하며 <파이낸셜 타임즈 *Financial Times*>나 <헤럴드 트리뷴 *Herald Tribune*>을 읽는다. 그들의 자녀들은 MTV와 인터넷을 통하여 국제 문화를 흡수하고 자신의 나라를 이끌기 위해 돌아오기까지 유럽이나 북아메리카의 대학에서 공부하기 위해 떠난다. 이 통합은 효율적인 국가를 세우는 데 있어 역사적으로 중요한 역할을 해온 국가 정체성과 국가적 목표를 얼마나 약화할 것인가?

한 측면에서 보면, 이것은 전혀 새로운 것이 아니다. 개발도상국의 엘리트들은 국가 정체성을 세우는 데 있어 자신의 역할을 망각함으로써 식민지 권력을 들여오는 짐꾼의 역할을 해 왔다. 위험한 것은 개발도상국의 엘리트들이 자신의 나라 발전을 위해서는 아무것도 하려 하지 않거나 할 수 있는 것이 없는 반면 마이애미에서는 홈쇼핑을 즐기거나 워싱턴, 뉴욕, 런던, 상하이의 권력자들과 어울리기를 좋아한다는 것이다.

만일 이것이 사실이라면, 국가를 세우는 독재는 갈수록 더욱 비효율적인 것으로 드러날 것이다. 엘리트들은 자신의 권력을 투자가 아니라 더 늘리는 데 사용할 것이다. 이러한 독재는 남한이 아니라 미얀마와 같은 모습이 될 것이다. 능동적 시민과 정치적, 경제적 포괄에 기초한 개발 정치는 개발에 중요한 열쇠가 되는 효율적이고 책무성 있는 국가를 건설하는 데 더욱 핵심적인 것이 될 것이다.

제3부

·

빈곤과 부

21세기를 위한 경제학

개발도상국의 판자촌이나 마을에서 하루만 지내보면 가난한 이들은 일하기를 싫어해서 가난해졌다는 생각이 금세 사라질 것이다. 여성들은 일찍 일어나서 사무실이나 시장 혹은 청소부나 식당으로 일하러 가기 전에 음식을 준비하고 아이들이 학교 갈 준비를 시킨다. 남성들은 건설 현장이나 사람 혹은 상품을 실어 나르는 일을 한다. 시골에서 농사를 짓는 것은 몹시 어려운 상황에서 오랜 시간 동안 해야 하는 허리가 휘는 힘든 일이다.

이 모든 노력과 세계 경제가 창출하는 엄청난 부에도 불구하고 수억의 사람들이 극심한 가난으로 몰리고 있다. 왜 그런가? 이 장에서는 개인과 공동체 그리고 국가를 묶는 경제적 상호관계의 망인 시장의 본질을 탐구하며 그 답을 찾아보도록 하겠다. 시장이 최선일 때 부를 만들고 사회를 통하여 사람들의 기대와 삶을 변혁시키는 강력한 엔진이다. 그러나 최악의 경우, 우리 모두가 의존하고 있는 자연을 황폐하게 만들고 장기적 불평등을 더욱 고착화하고 가난한 이들을 소외시킨다.

문제는 시장 그 자체에 있는 것이 아니다. 아마티아 센은 이렇게 말하고 있다. "시장에 근원적으로 반대하는 것은 대화를 근원적으로 반대하는 것과 같이 이상한 것이다."[1] 문제는 시장을 지배하는 제도와 규율에 있다. 빈곤과 불균형에 미치는 시장의 영향은 가난한 이들이 시장의 작동 방식

---

[1] A. Sen (1999).

에 대한 영향력이 있는가에 달려있다. 소생산자, 농민, 노동자가 조직이 될 때, 그들은 강화된 협상력과 늘어난 규모를 이용하여 비용을 줄이고 판매를 늘리며, 더 나은 임금과 가격을 흥정할 수 있게 된다.

그들이 조직될 때, 사람들은 공평한 거래를 위해 시장을 지배하는 규율과 구조를 바꾸도록 권력이 있는 이들을 설득할 수 있다. 이 세기의 거대한 도전들에 맞서기 위해 시장의 힘을 강화하려면 국가와 시민 모두의 행동과 시장, 즉 경제를 이해하는 데 필요한 주요 도구에 대한 새로운 접근법이 필요하다.

경제학

경제학은 넓지만 인간 존재의 거의 모든 부문을 다루며 정치적이고 철학적인 다양성을 포괄하는 십여 개의 학문의 총체로 이루어졌다. 그러나 이러한 풍부한 분석과 통찰력은 권력의 핵심에서 일어나는 경제학적 토론에서는 거의 나타나지 않는다.

신고전주의와 케인즈주의라는 두 개의 학파가 지적 우위를 점하고 의사결정자에게 영향을 미치기 위해 20세기의 대부분 동안 갈등을 빚어 왔다. 최근에는 신고전주의 학파가 우세해 왔다. 신고전주의 학파 내부에서는 개발의 복잡성과 깊은 의미를 밝혀내려는 많은 노력이 있지만, 실제로는 경제 정책을 입안하는 것은 복잡한 문제에 (자유화, 민영화, 모든 비용을 지급하고서라도 재정적자를 피하는 것) 대한 손쉽고 일반적인 해결책을 주장하는 '우둔하고' 대충대충 일을 처리하려는 이들이 하고 있다. 몇몇 경제학자들은 단순한 해결책을 필요로 하는 이들을 악용하지만, 다른 학자들은 이러한 일들에 당황해한다. 1990년대 말의 아시아 금융위기에 대한 국제통화기금의 재앙에 가까운 응대를 보고 조셉 스티글리츠Joseph

Stiglitz(노벨상 수상자 이자 세계은행 선임 경제학자)는 '일류 대학의 3등급 학생들이' 기금을 운용한다고 애통했다.2

이러한 신고전주의 주류 학파는 다른 접근법에 대해 취조하는 듯한 태도를 보일 뿐 아니라 세계에 대한 단순하고 설득력이 있지만, 대단히 오류가 있는 이해에 기반을 둔다. 그들은 개인과 집단은 끊임없이 자신의 이기적인 목적을 추구한다는 세계관을 가지고 있다.

인간 사회가 원자론적이고, 효용성을 극대화하는 개인으로 구성되었다고 봄으로써 신고전주의 경제학자들은 자신들의 학문에 객관적 학문이라는 옷을 입혀주는 복잡한 수학 모델을 발전시켰다. 이러한 수학 모델들은 반대로 정책 결정자들이 정책 Y를 실행하면, 경제는 X만큼 성장한다는 것을 예측할 수 있게 하여 희소한 자원의 분배를 정당화시킬 수 있게 되었으나 정작 자신들은 미래를 예측하려는 모든 노력에 엄중한 경고를 한다.

이러한 모델들은 개인의 사적 이익만큼이나 행동에 미치는 영향이 큰 신념과 태도 그리고 사회적이고 정치적인 관계들이 연계되어 있는 실제 삶의 복잡성을 무시한다.3 실제 시장이 계약, 신용 접근성, 경쟁, 집단적 협상에 의해 좌우지될 때, 시장은 자연스러운 것이라고 상정된다. 이러한 시장 규범들은 정치적 진공상태에서 이루어지는 것이 아닌, 이 규범에 참여하는 이들이나 배제된 이들, 또는 참여하고자 하는 이들의 상대적 권력을 반영한다. 특정한 일의 가치에 대한 주류적 태도 역시 근본적이고, 일반 경제학에서는 의문시조차 되지 않는다.

---

2   J. Stiglitz (2000).
3   그러나 신고전주의 경제학파에는 경제학적 도구를 이용하여 결혼과 같은 제도와 범죄와 같은 행동을 설명하려는 하부 학파도 있다. (예를 들어, Gary Becker (1992) 'The Economic Way of Looking at Life', Nobel Prize lecture, http://nobelprize.org/nobel_prizes/economics/laureates/1992/becker-lecture.html) 참조.

소득을 효용성(혹은 행복)의 대체재로 보는 신고전주의적 접근은 개발을 근본적으로 소득 증대로 보지만, 시장이 권리와 존엄성에 기반을 둔 넓은 의미에서의 개발에 어떻게 접근할 것인가에 대해서는 신경을 쓰지 않는다.4 심지어 소득에 대해서도 일반적 관점은 상대적 소득이 아닌 국가적 혹은 개인적 절대적 소득에 초점을 두어 형평성 문제를 경시한다.5 불평등은 불행과 상관관계를 이루고, 경제 모델로 대입해 본다면 성장의 특정한 형태의 효용성을 감소시킬 수 있다. 그러나 전통 경제학은 이것을 경시하고, 빈곤 감소가 그 세계관 속에서 폭넓은 경제 성장과 재분배의 결과로 나타나며 또한 이것이 경제적 의사결정의 중심 원리가 아닌 그 파생 효과로 여겨진다.

상이한 경제적 관점은 국가의 역할에 대해서 논쟁을 한다. 한쪽은 자유로운 시장은 가장 효율적인 자원의 분배를 가져올 것이라고 보며 최소 국가를 선호한다. 자유주의를 선호하는 이들은 국제 무역을 통한 상대적 이익과 경쟁이 중요한 역할을 한다고 보지만, 나는 이 책에서 시장만으로는 성장과 (남한과 중국과 같은 국가들의 빠르게 성장하는 경제의 성공은 효과적 국가의 역할이 어때야 하는가를 보여준다) 공평의 성취가 언제나 실패한다는 점에 주목한다. 왜냐하면, 모든 정치권력은 정부의 부재와 규제받지 않는 시장으로부터 비롯된 경제적 불평등을 너무나 쉽게 지지하기 때문이다. 실제로, 국가는 다양한 역할을 가지고 있고 그 역할의 권한은 국가와 개발의 정도에 따라 다르다. 국가는 산업 및 기술 정책, 투자와

---

4 하지만 많은 영향력 있는 신고전주의 사상가들은 시장이 민주주의와 개인의 권리를 전달하는 최선의 방법이라고 확고하게 믿고 있는 고전주의적 자유주의자들이다 예를 들어, Milton Friedman (1980) Free to Choose, Fort Washington PA: Harvest Books; or Friedrich Hayek (1944) *The Road to Serfdom*, Chicago IL: University of Chicago Press 참조.

5 그러나 최근에는 평등에 대한 관심이 점차적으로 커져가고 있다. 참조. World Bank (2005) *World Development Report 2006* for references.

대출 금융, 시장 질서 교란을 규제하고 소득과 자산을 재배치하는 순수하게 '경제적' 역할을 할 뿐만 아니라 시민 사회와 노동조합, 협회, 조합을 보호해야 한다.

개발에서 주류 경제학이 가지고 있지 못한 두 가지 핵심적인 사항은 첫째, 자녀를 양육하고 노약자를 보호하는 무임금 가사노동의 가치를 계수하지 못한다는 것과 둘째, 환경 파괴를 경시하는 경향이다. 이 두 가지 오류는 비화폐 경제를 논의하지 않으려는 태도로부터 나오며 또한 사회적, 환경적 지속가능성을 확보하려 할 때는 두 가지가 고쳐져야만 한다.

이 장의 뒤 이은 내용은 다양한 비판적 관점으로 주류 경제학을 좀 더 깊이 살펴볼 것이다.

페미니즘적 비판

주류 경제학은 화폐경제 외부에 있는 상품과 서비스의 생산과 분배를 정량화하고 그 가치를 평가하는 데 실패하였다. 대부분의 가난한 여성들의 에너지와 시간을 소모하며 사회를 지속시키는 데 필수적인 육아, 물과 화목을 모으는 것이나 음식을 준비하는 것과 같은 비임금 노동은 화폐경제 외부에 있다.[6]

사회적 지속가능성은 일반적으로 가치평가 되는 반면, 공식 경제가 지속하여 운영되기 위해서 매일같이 행해져야 하는 무임금 노동은 임금 노동을 보조하고 있음에도 국가 차원의 계수에서 인정되지 않는다. 14개국에서 계수되지 않은 경제 활동에 대한 [7]UN 보고서는 가계별 무임금 노동은 시장에서 임금 노동과 유사한 양이라는 것을 보여준다.[8] GDP 대비 가

---

6 예를 들어 다음을 참조. N. Folbre (1994).
7 L. Goldschmidt-Clermont and E. Pagnossin-Aligisakis (1995).

계 노동의 가치는 35퍼센트에서 55퍼센트로 예상된다.

이 모든 것은 여성의 권리뿐만 아니라 개발 정책에 대해서도 큰 의미를 지닌다. 임금 노동 시간으로부터 '가져온' 무임금 육아 노동 시간은 임금 노동에 대한 기여가 아닌 '실제 경제'의 짐으로 여겨진다. 따라서 전일제 노동을 하는 이들 대부분 남성만이 '실제 노동자'로 여겨져 적절한 임금과 보상을 받을 수 있는 자격이 있다고 여겨진다. 실제로는 점점 더 많은 가계가 여성들의 낮은 임금에 더욱 의존하고 있다.

이 비판은 특별히 여성에 대한 것이 아니다. 그러나 무임금 노동의 실제 공헌과 인지적 공헌 사이의 차이는 남성과 여성의 불평등을 지속시키고 공공정책과 투자 결정에서 여성에 대한 차별을 낳을 수 있다. 일반적 경제 분석은 관개 문제를 해결하기 위한 인프라 프로젝트를 제안하는 것으로 끝나지만, 가계별 식수 지원, 소를 사기 위한 신용 대출 프로그램, 옥수수를 빻는 방앗간, 연료 효율성 높은 스토브나 최소 임금과 출산 휴가를 보장하는 정책에 대한 조언은 하지 않는다.

남성과 여성이 다른 종류의 일을 한다는 사실은 가부장제로 알려진 사회적 규범과 제도, 그리고 여성이 출산하고 수유를 하는 자연적 차이에 기반을 둔 권력의 불평등으로부터 나왔다. 여성과 남성의 노동에 대하여 사회가 부여한 다른 가치는 어떠한 경우든 불변하는 것이 아니며 변해야 하는 것이다. 왜냐하면, 그것은 문화, 가정, 시장 그리고 국가에 전이되는 여성에 대한 체계적 오해를 가져오며 또한 그 오해의 결과이기도 하기 때문이다. 개발도상국과 선진국에서 모두 실시한 연구에 따르면 여성이

---

8   A. Latigo (2005) 'A New Round of Time-use Studies for Africa: Measuring Unpaid Work for Pro-poor Development Policies', paper presented at UNDP/Levy Economics Institute Global Conference on Unpaid work and the Economy, 1-3 October 2005. Available at: www.levy.org/undplevy-conference/papers/paper_Latigo.pdf

통제하는 돈의 비율은 어린이 건강과 상관관계를 가지고 있다.[9] 남성들은 자신들을 위해 수입의 많은 부분을 소비하고, 또한 단기적으로 가족에게 수익을 가져다주지는 않지만, 장기적 수익을 가져올 비즈니스에 투자하는 편이다.

정책 결정자들이 성의 차이를 무시하게 되면 성 불평등은 더 악화될 수 있다. 예를 들면, 사하라 이남 아프리카에서 여성들은 무역 자유화로 인해 더욱 악영향을 받아왔다. 여성들은 신용, 신기술, 시장 네트워크에 접근이 상대적으로 좋지 않을 뿐만 아니라 상대적으로 '시간이 없기 때문에' 새로운 기회를 얻는 데 남성보다 더 느리다.[10] 마찬가지로, 자유화는 여성들이 이미 주된 역할을 하고 있는 국내 식량 시장에 수입품을 들여옴으로써 시장 경쟁을 증가시킨다. 여성의 협상력이 약한 가계에서 남성은 여성에게 환금성 작물에 더 많은 시간을 쏟도록 압박을 가하면서도 그 과정에 대한 통제권은 계속 유지할 것이다.

성평등은 더 풍요롭고 효과적인 경제를 만든다는 압도적 증거에도 불구하고, 또한 대가 없이 착취당하는 무한한 자원임을 여성이 거부하고 있는데도 지금껏 여성 경제학은 주류 경제학에서 받아들여지지 않고 있다. 만일 개발이 빈곤과 불평등을 줄이는 데 성공적이려면, 경제학은 가계의 정치를 인식해야만 하고 또한 이를 다음 세대를 위해 투자되어야 하는 긍정적 협력 노력으로 통합해야만 한다. 여성권리의 세계적 확산은 여성의 '적절한' 역할에 대한 이해가 얼마나 빠르게 변하고 있는가를 보여준다. 일반 경제학은 이를 바르게 인식해야 한다.

---

9 J. Bruce (1989).
10 N. Çağatay and K. Ertürk (2004).

환경적 측면에서의 비판

 페미니즘과 달리, 주류 경제학에서 소외되었던 또 다른 주제인 환경적 사유는 최근 급속도로 경제학의 주요 주제로 등장하게 되었고 또한 국내법, 환경부 신설, 새로운 학문, 교토 협약과 같은 국제 협정 그리고 대중적 인식에 반영되었다. 반박할 수 없는 심각한 환경 파괴의 증거가 늘어나고 있고 정책 결정자들로 하여금 환경 문제를 중요시하라는 전 세계 능동적 시민들의 압박이야말로 이러한 변화를 가져온 힘이다.

 1987년 브룬트란트 보고서Brundtland Report를 통하여 '지속 가능한 개발' 개념이 널리 알려지게 되었다. 이 보고서는 지속가능한 개발을 다음과 같이 정의한다. '미래세대의 가능성을 제약하는 바 없이, 현세대의 필요와 미래 세대의 필요가 만나는 것'[11] 모호하긴 하지만, 이 정의는 두 가지 근본적인 문제를 교묘하게 하나로 묶고 있다: 일반적으로 시장 경제의 성장과 함께하는 환경의 질적 저하 그리고 빈곤을 타파하기 위한 성장의 필요성.[12] 이러한 명백한 모순을 해결하기 위하여 정책 입안자들은 자연환경이 무한하다는 가정을 버리고 자연을 파괴하는 비용을 계수하기 시작해야만 한다.

 '전체비용회계Full Cost Accounting'는 이것을 하는 한 가지 방법이다. 전체비용회계에서 상품과 서비스는 환경과 사회적 비용을 포함한 실제 비용을 반영한다. 따라서 자동차의 실제 비용은 제조 원가와 더불어 자동차에 미치는 환경 영향과 최종 처리 비용까지를 포함한다. 완전 비용 회계로 자연 자원은 국가 GDP의 한 요소가 되어 회사의 회계 장부에 자산으로 기록되며, 자연 파괴는 생산 비용으로 계수된다.

---

[11] G.H. Brundtland (1987), p. 43.
[12] W.M. Adams (2006).

2003년 볼리비아에서 세계은행 경제학자들은 자연 자원의 고갈과 오염 파괴를 예측할 때 이와 같은 접근법을 택하였다. 그들은 기존의 경제 분석이 국가 총생산의 12퍼센트가 저축이라고 하였으나 실제로는 거의 4퍼센트 손실임을 발견하였다.13 중국에서, 오염과 생태파괴는 지난 20년간 매년 GDP 대비 7~20퍼센트에 다다르는데 이것은 심지어 공기 오염으로 인하여 발생한 300,000명의 사망자는 계수도 하지 않은 수치이다.14

환경은 모두에게 문제가 되며, 전체비용회계로부터 비롯된 친환경적 정책은 특히 그 생계가 자연 자원과 직접적으로 연계된 가난한 이들에게 이익을 돌려준다. 홍수나 산사태 그리고 오염의 위험을 안고 사는 슬럼가 주민, 말라붙은 강이나 줄어드는 생산량과 싸우며 살아가는 어민 그리고 가뭄에 직면한 농민들에게 필요한 것은 지금 환경이 악화되고 있다는 것을 말해줄 전문가가 아니다. 저소득 국가에게 환경 파괴는 더욱 그 비용이 큰데, 그 이유는 자연 자원은 그들의 소득에서 차지하는 비율이 크기 때문이다.15

가난한 이들의 사회 정치 역할로 인하여 특히 여성들의 경우 남성들보다 더욱 환경 저하의 영향에 취약하다. 환경 문제가 가난한 공동체의 건강과 생계를 해칠 때, 환경 유지와 보호 그리고 재건은 일반적으로 여성에게 가중된다.

환경 비용을 경제 분석에 더하는 것은 경제 발전에서 GDP 성장에 초점을 맞추는 것을 근본적으로 재검토하게 한다. 국가의 발전 정도가 일정 정도를 지나게 되면 자연 자원 사용의 정도는 (예를 들면 GDP 대비 에너

13　World Bank (2006) 'Where is the Wealth of Nations? Measuring Capital for the 21st Century'.
14　J. Liu and J. Diamond (2005).
15　World Bank (2006) 'Where is the Wealth of Nations?', op. cit.

지 사용) 줄어들고[16] 이러한 경감은 경제의 총체적 성장을 뒤따른다. 다른 말로 하면, 자원 사용과 경제 성장이 완전히 '탈동조화decoupling'된다는 증거는 거의 없다고 볼 수 있다. 2007년까지 페루는 환경 발자국environmental footprint[17]을 관리해온 유일한 국가였고 대단히 높은 인간 개발 지수를 성취 하였다.[18]

이와 달리 중국과 인도는 유럽과 북미가 전에 그랬던 것과 같은 방식으로 빠른 GDP 성장을 추구하고 있다. 그들의 성공은 대량의 곡물, 육류, 철강, 석유와 목재의 소비를 가져오고 높은 온실가스 배출을 불러일으켰다. '세계 공장'인 중국은 다른 국가들이 온실가스를 중국으로 떠넘기며 중국산 상품을 수입하는 것을 허용하고 있다. 그 결과, 2006년 중국은 미국을 따돌리고 세계 제1의 이산화탄소(CO_2) 배출국이 되었다.[19] 지구 환경은 비록 인류가 점차 후기 산업화의 삶을 살며 자원을 덜 쓰게 될지라도, 수십억의 인구가 미국인과 같이 사는 것을 지탱할 수는 없다. 유엔의 <인간 개발 보고서Human Development Report>의 추산에 따르면, 만일 전 세계의 사람들이 캐나다나 미국과 같은 비율로 온실가스를 배출한다면, 우리는 그 충격을 흡수하기 위해서는 지구 9개가 필요하다.[20]

환경 변화의 비선형성에 대한 더 많은 이해를 하게 되며 환경문제의 시급성이 더 드러나게 되었다. 환경 문제는 임계점에 다다랐고 선을 넘어서게 되었다. 그 선을 넘어설 때, 환경 변화는 재앙이 되고 되돌릴 수 없게 된다. 캐나다의 그랜드 뱅크Grand Banks[21]의 대구 어종 보호량은 15년 전

---

16 A phenomenon known as the 'environmental Kuznets curve'
17 역자 주 - 생태계에 대한 인간의 요구를 보여주는 측정표
18 WWF (2010).
19 다음의 데이터를 이용하여 계수하였음. http://cait.wri.org
20 UNDP (2007).
21 역자 주 - 캐나다 세계적 어장 중 하나

급격히 양이 줄어든 뒤 좀처럼 회복되지 않고 있다. 과학자들은 지표면 온도가 산업혁명 이전에 비하여 2도가 오르게 되면 지구 물리학적, 생물학적 시스템에 위기가 닥칠 것이라고 보고 있다. (4부 참조)

2009년 스톡홀름 복원력 센터 Stockholm Resilience Centre의 요한 록스트롬 Johan Rockström이 이끄는 저명한 지구 시스템과 환경 과학자 그룹은 이러한 모든 관심사를 하나로 묶어 인류를 위한 '안전한 생태적 공간'을 제시하였다. 그들은 기후 변화, 오존층 파괴, 생물 다양성, 민물 사용과 같은 인간 활동 분야에 상응하는 아홉 가지 지구 한계선 planetary boundaries 영역을 나누었는데[22] 그중 3영역이 (기후 변화, 질소 순환, 생물 다양성 파괴) 이미 파괴가 되었다는 것을 발견하였다.

옥스퍼드 대학의 케이트 라윌스 Kate Raworth는 지구 한계선과 '사회적 기반'에 대한 이론을 하나로 묶어 왔다. 사회적 기반이란 모든 개발 모델이 얻어야만 하는 사회적 복지의 최소 기준을 의미한다. 그녀는 성공적인 개발을 사회적 기반이라는 바닥과 환경적 한계(그림 3.1 참조)라는 지붕 사이의 '안전하고 정의로운 공간' 안에서 사는 법을 배우는 것이라 정의한다. 바닥을 부수면, 사람들은 수용할 수 없는 빈곤과 황폐 속에서 살게 되고 지붕을 부수면 지구 생태시스템과 후손들 그리고 이러한 결과를 마주할 수밖에 없는 다른 생명체들에게 되돌릴 수 없는 피해를 줄 것이다.[23]

장기적 지속가능성은 자원 사용을 특징짓는 극단적 불평등을 해결함으로써 성취할 수 있다. 지구 인구의 7퍼센트가 (연간 소득이 40,000달러가 넘는 사람들) 지구 탄소 배출량의 50퍼센트를 만들어 내고 있다. 가난한 50퍼센트는 전체 탄소의 7퍼센트만을 배출한다.[24] 이것은 소득 배분의 왜

---

[22] 'Editorial', *Nature* (2009).
[23] K. Raworth (2012).
[24] S. Chakravarty et al. (2009).

곡된 모습을 반영한다. 세계에서 가장 부유한 10퍼센트의 인구가 전체 소득의 57퍼센트를 통제하고, 가장 가난한 20퍼센트는 2퍼센트를 통제한다.[25]

우리는 새로운 개발 모델을 필요로 하지만 개발의 기본 모델에 변화를 가져오는 것은 대단히 큰 과제인데 그 이유는 특히나 모든 새로운 패러다임이 빈곤에서 벗어나고자 애쓰는 공동체와 국가들로부터 '사다리 걷어차기'를 해서는 안 되기 때문이다. 부자 국가들은 수많은 자동차가 냉장고를 보유하고 있으면서 '인도인들은 자동차와 냉장고를 가져서는 안 된다'라고 말하는 것은 정치적으로도 도덕적으로도 옳지 않다. 대신 부자 경제의 환경적 강도를 줄이는 것, 세계 자원에 대한 부자와 가난한 이들 사이의 평등한 접근을 보장하는 것, 그리고 환경을 보호하며 균형을 맞추어야만 한다.

좋은 소식은 지속 가능성은 몇십 년 안에 이 세대의 가장 뜨거운 이슈가 되었고, 세계 리더와 대중에게 있어 가장 중요한 논의 사항이 되었다는 것이다. 그러나 정치는 갈 길이 멀다. 경제를 움직이는 권력이 있는 이들(기업, 투자자, 정부)은 자신의 단기적 이익에 앞서 서로 협력해야만 한다.

---

[25] B. Milanovic (2009). (NB: 소득은 구매력으로 표현된다.)

그림 3.1 인간의 번성을 위한 안전하고 정의로운 공간

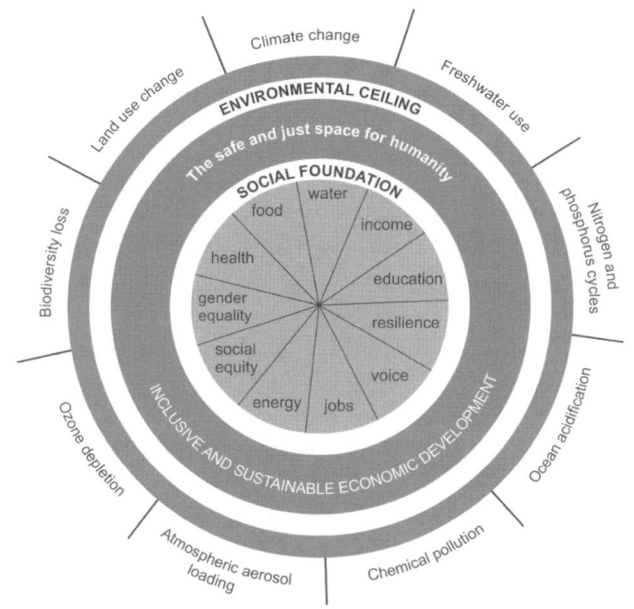

출처: 옥스팜. 열한 가지 차원의 사회적 기반 그림은 Rio+20을 위한 정부 우선순위에 기초하였다. 환경 지붕의 아홉 가지 차원은 로케스트롬이 만든 지구 제한선에 기초하였다. (2009 b)

개발 영향성 평가

정책 입안자들이 사용한 신고전주의 경제학과 케인즈 경제학 모두 발전의 비금전적 측면과 안녕을 계수하는 데 실패하였다. 무임금 노동, 자연 파괴, 다른 핵심적 요소들을 함께 합치면 기존의 경제적 분석은 크게 확장되어 정책과 제도가 인간과 개발에 가져오는 영향을 해결할 수 있다. 최소한 여덟 가지 핵심 영역이 고려되어야 한다. (그림 3.2 참조)

정통 경제 활동: 성장, 투자 수익률, 가격 안정화;

제3부/ 빈곤과 부 | 153

소득 빈곤: 임금, 정부 이관;

환경 지속 가능성: 토지 (흙, 숲), 공기, 물 (바닷물과 민물 시스템), 기후 변화, 생물권 다양성;

공평: 수평적 (인종과 지리), 수직적 (소득, 자산), 성, 세대 간;

사회 지속가능성: 보호, 보육, 가계;

취약성: 개인적이거나 집단적 충격을 흡수하는 능력;

국가 효율성: 인적 자본 형태, 세수, 행정 역량;

권리와 시민권: 시민, 정치적, 경제적, 문화적, 사회적

그림 3.2 개발 영향 평가

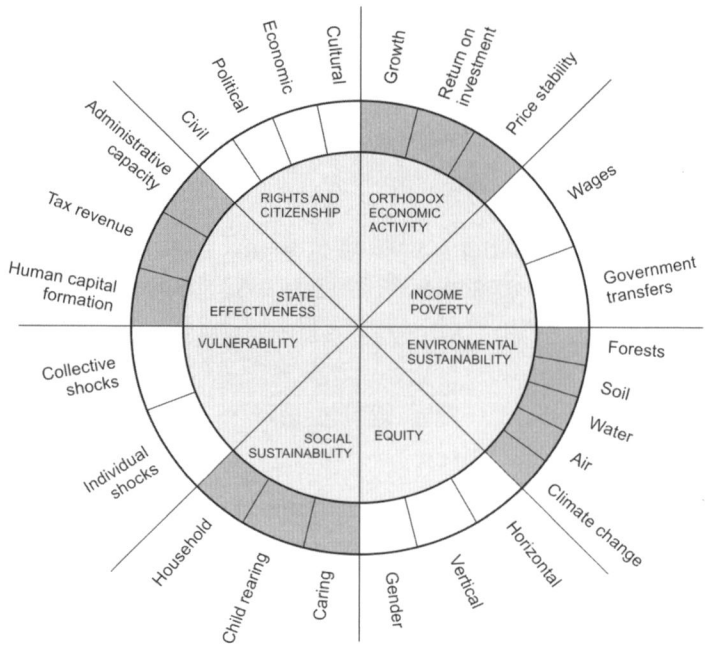

일반적으로 경제 정책 입안자들은 첫 번째 두 핵심 영역(경제 활동과 소득 빈곤)만을 다루어 왔고 나머지 여섯 가지는 무시하거나 평가 절하

하여 왔다. 그러나 만일 인간 복지에 대한 정책과 제도의 실재 영향을 이해하려 한다면, 이 모든 것이 고려되어야 한다.

예를 들면, 수출 가공 지대를 만들거나 농산물 수출 장려책을 사용하여 수출을 늘릴지 고려하는 정부는 임금과 정부 이관뿐만 아니라 성장과 투자 수익률 그리고 가격 안정화도 고려해야 한다. 더하여, 정책 결정자는 다른 여섯 가지 영역도 다루어야만 한다. 토지, 공기, 물, 기후 변화에 대한 영향을 고려하는 것은 물 사용, 살충제 사용이나 운송에서 나오는 탄소 배출에 대한 관심을 두는 것을 의미한다. 공평성에 대하여 정부는 그 집행이 내륙보다는 해안에 더 많은 혜택을 주는지, 시장 경제에서 소수 민족을 소외시키지 않는가를, 여성 고용과 임금을 강화하는지 고려해야 한다. 이와 유사하게, 무임금 노동에 대하여 살펴보면, 자유화는 임금 노동에서 여성의 역할을 늘릴 수 있고, 보육을 지원하기 위한 국가의 역할을 요구할 수 있다.

취약층, 시민권 그리고 효과적 국가의 측면에서 다른 중요한 사항이 제기된다. 실업과 같은 개인적 취약성이나 갑작스러운 시장 접근성 상실과 같은 집단적 취약성은 어떻게 해결될 수 있는가? 노동조합 권리는 강화되거나 약화되어야 하는가? 투자자를 끌어들이기 위하여 정부는 낮은 수준의 세금을 부과해야 하는가? 기술 지원, 금융 그리고 다른 산업 정책을 통하여 정부는 산업 발전을 장려할 수 있고 해야만 하는가?

신고전주의적 접근은 GDP에 영향을 미치거나 투자를 향상시키는 것이 올바른 답인지 보기 위하여 리트머스 시험을 제시한다. 이러한 큰 틀은 복잡한 현실을 정확히 반영하고 있다. 성장 대신 복지와 안녕을 반영하는 것은 자원 사용, 비급여 노동 그리고 다른 외재적 요소 externalities라 불리는 것들을 일상적인 경제적 사고로 내재화하며 시장의 상품과 서비스의 흐름에서 그것들이 복지와 지속가능성에 미치는 영향으로 강조점을 옮기는 것을 의미한다. 이러한 접근은 시장 경제에서 성장 담론에서는 소외되었지만, 복지 문제에서는 중심이 되는 불안정성과 불평등의 문제에 더욱 집중한다.

이러한 21세기를 위한 경제학을 시행하는 것은 전체비용회계로 나아가는 것과 같은 다른 정책적 수단의 상대적 비용과 이익에 계수되는 요소의 수를 늘리는 것이다. A 수단이 B 수단보다 좋다는 것을 정책 결정자에게 수數로 말할 수 있는 것은 학문으로서의 경제학의 가장 핵심적인 매력이다. 하지만 거기에 멈추어서는 안 된다. 능동적 시민권, 효과적 정부, 권리의 향유, 복지의 광의적 의미와 같은 요소들을 계량화하는 것은 대단히 어려워서 결국은 논의의 주변부로 밀려나게 된다. 아인슈타인이 말했듯이, '수량화할 수 있는 모든 것이 중요한 것이 아니고 중요한 모든 것이 반드시 수량화될 수도 없다.'

하나의 대안적인 접근은 계량화되는 것들을 하나의 요소로 여기고 그렇지 않은 것도 덜 중요하지 않은 또 다른 요소로 균형을 맞추는 것이다. 주어진 시간과 공간 안에서 특정한 정책은 한쪽 측면에서는 긍정적이지만, 다른 측면에서는 부정적이다. 결정권자들은 조언을 구하고 양쪽 측면을 고려하여 우선순위를 정할 것이다. 이러한 논의들은 결국에는 경제학이 지배가 아닌 조언을 해주어야만 하는 정치가 된다.

토지에 기대어 사는 삶

안개가 낀 베트남 내륙 산지의 추운 오두막에는 검은색과 남색으로 된 레깅스와 양말을 신은 토착 몽족 사람들이 모여 있다. 이곳에서 현대적인 것들은 찾아볼 수 없다. 플라스틱, 달력 그리고 사진 같은 것도 없다. 원통형의 검은색 펠트 모자와 은으로 만든 커다란 테두리가 달린 귀걸이를 한 여성은 베트남어를 하지 못한다. 그날의 모임 주제는 자신들에게 가장 중요한 자산인 버팔로를 잘 먹이고, 겨울에 질병에 걸리지 않게 하기 위해 볏짚과 알코올을 어떻게 이용할 것인가와 같은 전통적인 것들이다.

이 전통의 성역은 사방이 포위되어 있다. 마을에서 가장 부잣집은 이미 오토바이와 텔레비전을 구입하였고 몇 킬로미터 떨어진 곳에는 관광객들로 붐빈다. 외지인들은 몽족들로부터 음식과 공예품을 구입하여 그들의 삶이 다양화되어 버팔로가 병에 들거나 농사에 실패하여도 위기에 처하지 않을 수 있도록 도움을 준다. 그러나 관광객들은 자신들을 그곳으로 이끈 몽족의 순수성을 파괴하거나 그렇지 않으면 엷게 만든다. 몽족인들은 이 것을 신경 쓰고 있는가? 분명히 아직은 아니다. 한 사람이 말한다. "농사짓는 것은 어려운 일입니다. 내 꿈은 아이들이 교육을 받고 직장을 찾아 이 마을에서 벗어나는 것입니다. 아이들이 이 마을을 떠나 내가 혼자 남게 될지라도, 나는 아이들이 몽족어가 아닌 베트남어, 영어나 불어를 공부했으면 합니다."

빠르게 돌아가는 농촌 지역은 거주민들에게 위협과 기회를 동시에 주고 있다. 변화의 속도가 동일하지는 않아서 시장과 가까운 곳에서는 빠르게 진행이 된다. 하지만 변화를 피할 수 있는 것은 아니다. 고립된 농촌 지역도 도로의 확장, 문해 교육, 통신 그리고 국가의 확장으로 인하여 무너져 내리고 있다. 농업 공동체는 점차 라디오나 TV 혹은 이주민들의 증가로 도시와 유사해져 가고 있다. 이동수단도 쉬워져 가족 구성원들은 도시와 농촌을 오가며 직장을 찾게 되어 복잡한 가족생활을 하게 되어 갈수록 도시와 농촌의 차이는 불명확해져 간다.

농가 구성원들은 이웃 농장에서 일을 도와주고, 함께 개간하며, 물고기를 기르거나 잡고 공예품이나 다른 물품들을 생산하거나 목공, 아기 낳는 것을 서로 도와준다. 몇몇 건조지역에서는 1~2억의 유목민들이 가축을 키우며 산다. (목축이 직면한 도전에 대해서는 4부에서 논의되었다) 거의 모든 곳에서 농부들의 자녀는 농장을 떠나 도시를 향하고 있으며 도시에서 번 돈은 고향에 있는 부모의 생존을 위해 돈을 보낸다.

사람들이 떠나는 사실을 놀라워하는 이들은 거의 없다. 농촌 지역의 가계들은 소득 빈곤만을 겪는 것이 아니다. 문자 해독률과 기대 수명은 국가 평균보다 낮고 학업 중도 포기와 유아 사망률은 높다. 농촌 지역의 가난한 가계들은 특별히 외부 충격에 취약한데 그 이유는 보험과 신용 접근성과 같은 완화 메커니즘이 부재하고 농업의 등락 폭이 크기 때문이다. 일이 잘못될 때, 농부들과 농업 종사자들은 오로지 자신이 혼자 이를 받아들여야만 한다. 더 나아가, 남부 아프리카와 동부 아프리카의 많은 지역에서 HIV와 AIDS의 재앙은 노동 가능한 세대를 휩쓸어 갔고, 아이들이 가장이 된 가계와 황무지가 늘어났다. 부르키나파소에서의 두 마을에서 한 연구에 따르면, HIV와 AIDS가 농업 소득을 25~50퍼센트 정도 줄인 것으로 나타났다.[26]

지난 20년간, 원조 공여국들은 농촌에서 빠르게 철수하였다. 농업 원조는 1983~4년 11.4퍼센트에서 2004~5년 3.4퍼센트로 줄었고 2008년 이후에는 약간 증가하는 추세이다.[27] 1980과 2004년 사이 전체 정부 지출에서 농업이 차지하는 비율은 아프리카에서는 6.4퍼센트에서 5퍼센트로, 아시아에서는 14.8퍼센트에서 7.4퍼센트로, 라틴아메리카에서는 8퍼센트에서 2.7퍼센트로 줄었다.[28] 원조 공여국들과 IMF 그리고 세계은행이 추진하는 과격한 자유 시장 접근법인 구조조정 프로그램 Structural Adjustment Programmes (SAPs)하에서 많은 정부가 국가 마케팅 위원회를 해산하고 농업지도, 공공 연구, 인프라 및 신용 관련 예산을 삭감했다.[29]

정부와 수백만의 거주자들이 포기했는데도 세계 60억 인구의 절반이 여전히 농촌 지역에 살고 있다. 농촌 지역은 여전히 극심한 빈곤 속에 살고 있는 대다수 사람과 세계에서 굶주리는 사람의 절반을 책임지고 있다. 도시화가 진행되고 있으나 빈곤 인구의 50퍼센트 정도는 2040년까지는 여전히 농촌 지역에 남아 있을 것이다.[30]

다양화되어가고 있긴 하지만, 농업은 여전히 개발도상국들의 핵심이다. 25억의 인구가 농업에 종사하고 있고 그들 중 절반 이상이 토지가 없거나 2헥타르 미만의 농지를 소유하고 있다. 5명 중 1명은 농업 종사자이고 대부분 지역에서 그 비율은 늘어나고 있다.[31]

미국, 대만, 코스타리카는 서로 이질적인 역사가 있지만, 그들의 역사는 농업이 사람들로 하여금 빈곤에서 나올 수 있도록 해준다는 것을 보여주고 있다. 나아가, 농업 생산의 증가는 국가 경제가 올라가는 중요한 첫걸음

---

[26] UN Department of Economic and Social Affairs (2004) 'The Impact of AIDS'.
[27] OECD (2006) Development Cooperation Report 2006, Paris: Organisation for Economic Co-operation and Development (OECD).
[28] World Bank (2007) *World Development Report 2008*.
[29] A. Dorward et al. (2004).
[30] World Bank (2007) *World Development Report 2008*.
[31] Ibid.

이 된다. 농업의 '특별한 힘'을 인용하며 세계은행은 농업은 최소한 다른 섹터에 비하여 두 배 이상의 빈곤 감축 효과를 가지고 있다고 결론을 내린다.[32] 소농의 성장은 특히나 효과적인데 토지의 분배가 공평히 이루어졌을 때 더욱 그러하다. (표 3.3. 참조)[33]

농업의 성장은 소농을 포함하여 농민들의 높은 수익을 창출하고 노동력이 필요하게 됨에 따라 더 많은 일자리와 임금의 상승을 가져온다. 부유한 소농들과 노동자들이 늘어감에 따라 이들은 상품과 서비스의 수요를 늘리고 결국 농업 경제가 전체적으로 성장하게 되는 것이다. 농촌 지역 일자리가 더욱 늘어나고 소득이 늘어남에 따라 영향상태를 호전시키고 더 나은 보건과 교육의 투자를 늘린다. 또한, 지방세가 늘어감에 따라 지방정부는 도로, 전기, 통신과 같은 더 나은 인프라를 구축할 수 있게 된다. 농업의 성장은 또한 도시와 농촌 모두에서 가난한 이들에게 필요한 식료품 가격을 줄일 수 있다.

경제 성장에 대한 소농들의 기여는 일반적으로 경제가 발전해 가며 줄어든다. 임금이 상승하고 기술 사용이 증가함에 따라 상업화의 이익은 대규모 농부들에게 돌아가는 한편 전체 경제는 도시 제조업과 서비스 산업으로 그 축을 옮겨가고 지방에서 노동력을 흡수해 나간다.

---

[32] Ibid.
[33] A. Dorward et al. (2004) op. cit.

그림 3.3 공평한 초기 토지 분배는 높은 경제 성장을 가져온다.

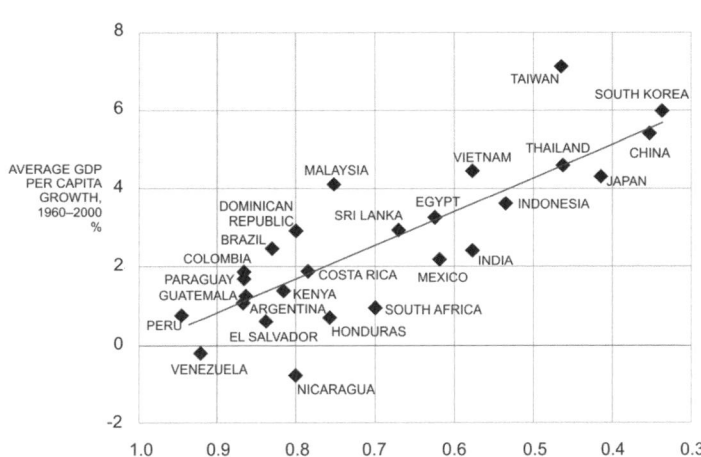

출처: World Bank, *World Development Report* 2006.

소규모 농업은 경제 성장을 위한 도약대의 역할을 넘어 도시에서는 일자리를 찾기가 힘들어진 수백만의 사람들을 고용하고 또한 사회 경제 위기로 인하여 도시에서는 살아남기가 어려워진 사람들에게는 마지막 보호처로서의 안전망이 된다. 1998년 인도네시아의 금융 위기 시 농업은 공장과 건설 현장에서 직장을 잃고 도시에서 밀려난 4백 5십만 명을 웃도는 사람들을 흡수하였다.[34]

농업의 성장은 소농들이 그 이익을 공정하게 나눌 때 가장 효과적으로 빈곤을 줄일 수 있다. 반대로 이것은 시장에서의 농민들의 힘을 강화하고, 국가의 기능에 활력을 불어넣으며, 이러한 과정에서 농촌의 토착민이나 비토착민들, 가난한 사람들이 자신의 목소리를 가질 수 있도록 해 준다.

---

[34] F. Kasryno (2004) 'The linkage between agriculture development, poverty alleviation and employment', www.jajaki.or.id/data/publications/Faisal%20Kasryno.pdf

농업의 새로운 경향은 농촌 인구의 삶과 생계를 변혁하였고 정부와 원조 기부자들의 관심을 다시 불러일으켰다. 식량 수요 증가, 슈퍼마켓의 등장, 기술적 혁신 그리고 계약 농가가 늘어남에 따라 소농들은 농촌을 떠나게 될 수 있다. 그러나 정부와 시민이 농민들과 함께 빈곤과 불평등을 극복하고자 한다면, 이러한 요소들은 농촌의 성장을 알리는 전조가 될 수 있을 것이다.

상승하는 농업 투입비용으로 인하여 이익을 내지 못했던 소농들에게 농업의 새로운 수익성 구조는 축복이 될 수 있다. 그러나 '토지 수탈'이라 불리는 일련의 외국 투자자들에 의한 광범위한 토지 점유는 농민들을 또다시 쫓아내는 결과를 가져올 수 있다. 한 분석에 의하면 이렇게 수탈된 토지는 독일과 스웨덴을 합한 정도가 되는 8000만 헥타르이며 이 중 60퍼센트가 아프리카이다.[35] 가장 신뢰할 만한 연구에 따르면 이 토지 중 80퍼센트 정도는 미개발 상태이며, 투자자들은 이를 식량 생산이 아니라 투기로 여기고 있다.[36]

다음 장에서는 능동적 시민들과 효과적 국가가 어떻게 농업을 폭넓은 번영의 원천으로 만들 것인가에 대해서 논할 것이다.

농업의 총체적 변화

케냐의 나이바샤Naivasha 호수 인근의 놀라운 야생 공원을 보러 온 관광객들은 유럽 고객들을 위한 콩과 꽃 등의 고부가 생산물을 기르기 위한 밀집 형태로 늘어선 비닐하우스 밭을 지나게 된다. 콜롬비아의 수도 보고타 인근의 평원은 밸런타인데이를 위한 장미꽃을 수백만 송이씩 생산한다.

---

[35] R. Bailey (2011) p. 18.
[36] K. Deininger and D. Byerlee (2011).

과테말라 고원에 있는 토착 소농들은 미국에 수출할 완두콩과 산딸기를 생산한다. 개발도상국의 해변에는 어디에나 양식업이 줄을 잇고 있다. 방글라데시, 에콰도르, 인도네시아에는 새우 양식이, 칠레에는 연어 양식이 있다.

수요가 늘어나고, 수송 비용이 낮아지며, 냉동시설이 개선되어 현재 개발도상국에서 수출되는 농산물의 43퍼센트가 신선 혹은 가공 과일과 채소, 생선과 가공 생선, 육류, 견과류, 조미료, 화초이며 이는 2004년 기준 1천 3백 8십억 달러에 이른다.37 나아가 가난한 국가들에서도 도시화와 중산층 소비자들은 가금류와 채소 시장 붐을 일으키고 있다. 소농들이 '신농업'으로부터 이익을 창출할 수 있는가는 미래 생존에 중요한 물음이고 북반구와 남반구 모두에서 식량을 사고파는 방식의 변화와 연계되어 있다.

다국적 회사들은 자신의 활동의 수직적 통합과 생산 사슬에서 더 많은 부가가치를 내기 위하여 개발도상국에서 활동을 확장하고 있다. 소규모 생산자들은 씨앗이나 비료를 구매하거나 생산물이나 노동을 팔 때 이러한 거대한 회사들과의 직접 거래를 늘려 나가고 있는데, 이러한 거래는 수백만의 고립된 소규모 생산자들과 몇 안 되는 거대한 회사 간의 엄청난 불균형으로 특징지어진다. 세계 커피 로스팅 시장의 45퍼센트를 겨우 4개 회사가 과점하며38 코코아의 경우 제분의 40퍼센트를 좌지우지하며39 다른 식품 분야에서도 양상은 유사하다. 세계 살충제 판매의 80퍼센트가 1994년 12개 회사에 의해 점유되고 있으며40 지금은 6개 회사에 의해 과점 되고 있다.41

---

37 World Bank (2007) *World Development Report 2008*.
38 Nestlé, Philip Morris-Kraft Foods, Procter & Gamble and Sara Lee/Douwe Egberts.
39 Cargill, ADM, Barry Callebaut and Hosta.
40 BASF, Bayer, Dow, DuPont, Monsanto and Syngenta.

몇몇 초국적 기업들은 아주 다른 접근법을 취했지만, 구조조정 프로그램 하에서 정부가 공석으로 남겨둔 자리로 뒤늦게 뛰어들었다. 씨앗 및 비료 다국적 회사들은 지금 소농들에게 투자하고 금융과 지도 서비스를 제공하고 있다. 이러한 서비스는 때로 '계약 재배'로 알려진 확정 가격제를 포함한다. 이러한 방식이 소농에게 미치는 영향은 계약을 어떻게 하는가에 달려있다. 좋은 계약 재배뿐만 아니라 나쁜 계약 재배 예도 있기 때문이다. 이 방식이 제대로 작동하면 소농과 대농을 조화시킬 수 있어 소농들의 헥타르 당 높은 생산성과 대규모 농가의 높은 금융, 시장, 기술 접근성을 시스템화할 수 있다.42

그러나 계약 재배 역시 터무니없는 이자나 이익의 착취를 가져올 수 있으며 또한 소농들을 대기업이 필요로 하는 단일 작목 재배자로 몰아세울 수 있다. 다국적 회사들은 특정 작물의 규모와 형태에 대한 엄격한 요구사항을 가지고 있기 때문에, 농민들은 오직 한 작물만 재배하게 되어 계약 재배는 생물 다양성을 해칠 수 있다. 이 시스템은 주로 남성들이 계약서에 사인하여 여성들은 노동은 많이 하지만 돈은 적게 벌게 되기도 한다. 가장 심각한 문제는 계약재배를 하는 가난한 농부들은 모든 위험 요소를 부담하게 되는 것이다. 작황이 실패하는 경우, 회사가 아닌 농민이 타격을 입게 되고 계약 재배를 하는 농민들은 쉽게 빚더미에 올라앉게 된다.43

태국에서 실시한 한 계약 재배에 관한 연구는 농민들의 수익이 크게 요동친다는 것을 발견하였다.44 회사는 년 단위로 계약을 하는 반면, 농민들은 5년에서 10년 거치로 은행에서 대출을 받아야 한다. 어떤 농민들은

---

41 B. Vorley (2003).
42 M. Prowse (2007).
43 S. Singh (2005).
44 I. Delforge (2007).

연락이나 구제책도 없이 구매자 없이 6개월이 넘도록 남겨지게 되기도 하였다. 계약 재배를 하는 가구당 평균 빚은 일반 농민 대비 10배가 넘었고 이 때문에 계약재배를 그만두는 것이 불가능해졌다. 그들은 때로 자신을 얽어매는 계약서를 받아 보지도 못하고 읽지도 못하는 경우도 있다. 이 연구는 농민들이 실질적으로는 회사에 고용이 되었으나 회사는 이들에 대하여 사회 보장, 병가 급여, 퇴직 수당과 같은 어떠한 책임도 지려 하지 않는다.

개발도상국에서 빠르게 퍼지고 있는 슈퍼마켓 덕분에 관광객들이 가지고 있는 알록달록하며 복잡한 거리 시장과 조그마한 가게들은 급속히 사라지고 있다. 도시화가 진행되고, 소비를 많이 하는 중산층이 등장하며, 투자 법률이 더욱 자유화되며 지역과 다국적 슈퍼마켓은 전통적으로는 수출하던 고급 상품의 수요를 창출하며 가장 큰 농산물 구매자가 되고 있다.

첫 번째 슈퍼마켓 열풍은 1990년대 초에 중국 이외 동아시아, 중유럽, 라틴아메리카의 부자 국가들의 대도시에서 등장하여 개발도상국을 강타하였다. 2000년에 이르러, 슈퍼마켓은 미국과 프랑스에 가까운 소매상의 50~60퍼센트를 차지하였다. 슈퍼마켓은 중앙아메리카, 안데스산맥, 남부와 동부아프리카로 퍼져 나갔다. 아시아에서의 성장은 라틴아메리카보다도 빠르다. 중국 상업부에 따르면, 2005년 농촌 지역에서만 70,000여 개의 슈퍼마켓이 개장하였다.[45] 이러한 현상은 남아시아와 서부 아프리카에서도 나타나고 있다.

이것이 소농들에게 미치는 영향은 근본적인 것이다. 슈퍼마켓은 상품 구매를 지역적으로 하는데 그 양은 대단히 크다. 라틴아메리카에서 21세기가 접어들자 슈퍼마켓이 구매하는 지역의 신선 과일과 채소는 지역에서

---

[45] T. Reardon et al. (2006).

수출하는 양보다 2.5배 크다.[46] 지역 시장은 소농들의 생계에 중심이 되고, 슈퍼마켓은 잠재적으로 농민들의 판매를 높일 수 있다. 그러나 농민들이 슈퍼마켓에서 요구하는 질과 양을 맞추지 못하게 되면 현재 세계 시장에서 자신들이 처한 상황과 마찬가지로, 국내 경제에서도 가장 낮은 수익성을 내며 후미진 곳으로 밀려날 것이다.

개발도상국에서의 식품 가공과 패스트푸드 체인의 등장은 유사한 도전을 가져왔다. 에콰도르에서 맥도날드와 피자헛은 수량과 질을 문제 삼아 감자튀김용 감자를 수입한다. 안데스산맥은 감자의 고향인데도 말이다. 유사한 문제가 관광업계에도 생겼다. 카리브의 소규모 농가들은 호텔들이 버거, 채소, 과일을 미국으로부터 수입해 오는 것에 좌절하며 자신들은 바나나와 같은 낮은 가격의 생필품으로 생계를 유지할 수밖에 없게 되었다. 세인트루시아St. Lucia의 지역 생산자들은 지역 생산자로서의 인지도를 구축하기 위해 '세인트루시아 최고의 신선 농산물'이라는 브랜드를 출시하였으나, 관광사들이 요구하는 질과 양을 충족시키기 위해 기술 훈련과 지원을 받아야 했다.

신규 기업 구매자들은 잠재적으로 소규모 농업을 재활성화시킬 수 있다. 그러나 이러한 결과는 농민들이 공정 거래를 할 수 있을 만한 조직과 능력을 키우고 생산품의 질과 양을 충족시키기 위해 지원을 받을 때 가능하다.

---

[46] T. Reardon and J.A. Berdegué (2002).

박스 3.1
어업 : 한정된 자원 관리

농촌 지역에 사는 수백만의 가난한 사람들에게 어업은 생계이자 소득의 원천이며 식량이기도 하다. 물고기는 거의 세계인구 절반에 해당하는 26억의 사람들에게 최소한 20퍼센트의 단백질을 공급하고 있으며[47] 어업은 직간접적으로 개발도상국의 거의 5억 인구에 다다르는 사람을 고용하고 있다. 세계의 어업이 매년 거의 1200백억 달러에 다다르는 수익을 창출함에도 불구하고 어업 종사자 중 95퍼센트는 하루 2달러 미만으로 살아가고 있다.[48] 개발도상국은 거래되는 생선의 50퍼센트를 담당하고 있고 이는 개발도상국에서 가장 큰 단일 식품이다.[49]

생선의 국제무역은 농업과 유사한 문제를 안고 있다. 개발도상국은 값싼 수입 생선을 자국 시장에 들어오라는 압력을 받지만, 북반구 정부들은 해안 생태계에 입히는 해를 최소화하는 범위 내에서 어업 산업을 크게 지원하고 있다.[50] 소규모 어민들이 세계 수산업의 절반 정도를 차지하고 있고 나머지 절반은 거대한 선단 회사들이 차지하고 있지만, 소규모 어민들은 20배나 더 많은 일자리를 창출한다.[51]

대부분의 개발도상국에서 어업 관리는 취약하게 이루어지고 있고 상업화된 상선과 소규모 어민들 간에는 갈등과 남획이 불거지고 있다. 지난 40년 동안 남동아시아의 수산 자원은 그 이전에 비하여 1/4로 감소하였고 이로 인하여 많은 정부는 수산 허가제와 자격증 제도를 통하여 수산 자원을 관리하고 있다.[52]

100~200만 어민들이 있는 필리핀은 지역 기반형 해안 자원 관리community-based coastal resource management(CB-CRM)라 알려진 대안적 접근법을 취하고 있는데, 어민 공동체는 생태계를 복원과 어업 감시 그리고 그 효과를 모니터링 하는 책임을 지고 있다. 지역 기반형 해안자원 관리는 지역과 국가 단위의 오랜 조직 전통에 기인한다. 지금은 4십만이 넘는 회원들이 전국적으로 활동하고 있는 필리핀 킬루상 망기기스다Kilusang

---

[47] K. Kelleher and M.L. Weber (2006).
[48] World Bank (2004) 'Saving Fish and Fishers: Toward Sustainable and Equitable Governance of the Global Fishing Sector'.
[49] FAO, 'The State of Food Insecurity in the World 2005'.
[50] M. Allain (2007) 'Trading Away Our Oceans: Why trade liberalization of fisheries must be abandoned', Greenpeace.
[51] D. Boyer (2001).
[52] D. Pauly et al. (2004); D. Pauly et al. (2005).

Mangingsda 협회가 시작하였으며 이 접근은 남동 아시아에 퍼져나가고 있다.

그 수와 조직이 영향력을 가지게 되자 1996년 필리핀 정부는 어업법을 개정하여 어업을 관할하는 지방자치 관할 사법 재판소와 정부와 어업 공동체가 함께 지역의 어업을 논의하는 지역 회의소를 만들었다.[53] 지방 어민들은 어획량이 감소하지 않게 되었고 어떤 경우는 남획이 문제가 되기도 하지만 어획량이 회복되기도 하였다.

출처: L. van Mulekom, 'Reflections on Community Based Coastal Resources Management (CB -CR M) in the Philippines and SE Asia', Oxfam International internal paper, 2007.

녹색혁명의 귀환

농장을 갈고, 씨앗을 뿌리고, 추수를 하는 전통 기술의 현대화와 발전은 농업 개발의 중심이며 소농들의 고충과 증가하는 세계 식량 수요에 대한 해답을 제시해 준다. 몇몇 학자는 1960년대와 70년대 '녹색혁명'이라 알려진 농업 생산성의 놀라운 증가가 다시 일어나기를 꿈꾸며 대학 연구실과 다국적 회사의 기술 혁신에 희망을 걸기도 한다.

녹색혁명은 두 가지 프로그램으로부터 시작되었다. 녹색혁명은 광범위한 관개시설에서 화학 비료와 새로운 쌀과 밀 종자의 광범위한 도입을 하였다. 또한, 국가는 도로, 관개 그리고 다른 인프라에 투자하고 농민들에게 일정한 농산물 가격을 확보해 주었다. 이와 함께 이 계획은 농촌 빈곤을 감소시키는 데 중요한 역할을 하였으나 많은 농민은 비료와 살충제에 투자하며 과도한 빚을 지게 되었고 심각한 환경 문제를 가져왔다. 제1차 녹색 혁명은 우리에게 시간을 벌어주어 1인 소득당 식량 생산은 인구 증가율

---

[53] L. Van Mulekom (1999); STREAM (2004).

보다 높게 되었다. 그러나 이는 지속 가능하지 않은 방법이었다.

최근, 빌 게이츠와 록펠러 재단이 이끌고 있는 기부자 그룹이 아시아에서의 경험을 다시 한번 되살리고자 아프리카 녹색혁명 연대Alliance for a Green Revolution in Africa(AGRA)를 구성하였다.[54] 그들은 지난 반세기 전에 선배들이 마주하였던 것과는 대단히 다른 상황을 마주할 것이다. 첫 번째 녹색 혁명은 기술 지원과 같은 서비스와 상대적으로 막대한 양의 관개수 제공을 비용대비 효율적으로 할 수 있게 하는 강력한 공공기관, 집약적 농촌 거주 인구와 밀과 쌀 생산 그리고 제 역할을 하는 신용 시장에 의지하였다. 반대로 아프리카에는 농촌 지원 기관이 약하거나 존재하지 않고, 시장 구조도 취약하며, 물은 충분하지 않고, 주식 곡물은 단일하지 않다.[55] 게다가 녹색혁명을 가능하게 하였던 국가 지원 연구 네트워크는 사기업의 연구 개발이 대체하고 있다.

이 모든 문제를 놀라운 마술 총알과 같은 기술로 해결할 수 있을 것으로 보이지는 않는다. 더욱이 큰 문제는 아시아에서의 성공은 화석 연료, 화학 비료, 살충제와 같이 지금은 자업자득이 되어버린 환경 비용을 유발하는 것들을 이용하여 거둔 것이다. 현대 농업은 황폐되고 침식된 표토, 물 부족, 관계시설로 인한 염화, 살충제와 비료로 오염된 물 시스템, 굳어버린 토양과 줄어든 생물 다양성으로 피폐해진 지구를 남겨놓았다. 지구 온난화는 언급도 하지 않았다. 농업과 임업은 지구 온실가스의 1/3 정도를 배출하는 것으로 추정된다.[56]

이러한 상황에서, 소농들을 현재의 상업농으로 흡수하는 것은 지속 가능한 선택으로 보이지는 않는다. 모든 농업은 계속 늘어가고 있는 환경적

---

[54] www.agra-alliance.org/work/seeds.html
[55] R. Offenheiser (2007).
[56] IPCC (2007), p. 5.

제약에 적응해야만 할 것이다. 기술 혁신은 이러한 적응에 큰 기여를 해야 하며 소농들은 기술적 문제를 넘어서기 위하여 국가 지원을 요구하고 조직화해야만 할 것이다. 만일 그렇게 하지 못한다면, 그들은 모두 농업에서 밀려나는 위험에 처하게 될 것이다. 기술 변화의 최신 동향은 위협과 동시에 기회를 가져온다. 예를 들면, 나노기술(원자와 분자 수준에서 사물을 조작하는 것)은 면화를 대체할 수 있는 석유로 만든 때가 타지 않는 대체품을 만들어 서아프리카에서 면화 생산을 생업으로 하고 있는 수천만의 소농들을 위협할 수 있을 것이다.[57] 다른 한편, 노르웨이의 스타방거Stavanger 대학은 토양에서 수분 유실을 막고 극지방에서도 토양 온도를 일정하게 해주는 나노 방수막을 개발하였다.[58]

생물공학 특히나 옥수수, 카놀라, 콩, 면화와 같은 작물 씨앗을 유전자 수준에서 변형시키는 것은 많은 논쟁을 불러일으켰다. 유전자 조작 기술의 지지자들은 가난한 이들의 요구에 맞춘 씨앗을 생산할 것이라고 주장한다. 가장 좋은 예는 아프리카에서 비타민 A 부족으로 시력을 잃어가는 수십만의 어린이들을 치유하기 위해 유전자를 조작한 곡물인 '황금 쌀'이다. 또한, 유전자 조작은 기후 변화에 적응할 수 있는 가뭄에 강한 작물과 같은 지리적, 기후적 어려움을 작물들이 극복할 수 있도록 해 준다.

이러한 낙관적 주장들이 실제와 다르기 때문에 논쟁이 되는 것만은 아니다. 많은 유전자 조작 작물들은 제초제와 해충제 사용을 줄이고 노동력 투입을 최소화하는 것과 같은 대규모 농장에서 필요한 것을 충족시켜주기 위해 기술적으로 변형된 것들이다. 대규모 농장 중에 유일한 예외사항은 중국과 인도의 9백만에 다다르는 소농들이 재배하는 해충 저항성 Bt 면화이다.[59] 남아공과 필리핀에서 유전자 조작 옥수수가 자라지만, 소농들이

---

57 www.etcgroup.org/article.asp?newsid=486
58 Meridian Institute (2007).

주로 재배하는 수수, 조, 비둘기콩, 병아리콩, 땅콩과 같은 가장 중요한 반 건조 열대 작물에는 의미 있는 투자가 이루어지지 않고 있다. 유전자 조작 작물과 관련된 주된 우려는 투자자들이 단일 작목 재배를 독려하여 유전적인 피폐화가 되어 다른 작목들은 고사되는 것이다. 아마도 가장 큰 우려는 농민들에게 '적정하며 분배 가능한'과는 반대되는 방향으로 권력을 소농으로부터 대규모 농장주에게 주려는 중앙 집중적 경향성이다.[60]

지속 가능한 농업은 기술 적용에 대한 대안적 방법이 될 수 있다. (박스 3.2) 과거와 오늘날의 새로운 농업 기술들을 조화롭게 함으로써 지속 가능한 접근법은 자연 생물학적, 생태학적 과정의 통합과 재생 불가한 투입물의 사용을 최소화하며 농민들의 지식과 기술의 사용 그리고 그들이 함께 일할 수 있는 역량을 더욱 생산적이게 할 수 있다. 가장 신뢰할 만한 조사에 따르면, 지속 가능한 농업으로 이전 중인 농민은 1200만에 이르고 이들의 농지는 백만 헥타르로서 개발도상국 농경지의 3퍼센트가 된다. 이 농장들은 지속 가능한 농업이 결국은 높은 생산성을 떨어뜨릴 것이라는 추측을 반박하며 수확량이 79퍼센트 증가하였다. 통합 질병 관리를 하고 있는 프로젝트 중 절반이 살충제의 사용을 줄였고 생산량은 늘렸다.[61]

지속 가능한 농업은 신 녹색혁명에 비하여 기후 변화와 다른 환경적 제약에 더 적응을 잘할 수 있을 것이다. 예를 들면, 무경간 농법 zero tillage 으로 알려진 토양 침식을 최소화하는 유기 토양 관리법은 세계은행이 '지난 20년간 가장 성공적인 사례라고 극찬하였으며'[62] 탄소 배출량을 줄이

---

[59] World Bank (2007) op. cit., p.163.
[60] http://www.oxfamblogs.org/fp2p/?p=2794
[61] J. Pretty (2007) 'Agroecological Approaches to Agricultural Development', background paper for World Bank *World Development Report 2008*.
[62] World Bank (2007) op. cit. 무경간 농업은 태양, 비, 바람으로부터 토양을 영구적 혹은 반영구적으로 보호하기 위하여 유기토양을 작물이나 멀칭을 이용하여 덮는 것이다. 제로 경운은 토양 미생물과 동물이 경운과 토양의 영양상태 균형을 맞추

기도 하였다. 정부 규제에 의한 것이든 아니면 가격 상승에 의한 것이건 탄소 감축은 탄소 사용이 더욱 잦은 공업화되고 대규모 농업에 비하여 지속 가능한 농업과 소농들에게 더 많은 이익을 가져다줄 수 있다.

오늘날 지속 가능한 농업은 정부 지원을 거의 받고 있지 못하지만, 유기농 농부들과 연대 조직들의 정치적 압박은 그 상황을 변화시킬 수 있다. 많은 지속 가능한 방법은 복제하기 어려운 지역 생태계에 대한 대단히 특정한 지식에 기반을 두고 있다.

세계를 먹여 살릴 수 있는 농업 방식에 대한 논의는 때로는 지나치게 양극단화되어 있다. 어떤 경우든 2050년이 되면 90억 인구가 되는 이 세계를 먹여 살릴 소규모와 대규모 농업 모두를 우리는 필요로 할 것이다. 이것은 유기적 생물 통합 시스템으로 우리가 나아갈지라도 예측 가능한 근미래에는 지속적으로 높은 화학 투입을 하게 되리라는 것을 의미한다.

바이오 연료 붐

소비 패턴(아시아에서 육류 식생활로의 변화)이나 기술의 변화가 일어나 특정 생산물의 수요가 늘어나게 되면 농민들은 어디서나 그것으로 돈을 벌려 한다. 최근에는 운송이나 전기 생산을 위하여 화석연료 대신에 대규모 농작물을 이용한 '바이오매스 연료'가 붐을 이루었다. 석유 가격의 상승, 기술적 혁신 그리고 보조금 지원과 규제 완화와 같은 정부의 지원, 에너지 고갈에 대한 두려움, 기후 변화에 대한 우려는 세계 바이오 연료 붐을 일으켰다. 바이오 연료를 생산하기 위한 주 곡물은 설탕, 옥수수, 팜 오일과 자트로파나 유칼립투스와 같은 섬유질 식물들이다.

도록 한다. 출처: FAO (2001) 'Zero Tillage: When Less Means More'.

옥수수로 만든 에탄올을 포함하여 바이오 연료가 탄소 배출과 생태계에 미치는 영향에 대한 논란은 크다. 세계은행은 바이오 연료가 산림을 황폐화하여 지구 온난화를 재촉할 것이라고 보고 있다.[63] 바이오 연료 붐과 이것이 야기한 토지 쟁탈이 소농들과 가난한 사람들에게 이익을 줄 것인지 혹은 지속 가능한 성장을 가져올 것인지에 대해서는 여전히 결론이 나지 않고 있다.[64] 바이오 연료 생산을 위한 자트로파나 설탕 플랜테이션이 일자리를 창출하지만 노동 환경은 끔찍하며, 임금은 낮고 플랜테이션은 소농들을 쥐어짠다. 유엔 원주민 이슈 포럼의 의장은 6000만 명의 원주민들이 바이오 연료 플랜테이션 때문에 자신의 땅에서 쫓겨나게 된다고 2008년 경고하였다.[65]

박스 3.2
지속 가능한 농업 초보자 안내

핵심 원칙
- 토양 복원, 포식, 기생과 같은 생물학적이고 생태학적인 과정을 식량 생산으로 통합시킴.
- 환경이나 농민과 소비자의 건강에 해를 미치는 재생 불가한 투입물의 사용을 최소화한다.
- 농민들의 지식과 기술을 생산적으로 이용한다.
- 해충, 물, 관계, 숲, 신용 관리와 같은 영역의 공동의 문제를 해결하기 위해 함께 일한다.

---

[63] G. Timilsina and S. Mevel (2011).
[64] Oxfam International (2007) 'Bio-fuelling Poverty: Why the EU renewable fuel target may be disastrous for poor people'.
[65] 'Biofuels threaten lands of 60 million tribal people', http://www.survivalinternational.org/news/3279

용어 정리
- 통합적 해충 관리: 해충, 질병, 잡초 관리를 위하여 생태계의 탄력성과 다양성을 이용함.
- 통합적 영양 관리: 토양 침식을 관리하여 영양분의 손실을 줄이고 영양분을 투입하는 것이 아니라 농업 시스템 내부에 질소를 고정하는 것.
- 보존경운conservation tillage: 경운을 줄이고 때로는 하지 않아 토양이 보존되고 수분이 더욱 효율적으로 이용될 수 있도록 함.
- 임농업: 다양한 기능을 가진 나무들을 농업 시스템으로 흡수하고 숲 인근의 자원을 통합적으로 관리함.
- 양식업: 생선, 새우, 및 다른 해양 자원을 농업 시스템으로 통합하여 단백질 생산을 늘리는 시스템.
- 물 관리: 황폐해지고 버려진 토지를 관계가 된 토지로 이용하기 위하여 빗물을 관리함.
- 가축 통합: 방목을 이용하여 가축을 농업으로 흡수함.

출처: J. Pretty (2006), 'Agroecological Approaches to Agricultural Development', background paper for *World Development Report 2008*, World Bank.

전 세계 팜오일 재배의 38퍼센트를 차지하며[66] 팜오일 붐으로 많은 수익을 내고 있는 인도네시아와 말레이시아에서는 소농들이 전체 생산량의 많은 부분을 담당하고 있다. 그러나 인도네시아 4백 5십만 소농 중 많은 이들은 자신의 농작물을 구매하는 회사에 빚을 지고 있고 구매가를 협상할 힘을 가지고 있지 못하다. 다른 농작물도, 새로운 시장에서 소규모 생산자들이 힘을 가지게 될 것인가에 따라 바이오 연료가 농촌 지역의 불평등과 소외를 가중시킬 것인지 혹은 소농들이 빈곤을 벗어나는데 새로운 길을 제시할 것인지 결정할 것이다.

바이오 연료 붐이 식량 가격에 미치는 영향 또한 논쟁이 있지만 막대한

---

[66] See: http://faostat.fao.org/site/636/default.aspx

양의 옥수수를 에탄올 생산으로 투입하는 것은 2008년과 2011년 세계 옥수수 가격 상승을 가져왔다.

막대한 농산물이 생산되고 있다. 세계은행은 인구 증가와 식생활 변화에 근거하여 예측되는 수요를 채우기 위해서는 2000년 대비 2030년까지는 세계 곡물 생산은 50퍼센트, 육류 생산은 85퍼센트 증가해야만 한다. 게다가 바이오 연료와 가축 사료의 급증은 주식 생산의 격감을 가져왔다.[67] 생산이 증가해야만 하는 것뿐만 아니라, 기후 변화, 염화 그리고 토양 파괴와 같은 부정적 영향을 충분하고 빠르게 대처해야만 한다.

동시에, 생산성은 가난한 이들에게 혜택을 주고 불평등을 감소시키는 방식으로 증가해야만 한다. 만일 기술이 이러한 목표를 성취하는 데 도움이 되기 위해서는 지금과는 달리, 기술이 어떻게 쓰이고 발전되는가를 결정하는 데 있어서 농민들과 시민 단체의 목소리가 반영되고 국가 규제를 받아야만 한다. 대기업이 독점하고 있고 농민들은 그 기술 변화의 혜택을 거의 보고 있지 못한 현재 상황은 농촌 지역에서 환경을 파괴하고, 불평등을 증가시키며 소농들을 무시하는 자본 집중과 화학제품을 집중적으로 사용하게 하는 농업으로 만들어 가고 있다.

이러한 도전에 대하여 농업이 대처할 것인지, 한다면 어떻게 할 것인지는 많은 부분 농촌 지역의 가난한 이들을 조직하여 그들의 목소리를 키우고 국가로 하여금 가난한 이들을 위한 정책을 만들 수 있게끔 하는 것에 달려 있다. 다음 장에서는 효과적 국가와 능동적 시민의 근본적 결합에 대하여 알아보도록 하겠다.

---

[67] World Bank (2007).

시장에서의 권력

중부 나이지리아 루와요 마을의 거대한 망고나무 그늘에는 백여 명의 쌀 농부들이 모여 있다. 여성들이 땅콩을 깨뜨려 까서 통에 넣는 소리가 나이지리아의 소농들의 삶에 관한 소란스러운 소리와 얽혀 있다. 한 여성이 이렇게 말한다. "오래전 1980년대까지만 해도 정부가 돕는 것을 느끼곤 했지요.", "정부는 우리에게 비료도 주고 우리는 트랙터도 빌릴 수가 있었어요." 지금은 은행이 농민에게는 담보 없이는 대출을 해주지 않고, 대부업자들은 눈물 나는 높은 이자를 붙여서 돈을 빌려준다. 지역 농민 조직은 저축과 대출 프로그램을 만들었지만 그들의 문제는 신용 대출로 끝나지 않는다. 농민들은 운송 수단이 없기 때문에 찾아오는 구매자들이 제시하는 가격대로 물건을 판매할 수밖에 없다. 만일 농민들이 트럭을 빌린다면, 경찰은 도시로 가는 길목마다 뇌물을 요구할 것이다.

많은 가난한 농촌 마을이 발전하기 위해서는 첨단 기술 혁신이 아니라, 농민들의 시장에서의 권력을 키울 수 있는 조직이 필요하다. 소농들은 시장에서 권력을 가지고 있지 못하다. 그 이유는 규모가 작고, 가난하며 조직되지 못했기 때문이다. 그렇기에, 농민들은 시장 정보와 가격을 얻기가 힘들고 발전시킬 수 있는 투자 신용도 어려워 다음 추수기까지 생존하기도 어려워진다. 그들은 협상력도 없는데 그 이유는 운송 수단과 저장시설이 없어 생산물을 지속적으로 공급할 수도 없다. 그들은 가격을 받아들이지 가격을 형성하지는 못한다.

정치적 차원에서 보면, 소농들의 목소리는 잘 조직된 대규모 농민 조직, 비즈니스, 그리고 도시 거주자에 의해 잠식된다. 나아가, 여성 농민들은 농촌 지도원, 농민 조직 그리고 대부업자들에게도 차별을 당한다. 굶주린 소비자들로 가득 찬 도시나 시내에서 멀리 떨어져 있다는 것은 주된 장애물이 되는데 그 이유는 소농들은 정부로 하여금 도로를 건설하거나 다른 교통수단을 마련할 힘이 없기 때문이다.

이러한 도전을 극복하는 데 있어서 조직은 중심이 된다. 예를 들어, 대부분의 주민이 하루 1달러 미만으로 살아가고 있는 에티오피아 중부 홀레타Holeta에는 농민들이 수수를 많이 생산하고 있으나 그 수익은 생산비를 감당하지 못한다. 그래서 지역 사회는 농민들이 생산한 곡물을 저축했다가 해당하는 금액을 인출할 수 있는 곡식 은행을 설립하였다. 오늘날, 농민들은 1년 내내 곡식을 저장하고 가격이 높을 때 판매를 하여 더는 씨앗을 구매하지 않아도 된다.

농촌 지역에 사는 사람들은 오랜 시간 동안 여러 방식으로 노동조합, 협동조합, 상조회, 상호 건강 보험, 자조 단체, 신용 저축 단체 등의 조직을 해 왔다. 1980년대 이후 많은 독립 생산자 조직Producer Organizations(POs)들이 나타났다.[68] 1982년과 2002년 사이 부르키나파소에는 독립 생산자 조직을 갖춘 마을이 21퍼센트에서 91퍼센트로 늘어났다.[69] 1990년과 2005년 사이 나이지리아에는 협동조합의 수가 29,000에서 50,000으로 늘어났다.[70] 인도에서는 1966년에서 1998년까지 협동조합의 전체 수가 346,000에서 488,000으로 늘어났는데 이는 모든 농가의 65퍼센트를 포함하고 있다.[71]

지난 몇십 년간, 많은 국가에서 생산자 조직은 구성원들을 위해서는 거의 하는 일이 없는 정부의 하향식 협동조합이라는 불명예를 가지고 있었다. 오늘날에도 에티오피아에서 농촌 협동조합은 정치적으로 오락가락하

---

68 생산자 조직에 대한 소개로는 다음을 참조. C. Penrose-Buckley (2007).
69 J.L. Arcand (2004).
70 보고서는 루벤 대학의 연구를 인용되었다. Corporate Governance and Co-operatives, Peer Review Workshop, London, 8 February 2007.
71 U.S. Awasthi (2001).

고 있고 가나에서는 공식적으로 등록되기 전 6개월간 시험 기간을 거쳐야만 한다. 결국, 많은 생산자 조직들이 등록하지 않고 비공식 조직으로 남아 법적인 안전장치나 대출도 받을 수 없는 채로 남아 있다.[72]

새로운 상향식 생산자 조직이 나타나며, 의구심은 사라지고 있다. 야생 허브를 채취하여 판매하는 북부 알바니아의 치리Kiri 마을은 공산당 치하에서 강제적으로 동원된 집단화에 대한 인상 때문에 협동조합을 구성하기가 어려웠다. 그래서 그들은 허브 협회를 만들어 생산물의 질을 향상시키고 새로운 구매자를 찾아내어 가계 수익을 40퍼센트 정도 향상시켰다. 옥스팜은 농민, 정부, 기부자들이 인도, 말리, 온두라스와 같은 여러 나라에서 이러한 방식을 채택하고 있다는 것을 보아왔다. 새로운 생산자 조직 중 많은 조직이 상업적이고 고부가 가치 시장 특히나 수출 시장에 집중하고 있다. 반면, 가격이 너무 낮고 거래량이 적어 재정과 시간에서 조직 운영 비용을 감당하기도 어려운 주식主食 시장에서는 극소수의 조직만이 성공적이었다.[73]

마케팅은 결속력이 크건 적건 간에 대부분 생산자 조직의 핵심 활동이다. 이에 더하여, 생산자 조직은 농민들이 신용을 얻고 비료나 씨앗과 같은 투입재를 더 좋은 가격으로 구매할 수 있도록 협상하는 데 도움을 준다. 몇몇 생산자 조직들은 가공 장비와 시장까지의 운송을 (특히나 외진 곳에서) 제공하고 고부가 상품을 만들기 위한 기술 지원과 훈련 프로그램을 제공하여 더욱 수익성이 높은 시장의 기준에 맞는 높은 질을 유지해준다.

---

[72] C. Penrose-Buckley (2007) op. cit.
[73] 이 입장은 유의미한 통계적 분석 보다는 일화적 증거에 의해 지지되고 있다. (B. Shiferaw, G. Obare, G. Murich, and H. Mukhong (2006); E. Chirwa et al. (2005); J. Hellin, D. White, and R. Best (2006)). 그러나 탄자니아에서는 농촌 가계중 3% 정도 만이 생산자 조직과 연계되어 있는 것으로 평가되며 그중 대다수의 가계는 평균 이상의 농장 소유권을 가지고 환금성 작물을 재배하고 있다.

- 말라위의 국가 소농 협회National Smallholder Farmers Association of Malawi(NASFAM)은 상향식으로 세워졌고 지금은 100,000명의 농민들이 소속되어 있다.[74] 협회는 협회 구성원들의 담배, 면화, 땅콩, 쌀과 같은 생산물을 판매하고 수송과 비료 가격 협상을 하며 구성원들을 위한 대출을 주요 국가 은행들과 협상한다.[75]
- 우간다 남서부의 외진 농촌 지역에는 한 농민 협회가 수도 캄팔라의 남아공 식료품 체인점인 난도Nando 아웃렛에 고품질의 감자를 성공적으로 협상하고 납품하고 있다. 필요한 수량과 질 그리고 시기를 맞추기 위하여, 농업 기술, 조직 그리고 관리법을 배우는데 투자를 하였고, 계약이 성사되어 그 투자는 안정성을 확보하게 되었다.[76]
- 볼리비아의 퀴노아 국가 생산자 협회National Association of Quinoa Producers(ANAPQUI)는 전통 작물로서 대단히 높은 영양가를 가진 곡물인 퀴노아를 기르는 5,000여 명의 농민들을 모았다. 이들은 현재는 작지만 성장하고 있는 수출 시장을 겨냥하고 있다. 협회는 사전에 합의된 고정가격을 조직들에 주고, 기술도 제공해 주며, 조직원들을 위한 가공 시설도 운영하고 있다. 많은 퀴노아 농민들은 농장을 개축하고 몇몇 농민들은 생산 시설을 자동화하여 소득이 증가하여 많은 가정이 안정화 되어 아이들을 학교에 보내고 있다.[77]

이러한 즉각적인 이익을 넘어, 생산자 조직 내에서의 경험의 공유와 수의 증가는 사람들에게 자신감을 심어 주었다. 생산자 조직은 종종 정치적

---

[74] National Smallholder Farmers' Association of Malawi (NASFAM), www.nasfam.org
[75] www.acdivoca.org/acdivoca/CoopLib.nsf/whycoopsandassociations/malawinasfam?opendocument
[76] E. Kaganzi et al. (2006).
[77] J. Hellin and S. Higman (2003) Feeding the Market, ITDG Publishing.

행동을 하는데 그 이유는 정부만이 압력을 넣을 수 있는 시장의 규칙과 관행을 변화시킬 수 있는가에 따라 경제적 성공 여부가 달라지기 때문이다. 이러한 일들은 상품의 최저가나 경쟁 법률과 같이 복잡한 것도 있으나 도로를 건설하는 것과 같은 간단한 일들도 있다. 정부는 농업에 집중할 때, 생산자 조직은 국가의 정책이 잘 조직된 대규모 농장 경영주들의 로비가 아닌 소농들의 요구를 반영할 수 있도록 주요한 임무를 수행한다.

옥스팜의 경험으로 볼 때 생산자 조직은 최소한 초기에는 마케팅이나 가격 협상과 같은 한 가지 일에 집중할 때 최고의 성과를 낼 수 있다. 가공 시설을 갖추고 운영하는 것과 같은 조금 더 야심 찬 계획들은 보통은 실패한다. 건과일이나 목화와 같은 고부가가치 상품에 집중하는 것이 주 식량 작물에 집중하는 것보다 더 낫다. 상호 신뢰가 이미 형성된 기존의 조직은 새로운 조직을 만드는 것보다 낫다. 위에서 하달 명령을 내리는 조직보다는 구성원들이 이끌어 가는 조직이 더 오래 가는데, 조직을 정치로부터 독립시키고 핵심 사업에 집중할 수 있도록 하는 것은 필수적이다.[78]

생산자 조직이 어려움이 없는 것은 아니다. 조직을 세우고, 구성원들을 훈련시키며 효율적인 행정체계를 만드는 것과 같은 비용이 발생하는 일들은 일반 회사나 NGO와 같은 외부에서의 조력이 필수적이다.[79] 구성원들은 매일 있는 조직 모임과 활동에 시간을 할애해야만 한다. 조직이 커지게 되면 구성원 모두의 이해관계를 존중하는 의사 결정을 내리는데 상당한 시간과 노력이 요구된다.

고부가가치 작물에 집중하는 것은 때로 여성을 차별하고 남성들이 독점

---

[78] J. Coulter et al. (1999).
[79] 중앙아메리카와 멕시코에서의 한 연구는 슈퍼마켓이 세우고 직접적으로 관계하는 생산자 조직이 NGO가 세운 조직들 보다 더 높은 가격에 판매를 하고 있다고 결론 내린다. J. Hellin, M. Lundy, and M. Meijer, (2007).

하는 생산자조직 리더십을 강화할 수 있다. 또한, 이것은 생산자 조직들이 가장 가난하고 취약한 소농들의 필요를 충족시키지 않는다는 것을 의미한다. 그 이유는 고부가 가치 작물은 가장 가난한 이들이 감당할 수 없는 위험이 있기 때문이다. 인도의 자영 여성 연합이나 니카라과의 농촌여성 조합연맹과 같은 여성 조직들은 우유 생산, 염전, 고무 채취, 가축, 과일 재배에서 여성들만을 위한 조직으로 뻗어 나간다.[80]

지주들이 자신의 소유권이나 특권을 지키려 하거나 중간상들이 구매와 운송을 좌지우지하려는 통제권을 포기하지 않을 때 생산자 조직들은 종종 폭력에 직면하게 된다. 많은 정부는 공공의 이익을 추구해야 할 때 중립적이지 않아 왔고 오히려 경제적으로 권력이 있는 엘리트들을 대변해 왔다. 생산자 조직들은 폭력이나 정치에 의해 원래 해야만 하는 일을 못하게 될 수 있고, 까다로운 법적 등록 요건과 같은 요식 행위로 억압을 당할 수 있다.[81] 그러나 조직들은 능동적 시민권의 중요한 발현이며 국가의 농업 정책을 효율적으로 개선하는 데 중요한 역할을 할 수 있다.

박스 3.4
틈새 해결: 공정 무역과 유기농

유기농과 공정 무역 상품 시장에 대한 붐은 노동 집약적이어서 더 많은 일자리를 창출하는 고부가 가치 상품을 생산하고 판매하는 기회를 소농들에게 준다. 공정무역 상품은 FAIRTRADE 표시를 다는데 이 표시는 생산품이 국제적인 사회, 경제, 환경적 기준을 충족시킨다고 공정무역 라벨 조직Fairtrade Labelling Organization(FLO)이 인증한 것을

---

[80] M. Chen (2006).
[81] 몇몇 곳에서는 높은 수익율이 나지만, 여전히 생산자 조직의 높은 실패율을 보여주는 많은 연구와 일화적 증거들이 있다. 참조. G.F. Ortmann and R.P. King (2007); R. Stringfellow et al.(1997); A.W. Shepherd (2007).

의미한다.

공정무역 시장이 빠르게 성장하고 있지만 아직은 비교적 작게 머물러 있다. 세계 공정무역상품거래 규모는 2010년 44억 유로(58억 달러)에서 2009년 27퍼센트 성장하였다.[82] 이러한 수치는 세계 무역의 아주 작은 균열을 냈을 뿐이다. (1퍼센트 정도) 그러나 공정 무역은 만병 통치약이 아니며 5부에서 논의된 국제 무역 체계의 광의적 대안도 아니다.

유기농이 시장을 확대해 가고 있지만, 소농들은 때로 인증 비용과 필요한 절차를 따르기가 어렵다. 더욱이 소농들을 위한 공정무역과는 달리, 대규모 농장이 유기농에서 유리한 위치에 올라 다른 비유기농 고부가 가치 작물에서 그러했던 것처럼 소농들을 쥐어짜며 위협을 할 수 있다.

국가의 역할

생산자 조직이 얼마나 성공적이었는가 와는 관계없이 시민의 활동만으로는 농촌 발전의 어려움을 극복할 수 없다. 효율적인 국가가 필요하다. 최근 많은 국가의 정부는 농업 정책을 활발히 펴왔으나, 지난 20년간 농업 자체와 국가의 개입은 원조 공여 기관과 정부와는 조화를 이루지 못하였다.

국가의 농업 개입에 대한 적대심은 근거가 없는 것이 아니다. 세계은행과 IMF의 구조조정 프로그램 권고에 따라 해체가 된 국가 마케팅 위원회는 부패하고 비효율적이며 농민들에게는 이익을 거의 주지 못하며, 있더라도 늦게 가져다주었다. 농민들의 생산물에 대한 가격 통제와 과도한 과세는 피폐한 농촌 지역으로부터 리더들이 국가의 미래로 판단한 도시와 산업으로 자원을 이동시켰다.

공공 기관은 약했지만 중요한 서비스를 가난한 농부들에게 제공하였다.

---

[82] Fairtrade International, 'Challenge and Opportunity: Supplement to Annual Review 2010-11: 2010 Financials and Global Sales Figures'

구조조정이 시작되자, 많은 국가에서 신용, 수의獸醫 서비스, 기술 자문이 사라졌고 가격도 수확기에 따라 요동을 쳤다.83 공공 신용 부문의 예산 삭감은 세계은행이 '상당 부분 여전히 채워지지 않은 금융 서비스의 거대한 공백'84이라고 명명한 것을 수반하였다. 조셉 스티글리츠Joseph Stiglitz가 언급한 것처럼, 시장의 '보이지 않는 손'은 존재하지 않기에 보이지 않는 것이었다.85

구조 조정 역시 비급여 경제에 근본적인 영향을 미치었다. 그것은 정부로 하여금 서비스와 인프라 건설에 대한 투자를 줄여 결국은 여성이 가정에서 해야 하는 육아와 물긷는 일 등의 책무를 늘리게 된 것이다. 도심지 시장과 가까운 곳의 농민들은 더 나은 가격을 받을 수 있지만 토지가 없거나 광범위하게 배제되었기에 시장에서 힘을 가지고 있지 못한 여성과 원주민들은 규제가 철폐된 시장이 자신들에게 유리하지 않다는 것을 알게 되었다.

농업 침체에 대한 구조 조정 처방은 질병보다 더 상황을 악화시켰다. 다행 이도, 정치적, 경제적 흐름은 1990년대 시장 근본주의에서 멀어져 국가와 다른 기관들로 옮겨가고 있다. 동시에, 세계은행이 25년 만에 <세계개발 보고서 2008>에서 처음으로 개발에서 농업의 역할을 평가한 것처럼, 정부와 공여 기구들은 개발에서 농업의 역할을 재평가하고 있다.86 세계은행 보고서는 '개발 주제로서의 새로운 농업'을 주장한다. 새로운 농업은 주식량 부문에서 생산성을 증가시키고, 소농들을 연결해 고부가 가치 원예, 양계, 양식업, 낙농업을 빠르게 성장시키며 농촌 지역에서 비농업

---

83 DFID (2005), p. 14.
84 World Bank (2007).
85 www.leftbusinessobserver.com/Stiglitz.html
86 See also DFID (2005) 'Growth and Poverty Reduction: The Role of Agriculture', London: Department for International Development, and CIDA (2003).

경제부문의 일자리를 창출하는 것을 의미한다.[87] 농업부문 원조는 서서히 증가하고 있다. (그러나 여전히 2009년 전체 원조의 7퍼센트에 머문다)[88] 미국 정부는 2008년 식량 가격이 급등하자 '미래를 위한 투자' 프로그램으로[89] 3년간 농업 발전과 식량 안전을 위하여 35억 달러를 투자하였고, 아프리카 정부들은 아프리카에서 농업의 역할을 높이고자 아프리카 농업 개발 프로그램Comprehensive Africa Agriculture Development Programme(CAADP)을 시작하였다.[90]

그러나 정치는 무력해지기 나름이고 그 힘이 약해지기는 하였으나, 규제 완화와 국가가 물러서야 한다는 주장은 정부와 원조 공여 기구 그리고 특히나 무역과 투자협정을 맺기 위한 자리에는 여전히 존재하고 있다. 이 자리에서 이루어지는 합의들은 경제에 대한 국가의 개입을 줄인다. 무역협상은 농업과 국가의 역할을 다시 생각해야만 하는데 그렇지 않으면 장기적 개발에 장애가 될 수 있는 협정으로 국가들을 옭아매어 위험에 빠뜨릴 것이다. (5부 참조)

농촌 빈곤과 불평등에 대한 응답은 국가를 포기하는 것이 아니라 국가로 하여금 농업과 소농에 대한 지원을 강화하고 개혁하게 하며 또한 가난한 농민들에게 불이익을 주는 대지주와 정부의 개입을 제한하는 방식으로 해야 한다. 성공적인 농업 개발 사례 연구들은 변화의 과정이 토지 개혁, 정부가 지원하는 농업 특화 은행, 신용 보조금, 국가 마케팅 위원회 그리고 가격 안정화 정책, 국가 보조금 농업 보험과 창고를 포함하는 전략으로

---

[87] http://econ.worldbank.org/WBSITE/EXTERNAL/EXTDEC/EXTRESEARCH/EXTWDRS/EXTWDR2008/0,,menuPK:2795178~pagePK:64167702~piPK:64167676~theSitePK:2795143,00.html
[88] R. Bailey (2011) op. cit., p.56.
[89] http://www.feedthefuture.gov/about
[90] Comprehensive Africa Agriculture Development Programme (CAADP), www.nepad-caadp.net

시작하였다는 것을 보여준다.[91] 예를 들면, 인도에서 신용, 비료 그리고 씨앗 보조금은 효과적이었는데 이와 마찬가지로 신기술 교육과 같은 지도 서비스, 국가의 도로와 관개 건설 그리고 농민에게 지급되는 가격 변동성 제한 제도 또한 효과가 있었다.[92] 이러한 조치들은 생산자들의 위험요소를 줄임으로써 효과를 보는 데까지는 시간이 걸리겠지만 농민들로 하여금 자신의 농장에 투자를 더 할 수 있도록 독려하였다.[93]

30년 만에 농업 경제에서 수출 제조업으로 변모한 말레이시아의 경제는 농업에 대한 국가의 효과적 개입 위에 세워진 것이다. 말레이시아 정부는 두 가지 목표를 가지고 있었다. 첫째, 쌀 가격을 안정화하고 쌀을 재배하는 수백만의 소농들의 수익을 향상시키는 것. 둘째, 고무와 팜 오일과 같은 수출 상품을 발굴하는 것. 말레이시아 정부는 쌀 생산 투입 특히나 비료에 대한 보조금을 지급하였고 특히 초기에는 농지 개간과 관개 시설 투자를 하였다. 다른 국가들이 도심지 노동자를 위하여 쌀 가격을 낮게 책정하고자 농촌 생산자들을 쥐어짰던 반면 말레이시아는 생산자를 위한 최저가 보장 제도가 있었다. 1970년대 쌀 수확이 빠르게 늘어나며, 빈곤율과 인종 분규의 위험은 줄어들었으며 수출세는 공업화의 밑거름이 되었다.[94]

비록 광범위한 경제적 성과를 보이는 것은 아니지만 최근 말라위는 빈곤 감소 측면에서 국가가 어떠한 성과를 가져올 수 있는지를 보여주고 있다. 흉작이 들고 나면, 거의 5백만에 가까운 말라위 사람들은 식량 부족을 겪게 된다. 말라위 정부는 원조 기구의 압력을 뒤로하고, 기근을 앞두고 비료와 씨앗 보조금을 지급하였다. 결과는 놀라웠다. 옥수수 수확은 기존

---

[91] H-J. Chang (ed) (2001).
[92] A. Dorward, J. Kydd, J. Morrison, and I. Urey (2004).
[93] Dorward et al. (2004).
[94] M. Stockbridge (2006).

의 두 배가 넘었고, 빈곤을 광범위하게 방지하였으며 유아 사망률을 반으로 줄이는 데 도움을 주었다.[95]

정부는 토지 개혁 등을 통하여 토지 소유권의 안전을 지키고자 하는 소농들의 요구를 해결해야 한다. 특히 여성들에게는 그것이 더욱 필요하였는데, 많은 경우 여성들은 토지에 대한 독립적 권리를 누리지 못하였다. (토지 소유권은 2장에서 충분히 다루었다)

위에서 보았듯이, 정부는 소농들이 필요한 씨앗을 생산하고 다른 기술을 개발하기 위한 연구를 지원할 필요가 있다. 사회에 미치는 농업의 중요성에도 불구하고 개발도상국들은 공공 및 민간 영역을 포함하여 산업화된 국가들이 농업 연구 개발에 투자하는 것의 1/9만을 투자하고 있다.[96] 그나마 개발도상국의 투자금은 소농과는 관계없는 대규모 수출 농업에 배당이 된다. 세계 농업 연구 개발비의 2/3는 이익을 추구하는 초국적 기업이 가져간다.[97]

그러나 공공영역의 개발 연구는 제 역할을 해왔다. 공적 기금으로 운영되는 국제 농업 연구 기관 네트워크인 국제 농업 연구 자문 그룹Consultative Group on International Agricultural Research(CGIAR)은 녹색혁명을 가져 왔는데 지난 40년간 소농들에게 대단히 중요함에도 불구하고 연구가 되어오지 못했던 8천여 종의 작물을 개량해왔다.

성공적인 국가의 개입은 농업 생산성을 올려 가격은 낮지만 잘 자라는 작물을 생산하게 하여 소비자들에게도 이익이 된다. 방글라데시의 녹색혁명은 수도 다카 시장에서 킬로 당 도매 쌀 가격을 20타카에서 11타카로 낮추었다. 그러나 동일한 시기 농민들은 헥타르 당 쌀 생산을 2톤에서 3.4

---

95 G. Denning and J. Sachs (2007).
96 World Bank (2007) op. cit.
97 P. Pardey, N. Bientema, S. Dehmer and S. Wood (2006).

톤으로 늘려 낮아진 쌀 가격으로 인한 소득을 상쇄할 수 있었다.[98]

생산자와 소비자의 요구를 균형 맞추는 것은 농업 시장을 규제하면서 국가가 해야 하는 가장 핵심적인 역할 중 하나이다. 이 장에서 논의된 쌀 가격의 폭등과 같은 식량 가격의 급격한 변동은 생산과 소비의 균형에 기대고 있는 빈곤한 이들에게는 복잡한 영향을 미친다. 많은 가난한 농민들은 실제로는 소비자들이다. 한 연구에 따르면, 아프리카 농촌 가계의 70~80퍼센트는 년 중 스스로 먹을 식량조차 생산하지 못하여 부족분을 시장에서 구매한다.[99] 식량 가격 상승의 이익이 가치 사슬을 통하여 다른 이들에게 분배되지 않고 가공업자와 중간 상인에게만 돌아간다면, 그것은 가난한 소비자를 괴롭히고 또한 가난한 농민들에게는 도움이 되지 않을 것이다.

국가는 초기 산업을 육성해야 하며 또한 개발 초기 단계에서는 국가의 역할이 특히나 중요하다. 그러나 농업이 성장하고 제 역할을 충분히 하는 시장이 농촌 지역에서 나타나게 되면 국가의 역할은 서서히 줄어들어야 한다. 인도의 녹색혁명에서 투자 수익에 대한 경제 분석에 따르면 신용, 전기 그리고 비료에 국가 예산을 투입하게 되면, 초기에는 이익이 되었지만 1990년대 와서는 모든 분야에서 순손실이 발생하였다.[100]

그러나 이러한 출구전략은 정치적으로 어려울 수 있다. 유럽의 공동 농업 정책Common Agricultural Policy과 미국 농업 보조금 제도가 지속되고 있는 것은 이러한 이유에서이다. 인도에서 녹색혁명은 성공적인 출발을 하였으나 어려운 점은 토지가 없는 노동자나 소농들이 대부분인 농촌 지역의 가난한 이들은 외면한 채 국가가 비료, 전기, 관계 수로에 보조금으로 연간

---

[98] UK DFID (2004).
[99] A Dorward, J. Kydd, and C. Poulton (2005). 이 수치는 아프리카 상황을 반영한 것이며 <세계개발보고서 2007>은 전체적으로 농촌 지역의 가계 중 절반 이상이 식량 구매를 하고 있는 것으로 보고 있다.
[100] A. Dorward et al (2004).

90억 달러를 쓰고 있다는 점이다.[101] 특히 비료 회사들은 정부로부터 생산 비용을 보조받아, 보조금을 비자금과 다를 것이 없이 사용하여 생산 효율성을 개선하려 하지 않는다. 이러한 정책은 동일한 투자가 더 높은 사회적, 경제적 이익을 가져오는 농업 연구나 농촌 도로와 같은 공공재로 예산이 가는 것을 훼방하는 기득권을 형성한다.[102]

소규모 농업의 미래

높은 상품 가격, 갈수록 증가하는 바이오 연료의 수요, 저탄소 농업으로의 이전, 연간 지속되는 도시와 북반구의 소비 증가 그리고 유기농과 공정 무역 상품 시장의 성장은 곧 소농들에게 유리하게 작용할 것이다. 소농들이 이러한 새롭고 성장하는 시장으로 진입을 할지는 스스로를 조직하고 상품의 질을 높일 수 있을 것인가에 달려있게 될 것이다.

국내와 지역 시장은 관세 장벽과 보건 및 품질 표준 장벽이 높은 북반구 수출 시장보다 더욱 많은 잠재성을 가지고 있다. (라틴 아메리카의 많은 소농은 세계화의 물결을 타고 성공을 거두고 있는 점도 있다)[103] 아메리카에서 가난한 이들이 주로 소비하는 곡물, 뿌리류, 줄기류, 그리고 전통 가축의 국내 소비는 연간 500억 달러에 이르는 것으로 추정되며 이는 전통 상품 수출액의 5배에 이르며 2015년에는 두 배가 될 것으로 예상된다.[104]

그러나 도시화가 진행되고 슈퍼마켓이 퍼져나가며 지역 시장은 더욱

---

[101] Directorate of Economics and Statistics, Ministry of Agriculture, Government of India, http://dacnet.nic.in/eands/At_A_Glance/as.htm
[102] A. Dorward et al. (2004).
[103] D. Green, J. Morrison, and S. Murphy (2004).
[104] International Food Policy Research Institute (IFPRI) (2004) *Ending Hunger in Africa, Prospects for the Small Farmer,* Washington DC: The International Food Policy Research Institute (IFPRI).

국제적으로 되어간다. 소규모 농업은 품질 기준을 어떻게 충족 시킬 것인가를 배워야 하고 지역에서 판매할 때조차도 심각한 경쟁을 마주하게 될 것인데, 이를 해결하지 못하면 시장에서 낮은 가격의 떨이 상품으로 남게 될 것이다. 세계화가 되지 않은 곳들이 점차 줄어들고 있고 국가의 개입과 생산자 조직은 모두 소농들이 기술과 마케팅에서 변화를 가져오며 지금은 소농들을 배제하고 있는 비즈니스 모델을 개혁하는데 핵심적인 기능을 한다.

많은 개발도상국의 농촌은 빠르게 변화하고 있다. 변화는 가난한 농민들에게 기회와 위협 모두를 가져다주었다. 대규모 농장주와 다른 권력 있는 이들에 비하여 가난한 소농들에게 위협은 커졌고 기회는 적어졌다. 많은 변화는 농촌 지역에서 부자와 가난한 이들 그리고 남성과 여성 간의 불평등을 조금씩 증가시키고 있다. 가난한 농민들은 더 취약해졌고, 새로운 부가가치가 높은 농업으로부터 착취당하기 쉽고 또한 신기술로부터의 이익을 가져가기가 어려워졌다.

정부와 농촌 사람들이 어떻게 이 변화를 만들고 변화에 적응할 것인가는 지구 빈곤과 다가올 세기의 불평등을 크게 좌지우지할 것이다. 오직 책임감 있고 효율적인 정부와 능동적이고 조직된 시민들의 협력을 통해서만이 커지는 불평등 문제를 해결하고 국가 경제의 도약과 빈곤 감소의 단초를 마련할 수 있는 농업의 역량을 다시 일으켜 세울 수 있다.

어떠한 경우에도, 많은 농촌 공동체가 이농과 노령화를 겪게 될 것이다. 페루의 성스러운 계곡 Sacred Valley에서 저녁 태양이 옥수수 밭을 비추고 유칼립투스와 허브 향기가 나는 어느 날, 18살 세군디노는 관광객 낙원에 대하여 이렇게 말했다. "우리는 옥수수, 감자, 수수 등을 기르지만, 학교에 가서 공부하고 싶어요. 농사는 온전히 희생하는 일입니다. 이 지역에는 일과 학교 밖에 없어요. 우리는 축구밖에 할 것이 없습니다. 나는 도시에 가고 싶어요."105

세군디노의 말은 전 세계 모든 농촌 지역의 청년들도 하고 있는 말이다. 교육, 신문, 라디오, 텔레비전, 인터넷과 더 넓게는 소비주의가 노동과 농업 그리고 그들의 미래에 대한 농촌 지역 사람들, 특히나 어린이들의 사유 방식에 근본적인 변화를 가져왔다. 십여 년 만에 농업은 피하고 싶은 회피 직업이 되어 버렸다.106 정부는 지방 도시에 투자하고 지역 경제를 재활성화 하여 수도로의 자본 이탈을 느리게 할 수는 있으나, 그것을 멈추기는 거의 어렵다. 소농들의 생산성과 복지가 개선된 신용 시스템, 기술, 조직과 관계를 통하여 증진 될 수 있을 때 농업지원은 개발을 이끌어 낼 수 있다.

효율적인 관개 시설 개선을 통하여 대단히 많은 결과들이 성취 될 수 있다. 그러나 이것이 새로운 시설을 도입하는 것만을 의미하지는 않는다. 이것은 물리적인 인프라뿐만이 아닌, 물 자체에 대한 새로운 조직과 소유권을 동반해야 한다. 크게 보면, 농민들을 조직하여 물리적인 시설을 보유하고 관개 기술자를 고용하는 협회를 조직하는 것은 관개시설의 효율성을 높일 수 있다. 대만의 경우 100,000 헥타르 당 이러한 조직을 구성하였다. 만일 농민들이 관리하는 물을 팔 수 있는 실제적인 권한을 가지게 된다면, 농민들은 물 관리를 통하여 침수와 염화와 같은 문제들을 해결할 수 있게 될 것이다. 산악지역에서 소규모 관개 시설에 대한 지속적인 투자는 큰 이익을 가져다 줄 것이며 염화의 문제도 없다. 그러나 중국의 북동 지역, 인도의 북서 지역, 미국의 중서부와 같은 중요한 지역들은 지속 가능하지 않은 지하수 관개에 의존하고 있다. 만일 대수층이 마르면, 생산은 줄게

---

105 저자 인터뷰 from D. Green (1998) *Hidden Lives: Voices of Children in Latin America and the Caribbean*, London: Cassell.
106 New Economics Foundation (2006) 'A Long Row to Hoe: Family Farming and Rural Poverty in Developing Countries'.

될 것이다. 따라서 관개 형태에 따라 관개 자체가 지속 가능하지 않으며 세계 식량 생산에 새로운 도전이 될 것이다.

  토지가 황폐해지거나 메마르게 되고, 생산성 향상이 멈추게 되는 곳에서는, 정부와 원조기관들은 출구 전략을 세우는 것이 현명하다. 중요한 것은 주민들에게 스스로 최선의 선택을 할 수 있도록 하는 것이다. 즉, 가난하고 메마른 곳에 사는 사람들에게 그곳을 떠나라고 강제하는 것이 아니라, 자신의 토지에 머물지, 더 나은 삶을 찾아 도시로 떠날지를 스스로 결정하게 하는 것이 중요하다. 그들이 기술과 자본 그리고 자신이 가진 힘과 목소리에 대한 자존감을 가지고 있다면, 어느 곳에서나 풍요로운 결과를 만들어 낼 수 있을 것이다.

> **사례 연구**
>
> ### 변화는 어떻게 일어나는가: 티캄가르의 어촌 공동체
>
>   200명이나 되는 사람들이 말라버린 호수의 둑에 있는 거대한 나무 그늘에 옹기종기 앉아있다. 800년 전에 왕들이 건설한 조그만 양어지는 물고기가 가득한데 이 양어지는 최근 마을 공동체가 다시 복원한 것이다. 새소리와 사람들의 목소리가 건조한 공기 속을 오고가고 있고 땅은 메말라지고 있으나 그들의 이야기는 더욱 희망적이다.
>
>   한 여성이 웃으며 말한다. "전에는 공공장소에서는 우리 얼굴을 숨겼지요. 하지만 지금은 시아버지에게도 대놓고 이야기를 한답니다." 시아버지에게만 그러한 것이 아니다. 티캄가르의 사람들은 양어지에 대한 전례 없는 권리를 쟁취해냈고 자신의 삶을 변혁시켜온 놀라운 일을 성취해냈다.

인도의 가난한 분델칸드Bundelkhand 지역에서는 지주들과 하청업자들이 전통적인 방식으로 대부분의 양어지를 관리해왔다. 그러나 건기 때 연못이 마르자 생선에 대한 권리와 비옥한 토지를 사용하기 위한 갈등이 터져 나왔고, 이는 폭력적으로 계속 이어져 결국 분델칸드의 45,000가구가 승기를 잡은 것으로 보인다.

지난 20년간 새로운 생선 품종의 도입과 양식 기술의 도입은 생산량을 대단히 증가시켰다. 그러나 가난한 이들이 이용할 수 없었던 개량된 기술은 지주들과 계약자들이 지역의 작은 1,000개 연못에 대한 소유권마저 빼앗아 가게 했다.

이들의 저항은 어촌 공동체 출신인 마힌야 프라데시Madhya Pradesh주 정부의 어업부 장관으로 하여금 1996년 어업 협동조합에 어업권을 주도록 하는 법률을 통과시키게끔 하였다. 그 뒤로 가난한 어업 공동체에서 조직화의 바람이 불게 되었다. 전 주 전기 위원회State Electricity Board의 기술자였던 옴 프라카시 라왓Om Prakash Rawat이 이끄는 NGO인 바카프 Vikalp는 가난한 어부들이 협동조합을 조직하는 데 큰 도움을 주었다.

하청업자들은 가짜 협동조합을 만들고 속임수를 써 법률안을 무력화하고 그것마저 실패할 때는 폭력을 쓰곤 하였다. 특히 마크루마타 Achrumata 연못을 둘러싼 폭력 사태에서 어민들은 자신들의 생선을 빼앗으려는 지주들이 고용한 청부업자들과 싸웠다. 처음에는 청부업자들이 마을 사람들의 집을 불태우고 우세한 듯 보였으나 피해자들은 다른 마을로 가서 사람들과 연대하였다.

협동조합 리더들과 이 문제에 연대하려는 외부인들은 아크루마타 사건에 정의를 세우고자 끊임없이 경찰서를 방문하였고, 이를 통하여 서로를 알아가게 되었다. 이들은 함께 일하였고 전례가 없는 공식 항의서를 경찰이 수령하게 함으로써 지주들에게 상징적인 타격을 가하였다. 소문은 퍼지고 다른 마을도 공식 항의서를 발송하였다.

비록 경찰은 그들의 항의서를 수령하기만 하였지만 이러한 공식적 행위는 어업 공동체들을 분발시켰다. 6개 마을이 아크루마타로 행진을 하였고 데모를 하였다. 3명이 심하게 다치고, 집들이 불탔으나, 결국은 지주들이 물러나게 되었다. 어민들의 자신감이 커지자, 마을은 다른 몇 개 연못도 가져왔다. 150명 정도의 사람들이 모여서 정부 관계자들에게 입법하라고 설득하는 캠페인도 하였다.

현재, 어업 공동체들은 100개가 넘는 연못을 관리하고 그중 67개 연못은 생선 판매를 위한 시장으로 탈바꿈시킬 계획을 마을 주민들은 가지고 있다. 조직화된 어민들의 수가 늘면서 지방 공무원들도 이 문제에 대하여 더욱 온정적인 태도를 보이게 되었다. 비칼프가 말한 대로, 조직은 연못과 조직을 개선하고 가공업을 하는 여성들의 역량을 강화한다.

티캄가르 사람들의 성공 사례는 다른 많은 변화의 과정에서 공통으로 나타나는 요소를 가지고 있다. 기술의 변화는 행동의 변화를 가져온다. 계속되는 분쟁은 사람들을 극단적으로 만들었다. 정부는 새로운 법률의 통과를 이끌었고, 대중 운동에 압박을 느낀 정치는 법률안을 통과시키게 되었다.

이 이야기의 영웅은 지역 공동체이지만, 지역 공동체는 깨어있는 정치 지도자와 NGO의 지원을 받았다. 그들은 강한 반대를 넘어 섰고, 지금은 자신만의 조직을 만들어 가고 있다. 자신이 성취한 것을 지키는데 중요한 발걸음을 내디딘 것이다.

불행하게도, 티캄가르 어민 공동체가 성취한 이 성과는 지난 3년간 계속되어온 가뭄에 의해 손상이 되었다. 지역 노동 인구 중 75퍼센트가 일자리를 찾아 지역을 떠났고 이들은 비가 와서 연못이 채워질 때 다시 돌아올 것이다. 한 노인은 이렇게 탄식한다. "왜 비가 적게 오는지 나는 모릅니다. 신께서는 우리가 떠나기를 바라시는 게 분명해요." 지역 공동체는 기술과 조직을 얻었으나, 앞으로도 기후 변화에 적응하도록 노력하는 것이 중요하다.

출처 2006년 10월 저자 방문

변화하는 노동 세계

뭄바이 북쪽 185킬로미터에 위치한 고다바리강Godavari River의 중요한 종교 중심지인 나식시city of Nachik에는 2,000명이나 되는 넝마주이가 있고 13살 아사Asha는 그중 한 명이다. 아사는 넝마주이를 거의 6년 동안 해왔다. 다른 어린 넝마주이와 마찬가지로 일어나자마자 밖으로 나가 매일 아침 4시간씩 일을 한다. 오후에는 12시부터 5시까지 학교에 가고 (지금은 8학년이다) 학교가 끝난 뒤에는 집에서 어머니 일을 돕고 두 명의 어린 누이들과 남동생을 돌본다. 아사는 이렇게 말한다. "내 인생은 넝마주이, 학교 그리고 집안일 하는 것밖에 없어요. 친구도 없고 놀지도 못해요."[107]

많은 개발도상국에서 쓰레기 재활용은 생존을 위한 투쟁의 전형이다. 지독한 냄새로 인하여 마닐라의 '연기 산'이라 이름 붙은 곳과 같이 도시의 변두리에서는 타오르는 쓰레기 때문에 생긴 연기와 냄새를 가르며 마치 유령과 같이 움직이는 이들은 대부분 가난한 집 출신인 여성과 아이들이다. 도시의 쓰레기 더미, 주택가의 쓰레기통이나 빈터에서는 넝마주이들이 깡통, 종이, 플라스틱, 뼈, 구리, 금속이나 유리와 같은 것들을 모아서 고물상에 판다. 구타, 강간, 개의 공격, 괴롭힘, 부상, 질병, 학대는 일상의 현실이며 구매자들이 저지르는 착취는 일상 일어나는 일이다.

도시 거주자 중 특히나 아사와 같이 빈곤한 지역에 사는 이들은 생존을

---

[107] www.oxfam.org.au/oxfamnews/march_2006/rags.html

위하여 임금이나 혹은 자영업에 의존한다. 시골에서도 마찬가지로 땅이 없거나 농사로 버는 돈에 덧보탬이 되고자 임금 노동에 의존하는 가족의 수가 늘고 있다. 배고프고 피곤하며 위험에 처한 이들에게 노동은 모멸적이고 생존을 위한 마지막 몸짓이다. 그러나 노동은 개인의 정체성과 안녕에 중심적인 것이 될 수 있다. 질 좋은 일자리는 권리와 자유를 보장하고 이러한 권리를 행사하며 좋은 임금을 받을 수 있도록 함으로써 삶의 질을 강화한다.

더 많은 일자리와 더 많은 실업자

2009년 3십억 5천만의 15세 이상의 사람들은 임금 노동을 하는데 이는 지구 전체 인구의 거의 절반에 다다른다. 앞에서 본 바대로 10억 7천만 인구가 여전히 농업에 종사하고 있지만 사람들은 농업을 떠나고 있는 추세이다. 농업을 떠나 산업 노동자로 가던 이전과는 반대로 거의 모든 산업 고용은 줄어들어 가고 있다. 그 틈새를 서비스 영역이 차지해 나가고 있다. 서비스 일자리는 가정부로부터 길거리 판매원 현대식 은행원을 포함하며 이미 13억 2천만 명을 고용하고 있지만 농업은 줄어가고 있다.[108]

일하고 싶다고 하여 모든 이들이 일자리를 구할 수 있는 것은 아니다. 전 세계에 실업자 수는 2009년 현재 2억 5백만 명이다.[109] 3억 1천만 명의 사람들은 일주일에 몇 시간만 일하는 시간제 노동자이다.[110] 다음 10년간 10억 개의 새로운 일자리가 필요로 할 것이고 이것은 현재의 속도로 경제가 성장하는 것의 두 배 정도가 될 것이다.

---

[108] ILO (2011) 'Global Employment Trends 2011: The challenge of a jobsrecovery'.
[109] ILO (2008) Global Employment Trends 2007, www.ilo.org/trends
[110] ILO (2002) 'Decent Work and the Informal Economy, Report VI to the International Labour Conference, 90th Session', Geneva, p. 95.

전 세계의 노동 인구 중 20퍼센트가 젊은 층이지만 그중 3분의 1이 실업자이다. 세계적으로 젊은이들의 실업률은 전체 성인의 두 배가 되며 전 세계 젊은이 중 8분의 1이 일자리가 없다. 청년 실업의 비극은 어린이 영양실조와 마찬가지로 평생을 가는데 그 이유는 일자리가 생겨야만 기술을 숙련시킬 수 있고 미래의 사용자에게 긍정적인 신호를 보낼 수가 있기 때문이다. 실업했을 때의 개인적인 손해 말고도 청년 실업은 젊은이들의 재능을 소진한다는 점에서 그리고 세상에 환멸을 느낀 젊은이들이 범죄와 폭력을 일으킬 공산이 있다는 점에서 사회적 비용 또한 치러야 한다. 하지만 긍정적으로 작용할 경우도 있는데 2011년 아랍의 봄에서 보았던 저항운동의 핵심에는 일자리가 없었던 청년들이 있었다.

노동의 본질은 최근 빠르게 변화해 가고 있다. 여성들이 임금 노동현장으로 진입하였고 비공식 경제가 지속적으로 성장하며 정부는 노동 시장을 '유연하게' 하며 또한 비정규화 한다. 또한, 전 지구적 투자와 공급사슬은 확대되어 가고 있다. 소농의 세계에서와 마찬가지로 이러한 변화는 시장에서의 권력 (이 경우 노동시장에서의 권력)과 효율적인 조직, 책임 있는 사적 영역과 효과적이고 책임 있는 국가가 필요한 가난한 이들에게 기회와 위협이 된다.

여성의 노동

수백만의 여성들이 세계화의 사다리에서 맨 마지막 단계의 일자리를 구한다. 이들은 의류 공장이나 수출용 과일, 채소, 꽃을 기르는 '신농업'에 종사한다. 이러한 새로운 일자리는 여러 방면에서 여성들에게 개인적으로 그리고 전체적으로 매우 긍정적으로 작용한다. 여성들이 가족뿐만 아니라 종국적으로는 더 큰 사회에 공헌할 수 있는 것이 무엇인가라는 질문에 도전하기 때문만은 아니다.

의류 산업과 같이 호황을 누리는 분야에서 여성의 새로운 일자리는 실제적인 이익을 여성들에게 가져다주었다. 1982년 방글라데시 정부는 수출용 제조업을 강화해 나가기 시작하였다. 2년 만에 의류 산업 붐이 일어났다. 2004년까지 약 2백만 명이 의류 공장에서 일했다.[111] 대부분의 노동력은 젊은 여성들이고 그들 중 대부분은 절대적으로 가난한 농촌 지역 출신이다. 그 여성들이 벌어들이는 임금은 국제적 기준으로 보면 턱없이 낮고 겨우 빈곤선을 넘어서 있을 뿐이다. 그러나 그들의 임금은 농촌 노동자보다 두 배가량 높고, 또한 건설 노동자들에 비해서도 높다.[112]

임금 고용은 많은 여성의 가정 내 특히나 남편, 아버지, 형제들에 대한 권력을 향상시켰다. 30개가 넘는 방글라데시 의류 공장을 대상으로 한 1990년 조사는 3명 중 2명의 여성이 자신의 임금에 대한 권리를 가지고 있다는 것을 밝혔다. 한 여성에 따르면, "어머니 때는 … 여성들이 독립할 수 있는 수단이 없어서 지금보다 고통을 더 받았지요. 하지만 지금은 훨씬 낫습니다. 여성들은 세상에 대하여 알고 교육을 받으며 자신의 발로 딛고 일어서서 일할 수 있습니다. 여성들에게 더 많은 자유가 주어졌습니다."[113]

2003년 인터뷰에서 많은 기혼 여성들은 가정사에 대하여 남편과 함께

---

[111] ILO (2005) 'Promoting Fair Globalization in Textiles and Clothing in a Post-MFA Environment. Report for Discussion at the Tripartite Meeting on Promoting Fair Globalization in Textiles and Clothing in a Post-MFA Environment', www.ilo.org/public/english/dialogue/sector/techmeet/tmtcpmfa05/tmtc-pmfa-r.pdf

[112] 농업 및 서비스 분야에서 생산성이 낮은 일자리에 대한 여성들의 기회가 급격히 증가 했음에도 불구하고 지난 10년간 전체 임금 노동에서 차지하는 여성의 비율은 40% 대에 머무르고 있다. See ILO (2007) 'Global Employment Trends for Women', Geneva: International Labour Organization.

[113] Oxfam International (2004) 'Trading Away our Rights: Women Working in Global Supply Chains', Oxford: Oxfam International.

결정한다고 대답하였고 13퍼센트는 그들의 남편이 가사를 하고 있는데 특히나 쇼핑이나 음식 만드는 일을 한다고 했다. 작지만 중요한 변화이다. 여성 노동자들을 돕는 NGO인 칼모지비 나리Karmojibi Nari의 시린 아크데 Shirin Akter는 이렇게 말한다. "의류 산업은 우리 사회의 여성들에게 조용한 혁명을 가져다주었습니다."[114]

그러나 너무나 자주 번성하는 의류 산업과 과일 농장의 일자리는 장기간에 걸쳐 여성들의 건강을 해치는 노동 시간 초과와 열악한 노동 환경과 같은 형태로 문제를 일으키고 있다. 콜롬비아, 칠레, 미국 그리고 남아공에서 과일과 꽃을 수확하고 포장하는 일은 살충제로 인하여 두통과 호흡기 질환 그리고 안과 문제를 일으킨다는 보고가 있다. 방글라데시에서 모로코까지 의류 산업은 보편적으로 기침, 구토, 열, 두통과 피로를 노동자들에게 가져왔다. 린트로 가득 찬 방에서 열악한 통풍은 호흡기 질환을 가져왔다. 반복된 일을 계속해야 하는 일자리에 고용된 많은 여성은 어깨, 허리, 다리 통증과 관절에 문제가 생겨 고통받는다.[115]

또한 여성들에게는 무임금 노동에 임금노동이 더하여졌다. 가나에서의 한 연구에 따르면 여성들은 주간 30~46시간의 무임금 노동을 하는 반면, 동일한 직종의 남성들은 평균 11시간의 무임금 노동을 한다.[116] 이러한 통계 수치는 여성들이 경험하고 있는 '시간 빈곤'의 정도를 제대로 보고 있지 못하다. 왜냐하면, 여성들은 동일한 시간대에서도 여러 가지 일을 중첩해서 하고 있기 때문이다.[117]

---

[114] Ibid., p. 18.
[115] Ibid, p. 27.
[116] M. Chen, J. Vanek, F. Lund, and J. Heintz with R. Jhabvala and C. Bonner (2005) *Progress of the World's Women 2005: Women, Work and Poverty*, New York: UNIFEM, p. 50.
[117] See N. Folbre and M. Bittman (eds) (2004) *Family Time: The Social Organization of Care*, London and New York: Routledge.

과도한 노동시간과 지나칠 정도로 높은 과업에 갇힌 여성들은 아이들을 보살필 수 없어서 딸들의 교육을 중단시키고 좌시해오던 일을 아이들에게 맡기게 된다. 일에 지친 여성들은 사회 조직에 참여할 수 없어 여성들은 더 큰 공동체에서 자신의 리더십, 에너지, 창의성의 기회를 빼앗기게 된다. 케냐의 한 공장에서 재봉하는 안젤라Angela는 공동체로부터 소외된 것에 대한 두려움을 이렇게 표현한다. "어떠한 것도 하는 것이 가능하지 않습니다. 아이를 돌보거나, 사람들을 방문하거나 비즈니스를 하거나 대학에 갈 시간이 없습니다. 우리는 어떠한 방식으로든 고립되어 있습니다."[118]

아무것도 아닌 이들

볼리비아의 한 공무원은 이렇게 농담을 하였다. "라 파즈에는 모두 일하지만, 그 누구도 일자리를 가지고 있지 않습니다." 국제 노동 기구 International Labour Organization에 따르면 개발도상국에서 공식적으로 인정된 임금 노동자는 소수에 불과한데 아시아에서는 비농업 노동인구의 45퍼센트며 사하라 이남에서는 30퍼센트에 불과하다.[119] 많은 국가에서 비공식 경제는 최근 기술이전, 세계화 그리고 정부 정책에 의하여 급증하였다. 말라위에서는 250명당 1명이 민간 영역에서 정식 일자리를 가지고 있다.[120]

1980년대 라틴 아메리카의 침체기와 1990년대 구조조정 시기에 비공식 경제는 마치 거대한 스펀지와 같아서 해고자와 사회 초년병을 흡수하여 갔다. 라틴 아메리카의 거리는 소비자를 애타게 찾는 호객꾼들로 넘치고

---

[118] . Oxfam (2004) 'Trading Away our Rights', op. cit. p. 29.
[119] . M. Chen et al. (2005)
[120] 'The flicker of a brighter future', *Economist*, 7 September 2006.

소득은 급락하였다. 노동력의 60퍼센트가 비공식 경제에서 활동하는 라파즈에서는 3가구마다 길거리 노점상이 하나씩 있어서 구매자를 찾아보기는 쉽지 않다.[121]

부분적으로는 공식 경제로의 진입 장벽 때문에 비공식 경제가 활성화되는 것이다. 차드에서는 새로운 비즈니스를 시작하려면 66일이 걸리며 11개의 절차를 거쳐야 하고 평균 연 소득의 200퍼센트나 되는 비용이 필요하다. 반대로 미국에서는 같은 일을 하는 데 6일이 걸리며 6개의 절차와 미국인 평균 연 소득의 1.4퍼센트만 있으면 된다.[122] 자영업자와 소규모 상공인을 대상으로 한 조사에 따르면 그들은 자율성과 유연함이 있는 비공식 영역을 더 선호한다. 그러나 비공식 경제에서 임금을 받는 노동자들은 보통 정식으로 계약을 맺고 임금을 받는 공식 일자리를 얻고 싶어 한다.[123]

고용주가 분명한 노동자들에게도 일자리는 더욱 불안해져 간다. 더욱더 많은 사람이 분명한 고용 계약 없이 임시직이나 일용직에 고용된다. 그들의 일자리는 임금이 낮거나 불안정하고 사회 보장 프로그램의 혜택이 거의 없으며 노동법의 보호도 없이 국제적으로 인정된 단체 교섭권이나 협약권도 없다.[124]

2000년 조사에 따르면 60퍼센트 정도의 개발도상국의 여성 노동자들이 비공식 고용이 되어있는데, 북아메리카에서는 43퍼센트고 사하라 이남

---

[121] D. Green (2003) *Silent Revolution: The Rise and Crisis of Market Economics in Latin America*, London: Cassell.
[122] Doing Business in a More Transparent World (2011), http://www.doingbusiness.org/reports/global-reports/doing-business-2012
[123] J. Beall and S. Fox (2008) *Cities and Development*, London: Routledge.
[124] M. Rama (2003) 'Globalization and Workers in Developing Countries', World Bank Research Working Paper 2958, Development Research Group, World Bank, January 2003, p. 32.

에서는 84퍼센트이다.125 이 일자리는 가장 보호를 받지 못하면서도 급여가 가장 낮다. 세계적으로 여성들의 평균 임금은 남성의 2/3이다.126 최악의 임금과 열악한 환경에서 일하는 이하는 이들 중에는 2억 천 6백만의 이주노동자들과127 5세에서 14세 사이의 어린이 노동자들이 1억 7천 6백만 명 있다.128

개발 학자들과 국제노동기구는 비공식 경제를 정규직 일자리로 대체되어야만 할 저개발의 오래된 잔재로 보아왔다. 그러나 비공식성은 현대의 세계화된 비즈니스의 일부분이 되어있고 2002년 국제노동기구는 비공식 경제의 정의를 다시 하게 되는데 그 정의에 따르면 비공식 경제는 안정된 계약과 노동자 임금 혹은 사회 보장이 결여되어 비공식 노동자들의 권리가 우선적으로 개선되어야 한다.129

또 한편 비공식 경제는 시민과 국가 간의 사회적 합의를 약화함으로써 발전에 큰 장애 요인이 된다. 개인의 측면에서 일자리를 찾을 때는 완벽한 합리적 근거를 찾지만, 정부는 세수를 늘리고, 기업의 확장을 독려하고 일자리의 질을 조정하는 능력을 확대해 나가는 데 관심이 있다. 능동적 시민과 효과적 정부를 조화시키는 것은 비공식 경제보다도 훨씬 더 어렵다.

---

[125] M. Chen et al., (2005) p. 39.
[126] UN (2005).
[127] 2010 figure from R. Dilip, S. Mohapatra and A. Silwal, *Migration and Remittances Factbook 2011*.
[128] 2008 figure from Diallo et al., *Global child labour developments: Measuring trends from 2004 to 2008*.
[129] See ILO (2002) op. cit. for their definition of 'informal employment'.

부러질 때까지 구부림

공식 경제와 비공식 경제 사이의 경계는 정규직의 본질을 변형시키려는 압력에 의해 모호해졌다. 전통적으로 건강 보험이나 연금이 따르는 정규직 일자리들이 이제는 노동 현장의 새로운 불안정으로 대체가 되어가고 있다. 이 변화는 정치적이고 기술적인 요인들에 의해 나타나고 있다. 통신과 다른 기술의 발전은 기업들이 생산을 여러 대륙으로 나누어서 하는 것을 가능하게 했다. 거대한 공장에서의 포드식의 대량 생산, 정규직 일자리, 노동조합은 적기에 생산을 하며 재고가 거의 없는 소규모 공장으로 나아간다. 이러한 방식들은 유연한 노동 환경이 필요하고 노동조합은 여러 대륙에 있는 공장을 조직하기가 점점 더 어려워진다.

노동 시장의 규제 완화는 종종 '유연성'을 강화하는 것으로 묘사된다. 유연성은 가정을 위한 휴가 나 노동 시간의 유연화를 칭하지만, 대부분은 일자리의 안정성과 노동자의 권리를 격하시키는 것을 완곡하게 말하는 것으로 쓰인다.[130] '유연성' 측정은 기간제 계약의 도입, 결사 혹은 단체 협약, 시간제 노동 (휴일이나 연금과 같은 혜택에 제한이 됨), 성과 임금제, 고용과 해고가 쉬워지는 것을 포함한다.

여성은 노동법에 의해 무시되거나 유연화된 여러 종류의 일자리와 노동력을 감당하고 있다. 가사 노동, 주부, 농업 노동, 비공식 노동, 수출 가공 지대 노동. 60개 국가의 노동법을 보면, 그중 9개 국가에서 가사 노동이 노동법에 포함되어 있지 않고, 19개 국가에서는 특별 조항에 포함되어 있는데 그것은 가사 노동이 다른 노동에 비하여 낮은 보호를 받는다는 것을 의미한다.[131]

---

[130] G. Standing, (1999) *Global Labour Flexibility*, New York: St. Martins.
[131] J.M. Ramirez-Machado (2003) 'Domestic Work, Conditions of Work and

유연성은 종종 최소 임금 완화와 여러 종류의 노동을 통합한 단체 협약을 없애는 것을 포함한다. 법제화를 하거나 폐지함으로써 정부는 변화하는 노동의 본질에 맞추어 노동법을 개선하는 데 실패하거나 현존하는 노동법의 훼손을 못 본 체함으로써 노동권을 약화 시켜왔다. 그 결과는 다음과 같다.

- 칠레에서는 농업에 종사하는 75퍼센트의 여성 노동자들이 기간제로 과일을 따는 일을 하는데 수확 철에는 주당 60시간을 넘게 일한다. 하지만 3명 중 1명은 최소 임금도 받지 못한다.
- 방글라데시 섬유, 직물 수출공단에 고용된 여성 중 절반 이상이 계약직이고 대다수는 모성권이 인정 되지 못하거나 건강 보험 적용이 안 된다. 그러나 만일 항의를 하는 경우 해고될 것이라고 두려워하는 여성들은 80퍼센트 정도가 된다.
- 전 세계에서 가장 빠르게 성장하는 공업 지역인 중국 광둥 지역에서, 직물 공장에서 일하는 젊은 여성들은 매달 150시간 초과 근무를 한다. 해고를 당하지 않으려 어쩔 수 없이 항의하지 않고 일을 하는데 그들 중 60퍼센트는 계약서가 없고 90퍼센트는 사회 보장 보험에 가입되어 있지 않다.[132]

세계은행의 방식대로 비즈니스를 하기

IMF와 세계은행은 '유연화'에 대하여 가장 많은 지지를 보내고 있는 기관들이다. 2002년 세계은행은 멕시코에서 '노동 관련 강직성을 제거'해야 한다고 권고하며 '급여 체계, 단체 협약, 산업 계약 … 기간제, 인턴,

---

Employment: A Legal Perspective', Conditions of Work and Employment Series No. 7., ILO, pp. 8-9.
[132] Oxfam International (2004) 'Trading Away our Rights', op. cit.

계약직에 대한 제한'을 포함한다. 2001년 IMF는 '칠레 정부의 노동 규정 축소와 시간제 노동 허용과 같은 제안서를 흡족하게 보았다'. 그러나 다른 한편 IMF는 그 제안의 '노동 시장의 유연성을 줄일 수 있는 기업 간 단체 협약에 대해서는 염려하였다.'[133]

2003년 이래 세계은행으로부터 나오는 가장 중요한 압력은 연례 보고서인 <비즈니스 하기 *Doing Business*>의 노동 섹션이다. 이 섹션의 노동 시장의 유연성 척도는 노동자 보호를 해제하기 위해 세계은행과 IMF가 각국에 압력을 넣기 위하여 국가별 전략 보고서에 종종 인용한다. 예를 들어, 최근 세계은행과 콜롬비아가 맺은 경제 양해 각서는 콜롬비아 정부가 <비즈니스 하기 *Doing Business*> 척도를 개선하기 위하여 고용과 해고를 더욱 유연하게 해야 한다고 요구한다. 하지만 그것이 긍정적인 경제 효과를 가져올 지는 분명하지 않다. 세계은행은 콜롬비아가 차관의 조건으로 이를 받아들이도록 요구하였다.

비즈니스 하기의 2008년 판은 마샬 제도가 팔라우Palau를 앞질러 세계에서 고용을 가장 쉽게 한 최고의 국가로 선정하였다. 팔라우와 마샬 제도의 공통점은 노동법이 없는 작은 태평양 섬나라이며 또한 국제 노동 기구의 소속 국가가 아니라는 점이다.[134]

노동자의 권리를 구속하고 임금을 제한하는 것은 점차 개발도상국에서는 보편적인 일들이 되어간다. 역사적으로 볼 때 시끄러운 노동조합 운동 덕분에 몇몇 특권 노동자들은 노동력을 유치하는 비용 대부분과 과거와 미래 노동자들을 보호할 비용을 보상받았다. 의료 보험, 주말의 쉬는 비용

---

[133] World Bank (2002) 'Country Assistance Strategy – Mexico 2002'; IMF (2002) 'Article IV Consultation, Chile', www.imf.org/external/pubs/cat/longres.cfm?sk=1523.0

[134] www.doingbusiness.org; personal correspondence, Peter Bakvis, ICFTU, October 2006.

까지 지급하는 월급, 사고와 노후 연금, 병가, 부부의 출산 휴가, 장례식, 육아 휴가, 종교의식 및 공휴일까지 모두 보상되었다. 어떤 경우, 노동자들이 이직하거나 구조 조정을 하는 경우, 고용주뿐만 아니라 국가도 교육과 재교육, 구직이나 이직 비용을 부담한다. 선진국과 개발도상국 모두에서, 이 시대의 노동의 질과 노동자의 삶을 격하시키는 위험을 모두 역사에 맡기고 있다.

유연한 노동 정책은 건강과 미래 세대 노동자들의 교육 비용 그리고 생산의 질과 안정성을 사회에 전가하고 있다. 안정적인 소득이나 사회적 보호 없이 노동자들 특히나 여성 노동자들은 빈곤의 덫에 잡혀 있고 충격에 취약하다. 국가가 사회적 지출을 줄이게 되는 경우, 축적된 숨겨진 비용 (질병, 교육 기회의 부재, 짧아진 노동 생애 주기 등)을 감당하기 어렵게 된다. 결과는 엄청난 불평등이 된다.

레소토의 여성 공장 노동자 연구에 따르면, 주중에는 10시간에서 12시간, 주말에는 10시간에 이르는 길고 유연하지 못한 노동 시간은 어머니들이 아이를 돌볼 시간을 가로막는 장애물이 된다.[135] 그들은 아이를 돌보거나 아이를 병원에 데리고 갈 시간이 주어지지 않고, 만일 노동자들이 이러한 일로 갈 경우 임금은 삭감된다. 따라서 몇몇 여성들은 출산 전후로 병원을 가지 않아 자신뿐만 아니라 자녀들의 건강을 위험에 몰아넣는다.

모든 국가에서 국제 금융 기관이 권고하는 유연한 노동 정책은 다른 값싸고 유연한 국가들과 경쟁하기 위하여 필수적인 것으로 보인다. 그러나 유연화를 권고하는 것은 동시에 많은 개발도상국에도 마찬가지로 해왔

---

[135] N. Sekhamane (2004) 'Impact of Urban Livelihoods on Women's Caregiving Behaviours, Household Food Security and Nutrition of Children in Lesotho: A Community Case Study', unpublished, cited in Chen et al. (2005).

고 국가와 지방 정부도 서로 경쟁을 하게 되어 어떤 경우도 투자 수익이 줄어들게 되었다.

값싼 노동은 단기 기업 이익에 도움이 될 것이지만, 결국에는 매우 나쁜 개발 전략이다. 가난한 이들에게 일자리는 소득의 중심 원천이기에, 낮은 임금은 불평등을 만들고 사회적 통합을 저해한다. 낮은 임금을 받는 노동자들은 소비를 덜하고 따라서 많은 기업의 생사를 쥔 국내 상품과 서비스 시장을 축소시킨다. 빈곤해진 가족은 건강과 교육에 지출을 할 수 없고 미래 세대의 생산성과 전망을 어둡게 한다. 거기에 더하여 낮은 임금에서 나오는 경쟁 우위는 언제나 동일한 시장에 진입한 더 낮은 임금 라이벌과의 경쟁에 취약하다.

식품, 의류, 전자 부문에서 세계 공급 사슬은 노동의 유연성을 압박한다. 거대한 소매 기업들은 <그림 3.4>에서 보이는 바와 같이 위험 비용을 공급 사슬로 미루어 버림으로써 치열한 경쟁에 돌입하였고 사회적 책무성은 외면하였다.

그림 3.4 고용 불안을 만드는 공급 사슬의 압력

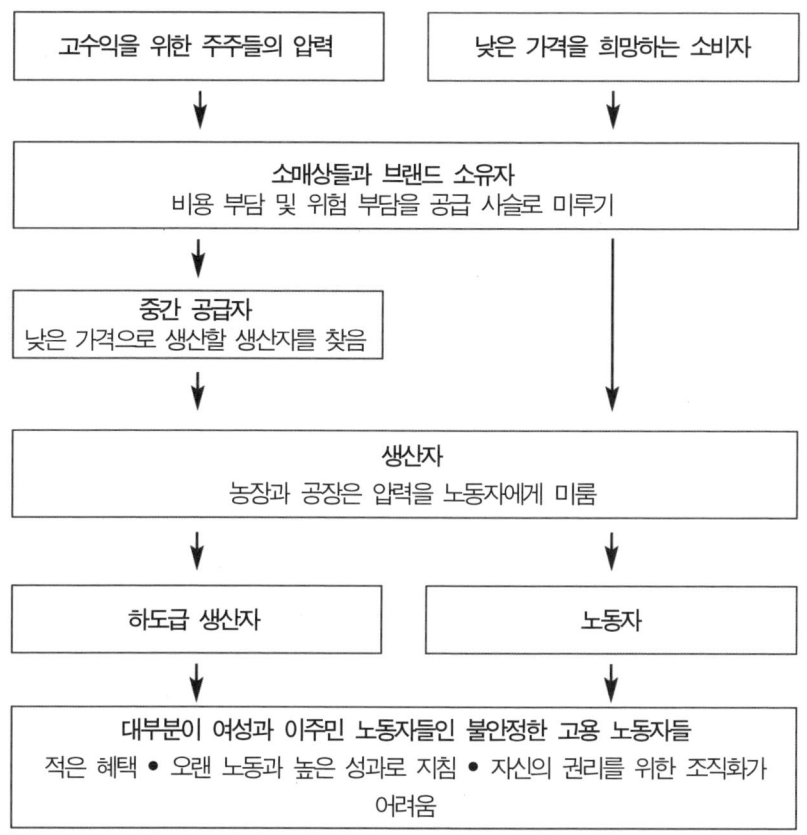

출처: Oxfam International (2004) 'Trading Away Our Rights'

탕지어Tangier의 11개 의물 공장에 관한 옥스팜의 연구에 따르면 공급자에 대한 압력의 증거가 있다. 공장들은 모두 6500명의 여성을 고용하며 스페인에서 가장 큰 소매상들의 주문을 받아 셔츠, 바지, 드레스, 치마 그리고 아동 의류를 생산한다. 모든 공장은 3년간 평균 30퍼센트 정도의 가격을 인하하였다. 한 공장 매니저는 이렇게 말한다. "가격은 매년 인하됩니다. 3년 전 3.3유로인 바지 한 벌이 지금은 2유로입니다.", "그들은 항상

제3부/ 빈곤과 부 | 207

높은 수준의 의류를 원하지만, 경쟁으로 인하여 가격은 인하됩니다. 우리는 항의할 위치에 있지 않습니다." 지난 3년간 생산일은 14일에서 5~7일로 줄어들었고 이는 업계에서 가장 짧은 것이다.[136]

비용을 인하하는 이러한 무지막지한 질주의 마지막에는 공급 사슬의 가장 약자들이 있는데 그들이 바로 임시직 노동자들이다. 방글라데시의 가장 활발한 의류 공장에서 인터뷰한 노동자들은 주당 7일, 매일 15시간 이상을 일했다. 바쁜 달에는 노동자들이 밤을 새워 일하고 몇 시간만 공장 바닥에서 쪽잠을 잔다. 노동자들이 일반 노동 시간인 월간 63시간을 일하고 초과로 100시간을 일하면 보너스를 받는데 그 경우에도 월급이 60달러가 채 되지 않는다.[137]

유사한 상황이 수출 농장에서도 벌어진다. 남아공의 한 사과 농장 농민은 말한다. "우리는 필요한 만큼 사람들을 고용합니다. 하지만 먼저 그들이 계속해서 일한다는 기대를 깰 필요가 있습니다. 그래서 2~3주만 고용을 하고 몇 주를 쉬게 한 다음 다시 몇 주를 고용합니다."[138]

도전 받는 노동조합

방글라데시의 아주 더러운 병실에서 두 명의 의사가 허리를 구부리고 전등을 비춘다. 침상에 있는 여성은 미나라 Minara인데 그녀는 방글라데시의 2700 의류 공장 중 하나에서 미싱 작업을 하며 방글라데시 의류 노동조합에 참여 하였다. 그녀는 공장주가 고용한 폭력배인 두 명의 마스탄 mastaans에 의해 면도칼 공격을 받아 목과 얼굴 그리고 손에 깊은 상처를

---

[136] Oxfam International (2004) 'Trading Away our Rights', op. cit., p. 52.
[137] 저자 인터뷰, Bangladesh, quoted in D. Green (1998) 'Fashion Victims: Together We Can Clean up the Clothes Trade', CAFOD, 1998.
[138] Oxfam International (2004) 'Trading Away our Rights', op. cit., p. 68.

입고 몇 시간 전에 병원으로 달려왔다. 그녀의 자매는 공포에 질려 울며 마나라에게 상처가 남았으며 남편에게 버림받을 것이라고 했다.[139]

노동조합들은 노동자들이 자신의 권리를 찾기 위하여 투쟁하도록 의지가 되었으나 1980년대 이후 심각한 방해로 고통받고 있다. 거의 90퍼센트의 전 세계 노동력이 조직화 되어있지 않고 노동조합 가입률은 비공식 경제가 성장하는 만큼 거꾸로 떨어지고 있다.[140] 노동조합들은 집에서 일하고 계약에 의해 보호받지 못하는 노동자들에게 다가가기 위하여 애쓰고 있다. 비공식 경제에서 일하는 노동자들은 같은 직군이나 같은 고용주로 연대되지 않는다. 그들은 형편없는 일자리라도 목을 매며, 정규직 노동자들과도 공동의 이해관계를 가지고 있지 않다.

심지어 공식 경제에서도 최근에는 수출 가공 지대에서는 노동조합 결성이 금지되는 것을 포함하여 노동 법안의 변화로 인하여 노동조합은 어려워졌다. 노동자 조직들은 억압과 폭력을 계속하여 당하고 있다. 세계의 조합 지도자들은 폭력과 강간 그리고 죽음을 마주하고 있다. 5개국 중 2개국은 결사의 자유에 대한 권리에 심각하거나 중대한 억압을 하고 있다.[141]

노동조합 내에 여성들이 기간제이거나 단순 보조 혹은 덜 중요한 노동자이기에 남성 파트너를 도와야 한다고 보는 남성 노동자들의 관점은 변화하는 노동의 속성에 대응할 수 있는 노동조합의 능력을 해치고 있다.

---

[139] 저자 인터뷰, Bangladesh, quoted in D. Green (1998) 'Fashion Victims' op. cit.
[140] D. Gallin (2004) 'Organizing in the Global Informal Economy', paper presented to the Bogazici University Social Policy Forum: Changing Role of Unions in the Contemporary World of Labour, Istanbul, 26-27 November 2004, cited at: www.global-labour.org/workers_in_the_informal_economy.htm
[141] ILO (2001) 'Reducing the Decent Work Deficit: A Global Challenge', Geneva, International Labour Conference 89th Session, 2001, Report of the Director General, p.9.

여성들은 노동조합의 리더십에 순응하며 여성 노동자들에게 중요한 이슈들은 종종 무시되고, 특히나 젊은 여성들은 노동조합의 전형적인 관료주의와 절차주의에 직면하게 된다. 한 연구에 따르면, 가정에서 여성에 대한 문화적 기대와 더불어 여성 임금에 대한 전체 가족의 의존은 여성들로 하여금 노동조합 활동에 적극적으로 동의를 할지라도 노동조합 활동에 참여하기를 꺼리게 만든다.

많은 노동조합은 특히나 정치적 진보 정당과의 연계 속에서 자신의 정치적 역할을 놓고 고심한다. 처음 노동조합이 생길 때부터 노동조합의 주안점은 가난한 노동자들의 권리였고 이는 노동자들을 정치의 영역으로 끌고 와 최소 임금이나 건강 안정 규정과 같은 노동 법체화를 위한 압력을 가하였다. 세계의 많은 좌파와 중도 좌파 정당들은 초기에는 노동조합이 설립 하였다. 그러나 정치로의 개입은 자원의 심각한 누수를 낳았고 선거 승리는 축복과 불행이 서로 얽혀 있었다. 남아공, 브라질, 볼리비아에서는 경험 많은 리더십을 갈구하였던 진보적 정부들은 노동조합 운동으로 관심을 돌려 지도자들을 영입하고 노동조합을 선거 정치로 끌어들였다.

역사적으로 활동적인 노동 운동의 혜택은 노조원뿐만 아니라 사회 전체로 돌아갔다. 노동조합들은 세계에서 국가 복지의 안정성과 윤택함을 지탱해온 기업, 노동자 그리고 정부 간의 사회 민주적 협약의 핵심이 되어왔다. 경제 성장과 함께해온 변화와 혼돈이 고통과 불평등을 악화시키지 않도록 하는데 노동조합은 중요한 역할을 한다. 더 나아가, 투자자들은 지속적인 산업 관계에 매력을 느끼게 된다. 세계은행의 경영 책임자인 맘펠라 람펠Mamphela Ramphele에 따르면, "사회 파트너들 사이의 조율은 더 나은 투자 환경을 조성할 수 있고 또한 결과의 평등한 분배를 가져올 수 있다."142

한 직장에서 지속해서 일할 수 있는 자리를 만들어온 전통 모델이 갈수록 적어지며 새로운 접근법이 등장했다. 남아공에서 여성 농업 프로젝트는 수출용 포도와 다른 과일을 기르는 농장에서 최소 임금을 요구하는 노동자들을 돕는다. 그 전에는 여성들은 조직이 없었는데 이유는 상대적인 박탈과 노동의 계절적 특성 때문이었다. 남아공에서 농장 노동자 중 5퍼센트 미만의 노동자들만이 조직화 되었고 이들 중 대다수는 정규직 노동자이며 따라서 남성들이다. 우리 함께 성장하자는 뜻의 식쿨라 손케 Sikhula Sonke는 여성들이 이끌어 가는 노동조합으로 계절별 노동자들의 권리를 보호하기 위하여 조직되었다. 이 조직은 4000여 명의 여성 노동자 조합원이 있고 교육, 여성 리더십 개발 그리고 여성 보호를 하고 있다. 이미 지역 차원에서 노동조합은 작업복 제공, 농장에서 화장실, 동일 노동, 동일 임금, 육아 휴직, 일일 최소 임금 보장과 같은 성취를 얻어 내었다.[143]

인도 나식의 넝마주이조차도 조직이 되고 있다. 한 지역 NGO인 록비카스 사마직 산스타Lokvikas Samajik Sanstha는 넝마주이들이 조합을 만들고 의료 보호, 법률 지원, 건강 보험, 교육, 배식 카드, 직업 훈련, 복지 시설 등을 이용할 수 있도록 돕고 또한, 그들로 하여금 위급한 때를 대비하여 돈을 저축하도록 독려하고 있다. 넝마주이들도 나식시 의회가 자신들이 쓰레기를 수집하는 사람임을 증명하는 사진이 들어간 신분증을 지급하여 무료 의료 진료를 받고, 학대와 차별을 줄이고 인간적인 존엄성을 높이도록 설득하였다. 여성들은 공식적으로 자신들이 주거 하는 지역에서 쓰레기를 수거할 수 있는 권리를 얻어 일자리 안정성, 수익 그리고 안전을 확보하였다.

---

[142] http://web.worldbank.org/WBSITE/EXTERNAL/NEWS/0,,contentMDK:20091655~menuPK:34463~pagePK:34370~p iPK:34424~theSitePK:4607,00.html
[143] Fatima Shabodien, executive director, Women on Farms Project (WFP), personal communication February 2008.

최근에는 노동자들의 권리를 성취하는데 다른 성과들이 있었다. 2003년 15년의 투쟁 끝에 남아공의 노동자들은 고용된 노동자들을 위한 실업 보험 Unemployment Insurance Act에 가사 노동자들이 가입할 수 있게 되었고 같은 해 가나에서는 기간제 노동자들도 단체 협약의 혜택을 얻을 수 있고 정규직과 마찬가지로 동일한 의료 서비스를 받으며 동일 가치 노동에 대해 동일 임금을 받을 수 있도록 하는 신노동법New Labour Act이 통과되었다.144

여성 고용의 증가와 노동 운동의 분명한 태도로 인하여 인도의 자영업 여성 연합Self Employment Women's Association과 같은 여성 조직들이 중요한 역할을 하게 되었고 자신들의 경험을 대중 언론, 지역 조직 및 학계와 국제 네트워크를 통하여 전할 수 있었다. 니카라과에서는 고용 및 실업 여성들의 마리아 엘레나 콰드라 운동María Elena Cuadra Movement(MEC)이 1994년 설립되었고 직장 중심이 아닌 지역을 중심으로 하여 활동을 하였으며 여성들의 일터와 집에서 2000명의 자원 봉사자들이 여성들을 돕고 있다. MEC는 2007년 첫 번째 국가 보건 안전 법률을 통과시키는데 도움을 주었고 수출 가공 지대의 공장에서 보건 안전을 따르고 있는지, 기업의 중간 단계 매니저들이 인권 교육을 받는지에 대한 조사를 확대하였다.145

도전 받는 정부와 민간 영역

정부가 핵심적인 노동 권리를 향상하는데 실패한다면, 그것은 경제적인 이유에서가 아니라 정치적인 이유에서인 경우가 많다. 노동조합 활동을 두려워하는 강력한 비즈니스 엘리트들의 반대에 직면한 정부들은 협상보다는 탄압을 하라는 압력에 저항하지 못한다.

---

144 M. Chen (2006).
145 공식 경제에서 조직의 예는 다음을 참조. www.wiego.org

박스 3.5
인도의 여성 조직

1972년 설립된 자영업 여성 연합 SEWA은 작은 비즈니스를 하거나 하청 혹은 노동력을 팔아 생계를 유지하는 낮은 소득의 여성 노동자 연합이다. 이 조직은 인도뿐만 아니라 세계에서 최초의 비공식 경제 여성 노동조합이다. 2006년 현재 95만 명이 넘는 인도에서 가장 큰 노동조합이 되었다.
SEWA 그룹의 회원은 다음과 같은 네 가지 직업군으로 나뉜다.

- 과일, 채소, 헌 옷류를 작은 가계나 손수레에 실어서 파는 행상과 노점상
- 자수를 놓고, 이불을 누비며 담배를 말거나 재활용 금속을 모으고, 간식을 준비하고 농산물을 가공하고 도자기를 굽거나 공예품을 만드는 가내 수공업
- 손수레를 끌거나 건설 현장에서 노동력을 파는 육체노동과 서비스 제공자 혹은 휴지를 줍거나, 세탁, 집안일을 돕는 서비스 제공을 하는 육체노동자와 서비스 업종
- 소농, 낙농, 축산, 묘목 재배, 염전, 고무 수집을 하는 농촌 노동자

SEWA는 노동 조건과 임금 상승을 위한 활동으로 투쟁과 발전이라고 불리는 복합적인 전략을 추구한다. 또한 대안적인 경제 기회를 촉진하기 위하여 투자한다. 몇 년 사이에 도시와 농촌 지역 모두에서 네트워크를 구성하였다.

- SEWA 노동조합 (모든 구성원이 소속되며 총괄적인 합의체인 기초 조직)
- SEWA 은행 (저축과 신용을 포함한 금융 서비스 제공)
- 구자랏 마힐라 협동조합 연맹Gujarat Mahila Cooperative Federation (몇 가지 협동조합 형태에서 SEWA 구성원들을 지원하고 조직)
- 구자랏 마힐하 주택 신용 (주거 서비스 제공)
- SEWA 사회 안전 (보건과 어린이 보호 및 보험 서비스 제공)
- SEWA 마케팅 (생산물 개발과 마케팅 서비스 제공)
- SEWA 아카데미 (연구, 훈련 및 홍보 담당)

출처: SEWA 2008 (www.sewa.org)

이러한 권리에 대한 낮은 정치적 관심은 정부의 노동 감시원들을 위한 재원이 부족하고, 종종 비효율적이며 때로는 부패하여 뇌물을 받고 눈감아 주는 일도 있다. 노동 법률안은 오래전에 만들어진 그대로 지속되고 있고 형평성에 어긋나 정부들이 노동자 권리를 향상하는데 어려움이 따른다.

효율적 규제와 강제력이 없이는 개인 기업들이 지속 가능한 성장을 위해 요구되는 장기적 안정성을 해치고 노동자의 권리를 폄훼하며 얻어낸 경쟁 우위를 지켜나가기는 어렵다. 규제 완화와 유연화로 인해 나타난 전 세계적 무한 경쟁은 노동자의 권리를 존중하려는 회사들의 의지를 꺾게 된다.

이러한 도전을 극복하기 위해서는 효과적 국가와 능동적 시민권의 조합이 필요하다. 정치적 영향력이 강하고 독립적인 노동조합은 비즈니스 협회가 휘두르는 가공할 영향력의 반대편에서 균형을 맞출 수 있다. 이것은 정부에 충분한 자율성을 허용하여 법안의 틀과 국가 정책이 노동자 권리를 폄훼하는 것이 아니라 더욱 북돋울 수 있다. 노동 조사관들에게 적정한 예산 분배와 지원을 하고 노동법이 변화하는 직장에 발맞출 수 있도록 하는 것은 두 가지 핵심적인 사안이다. 예를 들어 중앙아메리카에서 여성 노동자들의 조직은 전통적으로 남성들의 일인 건설과 농업에 기반을 두어 만들어진 보건 및 안전 법률이 여성들에게 공장과 가정에서 흔히 일어나는 반복된 스트레스 증후군과 같은 것을 반영하지 못했다고 비판한다. 정규직 노동자만이 고용 혜택을 받을 수 있는 곳에서는 노동 법률의 입안에서도 여성에 대한 차별이 일어날 수 있다.

민간 영역에서도 사회적 책무에 대한 도전을 넘어서야 한다. 자본을 여러 곳으로 옮겨야 하는데 물리적으로 제약을 받는 산업, 시장 규모와 같은 다른 요소들로 인하여 장기적 투자를 해야 하는 산업, 혹은 지역사회와의 원만한 관계를 맺어야 하는 산업은 더욱 책무성을 가져야 한다. 예를 들어 많은 개발도상국 국가에서 운영하기 위해서는 허가증이 필요한 슈퍼마켓들은 단체 협상이나 결사의 자유를 위한 압력에 더욱 호의적일 수 있다. (심지어 힘이 센 월 마트조차 중국 내 60 슈퍼마켓에서 노동조합을 인정하라는 중국 정부의 주장에 무릎을 꿇었다)[146]

많은 전 지구적 공급 사슬들이 노동자에게는 불안정한 조건을 만들었고 그 조건들은 대단히 경쟁이 심한 시장에서 기업으로 하여금 두각을 나타내게 하는 것으로 여겨지고 있다. 남아공의 한 과일 판매상은 이렇게 말한다. "이윤이 너무나 박하여 우리는 생존이 목표가 되었고 따라서 노동력을 줄이고 재 구조조정을 하였다. 창고를 들었다 놓았다 할 수 없고, 트랙터를 켰다 껐다 할 수 없으며 나무를 심었다 뽑았다 할 수 없지만, 사람을 고용하였다가 해고할 수는 있다."[147] 옥스팜의 연구는 비윤리적인 행위와 심지어는 노동법을 무시하는 행위를 무시하고서 판매와 이윤을 높이기 위하여 기업의 구매자들에게 주는 압력과 인센티브를 기록하였다.[148] 윤리적인 구매 담당자들은 좋은 일자리와 노동자들의 권리를 증진 시키는 것은 경쟁력을 약화한다는 일반적인 믿음에 반대하지만 이들은 특히 경기가 어려울 때는 퇴출당할 수 있다.

이러한 관행을 바꾸는 것은 전 세계적으로 조율된 노력이 필요할 것이다. 활동가들은 부자 국가의 소비자의 압력을 촉진해 몇몇 큰 브랜드 회사들이 움직일 수 있도록 해왔다. 윤리적 무역Ethical Trading Initiative과 같은 '다자 이해 관계자 모임'은 공급 사슬에서 가난한 노동자들의 노동 조건에

---

[146] 'Wal-Mart backs down and allows Chinese workers to join union', *Guardian*, 11 August 2006, http://business.guardian.co.uk/story/0,,1842080,00.html
[147] Oxfam International (2004) 'Trading Away Our Rights', op. cit.
[148] Ibid., p. 77.

대한 대중의 분노를 일으켜 슈퍼마켓과 의류 소매업자들을 노동조합과 NGO와 연계시켜 공급 사슬에서 노동자들의 권리를 보호할 방안을 모색하였다.[149] 그들은 '적절한 노동', 결사의 자유 그리고 노동조합의 역할을 존중하는 기업의 구매 행위에 초점을 두어 실험을 하였다. 활동가들은 공급업자들에 대한 독립적인 '사회적 감시'를 하고 가사 노동자들과 소농들의 노동 환경을 증진할 방법들을 찾는 실험을 포함하여 여러 방법을 찾아보았다. 기업의 명성에 위험 요소가 되고 나쁜 노동 행위가 주식가격에 영향이 미치는지를 보는 연기금과 같은 기관 투자자들도 나타나고 있다.

좋은 일자리를 만드는 것이 비즈니스에 도움이 된다는 것을 많은 기업들이 알고 있다. 도미니크 공화국, 코스타리카, 모리셔스, 필리핀에서는 낮은 임금과 나쁜 노동 조건이 노동자들의 불만족과 연관되어 있고, 반대로 높은 임금, 더 나은 노동 조건, 더 많은 일자리 유연성이 만족도가 높고 잘 훈련된 노동력을 끌어들이는 데 도움이 된다는 것이 입증 되었다.[150] 더 나은 일자리를 만듦으로써 얻어지는 경쟁 업체의 '전시 효과'는 어떠한 연구 보고서나 캠페인보다도 더 효과적으로 기업 리더들에게 확신을 심어 줄 수 있다.

노동의 미래

충분한 양과 좋은 질의 일자리를 만드는 것은 개발의 핵심적인 사항이다. 빈곤하게 사는 이들에게 좋은 일자리는 자신의 운명을 변화시키는데 가장 좋은 보증수표가 된다. 노동자들의 노동과 노동이 가져오는 소득이

---

[149] www.ethicaltrade.org
[150] T. Moran (2002) *Beyond Sweatshops: Foreign Direct Investment and Globalization in Developing Countries*, Washington DC: Brookings Institution Press.

사람들을 가난에서 해방 시키고, 국가 발전에 도움을 줄 수 있다면 기본 권리를 향유 할 수 있어야 한다. 이러한 권리를 보장하기 위한 투쟁은 쉬운 것이 아니고 여러 방면으로 더욱더 어려워지고 있다. 개발도상국에서 민주주의의 확산, 능동적 시민권 그리고 문해율의 증가는 낙관주의의 기반이 되지만, 경제 발전은 어두운 그림자를 드리운다. 생산의 축이 대량 생산에서 비공식 일자리와 세계 공급 사슬로 옮겨가면 대량 생산과 비공식 일자리 모두의 노동 임금과 조건은 바닥을 향해 치닫게 된다.

세계 산업계에서 여성 노동자의 상황은 불평등 및 빈곤과의 싸움과 모든 노동자를 위한 결과를 가져오기 위한 경제 발전에 대한 두 가지 관점 사이의 노선 투쟁의 한가운데 있다. 한 관점은 노동권 보호를 경제의 중요한 구성 요소로 인정하고 '고용 수당'과 세금을 건강하고 훈련되며 생산적인 노동력을 유지하는데 투자하는 국가와 고용주의 책무성을 분명히 한다. 반대의 관점은 노동권을 보호하는 경제를 무시하고 노동자의 건강, 휴가, 역량 부족 및 고령을 보완하기 위하여 기업이나 정부가 지출하는 비용을 '절약'과 '효율성'으로 평가한다.

박스 3.6.
무역 협약은 노동권을 보장할 수 있는가?

노동 법규는 미국과 EU의 거의 모든 양자, 지역 자유 무역 협약에서 등장하지만, 당사자들은 국내법의 수준이나 효력과는 상관없이 그것들을 단순히 지키려고만 한다. ILO의 기준을 국내법에 도입해야 할 필요도 없고 외국 투자자들에게 강제적 의무를 부과하지도 않는다. 예를 들어 미국과 요르단 사이의 자유 무역 협정은 양자가 국내법이 '국제적으로 인정되는 노동권'과 일치하도록 노력한다고만 되어있다. 협정은 요르단의 특히나 이주 노동자들에게는 가혹한 노동 조건에 거의 영향을 미치지 못하고 있다.[151]

미국과 캄보디아 간의 직물 협약은 노동 기준을 개선한 것으로 보이는 한 협약으로서 국제적으로 인정된 노동권을 준수해야만 미국 시장에 수출할 수 있다. ILO의 독립적인 모니터링은 노동 규약이 보호주의적 목적으로 악용되는 것을 방지하고 있다.[152] 2007년까지 300여 개의 의류 공장이 ILO 프로젝트에 가입하였다. 임금, 노동 조건, 노동권 존중은 개선되어 왔고 외국인 투자자들은 고품질, 고생산성, 낮은 사고율, 빠른 회전율, 그리고 휴가로 이익을 보았다.[153] 그러나 그 협정은 노동자의 결사권을 지키는 데는 성공하지 못하였다.

지역 무역 협정에서 가장 오래되고 잘 알려진 북미 자유 협정 NAFTA에서 노동권 침해의 처방이 종이호랑이에 지나지 않은 것으로 밝혀졌다. 10년이 지난 뒤 노동권에 대한 NAFTA 부속합의로 제출된 28개 노동권에 관한 조항 중 어느 것도 7단계 중 2단계 이상을 나아가지 못하였다.[154]

나아가 많은 개발도상국 국가 정부들은 노동권 조항의 목적이 남반구에서의 노동권의 진작을 위한 것이라는 원래의 목적보다는 북반구의 보호주의와 직업 보호를 위한 안전장치를 위한 것으로 의심하며 노동권 조항에 대하여 의문을 가지고 있다.

후자가 건강한 사회를 유지하는데 드는 비용을 무시할지라도 그 비용이 사라지는 것은 아니다. 그 비용은 노동자들이 치르게 되어 여성들은 비임금 노동과 낮은 임금을 통하여 가장 비싼 대가를 치르고 있다. 여성들은 오랜 노동 시간, 낮은 임금, 불안으로 주저하지 않게 되고 이러한 '노동'은 식탁에 충분한 음식을 올릴 수도 없게 한다.

오랫동안 ILO 협정과 복지 국가들은 국가와 민간 영역 그리고 노동자가 부담해야 하는 비용에 대한 책임을 나누도록 독려하였다. 노동권에 기반을 둔 (또한 노동조합의 바람이기도 한) 복지 국가의 정책을 책무성에 대

---

[151] 'An ugly side of free trade: sweatshops in Jordan', *New York Times*, 3 May 2006.
[152] www.oxfam.org.hk/one/200710/index.html
[153] S. Polaski (2004) 'Protecting Labour Rights Through Trade Agreements – An Analytical Guide', Carnegie Foundation. For more details on the Cambodia example, see D. Wells (2006).
[154] M. Chen et al. (2005), p. 96.

한 배타적 강조로 (예를 들어, 비임금 노동을 지원하는 것은 노동자의 책임이라고 보는 것) 대체하는 것은 노동자의 삶과 좋은 일자리를 창출하고 삶을 변화시키며 경제의 동력이 되는 성장 능력 모두를 저해한다.

성취하기 어려운 노동권이 사라져 버리지 않고 여성과 새로운 경제 환경에서 일하는 다른 노동자들을 포함하는 것은 효과적이고 책임성 있는 정부가 뒷받침하는 혁신적이고 역동적인 조직을 필요로 한다. 이것은 노동 운동, 여성 운동, 깨어난 비즈니스 리더들에게는 아주 큰 시험대이다. 전 세계적으로 UN과 ILO와 같은 조직들은 소비자와 소매상들과 마찬가지로 영향력 있는 역할을 할 수 있다. 외부 세계는 노동자들의 기본 권리를 위한 투쟁을 방해하는 것이 아니라 도와주어야 한다.

민간 영역과 공공의 이익

　가난한 사람들이 가족을 부양하고 더 나은 삶을 누리기 위해서는 위험을 감수하고 기회를 잡아야 해서 지속해서 변화에 발맞추어 변모해 가야 한다. 이러한 노력을 함에 있어 시장은 그들이 수영하는 바다가 되고 그 바다에는 기업이 서식한다.
　민간 영역은 거대한 초국적 기업과 소농, 뒷골목 사업장과 노점상에 이르기까지 모든 영리를 추구하는 비즈니스 영역을 포괄한다. 공식 경제에는, 민간 기업이 파산 시 유한한 책임만을 질 수 있는 권리와 세금과 노동 조건과 같은 법률을 지켜야만 하는 책무를 모두 가지고 있다. 어떻게 회사들은 권리와 책무의 균형을 맞출 것인지는 (회사들이 장기 혹은 단기적으로 노동권을 존중하고 있는지, 지역 사회에 대한 영향을 고려하고 있는지 혹은 환경적 영향을 관리하고 있는지) 국가와 시민 그리고 회사의 소유주, 관리자 그리고 직원들의 의지에 달려 있다.
　사기업은 다음과 같은 여섯 가지 방식으로 가난한 이들의 삶에 영향을 미친다. 기업은 상품과 서비스를 제공한다. 소득과 투자를 한다. 일자리를 창출한다. 훈련과 경험을 통하여 기술을 발전시킨다. 물리적, 제도적 인프라를 구축한다. 기업들은 간접적으로도 영향을 행사하는데 예를 들면 자연환경에 대한 영향, 세금을 통하여 혹은 정부의 규제를 바꾸기 위한 로비를 통하여 영향을 행사한다.
　최근 민간 영역의 역동성은 대단히 많은 국가에서 특히나 아시아에서 놀라울 만한 발전을 가져왔다. 그러나 효율적인 정부와 능동적 시민 특히 노동조합 없이는 민간 영역은 노동자를 착취하고 민주주의를 약화하고 자연 환경을 파괴할 수 있다.

소규모 비즈니스

거대한 초국적 기업들의 힘과 영향력으로 인하여 옥스팜을 비롯한 많은 NGO는 초국적 기업들의 정책과 활동에 변화를 가져오게 하려고 국제적 차원에서 활동을 전개하게 되었다. 그러나 정부와 NGO들이 구체적으로 현장에서 개발할 때는 가난한 이들의 생계를 더욱 많이 책임지고 있는 중소 규모의 기업에 집중한다.[155]

중소규모 기업은 더 많은 일자리를 창출하고 초국적 기업보다 지역과의 연계성을 더 많이 갖는다. 그 기업들은 더 많은 가난하고 소외된 이들을 고용하고 위기 시에 노동력을 흡수하여 안전망을 만든다. 그들은 특히 처음으로 비즈니스를 하려 하는 여성들에게는 기업 경영 기술을 전수하고 사회적 유동성을 충족시키는 인큐베이터의 역할을 한다. 그러나 소규모 비즈니스 역시 강요된 노동과 어린이 노동을 포함한 노동자의 권리에 대한 침해에 책임을 지고 있다.

경제가 성장해가면 중소규모 기업들은 비공식 경제에서 빠져나와 법적 지위를 얻고 세금과 수당을 지급하며 더 정기적인 형태로 임금을 지급한다. 그들은 더욱 공식화될 뿐만 아니라 경제 전반에 중요한 역할을 하게 된다. 공식적으로 등록된 중소규모 기업은 250명까지를 고용하고 소득이

---

[155] 몇몇 분석가들은 직원을 10명 이내로 고용하는 작은 규모의 기업micro enterprise과 10~50명을 고용하는 소규모 기업small-enterprise 그리고 250명 까지 고용을 하는 중 규모 기업medium enterprise으로 구분한다.

낮은 국가들에서는 16퍼센트의 GDP만을 차지하지만 중진국에서는 39퍼센트, 고소득국가에서는 51퍼센트를 차지한다. 국가 간의 차이도 크다. 아제르바이잔, 벨라루스, 우크라이나에서는 공식 노동력의 5.5퍼센트 이하가 중소규모 기업에 고용이 되지만 칠레, 그리스, 태국에서는 80퍼센트 이상이 된다.[156]

중소규모 기업은 착취적 일수도 혁신과 기업가 정신의 모판이 될 수도 있기에 중소규모 기업들의 개발에 대한 공헌에 대해서는 합의된 바가 거의 없다. 어떤 이들은 중소규모 기업들이 민간 영역을 활성화하는 일반 비즈니스로부터 크건 작건 이탈한 것으로 보며, 다른 이들은 중소규모 기업을 일자리를 만들고 성장의 동력이 되는 어떠한 것으로 본다. 또 어떤 이들은 중소규모 기업들의 노동조합에 대한 적대심과 가혹한 고용 행태에 대하여 걱정한다.

UN은 다음과 같이 보고한다. '중소규모 기업들이 국내 생태계에서 주변부에 있다. 많은 기업들이 공식적인 법적 시스템 밖에서 활동하고 있고 낮은 생산성과 넓게 퍼진 비공식성을 띤다. 그들은 기업들의 기반이 되는 금융과 장기적 자본을 이용할 수 없다.'[157] 중소규모 기업은 은행에서 자금을 대출받을 수 있는 대기업과 같이 신용을 얻을 수도 없고, 소규모 대출을 받을 수 있는 개인보다도 더 열악한 상황에 부닥쳐 있다.[158]

공식적인 무시에도 불구하고 중소규모 기업들은 많은 경제에서 중요한 역할을 하고 있다. 300만 개에 다다르는 중소규모 기업은 인도의 산업 생

---

[156] M. Ayyagari et al. 전 장에서 논의된 대로, 공식기업과 비공식 기업의 차이는 공식 기업이 비용을 낮추기 위하여 유연한 노동 계약을 하면서 불분명해 지고 있다.

[157] UNDP (2004) 'Unleashing Entrepreneurship: Making Business Work for the Poor', Commission on the Private Sector and Development, New York: United Nations Development Programme, Commission on the Private Sector and Development (2004).

[158] A. Doran et al. (2009).

산의 50퍼센트를 담당하고 전체 수출의 42퍼센트를 차지한다.[159] 적절한 정부의 지원이 있다면 중소규모 기업들은 경제를 이끌고 나갈 수 있다. 중소규모 기업은 1965년과 1987년 사이에 100배나 되는 대만의 놀라운 성장에 중요한 역할을 하였다. 1980년대 노동 비용이 상승하자 대만 정부는 중소규모 기업들이 컴퓨터와 같은 특히 수출용 첨단 기술 상품들을 생산하도록 적극적으로 개입하였다. 대만 정부는 외국 투자자들이 대만 회사들로 기술을 이전하도록 규제를 가하였다. 몇 년간 많은 중소규모 기업들이 성공적인 수출기업이 되었고 그들의 국내 경제로의 연계를 통하여 수출로부터의 이익을 내부적으로 나누었다. 이웃 국가인[160] 중국과는 다르게 중소규모 기업들은 대만이 불평등을 초래하지 않고도 빠르게 성장할 수 있도록 하였다. 2006년 기준 130만 기업들의 98퍼센트가 중소규모 기업으로 분류되었다. 그 기업들은 전체 매출의 30퍼센트를 맡고 있었고, 노동력의 77퍼센트를 고용하였다.

국가는 크건 작건 모든 비즈니스가 요구하는 지속적인 에너지 공급과 원활한 교통과 통신 시스템과 같은 환경을 조성할 수 있다. 국가는 지나친 개입을 피할 수 있는데 지나친 규제는 특히 법무팀이 없는 중소규모 기업들에는 독이 될 수 있고, 또한 중소규모 기업을 공식 경제에서 모두 이탈시켜 세금을 못 내도록 만들고 법적 보호로부터 노동자들을 이탈시킬 수 있다. 국가는 특히 오지와 같은 민간 공급업자가 없는 곳에서 중소규모 기업이 훈련과 지원을 통하여 비즈니스를 발전시킬 수 있도록 도울 수도 있다. 중소규모 기업이 금융 서비스를 받을 수 없는 곳에서도 정부는 신용에 대한 접근성을 확보시켜 줄 수 있다.

---

[159] 'For SMEs, sky is the limit' http://www.tradeindia.com/newsletters/special_report/tips_13_feb_2007.html
[160] G. Gereffi and D.L. Wyman (1990) and G. Gereffi and D.L. Wyman (2001).

더 넓게 보면 정부는 기술적 진보, 대기업과 중소규모 기업 모두를 지역과 연계시켜 줄 수도 있고 브라질 남부의 제화 공업이나 방갈로의 소프트웨어 클러스터와 같은 동일한 지역 내에서 특정한 산업을 위한 중소규모 기업의 클러스터를 육성할 수 있다. 중소규모 기업으로서 산업과의 연계를 강화하여 그들의 목소리가 소규모 회사와 경쟁하고 싶어 하지 않는 국내 대기업과 초국적 기업의 잘 조직된 로비스트들에 의해 사장되지 않도록 할 필요가 있다. 중소규모 기업은 사회적 책무성의 논의에서 배제되어 왔다. 대기업과 마찬가지로 중소규모 기업에도 좋은 점과 나쁜 점이 있고 이들이 사회적이고 환경적인 책임을 다하도록 압력을 가할 필요가 있다.

한 가지 중요한 발전이 있었다면 바로 명시적인 사회적 목적을 가진 민간 기업인 사회적 기업의 등장이다. 민간 영역과 자발적 영역의 경계가 불명료해지며 이들은 효율성과 사회적이고 환경적인 도전에 집중하게 되었다. 인도의 아라빈드 안과 병원Aravind Eye Care Hospitals[161]과 바이오 가스부터 태양열 전등까지 모든 것을 감당하는 재생 에너지 신생 스타트업 기업과 같은 예들이 있고, 아슈덴 상Ashden Awards은 사회적 기업에 매년 수여가 된다.[162]

대기업들

국내 기업이든 외국인 소유 기업이든 대기업들은 경제 발전과 가난한 이들의 삶에 중요한 역할을 한다. 대기업들이 중소규모 기업들보다 더 자

---

[161] www.aravind.org/. 인도에서 아라빈드는 예외적인 경우인데 대부분의 경우 민관 파트너십을 가장하여 낮은 품질의 서비스를 제공하거나 값비싼 비용으로 의료 서비스를 제공하는 경우가 대부분이다.
[162] http://www.ashden.org/ashden_awards

본 집중적이고 일자리를 덜 창출할지라도, 그들은 복잡한 생산과 유통 사슬을 지배하고 있고 소규모 회사들이 필요한 기술을 개발한다.

옥스팜은 인도네시아에 있는 유니레버Unilever의 '빈곤 발자국'을 분석하였는데, 그 결과 그 회사는 30만 개의 정규직에 준하는 일자리를 창출하였다. 놀라운 것은 그 일자리 중 절반 이상이 유니레버의 하청 업체와 소매 사슬에서 발생하였고, 회사 제품을 생산하는 데 필요한 투입을 하는 '상층'에서는 1/3 정도만 발생 하였다는 것이다. 가치 사슬에서 더해진 가치는 고용을 통하여 창출된 이익보다도 더 확산 효과가 있는데 유니레버 자체는 2억 1천 2백만 달러를 생산한 반면, 가치 사슬에서 더해진 총 가치는 6억 3천 3백만 달러에 이른다.[163]

대기업들은 특히나 의사 결정자들과 돈독한 관계를 유지하는데 이들은 자신의 영향력을 이용하여 절세하거나 높은 수익을 보장하고 경쟁을 줄이며 국가 예산에 대한 특권을 높일 수 있도록 하여 국가 정책이 자신의 이익을 보장하는 데 쓴다.

최근, 세계적 기업들은 저소득 소비자 시장에 진입하였다. 전형적인 예로는 소규모 대출 서비스를 제공하는 은행이나 병이 아니라 작은 주머니에 샴푸를 넣어 파는 회사들이 있다. 엄청난 광고와 판매 캠페인을 통하여 초국적 기업들은 지역 생산자와 중소규모 기업들을 몰아내고 있다. 대기업 브랜드는 소비자들의 신뢰를 살 수 있는 중요한 자산이기에 대기업과 경쟁하려는 중소규모 기업들에는 새로운 심각한 장애물이다. 규모가 큰 회사는 시장의 가장 이익이 높은 부문에서 작은 규모의 회사들을 효과적으로 배제할 수 있도록 판매와 구매의 카르텔을 형성 할 수 있다.

---

[163] J. Clay (2006) 'Exploring the Links Between International Business and Poverty Reduction: A Case Study of Unilever in Indonesia', Oxford: Oxfam GB, Oxfam Novib, Unilever.

대규모 외국 회사들이 전반적인 투자와 고용에서는 작은 부분을 감당하지만, 투자 규모와 신기술의 도입 혹은 국내 자회사들의 경영에 대한 그들의 영향력은 증가하고 있다. 민간화, 비규제 그리고 세계 생산 사슬의 성장 물결에 힘입어 지난 15년간 개발도상국에 대한 해외 직접 투자는 1990년에는 350억 달러에서 2010년에는 5천 7백 4십억 달러로 빠르게 성장하였다. (금융위기 전인 2008년의 6천 5백 8십억 달러에서는 줄었다)[164]

해외 직접 투자가 거대 경제권으로 집중이 되었다는 지적에도 불구하고 이것은 그 시장의 거대한 경제력과 인구를 반영하는 것이다. 브라질, 중국, 인도, 멕시코, 러시아 연방 5개국은 2010년 기준 개발도상국으로 흘러 들어간 해외 직접 투자의 42퍼센트를 받았지만 동일한 시기에 그들은 저개발 국가 인구의 52퍼센트를 그리고 국민총생산의 61퍼센트를 차지하였다.[165]

남남 투자는 북남 투자보다 빠르게 성장하고 있어 중국, 인도, 남아공, 동아시아의 호랑이 국가들의 기업들은 다국적으로 뻗어 나가고 있다.[166] 개발 도상 경제 및 전환 경제는 2010년 세계 해외 직접투자의 1/4을 차지한다. 선진국의 초국적 기업과 비교해 볼 때 남반구의 초국적 기업들은 보통 국가의 소유이고 가스, 석유, 광물과 같은 1차 산업이나 철, 강철, 시멘트와 같은 제조업을 기반으로 하고 있다.[167] 말레이시아와 남아공의 투자자들은 1989년과 1998년 사이 가장 가난한 국가들에서 민영화에 의

---

[164] UNCTAD, FDI/TNC Database, www.unctad.org/sections/dite_dir/docs/WIR11_web%20tab%201.pdf
[165] 다음의 웹페이지에서 계수함. http://www.unctad.org/sections/dite_dir/docs/WIR11_web%20tab%201.pdf, http://data.worldbank.org
[166] UNCTAD (2010) *World Investment Report 2010.*
[167] UNCTAD, *World Investment Report 2006.*

한 외화의 1/3을 벌었다. 아프리카 통신부문에서 가장 유력한 이해 당사자들은 다른 개발도상국 출신이다. 이 회사들은 자국 시장에서 얻은 경험을 토대로 하여 빈곤국에서 비즈니스를 할 때 따르는 위험요소들을 관리할 능력을 갖추고 있다.[168]

국제적인 해외 직접투자의 마지막 특징은 북반구 경제에 대한 남반구 초국적 기업들의 투자이다.

영국에서 인도의 타타 제철Tata Steel은 현재 코러스Corus를 소유하고 있고 타타 모터스Tata Motors는 재규어를 소유하고 있다. 브라질의 베일Vale 광물 그룹은 2006년 캐나다에서 두 번째로 큰 광물 회사인 인코Inco를 190억 달러에 인수하였다. 멕시코의 역동적인 세멕스Cemex 시멘트 회사는 인수와 합병을 통하여 전 세계적인 네트워크를 구축하였다. 중국 회사들은 미국 기업들을 인수하려고 하고 있고 이는 몇몇 경우 민족주의적 역풍을 불러일으켰다.

대 아프리카 중국 투자가 채광산업으로 몰리고 있는 것으로 알려져 '신 아프리카 쟁탈전'을 벌이고 있는 것으로 묘사되지만, 실제로 중국 회사들은 미국과 유럽 기업들이 위험으로 인하여 피하고 있는 대단히 많은 건설과 인프라 프로젝트를 가져가고 있다.[169] 2005년 시에라리온에서 2년간의 피를 튀기는 내전이 끝나자 중국은 호텔 건설과 관광업에 이미 2억 7천만 달러를 투자하였다.[170]

남반구 회사들은 저비용 제품을 생산하고 판매하는데 경험이 있어 저소득 소비자 시장에 접근하는데 이점을 가지고 있다. TCL과 같은 중국 전자

---

[168] A. Goldstein (2005) 'Emerging Multinationals in the Global Economy: Data Trends, Policy Issues, and Research Questions', OECD Development Centre.
[169] www.chinaafricarealstory.com
[170] http://news.bbc.co.uk/2/hi/africa/3694043.stm

회사는 인도와 베트남에서 50달러짜리 컬러 TV를 생산한다.[171] 탄자니아에서는 값싼 모터가 달린 인력거의 스와힐리 이름인 '바자지bajaji'가 있는데 그 이름은 인력거의 인도 생산 업체가 바자즈Bajaj를 잘못 표기한 것이다. 인도 타타 모터스가 2008년 국민차를 출시하였을 때 이것은 폭스바겐 비틀이나 포드 모델 T를 따라 한 것으로 2천 500달러짜리 자동차 나노스 Nanos를 개발도상국에 수출함으로써 신세대 소비자들에게 자동차를 선사하겠다고 약속하였다.[172]

표 3.1 2009년 Foreign Asset가 발표한 개발 도상 및 전환 경제권 중 비금융 부분 상위 50개 초국적 기업

국적	상위 50개 기업 수
홍콩	8
인도	5
인도	4
한국	4
러시아	4
싱가폴	4
대만	4
브라질	3
말레이시아	3

출처: UNCTAD, Erasmus University Database, http://www.unctad.org/sections/dite_dir/docs/WIR_11_web%20tab%2029.pdf

---

[171] 'FDI Trends', World Bank Public Policy for the Private Sector Journal, September 2005, World Bank. See http://rru.worldbank.org/documents/public policyjournal/273palmade_anayiotas.pdf
[172] http://news.bbc.co.uk/2/hi/business/7180396.stm

표 3.2 Foreign Asset가 발표한 개발도상 및 전환 경제의 비금융부문 상위 10개 초국적 기업

회사명	산업	해외 자산 (백만 달러)	국적
허치슨 왐포아	다양	72 047	홍콩, 중국
시틱 그룹	다양	43 814	중국
세멕스	비금속광물	39 225	멕시코
베일	광물 채광	38 848	브라질
삼성 전자	전자 전기 기기	34 795	한국
페트로나스 페트로리암	석유	33 599	말레이시아
중국 해양 운송	운송 보관	28 092	중국
현대 모터스	자동차	27 627	한국
LG	전자 전기 기기	25 400	한국
루코일	석유 천연 가스	23 992	러시아

출처: UNCTAD, World Investment Report 2011, http://www.unctad.org/sections/dite_dir/docs/WIR 11_web%20tab%2030.pdf

개발도상국의 초국적 기업들은 노동 집약적이고 따라서 더 많은 일자리를 창출할 수 있는 중간 기술을 더 선호한다.[173] 그러나 사회적이고 환경적인 책임에 대한 몇몇 남반부 초국적 기업들의 무관심에 대하여 우리는 주의를 기울여야 하며 이것은 아마도 강한 정부나 시민 사회의 감시가 없어서 일 것이다. 예외사항들도 있는데 남아공의 새밀러 SABMiller와 인도의 타타 그룹은 책무성과 관련된 많은 일을 해왔다.

개발도상국의 정부들은 해외 직접 투자와 국내 회사들을 지원함에 있어 딜레마에 봉착해 있다. 만일 외국 투자가 국내에 미치는 경제적, 사회적 환경적 영향이 국내 투자와 동일하다면, 정부로서는 양자 중 하나를 선택

---

[173] OECD (2006) 'Developing Country Multinationals: South‐South Investment Comes of Age'.

할 이유가 없지만 이 양자는 매우 다르다. 각각의 투자는 이점이 있다. 국내 투자자들은 더 끈덕진 면이 있어서 해외로 쉽게 떠나려 하지 않는다. 그들은 수익으로 국내에 더 많은 투자를 하고 연구 개발과 디자인과 같은 더 높은 부가가치를 추구한다. 이러한 이유에서 심지어 기업에 대한 외국 투자자의 책무성이 더 우수할 때조차도 국내 투자를 더 선호한다. 외국 투자의 경우, 외국 기업들은 첨단 기술과 일자리 그리고 가난한 경제에 세수를 늘려 줄 수 있다. 외국 기업들은 정보 시장과 신용 대출을 더 쉽게 얻을 수 있고 때로는 임금을 더 높게 책정하며 노동권과 환경을 존중하고 국내 기업들의 관행에 영향을 미칠 수 있다.[174]

이러한 차이들은 시간이 흐르며 좁혀지고 있다. 예를 들어 국내 비즈니스가 빠르게 자유화된 세계 금융 시장으로 진입해 갈 때 초국적 기업들은 소비자들을 더 잘 이해하고 피라미드의 맨 밑바닥에서 성공하고자 토착화해야 한다는 필요성을 인식한다.[175] 그러나 정부는 여전히 전반적인 발전을 이끌기 위하여 어떠한 조합을 해야 할지를 결정하기 위하여 비용과 수익을 계산해 보아야 한다.

개발도상국은 개발을 위한 해외 투자를 견인하는 데 따르는 다섯 가지 도전에 직면해 있다.

연계성. 외국 기업들은 지역 공급 업체로부터 제품을 사려 하지 않고 자국이나 모기업에서 구매하기를 선호한다. (이 장의 잠비아 예 참조) 특히 수출 산업의 경우, 초국적 기업의 운영 체계는 제한된 일자리 이외에는 경제에 거의 혜택이 돌아가지 않는 고립 경제와 유사해질 수 있다.[176] 미국

---

[174] D. Brown (2007) 'Globalization and Employment Conditions', SP discussion paper, World Bank; UNCTAD, *World Investment Report 2006*.
[175] S. Hart (2005).
[176] A.A. Picard et al. (2001) 'Resultados del Tratado de Libre Comercio de America del Norte en Mexico', Mexico: RMALC.

국경지대의 밀집된 공장지대인 마퀼라maquila로 가는 멕시코산 투입재들은 2000년 전체 가치의 3.1퍼센트밖에 되지 않는다. 이러한 연계망이 없이는 수출을 위한 높은 실적도 높은 수입 물가에 의해 가능하지 않게 될 것이다. 차별화 혹은 부가가치는 별 볼 일 없게 된다. 연계망의 부재는 세수에 까지 영향을 미친다. 많은 초국적 기업들은 이전 가격과 같은 속임수를 써서 세금을 피하는 것이 증명되었다. (5부 참조)

기술 이전. 외국 기업과의 합작 기업은 대만과 같은 성공적인 개발도상국 국가들이 합작이 아니었다면 개발하는 데 오랜 시간이 걸렸을 기술들을 받아들이고 흡수하는 데 도움을 주었다. 일반적으로 기술의 '이전'은 기업들이 어느 정도 해당 국가에서 소유권이 있을 때 일어난다.[177] 그러나 최근 국제 특허권 규제가 첨단 기술에 대한 기업의 배타적 권리를 유지해감에 따라 투자와 무역 협정의 활성화는 기술이전에 대한 정부의 시도에 제동을 걸 수 있다. 세계 기후 변화의 측면에서 이러한 기술 이전을 진작시키는 것은 여러 국가가 저탄소 배출 모델로 옮겨가는 데 중요한 역할을 할 것이다.

이윤 송금. 정부들은 투자를 극대화할 필요가 있지만 기업들은 이윤을 자신이 필요한 곳으로 보낸다. 그래서 이윤을 현지에서 재투자하기도 하지만 본국으로 더 많이 보낸다. 개발 도상 국가들로부터 이윤 송금은 1995년 370억 달러에서 2010년에는 9배 오른 3천 430억 달러가 되었는데 이는 전 세계 원조 흐름의 거의 3배에 가까운 금액이다.[178] 이는 해외 직접 투자의 개발 효과를 잠식하며 심각한 자본 유출을 가져온다.

고용. 해외 직접투자는 일자리는 거의 창출하지 않는 자본 집약적 기술을 선호한다. UN에 따르면 2010년 외국인이 합작한 104,000개의 초국적

---

[177] B.S. Javorcik (2004).
[178] World Bank (2012).

기업은 전 세계적으로 6800만 개의 일자리를 창출하였으나 이는 전 세계 노동력의 겨우 2퍼센트밖에 되지 않는다.[179, 180]

밑바닥을 향한 경쟁. 중국과 베트남과 같이 가난한 국가들이 세계화라는 마차에 올라타게 되며 투자를 유치하라는 정부에 대한 압박은 '경제의 밑바닥을 향한 경쟁'을 과열시킨다. 정부는 외국 자본과 기술에 애태우며 경쟁자들을 물리치려고 애를 쓰게 된다. 이는 국공립 회사의 민영화, 외국인 투자자들에게 면세 혜택, 이익 송금, 노조가 허용되지 않는 특별 수출 가공 지역 건립과 같은 특권과 같은 것들이다. 이러한 경쟁은 정부의 세수를 빼앗고 개발도상국들에서 이미 발전이 되기 시작한 노동권을 약화하는 위험이 있다. 크게 보면 중국, 러시아, 브라질과 같은 강한 국가들은 이러한 압력에 대하여 더욱 성공적으로 방어를 해왔고 새로운 국가 자본주의 형태를 만들고 있다.[181]

전 지구적으로 기업세금에 대한 보편적 최저율을 합의하고 ILO의 핵심 노동 기준에 대한 지구적 인식을 하게 되면 밑바닥으로의 경쟁을 역전시키는 데 도움이 될 것이다. 하지만 최종적인 책임은 개별 국가들에게 있다. 중국, 대만, 말레이시아, 싱가포르 그리고 보츠와나 정부는 외국 투자를 대단히 효과적으로 유치하였다는 증거가 나왔다. 경제 부흥 초기에 대만은 기술 이전을 가속하기 위하여 외국 투자자들이 국내 기업과 합작 회사를 열도록 하였다. 보츠와나는 남아공의 드 비어스De Beers와 자국의 다이아몬드 협상을 유리하게 끌어갔다. 모든 동아시아 국가들은 건강하고 기술력 있는 노동력을 기르기 위하여 교육, 건강 보험 그리고 인프라에

---

[179] 2010 global labour force: 3,225m, from laborsta.ilo.org/applv8/data/EAPEP/eapep_E.html
[180] UNCTAD, 'World Investment Report 2011'.
[181] *The Economist* (2012).

투자함으로써 투자자들과의 협상력을 향상시켰다.

가난한 이들의 삶에 영향을 미치는 당사자로서 초국적 기업들은 책무감을 지녀야 할 의무를 지고 있다. 기업의 사회적 책임 CSR은 이윤의 일정 부분을 자선사업으로 배정하는 것으로부터 가난한 이들에게 혜택이 돌아가는 상품을 만들고 (그라민 전화기는 방글라데시의 가난한 농촌 지역에 초점을 맞추어 3천 2백만의 사용자를 확보하였다[182]) 기업의 핵심 비즈니스 모델의 사회적 환경적 영향을 고려하는 것까지 다양한 유형이 있다. (개발 효과를 측정하는데 실제로 사용된다[183]) 기업의 사회 책임은 이 책의 '국제 무역 시스템' 장에서 더 길게 설명될 것이다.

많은 공장을 가지고 있는 초국적 기업들은 직접적인 사회 공헌을 하도록 압력을 받는다. 많은 기업들이 중국과 인도와 같은 신생 경제권의 국내 시장에 관심을 가지지만 그 기업은 더 긴 안목을 가질 것을 요구 받는다. 왜냐하면 사회적, 정치적 안정과 번영은 미래의 이익을 가져오는 핵심 열쇠가 되기 때문이다. 소비자뿐만 아니라 최고의 인재를 새로이 고용해야 하는 입장에서 볼 때도 갈수록 중요해 지는 회사의 브랜드와 평판도 때문에 기업의 임원들은 사회적, 환경적 영향에 대한 대중의 비판을 포함하여 '비금융적' 위험요소들에 더 많은 관심을 쏟고 있다. 연기금과 같은 주요한 이해 당사자들은 공유 가치와 더 큰 경제에 대한 기업의 장기적 영향력에 관심을 가지고 이는 기업이 사회적 책무를 고려해야 하는 또 다른 원인이 된다. 개발도상국에서 시민 사회와 함께 갈수록 독립 미디어가 증가하게 되어 기업들이 '영업 허가'를 얻기 위하여 몇몇 정부 관료들에게 뇌물을 주는 것은 큰 의미를 지니지 못하게 되었다.

---

[182] See: http://www.grameenphone.com/about-us
[183] J. Brigmann and C.K. Prahalad (2007) 'Co-creating business's new social compact', *Harvard Business Review*, February 2007, p.80.

그러나 기업들은 단순하게 수동적으로 외부 신호를 따르지만은 않는다. 모든 산업에는 서로 다른 기업들이 다른 전략을 취할 수 있고 가난한 이들에게 극적으로 다른 영향을 미칠 수 있다. 1998년 인도네시아의 금융 위기와 화폐가치 평가 절하 이후 다른 외국계 기업들이 모두 동일한 소비 제품군을 폐쇄한 반면 유니레버는 높은 수입 가격을 고려하여 수입품을 지역품으로 전환했다.[184] 그 결과, 다른 기업들은 실업률을 높인 반면 유니레버의 비즈니스 결정은 지역과의 연계성을 높였다.

의사 결정의 분기에 서 있을 때 기업의 리더십은 중요 하지만 능동적 시민들과 초국적 기업이 활동하는 지역 공동체 또한 중요한 역할을 한다. 잠비아 동부에서 남아공의 슈퍼마켓 체인인 쇼프라이트Shoprite는 지역 농민들에게는 재앙이 되었다. 슈퍼마켓이 농민들의 고객을 가져가 버린 것뿐만 아니라, 그들은 농민들의 농산물보다는 남아공에서 온 고품질의 상품들을 선호하였다. 농촌 소득이 급락하며 소요가 커졌고 쇼프라이트가 도심에서 가장 좋은 땅을 차지하는 것을 지역의 사업가들은 그저 지켜보기만 해야 했다. 심지어 쇼프라이트에 고용된 사람들조차 그들의 상사들은 모두 남아공에서 온 사람들이라는 것에 분개하였다.

지역 NGO들과 학자들은 만일 쇼프라이트가 경영 방침을 바꾸지 않는다면 지역 사회가 사업장을 불태워 버릴 수 있다고 루사카에 있는 쇼프라이트의 사장 프리츠Fritz에게 경고하였다. 한 대학교수는 남아공까지 도로 교통의 불안정성을 제시하며 지역의 물품을 쓰도록 설득력 있게 주장 하였다. 쇼프라이트가 지원하는 파트너쉽 덕분에 농민들은 자신의 생산품의 품질 기준을 올릴 수 있게 되었고, 슈퍼마켓은 중대한 상품 질의 하락이나 이윤의 타격이 없이 지역 공급업체로 구매처를 돌릴 수 있게 되었다. 쇼프라이트는

---

[184] J. Clay (2006) op. cit.

현재 잠비아의 다른 매장으로도 그 시스템을 넓혀가고 있다.[185]

건강한 민간 영역은 빈곤 및 불평등과 싸우는 데 있어서 핵심적인 역할을 한다. 크고 작은 민간 기업들은 분명 이익을 높여야만 하지만 그 방법은 가난한 이들에게 혜택을 주고 국가 발전을 강화 하는 방식으로 해야만 한다. 기업들은 착취가 아닌 가난한 이들의 노동력과 환경 그리고 공동체에 투자함으로써 이익을 추구하는 전략을 선택할 수 있다.

숍라이트 예에서 능동적 시민들은 기업의 정책과 사업을 성공적으로 바꾸기 위하여 폭넓은 동원을 (폭력의 위협까지도 포함하여) 활용하였다. 대중적 행동과 더불어 효과적인 정부는 좋은 기업은 나쁜 기업에 의해 피해를 보지 않는다는 것을 보장해야만 한다. 왜냐하면 너무나 많은 사업 환경이 좋은 의도를 악화시킬 수 있기 때문이다. 개발도상국들에서 국가는 보편적인 최소한의 기준을 마련하고 '이익을 위한 착취'에서 '이익을 위한 투자'로 무게의 중심을 옮김으로써 민간 영역이 개발에 참여할 수 있도록 해야 한다. 국가는 특히나 중소규모 기업을 위하여 노동 심사관 예산과 친비즈니스 환경을 개선된 신용 대출과 기술을 통하여 만들어야 한다. 북반구에서 정부는 5부에서 논의되는 초국가 기업의 개발 영향성을 향상하기 위한 규제를 할 수 있다.

---

[185] 저자 인터뷰, Martin Kalungu-Banda, 2007.

성장을 위해 나아감

50년 전 한국은 수단보다 가난했었다. 한국의 주요 수출 항목은 사람 머리카락으로 만든 가발이었다. 오늘날 한국은 수단의 1인당 국민소득보다 14배 많은 산업을 이끌어 가고 있는 국가이다.[186] 보건, 복지, 교육, 기대 측면에서 오늘날 한국인의 삶은 할아버지 세대와는 완전히 다르다. 대만과 베트남은 전 세계에서 가장 공평한 분배를 하며 고속 성장을 이어왔다. 1980년 후반기 이후 중국의 성장은 역사상 가장 큰 빈곤 감소를 가져왔다.[187] 이러한 놀라운 성공 이야기는 역사적으로 볼 때 근대 이후로는 볼 수 없었다. 2차 세계대전 이후로 25년을 넘게 12개국이 매년 7퍼센트 넘게 성장을 해왔다.[188]

경제 성장의 범위와 특성은 가난한 이들의 삶과 개발에 중심이 된다.[189] 간단히 보자면 빈곤을 줄인 국가들은 빈곤을 줄이기 위하여 성장해 왔다. 적절히 관리된 시장 경제의 성장은 일자리를 창출하고, 소득을 증가시키며 효과적인 국가가 인프라와 학교 그리고 병원에 투자 할 수 있는 세수를

---

[186] World Bank, GDP per capita statistics: http://data.worldbank.org/indicator/NY.GDP.PCAP.CD
[187] UNDP, 'China, Country Programme Document 2006 - 10'.
[188] Commission on Growth and Development (2008) 'Final Report', www.growthcommission.org/index.php
[189] 경제 성장에 따른 빈곤 감소율 추정치의 범위는 매우 크다. 예를 들어 다음을 참조 하시오. A. Kraay (2006) 'When is growth pro-poor? Evidence from a panel of countries', *Journal of Development Economics*, 80(1): 189-227.

만들어 낸다. 부를 창출해 내는 것은 빈곤 감소에 뗄 수 없는 일부분이다.

불평등은 성장이 가난한 이들에게 얼마나 많은 혜택을 줄 수 있는가를 결정한다. 1퍼센트의 1인당 국민소득의 증가는 소득 빈곤을 많게는 4퍼센트에서 1퍼센트까지 줄일 수 있다.[190] 토지 개혁 혹은 급진적 세수 확대의 방법에 의한 부의 재분배는 가난한 이들이 하락하는 경제에서 도약할 수 있도록 해주지만 실제로는 재분배만으로는 단순한 개입을 넘어 빈곤의 감소를 가져오지는 못한다. 20세기에서 대부분의 OECD 국가들에서 빈곤의 근본적인 감소는 장기적인 경제 발전과 적절한 재분배를 통하여 가능하였다.[191]

성장과 개발 위원회Commission on Growth and Development에 따르면, 매우 가난한 국가에서 성장은 빈곤 감소의 중심이지만, 국가가 발전되어 감에 따라 재분배는 빈곤 감소만큼이나 중요해진다.[192] 경제가 세계화되어가며 재분배는 점차 정부 정책의 중요한 특징이 되어 간다.[193]

경제 성장은 화폐화된 경제 부문에서 상품과 서비스 생산의 증가를 재는 척도이다. 성장은 일하는 노동자의 수의 증가 혹은 노동자별로 얼마나 더 많은 상품과 서비스를 생산하는지를 의미하는 생산성 향상의 결과이다. 후자는 발전된 기술, 노동력의 기술과 건강의 향상, 새로운 자연자원의 발견과 개발, '규모의 경제'를 통한 효율성 증대 등을 통하여 성취될 수 있다. 이러한 방식으로 발전을 해 나가는 것은 농업에서 제조업 혹은 낮은 수준의 기술을 가진 회사를 쥐어짜는 첨단 기술로의 전환과 같은 고통스러운 구조 조정을 요구한다. 이것을 경제학자 조셉 슘페터Joseph Schumpeter는

---

[190] M. Ravallion (2004).
[191] S. Wiggins with K. Higgins (2008).
[192] www.growthcommission.org
[193] Michael Spence, chair of Commission on Growth and Development,personal communication, January 2008.

자본주의의 핵심인 '창조적 파괴'라고 묘사한다.[194]

신고전주의 경제학자들과 많은 정책 결정자들에게 시장 경제의 성장은 너무나 중요하여 성장이 그것 자체가 아니라 인간의 안녕을 증진하기 위해 필요하다는 사실 자체도 망각하곤 한다. 그러나 성장은 내재적으로 불평등을 만들어 낸다. 왜냐하면, 부자들은 일반적으로 가난한 이들보다 새로운 기회의 이점을 잘 활용하고 충격으로부터 스스로를 지켜내는 데 유리하다. 효과적인 국가는 과세, 예산 집행, 신용 그리고 지역 정책과 투자 결정과 같은 것을 통하여 이러한 양극화를 역전 시키는데 핵심적인 역할을 한다.

전 세계적 차원에서, 성장은 점점 더 빈곤을 줄여나가는 데 있어 불필요한 도구가 되어 가고 있다. 1981년과 2001년 사이 세계 총생산량은 18조 6,910달러로 늘었다. 그중 1.5퍼센트인 2,780억 달러만이 1달러 미만으로 살아가는 이들에게로 갔다. 그들은 1981년도에는 전 세계 인구의 1/3에 다다름에도 말이다. 더욱 심각한 것은 전 세계적 성장은 빈곤 감소에 대한 효과성이 떨어지고 있다는 것이다. 환경 비용까지 합하여 보면 1달러의 빈곤 감소를 가져오기 위해서는 1980년대에는 45달러가 필요하였지만 1990년대에는 166달러가 소요되었다.[195] 나아가 기후 변화와 다른 환경 문제들이 나타나며 가난한 이들은 받아 보지도 못할 165달러가 오히려 그들의 장래에 심대한 부담으로 다가왔다. 그러나 먹구름의 안쪽에는 은빛으로 빛나듯, 빈곤 감소에 있어 성장의 효과성이 조금이라도 향상된다면 가장 가난한 이들의 삶에는 큰 효과를 나타낼 수 있을 것이다.

---

[194] J. Schumpeter (1975) (originally published 1942), pp. 82-5.
[195] GDP는 1993년 가격 기준으로 구매력으로 계수되었다. 계수는 신경제재단New Economics Foundation이 하였다. 'Growth isn't Working: The Unbalanced Distribution of Benefits and Costs from Economic Growth', NEF (2006).

빈곤 감소에 대한 성장의 효과는 성장의 속도가 부분적으로는 영향을 미치겠지만 더 중요한 것은 정부가 얼마나 능동적으로 예산 집행을 하는가 혹은 예산을 집행하는 환경을 만들어 나가는가에 달려있다. 나이지리아와 인도네시아는 정반대되는 경우인데, OPEC 국가인 이들은 오일 수출을 통한 수익을 매우 다른 방식을 통하여 얻었다. 1980년 나이지리아의 1인당 국민소득은 인도네시아의 두 배 가까이나 되었다. 오늘날에는 인도네시아가 나이지리아의 2.5배가 된다.[196] 수하르토Suharto 정권의 극심한 부패에도 불구하고 이러한 변화는 부분적으로는 인도네시아가 농업, 보건, 교육, 교통, 전력, 통신에 많은 투자를 함에 기인한다. 정부가 그 예산을 어디에 쓸 것인가는 대단히 중요하고 정부에게 국민과 개발 투자에 중요한 기본 사회 계약을 맺으라고 요구하는 것이 필요하다.

소득 빈곤이 아닌 안녕과 성장 사이의 관계는 직선적이지 않다. 세계의 지역 간의 조사 비교는 놀라운 점을 보여준다.[197] 1인당 국민소득이 2만 달러 미만(대체로 포르투갈과 남한 정도)인 곳에서는 삶에 대한 사람들의 만족도가 소득이 증가할 때 일정하게 함께 증가한다. 그 금액을 넘어서면, 그래프는 일직선으로 나아간다: 국민소득이 더 높아져 가도 사람들은 더 행복하지 않다.[198] 사실, 지속된 성장에도 불구하고 주관적 안녕의 느낌은 미국, 유럽 혹은 일본에서 지난 40년간 높아지지 못했다.[199] 안녕을 강화함

---

[196] World Bank, GDP per capita statistics: http://data.worldbank.org/indicator/NY.GDP.PCAP.CD
[197] R. Layard (2005).
[198] 이 패턴은 국가들이 인구에 의한 가중치를 받을 때 나타난다. 비가중적 분배의 경우, 결과는 약간 다르다. 어떤 소득에서도 삶의 만족도가 만족과 불만족이 있지만, 소득이 오르면 '만족'과 '불만족'의 분산은 감소하고 국가들은 더 높은 수준의 삶의 만족도로 수렴된다. 출처: New Economics Foundation, personal communication.
[199] New Economics Foundation (2007) 'Towards a New Economics Paradigm for Poverty Eradication in a Carbon-Constrained World'.

에 있어 소득 2만 달러 이상의 '충분한' 국가로부터 그 이하인 국가로의 부의 재분배가 있어야 한다는 강한 주장이 있다.

통념에 도전하는 역사

1980년대 이후 대부분의 개발도상국의 지속적 성장을 위한 노력은 '워싱턴 합의Washington Consensus'로 알려진 놀라운 충격에 의존해 왔다. 세계은행, IMF와 다른 기관들은 급진적 자유화, 규제 완화, 개발도상국 경제의 민영화를 추진해왔다. 1980년대 중반 중국과 라틴 아메리카를 방문한 워싱턴 합의의 옹호자들은 라틴 아메리카는 번영하지만, 중국은 어두운 미래를 맞이할 것이라는 합리적 추론을 내렸을 것이다. 그때 라틴 아메리카는 국영 기업을 민영화하고 무역을 개방하는 지나친 자유화를 추진하였다. 그때 중국은 관세와 비관세 장벽이 높았고 정부는 은행 시스템과 같은 경제 관리의 중요한 영역에 깊이 개입을 하였다.

20년이 흐른 뒤 중국의 도약은 모든 정책 결정자들을 매료하였고 중국의 경제 붐은 생필품 가격을 상승시켰지만 세기에 걸친 오랜 경제 부흥과 파산의 반복을 종료시켰다. 지속 성장은 1990년대 60퍼센트에 이르는 빈곤층을 2005년에는 16퍼센트로 감소시켰다.[200] 반대로 라틴 아메리카가 대량 무역을 추진한 후 수출은 1981년 960억 달러에서 2007년에는 7천 520억 달러로 늘었는데 빈곤한 이들의 수는 (하루 2달러 미만으로 살아가는 이들로 정의했을 때) 1980년 1억 3천 600만에서 2005년에는 2억 9백만으로 늘었다.[201] 충격치료요법은 충격만 남고 치료 효과는 없었다.

---

[200] World Bank, Poverty headcount ratio, http://data.worldbank.org/indicator/SI.POV.DDAY
[201] ECLAC (various years) *Statistical Yearbook for Latin America and the Caribbean*, www.eclac.cl/publicaciones/

급속한 무역 자유화를 지지하는 이들은 관세와 보조금 삭감의 혜택을 계량화하려는 컴퓨터 모델이 만든 '큰 숫자'에 크게 의존하지만, 이러한 모델은 종종 대부분의 개발도상국에서의 문제를 도외시한다.202 점점 더 많은 분석가가 증거와 지침을 찾고자 타 학문인 역사학 - 특히나 최근 몇 십 년간 성공적으로 '도약'한 경제의 역사로 관심을 돌렸다.

하버드의 역사학자 대니 로드릭Dani Rodrik은 1950년 이후 전 세계에서 개발도상국에서 도약하고 전 세계로 퍼져나간 83개의 성장 사례를 찾았다.203 평균적으로 이러한 사례들은 몇 년간 거의 40퍼센트의 경제 효과를 증가시켰다. 이러한 연구가 깨우쳐 주는 일반적인 가능성의 의미보다도 더 중요한 것은 개발 정책에 대한 급진적 의미들이다. 로드릭은 다음과 같은 것을 발견하였다. "대부분의 성장은 중요한 경제 개혁에 의한 것이 아니고, 대부분의 중요한 경제 개혁은 경제 도약을 가져오지도 않는다." 그것이 아니라 경제의 병목을 막고 있던 것들을 제거하는 작은 개혁들은 경제적 전통에 도전하면서도 현존하는 제도들과 함께 중요한 역할을 하였다.

예를 들어 인도에서 간디Rajiv Gandhi는 1984년 선거의 압도적 승리에 이어 산업 규제를 풀고 세수 시스템을 합리화하며 경제를 활성화하였다.204 중국은 계획 경제 자체를 폐기하는 것이 아니라 완고한 계획 경제를 놀라울 정도로 개혁하였고, 민간 소유권과 집단적 지역 기업 그리고 국가 소유권이 혼합된 것이 아닌, 사유 재산권을 신중히 다루었고, 높은 보호주의 무역 체제에 특별 경제 구역을 더하는 방식으로 점진적이고 조심히

---

202 L. Taylor and R von Arnim (2007) 'Modelling the Impact of Trade Liberalisation: A Critique of Computable General Equilibrium Models', Oxfam Research Reports, Oxford: Oxfam GB.
203 D. Rodrik (2004).
204 D. Rodrik (2003).

세계를 향하여 개방하였다. 사회주의 국가 동지인 베트남은 1980년대 중반 이후 같은 방법으로 중국을 따랐다. (박스 3.8 참조)

성공은 효과적 정부와 정치적 리더십의 조화가 필요하다. 역사적으로 볼 때 지름길은 없다. 민간 영역은 공평과 함께 성장을 성취하지는 못했다. 나아가 효과적 정부의 개입은 민간 영역 자체의 발전에 중요한 것으로 나타났다. 도약하는 모든 국가는 거시 경제적 안정, 세계 경제로의 편입, 높은 저축률, 공공과 민간 투자 그리고 극단적인 다양화와 같은 일반적 경제 목적에 우선권을 두었고 동시에 사회적 통합, 연대, 그리고 정치적 안정성을 유지해 갔다.[205]

성공적 정부들은 도로, 전력 공급, 통신 그리고 사람에 투자를 해왔다. 농업적 도약은 일반적으로 경제 성장의 사다리에 중요한 첫 번째 발걸음이고 이어 의류 생산, 직물과 전자 제품과 같은 더 복잡한 제품으로의 가치 사슬 증대로 나아간다. 이러한 발전을 성취하기 위하여 남한, 대만, 베트남 그리고 중국의 성공적인 경제는 보호주의적 관세 장벽을 넘어 핵심 분야를 개발하였다. 경제 도약을 위한 국가의 역할은 다음과 같다.

- 정부들은 교육과 훈련에 투자하여 숙련된 노동력이 더 정교한 상품들을 생산하였다.
- 정부들은 의류와 같은 저기술 제조업에서 첨단 기술 제조업과 고급 기술 서비스로 나아갈 수 있도록 산업을 독려한다.
- 정부들은 최소한 수출 경쟁력을 얻을 수 있도록 산업의 경쟁력을 높인다. 예를 들어 관세와 같은 보호는 자주 사용되지만 제한된 기간에만 적용이 되어 산업계는 얼마나 오랫동안 자신의 경쟁력이 지속될지를 알고 있다.

---

[205] M. Spence, Commission on Growth and Development, presentation, London 2007.

- 성공적이지 못한 정부들은 산업계의 로비에 사로잡히고 계속된 쓸모없는 산업들은 살아남기 위해서 정부의 지원에 의지하게 되는 반면 성공적인 정부들은 실패한 산업은 시장에서 퇴출시킨다.
- 정부는 한국의 예에서 볼 수 있듯이 국가 대표급 기업들을 세워 산업화를 이끌어 가게 할지 아니면 외국계 회사들이 기술을 수입하고 직접 운영하여 (예를 들면 말레이시아) 비교적 초기에 결정한다. 그러나 두 경우 모두에서 성공적인 정부들은 방임하는 것이 아니라, 능동적으로 정책을 편다.
- 성공적인 정부는 좁은 영역에서 깊게 기술을 발전시키는데 기술 정책을 집중하고 경험과 경쟁력이 쌓이면 단순한 기술에서 더 발전된 기술로 나아가도록 한다.
- 정부는 투자, 자본 접근성(예를 들면, 우대 산업계에 대한 대출 보조), 감세, 그리고 산업에 변화를 가져오기 위한 여러 인센티브에 대한 규제를 한다.

경제가 발전하고 더욱 복잡해져 가고 산업이 국제적 경쟁력이 갖추게 되며, 농업과 산업에 대한 국가 개입의 비용과 혜택이 바뀌었고 정부는 자신의 역할을 줄이며 경제를 개방하기 시작하였다. 부자 국가들은 자신들의 발전 초기에 동일한 방식을 취하였다.[206] 따라서 규제 완화와 자유화는 성공적인 개발의 조건이 아니라 결과라고 볼 수 있다.

성장을 함에 있어 개발도상국의 성공과 실패는 국제 무역에 참여할 수 있는 능력과 더욱더 연계되어 간다. 세계적 무역은 세계 경제 전체보다 더 빠르게 성장하며 호황을 누리고 있다. 제조 및 농업 생산물의 세계 수출액은 2010년 19퍼센트인 11조 3천억 달러로 늘었다. 은행이나 관광과 같은 상업 서비스 부문의 무역은 3조 7천억 달러인 9퍼센트로 늘었다.[207]

---

[206] H-J. Chang (2005).

무역이 부자 국가와 잘사는 개발도상국을 포함하여 중소득 국가에 편향 되었다는 것은 놀라운 일이 아니다. 오늘날 세계 수출로 창출된 100달러마다 99.44달러는 고, 중소득 국가로 가게 되고 오직 0.56 달러만이 저소득 국가로 간다. 그들의 인구는 세계 인구의 12퍼센트에 해당함에도 말이다.[208] 공여국과의 구조조정 프로그램 협약이나 양자와 지역 무역 협약의 보호 아래, 많은 개발도상국은 국경 관세를 줄이고 수출, 수입 할당제를 시행하고 더 넓게는 무역의 국가 규제를 완화함으로써 무역 균형을 향상하고 투자를 끌어들인다. 무역 자유화는 투자 규제를 하려는 정부의 역할을 제한하거나 보조금을 줄이는 것을 포함하는데 이것은 소농이나 지역의 노동 집약적 제조업자들이 경쟁할 수 없는 값싼 수입품들이 범람하는 것을 야기할 수 있다.[209] 기업들이 생산을 현대화하고 더 숙련된 노동자를 고용함에 따라 숙련공과 비숙련공의 임금 차는 벌어진다.

---

[207] WTO 통계 데이터 베이스에 근거하여 저자가 계수 하였음. http://stat.wto.org/StatisticalProgram/WSDBStatProgramSeries.aspx?Language=E

[208] 상품과 서비스의 수출에 기반한 것임 (2010) http://data.worldbank.org/indicator/BX.GSR.GNFS.CD

[209] 중국은 1990년 32%에 다다르던 1달러로 살아가는 빈곤인구를 2004년 10%대로 감소 시켰고 베트남은 1990년 51%대에서 2004년 10%대로 감소 시켰다. 중국과 베트남의 빈곤 감소에서 중요한 것은 이주민 노동자들이 공식 부문의 노동자들에 비하여 열악하고 위험한 노동 조건 속에서 임금 대우도 낮은 비공식 도시 산업 부문의 급성장이 가져왔다는 것이다. 최근 도시 이주민들은 공식적인 거주자들만을 계수하는 국가 빈곤 통계에도 나타나지 않고 있으며 이는 신 도시 빈곤이 공식 빈곤 데이터에서 중요하게 다루어 져야만 한다는 것을 보여주고 있다.

박스 3.7
두 호랑이 이야기

중국과 베트남은 지난 20년에 걸친 동아시아 발전의 놀라운 성공사례이다. 두 나라는 급속한 경제 성장, 놀라운 빈곤 감소를 성취하였고 또한 중앙집권화된 국가 계획 시스템에서 시장 기반형 구조로 옮겨가는 공산주의 시스템의 전환기에 있다.[210] 그러나 중국은 불평등이 놀라울 정도로 늘어간 반면, 베트남은 훨씬 더 평등하다. 왜 그러한가?

첫째, 두 나라는 매우 다른 방식으로 농업을 탈집단화 하였다. 1990년대 곡식 가격이 30퍼센트 떨어지지만, 농업 세금은 3배가 올라 가난한 중부와 서부의 가난한 지역은 침체되고 대량 이주민들이 도시로 유입이 되었다. 반대로 베트남에서는 도이 모이가 1986년 민간 농민들에게 토지를 평등하게 재분배하는 것을 포함하여 정부가 관개수로, 종자, 기술 개선 및 가격 안정화를 지원하는 것을 포함한 개혁을 추진하였다. 그 결과, 베트남 농업은 국가 도약의 중요한 축이 되었다.

둘째, 베트남은 자원을 더 가난한 지역에 재분배하고 교육, 보건, 물, 위생에 높은 공공지출 수준을 유지하였다. 반대로 중국은 중앙 정부가 가난한 지역으로 예산을 보내는 것에 한계를 정하는 '재정 분권화'를 선택하여 중앙 정부의 지출이 가난한 지역으로 가는 것에 제한을 두고, 호황을 누리는 수출 산업의 역동적인 해안 지역과 버려진 내륙 시장 사이의 골을 더 넓히는 결과를 가져왔다. 중국 정부가 해안선으로부터 인프라에 투자하는 '서진Go West' 전략을 통하여 바로 잡으려 했던 것이 바로 이것이다.

셋째, 최근 전쟁을 치른 베트남의 역사와 국가적 위협은 '국가 목표'에 대한 강한 집단적 의식을 가져왔고 공산당은 국가의 정통성과 대중과의 사회적 합의를 고취하였다.

두 국가는 자신의 성취를 기반으로 하여 목표를 추구하지만 많은 도전이 도사리고 있다. 2006년 베트남은 세계무역기구에 가입하였는데 이는 정부 보조금 및 경제를 이끌어 가는 산업화와 부의 재분배 전략을 제한하게 될 것이다. 국가는 소수 민족과 킨Kihn 족 사이의 커지는 불평등, 부패, 그리고 커지는 정치 참여 요구라는 해결해야할 과제들을 안고 있다. 이러한 과제는 중국의 경우 더 크고 심각하다.

출처: P. Chaudhry (2007) 'Why Has Viet Nam Achieved Growth with Relative Equity, and China Hasn't?', internal paper for Oxfam International; Le Quang Binh, (2006) 'What Has Made Viet Nam a Poverty-Reduction Success Story?' background paper for Oxfam International.

---

[210] S. Laird and S. Fernández de Córdoba (eds) (2006).

<세계 개발 보고서 2006>에서 세계은행은 무역을 개방하는 것은 지난 20년간 불평등이 높아지는 것과 상관관계가 있다고 결론을 내린다. 무역 자유화는 가난한 국가 정부가 세수를 높일 수 있는 몇 안 되는 쉬운 방법 중 하나의 싹을 잘라 버린다.

칠레와 보츠와나와 같은 성공적인 농업 수출국들의 사례는 자유화에 대한 신뢰성을 높인다. 그러나 한국, 말레이시아, 인도네시아와 같은 나라들의 소농 발전 전략은 (농민을 위한 최저 가격과 소비자를 위한 최고 가격제를 지키는 것) 국내 가격을 안정시키고 따라서 투자를 활성화 하는 정부의 관세 조정을 이용한다. 관세 유연성을 확보하는 것은 특히나 중요한데 그 이유는 할당제와 같은 다른 제도들이 세계무역기구 1994 우루과이 라운드 협정에 의해 폭넓게 금지되기 때문이다.[211]

박스 3.8
비교 우위의 불이익들

세계은행과 개발도상국들에서 무역 자유화를 주장하는 다른 기관들은 1817년 데이비드 리카르도David Richard가 쓴 『정치경제와 징세의 원리*The Principles of Political Economy and Taxation*』에서 제시된 비교 우위의 경제적 이론들에 의존한다. 세계화에 대한 오늘날의 논쟁들은 19세기 영국 경제학의 유령들과의 논쟁이다.

리카르도는 단순한 수적 예들을 제시하며 두 개의 나라는 다른 것에 비하여 비교 우위를 갖는 상품의 생산을 하면 많은 부를 얻을 수 있기에, 스스로 모든 상품을 생산하려 하는 것보다는 두 나라가 서로의 상품을 무역하는 것이 좋다고 보았다. 무역이 제로섬 게임으로 비추어질 때 리카르도는 혁명적인 생각을 하고 있었다.

이 이론을 그대로 적용하자면, 무역 자유화에 대한 최근의 논의들에서 리카르도의 이론은 제한적 의미만을 지니게 된다. 그가 주장한 것은 국가들이 기술과 자원의 특정한 혼합으로 수출품에 집중하는 정적 모델이었다. 그러나 기술과 자원은 시간에 고정되어

---

[211] M. Stockbridge (2006), op. cit.

있지 않다. 만일 그렇다면, 미국은 자국에서의 비교 우위를 넘어가지 않았을 것이고 농업 경제에 머물렀을 것이다. 한국과 대만은 주요 산업 국가로 등장하였는데, 그 이유는 그들이 자신의 비교 우위를 변화시켰기 때문이다. 35년 전 그들은 자국의 산업을 발전시키기 위하여 미국 철강 수입을 막았다. 오늘날, 미국은 동아시아의 수출로부터 자국 시장을 막고 있다. 이유는 정부 정책은 비교 우위에 따라 변화하기 때문이다.

제조업에서 성공적인 기록을 남긴 한국, 대만, 베트남, 중국 그리고 모리셔스와 같은 국가들은 보호 장벽을 넘어 핵심 산업을 발전시켜왔다. 일단 국제적 경쟁력을 가지게 되면 무역 장벽은 일반적으로 낮아진다. 부유한 국가들은 비록 과거에 자신의 산업을 지키기 위하여 높은 관세를 유지하였었지만 지금은 개발도상국 국가들이 관세를 크게 낮추어야 한다고 요구한다. 부유한 국가들은 자신이 사하라 이남 아프리카들의 오늘과 같은 수준이었던 시절, 미국은 평균 40퍼센트, 일본은 30퍼센트, EU 국가들은 20퍼센트의 관세를 붙였다. 이것은 오늘날의 무역 협상에서 고려될 수 있는 수준을 훨씬 넘어 있는 것이다.[212]

무역 자유화는 비대칭적이어야 한다는 역사적 교훈이 있다. 부유한 국가들은 가난한 국가들보다 더 자유화되어야 하는데 이것은 양보가 아닌 최적의 무역 체제는 국가의 경제만큼 발전한다는 사실을 인정하기 때문이다. 자유화와 보호 사이의 올바른 균형은 국가에 따라 다르며, 국가가 발전하는 만큼 진보한다. 효과적 국가는 자유화와 보호의 적정한 균형을 찾아올 수 있었으나, 그 균형을 찾는 일이 지금은 지구화와 무역과 투자에 대한 국제적 규제 때문에 복잡해졌다.

---

[212] H-J. Chang (2001) *Kicking Away the Ladder*, Anthem Press.

중국과 개발도상국의 미래

1980년대 후반 이후 중국의 부상은 세계 경제의 구조 변화를 가져왔다. 중국은 빠르게 세계 공장이 되어가고 있다.

- 진주 삼각주의 슌더시에는 세계 전자레인지의 40퍼센트를 생산하는 거대한 공장이 있다.
- 선전시는 세계 복사기의 70퍼센트와 인공 크리스마스트리의 80퍼센트를 만든다.
- 세계 단추의 5개 중 3개는 저장성의 더럽고 먼지가 가득한 차오터우에서 만들어지는데, 이곳에서는 하루에 200만 개 이상의 지퍼를 수출한다.

중국에서의 거대한 규모, 낮은 임금, 높은 문해율, 고도로 발전한 인프라, 비교적 안정된 정치 환경, 그리고 노동에 대한 정치적 통제의 독특한 결합은 대부분의 경쟁국과의 경쟁에서 우위를 점할 수 있었다. 중국은 대부분의 제조 상품의 가격을 낮추었고 세계의 소비자들에게 이익을 주었지만 다른 개발도상국들의 수출업자들을 쥐어짜게 되었다. 중국의 효과로 생필품 생산에서 산업으로 가는 것이 발전의 방식이라는 전통적 견해에 대해 논박이 되기 시작했다. 중국의 수요가 늘어 생필품 가격은 오랜 하락에서 벗어났고 경제학자들이 원자재와 트럭 한 대를 사기 위하여 커피 몇 상자(혹은 몇 배럴의 석유)가 필요한지로 대표되는 제조된 상품 간의 무역 조건이라고 불리는 것도 바뀌었다. 커피와 석유 가격은 높고 트럭과 소형 자동차 가격은 하락하고 있다. 이것이 호황과 불황의 일반 규칙을 바꾸고 장기간의 무역 하락의 시작 인지에 대해서는 다른 의견들이 있다. 커피와 같은 열대성 일상품의 가격 상승은 밀과 같은 온대성 작물보다는 한참 뒤져있고, 역사적으로 높은 가격은 시장으로의 새로운 유입을 늘리거나 현재의 생필품을 대체하는 새롭고 더 가격이 싼 대체품을 생산하게 되어 호황은 계속 지속되는 경우가 없다.

만일 장기간에 걸친 무역 하락이 반등한다면, (최소한 대체가 쉽지 않은 생필품의 경우) 개발도상국의 생계용 농산물 생산에서 농산물 수출, 의류 및 직물, 전자제품으로 이어져 왔던 과거의 성장 전략은 매우 달라져 있을 것이다. 일상품 생산의 대가는 공업화의 낮은 대가보다 더 높을 것이다. 신기술과 세계화는 국가가 영어를 한다든지, 관광 혹은 문화와 같은 서비스를 포함한 새로운 형태의 비교우위를 자본화할 수 있도록 해준다. 국가는 세계 무역에서 중국과의 경쟁에 뛰어드는 것보다는 자국과 지역 시장에 집중해야 할 것이다.

지속가능한 성장

경제적 성장은 현대 고성장 시대의 놀라운 성공 신화가 보여주다시피 빈곤과 불평등을 해결하는데 필수적인 방법이지만 성장의 질은 그 양만큼이나 중요하다. 이장 도입부에서 <그림 3.1>은 경제에 대한 더욱 전체적인 접근을 보여주고 있다. 그 접근의 분석적 요소들을 적용하며 개발 전략가들은 성장을 관리하려 하고 그것을 통하여 인간 복지를 극대화 하려 한다.

소득 빈곤 감소 성장이 언제나 가난한 이들의 소득을 올려주는 것은 아니다. 기술이 주도하는 생산성의 향상을 통한 성장을 '일자리가 생기지 않는 성장'이라고 하는데 그 이유는 생산성 향상이 일자리를 없애는 것보다 더 많은 일자리를 만드는 데 실패하기 때문이다. 이 현상은 특히나 성장이 빈곤을 감소시키는 중요한 방법 중 하나인 일자리 창출에 문제가 된다. 급격히 인구가 성장하는 개발도상국들에서 젊은 신세대들은 노동 세계로의 진입에 실패한다. 심지어 중국의 경제 호황기에도 기술의 변화는 생산물 증가에 놀라운 성과를 냈지만, 공식적인 제조업 분야에서 일자리는 1995년 9천 8백만 개에서 2002년 8천 3백만 개로 줄었는데 이는 OECD 14개국들의 감소 속도보다 빠르다. (8천 6백만 개에서 7천 9백만 개로 감소)[213]

환경 지속가능성. 지금까지 추구해온 성장은 환경 수용력을 거의 존중하지 않아 왔다. 지구는 110억 9천만 헥타르의 목초지, 농경지, 숲, 양어장, 그리고 늪지와 같은 생물학적 생산 공간으로 이루어져 있다. 지구에는 거의 70억에 다다르는 인구가 있다. 그래서 평균 1인당 1.8헥타르의 '환경 공간'이 있지만, 2007년까지 인류는 50퍼센트 이상이 더 필요하다. 환경적 의미로 보자면 지구의 환경 역량을 갈취함으로써 그 비용을 치르고 있는 것이다.[214]

공평. 세계은행의 연구에 따르면 1970년대와 1980년대 전 지구적 성장은 불평등의 심화라는 결과를 낳지 않았으나 그 후 10년간 부자들은 균등하지 않게 혜택을 받게 되고 불평등은 경제가 성장함에 따라 심화 되었다.[215] 불평등은 빈곤을 줄이는 성장의 잠재성을 제약할 뿐만 아니라, 성장 자체에 '독소적 환경'을 만든다.[216] 최근에는 더욱 복잡한 현상이 개발도상국 내에서 나타나고 있다. 불평등이 G20 국가 (브라질 제외)에서 계속하여 커지고 있지만, 대부분의 라틴 아메리카와 아프리카에서는 줄어들고 있다는 것이다. 칠레 경제 학자 가르리엘 팔마Gabriel Palma의 더욱 면밀한 분석은 다음과 같은 결론을 내린다. 중산층들은 일반적으로 개발도상국에서 경제적 이익의 반을 가져가고 그들이 가져간 반을 매우 성공적으로

---

[213] J. Banister (2005); R. Kaplinsky (2005) 'Asian Drivers: China, India and the Global Labour Force', presentation, www.ilo.org/public/english/bureau/inst/papers/confrnce/research/pppkaplinsky.pdf
[214] Worldwide Fund For Nature (WWF) (2010).
[215] H. Lopez (2006).
[216] M. Spence (2007).

지켜낸다. 나머지 반을 차지하기 위하여 상위 10퍼센트와 하위 40퍼센트 간의 정치 싸움은 점점 더 치열해져 가는데 이것은 나머지 절반의 분배가 아주 잘사는 이들과 몹시 가난한 이들 중 중산층을 끌어들일 수 있는 이들이 모두 가져가는 것이 되어 버렸다는 것을 의미한다.[217]

사회적 지속가능성. 성장은 식구를 돌보는 일, 아이 양육, 집안일과 같은 비임금 노동에 대한 예측할 수 없는 반향을 미친다. 성장은 과거 20년을 뒤로한 채 여성들의 노동력으로의 진입에 불씨를 댕겼지만, 이는 비임금 노동의 부담을 국가가 줄여주거나 혹은 성 역할의 변화가 있는 곳에서만 여성의 복지를 강화하였다. 그렇지 않은 곳에서는 여성의 복지가 축소되었다.

생계 안정. 성장에 수반되는 혼돈은 가난한 사람들의 생계를 흔들 수 있다. 세계은행과 IMF가 추천하는 친 성장 전략들은 급진적 변화라는 '충격 요법'을 명시적으로 받아들일 것을 요구한다. 많은 정치 지도자들은 '유연성'과 변화를 두 개의 축으로 하지만, 금융 시장과 같은 거시적 차원에서의 비안정성은 개발도상국에서의 깊은 경제적 위기를 일으킨다. 일자리나 자산을 잃는 것과 같은 개인적 차원에서 불안정성과 충격 혹은 농부들에게 갑작스러운 농산물 가격의 변화는 가난하게 사는 이들에게는 매우 큰 비용이 든다. 따라서 안녕을 추구하는 것은 더욱 '성장을 향한 질주'로부터 나타나는 불안정한 요소들을 피하는 것을 의미한다. 많은 가난한 이들은 안정성과 예측 가능성에서 큰 혜택을 바라본다.[218]

권리와 시민권. 역사적으로 성장은 능동적 시민권을 강화해왔는데 그 이유는 큰 경제 안정은 일반적으로 신중산층이 주도하여 권리의 향상을 요구하기 때문이다. 그러나 최근에는 성장하기 위한 방식들이 수출 가공

---

[217] J. G. Palma (2011).
[218] R. Layard (2005) op. cit.

지대에서 노조를 불법화하는 것과 같은 방식으로 가난한 이들의 안전을 약화하고, 권리를 침해하고 있다. 이러한 방식들은 빈곤과 불평등을 감소시키려는 성장의 잠재력을 제한하게 된다. 능동적 시민은 성장의 혜택이 골고루 퍼지는 것을 보장하는데 필수적이다.

효과적 정부. 친 성장 전략은 최근 10년간 국가를 문제 일부이자 시장의 역할을 원활히 하는 데 걸림돌로 보고 있다. 효과적 정부는 성장이 일어나게 하고 그 혜택의 공정한 분배를 확보하는데 중심적인 일을 하기에 성장을 자극하는 방식은 효과적 국가를 약화하는 것이 아니라 오히려 세수를 늘리고 거버넌스와 국가 제도를 강화하는 방식으로 향상시켜야 한다.

가난한 국가에서 성장을 강화하는 복지를 성취할 수 있도록 하는 하나의 정책은 있을 수 없다. 이데올로기가 이끄는 전략은 그것이 정부 중심이건, 시장 중심이건 관계없이 초기에는 일면 성공적이지만 시민들의 권리와 공공의 제도를 구축하는 장기적인 실용주의적 임무에 대해서는 뒤쪽으로 밀려나게 된다. 향후 앞으로 나아가야 할 방향은 정책 처방이 아닌 자신의 실수로부터 학습하고 실험을 감행하는 더욱 능력 있는 국가와 자신의 이익을 능동적으로 지켜내는 시민들에 있다. 효과적 정부와 능동적 시민들은 부의 창출과 향상된 복지 모두를 가져올 수 있는 시장을 만들 수 있는 최고의 보증을 제공한다.

사례 연구

변화는 어떻게 일어나는가. 두 개의 아프리카 성공 사례
(보츠와나와 모리셔스)

일반적으로 볼 때 보츠와나 인구는 적고, 불모지이며, 내륙국이고 다이아몬드와 같은 자연 자원에 크게 의존하는 경제적으로 무기력한 국가이다. 1966년 독립 시, 보츠와나는 중등학교가 고작 2곳 밖에 없었으며 포장된 도로는 12KM가 전부이며 정부 세수의 절반을 영국에 의존하고 있었다.

대신, 최소한 AIDS가 창궐하기 전까지 보츠와나는 아프리카에서 가장 지속적인 성공을 거둔 국가이다. 그곳의 1인당 국민 소득은 독립 시보다 100배 성장했는데 이는 지난 30년간 전 세계에서 가장 빠른 경제 성장을 해온 것이다. 보츠와나는 남아공과 지금은 짐바브웨로 개명된 로디지아와 국경을 맞대고 있고 종종 침략을 받았음에도 불구하고 아프리카에서 몇 되지 않는 인종차별이 없이 민주주의를 이끌어온 국가 중 하나이다.

몇 가지 요인들이 보츠와나의 성공 사례에 기여하였다.

긍정적인 거버넌스. 최대 부족인 츠와나Tswana의 전통 거버넌스 시스템은 식민지 통치 기간에도 크게 훼손되지는 않았다. 그 시스템은 넓은 협의와 협의 구축을 강조하는데, 보츠와나의 인권 활동 지도자들은 이를 '신사적인 권위주의gentle authoritarianism'이라고 묘사한다.

국가의 직접적 역할. 정부는 국가 소유의 기업을 세우고, 자연 자원을 국유화하며 6개년 국가 개발 계획을 운용하였다. "우리는 계획 하에 모든 것을 운영하는 자유 시장 경제를 가지고 있다."라고 한 보츠와나 학자가 말했다.

운 좋은 시기. 다이아몬드는 독립 후 몇 년간 발견되지 않았다. 이 시기 동안, 보츠와나는 거대 다이아몬드 회사인 드비어스De Beers와 유리한 협상을 이끌어 계약을 맺었고 그 뒤이어 쏟아져 나온 수백만 달러를 잘 관리 하였다.

군부의 부재. 보츠와나는 독립 후 10년 뒤에나 국경을 맞대고 있는 로디지아와의 충돌로 인하여 군대를 가지게 되었다. 따라서 군부 쿠데타가 없었다.

기술 지원을 잘 활용함. 독립 시 단 2개 남은 중등학교와 22명의 대학교 졸업생이 전부였던 정부는 열정이 넘치는 젊은 외국 거주자들을 장기 계약으로 고용하여 아프리카 전역에서 볼 수 있는 2주간 찍어내듯 양산해 내는 인력 자원 수급을 피하였다. 그들 중 많은 이들이 시민권을 얻고 체류를 하였다

리더십. 첫 두 대통령이었던 세레세 카마 Seretse khama와 쿠엣 마시레 Quett Masire는 국가의식과 효과적인 정부 행정 체계를 만들었다.

그러나 경제적 성장에도 불구하고 국가는 여전히 자원을 중심으로 한 경제를 다각화하는데 실패하여 실업, 불평등, 지속되는 빈곤과 같은 여러 문제에 봉착해 있다. 인구의 20퍼센트는 하루 1달러 미만으로 살아간다. 정부는 런던이 아니라 자국 내에서 다이아몬드를 세공하고 분류하는 것과 같은 자연 자원 다원화와 많은 일자리를 만드는 관광과 금융과 같은 개발 서비스를 개발하고 있다. 그러나 독립 이후 45년간 권좌에 앉아 있던 정당 내에서 대중의 불만족과 부패와 같은 침체는 불가피해 보인다.

모리셔스의 성공은 인상적인 학술적 논점들을 제시한다. 1961년 노벨 경제학상 수상자인 제임스 미드 James Meade는 인도양 섬들의 경제가 실패하고 있는 전조를 보았다. 이들은 단일 곡물에 의존하고 인종 간 긴장을 가져오는 갑작스러운 인구 증가가 되고 있었다. 그는 이렇게 결론을 내렸다. "평화로운 개발 예측이 어렵다."

그러나 1968년 독립 이후 모리셔스는 높은 경쟁력을 갖추고 아프리카보다도 동아시아에 가까운 성장률과 (1973~99년까지 연간 성장률이 5.9퍼센트인데 반해 아프리카의 평균 성장률은 2.4퍼센트이다) 포용적인 민주주의를 만들어 내었다. 사탕수수에 의존하였으나, 직물과 의류와 같은

노동 집중형 공업화로 국내 투자자들에 의해 이전하게 되었고 나아가 관광과 금융 서비스로 다각화하게 되었다.

인간 개발에서의 향상도 동일하게 인상적이다. 성장이 시작되자, 기대 수명, 학교 입학률, 문해율, 유아 사망률과 같은 모든 일반적 수치도 향상되었을 뿐만 아니라 소득 불평등도 실질적으로 줄어들었다. 마지막으로 이 모든 것은 선진국 수준의 사회 보장제도를 통하여 가능하였다. 능동적인 노동조합, 사회적으로 민감한 상품들에 대한 가격 제한 그리고 특히 노인들과 공무원에 대한 관대한 사회적 안전.

모리셔스 성공의 주요 이유는 무역을 개발의 추진력으로 슬기롭게 사용한 점이다. 정부는 경제 전반을 자유화하기보다는 수입 물품에 대하여 관세가 없고 투자자는 면세가 되는 수출 가공 지대를 세웠다. 이 지대의 노동자들은 다른 지역에 비해 40퍼센트 정도 임금을 덜 받았는데 1990년대에는 그 차이가 거의 없게 되었다. 모리셔스는 미국과 유럽의 설탕과 직물 시장에 우선적으로 접근함으로써 이익을 보았다.

정책 성공은 효과적인 정부가 필요하고, 모리셔스는 부패, 투명성 전통, 대중의 참여 그리고 높은 임금과 효과적인 시민 서비스를 제공하며 제도적 측면에서 아프리카 국가들의 평균보다 높은 성과를 이루었다. 다른 성공 요인들은 미드가 저주라고 규정지은 인종적 다양성을 포함한다. 홍콩의 중국계들은 의류 공장에 초기 투자를 하였고, 모리셔스의 인도계인들은 모리셔스를 주요한 금융 중심으로 만들었다.

출처 author trip report (July 2007); J. Clark Leith, 'Why Botswana Prospered' (2005); M. Lockwood (2005) *The State They're In*, ITDG Publishing; Acemoglu, Johnson, and Robinson, 'Botswana, an African success story' and Subramanian and Roy, 'Who can explain the Mauritian miracle?' in D. Rodrik (2003) *In Search of Prosperity: Analytic Narratives on Economic Growth*, Princeton University Press.

지속 가능한 시장

빈곤과 불평등을 해결을 위하여 시장을 이용함에 있어 우선적으로 해야 할 것은 올바른 도구를 선택하는 것이고 그리고 나서 일을 시작해야 한다. 지금까지, 초기 신고전주의 경제학의 모델에 따르면, 시장을 이해하고 관리하기 위한 선택의 도구는 일자리에 달려있지 않다. 이것은 예상치 못한 경제 성장을 가져왔는데 불평등이 양산되고 극심하고 완고한 빈곤의 세계를 만들어 내어 그 혜택으로부터 인간을 소외시키는 결과를 가져왔다.

더 나은 도구를 시급히 찾아야 하는 것은 끝없는 고통을 종식 시키기 위한 기회를 낭비하는 시스템에 대한 단순한 도덕적 분노로부터 비롯된 것이 아니다. 이것은 만일 지구의 생태계가 70억 인구를 지탱하기 위해서는, 기후 변화와 다른 환경적 제한들이 성장의 방향을 바꾸어야만 한다는 증거로부터 비롯된다. 지금 그 도전은 '더러운 성장'에서 인간의 안녕이라는 목표를 추구하는 21세기의 신경제학이 인도하는 '현명한 성장'으로 옮겨가야만 한다. 만일 이 지구가 그 거주인들과 함께 생존하기를 바란다면 우리는 성장의 양과 질을 모두 추구해야만 한다.

가난한 많은 이들은 시장을 자신의 삶을 지배하는 통제할 수 없고 변덕스러운 힘으로 경험한다. 조직함으로써 시민들은 시장에 대한 힘과 영향력을 어느 정도 얻어낼 수 있다. 농민들이 곡식을 저장할 수 있고 흉작 때 판매 하거나 노동자들이 노조를 형성하고 고용주들에게 적절한 임금을 제공하라는 압력을 넣을 수 있을 때, 그들은 협상력을 높일 수 있게 되어 단순히 시장에서 가격 수용자가 아니라 어느 정도는 가격을 창출할 수 있게 된다. 효과적 정부의 도움으로 법적 체제가 풀뿌리 조직을 지원하고, 보조금을 받는 신용 대출이 농민들로 하여금 농산물 가격이 오를 때까지 판매를 유보할 수 있게 되거나, 노동 법률이 적절한 임금과 노동 조건을 마련할 수 있게 된다면, 이러한 성취는 더욱 오랫동안 지속될 수 있다.

지속가능한 성장은 가난한 이들이 살고 있는 곳에서 가난한 이들과 함께, 가난한 이들이 생존하기 위한 노력을 지원하는 제도 및 정책과 함께 시작한다. 이것은 모든 가난한 이들이 여전히 소규모 농업, 농업 노동, 어업 그리고 이주나 관광객 서비스와 같은 새로운 서비스를 하며 성공하거나 실패하는 농촌 지역에서 살고 있다는 것을 의미한다. 그곳에 경제를 건설하면 가난한 이들이 혜택을 볼 것이다. 이것은 인간 활동의 많은 부분이 화폐 경제권 외부에서 일어나며 이곳에서는 정부의 활동이 중요한 역할을 한다는 것이며 민간 영역과 국내 혹은 국외 무역이 경제의 근원적인 힘이고, 이들을 정책, 투자 그리고 제도적으로 지원한다면 그들의 역동성이 빈곤과 불평등을 해소하리라는 것을 의미한다.

20세기 중반의 식민주의 시대를 이은 더러운 성장의 시대는 인류 대부분을 위한 인간 개발의 중요한 진보를 가져왔다. 이 세대의 중요한 과업은 모두를 위한 지속 가능한 진보를 성취하기 위하여 깨끗한 성장 의제를 설정하는 것이다. 그것은 특권층 몇몇을 위한 것이 아니라 모두를 위해 일하며 전 세계적 거버넌스에 지지를 받는 효과적이고 책임감 있는 국가와 능동적 시민 그리고 시민 사회와 민간 영역의 협력이 필요할 것이다. 그 대가는 빈곤과 극단적 불평등이 없는 세계, 그 속에서 함께 살아가는 삶이 될 것이다. 하지만 만일 실패를 할 경우 그 대가는 생각하기도 싫다.

제4부

인간 안전

위험을 안고 사는 삶

　북부 우간다의 카리모종Karimojong 부족의 삶보다 더 불안한 삶을 상상하는 것은 쉽지 않다. 이들은 반유목민으로 뾰족한 가시 방책망 안에서 먼지투성이 평원에 흩어져 산다. 방문자들은 다른 유목민 그룹으로부터 가축을 지키기 위하여 설치한 방책망 안쪽으로 들어가려면 작은 구멍으로 기어들어 가야만 한다. 근처에는 까맣게 타버린 원두막이 있는데 여기에서 최근 군대가 공격을 하여 노인들과 출산 중인 여성들을 살해하였다. 기온은 상승도 하고 비가 오면 땅이 젖어 빨간 딱정벌레들이 날아가지만, 가뭄은 지속적인 위협이 된다.
　그러나 카리모종은 희생자가 될 수밖에 없고, 지속해서 자신들이 직면한 위험을 최소화하는 방법을 찾는다. 원두막에서 나와 소의 등에 탄 여성 그룹 멤버들은 공동 곡식 은행을 어떻게 세우고, 추수기에 수수가 쌀 때 구매를 어떻게 하며, 그 수수를 나뭇가지로 만든 바구니나 진흙으로 빚은 항아리에 보관하고 있다가 빈궁기에 어떻게 다시 마을 사람들에게 판매할 것인가를 논의한다. 그들은 이렇게 말한다. "함께 일하는 것이 좋습니다. 우리에게 힘이 됩니다.", "함께 일할 때는 게을러 질 수 없습니다. 동기부여가 되거든요.", "함께 일하면 남편들이 술을 덜 마시게 할 수 있어요. 가족이 운영하는 농장일 경우, 남편이나 아들이 수수로 맥주를 만들자고 할 때 거절하기가 어렵거든요." 크게 웃으며 여성들은 남편들이 지나치게 고집을 부리는 경우에는 여전히 집안에 수수가 남아나지 않는다고 덧붙였다.

그 누구의 삶도 위험으로부터 자유롭지 않다. 이렇게 혹은 저렇게 우리는 모두 직장, 건강, 관계, 육아와 같은 일들에 불안전을 느끼고, 고통받으며, 이를 해결해야만 한다. 조금 더 유복한 개인이나 사회는 공식적인 제도의 도움으로 위험을 관리하고 피할 수 있지만, 가난한 이들과 가난한 국가는 할 수 없다. 그 결과, 가장 가난한 이들의 삶은 위험으로 가득 차 있고 그러한 위험들은 개인적 혹은 사회적 재해가 되어간다.

이러한 재해의 대부분은 국가 혹은 국제 사회의 방제 노력과 관련된 개인들의 역량 강화의 조합을 통하여 피해질 수 있다. 이 조합을 '인간 안전'이라고 한다. 이러한 불필요한 고통을 종식 시키는 것은 도덕적으로 불가피한 것이고, 기후 변화, 분쟁, 그리고 질병이 국경을 넘나드는 이 세계에 대하여 눈을 뜨는 행위이기도 하다. 이 장에서 나는 정부, 시민 그리고 국제 사회가 함께 공조한다면 인간 안전을 보장하는 것이 가능하다는 주장을 할 것이다.

성, 나이, 장애, 건강, 계급 혹은 카스트와 같은 개인 혹인 사회적 요소와 자신의 이익을 지키려는 개인 혹은 공동체의 비교적 권력의 결과인 갑작스러운 충격에 대한 취약성은 빈곤의 특징 중 하나이다. 세계은행 연구자들은 2000년 발행된 『가난한 이들의 목소리 voices of the poor』에서 24개국의 64,000명을 인터뷰하였다. 그들은 사람들에게 지난 10년 동안 가장 힘들었던 문제들이 어떻게 변화하였는지에 대하여 생각해 보도록 요청하였다. 그들의 답은 과거보다 지금 삶이 더 불안전하다고 대답하였다. 유일한 예외는 베트남이었다. 베트남에서는 모든 사람이 1990년대 이후 경제적 기회가 늘었고 빈곤이 줄었다고 대답하였다.

물리적 불안전 역시 주요한 문제이다. 몇몇 고립된 공동체와 같은 예외를 제외하고, 가난한 사람들은 10년 전보다 지금이 덜 안전하고 더 두렵다고 느꼈다. 연구자들은 다음과 같이 결론을 내렸다. '불안은 불안전의 특징이고 불안은 하나가 아니라 많은 위험과 두려움에 기반을 둔다. 일자리에 대한 불안, 임금을 못 받는 것에 대한 불안, 이주에 대한 불안, 보호와 안전의 부재에 대한 불안, 가뭄과 홍수에 대한 불안, 거주에 대한 불안, 질병에 대한 불안, 아이들의 미래에 대한 불안, 결혼 후 정착에 대한 두려움.'[1]

부자들보다 가난한 이들에게 불안전과 위험이 더 크지는 않지만, 사회적 경제적 불평등의 여러 단층을 통하여 다양해진다. 여성과 아이들은 종종 남성들과는 다른 종류의 위험을 겪는다. 왜냐하면, 여성들은 대부분 사회에서 비교적 작은 권력을 가지고 있고 더 취약하기 때문이다. 예를 들면, 여성들은 가정 내 폭력에 직면하거나 혹은 '평상시에' 음식을 덜 섭취하고 재난 이후 긴급 구호에 덜 받게 된다. 많은 국가에서, 여성들은 남편의 사망 이후 빈곤을 겪게 된다. 유사하게, 소수 민족, 노인, 혹은 장애인이나 병든 이들과 같이 공동으로 소외된 이들은 더 큰 위험을 직면한다.

가난한 이들이 직면하는 개인적 위험들은 불평등과 배제를 만들며 더욱 강해지고 커진다. 만일 한 가족의 가장이 일자리를 잃거나 병이 든다면 가족은 덜 먹어야 하는데 이는 질병에 대한 저항성을 약화 시키거나, 염소나 소와 같은 자산을 팔아서 미래에 올 수 있는 다른 충격을 완화할 수 있는 방법이 줄어들게 된다. 말라위에서의 연구는 2001~2년 기아가 위험에 처한 여성들과 여자아이들이 살아남기 위하여 매춘을 하여 HIV에 감염될 확률을 높였다는 보고를 한다.[2]

충격이 전체 공동체에 영향을 미친다면, 친척이나 이웃들로부터의 도움은 기대하기 어렵고 회복력은 약해진다. 개인, 공동체, 그리고 국가적 자원이 마르고, 제도가 약화되며, 위험이 증가하고 구호, 복구의 손길이 끊기고

---

[1] World Bank (2000) Voices of the Poor - Crying Out for Change.
[2] D. Fahy Bryceson and J. Fonseca (2006).

물리적, 자연적 자산이 파괴되면 분쟁과 자연재해가 왔을 때 서로 돕는 연결 고리가 약해진다.

분쟁은 가뭄을 빈곤으로 만들 수 있다. 아프리카의 식량 위기 중 50퍼센트 넘게는 무력 분쟁과 그에 따른 수백만의 이동으로 설명될 수 있다.[3] 2003년 기준 AIDS 감염자가 100,000만 명 이상인 국가 17개국 중 13개국은 분쟁이나 긴급한 위기에 처해 있다.[4]

기후 변화의 위협 중 하나는 가난한 사람들에게 취약하고 현존하는 위험을 가중하는 경향성에 있다. 예를 들어, 케냐와 다르푸르에서 가뭄은 경작이 가능한 토지를 축소하거나 물 공급을 고갈시켜 갈등을 고조한다. 잠비아에서 가뭄은 HIV 바이러스 접촉을 더욱 쉽게 만들었는데 그 이유는 가뭄 때문에 가족들은 종종 딸들을 성 파트너가 여러 명인 나이 많은 남성에게 조혼시켜 버릴 수밖에 없기 때문이다. 기후 변화와 분쟁 사이의 부정적 효과는 가계들이 질병과 죽음 그리고 장례식에 자주 참석하느라 변화하는 기후에 적응하는 가계의 능력을 저하하는 방향으로 나타난다.[5]

단기적인 환경 파괴와 고통은 장기적인 결과를 가져온다. 연구에 따르면 가뭄, 전쟁 그리고 홍수는 10년 뒤에도 영향을 미치어 수익과 소비를 적게 하고, 질병에 더 자주 걸리게 한다. 더욱이 가난한 이들이 이러한 충격을 다루는 방식은 단기적 생존과 장기적 발전을 맞바꾸는 방식이다.

이 장에서는 가난한 이들의 삶에서 나타나는 다양한 위험을 살펴볼 것이다. 가난한 사람들이 대면하는 일상에서의 위험뿐만 아니라 가뭄과 같이 천천히 일어나는 재해와 지진이나 전쟁과 같은 갑작스러운 재해에 이르기까지 공동체와 국가 전체를 혼돈에 빠뜨릴 수 있는 충격을 다룰 것이

---

[3] Oxfam International (2006) 'Food Crises in Africa', p. 4.
[4] Human Development Report 2005, p. 160.
[5] P. Suarez (2006).

다. 이 장은 변화하는 위험들의 본질을 평가하고 이러한 위험의 영향을 줄이고 그 근본적 원인을 해결할 수 있는 방책들에 대해 다루겠다. 가난한 이들은 더욱 취약하며 그들의 취약성을 줄이는 것이 빈곤 및 불평등과 싸우는 데 중요하다는 것을 보여줄 것이다.

취약한 이들은 누구인가?

'취약성'은 자신들이 노출된 스트레스와 사태를 다룸에 있어 공동체나 가계의 제한된 능력을 의미한다. 이러한 스트레스는 가정에서의 죽음이나 질병, 강도, 퇴거 혹은 일자리나 곡식을 잃는 것과 같은 일상적인 재해나 혹은 가뭄이나 지역 전체에 영향을 미치는 분쟁과 같은 중대한 사건과 동일하게 다루어 져야만 한다. 이러한 두 가지 유형의 사건들 모두 가난한 가정을 증가하는 취약성과 가난으로 더욱 깊이 끌고 갈 수 있다. 가난한 개인이나 가계가 마주하는 위험은 위험의 규모와 취약성의 정도라는 두 가지 요소 사이의 상호 관계로 이해된다. 위험은 비교적 작은 사건에 대한 가난한 이들의 극단적 취약성 혹은 심지어 잘 준비된 가족들을 휩쓸어 버릴 만큼 큰 위험을 만드는 막대한 충격으로부터 비롯될 수 있다.

<그림 4.1>은 가난한 개인이나 가계를 위험할 수 있는 위험과 그들이 그 위험을 관리하고 견디는데 사용하는 주요 자산의 예를 제시한다. 그 요소들은 지속적으로 사회적, 정치적, 환경적 변화를 통하여 변화한다. 예를 들어 도시화는 수백만의 사람들을 잠재적인 죽음의 덫에 가둔다. 세계에서 가장 큰 도시 중 절반 정도가 주요 지진대에 있거나 열대성 태풍의 경로에 있고 많은 큰 도시들이 바다의 수면, 폭풍, 그리고 쓰나미에 취약할 수 있는 해변가에 있다.[6]

그림 4.1 취약성은 어떻게 삶에 영향을 미치는가

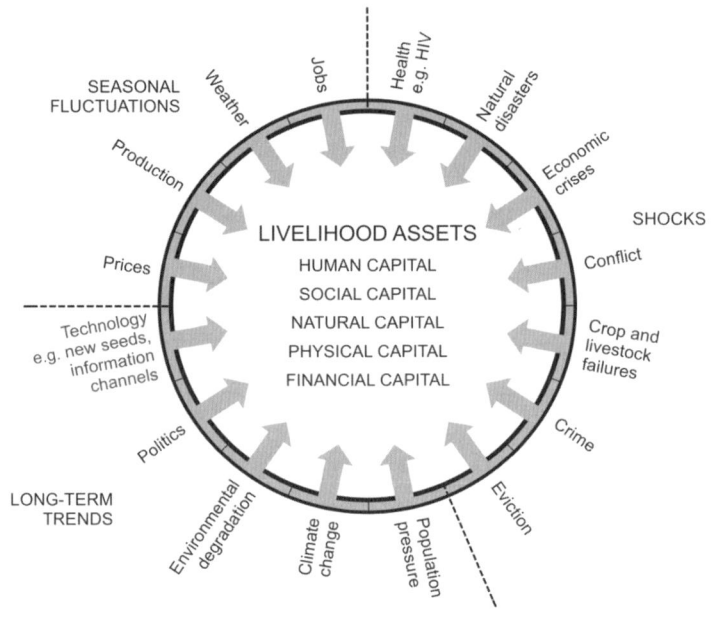

생계 자산

인간 자본: 기술, 지식, 노동 능력, 건강

사회적 자본: 정치 혹은 시민 구성체와 같은 개인 혹은 넓은 범위의 제도 간의 비공식적 네트워크를 포함하여 사람들이 가지고 있는 사회적 자산. 교회와 같은 더 형식적 집단의 회원, 신뢰, 호혜 그리고 교환의 관계

자연 자원: 공동 자원, 토지, 물 등을 포함하여 사람들이 가용할 수 있는

---

6   UNISDR (2004) 'Living With Risk: A Global Review of Disaster Reduction Activities'.

자연 자원

물리적 자본: 생계를 지원하는데 필요한 기초 인프라 (주택, 에너지, 교통, 관계)와 생산품

금융 자본: 저축, 임금, 송금 혹은 연금과 같은 정부가 제공하는 부의 재분배

도시나 농촌에서 평상시 위험을 감수한다는 것은 가난해진다는 것을 의미한다. 가족들은 자신들이 의존하는 것을 다양화하는데 익숙하다. 농촌 지역에서 그들은 젊은이들을 도시로 보내 일자리를 찾게 하고, 다른 지역에서 여러 곡물을 키우고, 소득을 위해 가축을 사고팔며 야생 농산물을 채취하고 판다. 도시에서 가난한 이들은 길거리 상인으로, 가정부로, 건설 현장에서 혹은 쓰레기 재생을 하는 일을 하며 비공식 경제에서 살아 남기 위해 애쓴다.

이 전략이 실패할 경우, 그들은 더욱 과감한 조치를 취하는데, 아이들을 학교에 보내지 않고, 식량 섭취를 줄이거나 주요 자산을 판다. 심지어 그 조치가 미래의 구매력을 감소시킬 지라도 말이다. 이것은 평화로울 때는 자주 일어나지만, 충격이 전체 공동체를 덮치게 되면 더욱 널리 퍼져, 가계는 서로 돕거나 자원을 빌리는 것이 어려워지고 지방 정부에는 지나치게 많은 지원 요청이 쇄도하게 된다. 취약성은 배고픔, 약함, 출혈 투매, 궁핍 그리고 심지어 죽음에까지 이르게 사람들을 끌어 내린다.

취약성이 개념적으로는 빈곤과 유사하지만, 취약성은 관계성에 더 초점을 둔다. 취약성은 사회를 관통하는 권력, 연결성, 그리고 배제를 생생히 보여준다. 재해가 왔을 때 누가 친구인지를 알게 되고 사회적 유대감과 다른 가족들과의 관계 그리고 후견인은 지역 사회와 연고가 없는 이주 가정과 같은 매우 가난한 가정도 덜 취약하게 해준다. 가장 취약한 사람들

은 지속된 빈곤을 경험하는 밀려난 이들이다. 소수 민족, 여성 가장 가계, 노인, 질병에 들거나 장애인.

인간 안전

취약성의 반대는 안전이다. 넓게 말해, 부유하고 권력이 있는 사람들과 공동체는 더욱 안전한 삶을 살 수 있다. 베트남의 가장 가난한 도시 중 하나인 하 틴Ha Tinh의 한 주민은 이렇게 말한다. "부유한 사람은 1년 안에 손실을 복구할 수 있지만, 돈이 없는 이들은 결코 복구할 수 없다."[7] 이 불균형을 바로 잡는 것은 빈곤과 불평등을 해결하는데 핵심이 된다.

충격의 위협을 감소시키기 위하여 개인과 정부는 사람들의 안전을 강화해야만 할 것이다. 최근 대중적 논의를 주도하고 있는 안전의 군사적 문제가 아니라, 빈곤하게 살며 불안전과 불안의 경험을 출발점으로 하는 더욱 종합적인 인간 안보 말이다. 이렇게 안전을 보증하게 되면 충격을 견디고 가난에서 벗어날 수 있는 가난한 이들의 능력을 강화하여 다시는 가난의 구렁텅이로 빠지지 않을 수 있게 된다.

UN의 1994년 <인간 개발 보고서 Human Development Report >[8]의 서문에서 처음으로 등장한 인간 안전 접근은 다음의 세 가지 기준을 기반으로 하여 하나의 기본 틀로 응급 대처와 개발을 통합하였다.

- 충격에 취약한 이들은 충족되어야 할 일련의 권리를 지닌 자신의 운명 주체이다.

---

[7] World Bank (2000) Voices of the Poor, p. 175.
[8] 더 많은 정보는 다음을 참조. the Final Report of the UN Commission on Human Security (2003), www.humansecurity-chs.org/finalreport/ index.html.

- 정부와 국제기구들은 빈곤하게 사는 이들에게 영향을 미치는 위험과 취약성을 해결해야만 한다.
- 일반적으로 빈곤 감소, 공평, 성장의 논의에서 무시되거나 저평가되어온 사회적, 정치적, 경제적 안정성은 위험 감소에 근본적인 것이다.

'지속 가능한 발전'과 같이 많은 정부는 인간 안전의 근본적인 의미를 무시하면서도 말로만 관심을 두어 인간 안전이라는 개념의 평가를 낮춰왔다. 이 접근은 정부와 국제기구가 시민들이 국제적 인권법과 인도주의에 따라 자신의 취약성을 감소시키고 위험에서 자신을 지키려는 노력을 지지하고 보조하는 아래서 위로의 접근을 하도록 한다.

취약한 사람들은 수동적인 것이 아니라 위험을 직접 다루고 위험을 감소시킬 공공 정책을 압박할 적극적인 시민 조직을 만드는 것을 포함하여 지속적으로 자신을 둘러싼 일상적인 위험을 다루고 예방할 방법을 찾고 있다. 정부는 건강, 교육, 생계 그리고 정보에 대한 접근성을 보장함으로써 이러한 역량 강화를 지원할 수 있다. 그렇게 되면 더욱 가난한 이들은 능동적 시민으로서 위험을 해결하는데 필요한 기술과 지식을 가질 수 있게 된다. 이 주제는 이미 2부에서 자세히 다루었다.

정부와 국제기구들은 일상적일 때나 위기일 때 모두 가난하고 취약한 이들이 폭력과 박탈 그리고 위압에 희생되어서는 안 된다는 점을 확신하게 하여 그들의 권리를 보장함으로써 가난하고 취약한 이들을 보호해야만 한다. 그들은 충격이 일어날 가능성을 줄이고 충격을 완화 시키도록 능동적으로 나서야 한다. 따라서 인간 안전은 빈곤과 싸우는 데 있어 두 가지 핵심적인 요소를 포함한다. 자신의 권리를 주장하기 위하여 조직된 능동적 시민과 이러한 권리를 실현하기 위하여 일하는 효과적인 정부.

특히 어린이의 취약성은 인간 안전 접근의 중요성을 투영한다. 전통적으로 어린이들은 '보이지 않고' 그들의 부모나 보호자들의 재산 이외의 것으로 다루어지지 못했다. 예를 들어 '어린이를 때리지 말라'라는 어린이 권리 개념은 북반구와 남반구 모두의 부모들에게 여전히 불편함과 다툼의 여지가 남아있지만, 1989년 UN 아동 권리 협약은 국가가 어린이를 보호하며 어린이가 발전하는데 필요한 기초 서비스를 제공하며 어린이는 자신의 삶에 영향을 미치는 결정들에 대해 논의를 하는 것과 같은 권리를 가지고 있다는 것을 국민과 국가가 모두 인식하도록 압박하는 큰 변화를 가져왔다.9

위험을 해결하는 가장 기본적인 공적 책임은 이 장에서 초점을 맞추고 있는 국가 정부에 있다. 그러나 쓰나미, 가뭄 그리고 갈등은 국경선을 모르고 많은 대단히 취약한 공동체들은 정부가 극도로 약하며, 해결보다는 위협의 일부분이 되는 곳에서 살아간다. 이러한 상황에서, 국제 사회는 생명을 구하는 의무를 지고 있고, 이 일은 개발을 원조하고, 긴급 구호를 하며, 외교적이거나 국제 평화유지와 같은 5장에서 충분히 소개된 역할을 통하여 할 수 있다. 빈곤과 관련되어서도 그렇듯, 분쟁이나 기후 변화와 같은 문제는 국가와 국제적 차원에서 동시적으로 나서야만 해결될 것이다.

불행하게도, 현재 국제적 논의에서 안전 문제는 이렇게 인식되고 있지 못하다. <그림 4.2>는 오늘날 세계에서 일어나는 불안전의 궁극적 형태인 죽음의 주요 원인을 보여주고 있다. 이 그림은 테러가 안전의 가장 큰 위협이 되는 부자 나라의 정치적 이슈들과 더욱 현실적이지만 '낮은' 기술 폭력과 질병의 치명적인 위협으로부터 오는 더욱 큰 일상적 불안을 마주한 가난한 사람들의 삶의 현실 사이에 존재하는 차이를 명료하게 보여준다.

---

9   See D. Green (1998) Hidden Lives: Voices of Children in Latin America and the Caribbean.

그림 4.2 세계의 조기 사망의 원인 -2009년 기준-[10]

참고: 위의 수치들은 대략적인 것이고 종종 논란이 된다. 몇몇 경우 중복되는 경우도 있다. 예를 들어 어린이 사망과 어린이 영양실조와 같은 것은 중복적으로 계수되어 있을 수도 있다. 그러나 이 수치들은 상대적인 범위를 보여주는 데 도움이 된다.

---

10 그림 4.2의 출처: UNICEF, 'The State of the World's Children'; WHO Fact Sheet, 'Tobacco'; WHO, Countdown to 2015: Tracking progress in maternal, newborn and child survival; WHO Fact Sheet, 'Obesity and overweight'; WHO Fact Sheet, 'Alcohol'; WHO Fact Sheet, 'The top 10 causes of death'; WHO Fact Sheet, 'Indoor air pollution and health'; WHO Fact Sheet, 'HIV/AIDS'; WHO, Road traffic deaths (http://www.who.int/gho/road_safety/ en/index. html); R. Preidt, 'Malaria's Global Death Toll Much Higher Than Thought'; WHO, Interpersonal violence (http://apps.who.int/ghodata/?vid=10012); WHO, Childbirth or pregnancy-related disease (http://apps.who.int/ ghodata/?vid=1 0012); WHO Fact Sheet, 'Maternal Mortality'; K. Krause, R. Muggah, and A. Wennmann (eds.), 'Global Burden of Armed Violence'; US Department of State, 'Country Reports on Terrorism 2010'.

사회적 보호

노인들에게 연금을 지급하는 것이 어린이들이 학교에 있게 하는 데 도움이 된다는 사실은 놀라운 것처럼 보인다. 그러나 남아공과 브라질에서는 노인들에게 매달 수표를 지급하여 그들이 자신과 손주를 돌보도록 하여 노인들에게 존엄성을 갖게 하고 미래 세대에게 능동적이고 생산적인 역할을 할 수 있도록 준비시킨다. 남아공의 경우, 많은 부모가 AIDS로 죽게 되자 조부모들은 더욱이 중요해졌다.

연금은 '사회적 보호'라 불리는 것의 한 예이다. 사회적 보호는 다음과 같은 모든 공적, 사적 과업을 의미한다.

- 소득이나 소비를 가난한 이들에게 이전하는 것
- 생계 위험에서 취약한 이들을 지키는 것
- 소외된 이들의 권리와 사회적 지휘를 강화하는 것

사회적 보호의 일반적인 목표는 가난하고 소외된 사람들의 경제적, 사회적 취약성을 감소시키는 것이다.[11]

복지국가가 소득과 지원을 가장 취약한 이들에게 주기적으로 이전시키는 많은 선진국에서는 정착된 사회적 보호가 세계의 몇몇 가난한 국가들에서 급속도로 지지를 받고 있고 원조 산업의 전제들이 도전받고 있다.

---

[11] S. Devereux and R. Sabates-Wheeler (2004).

2005년 에티오피아 정부는 7백만이 넘는 가장 가난한 시민을 지원하기 위하여 '생산적 안전망 프로그램'을 도입하였다. 이 프로그램은 노인들과 임산부에게 공공 고용과 보조금을 지급하는 것을 골자로 한다. 브라질에서는 가족 수당인 볼사 파밀리아Bolsa Familia 계획을 통하여 1천 1백만의 가난한 브라질 가족에게 금융 지원을 하고 대신 자녀들은 학교에 가고 백신을 맞아야 한다.

그러나 사회적 보호는 이것보다 훨씬 더 근본적인 역할을 한다. 사회적 보호는 국가가 세계인권선언에서 제시한 기본권을 보장함으로써 취약성을 감소시키는 의무가 있음을 주장하며 빈곤의 핵심적 측면을 다룬다. 이러한 권리들은 시민권의 근간을 구성한다. 이러한 방식으로 접근하는 사회적 보호는 이 책에서 지속적으로 제기한 적절한 교육, 건강 보험, 물 그리고 화장실의 제공, 취약한 농민들에게 토지 재분배, 농민들이 기후 변화에 대처할 수 있도록 하며, 여성이나 도시의 불법체류자들의 재산권을 보호하고, 성차별에 근거한 폭력에 대처하며, 공식 비공식 경제에서 노동자들의 노동권 보호와 같은 사회 서비스와 사회적 공평 이슈로 나아간다.

사회적 보호와 같은 개념은 가난한 이들을 '수혜자'로 다루는 것이 아니라 가난한 이들 자신의 목소리와 권리에 집중하여 그들이 영속적인 지지를 이끌어내고 국가의 개입을 요구하여 개발의 핵심인 효과적 정부와 능동적 시민의 조합을 촉구 할 수 있다.

사회적 보호가 잘 이루어질 때 놀라운 결과를 가져올 수 있다. 2007년 남아공의 4천 800만 인구 중 1천 300만이 아동 지원, 장애 수당, 연금을 받는다. 2007년에는 GDP의 3.4퍼센트인 9십억 달러를 지출하였다.[12] 이

---

[12] Vusimuzi Madonsela, Director-General, South African Department of Social Development, lecture, Oxford, November 2007.

프로그램은 높은 정치적 지원과 능동적 시민사회의 정부에 대한 지속적인 압박의 결과였다.

인종 차별 정책의 어두운 그림자로부터 벗어나게 된 남아공의 새로운 헌법은 '누구나 스스로 그리고 자신에게 의존하고 있는 이들을 부양할 수 없을 때 적절한 사회 지원을 포함한 사회적 안전에 접근할 권리를 가지고 있다'[13]고 밝힌다. 이에 대한 평가는 사회 보조를 받는 가계들이 사회 보조를 받지 않는 비교군 가계보다도 어린 자녀들을 학교에 더 잘 보낼 수 있고 아이들에게 더 낳은 영양을 공급하며, 일자리를 더욱 집중적이고 폭넓게 그리고 성공적으로 찾는다는 것을 보여준다.[14]

소비에트 연방의 일원이었던 키르기스스탄은 원칙적으로 모든 시민들을 포함하는 사회 보장 시스템을 가지고 있다. 키르기스스탄의 사회 보장 시스템은 현재 노인 및 장애 수당을 지급하는 사회 보험 기금, 어린이와 노인 그리고 노동자 치료 비용을 모두 포함하는 건강 보험 기금, 빈곤 선 미만으로 살아가는 이들에게 소액의 현금으로 지급하는 사회 지원 시스템을 포함한다. 완벽하다고는 볼 수 없지만, 이것은 심지어 가장 가난한 국가도 (2010년 키르기스스탄의 1인당 국민소득은 860달러[15]) 가장 취약한 이들을 보호하도록 돕는 사회 보호 시스템을 운영할 수 있다는 것을 보여준다. 세계은행은 이 시스템이 없었다면 극빈곤층이 24퍼센트, 빈부 격차가 42퍼센트, 빈곤으로 인한 고통은 57퍼센트 늘었을 것으로 분석한다. 더 나아가 이러한 사회적 보호는 2002년에는 GDP의 3퍼센트 정도만 지출하여 공공재를 통한 사회적 보호가 지속 가능하다는 것을 보여준다.[16]

---

13 1996 Constitution of the Republic of South Africa, Section 27, 1c.
14 'Social Grants in South Africa', Inter-Regional Inequality Facility case study (2006).
15 World Bank, GDP per capita, http://data.worldbank.org/indicator/ NY.GDP.PCAP.CD

사회적 보호는 국가에만 제한된 것이 아니다. 대단히 방대한 활동들은 지역 공동체 내에서도 가족 지원 네트워크나 종교 기관을 통하여 할 수 있다. 인도의 자영업 여성 연합(SEWA)과 같은 NGO들이 비공식 경제 영역에서 수천 명의 여성을 위하여 보건, 출산 수당 및 여타 보험과 신용 대출을 하는 것은 사회 보호가 어떻게 성 불평등을 해결할 수 있는지를 보여준다.[17] 옥스팜과 같은 국제 NGO들은 점차 사회 보호의 요소들을 자신의 프로그램으로 수용하고 있다.

사회 보장에 대하여 싹트기 시작한 관심은 빈곤과 불평등에 대한 향상된 이해뿐만 아니라 과거 1980년대와 1990년대 구조 조정과 다른 충격의 영향을 완화하려고 도입한 '안전망'의 형편없는 실패 경험으로 비롯된 것이다. 이러한 대처는 전형적으로 특정한 집단만을 대상으로 하였고 1998년의 아시아 금융위기나 10년 후의 세계 금융 위기와 같은 예상하지 못한 위기에 빠르게 대처하지는 못했다.

동시에, 식량 공급의 일시적인 부족을 해결하기 위하여 계획한 식량 지원과 같은 긴급 구호는 많은 국가에서 거의 영구적인 지속적 빈곤과 취약성의 본질을 흐리게 하고 있다는 것은 명백한 사실이다. 예를 들면, 1994년과 2003년 사이 평균 5백만의 에티오피아인들은 매년 긴급 지원이 필요한 '위험'에 처한 것으로 밝혀졌고, 1998년 이래로 에티오피아에서 식량 구호의 수혜자 수는 5백만에서 1천 4백만을 오갔다. 가난은 긴급한 것이 아니라, 일반적인 것이 되었다.

UN의 식량농업기구 FAO는 만성적인 가난이 90퍼센트는 전 세계적인 식량 불안전의 뿌리가 되고 나머지 10퍼센트는 충격이나 인도주의적 위기를 가져온다고 추정하였다.[18] 남아프리카 지역의 6개국에서 영양실조와

16　A. Shepherd et al. (2005) 'Policy Paper On Social Protection', ODI.
17　www.sewa.org

관계된 피할 수 있는 죽음은 매년 10만 명에서 20만 명 사이로 보이는데, 2011년 동아프리카의 5개월간의 가뭄과 갈등으로 인한 식량 위기 시에는 5만에서 10만 명이 사망하였다.19 만성적인 영양실조는 급성 영양실조보다 더 크지만 관심은 덜 받고 있다. 빈곤의 본질과 함께 권리, 존엄성, 권리부여에 대한 성숙한 이해와 더불어 불평등과 사회적 배제가 자신들에게 해가 되며 또한 경제적 발전에도 방해가 된다는 사실의 인식은 이 과정에서 중요한 역할을 한다. 남아공과 브라질과 같은 국가들에서 급진적 정치지도자들은 경제성장에만 몰두한 개발 정책에 있어 소외된 노인이나 장애인들과 같은 능동적이지 못한 이들을 포함하고 기본적인 인권을 보호하는 정책들이 얼마나 많은 대중의 지지를 받을 수 있는지를 목도하였다.

현금 지원

가난한 이들은 무엇이 필요한가? 식량은 분명한 답처럼 보이지만, 가난한 이들은 현금을 선호한다. 그 이유는 현금은 자신의 상황을 개선하기 위해서 어떻게 사용하는 것이 가장 좋은지를 스스로 결정할 수 있게 해주기 때문이다. 언제 그리고 무엇을 위하여 돈을 쓸지를 스스로 결정할 수 있게 된다. 이것은 또한 권리에 기초한 사회적 보호와도 더욱 상통한다. 점점 더 현금 지원은 현물지원을 대체해 가고 있다. 현금을 지급하는 노동이 식량을 지급하는 노동 프로그램을 대체하고, 학교 급식 프로그램은 학

---

[18] Quoted in Oxfam, World Vision, Care, RHVP, and OVHA (2006) 'Food Security in Southern Africa: Changing the Trend?'

[19] DFID 언론 보도 자료 '9000 tonnes of British aid to arrive in the Horn of Africa for Christmas', 22 December 2011, http://www.dfid.gov.uk/Documents/publications1/press-releases/9000%20tonnes%20of%20UK%20aid%20for%20 Horn%20of%20Africa.pdf

교 보조금으로 대체되기 시작하였다.

2005~6년 사이 아프리카 남부에 걸쳐 나타난 긴급 식량 불안전이 오자 옥스팜은 말라위와 짐바브웨에서 전체 2만 가구를 대상으로 한 긴급 식량 구호 대신 현금 지급을 결정하였다. 뒤에 실시된 평가 결과에 따르면 양국에서 모두 큰 안전상의 문제가 없었다. 현금은 전달이 되었고 안전하게 집행되었다.

양국에서 지급된 현금의 상당액은 식량 주로 옥수수 구매에 사용되었다. 사람들은 또한 적은 금액이지만 중요한 식량이 아닌 것들을 구매하기 위해서도 돈을 사용하였다. 말라위에서 지급된 현금으로 사람들은 정부의 농업 바우처 프로그램을 통하여 농업 보조재를 구매할 수 있었다. 교육과 보건 분야에 대한 예산 투입이 중요한 잠비아에서는 NGO들은 남부 지역에서 가장 가난한 10퍼센트의 마을에 한 사람당 한 달에 6달러씩 지급하여 최악의 피해를 막을 수 있는 최소한의 안전망을 제공하는 잠비아 정부의 사회 보호 프로그램을 도왔다.[20]

베트남에서 옥스팜은 한 발자국 더 나아가 8개의 황폐화된 마을의 가난한 500여 가구에 현금을 지급하기로 결정하였고 마을 주민들이 그 돈을 어떻게 쓰는지를 모니터링하였다. 상위 여섯 가지 용도는 부채 상환 (그리하여 부채 상환의 부담으로부터 해방되어 미래 수익을 보장함) 건축 및 수리, 교육비 지출 및 서적 구매, 종묘 및 비료 구매, 보건비 지출 등이다. 이러한 결과는 가난한 이들이 어떻게 미래에 투자를 하는지, 그들의 요구가 얼마나 다양하고 예측하기 어려운지를 보여준다. 많은 노인들은 돈을 관을 구매하는데 썼는데, 그들은 존엄한 장례를 치룰 수 있다는 확신을 가지고 남은 인생을 살기 원했던 것이다.[21] 현금 지급은 가난한 이들에게

---

[20] Oxfam (2006) 'Food Crises in Africa'.
[21] R. Humphreys (2008).

자신에게 가장 중요한 일들을 위해 자원을 쓰도록 해주었다.

현금 지급은 많은 국가에서 성공적이었는데 특히나 브라질의 볼사 파밀리아나 멕시코의 오포튜니다데스Oportunidades 프로그램과 같이 어린이들에게 백신을 놔주거나 교육을 시키는 조건하에 있을 때는 더욱 성공적이었다. 이러한 프로그램들은 현존하는 취약성을 감소시키고 학교 출석을 높여 다음 세대의 장기적 안전을 향상시킨다.

남아공이나 키르기스스탄과 같은 선구자적 국가들은 사회적 보호가 GDP의 3퍼센트 정도면 가능하다는 것을 보여준다. 이것은 큰 금액이지만, 그 금액의 대부분은 위급한 상황 시 긴급하게 예산을 편성할 필요가 없었기에 벌충된 것으로 볼 수 있다. 2005년 영국 정부의 아프리카 고위급 위원회High-Level Africa Commission는 선행적 사회 보호 비용은 위기 후의 복구 비용보다 적다고 결론 내리며 학교와 보건소에 가는 조건으로 가장 취약한 어린이 5백만 명과 고아와 다른 취약한 어린이들을 돌보는 만성적으로 가난한 4천만의 가구가 지역 공동체 프로그램과 현금 지급을 통하여 지원 받는데 5~6십억 달러면 가능할 것이라고 밝혔다. 수백만을 덫에 가두고 있는 빈곤과 배제의 악순환은 부모에서 자녀로의 대물림 되는 빈곤의 이전을 막고 AIDS와 갈등의 충격을 최소화함으로써 막을 수 있다.[22]

그럼에도, 비용 문제는 재정 긴축을 도맡고 있는 IMF뿐만 아니라 여러 기관에 의해 반대에 부닥친다. 2004년 레소토 정부는 그것이 불가능하다는 원조 공여국의 충고를 물리치고 가입자가 돈을 내지 않아도 되는 연금을 70세 이상 모든 노인에게 도입하였고 남아공, 남미비아, 보츠와나에 이어 남아프리카 지역에서 이를 도입한 4번째 국가가 되었다. 아프리카 위원회가 제안한 대로 55억 달러의 추가적 원조는 공여국에는 1인당 5달

---

22 Africa Commission Final Report, p. 214.

러 미만밖에 되지 않으며 이라크 전쟁 시 전투가 많았던 3주간 미국이 소모한 비용과 동일한 금액이다.[23]

사회적 보호는 남반부와 북반부의 전 세계 가난한 이들의 삶을 변화시킬 수 있는 잠재력을 가지고 있고 이는 급진적인 변화를 가져오고 있다. 원조 공여국과 NGO들에게 사회적 보호는 '긴급'과 '개발'을 나누어 볼 수 있도록 한다. 대부분의 다른 원조 기관과 마찬가지로 옥스팜은 식량을 나누어 주고 긴급 주거지를 제공하는 것보다는 현금을 지급하여 물과 화장실을 공급하고 식량 안전을 보호하는 것이 필요한 갑작스러운 재해와 장기적인 개발 이슈를 분리하여 다루고 있다. 이러한 조직의 양 분야는 서로 다른 직원, 예산 그리고 마음가짐을 가지고 있다. 위급한 시기에는 생명을 구할 수 있다는 마음이 필요하고 반대로 개발에는 인권, 과정, 정치에 대한 관심이 장기적으로는 필요하다.

그러나 취약성은 만성적이라는 인식, 예를 들어 여러 아프리카 국가에서 식량 '위급'은 예외적인 경우가 아니라 일반적인 것이 되었다는 것은 이러한 구분을 다시 생각해 보게 한다. 사회적 보호는 분명히 혼돈의 위급 상황에 대한 대처로부터 가난한 이들의 권리에 기반을 두고, 장기적 보호에 기반을 둔 것으로 나가야 할 방향을 제시한다.

만일 사회적 보호 시스템이 위급 상황 이전에 준비되어 있다면, 이 시스템은 가족이 어린이를 돌볼 수 있도록 하는 어린이 지원책이나 연금을 지급하는 것과 같이 이미 만들어진 전달 경로로 제공할 수 있다. 2008~9년 세계 금융 위기 시 명백히 드러난 것과 같이[24] 지원이 연기될 때 많은 생명을 잃어야 했으나 이 방식은 큰 혜택을 이들에게 줄 수 있다. 그러나

---

[23] Center for American Progress (2007) Iraq by the Numbers, www.americanprogress.org/issues/2007/03/iraq_by_the_numbers.html
[24] D. Green, R. King, and M. Miller-Dawkins (2010).

인도주의적 원조와 장기적 개발 사이의 불분명한 구분은 정부의 관점에서 보면 인도주의적 행동을 정치화하는 위험이 따른다. 외부의 후원자들이 가난한 이들이 장기적인 취약성을 감소시킬 수 있도록 토지를 요구하는 단체들을 지원하는 것보다는 배고픔을 달래기 위해 식량을 제공하는 것을 정부가 더 선호한다는 것은 증명되었다.

인도주의적 원조와 장기적 개발 활동을 연계하는 것을 지지하는 것은 실제로 그렇게 하는 것보다 어렵지만, 잘 알려진 방글라데시의 NGO인 방글라데시 농촌 발전 위원회(BRAC)가 그 길을 보여준다. 그 기관의 취약계층 발전을 위한 소득 증대 프로그램Income Generation for Vulnerable Group Development(IGVGD)은 만성적으로 가난한 가계의 생산적 역량을 개발하고 동시에 그들에게 자신을 보호할 수 있는 기반을 제공한다. 세계 식량 기구와 지방 정부와의 협력을 통하여 가계들은 BRAC이 제공하는 훈련과 신용 대출을 받는 것과 더불어 2년간 월별로 밀 배급을 받는다. 소규모 대출은 양계, 가축, 누에와 같은 소득 창출 활동을 시작하는 데 도움을 준다. 특히 취약 계층의 발전을 위한 소득 증대 프로그램의 대상은 0.5헥타르 이하의 토지를 소유하고 월 소득이 300다카 (4.4달러) 미만인 남편을 잃거나 버림받은 여성 가장이다.

브라질과 남아공과 같이 사회적 보호 프로그램의 기준이 되는 국가들은 연금이나 아동 지원 기금과 같은 대상을 특정화한 프로그램에서 모든 시민을 대상으로 한 '기본 소득 보장'으로 관심이 옮겨가고 있다. 기본 소득 보장 제도는 개발도상국의 빈곤 해결을 위하여 오랫동안 논의가 되었지만 아직까지는 한 번도 시도된 적이 없다. 사회 보호의 성장은 보편주의와 선별주의의 오래된 논쟁을 불러일으킨다. 취약한 공동체나 개인을 특정하여 혜택을 주는 것이 더 효율적인 것이거나 평등한 것인가? 1960년대와 70년대 선진국에서 유행한 것과 같은 보편적 혜택을 주는 것이 더 나은가?

대상을 선정하는 것은 매우 어려운 일인데 특히나 공동체에서 힘 있는 구성원들에 의하여 자원이 강탈되어 현금이 말라 허약해진 국가에는 더욱 그러하다. 인도 12개 마을 5천 가구를 대상으로 한 분석에 따르면 식량 보조가 분명 가난한 이들을 대상으로 할지라도 수혜는 대부분 중산층 가계가 받게 되었으며 연금 상황은 더욱 심각해져 갔다.[25] 세계은행의 111개 사회 보호 프로젝트 연구는 대상자 선정은 전체 프로젝트들의 3/4이 잘 하였으나 하위 소득층에게 혜택을 주는 것은 성공적이지 못했다는 것을 보여준다.[26] 일반적으로 노인, 임산부 그리고 어린이와 같이 쉽게 특정화할 수 있는 집단을 대상으로 하는 것이 평균 소득으로 특정화하는 것보다는 더 성공적이다.

보편적 혜택을 주는 것은 비용이 더 많이 들지만, 다른 장점이 있다. 혜택을 주는 것에 대한 정치적이고 사회적인 합의를 찾는 것에 도움이 되고 박탈된 이들에게 구호 형태로 도움을 주는 것보다는 보편적 권리의 형식으로 사회적 보호를 제공함으로써 협력을 강화하고 소득 평균으로 했을 때 따르는 낙인 효과를 피할 수 있다. 말라위에서 농민들은 농업 투입물의 국가 보조를 받는 수혜자들을 특정화하는 프로그램을 거부하였는데, 그 프로그램이 모두 가난한 농민들을 갈라놓을 수 있을 것이기 때문이었다.

사회적 보호는 만성적인 취약성을 줄이고 빈곤과 불평등을 해결하며 '개발'과 '위급'의 차이를 줄이며 성공적인 개발의 핵심이 되는 시민과 국가의 관계에서 책무성과 권리의 관계를 충족시키는 효율적이고 실질적인 방법을 제시하는 인간 안전의 전형이다.

---

[25] 이 계획은 시민 기본 소득 네트워크Network for the Citizens' Basic Income가 한해 전에 발전시킨 것이다.
[26] L. Chandy and G. Gertz (2011).

박스 4.1
기본 소득 보장: 다가올 위대한 구상

너무나 많은 사람들이 혹독하고, 품위를 떨어뜨리며 비인간적인 빈곤 속에서 산다. 우리는 화약통 위에 앉아 있다. … 우리는 기본 소득이 실제로 가능한 것인지에 대하여 국가적으로 논의를 해야만 한다. 우리는 고자세의 거드름을 피우는 이들에게 위협을 당해서는 안 된다. 사람들이 펜 한번 돌려 거부가 될 때 기부에 대해 말하는 것은 냉소적인 일이 될 것이다.

(데스몬드 투투 대주교, 넬슨 만델라 강좌, 요하네스버그, 2004년 11월)

사회 보호 프로그램들이 늘어나며 사람들의 관심사는 훨씬 단순한 개념에 몰리게 되었다. 모든 사회 구성원들에게 기본 소득을 보장하면 왜 안 되지? 이 주장의 지지자들은 이 개념이 국가 빈곤선과 연계되어야 한다고 주장한다. 예를 들어 1인 당 국민소득의 20퍼센트로 보편적 기본 소득을 주면 모든 시민들이 그것을 수령할 수 있게 된다. 소득세로 그 프로그램의 기금을 조성하여 더 부자들은 더 많이 내게 되면 잠재적으로 불평등을 줄이는 데 도움이 된다.

브라질에서 루이 이그나시오 룰라 다 실바 대통령은 2004년 보편적 소득 보장을 다룬 법률안에 서명을 한 최초의 대통령이 되었다.[27] 이후 브라질 국회는 가장 가난한 가계로부터 점차적으로 확대해 가는 시민의 기본 소득을 의결하였다. 볼사 파밀리아 Bolsa Familia 프로그램은 비록 언제 어떻게 전체 프로그램이 실현될지는 확실치 않지만 보편적 혜택을 향한 첫걸음이 되었다.

이러한 국가적 보편 프로그램에 더하여 세계적 프로그램도 가능하다. 2010년 세계에서 가난한 이들의 소득을 1.25달러 이상으로 높이는 데는 660억 달러가 소요하는데 이는 전체 공식 원조의 반을 약간 넘는 금액이다.[28]

하나의 가능성은 대부분의 공여국이 개발도상국가가 제시하는 신뢰할 만한 계획에 예산을 지원하는데 동의한 세계 교육 속진 사업 Global Education Fast Track Initiative 함께 프로그램을 운영하는 것이다. 아니면 이미 있는 합의인 식량 구호 회의 Food Aid Convention는 취약성과 만성적 빈곤을 해결하기 위한 국가 사회 지원 계획에 기금을 지원하는 세계 안전망의 형태로 변화시킬 수 있다.

출처: Source: *International Journal of Basic Income Research*, www.bepress.com/bis

---

[27] L.-H. Piron (2004).
[28] D. Coady et al. (2002).

사례 연구

변화는 어떻게 일어나는가: 인도의 국가 농촌 고용 보장 캠페인

역사상 처음으로 인도의 농촌에 거주하는 이들은 고용을 보장받는다. 지원을 하게 되면 15일 이내에 정부는 공공 일자리 프로그램으로 비숙련 노동을 100일간 법적으로 제공해야만 한다. 활동가, 정치가, 학자들은 국가 농촌 고용 보장 법안National Rural Employment Guarantee Act이 2005년 8월 통과되자 농촌 노동자들을 개선하는데 핵심적 역할을 하게 될 것이라고 칭송하였다.

이 법안은 기아를 예방하기 위한 공공 식량 배급과 고용 프로그램이 실패한 라자스탄주를 시민 사회 네트워크가 비판하며 탄생하게 되었다. 활동가들은 2001년 대법원에 '식량 권리' 청원서를 제출하였는데 이는 우호적 반응을 이끌어 내었다. 이에 고무된 시민 사회 네트워크는 라자스탄 정부 고용보호법을 2003년에 제시하였으나 시행되지는 않았다.

그러나 활동가들의 성공적인 시민 사회 결집은 인도에서 과거의 수동적인 고용 혜택 프로그램을 넘어 수요에 기반을 둔 시스템을 충족시키는 권리에 기초한 접근의 성장을 반영한다.

2001년부터 정당의 수장인 소니아 간디를 포함한 국민 회의당 지도자들은 전 국가적 이슈로 제시하였다. 그러나 대부분의 사람들은 2004년 총선에서 이길 수 없을 것이라고 믿었다.

눈앞에 보이는 정치적인 패배는 고용 보장이 잠재적으로 비용이 발생한다고 보는 국회의 보수 리더들의 저항을 약화할 수 있었고 또한 국민 회의는 이 기회를 살려야 하기에 강력한 능동적인 정책이 필요하다고 주장한 이들에게도 자극이 되었다. 이러한 요인들은 2004년 국민회의의 총선 공약에 고용 보장을 포함 시키도록 유도하였다.

총선 공약에 포함된 것과는 관련이 없을지라도, 2004년 국민회의 연대의 놀라운 승리와 예상치 못한 승기를 거둔 좌파 정당들의 지원에 힘입어 정부를 정부는 이 안의 분수령이 되었다. 선거의 승리는 국민회의

지도자들의 마음속에 이 안을 실행시킬 수 있는 정치적 주장을 강화하게 되었다. 그 승리에 놀란 정당의 지도자들은 정책 프로그램을 속히 실행할 필요를 느끼게 되었다. 고용 보장 정책은 실행뿐만 아니라 좌파 정당들로 인하여 어떠한 경우에라도 이 프로그램을 제외하기 어렵게 되었다.

새로이 구성된 국가 자문 위원 National Advisory Council의 의장은 소니아 간디이고 국가 농촌 고용 보장 법안과 밀접히 연관된 교수이자 활동가인 장 드레즈Jean Drèze, 활동가 아루나 로이Aruna Roy, 국민회의 지도자 자이람 라메쉬와 같은 영향력 있는 인사들이 포함되었고 이들은 라자스탄의 시민 사회 안을 기초로 하여 법률안을 만들었다.

그러나 국가 농촌 고용 보장법이 2004년 12월 국회에 제출되자, 재정부는 정부의 재정 부담을 덜 수 있는 몇 가지 조항을 넣었고 이는 활동가들과 좌파 리더들에게 파문을 가져왔다.

미디어 일면 기사를 장식한 고용에 대한 권리 인식을 확산하는 인도의 가난한 주들에서의 50일간의 행진을 포함한 캠페인, 연좌 농성, 정치가들에게 직접 연락하기 그리고 공청회는 재정부의 제한을 공개적으로 찬성하는 정치가들에게 위협이 되었는데 그 이유는 그러한 행동이 '가난한 이들에게 반하는' 것으로 비추어질 수 있었기 때문이다.

만장일치로 통과된 최종 법률안은 타협된 것이었으나 시민사회의 정치 로비와 대중 캠페인을 효과적으로 벌인 탓에 대단한 잠재성을 지닐 수 있었다.

2009년 말에 이 프로그램은 인도 전역에 걸쳐 4천 6백만 가구에 연간 평균 49일의 고용을 보장할 수 있게 되었다.

출처 I. MacAuslan (2007) 'India's National Rural Employment Guarantee Act: A Case Study for How Change Happens', paper for Oxfam International; www.righttofoodindia.org; www.nrega.nic.in; N. Dey, J. Dreze, and R. Khera (2006) *Employment Guarantee Act: A Primer*, New Delhi: National Book Trust; C. Gonsalves, P.R. Kumar, and A.R. Srivastava (eds) (2005) 'Right to Food', New Delhi: Human Rights Law Network; I. MacAuslan and A. Mehtta (2010), 'The National Rural Employment Guarantee Act: A Case Study'.

금융과 취약성

우기를 대비하여 저축을 하고 어려운 시기에 대출을 받는 것은 언제나 충격에 대한 자신의 취약성을 줄이고자 가난한 이들이 사용해온 전략이다. 최근 많은 국가에서 가난한 지역 공동체들의 필요를 충족시키는 데 실패한 국가와 세계 금융 시스템은 소액 금융이라는 새로운 현상을 만들어냈는데 그것은 시민 사회 조직과 '사회적 기업가'들이 먼저 시작하고 국가와 주류 금융 기관들이 점차적으로 받아들이게 되었다.

신용 대출에 접근하는 것은 모든 비즈니스에 중요한데, 저축을 하고 융자를 받을 수 있다는 것은 가난한 이들이 실직이나, 질병, 장례식이나 결혼식과 같은 일들로 인하여 단기적으로 생길 수 있는 소득과 지출의 갑작스러운 굴곡을 완화 시킬 수 있도록 해준다. 그러나 일반적인 금융 시장은 조직적으로 가난한 이들을 배제 시킨다. 은행은 가난한 이들이 사는 곳에서 지점을 거의 내지 않고 번거로운 보증이나 담보를 요구한다. 그 요구를 충족시키지 않으면 소액의 대출도 해주지 않는다. 성별이나 인종 편견은 종종 크게 작용을 한다. 이러한 금융의 배제는 1980년대와 1990년대 구조조정 프로그램에 의해 배가 되었는데 그 프로그램은 농민이나 가난한 이들에게 정부 보조 대출을 해주던 이른바 '개발은행'이라 불리는 국가 소유의 은행을 민영화하거나 폐지를 하였다.

가난한 이들의 요구는 때로는 금융의 관점에서 볼 때는 아주 작으나 그들의 복지를 위해서는 중요한 것이다. 솔을 살 수 없었던 구두닦이는 부당한 가격에 솜을 빌릴 수밖에 없을 것이다. 동일한 일이 자신 소유의 인력거 없이 인력거를 끄는 이에게도 일어나고 재봉틀이 소유하지 못한 재봉사에게도 일어날 것이다. 돈을 모아둘 안전한 곳이 없는 가족은 가축과 같이 위험 부담이 있는 것에 투자할 것이다.

금융 접근성은 은행, 보험회사 그리고 소액 금융 기관 MFIs과 같은 공식적 경로를 위주로 논의가 되어왔다. 그러나 연구자들이 방글라데시, 인도 그리고 남아공의 250가계의 재정을 추적하기 위하여 '가계부'를 사용했을 때, 그들은 공식적으로는 거의 등록되지 않는 풍부한 비공식 금융 생태계를 발견하였다. 250가구들 각각은 어떤 형태의 저축과 빚을 가지고 있고 연중 금융 기관 네 곳 이하를 이용하는 가구는 없었다. 심지어 하루 1~2달러로 사는 이들도 소득의 25퍼센트 정도를 저축한다.

가난한 이들에게 더 나은 삶을 위해서는 금융이 필요하기에, 이러한 지속적인 활동이 있어야 한다. 그들은 가난한 가계의 일정하지 못한 현금 흐름을 관리하여 매일 식탁에 식량이 있을 수 있도록 보장하며 저축한 돈으로 건강과 기타 위급한 사태를 대처해야만 한다. 남아공에서는 주로 HIV와 AIDS로 인한 장례식 비용이 5~10개월 치 가계소득 정도가 된다. 이는 끝자락에 몰려 사는 사람들에게는 큰돈이다. 마지막으로 그들은 주로 토지를 사는 것과 같은 기회를 잡거나 결혼식과 같은 큰돈이 들어가는 일들을 치르기 위하여 (인도에서는 일반적인 가계의 반년 치 소득이 소유된다) 돈을 모아야만 한다.[29]

1970년대 초반 이후로 비영리 소규모 금융 기관들은 2006년 노벨 평화상을 받은 무하마드 유누스의 은행인 방글라데시 그라민 은행이 필두로 하여 이러한 문제를 해결하려 하였다. 소규모 금융 기관들은 놀랍게 성장

---

[29] D. Collins et al. (2009).

하였고, 소규모 대출을 받은 가난한 가계의 수는 1997년의 7백 6십만에서 2010년의 1억 3천만 7백 5십만 명으로 18배 성장하였다. 수혜자들의 80퍼센트 이상인 1억 1천 3백 십만 명이 여성이다. 수혜자의 대다수(90퍼센트 이상)가 아시아에 살고 있는데 아시아에서는 가난한 가계의 2/3가 소액 금융에 접근이 가능하다.

5명의 소액 금융 이용자 중 4명 이상이 주로 가장이 여성이거나 여성 노인 그리고 3~6명의 여성들이 보증을 서는 경우이다. 대출을 받은 경우는 놀라운 상환 결과를 보이는데 그라민 은행은 98퍼센트 이상이 대출을 상환했다고 한다. 따라서 소액 금융 기관은 자기 유지가 가능하며 또한 이윤도 낳고 있다. 일반적인 8퍼센트 이상이 대출을 상환했다고 한다. 따라서 소액 금융 기관은 자기 유지가 가능하며 또한 이윤도 낳고 있다. 일반적인 대출이 100달러 혹은 그것보다 적은 금액 정도가 되는데, 도시 빈민의 경우 그라민 은행의 무이자 대출 금액은 평균 9달러이고 이들은 이 금액으로 동네 상점에서 물건을 사 길거리에서 다시 판매를 할 수 있다.

커지는 피라미드의 '맨 밑바닥'[30] 시장에 대한 상업적 관심은 많은 기존 은행의 진입을 가져왔다. 이들은 현존하는 소규모 대출 기관들과 제휴를 통해서 진입을 하는데, 대출과 저축을 할 수 있는 가난한 여성들의 수는 크게 늘었다. 최초의 다국적 민영 소액 금융 은행은 1996년에 세워지고 세계은행의 상업 은행인 국제 금융 회사International Finance Corporation(IFC)로부터 투자를 받은 프로크레딧Procredit이다.[31] 프로크레딧은 22개국에 은행을 설립하고 4개국에서는 은행을 인수 하였다. 2008년까지 이 기관은 만 7천 명을 고용하였고 4십 1억 유로(60억 달러)의 자산을 보유하였으며 독일 채권 시장에서 증자를 받을 수 있을 만큼의 등급을 가지고 있다.

---

30 다음의 책에서 인용 C.K. Prahalad (2005).
31 www.procreditbank.com

씨티 그룹Citigroup이나 스탠더드 차터드Standard Chartered와 같은 오래전에 세워진 상업 은행들도 인도네시아의 라카드 인도네시아 은행Bank Rakyat Indonesia(BRI)과 같은 국내 은행과 마찬가지로 소액금융 시장에 참여한다. 대단히 진취적인 라카드 인도네시아 은행은 1970년대 실패한 국가 은행에서 소액금융 기관으로 전환 되었고 3천 2백만 명이 저축을 하고 3백만 명이 대출을 받는 인도네시아에서 가장 수익을 많이 남기는 은행이 되었다. 여전히 70퍼센트는 국가가 소유하고 있는 BRI는 효과적인 정부의 활동이 취약성을 감소시키는데 무엇을 성취할 수 있는지를 보여준다.

전 세계적으로 3십억의 인구, 특히 농촌 지역 거주민들이 금융 서비스를 받지 못하기에, 소액 금융이 성장할 잠재력은 남아 있다. 라틴 아메리카에서 상업 은행의 진입은 소액금융 NGO들이 더 가난한 이들을 찾을 수 있도록 하였으며 그들의 평균 대출 규모는 줄어들었다.[32] 소액금융의 새로운 흐름은 이주민들이 돈을 집으로 송금하는 것과 ATM이나 휴대전화와 같은 새로운 기술을 연계시키는 것이다. 2007년 세계 최초로 케냐에서 가장 큰 통신사는 이용자들에게 문자 메시지를 통하여 다른 전화로 현금을 보내는 서비스를 개시하였다. 이는 이용자들이 은행 계좌를 만들 필요가 없이 잠재적으로는 소비자들 모두가 소규모 금융에 접근할 수 있도록 도와준다.[33]

코피 아난은 소규모 대출을 '지난 10년 동안 가장 성공적인 경우'라고 불렀고 노벨 평화상 수상자인 무하마드 유누스가 더욱 고조시켰지만, 빈곤을 줄이는 '마술 탄환'이라 하기에는 멀었다. 2010년 인도의 안드라 프라데시Andhra Pradesh에서 빚으로 자살을 한 사건은 시중의 소규모 금융 기

---

[32] World Bank (2001) 'Commercialization and Mission Drift: The Transformation of Microfinance in Latin America'.
[33] *Guardian*, 20 March 2007.

관들이 약탈 대출 습관을 가지고 대출을 하고 있다는 비난을 샀다.[34] 소규모 대출을 비판하는 이들은 대출 서비스가 일반적으로는 비공식 체계나 연금이나 사회적 일자리와 같은 국가로부터 받는 사회적 보호에 의존하는 가장 박탈당한 개인과 공동체가 아닌 비교적 가난한 이들에게만 제공된다고 주장한다.[35] 소액 대출금의 대부분은 일자리를 창출하는 것이 아니라 소비를 위해 쓰인다. 비즈니스 용도로 쓰이는 대출은 보통은 이미 포화상태가 된 비공식 경제에서 장기적 발전의 기회가 없는 많은 판매자만을 양산하고 저개발의 구조적 문제들은 다루지 않고 있다.[36]

동아프리카에서, 상업적 소규모 금융 기관의 월 2~3퍼센트 금리는 여전히 주민들에게 큰 부담이 되어 소액금융 은행들은 약간 친절하고 신사적인 대출 약탈자가 되어간다. 높은 상환율의 이면에는 여성들이 집단 보증으로 인한 상환 부담으로 인하여 두려워한다는 것이다. 다른 경우 남성들은 여성들이 대출을 받게 시켜 돈은 가져가 버리기도 하여 성평등이 이루어지기까지는 단순히 여성들에게 대출을 해준다는 것만으로는 충분하지 않다는 것을 보여준다.

소액 금융에 대한 지나친 만족과 비판을 모두 멀리하면 이것은 개발을 위한 하나의 도구 이상의 것이며 어떻게 운영이 되고 디자인이 되었는지에 따라 좋거나 나쁜 영향을 미칠 수 있다는 조금 더 현실적인 이해를 하게 된다. 소액금융이 점차적으로 소액대출과 점차적으로 유사해져 가지만 많은 경우 가난한 이들에게 잘 디자인되고 안전하며 접근 가능한 저축도 빈곤을 줄이는 데 중요하다. 사실, 세계적으로 소액대출 기관들의 폭발적 증가에도 불구하고 농촌 거주인구의 60퍼센트가 여전히 공식적인 금융

---

[34] M. Bunting (2011).
[35] World Bank, 'The Impact of Microfinance', donor brief, July 2003.
[36] M. Bateman (2011).

기관이나 소액 대출에 접근할 방법이 없다. 심지어 소액 대출 기관들도 외지고 인구가 적은 지역에는 서비스를 제공하지 않는다.

제공을 하는 경우에도 가장 가난한 이들은 소액 대출의 위험 부담을 안고 싶어 하지 않지만, 미래의 취약성을 줄이기 위한 소액 저축은 원한다. 20명 정도의 개개인들이 저축 계를 만들어 효과적인 접근을 하기도 한다. 사람들은 달 별로 저축을 하고 학비나 긴급한 경우 혹은 소규모 물건을 내다 팔기 위해 현금이 필요한 그룹 구성원들에게 그룹이 정한 이율에 맞추어 대출해 준다. 대출 이자는 다시 그룹 전체뿐만 아니라 구성원들의 각자 저축 계좌로 돌아간다. 이러한 부류의 저축과 대출의 순환형 모델은 연간 저축의 20~40퍼센트의 이윤을 줄 뿐만 아니라 대출이 필요한 이에게 소규모 대출의 혜택도 준다. 이러한 프로그램 중 하나는 옥스팜 아메리카의 변화를 위한 저축 프로그램이다. 이것은 말리, 세네갈, 부르키나파소, 엘살바도르 그리고 캄보디아의 6,000개 마을에 55만 2천 명에게 혜택을 준다. 집단적으로 이들은 천백만 달러를 저축하였고 저축액의 평균 20퍼센트 이익을 본다.[37] 여성들은 그룹에 가입하면 다양한 미래의 충격에 대한 취약성을 줄일 수 있다는 것을 알게 되었다. 상호 부조를 위한 연대가 그룹 안에 형성되었기 때문이다. 그들은 또한 마을에서 여성의 정치적 입지를 크게 하는 데 그룹이 도움이 될 수 있다는 것을 알게 되었다. 이러한 모임들은 대단히 매력적이어서 말리의 저축 모임의 2/3 이상이 외부의 간섭 없이 여성에 의해 스스로 설립되었다. 이것은 90퍼센트 이상의 여성이 문자를 모르는 환경에서 이루어진 일이다.

다른 공급자들은 소액 금융을 따라 소액 보험을 개발하고 있다. 소액 보험은 50센트 이하의 소액을 수금하여 텔레비전에서 장례식 비용까지

---

[37] Oxfam America (2009) http://www.oxfamamerica.org/articles/women-inmali-lead-saving-for-change

모든 것을 감당한다. 인도에서 가장 큰 비공식 경제 노동자들을 위한 종합 사회안정 프로그램은 자영 여성 연합(3부 참조)이 만든 것이다. 자영 여성 연합의 프로그램은 10만 명 이상의 노동자가 가입을 하고, 임신, 출산을 포함한 건강 보험, 생명 보험, 자산 보험을 제공한다.[38] 인도 마두라이 Madurai의 단 재단Dhan Foundation 생명 보험에는 100만 명 이상이 가입을 하였다.[39]

소규모 보험은 종종 자신의 생년도 모르는 이들에게 전통적인 서류를 요구하며 판매한다. 소규모 대출과 마찬가지로 소규모 보험은 점차 주류로 편입되고 있는데 초국가 보험회사인 AUG와 같은 거대 보험회사들이 참여하려 하고 있다. 보험 시장은 많은 부자 국가에서는 포화가 되었고 성장은 제한되어 있기에 보험 회사들은 장기적으로 신흥 시장에 기대를 걸고 있다.

---

[38] M. Chen (2006).
[39] http://www.dhan.org/

배고픔과 기아

풍요로운 세계에도 배고픔은 존재한다. 전 세계적으로 곡식 생산의 증가는 인구 증가를 앞질러 왔고 이는 세계인들에게 충분한 양이다.[40] 원칙적으로 보면 어린이와 성인 중 단 한 명이라도 굶주릴 이유가 없다. 사실, 세계에는 비만 인구수가 증가하고 있고 최근에는 5억을 넘어섰다. 2010년에는 4천 3백만 비만 어린이 중 3천 5백만이 개발도상국에 살고 있다.[41] 멕시코, 이집트, 남아공의 비만 수준은 미국과 유사하며 당뇨병과 여타 '풍요의 질병'이 증가하고 있다.

세계 인구의 7명 중 1명이 여전히 식량을 먹지 못한 채로 잠자리에 드는데 이는 아마도 세계 경제에서 국내와 국가 간 불평등과 불의의 명백한 증거일 것이다. 1990년대 중반까지 배고픈 이들의 수는 세계 인구의 증가에도 불구하고 천천히 그러나 지속적으로 감소하였다. 그러나 90년대 후반부터 굶주리는 이들의 수는 늘어나기 시작하였고 2008년에는 인류 역사상 처음으로 십억을 넘어섰다. 그 이유는 높은 지구 식량 가격인데 이것이 장기적인 것인지 아니면 일시적인 현상 인지에 대해서는 뜨거운 논쟁이 있다. 지난 10년간 세계 식량 시스템에는 큰 변화가 있었다. 25년간의 지속적인 하락 후에, 세계 주요 식량인 쌀, 밀 그리고 옥수수의 가격은 치솟

---

[40] B. Popkin (2003) 'The nutrition transition in the developing world', *Development Policy Review*, ODI, September/November 2003.

[41] WHO Fact Sheet (2011) 'Obesity and overweight'.

았다. 이 식량 가격의 충격은 6장에서 다루어질 것이다.

　배고픔이 사회적 몰락과 대규모 굶주림을 가져오는 기아는 과거보다 덜해졌고 그 파괴력도 약해졌다. 아시아와 구소련 연방은 20세기 최악의 기아를 경험하였는데 1958년 중국에서는 3천만 명이 사망한 것으로 추정되고 1921년 소련 연방에서는 9백만이 사망하였다. 반대로 최근 최악의 기아는 1984년 에티오피아에서 일어났는데 백만 명이 사망한 것으로 추정된다.[42] 이글을 쓸 시점에는 소말리아의 기아가 다시 최악으로 치닫고 있고 2011년에는 아프리카의 뿔 지역에서 1천 3백만 명이 넘는 이들이 60년이 넘는 최악의 가뭄으로 식량 부족을 겪고 있다.

　영양실조는 개인과 사회를 무능하게 만든다. 최악의 경우 이것은 살인으로 이어지는데 어린이들과 유아들이 가장 먼저 희생이 된다. 일반적으로 영양실조는 사람을 약하게 하고 노동을 하는데 필요한 에너지를 빼앗으며 질병에 취약하게 한다. 심각한 어린이 영양실조는 미래에 질병 감염과 사망 가능성을 높이고 학업 능력을 떨어뜨리며, 장기적으로는 두뇌에 피해를 주고 미래 잠재성과 소득을 감소시킨다. UN은 영양실조로 인한 생산성의 피해를 개발도상국의 연간 GDP의 5~10퍼센트로 계수하고 있다.[43]

박스 4.2
빈곤을 극복하기

　8주간 야생 식물로 혼자 살고 일주일 분의 충분한 식량을 저장한 아미나는 맏딸을 자신의 어머니를 돌보라며 남겨두고 남쪽으로 길을 떠났다. 그녀는 물이 충분한 농장에서 일거리를 찾았고, 시내에서 팔 땔감을 모았으며 염소를 몇 마리 팔았다. 시장은 이미

---

[42] WFP, 'The changing face of famine', 31 January 2007.
[43] FAO, 'The State of Food Insecurity in the World 2004'.

가축을 판매하려는 사람들로 가득했고 따라서 제대로 된 가격을 받지는 못했다. 6월 우기가 시작되기 직전 그녀는 구호 캠프에 도착하였고 구호품을 받았다. 수수 몇 킬로그램을 받은 아미나와 두 명의 자녀는 캠프를 떠나 일주일이 걸려 집으로 돌아와 지난 가을에 묻어두었던 씨앗을 찾아 심고 3개월을 배를 굶기며 키운다. 그동안 야생 식물과 남 다르푸르에서 푸라이야 사람들이 가져온 낙타와 염소 우유를 먹으며 버틴다. 마침내 그녀는 기아 후 첫 번째 수확을 하였고 내가 도착한 날 타작을 하였다.

'너무나 가혹한 생존에 대한 이 놀라운 아미나의 이야기는 구호 기관인 우리 외부자들이 일반적인 다르푸르 마을 사람들의 생존에는 얼마나 하찮은 것이었는지를 보여준다. 우리는 대단히 작은 도움을 주었고 또한 그 사람들에게는 의지조차 되지 않는 것이었다. 지금은 차드에 있는 한 자가와Zaghawa 난민은 아름다운 모스크가 있는 티네의 작은 마을을 맞대고 있는 국경선을 보며 만일 기회만 주어진다면 그곳이 사막이 아니라 자신이 살 수 있는 대지임을 꿈꾼다.'

출처: Alex de Waal, 'Tragedy in Darfur, On understanding and ending the horror', http://bostonreview.net/BR 29.5/dewaal.html

시민과 국가

자연재해의 충격을 완화하는 것과 유사하게 배고픔을 줄이는 것은 국가와 배고픈 이들의 자조적인 행동을 필요로 한다.[44] 국가는 생계를 향상시키거나 위기를 넘길 수 있도록 개입할 수 있으며, 식량 가격의 급등과 같은 위험을 일찍이 경고하는 시스템을 구축하고 전략적인 식량 보관 체계를 유지하며 필요하다면 식량이나 다른 형태의 사회적 보호를 제공할 수 있다. 가난한 이들은 스스로가 가족을 부양할 때 생길 수 있는 문제를 예측하고

---

[44] '완화'라는 표현은 모순되는 두 가지 의미를 가진다. 기후 변화에서 이 말은 배출 감소에 대한 것이지만, 자연 재해 논의에서는 재해의 잠재적 영향을 줄이는 것을 의미한다.

정부에게 행동을 취하라는 요구를 하기에 가장 적합한 주체이다.

인도의 노벨 경제학상 수상자인 아마티아 센Amartya Sen은 다음과 같이 썼다. "세계 역사상 민주주의가 제대로 작동하는 곳에서는 기아가 없었다."45 센은 1947년 독립된 이후 인도가 심각한 흉작에도 불구하고 한 번도 기아를 겪지 않았다는 점을 지적한다. 마하라슈트라Maharashtra에서 1973년 가뭄 동안 식량 생산이 타격을 입자, 선출된 정치인들은 5백만의 주민들을 위하여 공공 일자리 프로그램을 내놓고 기아를 극복하였다. 센은 다음과 같이 결론을 내린다. "사실상 기아는 예방하기가 쉬운 데도 기아가 일어나도록 허락하는 것이 놀라울 만한 일이다."

기아는 민주주의가 아닌 독재주의의 결과일 것이다. 2011년 소말리아의 경우에서 볼 수 있는 바와 같이 기아는 평화가 아니라 폭력의 결과이다. 그러나 센은 민주주의가 지역의 배고픔과 영양실조를 다루는 데는 저조한 기록을 남기고 있다는 것을 인정한다. 6천 명 이상의 인도 어린이들이 매일 영양실조나 기초 미량영양소의 부족으로 죽어간다.46 통치자와 피통치자들 간의 간극을 줄이는데 필요한 정치적 변화 이외에도 센은 배고픔과 기아를 예방할 많은 제안을 하였다.

- 국가가 충분한 식량을 보유하는 것뿐만 아니라 개인과 가정이 식량을 충분히 살 수 있는 개인에 초점을 두어야만 한다. 인도에서 했던 것과 같은 정부가 운영하는 시간제 일자리 창출 계획은 사람들이 식량을 살 돈을 모으는 데 도움을 주는 가장 좋은 방법 중에 하나이다.
- 기아와 연관된 사망 중 대부분은 적절한 공공 보건 시스템으로 예방될 수 있는 질병으로 인한 것이다.

---

45 A. Sen (1999) *Development as Freedom*, p.16.
46 National Family Health Survey, 2007.

- 언론의 자유와 적극적인 야당의 정치 활동은 가장 좋은 조기 경보 시스템이다.
- 기아가 전체 인구의 10퍼센트 이상에 영향을 미치는 경우가 거의 없기 때문에 정부는 기아 문제를 해결하는데 필요한 자원을 가지고 있다.

센은 또한 경제 성장의 중요성과 농촌 소득의 다양화를 지적한다. 성장은 일자리 창출하고 정부는 세수를 얻어 사회적 보호와 구호를 할 수 있다. 다양화는 가난한 가족들이 한 소득원에 대한 의존도를 낮추어 위험을 관리 할 수 있도록 해준다.

최근 시민들의 빈곤 캠페인이 법과 삶을 변화시키며 인도는 국가 차원에서 희망적인 신호가 나타나고 있다. 2005년 인도 정부는 국가 농촌 고용 보장 법안을 통과시켰다. 그 법안은 100일간의 비숙련 노동 일자리를 제공하는데 그 일자리들은 산림화나 가난하고 소외된 마을에 수로를 놓아주는 것과 같은 취약성을 감소시키는 데 도움이 되는 일들이다. 이 법안은 공공 행동의 승리를 보여주는데 자세한 사항은 '변화는 어떻게 일어나는가: 인도의 국가 농촌 고용 보장 캠페인' 사례연구에서 자세히 다루었다.

몇몇 아프리카 정부들은 인도의 예를 따라 일자리 창출과 사회 보호 프로그램을 위해 기금을 조성하였다. 정부들은 식량 위기를 예측하고 해결하는데 시민 사회와 국제 단체들과 함께 일하는 것의 이익을 인식하였다. 남아공의 취약성 평가 위원회 Vulnerability Assessment Committees(VACs)는 정부, UN 산하 기구, NGO로 구성되어 있는데 임박한 위기를 대처하기 위한 소득, 수확 시장을 모니터링한다. 2005년 식량 위기 시 말라위 VAC의 활동은 정부와 공여국들의 적절한 개입의 결과를 가져왔다. 기아가 닥쳤을 때, 부유한 국가들의 반응은 식량을 보내는 것이다. 그러나 5부에서 설명하듯, 식량 원조는 종종 너무 늦게, 잘못된 형태로 도착을 하고 지역 농업의 회복을 옥죈다. 위에서 논의된 대로, 시장이 작동하지 않는 곳을 제외하고 지역 농산물을 구입하도록 현금을 보내는 것이 더 적절한 조처이다.

 사람들의 능력은 식량 위기 중에 그리고 그 후에 강화된다. 예를 들어, 지역 식량 산업을 발전시키기 위하여 종자 박람회를 지원함으로써 환경에 가장 적합한 전통 곡물을 재배하도록 도울 수 있다. 옥스팜은 농민들에게 박람회에서 씨앗을 사도록 상품권을 주는 것이 그들에게 단순한 씨앗을 주는 것보다 더 좋은 선택이라는 것을 발견하였다. 옥스팜은 2004~5년 짐바브웨의 마스빙고Masvingo와 미랜드Milands주에서 지역 단체들과의 협업으로 37번의 씨앗 박람회를 개최하였다. 이 박람회는 생산자, 씨앗 상인, 농촌 기술 지원팀, 상품권을 받아 자신이 원하는 씨앗을 살 수 있게 된 지역민들이 참석하였다.

 박람회가 열릴 때마다, 수백 명의 지역 농민이 씨앗을 보려고 몰려들었다. 땅콩, 수수, 콩, 옥수수, 깨, 쌀, 해바라기와 기장뿐만 아니라 다양한 채소 씨앗을 포함한 다양한 21개 작물과 51개 품종이 있었고 그중 몇 가지 품종은 이전에 멸종의 위기에 있었던 것이다. 많은 전통 곡물이 싸고 다수확 품종보다 열악한 환경에서도 잘 자란다. 직접적으로 씨앗을 구매하여 2만 3천 가계가 혜택을 받는다.

 사람들이 굶주림의 위험에 처했을 때 인권과 시민권에 대하여 말하는 것은 사치스러운 일로 보인다. 그러나 사실은 다르다. 사람들의 권리를 보호하고 사회적 보호 시스템을 구축하는 인간 안전 접근은 식량 위기가 닥쳤을 때 그들의 취약성을 감소시킬 수 있고 그렇게 함으로써 위기가 재해로 변하는 것을 예방할 수 있다. 식량이 모자랄 때 자신의 권리를 행사할 수 있는 가난한 이들과 공동체는 위기가 끝난 뒤 자신의 삶을 신속히 회복시킬 수 있다. 모든 단계에서 그들은 사람들의 필요를 충족시키며 효과적으로 서비스를 제공할 수 있는 국가의 능동적인 지원이 필요하다.

HIV, AIDS, 그리고 다른 보건의 위험요소들

프르든스 마벨레Prudence Mabele는 파티 중독자다. 요하네스버그의 재즈 클럽의 무대 위에서 춤을 추던 그녀의 긴 머릿결이 휘날린다. 그녀는 사람이 많은 식당에 테이블을 잡고 친구를 위해 공짜 콘서트 티켓을 구했다. 쉼 없이 사람을 만나지만 평소에는 이러한 끝없는 에너지를 더욱 고결한 목적을 위해 사용한다. 그녀는 긍정적 여성 네트워크Positive Women's Network라는 남아공의 NGO를 운영하는데 이곳은 HIV에 감염된 여성들이 충족하고 능동적인 삶을 영위할 수 있도록 도와준다. 프르든스는 지난 20년간 HIV 양성 반응자이다.

그러나 프르든스는 매일 AIDS로 1000명씩 사망하는 것으로 추정되고 HIV 감염이 여전히 빈곤과 이주, 문맹, 치욕, 그리고 깊이 분열된 정부로부터 나오는 복잡한 메시지가 나오는 이 나라에서 어려운 도전을 대면하고 있다.

가난한 이들의 보건은 더러운 물, 영양실조, 기본 보건 서비스의 부재로 인하여 매일같이 악화되고 있다. 가정에서 질병은 가족을 궁핍의 수레바퀴에 넣을 수 있는 '충격'이 될 수 있다. 특히나 어린이들에게 질병의 충격은 만성적 질병, 발육 장애 그리고 형편없는 교육성과 면에서 평생에 걸친 영향을 미친다. 이러한 비참한 경험을 예방할 수 있는 가장 좋은 방법은 이미 2부에서 충분히 다루었던 사회적 의료 보호 형태를 띤 의료 서비스이다. 의료 충격이 전염병의 형태로 사회적 차원에서 번지게 될 때, 의료 충격은 사회를 몇십 년 후퇴시킨다. 최소한 흑사병 유행 시기부터 이러한 의료 충격은 종종 전체 인구를 소멸시킬 수 있는 새로운 질병의 형태를 띤다.

처음부터 잘사는 국가들의 보건을 해치며 유행하게 된 것으로 보이는 질병 중 하나가 AIDS이다. 그러나 곧 후천성면역 결핍 바이러스가 전 세계에 퍼져 나가며 특히 사하라 이남 아프리카와 여성들과 같은 가난하고 취약한 이들을 감염시키며 불평등과 불충분한 보건 간의 기초 연계성이 재확인되었다. 돼지 콜레라, 조류 독감이나 심각한 급성 호흡기 증후군 SARS(동물에 기원하지만 인간에게 점염되는 많은 동물성 질병)과 같은 다른 전염병 역시 HIV 종류의 재해의 불씨를 당긴다. 결핵, 말라리아, 주혈흡충병, 샤가스병, 수면병과 같은 오래 지속되는 질병들은 개인, 가족 그리고 사회에 엄청난 비용을 지불케 한다.

HIV 유행이 고조에 이른 사회에서는 생산으로부터 조직에 이르기까지 빈곤 및 불평등과 싸우는 모든 측면은 HIV와 AIDS로 인하여 변화하였다. 다음에 살펴볼 브라질의 예에서 볼 수 있듯이 지금 행동을 취하면 미래에 일어날 수 있는 수백만의 죽음을 막을 수 있다. AIDS 치료제가 아직 없는 것을 고려하면, 가난한 이들의 취약성을 줄이는 것은 그들을 취약하게 만드는 원인을 발견하기 위하여 그들의 삶의 사회적이고 경제적인 배경을 조사해보는 것과 이 위험의 원인을 치유하기 위하여 행동에 나서는 것을 포함한다. '사람을 죽음으로 몰아가는 것은 질병이 아니라 빈곤, 더러운 물, 식량과 같은 다른 자원의 부족이다'라고 남아공의 HIV 센터의 한 간호사는 말한다.[47]

HIV와 AIDS에 붙은 주홍글씨는 감염 자체를 견디기 힘들게 만든다. 태국 북부에서 AIDS에 감염된 채로 살아가는 이들을 조사하였을 때 연구

---

[47] 저자 인터뷰, 2007.

자들은 그들이 항바이러스제 ARV를 구매하는 것이 가장 큰 걱정일 것으로 기대하였으나 HIV 양성 보균자에 대한 차별이 더 큰 걱정이었음을 발견하였다. 성 노동자와 동성애 그룹은 차별로 인하여 그리고 정보와 치료의 부족뿐만 아니라 공정한 법률의 부재로 인하여 고통받는다.

첫 HIV와 AIDS 환자는 1981년 미국, 콩고 민주 공화국, 그리고 동아프리카에서 발견되었고 1985년까지 세계의 모든 지역에서 환자들이 보고되었다. 30년간 질병은 모든 국가에 퍼졌고 2009년에는 HIV와 AIDS 보균자가 3천 3백만에 이른다.[48] 거의 3천만 명이 30년간 생명을 잃었다.[49] 2009년에는 2백 6십만 명이 새로이 감염되었는데, 이것은 연중 감염률이 최고치에 다다랐던 1997년, 3백 2십만으로 추정된 것에서 21퍼센트가 줄었다. 사망률 최고치에 다다랐던 2004년 2백 1십만 명에서 2009년에는 1백 8십만 명이 AIDS로 사망하였다. 사하라 이남 아프리카는 대재해의 중심지가 되었는데 2천 2백 5십만 명이 HIV와 AIDS 보균자로 살아가고 있는데 이는 전 세계 HIV 및 AIDS 보균자의 2/3에 다다른다.

여성들은 차별과 계속되는 경제적 취약성으로 인하여 남성에게 의존되어 있기에 질병 감염의 생리학과 성관계를 거부하기가 어렵고 콘돔 사용을 강하게 주장 할 수 없기에 더욱 위험에 처해있다. 치료제나 감염을 예방하는 살균제를 필요로 하지만 그들의 요구는 정부에까지 들리지 않는다. 이 책의 2부에서 여성의 재산권 결여가 미망인들이 땅을 빼앗긴 채로 비참하고 취약하게 살아가도록 한다. HIV에 감염된 아프리카인 5명 중 3명은 여성이다. 이러한 취약한 통계는 아프리카에서 펼쳐진 대재해의 깊이를

---

[48] 이 수치는 다음에서 온 것임. UNAIDS, Global Report 2010, http://www.unaids.org/ globalreport/documents/20101123_GlobalReport_full_en.pdf

[49] UNAIDS (2010) 'The global AIDS epidemic', Global Report Fact Sheet, http://www.unaids.org/en/media/unaids/contentassets/documents/factsheet/2010/20101123_FS_Global_em_en.pdf

전달해 내는 데 실패하였다. 스티븐 루이스Stephen Lewis 전 아프리카 HIV, AIDS UN 특별 보좌관은 종말론적 비전을 말한다.

> HIV/AIDS 대재해는 영원할 것처럼 느껴진다. 도심지 병원의 성인 병동은 AIDS 관련 질병 감염자들로 가득 차 있고 그들은 죽어간다. 알루미늄으로 만든 관이 다람쥐 쳇바퀴처럼 들어오고 나간다. 복도에는 간호사들이 유아의 시신을 조심스레 옮긴다. 주말마다 장례식이 있고 공동묘지에는 묘지가 가득하다. 마을에는 집집마다 어머니, 보통은 젊은 여성의 고통스러워하는 모습이 있다. 누구나 감염이 될 수 있다. 모든 이들이 가슴 아픈 이야기를 간직하고 있다. 동아프리카와 남아프리카의 모든 국가는 애도하는 이들의 나라이다.[50]

치료 약의 발전으로 부유한 국가들에서 AIDS로 인한 사망자는 줄어들었으나 높은 치료비 가격은 가난한 이들 특히나 여성들을 사망에 이르게 하였다. 글로벌 펀드Global Fund, UN 그리고 다른 기구들뿐만 아니라 국가 정부들과 HIV 감염자 조직들의 국제적 공조로 상황은 호전되었다. 천 5백만의 투약이 가능한 감염자 중 5백만 명 이상이 약을 먹을 수 있게 되었고, 새로운 감염자와 사망자 수가 서서히 줄어들고 있어 UNAIDs 수장은 이렇게 선언하였다. "우리는 대재해를 멈추었고 상황을 역전 시킬 수 있게 되었다." 그러나 이러한 발전은 느리고 기금이 모자라게 되거나 원조 공여국과 정부들이 너무 빨리 승리를 선언하고 관심을 돌린다면 상황은 쉽게 다시 바뀔 수 있다.

---

50 Lewis, S. (2005) *Race Against Time*, Massey Lectures Series, Toronto:House of Anansi Press.

AIDS에 대항하는 시민과 국가

HIV 백신이나 AIDS 치료제가 없고 HIV는 주로 성관계를 통하여 퍼지기에 국가만을 통해서는 이러한 보건 충격은 효과적으로 완화될 수 없다. AIDS는 열악한 위생을 통하여 번지는 질병과는 다르지 않다. 그것을 멈추는 것은 사람들의 행동과 사회적 태도의 변화를 요구한다. 국가가 주도해야 하지만, 모든 사회가 동참할 필요가 있다. 자신의 권리를 요구하는 여성, 안전하지 않은 성관계를 가지려는 사회적 압력에 저항하는 남성, 정부로부터 서비스를 요구하고 자조적인 시스템을 갖추려는 HIV 감염자 그룹. 이들 모두가 HIV가 어떻게 퍼지고 어떻게 감염을 예방할 수 있는지를 이해해야만 한다. 능동적이고 권한이 부여된 시민들 특히나 HIV와 AIDS 감염자들이나 소외된 이들은 HIV와 AIDS 확산이 되어 가는 핵심에 있는 사람들이고 이들은 질병이 가져 오는 황폐함을 줄일 수 있다. 그들의 역할이 무시되어서는 안 된다.

이 질병은 풀뿌리 활동에 영감을 불어 넣는 사례를 남겼다. 가장 잘 알려진 사례는 '변화는 어떻게 일어나는가: 남아공의 치료 행동 캠페인'에서 논의되었다. 우크라이나에서는 7명의 활발한 활동가들이 1999년 만나 우크라이나 HIV와 AIDS 감염자 네트워크All Ukraine Network of People Living with HIV and AIDS를 결성하여 성공적인 운동이 시작되었다. 자조 정신, 대중교육, 고위층 로비는 HIV 및 AIDS를 국가 보건 정책에서 우선순위를 둘 수 있도록 하였고, 치료를 위한 국가 예산을 세배나 늘렸으며, 정부로 하여금 ARV 약을 구매하는 불투명한 입찰 결과들을 포기하도록 설득하였다. 네트워크는 구소련 연방 국가들에 유사한 활동을 하도록 영감을 주었다.

시민의 활동과 더불어 북반구와 남반구의 정부들은 충분한 예산이 있건 없건 구매가 가능한 약품의 보급을 저지하는 것이 아니라 촉진하는 무역 관련법 혹은 효율적인 예방 프로그램과 효과적인 보건 서비스를 제공해야만 한다. 제약 산업은 약품에 대한 접근이 국제법에 명시되어 있는 근본적인 인간 권리임을 이해해야만 하며 제약회사들은 이것에 대한 책임감을 가져야만 한다.51 시장 메커니즘을 통하여 의약품과 같은 사회적 재화를 제공하는 것은 언제나 도전을 가져온다. 만일 제약회사들이 이익이 없을 때 생명을 살리는 의무감을 갖지 못한다면, 정부는 모든 이들이 치료를 받을 수 있도록 규제 권한을 사용해야만 한다.

정치 지도자들의 태도와 주도력은 중요하다. 남아공의 대통령 타보 음베키Thabo Mbeki는 HIV와 AIDS 치료제인 ARV의 가치와 안전성에 의문을 제시하였고 심지어 HIV가 AIDS의 원인이라는 것에도 공개적으로 의심을 품었다. 이것은 세계에서 최악의 감염을 보이고 있는 나라에서 국가 차원의 치료와 예방 노력을 허무는 결과를 가져왔다. 반대로, 브라질의 호세 사르니Jose Sarney는 국가 HIV 및 AIDS 캠페인의 조기 실시를 강조하였고, 보츠와나의 대통령 페스투스 모개Festus Magae는 공개적으로 HIV 검진을 받으려는 이들에 대한 낙인을 줄이려 공개적으로 연설을 하였다. "우리는 절멸의 위기에 섰습니다. 수많은 사람들이 죽어가고 있습니다. 이것은 처음으로 맞는 큰 위기입니다."52 보츠와나는 치료제가 필요한 모든 이들에게 ARV를 보급한 최초의 아프리카 국가이다.

브라질은 시민의 활동과 국가의 지원 조합이 얻을 수 있는 것을 보여준다. 예방과 치료의 동시 프로그램은 AIDS와 HIV/AIDS 관련 질병으로 인한 사망자를 반으로 줄였다.53

---

51 UN 보건권 특별 조사위원회는 이 사실을 인식하고 있었고 보건권을 제약 회사의 정책과 시행에 적용하는 가이드라인 초안을 발전시켰다.
52 F. Farley (2001) 'At AIDS disaster's epicenter, Botswana is a model of action; during U.N. conference, leader speaks of national "extinction", but country plans continent's most ambitious programs', *Los Angeles Times*, 27 June 2001.
53 T. Rosenberg, 'Look at Brazil', *New York Times Magazine*, www.nytimes.com/library/magazine/home/20010128mag-aids.html

강하고 효과적인 시민 사회의 참여. 브라질의 성공의 중요한 요소는 성관계에 대한 열린 태도와 시민 사회의 활발한 활동의 조합이었다. 다른 국가들에서보다 AIDS 낙인이 적었고 문제를 가시화하는데 중요하였다. 게이 권리 그룹이 처음으로 공개적으로 발언하였고 활동가 그룹들이 수백만 개의 무료 콘돔을 나누어 주고 HIV와 AIDS 감염자들을 지원하는 분위기를 만들어 주었다. 활동가들 역시 로비와 대중 시위를 통하여 보건 예산에 영향을 미치었다. 언론 역시 텔레비전 중계, 라디오 네트워크, 출판물을 통하여 안전한 성관계를 촉진시키고 질병에 대한 이해를 증진시키는 등 중요한 역할을 한다.

효과적인 국가 행동. 1986년 활동가들에게 압력을 받은 정부는 모든 AIDS 환자를 무료로 치료하는 국가 프로그램을 세웠다. 차별금지법은 HIV와 AIDS에 감염된 시민들을 보호하기 위하여 통과되었다. 정치인 간의 협력은 이러한 법들과 보건 예산을 지켜 정권이 바뀔 때도 프로그램의 지속성을 보장하였다.

브라질은 가난한 국가들이 ARV를 무상으로 누구에게나 보급하지 못하도록 하는 거대한 장벽을 넘어서는 것을 세계에 보여주었다. 약품 가격이 엄격한 특허권으로 인하여 인위적으로 상향되어 있었다. 브라질은 카타르 도하에서 열린 세계 무역 기구의 장관급 회의에서 개발도상국들이 공공 보건의 경우 의약품 특허권을 깰 수 있는 길을 열어 주었다. 브라질은 특허권이 있는 의약품의 제조를 허용하는 법을 이미 통과시켰고 17개 AIDS 의약품 중 8개를 82퍼센트를 낮춘 가격에 생산하고 있다. 또한, 브라질은 다른 특허권이 있는 약품들의 가격을 낮추기 위하여 복제 회사들에 허가권을 주도록 위협한다.

브라질 정부는 기존의 공공 보건 시스템 위에 놀라운 보건소 네트워크를 설립하였고 ARV를 제대로 복용할 수 있도록 환자들을 돕는 보건 종사자들을 추가로 교육하였다. 전산화된 국가 시스템으로 정부는 의약품의 공급과 보급을 철저하게 통제하였다. 그렇게 함으로써 보건 공무원들은 바코드로 된 카드를 통하여 AIDS 감염자 하나하나의 의료 기록과 이력을 추적하고 전국 111개 치료소의 모든 의약품 처방계획을 모니터링하고 개선할 수 있게 되었다. 민간 부문과 시민 사회 그리고 여타 국가 기관들은 AIDS 환자들에게 무료 버스표를 제공하고 식량을 제공하였다.

AIDS와 원조

원조 공여국들은 AIDS, 결핵, 말라리아와 싸우는 글로벌 펀드를 세워 가난한 나라를 돕자는 뒤늦은 감이 있지만 환영할만한 제안을 한다. 전 UN 사무총장 코피 아난이 2001년 제안한 글로벌 펀드는 G8과 아프리카 연합의 지도자들이 조속히 받아들여졌다. 이 기금은 국가들의 보건 시스템을 강화하고 의약품과 보건 제품을 구매하며 세 질병에 대항하는 시민 사회 조직을 지원한다. 위 세 가지 질병 퇴치를 위한 이 특별한 국제 공공-민간 협력은 5장에서 자세히 논의될 것이다.

AIDS가 우리 시대의 유일한 주요 전염병은 아니다. 이미 결핵은 2009년 1백 7십만 명의 사람들을 사망에 다다르게 하였고[54] 그중 19만 5천 명이 HIV 보균자였다.[55] 다제내성결핵 TB이 나타나며 질병을 해결하려는 노력은 60년 전보다 어려워졌다. 2003년 동남아시아에서 나타난 조류독감과 돼지 콜레라와 같은 동물에 기원하지만, 인간에게 전염되는 인수공통감염 질병들도 새로운 전염병이다.

---

54 WHO Fact Sheet (2010) 'Tuberculosis'.
55 World Health Organisation press release, March 2007, www.who.int/tb/features_archive/wtbd07_press/en/index.html

바이러스에는 국경이 없고 전염병을 다루기 위해서는 국제적인 공조가 필요하다. 보건에서 국제 공조는 천연두 박멸, 2003년의 사스 제어와 같은 몇 가지 놀라운 성공을 성취하였다. 주로 감염된 모기가 무는 것을 통하여 말라리아 유충이 혈관으로 들어가 원인이 되는 감염병인 말라리아는 또 다른 주요 사망 원인이며 기후 변화는 온난해진 지역으로 모기들이 옮겨 다님에 따라 케냐와 같은 국가들에서는 말라리아가 확산된다.[56]

박스 4.3
사스 : 세계 공조가 성취한 것들

심각한 급성 호흡기 증후군 SARS에 대한 빠르고 효과적인 세계 공조와 HIV와 AIDS에 대한 수년간의 무시는 극명하게 대조가 된다. 세계 보건 기구의 세계 경고 대응 시스템은Global Alert Response system 잠재적인 세계 전염병의 발생을 지속적으로 추적하는 시스템이다. 사스는 이러한 위협 중 하나인데 2003년 3월 12일에 처음 발견되었다.

이전에 없었던 세계적 공조는 이 치명적인 새로운 질병을 봉쇄하는 열쇠였다. 초기에 국내, 국제 조직은 사스에 대한 정보를 세계적으로 공유하여 새로운 사례들을 조속히 진단하여 질병이 퍼지는 것을 봉쇄하였다. 세계 보건 기구는 질병이 발생한 국가들에서 상황을 매일 같이 보고 받고 다른 국가들에 대해서도 즉각적인 보고를 요청하였다. 해당 부서는 사스에 대한 감시, 예방 그리고 대응을 각국에 24시간 조언하였다.

국제 협력의 직접적인 결과로 사스의 원인이 밝혀졌고, 그 질병은 격리되어 치료되었다. 2003년 7월 초 첫 번째 사례가 보고 된 지 4개월 뒤 세계 모든 곳에서 인간에서 인간으로 전염되는 사스는 모두 박멸되었다. 800명 정도가 사망하였지만 전 세계적 전염병은 봉쇄가 되었다.

출처: World Health Organisation (2003) 'The Operational Response to SARS', www.who.int/csr/sars/goarn2003_4_16/en/print.html

---

56 *Guardian* (2009).

만성적 취약성과 건강

건강하지 않다는 것은 그것 자체로 질병이며 다른 효과를 가져온다. 이것은 사람들의 잠재적 소득을 감소시키고, 때로는 빚을 지게 만들며 가족 구성원들에게 부담을 가중시키고 박탈을 다음 세대에도 넘겨준다. 가족의 갑작스러운 질병은 가족이 질병과 빚의 굴레에 빠지게 되는 가장 보편적인 이유 중 이하이다. HIV나 당뇨병과 같은 만성적 질병은 가계에 지속적인 부담이 되어 여성의 노동을 증가시키고 때로는 성 노동 이나 안전하지 않거나 위생적이지 못한 상황에서 과도한 시간 동안 육체노동을 하게 하여 또 다른 질병에 걸릴 위험을 증가시킨다.

돌봄이라는 사회적 역할을 수행해야 하는 여성은 특히나 치료가 어렵거나 지나친 경비가 드는 경우 환자를 볼보는 부담과 건강 보호를 하는데 가장 활동적이어야 한다.[57] 여성들은 일반적으로 돈을 지불해야 하는 경우, 의료 보장을 가장 마지막에 받게 되는데 이는 많은 문화권에서 여성이 경제력이 없다는 것과 여성에 대한 선입견을 보여주는 징후이다.

임산부나 출산을 하다가 죽음에 이르는 여성을 완화한 단어인 '임산부 사망'을 줄이지 못하는 것은 가장 큰 여성의 건강권에 대한 실패이다. 세계적으로 35만 명의 여성들이 매년 출산과 관련된 원인으로 사망을 하는데, 이는 매일 천 명의 여성이 죽음에 이르는 것이다. 그러나 이 숫자는 극단적인 불평등을 가리고 있다. 99퍼센트의 사망이 개발도상국에서 일어난다.[58] 여성의 임산부 사망은 아프가니스탄의 11명 중 1명에서 선진국의 4300명 중 1명으로까지 나타난다.[59] 어머니를 잃은 어린이들은 잃지 않은

---

[57] WHO, *Millennium Development Goals Report 2005*.
[58] WHO (2010) *Trends in maternal mortality: 1990 to 2008*.
[59] Ibid.

어린이들보다 10배나 더 많이 성숙기 이전에 사망한다.[60]

임산부 사망은 인종 불평등뿐만 아니라 경제적 불평등까지 반영한다. 멕시코에서 임신, 출산 혹은 산후 원인과 관련된 사망 위험은 토착 공동체가 다른 지역보다 세배나 높다.[61]

질병, 무지 그리고 빈곤의 악순환은 자궁에서 시작된다. 개발도상국의 어린이 중 1/4은 2.5킬로그램 미만의 미숙아로 태어나는데 그 이유는 어머니가 영양실조이기 때문이다.[62] 여자아이들이 학교를 그만두고 10대 초반에 조혼을 한다는 사실은 조혼한 어머니와 미숙아일 확률이 높아 생존 기회가 적은 유아 간의 상관관계를 보여준다.[63] 영양실조인 어린이들은 질병에 더 잘 걸리고 학업 성취도도 낮고 어른이 되어서도 적절한 소득을 올리지 못한다.

세계의 가난한 이들에게 보건 서비스를 제공한다는 것은 증가하는 불평등과 비통합적 시스템 맞서 선별적인 개입을 한 성공사례를 보여준다. 대부분의 의료 보장 서비스는 몇십 년간 충분치 못한 기금으로 운영되어온 국가 시스템으로 제공되었다. 의료 보장을 증진시키려는 전 지구적 노력은 핵심적인 지원을 제공하지만 이를 지속시키지는 못하였다.

임산부 사망률을 낮추는 데 있어 느린 진척은 다른 부문의 빠른 발전과는 대조가 된다. 예를 들어 예방접종은 1974년 세계 보건 기구에서 예방접종 확대 프로그램을 시작한 이래 대단히 증가 되었다. 2010년 DTP3(디프테리아, 파상풍, 백일해 백신 3종)은 85퍼센트에 다다랐고, 이는 1980년

---

[60] UNFPA's Facts about Safe Motherhood.
[61] M.D. Layton, B.C. Carrete, I. Ablanedo Terrazas, A.M. Sánchez Rodríguez (2007) 'Mexico Case Study: Civil Society and the Struggle to Reduce Maternal Mortality'.
[62] S. Maxwell (2005).
[63] J. Senderowitz (1995).

20퍼센트에서 대폭 상승한 것이다.64 불행히도 이는 기초적인 건강 서비스에 대한 필수적인 투자를 제공하지 못한 채 진행된 것이다. 따라서 기부자들이 관심을 잃거나 백신 프로그램 기금이 줄어들면 많은 백신 프로그램들은 실패하며 그다음 해의 백신 접종률은 줄어들 것이다.

2001년 공공-민간 협력인 백신과 예방을 위한 세계 연대Global Alliance for Vaccines and Immunization(GAVI)를 통하여 세계 예방 접종의 빠른 확대는 백신 프로그램을 다시 활기를 띠게 하였고 5백만 명으로 추정되는 생명을 살리며 사망률을 낮추었다.65 그러나 새로운 백신에 대하여 제약 회사들이 청구한 높은 가격은 그 목표인 보편적 혜택을 위협한다.

정치적 영향력이 적은 외진 곳에 사는 이들, 도심지 슬럼가 그리고 국경지대에 사는 이들뿐만 아니라 토착민들과 이주민들은 백신을 맞지 못하는데 이것은 다른 핵심적인 보건 서비스에 접근을 하고 있지 못하다는 표시이기도 하다. 2002년 전 세계 2백 십만 명으로 추산되는 인구가 예방 백신으로 예방 가능한 질병으로 사망하였다. 이 수치는 백 4십만의 5세 미만 어린이들을 포함한다.66

흉부전염, 말라리아, 결핵과 같은 예방 가능한 전염병과 AIDS와 같은 치료 가능한 질병의 맨 위에는 국가 예산 책정이 잘 되지 않는 심장 질환, 당뇨병, 암과 같이 가족 전체에 부담이 되는 선진국형 만성 질환이 있다. 2008년 3천 6백 십만 명의 사람들이 심장 질환, 심장 마비, 만성 폐질환, 암, 당뇨병으로 사망하였다. 이 중 80퍼센트에 가까운 사례들이 중 저 개발 국가에서 발생하였다. 많은 경우가 필수적인 건강 보호에 대한 접근성

---

64 http://www.globalhealthfacts.org/data/topic/map.aspx?ind=41
65 http://www.gavialliance.org/library/publications/gavi/presentationof-basic-facts-about-gavi/
66 WHO Fact Sheets (2005), 'Fact Sheet No. 288: Immunisation against diseases of public health importance'. March 2005. Geneva: WHO.

을 넓히는 동시에 강력한 흡연 규제, 건강 식단, 운동, 알코올 규제로 예방 가능하였다. 또 다른 주요한 문제이지만 종종 간과되는 문제는 도로 교통 사고이다. 세계적으로 매년 130만 명이 생명을 잃고 있고 이 수치는 말라리아와 결핵에 비견할 만하며 도로에서 부상을 당하거나 죽는 10건 중 9건은 개발도상국에서 일어난다. 안전벨트와 도로 규제를 강화하는 것만으로도 대량 사망을 줄일 수 있다.[67]

또 다른 전 지구적 문제는 보건 노동자와 보건 예산의 지나친 지리적 편중화이다. 미국인들은 세계 질병의 10퍼센트가 발생하지만, 세계 보건 노동자의 37퍼센트가 편중되어 있고 보건 재정의 50퍼센트 이상을 빨아들이고 있다. 다른 한편 아프리카는 24퍼센트 질병이 발생하지만 보건 노동자의 3퍼센트만이 있으며 보건 지출액의 1퍼센트만을 사용하고 있다. 더 나아가 보건 서비스를 확대하려는 아프리카의 노력은 부국에서 높은 임금을 받으려는 의사와 간호사들의 유출로 인하여 지속적으로 어려움을 당면하고 있다.[68] 아프리카 연합은 보건 인력의 유출로 인하여 매년 5억 달러씩 저소득 국가들이 고소득 국가들을 보조하고 있는 셈이라고 추정한다.[69]

보건 문제에 대한 취약성을 감소시키려는 인간 안전 접근 방식은 가난한 이들과 공동체에게 권한을 부여하여 보건 문제를 예방하고 보건 문제가 생겼을 때 빠르게 복수 할 수 있도록 한다. 공동체는 보건 서비스가 어떻게 전달되는지에 대하여 발언권을 가지고 있어야만 한다.

인간 안전은 보편적으로 접근이 가능한 보건 시스템을 제공하는 효과적인 국가 보호를 필요로 한다. 불평등을 해결하는 것은 기초적인 농촌 의료 보장을 구축하고 여성 직원을 고용하고 진작시키며 의료 보장 서비스를

---

[67] J. Habyarimana and W. Jack (2009).
[68] WHO (2006).
[69] Oxfam International and WaterAid (2006), p. 67.

여성들이 이용하도록 지원함으로써 여성들을 위한 서비스를 만드는 것을 의미한다. 그러나 기초적인 의료 보장은 '저렴한 의료 보장'으로 비추어져서는 안 되며 병원을 포함한 보건 시스템에 의해 지원되어야만 한다. 노령화되며 건강 권리를 인지하게 된 사람들은 더욱더 건강 서비스를 요구할 것이기 때문이다. 이것은 정부가 적절한 급여를 지급하고 더 많은 직원을 고용하며 적정한 보건 계획 시스템에 투자를 하라고 요구할 것이다. 또한, 최근 몇십 년간 원조 공여국과 정부들이 반국가적 주장이라고 공격하던 공공 서비스 정신을 고취 시켜야만 한다. 정부는 사용자 부담을 폐지하고 기초적인 무상 돌봄 서비스에 투자할 필요가 있으며 예방과 치료 서비스를 동시에 지원해야만 한다. 부국은 숙련된 의사와 간호사들을 꾀어내지 않음으로써 도움을 줄 수 있다. 이점은 5부에서 논의될 것이다.

사람들은 언제나 질병에 걸리지만, 질병이 생명을 파괴할지는 넓게는 사회적, 정치적, 경제적 환경에 의해 결정된다. HIV는 개인적으로는 트라우마가 되겠지만 더 이상 사형 선고는 아니다. 그러나 치료에 접근을 하지 못하면 HIV와 같은 보건의 충격은 일상적인 건강 문제에 더하여 발전을 향한 노력을 기울이는 가난한 사람들과 공동체 그리고 국가를 약화 시키고 손상시키는 대격변을 일으킨다. 건강을 향유할 수 있는 기회는 부자와 가난한 사람들 그리고 부자 국가와 가난한 국가 사이에 지나치게 편향되어 있다. 질병과 빈곤은 서로 상승효과가 있는데, 그것을 해결하는 가장 좋은 방법은 국가와 시민들이 국제 사회의 전 지구적 공조와 자원의 협력을 통하여 함께 노력하는 것이다.

> 사례 연구

변화는 어떻게 일어나는가: 남아프리카의 치료 행동 캠페인

30개가 넘는 국제 제약 회사들이 2001년 싼 가격에 복제 약품의 수입을 허용하는 남아공의 법을 무효화하기 위하여 소송을 냈을 때 활동가들은 대중의 분노로 제약회사들의 소송을 포기하도록 만들었다. 이 시위의 핵심에는 남아공의 HIV 양성 반응자들의 조직인 치료 행동 캠페인 Treatment Action Campaign(TAC)가 있었다. 남아공은 전체 인구의 20퍼센트 가까이가 바이러스를 보유한 높은 감염률을 가지고 있다.

1998년 국제 AIDS의 날에 결성된 TAC의 만 5천 명의 구성원들은 남아공의 단면을 보여준다. 그중 80퍼센트는 실업자이고 70퍼센트는 여성이며 70퍼센트는 14세에서 24세이며 90퍼센트가 흑인이다. 그러나 TAC의 영향력은 그 수나 이러한 통계보다도 더 크다.

TAC는 거대 제약 회사로 하여금 소송을 포기하고 ARV 약품 가격을 급격히 낮추도록 압박을 한 뒤 아프리카민족회의 정부에 압력을 행사하였다. 법정에서는 승리를 거두었지만 정부인사들은 특히나 대통령 타보 음베키는 HIV와 AIDS간의 상관관계에 대한 의문을 계속하여 가지고 있었다. 현장에서의 더딘 보급과 함께 혼란스러운 정치적 언사들은 ARV를 공공 보건 기관에 배급한다는 좋은 계획을 약화 시켰다.

아파르트헤이트 이후 찾아온 민주주의는 TAC를 폭력적으로 억압할 것 같지 않았지만, 정부 정책을 바꾸려는 TAC의 캠페인은 여전히 멀고 어려웠다. TAC는 주기적으로 소송을 걸었고 보건 서비스를 받을 수 있는 인간 권리를 담고 있는 1994년 헌법에 기초하여 치료에 대한 접근성을 개선하는 법정 싸움에서 승리를 하였다. 지역 보건 위원회와 같은 아파르트헤이트 이후 질서의 공적인 참여 구조는 TAC가 공공 지원을 받을 기회를 제공하였다.

그러나 남아공의 다수결 원칙은 민족회의에 대한 비판을 민주주의에 대한 공격으로 간주하는 일당 집권을 낳았다. 개인의 의견이 무엇이든 간에 정부 정책에 공개적으로 반대할 수 있는 목소리를 내기 어려웠다. TAC는 법원을 넘어 대결 전략을 쓸 수밖에 없었다. 구성원들은 2002년 가격이 싼 브라질 복제약을 수입함으로 특허권을 무시하고 지속적으로 성난 시위를 열었다.

TAC는 명민하게 정부 내외를 거쳐 지역, 국가, 국제적 차원의 동맹을 결성하였다. 캠페인은 콘돔의 사용을 불허하는 가톨릭교회와도 일하며 차이에 대한 놀라운 관용을 보여주었다. 다른 사회 운동과는 달리 민족회의 정부를 비난하는 방법을 사용하지 않고 민족회의당 내부에서 동맹을 맺을 수 있는 이들을 찾아내고 규합하여 정부의 정책을 바꾸는 데 사용하였다.

ATC 캠페인이 외국 제약 회사 이외에는 정치적이거나 경제적으로 주요한 관심을 위협하지는 않았기에 토지 개혁이나 아파르트헤이트 자체의 해체와 같은 이슈들보다도 내부-외부 유형의 전략에 더 적합하였을 것이다. HIV 양성자 조직으로서 TAC는 구성원들에게 자기 스스로에 대한 효과적인 후원자가 될 수 있도록 역량을 부여하여 자조와 사회적 동원의 기초가 되는 '문해 치료' 캠페인을 실시하였다.

그러나 TAC는 대중적인 영향력을 미치었음에도 불구하고, 대통령 음베키는 보건부 장관인 만토 사발라라 음시망Manto Tshabalala-Msimang을 전적으로 지원하며 무례한 태도를 견지하였는데, 보건부 장관은 마늘, 비트 뿌리와 좋은 영양 상태가 ARV보다 나은 AIDS 치료제라고 주장하여 '비트 뿌리 박사'라는 별명을 얻은 인물이다.

2006년 음베키를 뒤이을 인물이 누가 될 것인가를 놓고 전쟁이 벌어지자 집권당이 균열되기 시작하였다. AIDS와 HIV에 대한 음베키의 입장은 리더십에 타격을 가하는 피뢰침이 되었다. 같은 해 8월 토론토에서 열린 16회 국제 AIDS 회의에서 TAC의 시위는 언론과 UN 담당자들을 통하여 국민회의에 대한 국제적 비난을 고조시켰다.

2006년 후반기 ARV 정책의 변화는 정권 재창출을 하기 위한 국민회의 리더십에 핵심사항이 되었다. 면피용 출구를 찾으며 보건부 장관의 병가 (HIV 관련된 것은 아님) 휴직으로 정부는 뒤로 물러난 후 문제의 심각성을 인식하고 시민사회와 함께 공조하며 남아프리카 국가 AIDS 위원회를 재조직하기로 합의하였다.

정부 정책에 날카로운 비판을 해온 보건부 차관인 노지즈웨 마드랄라 루드지Nozizwe Madlala-Routledge는 TAC가 해온 역할에 감사를 표했다. 그녀는 "행동이 정책을 변화시키고 정부 내의 다른 목소리에 힘을 실어줌으로써 정부가 방향을 전환하도록 압력을 넣는다"라고 말했다. 한 연구는 이렇게 결론을 내린다. "AIDS 캠페인은 남아공의 아파르트헤이트 이후 변화를 가져오려는 어떠한 시도보다도 입헌 민주주의가 제시한 수단을 사용하여 가장 성공적인 변화를 쟁취하였다."

출처   Steven Friedman, 'The Extraordinary "Ordinary": The Campaign for Comprehensive AIDS Treatment in South Africa' (undated); author interview with Mark Heywood, TAC , July 2007.

자연재해의 위험

2001년 1월은 인도, 엘살바도르, 미 서북부 시애틀 인근 지역에 엄청난 지진이 있었다. 몇 세기 전에 신의 저주 도구로 여겨졌던 지진 보다 더 '신의 행위'와 유사한 것은 없을 것 같지만 인간에 미치는 영향은 예정된 것이 아니었다. 세 번에 걸친 지진은 강도는 유사하였으나 인도에서는 2만 명, 엘살바도르에서는 600명, 시애틀에서는 사상자를 내지 않았다. 지리적 차이를 감안하더라도 이러한 현격한 차이는 자연에 의한 것이 아니라 빈곤과 권력에 의한 것이다. 자연은 공평하지만 재해는 차별을 한다. 인도에서는 부실한 건축법률의 시행으로 높은 건물이 무너졌다. 엘살바도르에서는 진흙 더미가 농촌 지역의 가난하고 비탈지고 가파른 골짜기 지역 이외에는 갈 곳이 없는 이들을 덮쳤다.

10년 뒤, 2010년 1월 아이티를 강타한 지진으로 30만 명이 사망하였다. 비교해보자면 훨씬 더 강력하여 기록된 것 중에 가장 강력한 지진 중 하나가 일본을 강타하고 뒤이어 2011년 3월에 쓰나미가 와서 1만 6천 명이 사망하였다.

다른 취약성과 마찬가지로 재해도 불평등 문제를 제기한다. 잘사는 국가와 공동체들은 재해를 다스릴 자원과 시스템을 보유하고 있다. 유럽과 북아메리카에는 매년 오는 겨울이라고 불리는 자연재해가 있다. 가난한 공동체와 국가는 이러한 충격을 이겨낼 자원이 모자라다. 유해함hazard은 자연적이지만 유해함과 취약함이 만든 위험risk은 사회적 경제적 정치적 불평등과 부정의로 만들어진다. 가난한 이들에게 목소리와 권리를 줌으로써 그것이 재해에 대한 예방이건 뒤이은 회복의 과정이건 위험의 취약성 측면을 감소시키는데 더 많은 관심이 필요하다. 이러한 노력은 힘을 가지게 된 가난한 이들과 공동체를 결합시켜 재해를 관리하는 효과적이고 책임감 있는 국가 기구와 함께 재해를 예방하고 극복하는 능동적인 주인공이 될 수 있도록 한다.

재해는 많은 형태로 오지만 가장 치명적인 것은 가뭄과 그에 이은 빈곤이다. 빈곤은 2004년 인도양 쓰나미를 제외하면 1994~2003년 사이의 모든 재난 관련 사망 사건 중 절반의 원인이다. 홍수, 지진, 허리케인, 폭풍이 나머지의 원인이 된다.

2010년 주로 아이티 지진과 러시아의 혹서로 인하여 매일 같이 평균 800명의 사람들이 자연재해로 사망하였고 지난 20년간 2010년이 가장 많은 사람들이 재해로 사망한 해가 되었으나[70] 이 수치는 더욱 효과적인 경보 시스템과 지역 공동체 차원에서의 더 낮은 재해 예방의 조합 덕분에 30년 만에 절반이 된 것이다.[71] 그러나 재해로 피해를 본 사람들의 전체 수는 증가하고 있다.[72] 분명히 사망을 예방하려는 공공 역량은 발전하고 있으나 가난한 이들의 취약성은 남아있고 취약한 지역에 사는 인구의 증가와 기후 변화를 포함한 환경의 파괴와 같은 것들로 인하여 더욱 심화되고 있다.[73]

국가 차원에서, 가난한 국가와 약한 정부는 취약한 이들을 보호할 수 없다. 평균적으로 개발도상국에서 재해에 영향을 받는 이들의 수는 부자

---

[70] D. Guha-Sapir, F. Vos and R. Below (2011).
[71] UNDP (2004).
[72] Natural Disasters Trends, http://www.emdat.be/natural-disasters-trends
[73] 2004년 12월 26일 일어난 아시아 쓰나미로 인하여 2005년은 최악의 해였다. 총 24만 4천 5백 77명이 사망하였고 1억 5천만 명이 피해를 입었다.

국가에 비해 150배가 넘지만 인구는 5배 정도만 높다. 이에 상응하는 경제적 피해는 전체 국가 경제 생산량으로 비교할 때 20배가 더 크다. 부유한 국가들에서도 정부가 재해 예방이나 기초적인 인프라 유지에 투자를 하지 않을 때 가난한 이들은 고통을 받는다. 2005년 카트리나 허리케인이 미국에 왔을 때 이러한 점이 분명히 드러났다.

모든 국가에서 연령, 성, 장애, 정치적 입장 그리고 특히나 인종적 측면에서 소외된 사람들과 공동체는 권력이 있는 이들보다는 더 큰 피해를 입는다. 재해 역시 여성에게 더 많이 나타난다. 재해가 났을 때, 여성과 어린이는 남성보다 보건, 사회적, 정보 서비스를 덜 받게 되고 따라서 이후에 스트레스를 잘 처리하지 못하게 된다.

그러나 여성들은 반대로 성공적인 회복을 보장할 수 있는 기술과 지식을 가지고 있다. 2001년 1월 50년 만에 최악의 지진이 인도 구자랏Gujarat 주 북서부에서 발생하여 2만 명이 넘는 사람들이 사망하였고 수천 명이 실종되었다. 옥스팜은 협력 기관인 자영 여성 연합이 어떻게 다른 기관보다 더 빠르고 효과적이며 구호 대상자를 잘 구분해 내는지 그리고 장기적 관점에서의 개발과 연계를 시키는지를 목도 하였다. 논란의 여지는 있지만 그것은 자영 여성 연합의 구성원 구조 때문이며 자영 여성 연합이 더욱 책임감을 가지고 있는 가난한 여성들과 함께 일했기 때문이다. 특히 자영 여성 연합은 충격 후 여성의 생계유지를 함에 있어서 소득의 중요성을 크게 강조하며 보험 제도와 취약성을 줄이는 다른 방법들을 개발하였다.[74]

방글라데시 갠지스 델타 지역의 위험성이 높은 섬들이나 1990년대 시에라리온과 리베리아의 소규모 무기가 난무한 불법 거주촌이나 난민촌 혹은 가뭄, 홍수 그리고 산사태에 취약한 중앙아프리카의 가파른 언덕의 거주촌

---

[74] T. Vaux and F. Lund (2003).

과 같은 곳에서 취약성은 가난한 이들이 살아야만 하는 장소와 관련이 있다. 도심지 중심부 근처 가난한 이들은 종종 건축 허가나 인프라도 없이 홍수, 진흙 사태, 혹은 지진으로 아주 위험한 곳에 집을 지을 수밖에 없게 된다.

개발이 가난한 사람들의 목소리와 요구를 무시할 때 개발 그 자체가 취약성을 더할 수 있다. 아프가니스탄에서 파이사바드Faisabad와 마자르 에 샤리프Mazar-e-Sharif를 연결하는 시베르간Shiberghan 고속도로는 지역 농민들에게는 자연 하수를 막아 홍수 위험을 높이고 작물과 진흙 집들을 쓸어 가는 위험을 가하는 생태적 악몽이 되었다.[75]

자연 생태 시스템의 보존은 생명을 살린다. 몰리드 섬은 다른 국가들보다 2004년 아시아 쓰나미로 인해 고통을 덜 받았다. 그 이유는 몰디브는 고급 관광 시장 상품화로 해변가에 맹그로브와 산호초를 보존했기 때문이다.[76] 산호초는 자연 방파제로 역할을 하고 맹그로브는 자연 충격 흡수제이다.[77] 스리랑카가 보호층이 사라짐으로 인해 그 대가를 치른 반면 인도 타밀라두Tamil Nadu주의 맹그로브가 밀집된 피차바람Puchavaram과 무투페Muthupet 마을은 경제 손실을 최소화하고 인명 피해도 거의 없었다.[78]

재해가 자주 일어나는 지역에서는 한 사건이 가난한 이들을 더욱 빈곤하게 만들고 그들을 더욱 미래의 충격에 위험하게 만드는 하향 순환이 작용을 한다. 부분적으로는 기후 변화로 인하여 자연재해의 총 건수가 1980년대 중반 이후 4배로 증가하였고 그중 대부분은 홍수, 사이클론, 폭풍이다.[79] 중-소규모의 재해는 언론에 크게 소개되는 대규모 재해보다 더

---

[75] N. Fariba (2006).
[76] AFP (2005).
[77] 2005년 2월, 일본 산업 은행은 쓰나미로 인한 피해를 완화하기 위한 맹그로브의 역할에 대한 연구를 실시하였다.
[78] G. Venkataramani (2004).
[79] 이 결과는 재난 위험 감소를 위한 지구 플랫폼the Global Platform for Disaster Risk Reduction이 긴급 재난 데이터베이스를 이용하여 분석한 결과이다. *Disaster Risk*

자주 일어난다. 이러한 사건들의 이 더 자주 일어나며 마치 지구가 아주 작은 것처럼 가난한 이들과 공동체는 다음번 재해가 오기 전에 복구하기가 힘들어 진다. 그리하여 더 많은 궁핍과 헤어 나오기 위하여 노력해야 하는 취약성의 하향 순환으로 빠져든다.[80]

위험을 줄이기

> 예전에는 그저 반응을 했습니다. 전에는 함께 일만 했지만 지금은 홍수가 나기 전에 계획을 세우지요. 예를 들면, 올해는 이곳을 피할 필요가 없었습니다. 홍수가 나기 전에 모든 가족들이 음식을 말리고 이동용 오븐을 준비해 두었지요. 가축들은 안전한 곳으로 옮겨 두었습니다. 지하수 튜브가 제대로 작동하는 것을 확인하고 항아리에 물을 저장해 두었습니다. 외부에 도움을 요청할 필요가 없어졌지요.
>
> 하와 파빈Hawa Parvin, 마을 재해 예방 위원회 위원,
> 방글라데시 쿠리그람 Kurigram주, 2004[81]

재해가 일어났을 때, 약간의 예방책은 재해 복구에 쏟는 노력보다 더 가치가 있다. 2007년 치명적인 홍수와 사이클론에 대한 모잠비크의 대응은 세계에서 가장 가난한 국가에서도 좋은 국가 리더십과 계획이 어떻게 대처할 수 있는지를 보여준다. 성공의 요인은 정부의 총체적 준비에 있다. 2006년 10월 모잠비크는 자연재해에 대한 취약성을 다루고자 재산림화와 국가 수로 관리로부터 지속된 가뭄에도 생존할 수 있는 작물 개발을 포함하는 이슈들을 포함하는 '총괄 계획'을 세웠다.

Reduction: 2007 Global Review (June 2007).
80 Oxfam International (2007) 'Climate Alarm: Disasters Increase as Climate Change Bites'.
81 Oxfam International (2007) 'Sink or Swim: Why Disaster Risk Reduction is Central to Surviving Floods in South Asia'.

박스 4.4
2004년 아시아 쓰나미

　최근 일어난 가장 큰 자연재해 중 하나는 2004년 12월 26일 일어났다. 북부 수마트라 섬의 서쪽 해안선에 밀어닥친 거대한 지진은 해저 1,200KM를 따라 이동하며 인도양 인근의 14개국의 사람들을 죽인 연속적인 쓰나미를 일으켰다. 인도네시아, 스리랑카, 몰디브, 인도, 태국이 가장 큰 타격을 입었다. 22만 7천 명 이상이 생명을 잃었고 170만 명의 이재민이 생겼다. 언론에 보도가 되어 막대한 원조가 들어왔는데 선진국으로부터 55억 달러의 공적 원조를 포함하여 135억 달러로 추산되는 국제 원조가 있었다.

　구호에 대한 심도 있는 평가는 피해를 본 이들에 대한 현금 공여, 주거지와 학교의 조속한 재건축, 활발한 민원 시스템 및 피해 가구에 대한 상담을 포함하여 원조 기관들의 다방면에 걸친 시행이 이전보다 잘 이루어졌음을 보여준다. '거의 모든 재해 복구는 피해를 본 이들 스스로에 의해 이루어진다'는 점을 지적하며 평가팀은 다음과 같은 결론을 내린다. '국제적 복구 노력은 지역민들과 피해를 본 국가 기관들을 지원하고 권한을 주며 촉진시키고 책임감을 줄 때 가장 효과적이다.'

　그러나 종종 평가들은 이러한 점을 재해 복구 사업들이 따르고 있지 않다는 점을 발견하였다. 원조 기구들은 지역의 조직들과 협력하기보다는 눈에 보이는 대중적인 사업을 해야 한다는 압박에 예산을 지출한다. 정부들은 '실패한 정부'로 오해되고 무시되었다. 원조는 종종 피해를 본 공동체의 요구에 응답하기보다는 공급자 위주로 운영된다. 원조는 소외된 여성들이나 가난한 공동체가 아닌 새 어선을 요구하는 어민들과 같이 특정한 이해 집단이나 권력이 있는 이들에게 배분이 되기에, 사회에서 불평등을 더 강화하는 결과를 가져온다.

　더 넓게 보면, 평가는 세계 언론 시스템의 비합리성도 조망을 한다. 세계 언론은 쓰나미 피해자들에게는 1인당 7천 달러의 모금을 하였지만 같은 해 방글라데시의 홍수의 경우 1인당 3달러밖에 모금이 되지 않았다.

　보고서는 보호와 더불어 권한 강화라는 인간 안전의 메시지로 결론을 내린다. 재해 복구의 성공을 위해서는 '피해를 본 이들을 효과성 측정의 핵심으로 가져가게 하는 규제 시스템이 필요하며 이는 원조 공급에서 지역 공동체의 구호 활동과 복구 우선순위에 따라 지원하고 촉진 시키는 근본적인 재설정이 필요하다'고 주장한다.

출처: J. Telford, J. Cosgrave, and R. Houghton (2006) 'Joint Evaluation of the International Response to the Indian Ocean Tsunami: Synthesis Report'. London: Tsunami Evaluation Coalition.

총괄계획은 또한 모잠비크가 관광산업 육성과 같은 방법을 통하여 농촌 지역의 생계를 책임지는 산업으로써의 농업에 대한 의존도를 줄이고 응급 대체 방안을 마련해야 한다는 점을 제시한다.

이 계획은 많은 이들이 '구걸이 거의 유일한 생계가 되는' 전쟁과 재해 가운데서 성장해 왔음을 지적한다. '자기 존중, 자기 확신 그리고 존엄성을 다시 세우는 것'이 '극단적인 빈곤과 싸우며 국가의 취약성을 줄이는 기본적인 사전 조건'임을 말한다. 이러한 이유에서 정부는 '국가의 역량이 먼저 고갈되지 않은 채 국제 원조를 요청하는 것'을 피하기로 결정하였다.

그 전략은 2007년 홍수 때 시험대에 올랐다. 정부는 사망자가 발생하지 않은 채 홍수 지역에서 지역민들을 소개할 수 있을 만큼 놀라운 성과를 올렸다. 위급 사항에 대한 준비는 의문의 여지없이 동일한 시기 강타한 사이클론에 의한 사망자와 피해자 수를 경감시켰다. 집을 잃은 사람들은 임시 거처로 옮겼고 식량과 의료 보장 그리고 기초적인 사회 서비스를 받았다. 뒤이은 평가는 다음과 같은 결론을 내린다. 이러한 보조가 없었더라면 사망자와 광범위한 고통이 있었을 것이지만, 이 계획은 긴급한 구호가 실제로 필요한 이들의 요구를 만족시켰다.[82] 이것을 통하여 모잠비크 정부는 위험과 취약성을 다루는데 효과적인 정부가 할 수 있는 것들을 보여주며 긴급 사항에 대한 국제적 원조를 요청하지 않기로 결정하였다.

자연재해로 인한 위험을 줄이기 위한 종합적인 인간 안전 접근은 계속된 '완화' 노력을 포함해야 한다. 계획 시스템, 건축법, 환경 규제와 같은 것들은 위험을 줄일 수 있다. 조기 경보 시스템과 대중 교육 프로그램 역시 중요하다. 만일 스리랑카의 마을들이 갑작스러운 썰물이 쓰나미의 전조라는 사실을 알았더라면, 그들은 갑작스레 드러난 해저에서 펄떡이는 물고

---

[82] J. Cosgrave et al. (2007) p. 40.

기를 주우러 달려가기보다는 고지대로 피했을 것이다. 더 넓게 보면, 위험을 줄이는 것은 충격에 대한 취약성을 경감시킬 수 있고 충격 이후 가능한 한 빨리 공동체가 회복 할 수 있도록 하는 사회 보호 계획과 중첩된다.

가난한 공동체와 시민 사회 조직들은 취약성을 줄이기 위하여 선제적인 행동을 취할 수 있다. '공동체 재해 예방'의 열매는 2007년 4월에 나타났는데 갑작스러운 폭우와 눈이 녹으며 생긴 홍수와 진흙 사태는 북부 아프가니스탄의 넓은 지역을 덮어 버렸다. 초토화가 된 많은 공동체와는 달리 사망간Samangan의 달리 수프 파얀Dari-Souf Payan 마을은 단 한 건의 사고와 재산 피해도 적었다.

준비의 씨앗은 남남 협력의 의견이 있은 지 6개월이 채 되지 않아 싹이 텄다. 2007년 1월 방글라데시의 NGO 방글라데시 농촌 발전 위원회 Bangladesh Rural Advancement Committee가 지역 기반형 재해 위험 감소 프로그램을 마을에 도입하였다. 방글라데시 농촌 발전 위원회는 지역 공동체에서 남성 10명, 여성 20명, 총 30명의 관리자를 훈련 시켜 각각이 50가구와 함께 여성의 관심이 반영될 수 있도록 하기 위하여 남성과 여성이 별도로 마을 재해 관리 위원회를 세웠다.

폭우가 시작된 4월 위원회 구성원들은 각각의 집으로 방문하여 임박한 홍수에 대하여 논의하고 고지대로 피해야 하다는 것을 알렸다. 홍수 후 방글라데시 농촌 발전 위원회의 도움으로 위원회는 수로를 만들도록 공동체를 동원하고 홍수 물이 하수로 빠져나갈 수 있도록 하며 가능한 한 빨리 일상생활로 복귀할 수 있도록 하였다.[83]

쿠바는 아마도 가장 잘 알려진 공동체 기반 형 재해 예방 체계를 가지고

---

[83] Oxfam International (2008), 'Rethinking Disasters: Why Death and Destruction are not Nature's Fault but Our Failure' South Asia DRR paper – Rethinking Disasters?

있다. 하바나의 쿠바 여성 연맹 대표는 이렇게 설명한다. '나는 이웃에 대한 책임을 지고 있습니다. 만일 허리케인이 올 경우, 다세대 주택에는 노인 여성이 휠체어를 타고 있어서 나갈 때는 도움이 필요하다는 것을 알고 있습니다. 2층에는 11명의 미혼모가 있고 3층에는 사고 시 더 많은 도움이 필요하고 피난처에서 특별한 도움이 필요한 2세 미만 아이들이 있습니다. 저쪽 블록과 이쪽에는 특별한 관심이 필요한 임산부가 있습니다.'[84]

재해 위험 경감은 고통을 줄이고 생명을 살릴 뿐만 아니라 경제적 손실도 줄일 수 있다. 중국이 1960년에서 2000년 사이 홍수 조절을 위하여 지출한 금액이 31억 5천만 달러이다. 이는 재해로 인한 손실인 120억 달러와 비교하면 1/4밖에 되지 않는다. 브라질의 리우데자네이루 홍수 재건축과 예방 프로젝트는 50퍼센트의 예방 효과를 가져왔고 베트남의 맹그로브 프로젝트는 태풍과 폭우로부터 해안가 주민들을 보호하기 위해 만들어 졌고 1994년 대비 2001년에는 52퍼센트의 혜택을 가져왔다. 인프라가 아닌 인적 자원의 준비와 기술에 투자를 하는 것은 더 지속적이고 더 큰 효과를 가져온다.[85]

1999년 UN 사무총장 코피아난이 밝힌 대로 경제적, 인류애적 측면 모두에서 볼 때 재해 이전에 위험을 줄이는 것은 당연한 것일 수 있지만 정치적으로는 더 힘들다. "예방의 문화를 만드는 것은 쉽지 않습니다. 예방의 비용은 현재에 필요하지만 그 혜택은 먼 미래에 나타납니다. 더 나아가 그 혜택은 눈에 보이는 것이 아닙니다. 그 혜택은 바로 재해가 일어나지 않는 것이기 때문입니다."[86] 재해가 일어나고 공여국 텔레비전이 그 사건에 대해 모금을 하면 정부는 국제적인 모금을 하기가 쉬워진다. 2011년

84　Oxfam America (2003).
85　C.C. Venton (2010).
86　K. Annan (1999).

세계 인도주의적 원조 보고서에 따르면 세계 20대 원조 수혜국에서 공식적인 인도주의적 지원 100달러 중 오직 75센트 즉 0.75퍼센트만이 재해 예방과 준비로 흘러간다.

이러한 정치적 문제를 넘어서는 데 중요한 것은 정치적 리더십, 시민 사회로부터의 압력 그리고 국제 공여 시스템에서 국제 예방 시스템으로의 전환의 조합이다. 2004년 쓰나미 이후 168개국이 효고 강령Hyogo Framework으로 알려진 재해 위험 감소를 위한 10년 계획을 받아들이기로 하며 이러한 전환을 할 수 있도록 노력하였다.

박스 4.5
쿠바 vs 카트리나: 재해 위험 감소의 교훈들

허리케인 카트리나가 2005년 뉴올리언스에서 1천 300명의 사상자를 낸 지 2개월 후 사상 최악의 허리케인 윌마가 쿠바를 강타하였다. 해수면이 육지 1킬로미터까지 올라오고 수도 하바나에 홍수가 왔으나 사망자나 피해자가 없었다. 전국적으로 64만 명이 소개되었지만 한 사람만이 실종이 되었다. 1996년에서 2002년까지 쿠바에는 6개의 큰 허리케인이 왔으나 사상자는 16명에 그쳤다. 미국에 의하여 오랜 시간 동안 경제 봉쇄를 당한 이 가난한 개발도상국은 어떻게 바로 옆의 부자 국가가 실패한 것을 할 수 있었을까? 미국과 쿠바는 모두 잘 조직된 시민 방어 능력과 효과적인 초기 경보 시스템, 잘 갖추어진 구조 팀, 위기 비축을 포함한 '유형의 자산'을 가지고 있었다. 그러나 미국은 가지고 있지 못하지만 쿠바에는 있는 '무형의 자산'이 중요하다는 것이 증명되었다. 쿠바 시민 방어 시스템이 잘 작동하도록 하는 것은 효과적인 지역 리더십, 공동체 동원, 강한 유대감, 재해 대응을 위한 잘 교육되고 훈련된 지역민이다.

쿠바는 위기 시 의사 결정은 중앙 집중화를 하고 시행은 분권화를 하는 '안전의 문화'를 발전시켰다. 많은 일반인들은 재해 대응과 예방에 중요한 역할을 한다. 이 시스템의 반복되고 잦은 이용은 공동체와 시민 방어 관계자들 간의 높은 수준의 신뢰를 구축하였다.

씨엔푸에고스Cienguegos의 시민 방어대의 호세 카스트로José Castro는 이렇게 설명한다. "학교의 모든 어린이들은 당신이 어떻게 준비하고 무엇을 해야 할지 설명할 수 있습니다. 학생들은 무엇을 해야 하는지 알고 있고 감시, 경계, 경보, 복구의 4단계와 단계마다 무엇을 해야 할지를 … 집의 물건들을 어떻게 모을지 그것들을 어떻게 처리할지를 … 수도와 전기를 잠그는지를 알고 있습니다. 모든 학생들, 노동자, 소농들은 이 훈련을 받습니다."

1년에 한 번 5월 마지막 날 전국적으로 하루 종일 실습을 하고, 또 하루는 취약한 거주자를 파악하며 집에 떨어질 수 있는 나뭇가지를 잘라내며, 우물이나 댐을 확인하고 동물들을 소개하는 등의 위험 감소 훈련을 받는다.

출처: Oxfam America: 'Cuba – Weathering the Storm: Lessons in Risk Reduction from Cuba.' www.oxfamamerica.org/newsandpublications/publications/research_reports/art7111.html

이 강령은 국가 재난 위험 감소 시스템을 설립하고 정부의 주도적 역할을 인식하는 것과 더불어 전통적인 재난에 입각한 국제적 공조로부터 위험을 감소시키고 인간 안전을 견고히 하는데 더욱 종합적인 접근으로 나아감에 있어 진전을 가져오는 정부와 국제기구들의 책임을 강조한다. 효고 강령의 핵심 메시지는 재해 감소는 전반적인 발전의 중심이 되어야 한다는 것이다. 효고 강령이 실제적인 변화를 가져올 것인지, 단순히 가치만 있지 실효적인 국제 선언이 될지는 시간이 지나야 알 것이다. 변화를 위한 압력과 지속적인 국제적 감시가 결정할 것이다.

최근 대부분의 국가에서 인도적 지원의 미래가 UN이나 INGO 시스템이 아닌 개별 정부의 손에 달렸다고 보는 견해가 늘고 있다. 2009년 아시아 사이클론 피해 복구를 위하여 INGO는 37퍼센트를, UN은 9퍼센트를 부담한 반면, 방글라데시에서 정부는 52퍼센트를 부담하였다. 이러한 환영할만한 기류는 개발도상국 정부의 세수와 세수 집행 능력이 재해가 늘어나는 만큼을 감당할 수 있을 때 가능한 것이다.[87]

---

[87] E. Cairns (2012).

재해 대처에 대한 책무성을 가지기

재해로 인하여 타격을 받은 사람들을 향한 '하향식 책무성'에 대한 강조는 원조 기구들이 위급 상황을 대처하는 방식을 급속히 변화시켰다. 사람들을 단순한 원조의 수용자가 아니라 권리를 가진 시민으로 보고 대하며 듣는 문화는 더 나은 원조를 낳는다. 2006년 지진이 인도네시아의 요갸카르타Yogakarta시를 강타하였을 때, 옥스팜의 주민 면담은 놀라운 결론을 가져 왔는데 그것은 가장 긴급히 필요한 것이 바로 플라스틱 샌들이라는 것이다. 요갸카르타는 유리와 콘크리트가 많은 현대화된 도시이다. 사람들은 지진으로 인하여 한밤중에 신발도 없이 집을 떠나게 되었고 길거리에서 깨어진 유리 조각에 발을 다치곤 하였다. 구호팀은 몇 시간이 되지 않아 샌들 공급업자를 찾아 배포하였다.

2004년 아체Aceh 쓰나미 생존자들에게 '재래식 화장실과 수세식 화장실 중 어느 것을 선호하십니까?'라는 단순한 질문을 하였고 옥스팜은 초기부터 응답에 기초하여 대응책을 세웠지만 안타깝게도 다른 기관들은 물어보지 않았고 그 결과 그 섬에 한 번도 사용하지 않은 수천 개의 재래식 화장실을 남기었다.

책무성과 호응성은 긴급 상황에 대한 권리 기반 접근에 꼭 필요하다. 이것은 다음과 같은 실제적인 메커니즘을 필요로 한다.

- 초기 평가로부터 최종 평가에 이르기까지 원조 기관의 대응에 대한 모든 측면의 평가에 피해를 본 공동체의 적정한 참여를 보장함.
- 분쟁 상황 시 피해를 본 공동체가 국제 인도주의 법률에 입각하여 자신의 권리를 주장할 수 있도록 지역의 요구에 적합한 정부

를 제공함.
- 인도주의적 지원을 하는 기관에 대하여 그리고 적절한 배상을 받았는지에 대한 비판과 긍정적 피드백 모두를 가능하게 하는 소통 채널을 제공함.
- 책무성을 확보하려는 기록을 하고 대중이 평가할 수 있도록 기록을 공개함.

    2005~6년 말라위 식량 위기 대응 프로그램에서 민원을 설치한 옥스팜은 프로그램의 '중간자'들이 수혜자들에게 돌아가야 할 식량을 가로채고 범죄를 저지른다는 것을 발견하고 조치를 취하였다. 자신의 권리와 어떻게 민원을 해야 하는지에 대한 프로그램의 첫째 날 토론회에 참석하지 않은 수혜자들은 아마도 옥스팜이나 경찰에 어떻게 연락을 해야 할지 모르고 할 용기도 없었을 것이다.

    필리핀, 아이티, 파키스탄에서 전화 핫라인을 설치한 옥스팜은 긍정적, 부정적, 민원 피드백을 함께 일하는 파트너 공동체로부터 받았다. 이렇게 함으로써 사람들의 변화하는 요구에 빠르게 적응할 수 있었다.

    이러한 책무성을 달성하는 것은 어떻게 달성할 것인가를 배우는 것과 (인도적 재해 한가운데서 이것을 성취하는 것은 쉽지 않다는 것을 명심하자) 발전에 대한 평가와 보고를 받는 시스템을 구축함으로써 조직이 지금 잘하고 있는지 그리고 어떻게 발전할 수 있을지를 알 수 있게 된다.

    하향성 책무성을 발전시킬 수 있는 다양한 방법들이 있다. 그중 하나는 공간 설정Sphere initiative이 더욱 일반적인 인도주의적 지원을 위한 질적 기준을 제시하였듯이 최상의 시행을 위한 기준과 지표들을 제시하는 것이다. 동료 평가 시스템은 청렴성의 수준을 향상시키고 NGO들 간의 최상의 시행을 빠르게 보급할 수 있도록 한다. 종종 독립적인 감사에 의한 인증 시스템도 필요할 때가 있다. 이것은 대중이 '나를 신뢰하세요'에서 '나를 보여주세요'의 문화로 변화해 가는 시대에 NGO의 자기 규제가 충분하지 않다고 주장하는 비판적인 입장을 가진 이들을 안심시켜 준다. 그러나 이러한 공적인 북반구의 책무성과 감사 모델은 비용을 증가시키고 중요한 역할을 할 수 있는 남반부의 성숙하지 못한 원조 주체들을 소외시킬 수 있다는 염려가 있다.

'재해'라는 말은 라틴어 '불운 ill starred'에서 온 것이지만 누가 재해로부터 오는 위험에 빠지는가를 결정하는 것은 별 star이 아니라 불평등과 불의이다. 가난하고 소외된 그룹을 가장 심하게 괴롭히는 재해는 국가 내 그리고 국가 간 불평등을 조장한다.

인간 안전을 강조함에 있어 불운하고 고통받는 사람을 구조하러 달려가는 자비로운 천사의 전형적인 새하얀 피부는 정확히 묘사된 것이 아니다. 실제로는 매우 다르다. 인간 안전은 효과적이고 책무성 있는 정부에 지원을 받는 그들의 노력을 통하여 위험을 대처하는 가난한 공동체로부터 나온다. 대부분의 자연재해들은 크게 보면 예측 가능하고 피해는 효과적인 조직, 적절한 위험 분석 그리고 위험을 감소시키려는 계획과 투자로 최소화될 수 있다. 중요한 것은 대중들로 하여금 재해가 일어나기 전에 준비하도록 하고 재해가 나면 그것을 극복하고 그 후에 재건할 수 있도록 하는 것이다.

기후 변화: 이주, 적응, 조직화

> 우리는 이런 말이 있습니다. 치발라 chivala 라는 말이죠. 이 말은 지구가 따듯해진다는 의미입니다. 물론 사람들은 변화가 온다는 것을 알지만 그 변화와 전 지구적 문제를 연결시키지는 못합니다. 사람들은 라디오에서 무엇인가를 듣고 엘니뇨 에 대한 지식을 가지고 있지만 이것들이 어떻게 연결되는지를 이해하지는 못합니다.
>
> 토바스 브와날리Thomas Bwanali, 말라위 시르Shire 고원 우유 생산자,
> 2007년 6월

아프리카 혹은 러시아에서는 가뭄이, 유럽이나 파키스탄에는 홍수가, 뉴올리언스나 아이티에는 허리케인과 같은 '날씨 사고'가 있을 때마다 언론은 기후 변화의 원인에 대한 심층 토론을 한다. 날씨 시스템은 대단히 복잡하고, 기후 모델은 대단히 새롭기에 특정한 사건이 하나의 원인으로 일어난다고 보기는 어렵다. 그러나 전 세계 기후가 변화하고 있고 엄청난 파생 효과를 동반한다는 사실에는 의심의 여지가 없다. 지구의 온도는 높아지고 있다. 2001~2010년은 1991~2000년을 제치고 1880년 기록이 시작된 이해로 가장 더운 10년으로 기록되었다. 2010년은 2005년과 1998년과 더불어 관측 사상 가장 더운 해이다.[88]

기후 변화는 지난 몇십 년간 지구과학의 주제가 되어왔다. 1988년 세워

---

[88] WMO (2011).

진 기후 변화에 대한 정부 간 패널Intergovernmental Panel on Climate Change은 세계 최고의 과학자 수백 명을 모아 전 세계적으로 기후 관련된 연구 출판물과 모든 관련 자료를 모아 평가를 한다. 2007년 보고서는 이전 보고서와 비교하였을 때 더 넓은 분야를 포괄하는 최신 자료를 통하여 더욱 분명하고 신뢰도가 높은 발견을 반영하였다. 이 보고서는 인간이 초래한 기후 변화는 '명확해' 졌으며, 이미 진행 중이며 예상보다 빠르게 진행되고 있다고 결론 내린다.[89]

정부 간 패널의 우울한 진단은 더욱 심각하고 불규칙한 기후 패턴과 더욱 높아진 해면 상승을 포함한다. 몰디브, 키리바티Kiribati, 투발루Tuvalu와 같은 저지대 섬들은 모두 사라질 수 있고 베트남과 이집트와 같은 국가들은 해안선을 따라 침수를 직면할 것이다. 세계은행의 향후 기후 변화 예측치에 따르면 해수면의 1미터 상승은 인구 10퍼센트 가옥이 침수되고, 주요 도시들이 범람 되며, 대량 이주민 사태를 가져올 것이다. 세계은행 연구는 '이 세기 안에 수백만의 인구가 해수면 상승으로 이주하게 될 것이고 이에 따른 경제적 생태적 피해는 많은 이들에게 심각하며 세계는 이러한 규모의 위기를 겪은 적이 없다'고 결론 내린다.[90]

정부 간 패널의 2007년 평가 보고서는 다음과 같이 결론을 내린다. 온실가스 배출을 감소시키기 위하여 긴급 행동을 취하지 않는다면, 세계 평균 지표 온도는 2100년까지 2도에서 4.5도, 최상의 추정치로는 3도 정도 상승할 것으로 보인다.[91] 2009년 G8 정상 회담에서 15개국 경제 강국들과 EU는 온난화가 '2도 이상을 상회해서는 안 된다는 점을 인식하였다'.[92] 최고

---

[89] IPCC (2007), p. 5.
[90] S. Dasgupta et al. (2007).
[91] IPCC (2007).
[92] 'Declaration of the Leaders', The Major Economies Forum on Energy and Climate, http://www.g8.utoronto.ca/summit/2009laquila/2009-mef.pdf

의 과학자들은 이 제한조차 너무 높게 설정되었고 1.5도 이상만 상승되더라도 재앙을 가져올 것이라고 주장한다.[93] 많은 국가에서 가난한 공동체들은 이미 위험을 목도하고 있다. 기후 변화에 타격이 추정치 일수밖에 없지만 세계 보건 기구는 지난 30년간 인간이 초래한 기후 변화로 인한 온난화와 이로 인한 다른 변화들은 연간 15만 명 이상의 사상자를 내고 있고 이 중 대부분은 가난한 국가들에서 일어난다고 보고 있다.[94]

기후 변화의 심층적 불의는 이에 대하여 가장 책임을 갖지 않은 이들이 그 결과로 인하여 가장 많은 고통을 받는다는 것이다. 적도 지역의 가난한 국가들에서 역사적으로 가장 적은 양의 온실가스를 배출해온 많은 시민들이 환경 변화와 이를 극복할 국가의 자원 부재로 인하여 가장 큰 타격을 입었다.

가난한 국가들은 가뭄, 농산물 수확 감소, 더 심각해진 폭풍, 홍수, 그리고 산사태로 타격을 입고 있다. 그들은 예를 들면, 설사와 콜레라 혹은 기온이 상승하는 다른 지역으로의 말라리아모기 확산과 같은 더 늘어난 건강의 위협을 직면하게 된다. 빈번히 일어난 이러한 사고는 충격과 재산과 회복력을 회복할 시간을 주지 않는다.

이러한 공동체에는 남, 여에 따라 피해자가 결정된다. 농촌 지역 가계에서 식량, 연료, 물, 그리고 돌봄을 제공하는 것과 같은 여성의 역할은 자연 자원에 의존한다. 가뭄, 홍수, 예상치 못한 폭우는 자원을 희소하게 만들고 여성들은 영양실조에 걸린 아이들을 돌보는데 더 많은 시간을 쏟아야 한다. 자산과 신용 대출에 대한 여성의 상대적 접근성의 약화는 그들로 하여금 살아남기 위하여 자연에 의존하게 하여 삶을 불확실하게 만든다. 연구자들은 에티오피아와 케냐에서 5세 미만의 어린이들 중 가뭄 중에 태어난

---

[93] J. Schewe, Levermann, A., Meinshausen, M. (2010).
[94] J. A. Patz et al. (2005).

아이들의 36퍼센트와 50퍼센트가 더 영양실조에 걸린다고 보고한다.[95]

남녀가 심각한 기후 변화를 대처하고자 극단적으로 몰리게 될 때 그 결과는 참혹하다. 아프리카 남부의 경우 연구자들은 가뭄 중 새로운 HIV 감염자들이 증가했다는 사실을 발견하였다. 어떠한 상관관계가 있는가? 작물들이 잘 자라지 못하면, 남성들은 도시 인근으로 노동 일자리를 찾아 이주를 하게 되고 몇 달 뒤 돌아오게 되면 그중 몇몇은 바이러스에 감염이 된 채로 오게 된다. 이와 유사하게 부모들은 지참금을 받아서 가족을 먹여 살리기 위하여 딸들을 이미 몇 명의 부인이 있는 남성들에게 시집을 보낸다. 수확기에 농사에 실패를 한 마을을 떠난 몇몇 여성들은 자녀들을 위하여 매춘을 하여 돈이나 식량을 얻는다. 왜냐하면 그들은 현금화 할 수 있는 다른 자산이 없기 때문이다.[96]

대륙 전체에 걸쳐, 기후 변화는 사람들이 이러한 극한적인 방법으로 대처해야만 하는 상황을 넘어서고 있다. 가난한 이들이 농업과 유목 이외에는 다른 선택의 여지가 거의 없는 사하라 이남 아프리카와 남아시아 지역의 열대성과 아열대성 국가들은 더욱 더워지고 건조해지며 가뭄에 취약해지거나 집중적인 홍수와 폭우의 위험에 처하게 된다. 2050년까지 사하라 이남 아프리카에서 옥수수, 수수, 조, 땅콩, 카사바 수확량은 8~22퍼센트 감소할 수 있다.[97]

아프리카에서 가장 큰 강 유역에서는 수량의 총량이 이미 40~60퍼센트 가량 줄었다.[98] 기후 예측 모델들은 2050년까지 사하라 이남 아프리카의 대부분이 심각하게 건조해질 것이며 높은 증발로 인하여 강우량의 10퍼센

---

[95] UNDP (2007) *Human Development Report 2007*.
[96] G. Mutangadura, D. Mukurazita, H. Jackson (1999).
[97] W. Schlenker and D. B. Lobell (2010).
[98] UNEP (2006) 'Climate Change', http://www.unep.org/tools/default.asp?ct=clim

트가 손실될 것으로 예측한다. 서남아시아에서 기후 변화는 평균 강우량의 10퍼센트 변동이 심각한 가뭄이나 홍수의 원인이 될 수 있는 인도 몬순 기후에 영향을 미칠 것으로 예측된다.[99]

기후 시스템에서 늘어난 에너지는 많은 지역에서 홍수의 범위와 횟수를 증가시킬 수 있다. 더욱 집중화된 폭우는 토양이 흡수할 수 있는 물의 양에 영향을 미치어 투과율을 낮추고 비가 더 오게 되면 토양 유실은 증가한다. 기온의 증가와 적설량의 감소는 빙하의 용해를 가속화 시키고, 지속적으로 위도가 높은 많은 국가들이 의존하고 있는 빙하가 녹은 물의 양을 감소시킨다. 예를 들어 페루에서는 빙하의 양이 30년 전과 비교하였을 때 25퍼센트가 줄었고 중국에서는 모든 가시성 빙하가 사라졌다.

일반적으로 이러한 변화들은 식량 안전과 건강에 막대한 영향을 미치며 2020년까지 5억에 가까운 사람들이 고통받게 될 것이라고 추정한다. 식량과 물 안전의 위협은 실질적인 환경 이재민과 이주민을 양산한다. 한 연구에 따르면 2008년 200만 명의 인구가 갑작스러운 환경 관련 재해로 인하여 이주민이 되었다.[100]

기후 변화에 대한 회복력 구축

인간에게 미치는 위험을 감소시키기 위해서는 두 가지 큰 방법이 있다. 인간이 직면한 위험의 범위를 감소시키거나 인간에게 위협이 되는 요소들에 대한 인간의 취약성을 감소시키는 것이다. 기후 변화의 경우, 양자 모두에게 긴급히 행동을 옮겨야 한다. 인간이 초래한 세계 기후 온난화의 결과

---

[99] Stern Review (2006) 'What is the Economics of Climate Change?', discussion paper, www.hm-treasury.gov.uk/media/213/42/What_is_the_Economics_of_Climate _Change.pdf
[100] UN OCHA/IDMC (2009).

로서 기후 변화는 홍수, 가뭄, 폭풍, 폭우, 해수면 상승과 같은 위협을 낳았다. 이러한 위협들은 그 근원에서부터 다루어 져야만 한다. 압도적인 과학적 증거들은 세계 온실가스 배출이 2015년에는 정점에 이룰 것이며 세계 온난화가 고위험 수준인 1.5도를 넘지 않기 위해서는 2050년까지는 1990년에 비하여 최소한 80퍼센트 이상 감축되어야 한다고 보고 있다. (5부 참조)

박스 4.6
중앙아시아의 기후 변화, 물, 그리고 분쟁

기후 변화는 면화 생산과 산림 파괴가 이미 생태계를 파괴하고 있던 중앙아시아의 구소련 국가들이 어려움을 심화시킨다. 이웃 국가들과 마찬가지로, 타지키스탄은 형편없고 비효율적인 수로 시스템을 이용하여 수자원 집약적 면화 농업을 주 산업으로 한다. 내전은 인프라를 파괴하였고 인구의 1/4이 화학 농업으로 오염된 수로를 식수원으로 이용한다. 아랄해는 비료와 살충제로 몇 년간 지속적으로 노출이 되었고 해안가에 살고 있는 이들에게 독성 황무지를 남겼다.

이미 악화되었던 기후 변화는 '임계점'을 넘었다. 아랄해의 수원의 대부분을 차지하는 타지키스탄의 빙하는 50년 전과 비교하여 35퍼센트가 말랐고 기온이 상승함에 따라 남아 있는 물마저도 빠르게 마르게 될 것이다.

계곡에서 빠르게 녹고 있는 얼음은 홍수와 산사태의 위험을 증가시킨다. 하류에서는 물 경쟁을 증가시킬 가능성이 크다. 한때 소련이 계획한 지역 수자원 공유 시스템은 해체되었으며 지금은 신생 국가들이 된 가난한 5개국에 의해 관리 되어야만 한다. 이들의 국가 개발 계획을 충족시키기 위해서는 더 많은 물이 필요하지만, 일반 공급은 제안적이어서 미래에는 긴장 요인이 될 것이 분명하다.

그러나 온실가스가 빠르게 제어될지라도, 이미 배출된 가스의 지연된 효과는 해수면을 상승시키고, 가뭄, 홍수, 허리케인과 폭우가 최소한 이 세기 안에는 더욱 심각하게 나타낼 것이다.[101] 기후 변화를 다루는 것이 배출량을 줄이는 '완화'에만 초점을 두는 것이 아니라 기후 효과에 대한

사람들의 회복력을 구축하는 '적응'에도 우선성을 두어야만 한다. 적응은 새로운 핵심 사항이며 공동체들은 이것을 성공적으로 수행하기 위하여 실제적인 국가와 국제적 지원이 필요하다.

물론, 지난 수천 년간 다양한 작물을 기르고, 가뭄을 극복하기 위하여 수로를 이용하거나 종자를 세심히 고름으로서 인간 공동체는 자연 기후의 변화에 적응하여 왔다. 여전히, 오늘날 몇몇 가난한 공동체들은 자신의 삶을 재건하기 위해서는 몇 개월 혹은 몇 년이나 걸리는 자연 가뭄이나 홍수로 인하여 좌절한다. 인간이 초래한 기후 변화가 가져온 심각한 날씨 이변의 속도와 규모는 많은 공동체들을 지금껏 경험하지 못했던 곳으로 밀어낸다. 공동체들은 빙하기 이래로 보지 못했던 환경 스트레스를 극복해야 할 여러 방법을 찾아야만 할 것이다. 우기는 오지 않고, 강은 마르며, 농경지는 사막으로 변하고 숲과 식물들은 영원히 사라질 것이다.

세계의 몇몇 곳에서 기후가 어떻게 변할 것인지는 근본적으로 불확실해졌다. 예를 들면, 서아프리카에서 강우량이 줄어 가뭄이 늘어날 것인지 아니면 강우량이 늘어 갑작스러운 홍수가 날 것인지 아니면 평균 강우량은 동일하지만 비가 오는 시기가 불규칙 해져서 농민들이 파종 시기를 잘 못 맞추게 될 것인지에 대한 뜨거운 논의가 계속되고 있다. 2010~11년 최소 60년간 최악의 홍수로 고통 받은 콜롬비아에서는 피해 지역이 지난 20년간 가뭄으로 고통받아 왔었다. 변화가 이렇게 극적이고 예측할 수 없는 곳에서는 사람들은 정보, 자원, 인프라, 영향력 그리고 생계를 다양화할

---

101 계속된 온난화는 현재로서는 불가피해 보인다. 온실 가스의 대기중 농도가 2,000 수준으로 유지된다 하더라도, IPCC는 이 세기에 약 0.6도의 추가적인 온난화를 예상하고 있다. IPCC (2007), 'Summary for Policymakers', in: 'Climate Change 2007: Impacts, Adaptation and Vulnerability. Contribution of Working Group II to the Fourth Assessment Report of the Intergovernmental Panel on Climate Change', op. cit., p. 19.

기회를 취득함으로써 대비를 해야 한다. 장기적 발전은 개인, 공동체 혹은 국가의 적응력을 구축하는데 가장 중요한 것 중 하나이며 이러한 적응력은 지금은 다시 장기적 발전의 중요한 지표가 된다.

발전과 재해 예비는 아마도 기후 변화에 대한 회복력을 구축하는데 핵심적인 사항일 것이지만, 반대로 기후 변화는 발전과 재해 계획을 다시금 고려하게 만든다. 만일 강의 수량이 매년 10퍼센트 정도 줄게 되면 수력 발전에 투자하는 것은 좋지 않을 것이다. 마찬가지로 만일 비가 멈춘다면, 천수 농업에 자원을 투입하는 것은 아무런 의미가 없을 것이다. 효과적인 기후 적응은 미래 기후 효과에 대한 더 낮은 인식이 위험을 최소화하는지, 기회를 최대로 늘리는지와 관계없이 현재의 계획과 행동으로 통합시킨다.

기후의 변화가 분명해 지고 있는 몇몇 공동체들은 이미 행동에 나섰다. 가뭄과 홍수의 증가 그리고 불규칙한 강우에 직면한 남아공과 모잠비크의 네 마을 연구는 가난한 이들이 이미 적응할 방법을 찾고 있다는 것을 확인한다.

- 사회 기구 설립: 공동체들은 많은 협회, 공동체 식량 프로젝트, 협동조합, 그리고 여성 조직을 세워 위험과 위협을 함께 나눈다.
- 생계의 다양화: 공동체들은 어업, 채소 혹은 건축과 같은 새로운 활동 영역을 찾아 나섰다. 어떤 공동체는 수로를 만들고 생산물을 소비하기보다는 판매를 하여 더욱 상업적인 농업으로 가기도 했다.
- 마을 너머를 보기: 예를 들어 근처의 도시들을 연계하여 더 많은 남성 이주민이 도시에서 일 할 수 있도록 보내고, 농업 판매 나 다른 지역의 농업과 연계를 하는 것이다. 개개 가족이나 공동 복지 기금으로의 송금은 자산이 부족하거나 부가가치가 낮은 농촌 생계 시스템에는 주요한 소득원이 된다. (5부에서 논의될 것이다)

동시에, 가난한 공동체들이 폭넓은 지원이 없을 때 어떻게 성공적으로 적응할 것인가에 대한 분명한 한계도 있다. 많은 이들은 자신의 생계를 다양화하는 분명한 기회를 가지고 있지 못하거나 수로 시스템이나 살충망와 같은 그들이 필요한 기술에 지불할 돈을 가지고 있지 못하다. 대부분은 더 효과적인 계획을 세우도록 도와줄 신뢰할만한 기후 정보에 접근을 하고 있지 못하거나 다른 공동체가 유사한 사항에서 어떻게 적응했는가를 배울 수 있는 수단을 가지고 있지 못하다. 짐바브웨의 농민들에 대한 한 연구는 인터뷰한 대상자들의 절반 정도가 자신은 장기적인 예측을 하고 농사를 짓지만, 현금과 신용의 부족 때문에 그렇게 하고 있지는 못하다고 응답하였다.[102] 유사하게, 아프리카 도시들의 기후 변화에 대한 행동 원조 Action Aid의 한 연구에 따르면 도심지 슬럼 거주자들의 늘어난 홍수 적응 능력은 약하다. 왜냐하면, 그들은 회복력을 구축하는데 필요한 집단적 행동을 취할 수 있는 공동체를 쉽게 조직할 수 없기 때문이다.[103]

적응은 시민과 국가가 필요하다

히말라야의 해빙은 수백만이 살고 있는 아래 평지에서 더욱 자주 더욱 심각한 홍수를 유발한다. 2000년 홍수 규모는 분명 인도 서부 벵갈 지역의 강 유역 공동체에 충격이 되었다. 나디아Nadia주의 한 주민인 디팔리 비스와스Dipali Biswas는 다음과 같이 기억한다. "심각한 홍수가 있을 것이라고 우리에게 큰 목소리로 경고하는 알림이 있었습니다. 그러나 그 홍수가 얼마나 심각한지를 우리는 알지 못했죠. 강물이 우리 집 지붕까지 차오르자 나는 놀랄 수밖에 없었죠."

---

[102] P. Suarez (2005). p. 24.
[103] ActionAid (2006).

그 이후, 지역 NGO인 스리마 마힐라 사미티Sreema Mahila Samity(SMS)는 공동체에 기반을 둔 재해 계획을 시작하였다. 이것은 여성들이 마을의 일을 처리하도록 리더로 세우고, 재해에 대응을 계획하고 시행하며, 보트와 홍수 피난처 만드는 법을 배우며 집의 기초를 올리고, 홍수 제방용 둑을 세우는 것이다. 디팔리는 마을의 조기 경고 대책반 멤버이다. 그녀는 이렇게 설명한다. "요즘 우리는 마을 위원회, 전화, 텔레비전과 라디오를 통해서 뿐만 아니라 우리가 강을 관측하는 등 여러 경로로 홍수에 대한 정보를 접할 수 있습니다."[104]

디팔리의 마을은 기후 변화가 상황을 악화시킨 홍수에 대한 준비가 되어있다. 마을의 능동적 시민들은 이 준비의 핵심이다. 그러나 모든 준비는 지방 정부가 정확하고 제때 홍수 경고를 하고, 중앙 정부가 기상 관련 인프라에 투자를 했을 때에만 작동할 수 있다. 짧게 말해, 능동적 시민들은 효과적인 국가의 지원을 받았을 때 기후 변화에 성공적으로 적응할 수 있다.

모든 국가들은 기후 변화에 대한 취약성을 평가하고 가능한 적응 방법들을 찾아보며, 사람들을 지키기 위한 대응방법을 계획할 필요가 있다. 특히, 가난한 국가들은 이를 개발 전략의 일부로 우선순위를 두어야 한다. 지역 공동체의 위험 계획을 증진시키고, 기후 위험을 발전 계획으로 통합시키는 것과 더불어 지방, 지역 그리고 국가 단위의 정부가 강화되어야만 한다. 정확한 예보와 기후 모니터링을 위한 정보 시스템이 세워 져야만 한다. 기술이 발전하고 변화하는 지방 여건에 적응되어야만 한다. 토지 이용 계획과 규제가 재검토되고 숲과 같은 인프라와 생태계가 보호되어야만 한다.

---

[104] Oxfam interview, February 2007.

기후 적응을 계획하고 시행함에 있어 지방 및 중앙정부는 기후 위험에 가장 취약한 이들을 포함하는 계획을 세울 수 있어야 한다. 이것은 남성과 여성에게 기후 변화의 다른 영향을 미친다는 것을 고려해야 하며 또한 동일한 방식으로 토착 공동체의 필요를 이해하고 그들에게 미치는 영향을 이해해야만 한다는 것을 의미한다. 농촌 지역 여성과 토착 공동체는 일반적으로 더 많은 기후 위험을 직면하는데 그 이유는 그들은 자연 자원에 더욱 의존하기 때문이다. 그러나 생물 다양성과 생물 다양성에 대한 도전의 시기에 어떻게 관리해야 할지에 대한 그들의 지식은 혁신적 접근을 하는데 핵심적인 사항이 되기에 그들의 참여는 환경 적응을 성공적으로 하기 위한 계획의 중심에 자리해야만 한다.

니카라과 대서양 해안에는 미스키투Miskitu 인디언들의 부족장들이 기후 변화에 의해 이미 야기된 피해를 복구하기 위하여 노력하고 있다. 그 공동체는 오랫동안 숲과 공존해 오고 있는데 이는 그들이 날씨를 예측하여 파종을 언제 할지를 아는 능력이 있었기 때문이지만, 지금은 그 예측이 빗나가고 있다. "여름이 지금은 겨울이 되었습니다. 예전에 4월은 여름이었으나 지금은 한 달 내내 비가 옵니다." 코코Coco 강변 농민인 마르시아노 워싱턴Maarciano Washington은 이렇게 말한다. "지금 5월에는 비가 오지 않습니다. 우리는 천둥소리를 듣고 비가 올 것을 알려주는 번개를 볼 수 있지만 지금은 그렇지 못합니다." 전통 토착 부족장들은 공동체의 삶에 유용하게 쓰이는 정보를 제공하기 위하여 지역 NGO인 기독교 의료 행동 Christian Medical Action과 함께 강수량과 강 수위를 모니터링 하는 조기 경보 시스템을 만들었다.

이러한 변화는 개발도상국의 공동체에서 보고되고 있다. 농민들은 우기와 계절별로 강수의 패턴이 바뀌고 있다고 말한다. 이것은 특히 언제 파종을 하고 수확을 할지를 계절별 기후 패턴에 대한 전통 지식에 의존하여

결정하던 농민들에게는 경고음이 되고 있다. 이것은 궁극적으로는 작물의 성패를 결정하게 된다.[105]

적응에 대한 효과적인 국가 행동은 토지 소유권과 사용과 같은 거시적인 경제 정책의 재고를 요청할 것이다. 예를 들어, 베트남의 경제적 개혁에 의하여 해안선을 따라 위치한 공공 맹그로브 숲이 몇몇 사람에게는 수익을 가져다주지만, 동시에 가난한 사람들의 생계 수단을 제안하고 폭풍이 올 때 자연 완충재 역할을 하는 제방을 파괴한 민간 새우 양식장으로 대체가 되었다. 그 결과로 소득 불평등이 일어나고 공동체가 제방을 관리하는 연대의식이 사라져 해안가 마을들은 기후에 따른 해수면의 상승에 그대로 노출이 되었다.[106] 폭넓은 면담에 기초하여 공적으로 계획된 적응 계획의 부재로 인한 민간의 대응은 기후 변화에 대한 공동체의 광범위한 취약성을 더욱 가속하게 될 것이다.

새롭거나 오래된 적정기술 역시 기후 변화에 적응하려는 가난한 농민들에게 필요할 것이고 또한 가뭄과 홍수에 강한 씨앗을 연구하는 국내, 국제적 연구가 요구된다. 사회 조직과 지역 토지 정책 역시 가난한 농민들이 새로운 씨앗을 성공적으로 사용하려면 핵심적인 것이 될 것이다. 기후 변화가 가뭄과 홍수를 가져오고 있는 모잠비크에서는 마을의 조직들이 가뭄에 강한 쌀, 옥수수, 카사바, 고구마 종자를 실험하고 있다. 조직별로 작업을 하며 가난한 가계와 사정이 나은 가계 그리고 남성과 여성 농민을 모두 포함하여 마을은 새로운 시도를 하고 실패를 겪는 실험을 할 때 생기는 위험을 분산시킬 수 있게 되었다. 이러한 비공식 조직들은 지역 토지 분배를 책임지는 지역 관료들을 로비하여 몇몇 지역에 약간의 토지를 소유할

---

[105] S. Jennings and J. Magrath, 'What Happened to the Seasons?'
[106] P. Chaudhry and G. Ruysschaert, 'Climate Change and Human Development in Viet Nam'.

수 있게 하는 것으로 시작을 하였다. 이러한 씨앗 및 토지 다양성은 가뭄이나 홍수에 대한 회복력을 강화하였다.

기후 변화는 장기적 빈곤 감소에 가장 큰 위협이 되지만 빈곤 해소는 가난한 이들이 피할 수 없는 기후 변화의 충격을 극복하도록 하는데 핵심적인 것이 된다. 기후 변화의 증거들이 축적되어 가며 이를 극복하기 위한 긴급 대처의 필요성은 불가피해졌다. 기후 변화는 일직선 적인 혹은 가역적인 과정이 아닌 예측할 수 없는 많은 '임계점'을 가지고 있는 것으로 나타난다. 임계점은 한번 넘으면 재앙으로 돌이킬 수 없는 결과를 가져올 수 있다. 수백만이 기후 재앙으로 떠밀릴 때까지 기다려도 국가가 장기적으로 얻을 수 있는 이익은 아무것도 없다.

스턴 보고서 Stern Report가 2006년[107] 확인한 바대로, 재앙적인 기후 변화를 피하기 위하여 대기 가스 배출을 과감히 감축하는 것은 긴급하며 핵심적이다. 그러나 시간은 행동을 위한 국제적 협의가 몇 년씩이나 걸리는 '방관적 의사 결정자'의 것이 아니다. 세계 가스 배출이 2015년까지 줄어들지 않을 경우, 2도 이상 온도가 오르는 재앙적인 기후 변화를 피할 도리가 없다. 이 온도는 가난한 이들에게 파괴적인 결과를 가져오고 전 지구의 사회와 경제의 안정성에 위협이 된다.

아직 시간은 있고 긴급성과 리더십은 행동을 하는데 핵심적이다. 장기적인 비전을 가지고 비즈니스와 결합한 북반구와 남반구 시민의 행동은 이러한 리더십이 성공적일 수 있도록 하는데 중심이 될 것이다. 이것은 5부에서 논의될 것이다.

가난한 사람들에게 기후 변화의 충격은 이미 그들이 대처할 수 있는 범위를 넘어섰고 그들에게 적응은 피할 수 없다. 오직 유의미한 지원만이

---

[107] Stern Review (2006) 'The Economics of Climate Change - Executive Summary', pp. ix-x, http://www.hm-treasury.gov.uk/media/4/3/Executive_Summary.pdf

그들이 급속하고 예측할 수 없는 변화를 다루기 위해 필요한 교훈과 혁신을 가지고 그에 맞는 속도와 규모로 행동할 수 있도록 도와줄 수 있을 것이다. 일반적으로 기후 적응을 가능하게 하는 것은 공동체 기반형 접근을 요구하는데, 이 접근은 능동적이고 능력 있는 시민들과 효과적이고 책임감 있는 정부를 통하여 인간 안전을 구축하는 것과 같은 개발 문제를 위한 헌신적인 정부 정책의 지원이 필요하다.

벼랑 끝에 사는 삶: 아프리카의 유목민들

케냐의 수도 나이로비를 방문하는 외국인 방문객들은 교통난과 스모그 속에서 유난히 키가 크고 붉은색의 망토를 두른 마사이족 사람들이 도시를 방문하는 것을 볼 수 있다. 마사이 족은 세계 1~2억 유목민 중에 가장 국제적으로 잘 알려졌으며 지구상에서 가장 혹독하고 외진 건조지대와 준건조지대에서 유목을 한다.[108]

이러한 악조건 속에서 유목민들이 농업이 가능한 지역에서 살아가는 사람들에 비하여 높은 위험과 취약성을 가지고 살아간다는 것은 놀라운 일이 아니다. 비는 거의 오지 않고 인프라는 없거나 기껏해야 황폐되었으며 안전문제로 인하여 무기가 난무한다. 그럼에도 불구하고 유목민들은 실제로는 잘 짜인 위험 관리와 적응 전략을 가지고 있다.[109] 몇몇 연구에 따르면, 경제적으로 볼 때 유목은 상업적 방목보다 낫다.[110]

유목민들은 그 자체로 중요하고 규모가 있는 집단이지만 그들의 삶은

---

[108] J. Davies and R. Hatfield (2006).
[109] 이 연구의 많은 부분은 1990년대 스쿤Scoones, 벤케Benkhe, 케르벤Kerven 등이 발전시킨 생태학의 새로운 범주new range ecology에 기초해 있다. 그들의 연구는 균형 범위 생태학의 근본적인 가정 (예를 들어 고정수용력)과 결과론적 해결책(물자정리)이 아프리카의 많은 지역에 부적절하다는 것을 보여 주었다. 가축의 수보다는 공간적 분포를 관리하여 초과 방목을 방지해야 하기 때문에 건조한 토지 자원관리에서 이동성의 중요성이 부각된다. 강우량 변화에 의한 효과가 높은 지역에서는 생태학에 대한 좀 더 기회주의적인 접근이 필수적이다. (Drawn from I. Birch and R. Grahn (2007).)
[110] J. Davies and R. Hatfield (2006).

빈곤과 위험 그리고 취약성의 전형을 보여준다. 유목민들은 위험 관리의 전문가들이며 뛰어난 회복력을 보여주지만 그들의 노력은 자주 정부 및 크게 보면 사회 전체의 선입견과 몰이해로 인해 평가 절하된다. 유목민들은 또한 기후 변화의 맨 끝에 몰려있으며 건조화되고 뜨거워진 기후를 어떻게 극복하는가를 보여주는 값진 교훈을 주고 있다.

아프리카의 건조 및 준 건조지대의 유목은 오랜 기간에 걸친 기후 변화에 맞추어 진화해 왔다. 약 7000년 전 사하라 지역이 장기간에 걸친 건조 시대로 접어들자, 이동을 하며 가축을 키우던 유목은 증가해 가는 건조와 예측할 수 없는 환경에 적응할 수 있도록 해주었다.[111] 가뭄과 같은 '충격'은 예외적인 경우가 아니라 자연법칙의 일부이고 이것으로 인하여 유목 공동체는 지금과 같은 삶을 살고 있는 것이다.

유목민들은 이러한 위험에 대하여 대단히 효과적으로 대응할 수 있는 전략을 가지고 있다. 그들은 가축업과 함께 농업, 광물 채집, 건조지대 목재, 꿀과 고무와 같은 임산업을 하였다. 그들은 야생 동물과 공존하여 이에 중요한 관광업을 하고 건조 지대 우림과 저수지 보호, 그리고 국립 공원 밖 야생 방목지를 유지한다.[112] 탄자니아의 신양가Shinyanga 지역에서 2백만 마리 이상의 가축을 소유한 농업 유목민인 수쿠마Sukuma족은 전에 황폐화되었던 2만 5천 헥타르의 땅을 재산림화 하고 있다. [113]

이동성은 유목민의 삶의 핵심이며 고단하고 예측할 수 없는 환경을 관리하는데 핵심이다. 소, 염소, 양을 이동시키고 희소한 초지와 물을 관리하고 공유하는 공동체들은 영속적인 수원이 없는 넓은 방목지에서 살아 간

---

[111] N. Brooks (2006).
[112] C. Hesse and J. MacGregor (2006).
[113] IUCN이 기록함: http://www.unep-wcmc.org/medialibrary/2011/05/24/487856cd/Tanzania%20Shinyanga.pdf

다. 그러나 유목민들이 인내력을 보여주었지만, 그들은 정치적으로 사회적으로 소외된 채로 남아있고 또한 최근 점차적으로 증가하는 취약성과 고통 그리고 지역의 붕괴를 경험하고 있다. 증가하는 가뭄 빈도에도 불구하고 유목 공동체의 현 상황은 강우의 비예측성보다는 오랜 시간에 걸친 중앙 정부의 오해와 무시로부터 비롯된 것이다.

유목지대에서 정부의 행동은 종종 지나치게 적대적이거나 전혀 다른 환경 조건을 지닌 북아메리카로부터 수입된 방목지 관리를 따른다. 정부 관료들과 '전문가'들은 유목이 비이성적이고 유효기간이 오래전에 지났기에 토지는 공동체 소유가 아니라 개인 소유여야 하고 유목민들이 정착하게 되면 '개발'이 뒤따르게 된다고 믿는다. 그들은 유목이 환경적으로 피해를 주고 비생산적이며 퇴보적인 것이라고 본다.

오스트레일리아의 원주민이나 캐나다의 아이누트Inuit와 같은 유목민들은 그들의 생활과 문화를 평가 절하하려는 교묘한 시도를 당하고 있다. 최근 인권 감시Human Right Watch 보고서에 따르면, 우간다 정부는 '불법적 살인, 고문, 부당 행위, 임의 구금, 절도와 재산 파괴'를 통하여 유목 공동체의 권리를 지속적으로 침해한다.[114]

시민으로서의 유목민

모든 국가에서 국민 중 아주 적은 비율을 차지하고 오지에서 살아가는 유목민들은 종종 스스로를 효과적으로 조직할 수 있는 권력과 공간을 가지고 있지 못하다. 유목민들의 목소리가 퍼지지 않고 지방의 조직들은 너무 약하고 권력이 있는 엘리트들에 의하여 자주 제멋대로 유용된다. 그러

---

[114] Human Rights Watch (2007).

나 정치적이고 대중적인 대안이 그들에게 있다는 좋은 소식이 있다. 지난 15년간 서아프리카의 정치 개혁은 눈여겨볼 만하다. 부르키나파소, 기니, 말리, 모리셔스, 니제르 정부는 유목지를 지키고 국내와 국경선 너머의 가축 이동 지역을 보호하려는 모든 법안을 통과시켰다. 말리의 유목 헌장은 국내와 국외 모두에서 동물들을 이동시킬 수 있는 유목 공동체의 모든 권리를 담고 있다. 동아프리카에서 또한 진전이 있다. 에티오피아, 케냐, 우간다, 탄자니아의 빈곤 감소 전략은 유목을 지원받을 권리를 가지고 있는 삶의 형태로 인정하고 있다.[115]

    2005년 세네갈의 예는 유목에 대한 논쟁에서 중요한 논의를 보여주고 동원을 통하여 무엇을 성취할 수 있는지를 보여준다. 대통령 압둘라예 와데Wade는 라디오에서 땅콩 재배를 위하여 3,000헥타르의 '돌리 목장Doli ranch'을 판다고 공표하였다. 이 지역은 건기 목초지이자 목장이라고 불리지만 실제로는 이 지역의 가축 유목민들이 관리를 하는 가뭄 피난처이다. 총리와 가축 생산자들 간의 회의가 결렬되고 대통령은 2003년 11월 44,000헥타르의 소유권을 이전시키는 계획을 승인한다.

    유목민 단체들은 매우 효과적인 언론 캠페인을 벌이며 이에 대응하였다. 그들은 수도 다카Dakar에 사는 이들에게 만일 정부가 이대로 추진을 한다면 그들은 모든 가축 시장을 보이콧 하겠다고 경고하였다. 또한 그들은 정부의 유목은 시대에 뒤떨어지고 비효과적이라는 토지 이전의 명분과 일반적인 가축 생산에 대한 정부의 태도를 비판하였다. 정부는 이 계획을 철회하며 '돌리 목장 사건*l'affaire du ranche de Doli*'으로 알려진 이 일에 대하여 유목민들에게 승리를 안겨 주었다.[116]

    특정한 캠페인이 유목에 대한 태도를 변화시킨 것은 아니지만, 그들은

---

[115] C. Hesse and S. Cavanna (2010).
[116] M.C. Gning (2004).

집단적 행동의 힘을 보여 주었다. 동아프리카에서, UN의 인도주의적 지원 조정국은 에티오피아와 인근국에서 유목민들의 발언권이 커질 수 있도록 노력해 왔다. 전 세계의 유목민 대표들을 조직하고 그들에게 자신의 경험과 아이디어를 공유할 수 있고 정부와 공여 대표들에게 자신의 입장에서 자신을 대변할 수 있도록 하고 있다.

지역 공동체 차원에서 지방의 조직들은 중요한 수의 약품을 제공하고 수원지를 개발함으로써 취약성을 감소시킬 수 있도록 도움을 주고 있다. 그들이 인정을 받음에 따라 조직들은 정부에 참여하여 더 나은 서비스와 예산을 받을 수 있게 되고 분쟁 관리에서도 큰 역할을 수행하게 되었다. 서아프리카에서 아렌AREN과 지역 네트워크인 빌리탈Bilitaal을 포함한 회원제에 기반을 둔 유목민 조직들은 수천 명의 회원을 보유하고 대표자들의 합법성을 정치적 영향력과 경제적 자율성과 결합시키고 있다.

미래를 내다보는 전통주의자들

일반적으로 토지와 숲에 대한 개인 소유권 대신 가족과 씨족에 대한 충성을 강하게 강조하는 유목민들은 현대 거버넌스를 중요하게 하는 많은 전제에 대한 근본적인 도전을 하고 있다. 이러한 가치관들이 공존할 수 있는지는 정부와 지역 사회들이 단원주의가 아닌 다원주의를 인식하고 지향할 수 있는지에 대한 능력에 달려있다.

유목민들은 정태적이고 뒤떨어진 것이라는 널리 퍼진 전형에도 불구하고 그들은 스스로가 변화와 적응을 할 필요성을 인식하고 있다. 그들은 빗방울 하나까지도 이용할 수 있는 숙련된 전문가들이기에 그들의 적응력은 놀랍다. 2007년 아프리카 전역의 유목민 리더들이 다음과 같이 썼다. "외부세계의 생산방식과 교환 시스템이 변화하며 모든 사회에 영향을 미치고 빠르게 변화하고 있다. 유목민들이 충분히 적응할 수 있다는 것을 염두에 둔 우리는 이러한 변화로부터 유목민들을 보호하는 것이 주 관심사가 아니다. 어떠한 경우이든 이것은 불가능할 것이다. 우리의 관심은 유목민들의 선택과 기회를 확장하고 적응할 수 있는 유목민들의 능력을 강화하는 것이다."117

이동 가축 생산을 함에 있어 능동적인 유목민들은 과거의 전통과 태양열 발전 라디오를 통한 교육이나 시장 가격이나 질병 발생을 확인하기 위한 인공위성 전화와 같은 현대 기술을 접목시키고 있다는 것에서 긍정적 미래를 볼 수 있다.118 또한 어린이들이 학교에 다니고 노인들이 정주하는 정착촌을 가지고 있다.

유목민들은 수천 년간 기후 취약성에 적응을 해왔기에, 기후 변화에 가장 잘 적응을 할 수 있는 이들 가운데 하나이다.119 마지막으로, 정부의 자원과 지원을 요청할 수 있는 능력은 그들이 기후 변화를 다루는데 필요한 능력에 필수불가결한 것이다. 많은 전 유목민들은 자신의 생계를 다양화함으로써 취약성을 감소시키려 도시와 시내로 온다. 중요한 점은 이러한 이주는 폭력과 배고픔 그리고 가뭄으로부터의 절박한 탈출이라기보다는 능동적인 선택이라고 할 수 있다.

이러한 전망은 유목민들과 정부 사이의 실제적 관계 변화 없이는 성취될 수 없다. 유목이 위기인 이유는 모든 생산 시스템과 마찬가지로 깊이 파악하고 육성할 필요가 있는 생산방식 그 자체의 오류가 아니라 그 일을 해야만 하는 이들의 행동과 대응에 있는 것이다. 진정한 인간 안전을 성취

---

117 Quoted in 'Pastoralism in Africa: Introducing a Pastoral Policy Framework for the Continent', AU/IBAR 2007.
118 J. Swift (undated).
119 J. Davies and M. Nori (2007).

하기 위하여 유목민들은 어려운 시기에 자신을 지원할 정부뿐만 아니라 자신의 운명을 결정할 권리와 능력이 필요하다.

폭력과 분쟁

인간은 개발 없이는 안전을 향유할 수 없고 안전 없이는 개발을 얻을 수 없다. 인권에 대한 존중 없이는 양자 중 무엇도 누릴 수 없다.
(코피 아난Kofi Annan 전 UN 사무총장)[120]

무장한 이들이 사람들의 토지와 집 그리고 아들을 가져갔으며 딸들과 강제로 결혼하였다. 국가는 피를 흘리고 있다.
(여성, 아프가니스탄 마자르 이 샤리프Mazar - e - Sharif)[121]

콜롬비아 시골의 우술라Ursula의 옛집에는 대 여섯 마리의 검은 독수리가 하늘을 검게 물들이고 있다. "저것은 옥수수, 사과나무. 우리는 모든 종류의 과일이 있어요. 저것은 과수원. 이것은 시체를 먹는 새 골레로golero에요. 우리가 살던 곳에는 골레로들이 많아요." 9살 우르술라는 빨간색 귀걸이를 하고 값싼 플라스틱 팔찌에, 손톱에는 매니큐어를 발랐다. 자신이 왜 농장을 떠나게 되었는지를 설명하며 검은 인디언 얼굴은 어둡게 변해갔다.

"그들이 우리 아빠를 총으로 쏘았을 때 우리는 모든 것을 보았어요. 모

---

[120] K. Annan (2005). 'In Larger Freedom: Towards Development, Security and Human Rights for All', p. 1.
[121] Human Rights Research and Advocacy Consortium (2004).

든 것을요. 그들이 6시에 왔을 때 우리를 밖으로 내쫓았어요. 우리 엄마가 안으로 들어가려 하자, 그들은 "나가. 그렇지 않으면 총을 쏠 거야"라고 말했어요. 오빠가 탈출하려 했지만 그들은 총을 쏘았고 아버지는 화가 나 칼로 그들을 공격했지만 그들은 아빠도 쏘았어요. 엄마는 그들이 아버지를 묻은 후 한두 달 동안 울기만 했어요. 엄마는 내 동생을 임신한 상태였죠. 그녀는 아기가 아플 거라고 했지만 크고 살이 쪘죠. 동생은 다섯 살이고 나만큼 컸어요. 우리 구역barrio에 사는 많은 엄마들이 아이들을 잃었어요."

우르술라는 자신의 아버지를 살해한 것이 게릴라라고 생각하지만 확실하지는 않다. 콜롬비아에서는 군인, 경찰, 마약 갱단, 중무장 단체, 일상 범죄, 게릴라 혹은 길거리 갱단에 의한 사망이 늘고 있다. 콜롬비아의 사망자 비율은 전 세계에서 가장 높은 곳 중 하나이며 미국의 거의 7배에 이른다.[122]

폭력의 위협은 빈곤한 이들에게는 일상적인 것이다. 그들의 집에는 여성들이 종종 남편과 아버지의 사회적으로 용인되는 폭력에 노출되어 있다. 아이들에 대한 폭력은 더 광범위하게 받아들여진다. 어린이 권리에 대한 1989년 UN 권약에 의해 어린이들이 국제법에 명시된 권리를 가진 개체라는 것이 보편적으로 받아들여지지만, 아직도 어린이들은 많은 공동체에서는 부모와 계부모 그리고 나이 많은 형제 손에서 가장 보잘것없고, 힘이 없으며 배제된 사회 구성원으로 여겨진다.

집 밖에서, 폭력의 위협은 특히 여성과 어린이들에게 여전히 현재형이고 이것은 효과적 정부의 부재를 보여주는 징후가 된다. 치명적인 폭력적

---

[122] UNODC (2011) 'Global Study on Homicide 2011', http://www.unodc.org/documents/data-and-analysis/statistics/Homicide/Globa_study_on_homicide_2011_web.pdf

범죄는 빈곤과 불평등과 밀접히 연관되어 있다. 세계 개발 보고서 2011년 판에 따르면 빈곤은 점차적으로 분쟁이 있거나 대규모 폭력적 범죄가 있는 지역에 집중되고 있다.[123] 이 지역이 식량, 물 그리고 에너지의 희소성으로 인하여 나타날 미래의 폭력에 특히 취약해져 감에 따라 이 집중은 더욱 심해질 것이다.[124]

이 글을 쓰고 있는 동안, 분쟁이 있는 국가는 새천년개발계획Millennium Development Goals 중 그 어느 것도 성취하지 못하였다.[125] 분쟁이 있는 국가들은 개발도상국에 비하여 아이들을 학교에 보내는 것이 세배나 어렵고, 5세 미만에 사망하는 것이 두 배 높으며 깨끗한 물을 접하는 것은 두 배나 어렵다.[126] 그 이유를 찾아보는 것은 어렵지 않다. 2005년 폭력으로 인한 비용은 과테말라의 경우 국민총생산의 7퍼센트나 되는데 이것은 농업, 보건 그리고 교육 예산을 합한 것의 두 배에 이른다.[127]

10만 명 중 살인자가 10명 이상인 높은 살인율을 보이고 있는 국가들은 중소득 혹은 저소득 국가이고 대부분의 부유한 국가들은 세계 평균보다 낮은 살인율을 보이고 있다. 2010년 기준 10만 명당 1명인 유럽인들의 살인 비율은 10만 명당 30명인 남아공과 25명인 중앙아메리카에 비하면 대단히 낮다.[128] 전통적인 무장 분쟁은 냉전 이후 줄어든 반면 많은 국가에서 우발적 폭력들은 생명과 생계에 더 큰 위협이 되고 있다. 과테말라에서 매년 살해되고 있는 이들의 수는 1980년대 내전 때 사망한 사람들의 수보다

---

[123] World Bank, *World Development Report* (2011).
[124] A. Evans (2010) p. 6.
[125] World Bank (2011) op. cit., p. 1.
[126] Ibid., p. 5.
[127] Ibid., p. 5.
[128] UNODC (2011) 'Global Study on Homicide 2011', http://www.unodc.org/documents/data-and-analysis/statistics/Homicide/Globa_study_on_homicide_2011_web.pdf

많다.129

여성에 대한 폭력

폭력과 폭력의 위협은 여성의 선택권과 희망을 억압한다. 그것은 여성의 힘을 빼앗고, 여성의 물리적, 정신적 건강을 위태롭게 만들며 그들의 자아존중감을 파괴한다. 그 피해는 사회에 누적이 되는데 그 이유는 학대받고 상처 입은 여성들은 일할 수 없고 그들의 자녀들을 돌볼 수 없으며 또한 능동적인 시민이 될 수 없기 때문이다.

전 세계의 사회는 역사적으로 남성과 여성 간의 불평등을 강제하는 폭력을 묵인해 왔고 여성으로 하여금 출산과 육아 그리고 가사에 대한 기대치를 충족시키는 것을 강요해왔다. 이것은 놀라울 정도로 널리 퍼져 그것을 경험해 보지 못한 여성도 그 위험에 공포감을 느낄 정도이다. UN은 최소한 여성 3명 중 1명은 물리적으로 성적으로 일생에 한 번쯤은 학대를 당한 적이 있다고 추정한다.130

결혼을 남성 집안이 여성의 육체와 노동력을 사는 계약으로 보는 전통적 관점은 많은 곳에 남아있다. 대부분의 경우 냉혹한 세상에서 피난처가 되어야 할 가정이 여성이 가장 폭력의 위험에 노출된 장소가 되는 것이다. 아프리카, 아시아, 그리고 라틴 아메리카의 여러 곳에서 부인은 자신의 잘못을 바로잡기 위하여 여전히 구타를 당하고 그 행동을 많은 남성과 여성이 일상적인 것으로 여긴다. 한 연구에 따르면, 우간다 여성 중에 3/4은 아내 구타를 정당화하는 데 동의하며 나이지리아의 잠파라Zamfara주에서는 샤리아 페날 법Sharia Penal Code은 남성이 여성을 입원시키지 않을 때

---

129 *The Economist* (2011).
130 UNFPA (2000).

까지는 구타할 수 있다고 허용한다.[131] 개발도상국과 산업화된 국가에서는 자신의 아내와 언제라도 자신이 원하는 방식으로 섹스를 할 권리가 가장 최근에 와서야 의문시되었다.

집 밖에서 벌어지는 만연한 폭력 역시 심각히 여성의 공적 삶으로의 참여를 제한한다. 공적인 발언을 하거나 공직에 출마하는 것이 아니라 단순하게 저녁에 모임에 참석하는 것도 너무나 자주 금지가 되는 위험을 수반한다. 이러한 폭력이 가난한 이와 부자를 차별하지는 않지만, 부자 여성은 최소한 안전 요원이나 교통수단에 돈을 지불하여 위험을 줄일 수 있다.

지난 30년간 국제 여성 운동은 여성에 대한 폭력을 범죄화하는데 많은 노력을 기울였다. 가정 폭력법은 법령집에 실리었고 1979년 여성에 대한 모든 형태의 차별 철폐 협약Convention on All Forms of Discrimination Against Women은 국가가 이 문제에 대한 책임을 지도록 하였다. 분쟁 중 강간은 전쟁 범죄로 인식되고 원칙적으로 그렇게 기소가 될 수 있다. 그러나 이 법들이 매우 중요함에도 불구하고 여성들을 지키는 데는 종종 실패한다. 공무원들의 태도는 매우 적대적이고 여성은 법률 체계가 작동하도록 할 수 있는 교육과 돈을 가지고 있지 못하며, 특히나 농촌 지역이나 종교적으로 소수인 많은 여성들은 가정 폭력을 정당화하는 관습적 혹은 종교적 법이 시민법에 우선하는 것을 보게 된다.

많은 국가들에서 여성의 법률 단체들은 여성에 대한 폭력이 범죄임을 알리고 가난한 여성들에게 법적 지원을 하기 위하여 오지를 방문한다. 그러나 여성들은 이 폭력에 경고를 하기 위해서는 가정과 공동체의 반대를 무릅써야만 한다. 폭력을 묵인하려는 믿음과 태도를 바꾸는 것이 중요하다.

---

[131] 'Uganda Demographic and Health Survey 2000 - 2001', (2006) *Gender and Development* (2006).

남아시아에서, '우리는 할 수 있다We can' 캠페인은 태도와 믿음에 초점을 두고 변화 모델을 지원한다. 여성에 대한 폭력을 근절하기 위한 우리는 할 수 있다 캠페인은 아프가니스탄, 파키스탄, 네팔, 인도, 스리랑카, 방글라데시에서 1,800개가 넘는 시민 사회 단체들의 네트워크와 사람 대 사람 접촉을 통하여 활동을 한다.[132] 개인 '변화 창조자'는 자신을 변화시키고 가족, 친구 그리고 이웃에 영향을 주어 가정 폭력을 근절하고 여성에 대한 태도를 변화시키겠다는 다짐을 한다. 그들은 매일 일어나는 형태의 폭력적 차별에 대한 포스터와 같은 글을 읽을 줄 모르는 이들에게 적절한 자료를 포함한 기초 자료들로 무장을 한다.

그들이 변화시키는 이들 또한 스스로 변화 창조자가 된다. 지금까지 3백 9십만 명이 다짐을 하고 다시 그들은 최소한 10명을 만나게 된다. 이는 남아시아에서 가정 폭력에 대한 태도와 집안에서의 권력 관계를 변화시킬 수 있는 정도의 숫자가 된다. 놀랍게도 변화 창조자의 절반이 남성이 진정한 변화가 가능하다는 캠페인의 전제를 확인하였으며 아마도 그 남성들 역시 전통적 성 역할이 억압적이라는 것을 알게 되었을 것이다.[133]

고착된 믿음에 대한 이러한 깊은 변화는 쉽지도 빠르게 일어나지도 않는다. 모든 이들이 이 변화를 지원하지도 않고 몇몇 남성들은 회의를 훼방하거나 여성들의 주장을 비판한다. 그러나 캠페인에 참여한 남성과 여성들은 그들의 가정생활에 놀라운 향상이 있었으며 다른 영역에서도 파급 효과가 있었다고 보고한다. 예를 들어 남성 그룹은 저축을 시작하였고 여자아이들의 출석률이 올라갔다. '우리는 할 수 있다' 캠페인과 같은 혁신

---

[132] www.wecanendvaw.org/index.htm. The We Can campaign is supported by Oxfam.
[133] M. Raab (2011) 'The "We Can" Campaign in South Asia, 2004-2011: External Evaluation Report'.

적 접근의 성공은 국가는 개발 방정식에서 태도와 믿음의 문제를 해결할 수 없다는 것을 보여준다. 행동은 여성에 대한 폭력에 깊이 스며든 사회적 제도를 변화시키기 위한 잠재적 힘이 될 수 있다.

전쟁

이러한 '사회적 폭력' 너머에는 전쟁이라는 또 다른 재앙적 충격이 있다. 현대전은 전에는 보지 못하였던 유혈이 있다. 20세기 분쟁으로 지난 4세기를 합한 것보다 거의 3배가 많은 1억 1천만 명의 사망하였다.[134] 금세기에는 30개의 지리한 분쟁이 있는데 그중 대부분은 해결을 하기 위한 노력을 회피해온 내전이다. 오늘날 정치적 폭력은 폭력이 빈곤이나 불평등과 같이 깊이 파고드는 개발도상국에 집중되어 있다. 세계은행의 세계 개발 보고서 2011년 판에 따르면, 지구상에 4명 중 1명인 10억 5천만 명은 불안하고 분쟁의 영향력 아래 있는 국가 혹은 높은 폭력적 범죄율로 점철된 국가에 살고 있다.[135]

이 보고서에 따르면, 많은 국가는 지금 반복된 폭력과 불안정의 악순환에 직면해 있다. 첫째, 분쟁은 종종 일회성이 아니라 계속되고 반복이 된다. 지난 10년간의 내전에서 90퍼센트는 이미 지난 30년간 내전이 있었던 국가에서 발생하였다. 둘째, 분쟁과 폭력의 새로운 형태들은 개발을 위협한다. 엘살바도르, 과테말라 그리고 남아공과 같은 폭력적인 정치 분쟁 이후 정치적이고 평화로운 협상을 성공적으로 이끌어낸 많은 국가는 현재 그들의 발전을 억제는 높은 폭력적 범죄를 직면해 있다. 셋째, 폭력의 다른 형태들은 서로 연결되어 있다. 정치적 운동은 콩고 민주 공화국과 북아일

---

[134] UNDP (2005), p. 153.
[135] *World Development Report 2011.*

랜드와 같은 곳처럼 범죄 행위를 통하여 돈을 모을 수 있다. 넷째, 중동과 북아프리카에서 아랍의 봄으로 알려진 것과 같은 정치적, 사회적 혹은 경제적 변화가 예상을 뛰어넘는 국가들에서 불만은 변화에 대한 요구를 분출시켜 폭력적 분쟁의 위험이 커진다.[136]

2010년 말까지, 전 세계적으로 강제로 이주된 인구는 4천 3백 7십만 명인데 이는 지난 15년간 가장 많은 수이다. 물론, 1천 5백 4십만 명은 난민인데,[137] 이는 그들이 국경선을 넘어왔다는 것을 의미한다. 이주는 세대 간에 걸쳐 삶을 황폐하게 드는데 그 양상은 매우 다양하다. 몇몇 사람들은 몇 주간 다른 마을이나 이웃 도시로 거처를 옮기지만 다른 사람들은 20년을 넘게 여러 번 옮기기를 반복한다. 케냐에 있는 소말리아인들과 같은 이들은 분쟁이 자신의 나라에 끊이지 않게 되자 2011년 20만 명이 넘는 이들이 국경을 넘어 케냐로 오기 오래전부터 15년 이상을 난민촌에 방치되었다.

냉전의 종말로 많은 전쟁이 막을 내렸고 앙골라, 모잠비크, 캄보디아, 중앙아메리카, 아프가니스탄에서 난민들이 돌아오게 되었다. 동시에, 새로운 분쟁이 구소련연방, 발칸 반도, 중동, 서아프리카, 그레이트 레이크 지역 그리고 아프리카의 뿔 지역에서 생겨났다.

분쟁은 전염성이 있다. 최근에 중앙아프리카와 동아프리카 국가들에서 일어난 것과 같이 전쟁이 발생한 국가들은 이웃 국가들에 난민, 경제적 몰락, 불법적 무기 거래, 그리고 국경을 넘나드는 폭력을 가져온다.[138] 한 계산에 따르면 한 국가와 이웃 국가들에 대한 내전의 비용은 놀랍게도

---

[136] Ibid.
[137] UNHCR, Statistics and Operational Data, http://www.unhcr.org/pages/49c3646c4d6.html
[138] *World Development Report 2011*.

640억 달러에 이르는데 이는 중간 규모의 개발도상국의 30년간 경제 소득의 합과 비슷하다.[139]

분쟁은 불평등을 키우고 불평등은 분쟁을 키운다. 내전은 일반적으로 1994년 르완다 인종학살 이전에 투치족과 후투족 간에 팽배했었던 긴장과 같이 심각한 지역적 인종적 불평등이 있는 국가에서 더 잘 발생한다. 폭력적 범죄는 일반적으로 라틴 아메리카에서처럼 사회적 계급 간에 차이가 큰 곳에서 더 잘 일어난다. 많은 곳에서 불평등의 두 가지 유형은 공존하고 황폐한 결과를 가져온다. 반대로 분쟁은 불평등을 키우는데 그 이유는 분쟁은 가장 약하고 가장 취약한 사회 구성원을 해치기 때문이다. 이들은 인종적 혹은 종교적 소수자들과 같은 소외된 이들이거나 노년층 혹은 장애인이나 어린이와 같은 사회 내에서 취약한 사람들이다.

전쟁에 대한 잔혹한 계산법에 따르면, 시민들이 가난하고 취약할 때 특히나 더 피해를 보게 된다. 정부 측이건 반군 측이건 관계없이 전투원들은 시민들을 잠재적인 적 지원세력으로 보고 따라서 시민들의 면책권을 존중하라는 국제법은 상관하지 않고 공격의 대상으로 삼는 것을 정당화한다. 시민들을 공격 대상으로 하지 않을 때조차 전시에 정부는 종종 인권과 민주적 책무성을 탄압하고 따라서 대중적 지지를 얻으려 하기보다는 두려움으로 강요를 한다.

분쟁은 남성과 여성 그리고 어린이에게 다르게 영향을 미친다. 남성은 96퍼센트가 구금이 되고 90퍼센트가 상해를 입으며 여성과 어린이 중 80퍼센트가 난민이고 실향민이 된다.[140]

무장 분쟁 중 군대가 집단 강간과 성 노예화를 전쟁 무기로 사용할 때 여성에 대한 폭력은 새롭고 또한 더욱 심각한 차원으로 접어들게 된다.

---

[139] P. Collier (2007), p. 32.
[140] *World Development Report 2011*.

이러한 전략은 고도화된 것인데, 여성을 살해하고 상처를 남겨 전체 공동체에 깊은 심리적 상처를 준다. 의도는 여성들을 임신시켜 적들의 아이를 갖게 함으로써 사회적 결속력을 파괴하는 것이다. 이러한 전쟁의 상흔으로 찢어진 채 트라우마를 가지고 살아남은 여성들은 일반적으로 가족들과 공동체로부터 낙인이 찍히고 버림을 받게 된다.

2005년 UN은 콩고 민주 공화국의 한 지역에서 1년에 2만 5천 명이 공격을 당한다고 보고한다.[141] 2002년 한 연구에 따르면 시에라리온에서는 국가의 여성 중 절반 이상이 그해 끝난 전쟁 기간 동안 성적으로 공격을 받았다고 한다.[142] 페루, 캄보디아, 우간다, 리베리아, 소말리아에서 전쟁 중 집단 강간이 있었다는 기록이 남아있다.[143] 다르푸르에서 여성에 대한 성적 폭력의 위협은 여성이 땔감을 줍기 위하여 마을이나 캠프를 떠날 때 가장 빈번히 일어난다. 그들은 강간의 위협과 가족의 식사 가운데 선택을 해야만 한다. 여기에 대응하여 옥스팜은 땔감을 줄일 수 있는 효율적인 스토브 사용을 시범 사업으로 전개하였다.

심지어 민주주의 체제하에서도 다른 집단에 대한 공격을 하는 폭력은 피해자가 사회적, 인종적 혹은 종교적 차이에 의하여 나보다 열등한 '타자'이며 따라서 자신을 위한 권리를 가지고 있지 않다는 생각에 뿌리 박혀 있다. 인도네시아의 몰루칸Moluccan 제도에서는 1999년 암본Ambon시의 무슬림 청년과 기독교 버스 운전사 간의 논쟁이 급속히 싸움으로 번져 40만 명이 이주를 하게 되고 그중 많은 이들이 수년간이나 떠돌게 되었다. 종교에 의한 주기적 폭력은 독립 후 인도에 계속 번져나가고 있다.

이러한 편견은 전 세계 어디에서도 정치적 이익을 위해서라면 퍼져나갈

---

[141] K. Annan (2005), 'Report on the Protection of Civilians in Armed Conflict', p. 4.
[142] Physicians for Human Rights (2002).
[143] UNDP (2005), p. 160.

수 있다. 콜롬비아에서는 게릴라와 협력한 시민의 살해는 합법적이다. 다르푸르에서는 아프리카인들에 대항하는 아랍인들을 정당화하고 이라크에서는 시아파와 수니파간의 분쟁이 생겨났다. 서구 언론에서는 '테러리스트' 낙인이 찍힌 이들에 대한 기본권이 부정되고 있다. 그러나 1994년 이래 르완다에서는 후투와 투치간의 관계를 개선하는 놀라운 진전이 있었다. 유사한 노력이 팔레스타인과 이스라엘 사이에도 있었는데 이것은 분쟁을 감소시키지는 못해왔지만 장기적 해결의 한 방안이 될 수 있다.

실제로, 전쟁과 평화 간에는 명확한 구분이 없다. 빈곤과 폭력을 강화하는 이들 간의 악순환은 분쟁을 벗어나려는 가난한 국가들을 어렵게 만든다. 심지어 공식적으로 평화가 선언된 후에도 말이다. 콩고 민주 공화국은 2002년 이래 평화가 온 것 같지만 2006년 선거 이후에도 폭력은 계속되고 2007년에는 시민들에 대한 공격이 있어 대량 이주민이 생기고 만연한 성폭력에 대한 보고가 있다. 2011년 옥스팜은 특히 우간다 신의 저항군Lord's Resistance Army에 의해 피해를 본 지역을 중심으로 하여 잔혹한 사건이 계속되고 있고 강압이 널리 퍼져있고 폭력적 강탈이 발생하는 동부 3개 주에서 1천 700명이 넘는 이들에 대한 조사를 하였다.[144]

전쟁을 경험한 국가의 40퍼센트가 평화 협정을 맺은 뒤 5년 안에 전쟁이 난다.[145] 전면적인 분쟁을 피한 곳에서도 무장 폭력은 유령과 같아서 다시금 되돌려지지 않아, 이전에 전쟁을 경험한 젊은 남성들이 새로운 생계수단이 없을 때는 가정 내 폭력과 성폭력 그리고 폭력적 범죄를 일으킨다. 예를 들어 엘살바도르와 과테말라에서는 1990년대에 내전이 종식되었으나 갱단, 납치 그리고 동원이 해제된 군인과 경찰을 포함한 다른 종류의 폭력적 범죄가 늘었다.

---

[144] Oxfam International (2011) p. 2.
[145] *Human Security* Centre (2005), p. 9.

전쟁과 다른 복잡한 위급 상황들은 사회적 경제적 문제를 해결하려는 정치 리더들의 실패를 보여준다. 그들의 실패는 부분적으로는 특히 가난한 국가들에서 법의 집행이나 국경선 통제와 같은 효과적이고 책무성있는 제도를 운영해야 하는 중앙 정부의 무능력에 기인한다. 이것은 단순히 이러한 서비스를 제공하는 국가의 능력에 대한 것이 아니다. 이것은 정치인들이 어떠한 선택을 해야 하는 것에 대한 것이기도 하다. 남수단과 같은 곳에서는 이 두 가지가 결합하여 나타난다. 신생 국가가 여전히 세워지고 있는데 그렇다고 하더라도 남수단의 해방군Liberation Army이 어린이 권리를 존중하는 데 실패한 것은 설명할 수 없다. 최근 보고서에 따르면 남수단 해방군은 소년군을 모집하고 있고 어린이 권리에 대한 다른 폭력이 있다는 진술이 있다.

세계의 분쟁지역에서 국가의 안전 서비스는 그들의 비국가 적들만큼이나 인권을 침해할 수 있고 이는 개발도상국과 이스라엘과 같은 선진국에도 동일하게 적용될 수 있다. 강한 국가는 필수적이지만 그것만으로는 시민들에게 전쟁이라는 최악의 공포로부터의 보호를 보장하는 데 충분하지 않다.

분쟁은 국가를 약화시키고 국가가 이미 약하거나 존재하지 않는 상황에서 일어나기 쉽다. 영국의 국제개발부 DFID는 이러한 약한 국가 46개를 지정하였다. 이 중 35개국은 1990년대 분쟁을 겪었다. 부루스킹 연구소에 따르면 2010년까지 하루 1.25달러로 살아가는 빈곤한 이들 중 40.8퍼센트가 약한 국가에 살게 되는데 이는 2005년에 비해 두 배가 는 것이다. 이는 부분적으로는 다른 국가들이 개발에 성공을 한 결과이기도 하다.[146]

국내적 요인들은 대부분의 위기에서 외부적 요인들 보다 더 중요하게

---

[146] L. Chandy and G. Gertz (2011).

작용을 하지만 국제적 요인들은 종종 내부적 문제들을 악화시킨다. 세계 경제와 정치가 세계의 대부분의 구획을 주변화할 때 몇몇 사회들은 정점을 지나게 된다. 기후 변화는 이미 그 과정을 악화시키고 있다. 2007년의 한 연구에 따르면, 102개국이 기후 변화가 불평등과 책무성이 없는 거버넌스라는 전통적인 위험을 가속함에 따라 증가하는 폭력의 위험을 직면하게 될 것이다.[147]

무기 가용성은 모든 분쟁에서 사망자 수를 급격히 증가시킬 뿐만 아니라 학교, 보건소와 다른 개발 인프라도 파괴한다. 북반구와 남반구의 무기 제조 시설은 개발도상국을 무기로 넘쳐나게 만든다. 지구상에는 10명당 1명이 소형 무기를 가지고 있고 매년마다 800만개의 신무기와 한 사람당 총알 2개씩 늘어난다.[148]

오늘날 분쟁으로 인하여 전쟁은 경제적으로 이익이 많이 되는 비즈니스가 되었고, 정치와 군사 엘리트들은 할 수 있는 만큼 오랫동안 전쟁을 원한다. 이것이 많은 예에서 볼 수 있듯이 군사적 승리를 가져오려는 전통적 목적을 대체한 자기 유지적이며 자기 충족적 체계인 '전쟁의 정치 경제'이다. 상부에게 영토를 지키려는 전쟁은 국민이나 자연 자원으로부터 세금을 뽑아낼 수 있는 기회를 가져다준다. 하층부에서 전쟁은 젊은이들에게 아드레날린과 권력 그리고 소득을 올릴 수 있도록 보장하지만 평화로운 대안적인 생계를 제공할 경제를 파괴한다.

마약의 95퍼센트는 내전의 피해를 본 국가들에서 특히 인정된 정부의 관리에서 벗어난 지역에서 생산된다.[149] 다르푸르의 경우와 같이 많은 지역 분쟁은 빈약한 자원을 둘러싼 싸움으로 비롯되지만, 세계에서 가장 사

---

[147] D. Smith and J. Vivekananda (2007).
[148] Control Arms Campaign (2003), p. 19.
[149] P. Collier (2004).

상자를 많이 낸 분쟁들은 너무나 풍부한 자원으로 인해 격화된다. 세계화는 광물, 기름 그리고 목재를 전쟁지역에서 국제 시장으로 수출하는데 생기는 수익의 기회를 증가시킨다. 그리고 이는 종종 조직화된 국제 범죄의 성장과 연계된다.

  풍부한 자원은 전투원들의 배를 불리고 전쟁을 부추긴다. 자원은 1990년에서 2002년까지 모든 전쟁 가운데 1/3가량의 원인이 된다.[150] 자원은 국가에 따라 다양하다. 캄보디아의 목재, 아프가니스탄의 마약, 발루치스탄Baluchistan의 천연가스, 앙골라, 라이베리아, 시에라리온의 다이아몬드, 수단의 석유, 콜롬비아의 금과 코카, 콩고 민주 공화국에 눈독을 들이는 이에게는 목재, 금, 코발트, 콜타르, 구리가 풍부하다.

시민과 정부가 함께 세우는 평화

  다른 불안정의 원인과 마찬가지로 폭력은 많은 측면에서 행동을 요구하지만, 이것은 특히 가난한 이들, 여성 그리고 인종적, 종교적으로 소수인 소외된 그룹에게 약탈적인 위험에 맞설 효과적이고 책무성 있는 국가와 역량 있는 개인과 공동체를 필요로 한다.

  위협과 취약성의 세계를 직면한 가난한 이들은 위험을 다루는데 거의 불가능한 선택을 하도록 강요받을지라도 수동적인 피해자로 남아있지만은 않는다. 가난한 이들은 만성적 폭력과 잠재적인 분쟁을 제거하고 해결하며 그 피해를 극복하기 위하여 노력한다. 종종 종교 지도자들은 전투원들의 행동을 저지한다. 2002년 8월 나이지리아의 카두나Kaduna주에서, 무슬림과 기독교인들 서로 자신이 경제적, 정치적으로 소외되었다고 주장을

---

[150] UNDP (2005), pp. 166-7.

하며 국가 폭력의 진원지가 되자, 양 진영의 퇴역 군인들은 기독교와 무슬림 지도자 20명을 설득하여 평화 선언을 하기에 이른다. 그 이후 종교 지도자들은 주와 연방 선거 시 폭력을 자제시키는 신뢰를 쌓아왔으며 카두나의 학교들에서 사소한 논쟁이 큰 사고로 이어지는 것을 예방하는 일을 해오고 있다.[151]

유사하게, 콩고 민주 공화국의 마니에마Maniema주의 기독교 지도자들은 전쟁 기간에 수많은 학대의 원인이 되어온 지역 공동체와 퇴역 군인 사이의 긴장을 해소하기 위하여 무장해제를 하도록 지역 공동체에서 노력을 해왔다. 남성이건 여성이건 존경받는 지역 회의는 전통 의식을 이용하여 화해를 가져온다. 강간을 당한 여성을 위한 의학적 치료와 지역 경제를 살리기 위한 씨앗과 도구들의 분배도 전쟁의 상흔을 치료하는 데 도움이 된다.

공동체들은 자신을 보호하기 위해 행동을 해야만 하지만, 폭력과 무장 분쟁을 해결하기 위한 근원적 책임은 중앙 정부에 있다. 중앙정부는 국제적 인권 협약에 근거한 책임을 지고 분쟁 시 국제인권법을 집행한다. 10년간의 토론에 걸쳐 UN은 2005년 모든 정부는 인종 학살, 전쟁 범죄, 반인륜적 범죄, 그리고 인종 청소로부터 국민을 보호해야 하는 책임을 가지고 있다는 데 합의한다. 합의안은 정부가 실패할 때, 국제 사회의 역할을 말하기에 앞서 '정부 당국이 무엇보다도 앞서서 그 책임을 져야만 한다.'고 밝힌다. (5부 참조)[152]

정부는 분쟁의 피해자에 대한 책임을 질 수 있을 때 자신의 역할에 충실하고 수행할 수 있다. 빈곤과 달리, 무책임한 리더들이 정치적, 경제적 소득에 불만을 터트리거나 '단순 무식한' 해결책의 유혹이 상식을 앞지를

---

[151] European Platform for Conflict Prevention and Transformation (2006).
[152] UN (2004).

때, 전쟁은 현대 민주주의 사회에서도 일어날 수 있다. 그러나 민주주의와 능동적 시민들은 전쟁에 종말을 효과적으로 가져올 수 있는데 그 이유는 그들은 지도자들로 하여금 차이에 대하여 군사적인 해답이 아니라 정치적인 해답을 찾도록 독려하기 때문이다.

지난 50년간 분쟁과 인권 유린으로 고통받아온 콜롬비아에서 인권 운동가들은 지속적으로 정부를 미디어와 법정에서 도전함으로써 생명에 위협을 받아왔고 몇 번의 놀라운 승리를 성취하였다. 예를 들어, 헌법재판소는 정부가 국내 이재민 보호에 실패한 것을 헌법에 어긋나는 것으로 판단하여 그 결과 정부는 2005~10년 사이 20억 달러 이상을 책정하게 되었다. 정부의 독립 인권 감시 사무소는 시민 사회 조직이 제기하는 학대를 조사하기 위하여 획기적인 조기 경고 시스템을 구축하였다.[153]

리더들 개개인도 놀라운 변화를 만들어 낼 수 있다. 넬슨 만델라는 보복이 없는 평화로 남아공을 이끌어 갔다. 하지만 이와는 반대로, 앙골라의 반군 리더인 조나스 사빔비Jonas Savimbi는 2002년 자신이 죽을 때까지 끊임없는 전쟁을 추구하였다. 그의 사후 평화 조약이 체결되었다.

분열과 증오의 메시지를 피하는 것과 함께 정부는 생계가 보장되지 않으면 폭력을 선택할 수밖에 없는 이들을 위하여 평화로운 생계 수단을 보장해야 한다. 아이티에서 시에라리온에 이르기까지, 정부는 전에는 전투원이었던 이들이 평화로운 사회로 재편입될 수 있도록 하는 제3의 임무보다는 무장해제와 동원 해제를 더 잘한다는 것이 증명되었다. 너무나 쉽게 동원이 해제된 전투원들은 강도나 범죄를 저지른다. 전투원이나 성노동자로 분쟁에 참여하였던 젊은 여성들의 사회로의 재편입은 종종 정부 당국에 의해 무시되고, 그들의 전쟁 시 행위에 대한 사회적 낙인에 의해

---

[153] A. Bonwick (2006).

까다로워진다.

많은 분쟁은 불만이라는 감정에서 생겨나며 또한 오래된 불평등에 뿌리내린다. 이는 불만의 뿌리를 해결하려는 노력으로만 해결될 수 있다. 사회적, 경제적 혹은 정치적 배제로 찢어진 사회는 그들이 진정한 정치적 해법을 찾고 발견할 때까지 평화를 성취할 수 없다. 분쟁을 해결하는 반대되는 방법인 완전한 군사적 승리를 거두는 것은 피상적으로 매력적으로 보일 수 있지만, 그것은 결코 쉽지 않으며 국가가 고통을 장기화시켰다는 비난을 받을 수 있다. 전쟁을 하는 당사자들은 국제 인도주의법이 요구하는 제제들을 무시하고서 모든 비용을 감수하고서라도 승리를 쟁취하려 하지만 이는 평화 구축을 더욱 어렵게 만드는 잔악한 악순환을 만들게 될 것이다.

이스라엘과 팔레스타인 간의 분쟁은 폭력의 악순환이 어떻게 평화의 성취를 어렵게 만드는 두려움과 증오를 유지시키는지를 분명하게 보여준다. 이스라엘의 점령과 이에 대한 팔레스타인의 대결에 뿌리박은 60년간의 분쟁은 2000년 제2차 팔레스타인 봉기 이후 총 1,596명의 어린이를 포함한 6,500명의 팔레스타인인과 1,090명의 이스라엘인의 생명을 앗아간 양측의 잔악 행위에 의해 유지되고 있다.[154]

분쟁의 핵심에 자리 잡은 점령은 계속되고 있다. 50만 명의 이스라엘 정착민들은 불법적으로 동예루살렘과 서안지구로 이주를 하였다. 그곳에 거주하고 있던 250만 명의 팔레스타인인들은 43퍼센트의 토지와 90퍼센트의 식수원 그리고 1,600킬로미터에 다다르는 도로에 대한 접근권을 거부당했다.[155] 검색대, 출입 허가소, 봉쇄, 서안 지구를 막는 분리 장벽과

---

[154] B'tselem (The Israeli Information Center for Human Rights in the Occupied Territories), http://old.btselem.org/statistics/english/
[155] UN OCHA (2007), 'The humanitarian impact on Palestinians of Israelis

같은 이스라엘의 제한 조치들은 팔레스타인인들의 생명과 생계를 파괴하였고 수천 명의 사람들이 시장에서 물건을 사는 것을 막았다.

물론, 분쟁을 종식시키려는 협상은 쉽지 않다. 그러나 최근 더욱 고무적인 일 중 하나는 해결된 대부분의 분쟁이 평화적으로 해결되었다는 것이다. 20세기의 대부분 동안 가장 일반적인 전쟁을 종식시키는 방법은 수많은 인간이 희생됨으로써 얻는 완전한 승리였다. 하지만 냉전이 끝난 뒤, 이것은 변화된 것으로 보인다. 안타깝게도, 대부분의 중재 노력은 실패하였으나 2000에서 2005년 사이의 평화 중재는 17건의 분쟁을 종식시켰고 오직 4건만이 군사적 승리로 결론지어졌다. 평화적 방법이 더욱 가치가 있다는 사실은 더욱 강하게 경험적 증거에 의해 나타나고 있다.[156]

분쟁을 방지하고 해결함에 있어 잘사는 나라 정부에 큰 책임이 있다. 국제 인도법은 모든 정부가 전 세계의 시민들을 보호해야 하는 데 힘을 모아야 한다고 명시하고 있다. 부유한 국가들 특히나 UN 안보리는 이를 할 수 있는 충분한 능력을 갖추고 있다. 그러나 부유한 국가들은 종종 자연자원의 획득을 위하여 그리고 난민을 거부함으로써, 또한 무기의 생산 및 수출을 하고 '테러와의 전쟁'을 통하여 분쟁에 불을 붙여왔다. 이 문제는 5부에서 자세히 다루어질 것이다.

---

settlements and other infrastructure in the West Bank'. 또한 다음을 참조. M. Asser (2007). Israel takes 80 per cent of the ground water but also surface water from the Jordan River, equating to about 90 per cent of available water resources.

[156] Human Security Centre (2006), p. 19.

충격과 변화

좋건 나쁘건 전쟁, 자연재해 혹은 경제적 위기와 같은 충격들은 역사를 변화시키지만, 대부분의 개발 사상은 근본적으로는 현존하는 제도와 시스템 내에서의 개혁과 발전을 촉진하는 점진주의적이다. 따라서 이것은 사회적 격변과 변화와 정치적인 것 사이의 관계를 이해하려 할 때 갑작스러운 변화와 투쟁의 가능성을 무시한다. 예를 들어, 세계은행은 전쟁을 '역개발逆開發'로 묘사하지만 분쟁은 개발에 대한 예상치 못한 결과를 가져온다. 그것은 인간 재앙과 국가의 몰락으로 부터 경제 현대화를 촉진한다. 예를 들어, 모잠비크에서는 전쟁은 생존농업에서 임금 농업으로의 전환을 촉진시켰다.[157]

나아가, 분쟁이 종식된 이후의 몇 주나 몇 달은 중요한 '기회의 순간'이 된다. 무장해제의 혼돈, 폭력적 선거, 그리고 정치적 권력을 둘러싼 불화 속에서 새로운 제도가 형성되고 자원은 분배되며 평화로운 질서가 나타난다. 이전에는 소외되었던 발언권들이 나타날 수 있지만, 그들은 너무나 자주 무시되고 배제와 불평등을 해결할 정치 시스템으로의 참여 기회를 놓쳐왔다.

재해 또한 변화를 위한 운동을 만들 수도 소멸시킬 수도 있는 '정치적 순간'이다. 재해는 부패와 정치적 편견을 조망한다. 니카라과에서는 1972

---

[157] C. Cramer (2006).

년 지진 이후 소모자Somoza 독재정권에 의하여 원조금이 사라진 것에 대하여 대중의 분노가 임계점을 넘어 저항운동으로 번져 7년 뒤에는 산디니스타Sandinista 혁명을 가져왔다. 1985년 지진에 대한 멕시코 정부 당국의 형편없는 대처는 독립 사회 운동을 불러일으켰고 1929년 이래 국가를 장악해온 제도 혁명당의 억압 통치를 약화시켰다. 1971년 방글라데시와 1985년 에티오피아의 재앙적인 기아는 각각이 독립과 독재정권의 몰락을 가져왔다.

2004년 아시아 쓰나미는 인도네시아에서 정부와 분리주의자인 자유 아체 운동Free Aceh Movement 간의 평화 협상을 다시 시작하는 계기가 되었고 이로 인하여 30년간의 분쟁을 공식적으로 종식시키는 평화 협정을 2005년 맺을 수 있었다. 역사적인 평화 협정은 곧바로 아체인 정치범의 석방과 아체 주에서의 군대의 철수 그리고 분쟁으로 피해를 본 지역에 대한 지원을 가져왔다. 그다음 해에는 오랫동안 무시되어온 자연 자원에 통제권을 인정하는 획기적인 자치법이 도입되었다.

더 면밀히 살펴보면, 점진적인 변화도 때로는 충격이 중요한 역할을 하는 작은 변화들의 연속으로 이루어졌다. 예를 들어, 유럽에서 여성 참정권의 안정적인 확산에 있어 중요한 순간은 전쟁 이후 사회적 관계가 다시 조정되고 여성들이 일터에서 새로운 독립적인 역할을 수행하게 되면서부터이다.

헤라클레이토스는 '전쟁은 만물의 아버지'라고 믿었다. 현대 사상가들은 군사주의적은 아니지만 분쟁은 의심의 여지없이 정치적, 사회적 격변의 중요한 원인이며 세계 제2차 대전 이후에 유럽의 복지 국가가 탄생한 것처럼 분쟁의 모든 것이 부정적인 것은 아니라고 본다. 전쟁이나 다른 재해들은 합리적인 사람들이 추구하는 변화로의 길을 거의 만들지 못하는데 그 이유는 인간이 희생되며 그러한 변화가 긍정적인 것만큼이나 부정적인 것으로 나타나기 때문이다. 중요한 점은 변화를 가져오는 충격의 잠재성을 인식하고 부정적인 것을 예방하고 긍정적인 변화를 촉진하는 '기회의 순간'을 잡는 것이다.

이것은 어떻게 전쟁, 자연재해, 혹은 정치적 격변에 대응할 것인지에 대하여 공여 공동체에게 도전적인 질문을 제기한다. 10년 이상이 걸려 나타나곤 하는 긍정적 혹은 그렇지 않은 주요 변화들은 몇 주 혹은 몇 달 안에도 일어난다. 인도주의자들과 개발 활동가들은 폭넓은 시스템적인 변화를 촉진하기 위하여, 오래된 문제들에 대한 새로운 접근을 포용하기 위하여 혹은 변화를 위한 정치인들의 지위와 연맹 그리고 정치 운동의 변화를 촉진해야만 하는가와 같은 질문들에 대하여 다르게 대응해야만 하는가?

충격에 대한 (인명을 구하기 위하여 엄밀하게 중립적으로 관리를 하는) '인도주의적' 접근과 평화에 대한 사회적 변화를 정치적으로 지원하는 '개발론적' 접근 그리고 어떻게 충격에 대한 취약성의 씨앗이 분쟁의 시기에 개발 모델로 자리 잡게 되는지와 장기적 변화를 일으키는데 충격의 역할을 재평가하는 것 간에는 분명한 구분을 할 필요가 있다.

실제적인 안전의 구축

우리 모두 특히나 가난하게 살아가는 이들은 위험과 취약성으로 지속적으로 변화하며 혼란스러운 세계를 경험하고 있다. 기후 변화와 HIV와 같은 새로운 위협은 질병, 기아, 빈곤 그리고 폭력에 대한 오래된 두려움에 더해진다. 이러한 복잡하고 불안정한 상황에서 '안보'는 전쟁이나 테러의 부재보다도 더 큰 것을 의미한다. 취약한 개인과 공동체의 삶에서 안보는 일상의 불안과 위험에 대한 모든 것을 포함한다.

기후 변화, 폭력, 기아 그리고 질병에 높은 대가를 치러야 하는 현실

속에서 대중적 압력과 멀리 내다보는 리더십의 결합은 남반구와 북반구 모두에서 중요하다. 취약한 이들은 자신의 역량을 강화하고 지원과 보호를 하는 국가의 능력을 세워나감으로써 위험을 대처할 능력을 갖추게 된다. 인간 안전의 개념은 이러한 임무를 수행할 나침판으로서의 역할을 수행할 뿐만 아니라 개발의 새로운 방향을 제시할 씨앗을 제공한다. 국가 차원에서, 정부는 안전을 인간의 존엄성을 보존하는 개발의 핵심적인 사항으로 이해할 필요가 있다. 취약성과 불안의 원인을 해결함으로써 인간의 고통을 해소하는 것은 경제적이고 사회적인 정책 수립에 핵심이 되어야 한다. 최근의 성장 집중은 자기 파괴적이고 충분하지 않으며 바람직한 경제 성장도 가져오지 못한다. 정부는 그 임무를 수행하기 위하여 그 양과 예측 가능성의 측면에서 국내 세수와 국제 원조를 통하여 충분한 자원을 창출할 필요가 있다. 정부는 사회적 보호, 재해 위험 감소, 그리고 환경과 사회적 적응과 같은 복잡한 과정을 관리할 기술을 통하여 효과적이고 정직한 시민 서비스를 제공할 필요가 있다. 더 나아가 그들은 국제 금융 기구, 공여 기구나 국제 혹은 지역의 이해 당사자들의 지나친 간섭없이 자신의 의사를 결정할 자유를 가지고 있다.

이 역량을 지혜롭게 사용하고 구축할 정치적 의지를 갖는 것은 대단히 큰 도전이 된다. 가장 큰 희망의 원천은 정부로 하여금 국민에게 혜택이 돌아가게끔 정부에 압력을 가하는 비판적 언론, 다자 민주주의 그리고 능동적 시민 사회의 확산과 같은 거버넌스의 장기적 발전에 있다. 이 도전에 대해서는 2부에서 자세히 다루었다.

이러한 노력에 긍정적으로 참여하거나 최소한 해를 입히지 않는 부자 국가의 정부, 기업, 그리고 여타 기관들에는 정부와 기업 차원에서 단기 이익이 아니라 안정과 번영을 추구하는 장기적 이익을 추구하는 사고의 변화가 필요하다. 첫째, 몇몇 정부들은 한 국가와 국민의 안전이 무엇보다도 세계의 다른 국가와 국민의 안전에 달려있다는 것을 인식하기 위하여 국가적 관심을 넓힐 필요가 있다. 둘째, 국가나 보편적 권리에 대한 존중으로부터 자신의 내적 정통성을 가져오는 EU와 같은 정부 간 기구는 자신의 신뢰와 응집을 위하여 일관되게 세계 모든 곳에서의 권리를 보장해야만 한다. 인간 안전에 대한 국제 사회의 역할은 5부에서 논의될 것이다.

취약성을 감소시키기 위하여 국민과 정부의 역량을 구축하는 것의 발전은 단순히 정치적이고 경제적인 사익 발전과 계책을 통하여 성취되는 것이 아니다. 변화는 사상과 신념을 포함한 훨씬 더 깊은 과정이고, 무엇을 자연스럽게 받아들일 수 있으며 필요한 것인가에 대한 권리와 책임에 대한 이해의 변화를 의미한다. 너무나 많은 생명, 특히나 가난한 이들의 생명을 앗아가는 불안과 취약성은 모든 국가에서 여성의 투표권 배제나 노예화가 대중들에게 '자연스러운' 것에서 '잘못된' 것으로 인식되는 것과 마찬가지로 받아들여져서는 안 된다. 취약성과 위험을 극복하기 위하여 가난한 이들과의 그리고 가난한 이들끼리의 새로운 전 지구적 연대를 구축하는 것은 빈곤과 배고픔에 종말을 가져오기 위하여 위급하고 필수적인 것으로 받아들여져야만 한다.

제5부

국제 시스템

누가 세계를 지배하는가?

세계은행, IMF, UN, 초국적 기업, 부유한 국가의 정부 그리고 옥스팜 등의 국제 NGO와 같은 세계적 기구들은 빈곤과 불평등과 싸우는 데 있어서 가장 강력하고 역동적인 힘으로 여겨진다. 하지만 이 책은 반대로 중요한 당사자를 가난한 남성과 여성 그리고 국가 정부라고 주장한다. 우리는 이를 능동적 시민과 효과적 정부의 결합이라고 부른다.

이것은 국제기구의 힘을 부인하는 것이 아니다. 세계 빈곤과 불평등을 해결함에 있어서 그들은 행동을 취하거나 혹은 태만함으로 문제의 일부가 될 수도 혹은 해결책이 될 수 있다. 그들은 효과적이고 책무성 있는 정부와 능동적 시민을 구출하는 노력을 기울일 수 있거나 혹은 그것을 무시하고 상쇄할 수도 있다. 이 책의 5부에서는 빈곤과 불평등과 싸우는데 가장 관련이 있는 국제 시스템의 여러 측면들을 분석하고 국제기구들이 개발에 어떻게 동참할 것인가에 대하여 살펴보도록 하겠다.

통틀어 '지구 거버넌스'라고 알려진 국제기구들, 법률, 규정 그리고 협정의 망은 그 규모와 집약도가 지속적으로 성장하고 있다. 지구 거버넌스는 빈곤과 불평등에 대한 싸움을 다음과 같은 여덟 가지 방법으로 도울 수 있다.

- 무역과 투자와 같은 것에 대한 규제를 통하여 지구 경제를 관리함.
- 국제 금융 시장의 역할을 관리하기 위하여 조직적으로 G20과 같

은 중요 국가들을 조율함.
- 원조나 관세와 같은 다른 메커니즘을 통하여 부, 기술, 기술을 재분배함.
- 오존 파괴에 대한 몬트리올 협약이나 기후 변화에 대한 교토 협약과 같은 협정 혹은 세계보건기구나 UNAIDS와 같은 기구를 통하여 환경적 그리고 보건 위협을 예방함.
- 전쟁 기간에 입장차를 중재하기 위한 모임과 제네바 중재소와 같은 국제인권법 기관을 존중함으로써 학대를 방지하고 전쟁을 피한다.
- 강력한 국가나 기업이 약하고 가난한 이들에게 피해를 주는 것을 예방함. 이러한 '피해 방지'는 무기 거래, 탄소 배출, 부패, 파괴적 무역 정책을 규제하는 것을 포함한다.
- 재해가 오고 국가가 이를 관리할 능력이 안 되거나 그럴 의사가 없을 경우 UN 산하 기구들의 구제 활동이나 국제 사회의 '보호를 위한 책무성'을 통하여 가장 취약한 이들을 위한 안전망을 제공함.
- 예를 들어 여성차별철폐협약이나 어린이 권리 협약을 통하여 태도와 신념의 변화를 가져옴.

불행하게도, 지구 거버넌스는 이러한 높은 이상을 구현하는 데 실패해 왔다. 단기적 정치 목적을 위하여 원조를 사용하고, 전쟁을 종식 시키는 것이 아니라 연장시키며, 적절한 개발 정책을 추구하기 위한 자유가 아닌 경제적 제재를 가하기 위하여 지역 무역 협정을 이용함으로써, 국제기구와 부유한 국가들의 단기적 정책의 오류는 개발에 위협을 가할 뿐만 아니라 우리 모두가 직면한 역사적 과제를 제시하는 데 실패를 하게 된다. 많은 도전과 문제들을 해결하기 위하여 전 세계의 국가들이 협력하는 다자주의는 미국의 이라크 침공 이후 그리고 수많은 UN 회의가 협의에 이르는

데 실패한 이후 그 존재가 의문시되고 있다.

강한 국가들은 분명히 지구 거버넌스 제도를 피해가거나 이를 굴복시키려 하지만 그들은 언제나 성공하지 못하였다. 대중적 압박은 더 깨인 지도자들로 하여금 자신의 단기적 이익에 앞서 안정적이고 공평한 제구 시스템을 구축하도록 설득한다. 더 나아가, 국제기구를 통한 법의 지배는 가장 강한 국가에도 영향력을 미칠 수 있다. 예를 들어 세계 무역 기구는 미국의 면화 지원금을 2005년 금지했다. 그 이유는 면화 지원금이 다른 나라의 생산자들에게 피해를 줄 수 있기 때문이다. 그러나 미국은 그 금지 조치를 따르지 않았다.

권력의 지구적 균형은 빠르게 변화하고 있는데 세계는 '아시아의 세기'로 넘어가는 것으로 보인다. 2009년 G8이 세계 리더십을 G20으로 넘기고 유럽의 외교 정책이 코펜하겐 기후 협약에서 미국, 중국, 인도를 의미하는 구세력과 신세력의 연합으로 무산되면서 세계 권력의 지각이 놀라운 속도로 변화하고 있다. 중국과 인도가 주도하며 점차적으로 발언권이 강해지는 새로운 '지구 중산층'은 세계에서 유럽과 북아메리카의 주도권에 도전을 하고 있으며 아프리카 연합African Union이나 상하이 협력기구Shanghai Cooperation Organization와 같은 지역 기구들과 집행조직들은 전통적인 지구와 국가 구분이 아닌 더욱 다양한 정치적 지형을 만들어 내고 있다.

지구 거버넌스 시스템은 빠르게 이러한 권력의 새로운 지형에 적응을 해야 하지만 다자 시스템은 종종 불가역적인 기후 변화에 대하여 아무런 조치도 취하지 못하고 금융 시스템의 큰 오류를 바로잡고자 필요한 어떠한 행동도 하지 못하고 있다. 이 글을 쓰는 동안, 금융 위기의 유령이 변화와 불안정을 극복하려는 지구적 제도의 능력을 위협하며 유럽과 세계 경제를 떠돌고 있다. 이 세기에 인류는 몰락을 하거나 함께 살아나갈 방법을 배울 것이다.

국제 금융 시스템

세계은행과 국제 통화 기금

2005년 세계은행과 국제 통화 기금 IMF는 가난한 서아프리카 말리 정부에 만일 차관이나 신용 대출을 원한다면, 에너지 기업과 주 수출품인 면화를 민영화해야 할 것이라고 말했다. 말리의 대통령인 아마두 투마니 투레Amadou Toumani Touré는 워싱턴으로 가 자국의 상황을 사정했지만, 후에 비통한 울음을 터트릴 수밖에 없었다. "면화를 본 적도 없는 사람들이 우리에게 면화에 대해 가르치려 합니다. … 그 누구도 공여국들이 제시한 조건을 환영하지 못할 것입니다. 그 조건들은 너무나 까다롭기에 그들 자신도 우리가 그 조건들을 이해하도록 돕는 데 어려움을 겪습니다. 이것은 협력이 아닙니다. 이것은 교수와 학생의 관계와 같습니다."[1]

면화 부문의 자유화는 말리 농민들이 보조금을 받는 미국과 EU의 농민들이 인위적으로 가격을 조정하고 있는 세계 시장에 그대로 노출이 되었고 말리 농민들은 2005년 지난해 보다 20퍼센트의 가격을 덜 받을 수밖에 없었다. 2007년 불리한 환율, 투입재 가격 상승, 강우 문제로 결과는 참혹하였다. 수천 명의 농민들이 빚을 갚지 못하게 되고 면화 농업을 그만두게 되었다.

---

[1] 워싱턴에서 열린 개발 협력 포럼에서의 아마두 투마니 투레 대통령의 기조연설은 다음의 글에 인용되어 있음. Oxfam International (2006) 'Kicking the Habit: The World Bank and IMF Still Addicted to Economic Policy Conditionality'.

2007~8년 생산은 그 이전에 비하여 절반 수준으로 떨어지게 되었다.2

얼굴 없는 국제기구들의 약칭은 일반적으로 폭동을 야기하지 않지만 IMF라는 세자는 폭발적인 반응을 일으켰다. 1980년대와 90년대 'IMF 폭동'은 주기적으로 개발도상국들에서 도시들을 강탈하였고 수백 명의 사상자와 수백만 달러의 재산상의 피해를 줬다. 1998년 금융 위기 시 남한에서는 식당들이 'IMF=I'm fired'라는 플래카드를 달고 다니며 시위를 하는 새로이 실업자가 된 이들을 위하여 가격을 낮춘 'IMF 메뉴'를 선보였다.

지난 30년간 IMF와 세계은행은 개발도상국 국가들이 경제를 운영해온 방식에 대한 철저한 분석 이외에는 없다. 많은 사람들이 볼 때 그 일은 큰 논란을 불러일으켰고 근본적으로는 파괴적이어서 양 기관은 자신들의 접근법을 다시 생각할 필요가 있다. 국제금융기관들의 영향력은 국가 경제에 따라 달라진다. 국가가 위기에 있을 때 그 국가는 공여 기금뿐만 아니라 민간 금융의 수문장 역할을 하는 은행과 기금에 크게 의존하게 된다. 경제가 좋을 때, 그들의 입지는 흔들리게 되어 최근 신흥 경제의 부상에는 거의 아무런 역할을 못한다. 국제금융기관들은 연구 및 기술 자문을 할 수 있는 매우 강력한 힘을 가지고 있는데 정책 지원 공여국과 개발도상국 정부들이 '조화'를 이룰 수 있도록 돕는다. IMF와 세계은행은 1944년 7월 뉴햄프셔의 브레턴우즈Bretton Woods에서 태어났다. 제2차 세계대전의 종전이 거의 확실시 되고 있을 무렵이다. 새로이 생겨난 두 기관은 전쟁의 씨앗이 된 1930년대의 세계 경제 몰락의 재현을 방지하고자 하였다. UN 시스템의 일부이지만 거대한 다자 금융 조직은 매우 다른 입장을 가지고

---

2   Ibid.; Oxfam International (2007) 'Pricing Farmers out of Cotton: The Costs of World Bank Reforms in Mali'; Direction de Production Agricole/Compagnie Malienne de Développement des Fibres Textiles (CMDT), estimates as at 31 December 2007.

있었다. UN 시스템이 안보리를 제외하고는 넓게는 '1국 1표' 원칙을 가지고 있었지만 IMF와 세계은행은 일반적으로 미국과 다른 주요 공여국들의 주도를 보장하는 '1달러 1표'의 기조를 가지고 있었다.[3] 미국의 주장으로 두 기관은 뉴욕의 UN 근처가 아닌 백악관에서 걸어갈 수 있는 거리인 워싱턴에 위치하게 된다.

기금과 은행은 출발부터 잘못된 이름을 가지고 있었다. IMF는 금융 위기가 위협을 할 때 은행과 같이 돈을 빌려주는 역할을 해야만 하고 세계은행은 장기적 개발 문제 해결을 위하여 정부 개혁 프로그램과 프로젝트에 기금을 제공해야 한다. 양 기관은 세계 시장을 배불리 하기 위해 만들어진 것이 아니라 시장이 실패할 때 세계 자본주의의 고된 피해를 완화하기 위하여 탄생한 것이다.[4]

처음에는 그들은 덴마크, 프랑스, 네덜란드에 대출을 해주어 유럽을 재건하려는 것으로 그 역할을 제한하였다. 유럽이 재건되어 가자, 그들은 그 범위를 넓히기 시작하였다. 개발도상국에 대한 은행의 첫 번째 대출은 1948년 칠레를 대상으로 하였다. 그러나 세계은행과 IMF가 세계로 그 범위를 넓히게 된 계기는 고정 환율 체계가 1970년대 초에 무너지고 1980년대 초 세계 대출 위기의 발생이라고 볼 수 있다. 라틴 아메리카, 아프리카, 아시아에 걸쳐 정부들은 엄청난 부채를 떠안게 되었고 수출가격이 폭락과 이자율의 폭등을 겪게 된다. 부채 재조정과 새로운 자본을 찾는데 급급한 정부들은 IMF와 세계은행으로 눈을 돌리게 되었다.

---

3   한 가지 예외는 저소득 국가인 국제 개발협회에 돈을 빌려주는 세계은행이다. 기술적으로 국제개발협회는 은행의 주요이사회와는 구조가 다르며, 가난한 국가들은 국제개발협회 이사회가 내린 결정의 41퍼센트 결정권을 가지고 있다. 그러나 이러한 국가들 중 일부만이 결정을 내릴 수 있는 협정에 참여 하고 있고 여전히 주요 공여국들이 실제로는 중요한 결정을 내리고 있다.
4   N. Woods (2006).

부채로 돌아가 보면 양대 금융기관들은 '안정화stabilization'와 '구조 조정structural adjustment'과 같은 완곡하게 표현된 도달하기 매우 어려운 개혁을 요구한다. 이러한 정책 개혁의 수용 여부는 정부들이 공여국과 세계 금융 시스템으로부터 개발 지원을 받는데 필수 불가결한 것이 되었다.

양대 기관을 나누는 워싱턴 DC의 19번가에는 기관 간의 사나운 경쟁이 일어나는 경계선임에도 불구하고 세계은행과 IMF는 동일한 독단적 경제 DNA를 가지고 있다. 그들은 개발도상국들의 현안 문제는 넓게는 1970년대 이미 동력을 상실한 잘못된 국가 중심의 개발 모델에 뿌리를 두고 있다고 보았는데 이는 후에 국가주도에 반대하는 '대처리즘Thatcherism'과 '레이건노믹스Reaganomics'[5]로 퍼져나가게 되었다. 궁극적인 적은 가격 인플레이션이었다. 광의적 해결은 '작은 정부와 큰 시장'이었다. 인플레이션을 줄이기 위하여 정부의 지출을 삭감함으로써 안정화시키고 이어 시장의 '동물적 본성'을 일깨우도록 계획된 반규제 및 자유화와 더불어 구조조정을 한다.

차이가 있기는 하지만, '워싱턴 합의Washington Consensus'에서 의결된 이러한 조치들은 라틴 아메리카와 아프리카의 여러 국가에서 시행이 되었다.[6] 진단과 해결책에 대한 믿음을 가지고 있었던 경제학자들과 정치인들은 대중적이지 못한 개혁의 추진을 위하여 세계은행과 IMF의 강력한 힘을 이용하였다.

구조 조정이 약품이라면, 이 약품은 부작용으로 인하여 오래전에 거부

---

[5]   역자 주 - 영국의 대처 수상과 미국의 레이건 대통령은 민간의 자율적인 경제활동을 강화하기 위하여 국가가 통제하는 경제시스템을 가능한 약화시켜 나갔다. 이는 고전주의적 경제이론의 재부흥을 의미하는 것이기도 하여 신고전주의라 불리기도 한다.
[6]   N. Woods (2007).

됐어야 했다. 1960~80 사이 사하라 이남 아프리카의 실패한 국가 경제 모델은 매년 1.6퍼센트씩 성장을 하였다. 당시 이러한 성장률은 매우 낮은 것으로 보였으나, 장기적 관점에서 보자면 황금의 시대라고 볼 수 있다. 1990~2005년 사이 아프리카의 국내 총생산은 매년 1인당 총생산율인 0.5 퍼센트씩 성장한다.[7] 라틴 아메리카에서 1980년대는 잃어버린 개발의 시대로 알려져 있다. 러시아에서 '충격 요법'은 1990~2000년 사이 기대 수명을 4년 줄였고 소득은 1/3이 줄어들었다. 그러나 시장 경제로의 부분적이고 조심스러운 전환을 위하여 세계은행과 IMF의 정책을 거부한 중국과 베트남에서는 동일한 시기 각각이 135퍼센트와 75퍼센트의 소득 성장이 있었다.[8]

말하자면, 워싱턴 합의라는 말을 만든 사람조차 나중에는 다음과 같은 말을 한다. "워싱턴 합의가 정책 선언이 될 줄은 전혀 생각하지 못했습니다. 왜냐하면, 워싱턴 합의는 나에게는 중요하게 여겨지는 빠른 성장만큼이나 소득의 재분배와 같은 많은 것들을 생략하고 있기 때문입니다."[9] 또한 불평등의 상승은 구조 조정과 안정화에 대한 가장 큰 위협이 된다는 것이 증명되었다.

이러한 정책 개혁의 실제적인 영향에 대한 가장 치밀한 분석 중 하나는 세계은행에서 기금을 댄 조정 프로그램을 겪은 10여 개 국가의 NGO, 노조, 그리고 학자 네트워크가 만든 것이다. 세계은행과 함께 고안한 방법론을 이용하여 구조 조정 참여 평가 위원회Structural Adjustment Participatory Review는 4개 대륙에서 현장에 참여하는 수천의 지역 기관들을 포함하고 그중 대부분은 세계은행과 각국 정부와 함께 수행을 하였다.

---

7   World Bank (2007) World Development Indicators 2007.
8   J. Stiglitz (2006), p. 37.
9   J. Williamson (2003) 'The Washington Consensus and Beyond'.

2002년 4월 출간된 보고서는 비판적 결론을 내린다.[10]

무역 자유화는 무역적자를 가져왔고, 전형적인 저기술 및 자연자원에 의존한 수출의 증가와 많은 지역 공장, 특히나 많은 고용을 창출해 온 혁신적인 중소기업의 실패를 가져왔다. 그 결과, 초국가 기업들이 가장 큰 혜택을 입었다.

금융 부문 자유화는 주로 도시의 대규모 기업의 금융 혜택을 주었고 대출의 대부분은 강한 경제력을 가지고 있는 기업들에게 돌아갔다. 중·소규모 기업들, 농촌과 토착 생산자들 그리고 여성들은 대체로 대출에서 제외가 되고 따라서 현존하는 불평등을 가속화 한다.

노동 시장 개혁은 노동 안정성과 해고와 관련된 규제를 최소화하여 임시직을 확산시켰고, 고용주는 그들의 노동력을 감축하려 할 때 노동자의 소구권을 최소화할 수 있게 되었다. 노동권은 단체 협약권과 파업권에 대한 제한으로 타격을 받게 되었다.

민영화는 다면적 평가를 받았다. 시민 사회 단체들은 민영화가 경제적으로 의미가 있는 곳에서 생산에 참여하는 기업들과 향상된 서비스가 사회 전체의 개선을 가져오지 않고 몇몇 경우 오히려 악화시키는 곳에서 물과 전기와 같은 기본 서비스를 제공하는 기업들을 명확히 구분한다.

농업 개혁은 일반적으로 농업 투입물과 신용 대출에서 국가 보조의 폐지, 생산 가격의 자유화와 시장에 참여하는 국가 기업의 민영화 그리고 투입과 생산의 분배, 농업 투입물과 농산물 거래의 자유화 그리고 통화 평가절하를 포함한다. 예를 들어, 1990년대 초반 세계은행과 IMF는 잠비아의 국가 마케팅 보드의 폐지를 요구하고 모든 옥수수와 비료 보조를

---

[10] 결론은 SAPRI 홈페이지에서 볼 수 있다 (www.saprin.org). 이 프로젝트의 결과를 요약한 문서에 따르면, 비록 세계은행이 이 활동에 기금을 지원했을 지라도 그 결과는 내부적으로만 공유를 하고 외부에는 최소한의 공개만을 하였다.

없애며 가격 조정을 포기하기를 요구하였다.11 국가 시스템의 몇 가지 개혁은 분명히 필요하였지만 자원에 대한 접근이 가능한 몇몇 생산자들과 규모의 경제만이 혜택을 입게 되었고 시장은 축소된 정부가 남긴 틈을 메우는 데 실패하였다.12

이러한 문제들이 제기되는 오늘날 국제금융기구들의 대응은 일반적으로 '우리도 변하고 있다. 이러한 비판은 이미 시대에 뒤진 것이다'라는 것이다. 세계은행의 정책은 2006년과 2012년 불평등에 대한 세계 개발 보고서에 실린 것과 같은 내용의 측면과 과정 면에서 발전해 왔다. 세계은행은 1980년대 초반과 1990년대 초반 워싱턴 합의를 어기지 않는 범위 내에서 사회적 통합과 책무성과 같은 주제에 대해 시민 사회 단체들과 긴밀히 협조하고 있다. 더 나아가 세계은행은 민간 부문에 직접적으로 금융을 제공하는데 이는 최소한 세계은행의 국제 금융 기관을13 통하여 근본적인 서비스의 민영화를 압박하는 제 역할과 그 책무성에 대한 관심을 보여주는 것이다.

최근 IMF 역시 유연한 자세를 보여주고 있다. 2008~9년 금융위기 시

---

11 농업 자유화는 1990년대 전 세계 주요 은행의 대출에서 중요한 조건이 되었다 (예를 들어, 재정 재구조화와 반규제 프로그램 1-3을 보라). 잠비아의 국가 마케팅 보드 폐지 그리고 말라위의 농업 개발 및 마케팅 기업ADMARC의 사유화와 같은 농업 관련 대출 조건 역시 같은 기간 IMF의 대출에 주요한 조건이었다. 잠비아의 농업 자유화는 N. McUlloch et al (2000)에 자세히 기술되어 있다. 주요 대출 방식으로는 잠비아 정부와 IMF가 1990년대 체결한 정책 기조 백서Policy Framework Paper와 1991년과 1995년 2차례에 걸쳐 작성된 강화된 구조 조정Enhanced Structural Adjustment에 나와 있다. 말라위의 구조 조정은 S. Devereux (1987)에 자세히 기술되어 있다. 1980년대 구조 조정 차관이 있었고 1994년 국가 통화가 평가절하 되며 비료 가격이 상승하고 1년 뒤 IMF와 세계은행의 대출 조건 대로 비료 보조금이 없어졌다. 양국에서 이 문제에 대한 주요 양자성 공여기구들은 특히나 '근시안적이고 잘못된 정책을 폈는데도 이를 주요 공여국들은 아직도 정책 이라고 명명한다.'(M. Blackie, personal communication).
12 Oxfam International (2002) 'Death on the Doorstep of the Summit'.
13 Bretton Woods Project (2010).

IMF는 저소득 국가들이 재정 적자를 통하여 위기를 극복할 수 있도록 허용을 하였다.[14] (그러나 이때의 짧았던 케인스주의적 개입이 끝난 뒤에는 다시 엄격한 자신의 원칙을 고수하게 되었다) 최근에는 자본 관리의 긍정적 역할,[15] 고불평등의 경제적 악영향[16] 혹은 금융 거래를 통한 세수 확대의 타당성[17]과 같이 이전에는 금지되었던 연구 주제조차 허용한다.

옥스팜의 경험으로는 정책의 변화와 워싱턴 합의의 발전이 구체적으로 정부에 대한 정책 자문으로 이어지지 않고 있다. 대출 조건에 대한 경제 정책의 경우, 세계은행은 구체적인 경제 정책 개혁을 주문하는 것과 같은 사전 이행 조건을 줄여 왔으나 조건들은 여전히 특정한 경제 정책들을 심하게 몰아세우고 있다. 변화의 장벽은 단순히 합리적인 것뿐만 아니라 정치적이고 제도적인 것이며 국제금융기구들의 심도 있는 개혁이 신속히 필요하다는 것은 수많은 외부 평가들의 분석을 통하여 증명되었다.

세계은행이나 IMF에 방문하는 이들은 그곳의 직원들이 열심히 일하고 지적이며 개발도상국의 성장과 빈곤 감소에 매진한다는 것을 곧 알게 된다. 그렇다면 왜 그들이 하는 일들의 총합은 그들이 공유하는 열정에 못 미치는 것일까? 다음과 같은 세 개의 강력한 권력이 내부의 이론적, 정책적 논의를 결정지어 구조조정의 실패로부터 교훈을 얻으려는 시도를 방해하며 세계은행과 IMF가 운영되는 방식의 변화를 가져와야 한다는 노력을 좌절시킨다.

주주들의 권력: 미국과 그보다는 적은 영향력을 행사하는 다른 부유한

---

14 역자 주 - 케인스 이론에 따르면, 경제 위기 시 국가는 재정 지출을 증가시켜 정부의 수요 증가로 인한 기업의 매출 및 고용 증대를 추구해야 한다. 이는 기업과 가계의 소득 증가로 연계되어 다시금 세수가 증가하고 결국 재정이 흑자로 돌아서게 될 것이라는 가정을 전제한 것이다.
15 K. Gallagher and J. A. Ocampo (2011).
16 M. Kumhof and R. Ranciere (2010).
17 IMF (2010).

국가들은 양대 기구의 이사회에서의 자신의 입지를 통하여 큰 영향력을 행사하며 자신의 자리를 이용하여 자국의 이익을 도모한다. 예를 들어, 자유화 프로그램은 부유한 국가의 투자자와 수출업자에게 더 향상된 방안을 제시해준다.

경제 틀의 선택: 부실 성장과 인플레이션에 대한 많은 대응에도 불구하고, 전통적인 접근이 지나치게 압도적으로 많고 이에 반대하는 경제학자들은 적대감과 비판에 둘러싸인다.

관료제도의 제도적 압력: 어느 기관이나 다 그렇듯이 월급과 경력에 대한 직원들의 관심은 보수주의와 획일성을 낳는다. 만일 표준화된 처방을 따르지만 일이 잘못될 때, 이것은 기관의 잘못이 된다. 만일 다른 방식으로 일을 처리하다가 일이 잘못되면 이것은 당사자의 책임이 된다.[18]

2007년 많은 관계자들이 IMF가 실제로 필요한 것인가에 대한 논의를 하였다. 대출 수입이 줄어들며 그 규모는 심각하게 줄어들었고 별로 관계없는 일들을 하게 되었다. 그러다 계속된 세계 금융 위기가 찾아오자 IMF는 다시 한번 세계 경제의 중심에 서게 된다. 부유한 국가들에 도움을 주고 또한 유로존의 위기를 타개하는데 IMF가 중심적인 역할을 수행을 하며 정상화가 생각할 수 없을 정도로 빠르게 진행되었다. 동일한 시기, 세계 신용 위기로 인하여 세계은행으로부터의 차관 요구가 급속히 늘게 되었다. 적절성과 유용성을 유지하며 국제 금융 기구들은 자신의 대주주로부터 독립을 하고 자신의 소비자 편에 서야만 한다. 효과적인 정부가 워싱턴 합의에서 제시한 청사진을 따르라는 압력에 굴복하는 것이 아니라 합리적인 정책을 펴나갈 때, 세계은행과 IMF는 긍정적인 지원 역할을 할 수 있다.

---

[18] N. Woods, ibid.

- 세계은행은 UN 산하 기구나 다른 국제기구들과 협업을 해야 하는 보건이나 농업 분야에서 기술 자문과 같은 '세계 공공재'에 대한 지원을 강화할 수 있다. 이러한 분야에서 자국 정부와 개개 기업은 투자를 할만한 충분한 동기를 가지지 못하는데 그 이유는 혜택이나 피해가 한 국가나 한 기업에만 가는 것이 아니라 모든 이에게 돌아가기 때문이다. 세계은행이 이러한 분야들로 옮겨가고 있을지라도, 이것은 특별하고 혼란스럽게 이루어졌는데, 이는 우선순위나 방향에 대한 전반적인 이해 없이 70여 개의 별개의 신탁 기금이 서로 다른 목적으로 운영되었기 때문이다.[19]
- 세계은행과 IMF는 정책 자문과 연구를 차관과 분리할 수 있다. 기구들의 정책 자문은 크게 영향력이 있으나 차관과 금융 종속에 부과된 것이라는 면에서 '조건부 원조'와 유사하다.[20] 연구와 정책 자문은 개발도상국 정부들에게 그들이 세계은행이나 다른 UN 기구 혹은 대학과 같은 가장 적정한 공여 기구에 현금처럼 지급하는 '기술 공여 바우처'를 줌으로서 그들 스스로 필요한 것들을 채워 나갈 수 있도록 하는 데 필요하다. 또 다른 아이디어는 세계은행의 정책 부서를 쪼개어 여러 개발도상국 국가로 그 부서들을 보내고 비즈니스를 하며 서로 경쟁하도록 하는 것이다.
- 저소득 국가들에 대한 IMF의 유일한 참여는 정부가 단기적 현금 흐름의 문제를 해결하고 빈곤과 불평등을 줄이기 위한 예산 집행의 모니터링을 어떻게 향상시킬 것인가와 같은 요구들에 대하여 기술자문을 제공하는 것이다. 빈곤국들의 문제에 지속적으로 관여하는 것은 도움이 되지 않는다. IMF는 세계 금융 안정성에 위협이 될 수 있는 국가들과 선진국들이 크게는 IMF의 비판에 무관심해 온 최근 몇십 년간의 경험에도 불구하고 개혁을 위한 합의를 만들어 갈 준비가 된 주요한 국가들의 국가 경제 정책 모니

---

19 N. Birdsall and D. Kapur (2005).
20 A. Banerjee et al. (2006) 'An Evaluation of World Bank Research, 1998 - 2005'.

터링에 집중해야 한다.21
- 무엇보다도 공여국 정부는 IMF와 세계은행 프로그램이 시행되고 있는 국가들에 대한 원조 조건을 중지해야 한다. 국제 금융기구에 '문지기'라는 이러한 과도한 영향력을 부과하는 것은 그들의 과거 실적으로도 보증할 수 있는 것이 아니며 정부의 주인 정신이나 정책적 다원성을 독려하는 데도 도움이 되지 않는다.
- 공여국 정부들은 자신의 거버넌스 체제로부터 제도 개혁을 시행해야만 한다. 금융 위기 이후 희망찬 수사가 있을지라도 IMF와 세계은행에서 개발도상국들이 차지하는 거버넌스와 주식의 비율은 최소한에 불과하다. 예를 들어 세계은행의 양허적 차관 부분은 2010년 개혁 이후에도 대상 국가들에 대한 최소한의 참여 이상을 허용하지 않는다.22 고소득 국가들은 여전히 61퍼센트 이상의 의결권을 가지고 중소득 국가들은 28퍼센트 이하를 가지며 저소득 국가들은 11퍼센트를 가지고 있다. 유럽은 특히나 지나치게 많은 의결권을 갖는다.
- 더 나아가, 개혁을 하겠다는 약속에도 불구하고 IMF와 세계은행의 수뇌부 자리는 지금까지 EU와 미국에 의해 정치적으로 임명이 되고 있다. 능력 위주의 기용 시스템이 도입되기까지 개발도상국들이 좋은 거버넌스에 대한 자문을 국제 금융 기구들에 왜 요청해야 하는지를 아는 경우는 드물었다. 세계은행과 IMF가 경제적 청사진을 제시하는 것이 아니라 자국이 주도해 나가는 과정을 지원하기 원한다면 기관들의 직원들은 정치와 사회 변화에 대한 폭을 향상시킬 필요가 있다.

세계은행과 IMF는 1970년대 고정 환율제의 몰락 후 직면하였던 것과 유사한 역사적 기로에 섰다. 그들이 어떻게 새로운 방향을 제시할 것인가

21　Y. Akyüz (2006).
22　Bretton Woods Project (2010).

가 빈곤과 불평등을 해소하는 전 지구적 노력에 대한 그들의 긍정적 혹은 부정적 기여와 이와 관련된 자신의 미래를 결정할 것이다.

부채위기

부채는 국제 금융기구들이 빈곤국들에 대하여 이토록 큰 영향력을 가지고 있는지를 설명하는 큰 이유가 된다. 영국의 디킨스 시대에는 부채 수감자들은 개인적인 혹은 사업 부채를 갚지 못하여 수감되었다. 파산 절차는 이러한 냉혹한 제도를 대체하게 되어 개개인이 그들의 부채를 갚고 새로운 인생을 살 수 있도록 하였다. 그러나 외채를 쓰는 국가들은 유사한 운명에 처해진다. 지속되는 구조 조정의 과정, 신용 대출 접근 제한, 공공 지출에 대한 고통스러운 압박은 가난한 이들에 대한 무지막지한 결과를 가져온다. 지금까지 이러한 부채는 광범위하게 개발도상국에 국한되었으나 유로존의 위기는 그리스와 이탈리아와 같은 선진 경제를 삼켜버릴 듯한 위협을 가하고 있다.

최소한 부채를 포함한 세 가지 다른 위기가 있고 이에는 다른 대응을 필요로 한다. 첫째, 매우 가난한 국가들에서 위기는 대부분 채무국 정부가 채권국이나 국제 금융 기관들에게 감당하기 어려운 부채를 지고 있을 때 생긴다. (부채 중 어느 정도는 민간 부채이다) 민간 채권자가 민간 채무자에게 대출을 해주는 중간 소득 국가의 '신생 시장'에서는 1990년대 후반 몇몇 동아시아 국가들에서 일어났던 대규모 채무 불이행이 전체 경제를 위협할 수 있다. 마지막으로 중간 소득 국가들에서 위기는 2002년 아르헨티나와 2012년 유로존의 위태로운 국가들에서 그러했던 것과 같이 민간과 공공 채권자로부터 복합 차관을 들여오는 것으로 비롯될 수 있다. 첫 번째 경우는 수년간에 걸쳐서 생겨났고 대중적으로는 '부채 위기'로 알려진 만성적 문제이며 또 다른 하나는 자본 시장과 관련된 갑작스러운 재해로 비롯된 일반적으로는 '금융 위기'로 알려져 있다. 그러나 그 양자 간의 차이는 모호하다. 전자는 나중에 논의될 것이지만 후자는 이 장에서 논의될 것이다.

1990년대 중반까지 부유국들은 빈곤 국가와 중간 소득 국가들에서의 금융위기에 대한 표준 모형을 적용하였었다. 이 모형은 세 가지 원칙에 기반을 둔다. 국제금융기구들에 대한 부채와 같은 다자간 부채는 언제나 상환 되어야만 하지만 다른 부채들은 재조정 될 수 있다. 둘째, 채권자들은 단체로 협상에 임할 수 있지만 채무국은 단독으로 채권자들을 대면하는 협상은 개별적으로 진행되어야 한다. 셋째, 구조 조정 조건은 모든 재조정 협상의 일부가 되어야만 한다. 실제로 이것은 서구 은행과 신용 기관들에 맞추어 지속적으로 상환을 해야 하는 경제적 위기 가운데 계속하여 삭감된 공공지출의 급격한 축소를 의미한다.

부채 위기는 가난한 이에게서 부자에게로 자원이 가는 왜곡된 흐름을 만들고 은행에 부채를 지고 있는 이들에게는 익숙한 광범위한 사회적 압박을 가져온다. 1980년대 '잃어버린 10년' 간 라틴 아메리카는 경기가 침체되고 빈곤이 늘어남에도 전체적으로 모든 남성, 여성, 그리고 어린이들도 1인당 500달러씩 부자 나라로 상환을 하였다.[23]

대중의 저항을 직면하고 구조 조정이 충분한 성장을 가져오는 데 실패하고 심지어 채무 불이행까지 가게 되자 채권국과 국제 금융 기구들은 부채 구제 방안들을 내놓았으나 문제를 해결하는 데는 실패 하였다. 국제 사회는 1996년 외채 과다 최빈국을 위한 외채 경감 계획Heavily Indebted Poor Countries Debt Reduction Initiative(HIPC)을, 1999년에는 HIPC II로 알려진 강화

---

[23] D. Green (2003).

된 계획을, 그리고 다자간 외채 경감 계획을 2005년에 제시하였다. 각각의 계획은 과거의 계획들보다 더 포괄적이다.

능동적 시민들은 부국과 빈국 모두에서 부채 이슈에 대하여 정부에 압력을 행사하는 데 큰 역할을 할 수 있다. 필리핀의 부채 자유 연대Freedom from Debt Coalition와 인도네시아의 코알라시 안티 우탕Koalisi Anti Utang은 모두 불법적 부채 반대 캠페인을 벌였다. 1998년 5월 7만 명의 주빌리 2000[24] 지지자들이 영국의 버밍햄에서 열린 G8 정상회담을 인간 고리로 둘러싸고 1년 뒤 외채경감계획에서 다루어지는 부채 문제를 회담 의제로 할 것을 요구하였다. 후에 회담에 참석한 정치인들은 이를 확인해 주었다. 빈곤을 과거의 것으로Make Poverty History와 빈곤에 대항하는 지구 행동Global Call to Action against Poverty은 2005년 스코틀랜드에서 모인 G8 정상회담에서도 유사한 결과를 성취하였다. 정부들은 부채 탕감 계획이 나올 때마다 마지막이 될 것이라고 약속하였다. 그러나 다행히 시민들은 그들을 신뢰하지 않았고 채무국들의 고통이 개선되지 않자 캠페인은 더욱 커졌다.

당연히 채권국들은 협상의 조건을 유리하게 가져가려고 노력한다. 하지만 효과적인 채무국 정부는 더 좋은 조건의 협상을 이끌 수 있음을 증명하였다. 아르헨티나는 2002년 위기 이후 IMF 및 다른 채권국들과 적극적으로 협상에 임하였고 기록적인 속도로 경제를 재건할 수 있었다.

외채 과다 최빈국을 위한 외채 경감 계획과 함께 채권자들은 단순히 부채를 재조정하기보다는 탕감함으로써 새로운 기틀을 만들기 시작하였다. 단순한 양자성 부채가 아닌 다자성 부채를 포함하고, 채권자들에게 동일한 경감을 분담시키며 시민사회와의 논의를 거쳐 정부가 세운 '빈곤 감소 전략'에 기반을 둔 부채 경감 계획인 강화된 외채 과다 최빈국을 위

---

[24] 역자 주 - 1996~2000년까지 진행된 빈곤국의 채무 탕감 운동.

한 외채 경감 계획을 따른다. 가장 최근에 탄생한 외채 과다 빈국 채무 탕감 방안 MDRI은 특정일까지 발생한 국제 금융 기구들에 대한 부채에 대하여 전면 탕감하는 데까지 나아갔다. 캠페인이 오랫동안 요구하였고 채권자들은 오랫동안 불만을 토로한 '100퍼센트 탕감'은 제한적으로 적용이 되어 불가능해졌다.

외채 과다 최빈국을 위한 외채 경감 계획과 외채 과다 빈국 채무 탕감 방안에는 여전히 심각한 문제가 있는데 그것은 특히나 IMF 조건의 강제성에 대한 것이다. 국가들은 부채를 경감받기 위해서는 그 조건들을 따라야만 한다. 그 조건들은 국가들이 긴급한 위기에 대한 해결방안으로 제시된 부채 탕감을 받기 위하여 구조 조정 정책을 실행하도록 압력을 가한다. 이는 외채 과다 최빈국을 위한 외채 경감 계획과 외채 과다 빈국 채무 탕감 방안이 계획되고 시행되며 국제 금융 기구들이 이를 모니터링하는 것이 채권자를 이 위기를 가져오는 무책임하고 이기적인 부채에 대한 책임을 지는 것이 아니라 자애로운 후원자로 보고 채무자를 실수를 많은 하는 어린이 취급하는 것과 관련이 있다.

그럼에도 불구하고, 채무 경감은 큰 규모가 되었다. 2010년 9월 이루어진 30개국에 대하여 경감된 총부채액은 오늘날 가치로 880억 8천만 달러로서[25] 다자기구와 양자 기구 그리고 민간 채무를 모두 합한 것이다. 장기적으로 부채를 갚을 수 있도록 정부들에게 기금을 직접 보내 주는 부채 경감은 매우 효과적인 원조가 된다. 선정된 36개국에 빈곤 감소 비용은 2001년부터 2009년까지 평균 GDP의 3퍼센트를 웃도는데 이들의 부채 상환 비용은 비슷한 규모로 감소하였다.[26]

그러나 부채 경감은 때로는 빈곤국들이 이미 부채 상환을 이미 한 만큼

---

[25] IDA/IMF (2010).
[26] Ibid.

더디게 줄어든다는 사실을 염두에 두어야 한다. 2004년 나이지리아 정부는 170억 달러의 채무를 가지고 있었는데 180억 달러를 상환하였음에도 아직도 340억 달러를 더 상환하여야 한다. 2005년 모두의 관심을 받았던 부채 경감 협상을 통하여 결국은 부채 탕감을 받았음에도 나이지리아 정부는 120억 달러를 더 상환하여야만 한다.[27]

채무국은 '벌처 펀드Vulture Find'[28]라 불리는 형태의 새로운 위협에 직면해 있다. 1999년 잠비아가 루마니아에게서 얻은 부채를 청산하려고 협상을 하였다. 그때 영국령 버진 아일랜드 조세피난처에 등록된 도네갈 인터내셔널Donegal International이라 불리는 한 회사가 이자로 인하여 총 3천만 달러 가치로 추계되는 가치의 채권을 330만 달러라는 낮은 가격에 구매하였다. 그 회사는 영국 법원에 잠비아를 원금과 이자를 합하여 총 5천 5백만 달러를 지급하라는 제소를 하였다. 결국, 법원은 잠비아 정부가 1천 5백 5십만 달러를 지급하라는 명령을 내렸다.

2010년 후반까지, 17개 사건에서 총 12억 달러를 싼 송사가 진행 중이고 그중 1억 8천 3백 4십만 달러가 채권자에게 지급되었다. 나쁜 소식은 많은 경우, 법률은 벌처 펀드의 편에 서 있다는 것이다. 그러나 이는 변화하고 있다. 2010년 4월 부분적으로는 호의적이지 않은 여론과 활발한 캠페인에 덕분에 영국 의회는 영국 법원에 채권자들이 제소할 수 있는 소송액의 제한을 두는 법률안을 통과시켰고[29] 유사한 변화가 미국에서도 추진되고 있다.

몇몇 주요 기업들은 이와 유사하게 법적으로 채무국의 팔을 비틀려고 시도하였다. 2003년 아이슬란드 슈퍼마켓 체인 및 다른 회사들을 소유하

---

27 Jubilee Debt Campaign (2005).
28 역자 주 - 부실 자산을 싼값에 사서 비싸게 되팔아 차익을 얻는 투자 신탁 기금.
29 R. Wray (2010).

고 있는 영국 소재의 빅 푸드 그룹Big Food Group은 기니를 대상으로 하여 1천 2백만 파운드 소송을 했으나 영국 NGO들의 외침으로 소송을 포기하였다. 2002년 12월 네슬레는 옥스팜과 다른 NGO의 캠페인이 있은 후 1백5십만 달러를 기아 감소를 위하여 되돌려 주었다.30 이 경우들은 자신의 평판을 중요시하는 잘 알려진 회사들의 경우이다. 벌처 펀드는 이러한 도덕관념을 가지고 있지 않다. G8, IMF, 세계은행 그리고 다른 기구들이 벌처 펀드에 대한 염려를 표했지만, 어떠한 행동도 취해지지 않았다.31

부채와 채무 불이행을 해결하는 방법은 지구 거버넌스에서 큰 오점을 남겨 왔고, 말할 필요도 없이 경제 위기를 부추기고 불평등을 증가시킴으로써 인간의 고통을 더해 왔다. 비록 혼란스러운 채무 불이행이 채권자들에게도 높은 비용을 치르게 하지만 할 수 있는 것이 거의 없는 이들로 하여금 더 큰 희생을 치르게 함으로써 어느 정도는 은행과 서구의 기관들을 방어해 왔다. 25년간에 걸친 지속적 노력들이 부채 위기를 종결짓는데 실패한 것이다.

빈곤국의 부채를 탕감하는 것은 필요하지만 매번 부채 탕감 뒤에서 부채가 계속하여 쌓여가는 것에 대한 숨은 이유를 해명하지는 못한다. 두 가지 방법이 빈곤국으로 자본이 흐르게 되는 데 도움을 줄 것이다. 첫째, 가장 가난한 국가들은 차관이 아닌 무상 원조를 받아야 한다. 둘째, 채권자들은 위험 부담을 해야만 한다. 예를 들어, 남은 채무를 생필품 가격과 연동을 시키고, 고정 이율이나 현지 통화로 차관을 융자해 주거나 혹은 채무자가 충격을 받지 않도록 상환을 보증하는 방법이 있다.32

---

30 Nestlé (2003).
31 JDC (undated).
32 See the Eurodad Charter on Responsible Financing (2008) http://www.eurodad.org/uploadedFiles/Whats_New/Reports/Responsible_Financing_Charter_report.pdf

채권자 역시 채무자와 채권자 양자가 돈이 유용하게 쓰일 수 있도록 책무성을 가져야만 한다. 2006년 노르웨이 개발부는 노르웨이 '개발 정책의 실패'로 인하여 부채가 발생했다는 이유에서 조건 없이 중·저소득 국가 5개국이 갚아야 하는 부채를 탕감하겠다는 공표를 하였다. 노르웨이 정부는 에콰도르, 이집트, 자메이카, 페루, 시에라리온에 수출 신용 대출을 위한 '부적절한 수요 분석과 위험 평가'를 실시한 것이 잘못이라고 결론 내렸다. 신용 대출은 선박 건조 산업을 위한 신규 시장을 찾던 1976~80년 노르웨이의 선박 수출 캠페인과 연계되어 있었다.[33]

노르웨이의 개발부 장관 에릭 솔하임Erik Solheim은 다음과 같이 설명한다. "부채를 탕감함으로써 우리는 채권자의 책무성에 대한 국제적 논의를 불러일으키길 원하였다." 그다음 해에 G8이 그의 발언을 이어받을 듯 보였고 G8의 재무부 장관들은 '책임감 있는 대출 선언Charter of Responsible Lending'을 지지한다고 발표하였으나 구체적인 안은 도출되지 않았다.

부패나 억압적 정권에 의한 '악취 나는 대출odious debt'이라 불리는 것에 대한 행동도 필요하다. 예를 들어 2006년까지 에티오피아는 1974~91년까지의 억압적인 멩기스투 정권에 의한 부채를 갚아나가고 있었다. 대출금 중 상당 부분은 지금은 정부가 된 자유 해방군을 억압하는 데 사용되었다. 이와 유사하게, 남아공의 아프리카민족회의 정부는 아파르트헤이트 정책을 위하여 얻은 부채를 갚아가고 있고 칠레 정부도 독재자 아우구스토 피노체트Augusto Pinochet의 부채를 갚아가고 있다.

올바른 해결책은 악취 나는 대출을 국제적 파산의 형태로 혹은 UN에 '신용 제재credit sanctions'를 하는 권한을 위임하여 이러한 정권에 대출을 해주는 것은 악취가 나는 것으로 여기게끔 하는 방법이 있다. 이 방법은

---

[33] 노르웨이 개발부에 대한 자세한 정보는 다음에서 찾을 수 있다. www.odin.dep.no/ud/english/news/news/032171-070886/dok-bn.html

억압적인 정권에 대출을 해주는 정부와 은행들의 '부도덕한 해이'와 부채를 갚아야 하는 국민들의 부담을 예방할 수 있다.

IMF와 세계은행의 영향력 확대는 계속되는 부채 경감 계획의 악영향이라고 할 수 있다. 이러한 기관들이 실질적인 개혁을 하지 않는 한 우리는 부채 위기를 과거의 것으로 만들 수 있는 올바르고 포괄적인 개발 모델을 보기 어려울 것이다.

금융 위기

> 시민의 신뢰는 4년마다 열리는 선거로 측정될 수 있다. 기업의 신뢰는 4초마다 시장에 의해 측정된다.
> 브라질 학자 마르쿠스 파로 드 카스트로Marcus Faro de Castro[34]

부유한 국가와 빈곤한 국가에서 모두 어디서나 볼 수 있는 유리와 강철로 지은 은행과 다른 금융 기관들은 세계화의 신세기를 보여주는 특징 중 하나이다. 세계 금융의 도래는 특이하다. 1944년 브레턴우즈 회의에서 고정 환율제를 세계 시스템으로 결정한 뒤 1970년대 이 시스템이 붕괴하였는데 이는 갈수록 많은 자본이 국경을 넘어 어떻게 흘러가는가를 아는 이들이 엄청난 수익을 낼 수 있는 변동성 금융을 만들어 내었다. 2010년까지 전통 외환 시장에서 매일 평균 4조 달러가 오가고 있고, 금융 위기 이전의 거래량은 이에 20퍼센트에 지나지 않고 세계 상품과 서비스 수출의 77배에 다다른다. 금융 시장에서는 마치 2008~9년이 존재하지 않는 것과 같이 보인다.[35]

---

[34] M.F. de Castro, University of Brasilia, 저자 인터뷰, 1998.
[35] 다음의 데이터를 이용하여 계수함. WTO (2011) and Bank of International Settlements (2010).

금융 쓰나미는 기술과 정치의 복합적인 이유로 일어나게 되었다. 전산화와 인터넷은 세계 금융 시장을 24시간 작동하는 시스템으로 통합하였고 세계의 각국 정부들은 자본의 흐름에 대한 장벽을 제거하고자 노력한다. 정부들은 특히 이른바 '자본 계정 자유화capital account liberation'로 알려진 IMF와 세계은행에서 자본이 자유롭게 흐르는 것이 효과성과 성장을 가져온다는 주장하는 주류 경제학자들에 의해 설복되었다.

빈곤국들은 의심의 여지없이 민간 영역과 도로, 에너지 생산이나 학교와 병원과 같은 공공 부문에 투자할 자본이 필요하다. 빈곤한 이들은 주택 융자, 소규모 농업과 사업을 위한 자금 혹은 병원비나 다른 충격 시 필요한 비용이 필요하다. 그러나 장기적 투자가 안정적으로 이루어지는 대신 자본의 흐름은 단기적이고 변동성이 강하며 거대해져서 과거 10년 동안에만 러시아, 말레이시아, 브라질, 남한, 태국, 인도네시아, 필리핀, 아르헨티나에서 금융 붕괴가 일어났다. 한 조사 결과에 따르면, 가장 최근의 세계 금융위기는 지난 25년간 개발도상국들의 경제 생산의 25퍼센트를 지워버리는 결과를 가져왔다.[36]

가장 최근에 일어난 일련의 위기는 해외직접투자는 안정적이고 또한 생산적인 데 반해 자본 시장 자유화에 의해 가속화된 단기 투자는 명백한 피해를 가져온다는 것을 인지하게 하며 워싱턴 합의를 재고하게 해주었다. 심지어 위기가 오기 전에도 자본 계정 자유화는 몇 가지 심각한 위험을 가져 왔다.

- 투자자들은 '집단화' 하는 경향이 있어, 수많은 투자자들이 투자를 한꺼번에 하거나 철회하여 경제를 불안정화 시킨다. 이것은

---

[36] UN (2006) 'World Economic and Social Survey 2006: Diverging Growth and Development', p. xii.

1941년 경제학자 케인스가 "고삐 풀린 투자가 전 세계를 휩쓸고 모든 안정된 비즈니스들을 혼돈에 빠지게 한다. 자본 투자가 규제되어야만 한다는 것보다 더 분명한 것은 없다."[37]

- 갑작스러운 자본의 유입은 통화의 가치 상승 가져와 국가 수출 경쟁력이 떨어진다.
- 위기의 위협으로 정부는 자국 통화를 무시하고 국제 통화 준비금이라는 '전쟁 갑옷'을 막대하게 준비하여 자원을 낭비하게 한다.
- 시장을 진정시키기 위한 지속적인 노력은 민주 정부를 약화한다. 스탠다드 앤 푸어스Standard & Poor's나 무디Moody와 같은 민간 신용 평가 회사들은 정부의 신용을 평가하고 정부가 금융 시장에서 어떠한 이율로 대출을 받을 수 있는지를 결정한다. 금융 위기에 대한 경제 정책의 평가는 전형적으로 매우 고전적이지만 제한적인 가치만을 지니고 있는 것으로 증명된 경제 분석방법에 근거해 있다. 이들의 평가는 정부 지출이나 이율과 환율 정책과 같은 정책 결정에 막대한 영향을 미친다.

한 국가로부터 자본의 유출이 위기를 초래할 때 이에 뒤이은 일련의 사건이 뒤따른다. 정부는 투자자들이 다시 돌아올 수 있게 하려고 이율을 상향 조정하지만 환율은 계속하여 떨어지고 은행의 파산을 부른다. 신용 대출은 사라지고 비즈니스는 멈추며 일자리가 없어지고 정부는 국제사회에 도움을 요청한다.

이러한 도움은 가격에 영향을 미친다. IMF나 다른 기구들은 정부에 지출을 줄이고 이율을 올려 경기 후퇴를 악화시키고 악성 채무로 인하여 금융 부문에 구제금융을 실시한다. 민간 부채는 공공 부채화 되어 채권자들은 돈을 돌려받지만 납세자들은 세금 청구서를 받게 된다. 한 외국인

---

37 J.M. Keynes (1941).

은행가가 1980년대 라틴 아메리카 부채 위기 때 <월 스트리트 저널Wall Street Journal>에 기고를 하였다. "우리 외국 은행가들은 돈을 벌기 위해 해외로 나갈 때는 자유 시장 시스템에 의존하지만 돈을 잃게 될 때 즈음에는 국가에 의존하게 된다."[38]

이러한 기묘한 금융 기술의 영향은 가난한 이들에게 파괴적으로 나타난다. 1998~9년 금융 위기 시 인도네시아의 경제는 거의 반 토막이 났다. 국민총생산의 45퍼센트가 사라졌다.[39] 아르헨티나에서 빈곤은 2001~2년 위기 때 단 일 년 만에 두 배로 늘어났다.[40] 부자들은 흔히 위기가 오기 전에 자산을 외국으로 이전하는 것과 같이 자산을 보호를 잘하기 때문에 금융 위기는 거의 언제나 불평등을 증가시킨다. 태국 경제학자 파숙 퐁파이칫Pasuk Phongpaichit의 말대로 "가난한 이들에게 성장은 위에서 아래로 흘러내리지만, 재해는 눈사태처럼 아래의 모든 것을 쓸어가 버린다."[41]

이러한 재해를 피할 수 있는 많은 방법이 있다. 칠레, 중국, 인도와 같이 자본 관리를 하면서 조심스럽게 자본 시장을 개방해온 국가들은 이러한 부류의 위기를 피하였다. 국제 자본 시장에서 자금을 충당한 이들 정부는 상환을 성장이나 생필품 가격과 연동시킴으로써 시황이 좋을 때는 상환을 많이 하고 좋지 않을 때는 적게 상환할 수 있었다. IMF는 파산한 기업 구제와 유사하게 정부들에 대한 질서정연한 구제 금융 질서를 만들고 금융 위기를 둘러싼 혼란스럽고 파괴적인 혼란을 제거하며, 개발도상국 정부뿐만 아니라 금융 이익과 강대국 정부가 나서서 그 구현이 어려워진 '주체적 부채 재구조화 메커니즘'을 제시해오고 있다.[42] 2011~12년 그리

---

38 *Wall Street Journal*, 24 May 1985.
39 N. Birdsall (2006).
40 J. Kimmis (2005).
41 Quoted in D. Green (1999).
42 Jubilee 2000을 포함한 NGO들은 IMF 모델에 대한 심각한 의구심을 가지고 있었

스 부채 위기에 대한 혼란스러운 대처에 해당하는 것은 아니겠지만, 이것에 반대하고 있는 반대 세력은 금융 재앙을 조장하는 부유한 경제라고 볼 수 있다.

IMF는 1990년대 중반 IMF 사업의 핵심 중 하나가 된 자본 계정 자유화를 뒷받침했고 지역 무역 협정을 통하여 비규제화를 지속적으로 추진하였다. 칠레와 싱가포르의 양자 무역 협정에서 미국은 단기적 투기 자본의 유입과 장기적 투자를 돌려 하기 위해 폭넓은 지지를 받은 자본 통제를 없앨 것을 주장하였다.[43]

이 마지막 점이 변화의 심각한 장애가 된다. 위기를 피하고자 자본의 흐름을 관리하면 이에 따라 분명히 장기적 혜택이 분명히 나타나기 마련이지만, 이것이 무엇이건 관계없이 변동성에 따른 투자 이익도 있다. 1990년대 후반, 시장에 장애가 생기자, 나트 웨스트NatWest 은행은 즐거워하며 다음과 같은 보고서를 냈다. '통화와 이율 변동성은 큰 무역 기회를 줄 것이다.'[44] 이러한 반대 급부는 군건한 정치 리더십에 의해서만 극복될 수 있다. 개발도상국들에서 금융 부문은 경제적, 정치적 영향력을 행사하여, 자유화를 위하여 그리고 자신의 이익을 감소시키면서 안정성을 확보할 수 있는 어떠한 규제도 반대하기 위한 국내 로비를 감행한다.

다. - 이들은 적어도 IMF 자체를 이러한 메커니즘에서 제외시켜야 한다고 주장하였다.
[43] J. Williamson et al. (2003).
[44] NatWest Group Financial Review, p.43, quoted in H. Hayward (1999) 'The Global Gamblers: British Banks and the Foreign Exchange Game', London: Fenner Brockway House, for War on Want Campaign Against World Poverty.

조세

효과적인 규제를 피하기 위한 자본 흐름은 주로 탈세와 세금 회피라는 구성 요소로 이루어져 있다. 보수적으로 평가해 보더라도 2008년 개발도상국들의 잠재적인 불법적 조세회피와 탈세는 1조 2,600억 달러에서 1조 4,400억 달러에 이르며[45] 이는 세계 원조 금액의 10배에 이른다. 이러한 것들은 여러 메커니즘을 통해 이루어진다.[46]

- 자산은 비밀을 보장하는 조세회피처에 위탁되며 부자들과 기업들이 세금 납부를 피할 수 있도록 도와준다. 조세 정의 네트워크 Tax Justice Network는 11조 5천억 달러의 자산이 위탁되고 있으며 이를 통하여 매년 2천 2백 5십억 달러의 세금이 납부되고 있지 않다고 추정한다.[47] 유명한 미국 에너지 기업인 엔론Enron은 이것이 어떻게 이루어지고 있는지를 보여준다. 기업 도산에 관한 미국 상원 보고서에 따르면 엔론의 계좌는 3,500개의 전 세계적 네트워크로 이루어져 있고 이 중 440개는 케이맨 제도Cayman Islands의 조세회피처에 있어 1996년과 1999년 사이 연방 납세를 피해왔다.[48] 더 최근에는 구글Google Inc. 이 2007년과 2010년 사이 해외 수익을 아일랜드와 네덜란드에서 버뮤다 제도로 옮김으로써 31억 달러의 세금을 회피하였다.[49]
- 기업들은 세금을 최소화하기 위하여 특수 관계로 연관된 기업

---

[45] D. Kar and K. Curcio (2011).
[46] A. Cobham (2005).
[47] Tax Justice Network (2005).
[48] Joint Committee on Taxation (2003).
[49] 'Google 2.4% Rate Shows How $60 Billion Lost to Tax Loopholes', Bloomberg, http://www.bloomberg.com/news/2010-10-21/google-2-4-rate-shows-how-60-billion-u-s-revenue-lost-to-tax-loopholes.html

간의 거래를 조정 하여 이른바 이전 가격 조작transfer pricing을 한다. 개발도상국에서 관계가 없는 기업 간의 유사한 행위까지 합하면 이전 가격 조작은 1,600억 달러에 다다른다.[50] 한 연구에 따르면, 중국에서 온 TV 안테나의 내부 거래 가격은 0.04달러로, 일본산 핀셋은 4,896달러로 장부에 남긴 회사가 있다.[51] 세금을 줄이기 위하여 조세회피처에 유령 회사를 세우는데, 세계 무역의 거의 절반은 최소한 문서상으로는 조세회피처를 통과하고 있다고 믿어진다.[52]

- 간단한 제조업과 같은 곳들을 투자하며 이동하는 투자자들을 끌어들이기 위하여 정부는 낮은 조세율과 경쟁지보다도 더 좋은 조건을 제시한다.
- 비공식 경제의 성장으로 인하여 경제 활동의 증가량에 대한 세금을 부과할 수 없게 된다.

더 나아가, 개발도상국들은 현재 가장 효과적인 조세 수단 중 하나인 관세를 완화하는 것을 무역 협상과 원조 조건으로 하는 큰 압력을 받고 있다.

세금 부과는 시민과 국가 사이의 사회적 계약의 핵심이며 이는 이미 2부에서 충분히 논의되었다. 국가 세금 시스템이 가난한 이들을 위하여 작동이 되게 하기 위해서 정부는 세금 징수를 과감히 할 수 있는 역량을 축적하여 부자들이 가난한 이들보다 더 많은 세금을 낼 수 있도록 하는 것이다. 반대로 시민들은 정부로 하여금 세금이 어떻게 징수되고 사용되는지에 대한 책무를 다할 수 있도록 해야 한다. 그러나 조세 회피자들이 이용하는 호화로운 도피처를 폐쇄하도록 국제적인 기준이 마련되지 않는

---

50 A. Hogg (2008).
51 R. Baker (2005).
52 J. Kimmis (2005).

한 빈곤국들은 계속하여 자신이 거두어야만 하는 몫을 놓치게 될 것이다.

이러한 기준은 기업들로부터 더 큰 투명성을 위한 원칙들을 포함한다. 예를 들어, 전체 기업을 합한 총액보다는 기업들이 조세회피처를 포함한 각국 정부에 얼마를 지불해야 하는지 밝히는 것, 정부 간의 향상된 정보 교환 그리고 조세회피처의 비밀 조약을 없애는 것이 필요하다. 2008년과 2011년 사이 이 문제는 G20, UN, OECD, IMF 회의의 의제가 되었으나 개발도상국에 혜택을 줄 수 있는 행동은 결여되어 있다. 보다 야심 찬 일은 초국적 기업에 대한 이윤 분배 할당 원칙, 조세 정보의 국제적 교환, 그리고 약탈적 행위에 대한 국내 조세권을 지키기 위한 여러 방법들을 유지한 채 조세 경쟁에 대한 압박을 줄이기 위한 최소 수준의 법인세에 대하여 국제 협약을 체결하는 것이다.[53]

2003년 프랑스 대통령 시라크는 개발 지원금을 올리기 위한 방법으로 높은 수준의 국제 조세 연구를 지시하였다. 랑도 위원회Landau Commission 는 국제 조세가 타당성이 있고 매우 큰 금액이 될 수 있다고 결론 내렸다.[54] 새로운 조세피난처가 생기는 것을 방지하기 위하여 모든 주요 금융 기관들이 동시에 국제 조세를 도입할 필요가 있고 이에 따르는 해결하지 못할 문제는 없을 것으로 보았다. 더 나아가 이러한 방식은 매년 혹은 2년 마다 다시 협의가 되어야 하는 원조보다 더욱 안정적이고 예측 가능할 것이다. 논의된 방법들은 다음과 같은 것들이 있다.

- 환경세는 탄소 혹은 현재는 교토 의정서에서 제외된 해양 및 항공 수송과 같은 부문을 포함한다. 환경세는 온실가스 배출량을

---

[53] 이것은 조세 정의 네트워크가 제안한 것이다. see: www.taxjustice.net/cms/front_content.php?idcat=2
[54] 랑도 위원회의 최종 보고서 참조. www.diplomatie.gouv.fr/en/IMG/pdf/Landau ENG1.pdf

줄이고 개발 기금을 모으는 두 가지 역할을 한다. '기후 변화' 장에서 논의된 기후 변화 적응 기금Climate Change Adaptation Fund이 한 예이다.
- 외환거래와 같은 금융 거래세. '토빈세Tobin Tax'[55]로도 알려졌고 '로빈 후드 세Robin Hood Tax'로[56] 세계적으로 인기를 끌게 되었다. 이 세금은 막대한 양의 금융 거래에 대하여 작은 양의 세금을 부과하여 자본 시장에 크게 개입하지 않고도 많은 총 세금액은 상당히 모을 수 있다.
- 초국적 기업이 세계화로부터 얻은 수익에 상응하는 '초국적 기업 수익 초과세'
- 국내 혹은 국제적 무기 판매세

2006년 7월 프랑스는 한 발짝 더 나아가 항공권에 대한 소규모 '연대적 기여금'을 도입하여 최빈국에서의 HIV, 말라리아, 결핵 치료를 위한 약품 공급을 위하여 쓰기로 하였다.

국제 금융의 무국적성과 변동성은 빈곤한 공동체의 생계에 큰 위협이 되고 세계 거버넌스라는 건축물이 결여하고 있는 중요한 한 조각이다. 어느 정도 질서를 가져오는 것은 국제적 노력과 함께 개발도상국 정부가 장기적 발전의 이익을 규제하기 위한 더욱 적극적인 국가 정책이 필요할 것이다. 여러 기업 스캔들에서 나타났던 부유한 세계의 '금융 기술자'들은 합리적인 형태의 국가적, 국제적 세금을 내도록 재정향 되어야 한다. 개발도상국들은 이 세금을 통하여 경제에 심각한 피해를 주지 않고도 개발을 위한 기금을 마련할 수 있을 것이다.

---

55 이 이름은 처음으로 이를 제안한 노벨 경제학상 수상자 제임스 토빈James Tobin의 이름을 딴 것이다.
56 로빈 후드 세금에 대한 더 많은 정보는 다음을 보라: http://robinhoodtax.org/

개혁은 시민들과 빈곤국 정부에게 의사결정에 있어 투명성과 더 큰 민주주의의 결합을 통하여 더 많은 발언권을 줌으로써 현 국제 금융 구조의 불투명한 특성을 해결해야만 한다. 유동성은 자본 시장의 등락을 통하여 이윤을 얻는 강력한 금융 기관의 형태로 기반을 구축해 놓았기에, 자본 흐름의 극단적 유동성을 줄이는 것은 정치적으로 어려운 일이다. 그러나 그렇게 하지 않으면 갈수록 통제하기 어려워진 국제 금융은 정부를 불안정화 시키고, 불평등을 심화시키며, 더 깊고 더 자주 금융 위기를 촉발할 것이다.

국제 무역 시스템

무역 규정

아침 7:30마다 방글라데시의 수도 다카의 거리가 밝아오자, 화려한 사리를 쓴 젊은 여성들의 물결이 슬럼가 거리에서 도시의 거리를 따라 늘어선 수천 개의 주물 공장으로 늘어선다. 여성들은 밤까지 남아서 수출용 옷감을 자르고 바느질한다. 세계 반대쪽, 남브라질 도시인 사피랑가Sapiranga에서는 유럽과 북아메리카의 쇼핑몰과 거리에서 팔리고 있는 수백만 켤레의 신발을 생산하는 거대한 현대식 공장과 뒷골목의 조그만 공장으로부터 나온 접착제 냄새가 거리를 가득 메우고 있다.

쇼핑은 세계화된 행위이다. 음식, 옷, 신발 혹은 전자제품을 구매하는 것은 소비자와 세계 최빈 노동자를 묶어 하나의 단일한 무역과 투자 망으로 만든다. 국제 무역은 생산자와 소비자에게 모두 혜택을 준다는 확신을 주어 빈곤과 불평등과 싸우는 데 중요한 역할을 해왔다. 이것은 가난한 가계와 공동체에 생명줄이며 값싼 상품과 서비스를 제공할 수 있는 일자리와 부를 창출할 수 있다.

그러나 현존하는 시스템은 잠재적 혜택을 방해하는 조작된 규율과 이중 기준으로 가득 차 있다. 그 잠재성의 발현을 위한 무역의 네 가지 주요 방해요소들은 해결되어야만 한다.

장벽: 무역 규정은 부유국들이 관세와 비관세 장벽을 이용하여 개발도

상국들이 유리한 시장에 접근하지 못하도록 막는 것을 허용한다. 모든 수입품에 대한 대미 관세 평균은 1.6퍼센트지만 방글라데시, 네팔, 캄보디아와 같은 아시아의 최빈국에 대해서는 14~15퍼센트까지 올라간다. 그 결과, 2004년 미국 재무부는 프랑스 (3억 5천 4백억 달러)와 유사한 금액의 관세를 (3억 2천 9백만) 방글라데시로부터 받았다. 대미 프랑스 수출은 방글라데시에 비하여 15배나 많은데도 말이다. 같은 시기 방글라데시에 대한 미국의 원조는 고작 7천 4백만 달러이다.[57]

보조금: 미국과 EU의 농업 보조금은 빈국의 생산자들이 경쟁력을 갖추기 어렵게 만든다. OECD 국가들에서 농업에 대한 보조금과 다른 지원금은 연간 2,500억 달러에 이르고, 이는 세계 원조의 두 배가 넘는 가치를 지닌다.[58] 막대한 보조금과 지원으로 인하여 미국은 면화와 밀 생산량의 35퍼센트와 47퍼센트를 수출할 수 있었다. EU는 설탕 생산의 44퍼센트와 쇠고기 47퍼센트를 수출한다.[59] 그 결과, 개발도상국들의 농업은 약화 되었다. 식량 가격이 높을 때, 특히 소농들은 혜택을 받지 못하고 식량 가격이 낮을 때 소농들은 지원금을 받은 수입품에 의해 경쟁이 과열된다. 식량 가격 상승에 한 가닥 희망이 있다면 그것은 정부에 대한 재정 압박으로 정부가 유럽과 미국의 지원을 재고하도록 만드는 것이다.

강요된 자유화: 무역 규제는 몇몇 빈곤국들이 정부의 중요 세수를 없애고, 인위적으로 세계 시장 가격을 지역 가격으로 맞추게 하고, 농민들의 생계와 경제를 산업화하기 위한 장기적 노력을 폄훼한다. 다자 및 지역 무역 협정에 따라 세계 무역 기구는 비록 지금까지 성공적인 국가의 경험과는 배치될지라도 반규제화의 원칙, 자유화 그리고 외국 및 국내 기업의

---

57 다음을 참조: www.usitc.gov
58 OECD (2010).
59 Oxfam International (2005) 'A Round for Free'.

동일한 대우를 인권에 대한 것과 마찬가지로 촉진 시키려 하고 있다. 이러한 협정들은 경제를 부흥시키고 현대 산업에서 강한 국내 기업을 세우는 데 필요한 '정책 공간'을 침식시키는 경향을 가지고 있다. 예를 들어, 일본, 남한, 그리고 심지어 미국에서도 경제 도약기에는 성장 산업에 대한 외국의 투자를 제한하였는데 이는 현재 세계무역기구의 '국내 대우' 원칙에 위반한다. 기업들로 하여금 국내 공급업자의 부품 사용을 의무화하는 '국산 부품 사용 요건'은 세계무역기구의 무역 관련 투자 조치Trade Related Investment Measures 협정을 위배하는 것이다. 외국 회사들이 일정 수준의 수출을 강요하는 대만의 수출 요건도 협정을 위배하는 것이다.[60]

특허권: 지식재산권은 개발도상국들이 기술을 도입하고 생명을 구하는 의약품을 포함한 기술 집약적 상품의 생산 비용을 높인다. 예를 들어 미국과 콜롬비아 간의 무역 협상은 2020년까지 의약품 비용을 9억 1천 9백만 달러까지 상승시킬 수 있는데 이 금액은 5백 2십만 명을 공공 보건 시스템의 보호를 받게 해줄 수 있는 금액이다.[61] 인도와 EU 간의 자유 무역 협정 협상은 전 세계의 빈곤국들이 구매할 수 있는 의약품을 생산하는 인도의 역동적인 의약품 생산을 위협할 것이다.[62]

상품, 서비스, 자본 그리고 지식의 흐름에 대한 국제적 규제는 이러한 문제들을 양산하지만, 규제가 없는 다른 지역에서는 개발에 대한 다른 장애가 나타난다. 첫째, 생산의 다른 요소인 노동력(사람)의 흐름 관리. 둘째, 국제 경제 시스템에서 가장 강력한 행위자인 초국적 기업 규제. 셋째, 국제 생필품 시장에서의 유동성 관리이다.

---

[60] H.J. Chang and D. Green (2003).
[61] Oxfam International (2007) 'Signing Away the Future: How trade and investment agreements between rich and poor countries undermine development'.
[62] European Commission (2011) 'The Intellectual Property and Investment Chapters of the EU-India FTA: Implications for Health'.

국제 무역은 중첩된 규제와 규율로 통제된다. 수입 업체들은 수출 업체가 만족시켜야만 하는 상품의 질, 안전성, 추적 가능성을 갈수록 더욱 어렵게 부과한다. 정부는 또 다른 보건 기준을 제시한다. 지역 및 양자 무역과 투자 협정은 정부의 수입 관세 부과, 특허권 규제, 생산 업자와 수출업자에 대한 정부 보조금, 외국 투자자들에 대한 의무 부과의 한계를 둔다. 세계무역 기구는 이러한 것 위에서, 이러한 조항들의 범위를 정하여 세계 무역 협상인 우루과이 라운드Uruguay Round 중 체결된 15개 협정을 관리한다.[63]

세계무역기구 이전의 관세 및 무역에 관한 일반 협정General Agreement on Tariffs and Trade은 1930년대 세계 경기 침체를 가져온 강대국 간의 무역 전쟁을 막기 위한 목적으로 제2차 세계 대전 이후에 설립 되었다. 그러나 1995년 일반협정이 무역기구로 변화하면서 동시에 많은 문제들이 생겨나게 되었고 세계화의 영향에 대한 대중적 불안감이 커지게 되었다. 세계무역기구는 1999년 시애틀에서 장관급 회의가 대중들의 시위와 최루탄 연기가 난무한 가운데 무산되었다.

2년 후 세계무역기구는 세계 무역 시스템의 문제들을 어느 정도는 바로 잡으라는 시민들의 요구를 반영하여 도하 개발 어젠다Doha Development Agenda라는 이름을 붙인 세계 무역 회담을 열어 '시애틀 전투'로부터 회복하고자 하였다. 도하 라운드의 마지막 선언문은 '특별한 별도 관리'를 통하여 개발도상국들에 대한 추가적인 유연성을 보장하고 개발도상국의 수출 기업들이 부국의 시장 접근을 어렵게 하는 관세를 조정하는 9개의 별도 조항을 포함하였다. 실무진들은 무역, 부채와 금융 그리고 무역과 기술 이전과 같은 개발도상국들이 직면한 가장 어려운 과제를 설정하고 작은 경제들이 당면한 특정한 과제들에 논의를 집중하였다.

---

[63] 중국(2001), 사우디아라비아(2005) 그리고 러시아(2011)의 참여 뒤, 세계무역기구는 여실히 전 지구적 기구가 되었다.

10년 뒤 도하 라운드는 교착 상태에 빠진 것으로 보인다. 시한은 이미 지났고, 2001년 한 약속은 깨진 지 오래다. 세계무역기구에서 부국들은 개발도상국들의 갈수록 많은 요구를 수용할 수 없는 것으로 보여, 길고 긴 의욕 상실의 교착상태가 되었다. 우루과이 라운드가 열리는 동안 옥스팜과 다른 기관들은 세계화가 개발에 기여할 수 있도록 하기 위하여 시스템 내에서의 편파적인 규정과 이중 기준을 바로잡을 필요성과 개발과 무역의 관계를 중점으로 개발 도상 국가 정부와 시민 사회 조직을 지원하였다.[64]

예를 들어, 농업에서 국제 무역 규정은 개발 도상 국가들이 경제를 발전시키고 빈곤을 감소시킬 노력을 방해한다. 부유국와 빈곤국은 다른 방식으로 농민들을 지원한다. EU와 미국과 같은 지원금 강국들은 막대한 국가 지원금으로 농업을 지원한다. 현금이 없는 빈곤국들은 자국 농민을 위하여 가격을 높게 유지하여 덤핑으로부터 자신을 지키는 수입 관세를 이용해야 한다. 무역 규정은 자국에 유리한 관세에 의존하는 개발도상국보다는 정 반대편에 선다. 일련의 세심히 마련한 허점을 통하여 세계무역기구 농업 협정은 부국이 무제한의 지원금을 사용하게끔 허용하게 하며 부국과 빈국의 관세 이용에 제한을 가하려 한다. 이러한 이중 기준을 끝내는데 부국들이 망설이는 것이 교착상태에 빠진 도하 라운드의 핵심 이유이다.

미국의 면화 산업은 아마도 가장 터무니없는 예가 될 것이다. 2001년과 2010년 사이 미국 정부는 총 264억 달러에 이르는 면화 지원금을 지출하였다. 이러한 지원금은 동일한 시기 서아프리카와 중부 아프리카의 12개 면화 생산 국가에서 16억 달러 이상의 수익 감소를 가져왔다.[65]

그러나 세계무역기구의 농업 협정은 북반구의 지원금 방식 중 일부를

---

64 See Oxfam International (2002) 'Rigged Rules and Double Standards'.
65 African Agency for Trade and Development (2011) p. 59.

금지하였고 브라질과 같은 개발도상국들은 지속적으로 지원국 대국들을 세계무역기구 법원에 제소를 하고 있으며 미국의 면화 지원금과 EU의 설탕 지원금의 경우 승소를 하였다. 무역 법률가들에 따르면 총 130억 달러에 이르는 부국의 농업 지원금 정도가 법적으로 문제가 되며, 이것은 앞으로 세계무역기구 법원에서 다툼의 여지가 있다.[66]

부가적으로, 최소한 도하 협의는 가난한 이들의 필요를 충족시키기 위한 농업 무역 규정의 적용에 대하여 몇 가지 좋은 개념을 소개한다. 취약한 개발도상국들은 초기 자유화로부터 식량 안보와 농촌 개발에 특히 중요한 '특별한 상품'을 지키기 위하여 추가적인 유연성을 가질 권리를 인정받았다. 유감스럽게도, 부국들과 개발도상국 중 수출 강대국들은 그 기준과 상품 수량에 제한을 둠으로써 이러한 예외 사항을 희석하려 한다.[67]

중국과 다른 앞서가는 개발도상 국가들의 부상은 국제 무역 협상의 역동성에 변화를 가져오고 있다. 미국과 EU가 자국 간 그리고 나머지 국가들과의 협상을 과거에는 기정사실로 하였으나 인도와 브라질이 세계무역기구의 핵심으로 들어오게 되고 작은 경제권들이 G90으로 연대하게 되자 세계무역기구는 갈수록 다극화하게 되었다. 이러한 지리·정치적 변화는 더욱 공정한 무역 규정 전망을 하게 하지만 미국과 EU가 장기적 개발을 우선시하도록 설득될 수 있을 경우에만 그것이 가능하게 될 것이다. 현재로서는 갈 길이 멀어 보인다.

대부분의 대중적 관심이 세계무역기구에 집중할 때, 많은 경우 더욱 피해가 막심한 양자 및 지역적 협정이 급격하게 늘어왔다. 세계무역기구에

---

[66] Oxfam International (2005) 'Truth or Consequences: why the EU and USA must reform their subsidies or pay the price'.
[67] Oxfam International (2005) 'Kicking Down the Door: How upcoming WTO talks threaten farmers in poor countries'.

따르면, 300개의 '특혜적 무역 협정'이 현존하고 이는 세계 무역의 1/3, 개발 도상 국가와 선진국에 걸쳐 있는 139개국 간의 무역을 포함하고 있다.[68] 평균 새로운 양자 투자 협정은 매주 체결이 되고 있지만[69] 아직까지 어떤 국가도 탈퇴를 하지 않았다.

부국들은 이러한 양자 및 지역 협정을 이용하여 세계무역기구에서는 얻을 수 없는 양보를 얻어낸다. 세계무역기구에서는 개발도상국들이 서로 연대하여 더 유리한 규정을 만들어 내기 때문이다. 미국과 EU는 생명을 구제하는 약품에 대한 가난한 이들의 접근을 축소시키고 종묘와 소농들이 접근할 수 없는 농업 투입물의 가격을 상승시키며 개발도상국의 기업들이 새로운 기술에 대한 접근을 어렵게 하는 지식재산권 규정을 통하여 압박을 가하고 있다. 이러한 이슈들은 아래서 자세히 설명될 것이다.

자유 무역 협정은 수치스러운 멕시코 메탈클래드Metalclad의 경우에서 볼 수 있는 것과 같이 지역 정부의 결정에 도전을 해왔다. 멕시코 국가와 지역 공무원들은 미국의 다국적기업들이 위험한 폐기물을 산 루이스 포토시San Luis Potosi주의 도시들에 식수를 공급하는 대수층 위에 뿌리는 것을 막기 위하여 토지 이용에 관한 권한을 행사하였다. 그러나 메탈클래드는 투자에 대한 나프타 조약 11조에 따라 자신들의 자산 권한이 피해를 보았다고 멕시코를 제소하였다. 국제 재판소의 관례대로 비밀리에 회동을 한 나프타 법정은 메탈클래드의 권리가 침해되었고 멕시코 중앙 정부가 그 피해 대가로 1,600만 달러를 지급하라고 명령하였다.[70]

인도와 중국과 같은 새로운 무역 강대국들은 지역 협정을 추진하고 북-남 무역에서 넘쳐나는 조작된 규정과 이중 기준을 되풀이하려 한다. 왜냐

---

68 WTO (2011).
69 J. Perez, M. Gistelinck, and D. Karbala (2011).
70 N. Schrijver and F. Weiss (2004).

하면, 무역 협상의 결과는 그들의 지리적 위치보다는 협상 대상자 간의 힘의 균형을 반영하기 때문이다. 최소한 이론적으로는 수적으로 우세한 개발도상국들이 자신의 이익이 다분화 되어 있음에도 불구하고 비교적 안전한 세계무역기구에서와 마찬가지로 유사한 무게를 가진 국가 간의 협정은 공평할 수 있다. 그러나 대단히 차이가 나는 미국과 페루와 같은 국가들 간의 협상은 신식민주의로 흐를 위험이 있다.

EU의 양자 및 지역 협상 중 가장 위험한 것은 아프리카, 카라비안, 그리고 태평양의 이전 식민지 국가와의 경제 동반자 협정Economic Partnership Agreement이다. 이러한 다윗과 골리앗의 싸움에서 EU는 공세적으로 자신의 이익을 주장하지는 않지만, 현재까지 그들의 태도는 개발 영향성을 고려하지 않은 채 전통적인 '눈에는 눈' 방식을 취하고 있다.

다자적 협상을 넘어 체결된 이러한 조약들은 개발을 촉진하기 위한 국가 정책을 조직적으로 흔들며 지키기 어렵고 되돌리기 힘든 규정을 제시한다. 일반적으로 이러한 규정 변화의 결과는 효과적인 국가의 개발을 저해하는 것이다. 그들은 자국의 경제를 효과적으로 관리할 수 있는 역량을 해체하고, 세계시장에서 자신들에게 유리한 발판을 얻기 위해 필요한 도구들을 빼앗으며 권력을 정부로부터 무책임한 다국적기업으로 이전시킨다.

비록 개발도상국 정부들이 세계무역기구와 지역 및 양자 협상에서 갈수록 주도적으로 가고 있다는 것을 증명했지만, 국제 무역 협상에서 힘의 균형은 부유한 국가들과 크고 정치적으로 영향력이 있는 기업들에 심하게 기울어 있다. 더 나아가 개발도상국들 내에서 무역 정책은 간혹 대형 수출업자들에게는 배타적 영역이지만, 노조, 소규모 비즈니스, 여성 단체, 원주민들은 참여할 수 있는 기회가 거의 없고 그들의 권리와 필요는 거의 무시가 된다.

무역 규정은 원조, 분쟁 그리고 부채 탕감과 같은 영역에서 증명된 권리와 평등의 발전에 대한 중요성 인식이라는 최근의 진전에 대해 영향을 받지 않았다. 대신, 부유한 국가들의 무역 협상은 개발에 대한 립서비스만을 하며 '정치적 현실' 때문에 가능한 많은 것을 얻어내고, 가능한 한 적게 주려 할 수밖에 없다고 주장한다. 반동적 비즈니스 로비들은 개발의 대가와는 관계없이 성취된 승리를 지키고 싶어 한다. 세계무역기구에서 한 미국의 협상가는 이러한 태도를 기억하며, 그가 미국 하원이 '도하 개발 라운드'와 같이 합의를 이루기에 앞서 빈국들로부터 고통스러운 양보의 형태로 '바닥에 낭자한 피'를 보고 싶어 한다는 사실을 대표단에게 상기시켜 주었다고 말했다.[71]

이러한 태도와 개발도상국들의 양보 거부로 인하여 도하 라운드가 마비되었다. 한쪽 측면으로 볼 때 이것은 '나쁜 협상'을 받아들이는 것보다 좋고, 비록 공평하지는 않지만 다자적 무역 시스템이 지속적으로 제 기능을 하는 것이 낫다. 그러나 폭풍의 먹구름이 세계 경제로 몰려들고 있다. 북반구의 보호주의 정서가 강해지고, 도하 라운드가 공평하고 부드럽게 작동을 했었더라면 그 시스템은 덜 약해졌을 것이다. 한 강대국이 공개적으로 세계무역기구 규정에 도전하여 다자 시스템에 심각한 결과를 가져와 기구의 정통성과 권위의 위기를 초래할 수 있다. 부국들은 이러한 일이 일어나지 않도록 보증하는 도덕적 의무와 또한 장기적인 자기 이익을 추구하려는 의도를 가지고 있다.

세계 제2차 대전 이후 패배한 적국들에게 일방적 시장 접근성을 준 것과 같은 장기적 비전으로 정부를 유도하는 것은 쉽지 않을 것이다. 경제력이 강한 국가들은 경제력이 약한 국가들을 압박하기보다는 더 많은 것을 주고 덜 요구할 필요가 있다. 선진국들은 지원금을 삭감하고 자신의 시장

---

[71] SUNS #5784, 20 April 2005.

을 개방하고 개발도상국들이 더 큰 '정책 공간'을 가질 수 있도록 허용하여 그들이 여러 나라에서 경제적으로 일어설 수 있도록 올바른 무역과 투자 정책을 찾을 수 있도록 해야 한다.72

개발을 위한 무역의 효과성을 결정하는 데 있어 금융과 기술에 대한 접근성이나 혹은 특정한 상품에 대한 구매자와 판매자 사슬의 특질과 같은 실재하는 무역 시스템은 공식적인 무역 규정보다 더 중요하다. 이것은 3부에서 다루어졌다. 더 공평한 세계 기구들과 형평성 있는 무역 규정은 그것 자체로는 개발을 하지는 못한다. 그러나 그것들은 빈곤국들과 빈곤한 시민들이 장기적 발전을 위하여 무역을 이용하도록 허용하여 가장 강력한 기업과 국가들의 탐욕스러운 행위에 최소한 제동은 걸 수 있다는 희망을 품게 한다.

지식 재산

특허권, 저작권, 상표권과 같은 지식 재산에 대한 세계 거버넌스는 국제 무역 시스템에 혼란을 가져오는 조작된 규정과 이중 기준의 가장 명백한 사례 중 하나이다. 강대국 정부들은 더 큰 무역과 자본 시장의 자유화를 추구하면서도, 다른 한편으로는 협상력을 이용하여 세계 시스템이 기술과 지식 흐름을 차단하는 지식재산권의 형태로 더 높은 수준의 '지식 보호주의'로 나아가도록 압력을 가한다. 지식재산권 협상은 기업 로비스트들로 하여금 수면위로 나타나 미국과 EU 정부들에 대한 특별한 접근성과 영향력을 행사하도록 한다.

지식재산권 보호의 기반이 되는 원칙은 단순하다. 새로운 발명들은 비

---

72 H.J. Chang (2001) *Kicking Away the Ladder*.

용이 들고 만일 경쟁 회사가 새로운 발명을 도용하고 판매라는 것이 허용된다면, 연구 개발에 투자를 하여 생기는 회사의 이익은 거의 없게 될 것이다. 지식재산권 법은 기업들에게 자신의 투자를 벌충하는 동안 높은 가격을 유지할 수 있게 해준다.

한편으로 혁신을 위한 인센티브를 창조하는 것에 대한 사회의 관심과 다른 한편 발명품의 확산을 촉진하는 것 사이에 균형을 유지하는 것은 15세기 말 베네치아 인들이 처음으로 특허권을 도입한 이래로 위태로운 일이다. 기업들은 혁신보다는 독점을 통하여 이윤을 창출하는 것이 더 쉽다는 것을 알게 되었고 더 큰 사회에 피해가 될 수 있음에도 일관되게 지식재산권 규정을 더욱 강화해야 한다고 주장한다. 국제적으로 부국들은 지속적으로 지식재산권을 이용하여 자신의 기술적 우위를 유지하고 잠재적 경쟁자들이 따라올 수 있는 '사다리'를 걷어찬다.

역설적으로 심지어 부국들에서도 특허권의 폭증은 그들이 추구하는 목적을 약화하는 위협을 가한다. 여러 곳에서 혁신을 추구하는 기업들은 새롭게 통합을 하기 원하는 현존하는 기술을 지키는 '특허권의 수풀' 속에서 방향을 찾아야만 한다. 인간 DNA의 유전자 배열에 수십만 개의 특허권 신청이 몰리고 있을 통하여, 혁신이라는 어려운 발걸음이 수익을 내기 쉬운 '특허 채굴'을 위한 클론다이크 방식의 골드러시에 굴복한 모습을 볼 수 있다. 더 최근에는 작물의 소득성을 향상시키기 위해 도입될 수 있는 유전자 특성이나 특정한 기술 시장을 독점하기 위하여 거대한 기술 기업에 의한 수천 건의 특허권을 취득하는 것과 같은 '특허권자'의 문제로 관심이 집중된다.[73]

개발에서 기술의 역할은 한 UN 보고서가 '이미 개발이 되었지만 혁신

---

73 H. Shand (2010).

을 하는 '북반구'와 개발 중인 그러나 모방을 하는 '남반구'라고 표현한 어느 정도는 표준화된 길을 따른다.74 모든 국가는 초기에는 기존의 기술을 모방하고 적용하면서 성장을 한다. 그들이 세계 '기술 전선'으로 접근을 해 감에 따라, 그들은 혁신을 향하여 움직인다. '따라하기' 방식을 취하는 중국이나 인도와 같은 국가들이 왜 산업화된 국가들보다 빠르게 성장하는지는 바로 새로운 기술을 창조하는 것보다는 기존의 기술을 적용하기가 쉽다는 것을 보여준다.

역사적으로 지식재산권의 입법은 개발을 따라갔다. 국가들이 부유해 져 가고 모방에서 혁신으로 진화해 감에 따라, 그들은 더욱 엄격한 특허법을 도입해왔다. 독일에서는 1967년까지, 북해 국가들에서는 1968년까지, 일본에서는 1976년까지, 스위스에서는 1978년까지 스페인에서는 1992년까지 화학 산업이 자리 잡지 못했고 화학 물질들은 특허권의 대상이 아니었다.75 이러한 흐름은 지난 20년간 세계무역기구와 지역 무역 협정과 같은 새로운 기구들과 대기업과 기업의 자국 정부들의 대단히 공격적인 캠페인의 합작으로 변화하였다.

또한, 세계 지식재산권 입법은 빈국에게 더 많은 재정적 부담을 안겨주었다. 이는 세계무역기구에 의하여 적정하지 않고 관련도 없는 지식재산권을 따르는데 비용이 들고 또한 대부분의 경우 세계 초국가 기업들인 특허권 소유자에게 로열티를 지급함으로써 생기는 일들이다. 2010년 개발도상국들은 로열티와 라이선스 비용으로 370억 달러를 산업화된 국가의

---

74 R. Falvey and N. Foster (2006). 동일한 연구는 약한 지적 재산권 보호가 실제로는 많은 국가에서 연구 개발을 자극한다는 것을 발견 하였다. 그 이유는 그렇게 함으로서 초국적기업과 국내 거대 기업으로부터 지식을 공유할 수 있게 되기 때문이다.
75 H.J. Chang (2001) 'Institutional Development in Developing Countries in Historical Perspective: Lessons from Developed Countries in Earlier Times'.

기업들에 지급하였다. 미국은 해외 원조금보다 훨씬 더 많은 1천억 60만 달러에 이르는 금액을 벌어 이 시스템의 승자가 되었다.[76]

제약회사들과 다른 기업들이 미국 대표단으로 하여금 WTO를 창설하기 위한 우루과이 라운드 논의에 자신들을 넣어달라는 기괴할 만한 설득에 성공한 1980년대 '모두가 한 사이즈에 길들여져' 잠정적으로 피해를 입는 국제지식재산권 규정이 확산되기 시작되었다. 산업 로비스트들은 회담을 주최한 관세와 무역에 관한 일반 협정 직원들의 반대를 넘어 지식재산권을 주제로 포함시켰다. 20년간 최소한의 특허권 보호를 포함한 무역 관련 지식재산권에 관한 협정Agreement on Trade Related Aspects of Intellectual Property Rights은 산업 디자인, 상표, 저작권과 다른 지식재산권을 보호한다. 다른 세계무역기구 협정과는 달리, 무역 관련 지식재산권에 관한 협정 규정은 그 기술을 구현하려면 훨씬 더 오랜 시간이 필요한 최빈국 국가들에도 적용이 된다.

제약 산업같이 무역 관련 지식재산권에 관한 협정에 대한 반대가 심한 곳은 없다. 개발도상국에서 매년 1,000만 명이 전염성, 기생충 질병으로 사라져왔고 그중 대부분은 이미 있는 약품으로도 치료가 될 수 있다.[77] 그들의 사망에는 무너진 보건 서비스, 높은 약품 가격과 같은 다른 요소들도 생명을 구하는데 주요 장벽이 된다.

개발도상국의 대다수 사람들은 자신의 의약품을 자신이 구매해야만 한다. 예를 들어, 인도에서는 전체 보건 서비스 비용의 3/4 이상이 환자들이 지불한 것이며 그중 75퍼센트는 약품 가격이다.[78] 개발도상국들에서 환자

---

[76] World Bank, (2007) *World Development Indicators 2007*. 이 수치는 다른 선진국과 개발도상국들로부터 오는 로열티를 포함한 것이다. 미국의 공적자금원조는 2010년 370억 달러에 다다랐다.
[77] WHO's 'Global Burden of Disease analysis'.
[78] EQUITAP Project (2005).

들은 특히나 높은 약품 가격에 취약하다.

거대 제약 회사들은 가능한 오랫동안 의약품의 특허권에 제한을 두는 규정 도입을 막기 위해 상당한 금액을 쓰고 있고 무역 관련 지식재산권에 관한 협정 규정들은 그들의 노력의 주요한 부분을 맡고 있다. 특허권이 있는 약품과 복제 약품의 가격 차이는 크다. 여러 가지 이유가 있는데, 연구 개발 비용이 많이 들고, 다른 산업과 연계되어 있기 때문이다. 따라서 약품의 복제하는 비용은 매우 낮다. 복제 약품이 낮은 가격과 수량에 집중하는 데 반하여 특허권이 있는 약품 생산자들은 다른 비즈니스 모델을 적용하여 광고에 투자를 하는데 이는 높은 약품 가격의 많은 부분을 차지한다. 제약 회사들이 독점을 하는 만큼 절박한 이들은 생명을 지키기 위하여 약품 구입을 위해 무엇이라도 지불할 것이라는 사실을 알고 있다. 이것은 전형적인 판매자가 주도하는 시장이다.

세계무역기구의 탄생에 앞서 50여 개의 개발 도상 국가들은 약품을 생산자 특허에서 제외를 하거나 특허 보호와 다른 안전 조치들의 기한을 축소시켰다.[79] 유연한 지식재산권 덕분에 인도는 전 세계 복제 약품의 대부분을 생산하고 빈곤국으로 수출을 하는 '개발도상국의 제약사'로 알려지게 되었다. 예를 들어 2001년부터 인도의 복제 약품 생산자들 간의 경쟁은 연간 환자 당 만 달러에 다다르는 항레트로비랄 가격을 현재 수준인 80달러까지 낮추었다.

최빈국 국가들은 2016년까지 유예기간이 있지만 그중 대부분은 생산 역량을 갖추고 있지 못하고 따라서 자국민을 위하여 복제 약품 생산 수단을 가지고 있지 못하다. HIV와 AIDS와 같은 신종 질병의 경우에 피해가 가장 막심하다. 환자들에게 신종 약품이 필요하기 때문이다. 사실, 이러한

---

[79] J.O. Lanjouw and I.M. Cockburn (2001).

약품들에 대한 접근은 이미 생산이 중단되었는데 그 이유는 세계의 주요 복제 저가 약품 생산자들은 2005년까지 무역 관련 지식재산권에 관한 협정을 지키도록 의무화되었기 때문이다.

무역 관련 지식재산권에 관한 협정은 개발도상국들이 공공 보건을 보건하기 위하여 특허 규정을 무시할 수 있는 유연성을 허용하지만, 이것은 부유한 기업과 국가들이 개발도상국의 규정 무시를 제한하기 위하여 법정에 제소함에 따라 법적 다툼으로 비화한다. 2001년 세계에서 가장 큰 39개의 제약회사들이 남아공을 의약품 법Medicine Act 1997에 의거하여 제소하였다. 그 시기 남아공의 450만 명의 사람들이 HIV 바이러스에 감염이 되었으나 그들 중 대다수는 극도로 비싼 항레스트로바이러스제 가격으로 효과적인 치료를 받지 못하고 있었다. 또 다른 문제들로는 아파르트헤이트 시기부터 내려온 극히 불공평한 보건 인프라, HIV와 AIDS 해결을 위한 정부의 정치적 의지 부족이 있다.

남아공의 공중 보건 위기로 인한 황폐화에도 불구하고 기업들은 법적 절차를 밟기로 결정하였고 이는 국제적인 비난을 불러일으켰다. 실제로는 무역 관련 지식재산권에 관한 협정은 이 문제에 대하여 중립적임에도 불구하고 대기업들은 저렴한 특허 의약품의 수입인 '병행 수입'을 허용하는 의약품 법이 무역 관련 지식재산권에 관한 협정을 위반했다고 주장한다. 옥스팜과 국경 없는 의사회의 세계 캠페인과 치료 행동 캠페인Treatment Action Campaign이 앞장서는 시민 캠페인과 군중 시위는 제약 회사들의 명성에 심각한 위협이 되어 소송을 중단하였다.

이 사례는 무역 관련 지식재산권에 관한 협정과 공중 보건에 대한 도하 선언 논의를 활발히 하도록 도와주었고 2001년 11월 새로운 세계 무역 협상에 앞서 세계무역기구 가입국들은 이에 대한 합의를 보았다. 도하 선언은 무역 관련 지식재산권에 관한 협정이 공공 보건과 특히 모든 이들의 의약품 접근권을 증진시키기 위하여 '세계무역기구 가입국들을 지원하는 방식으로 해석되고 시행될 수 있고 시행되어야만 한다'는 점을 분명하게 제시한다. 도하 선언의 법적 명료성은 위의 나쁜 예와 결합되어 몇몇 의약 회사들로 하여금 수입 반대를 중단하고 복제 항레스트로바이러스제의 지역 내 생산이나 사하라 이남 아프리카에서 낮거나 '이윤이 없는' 가격에 약품 제공하게 하였다. 그러나 이러한 즉각적인 방법들은 거의 다 HIV, AIDS, 말라리아, 폐결핵과 같은 몇몇 고위험성 질병에 국한되는데 이러한 질병들도 의약품의 공급이 모자라다.

제1세대 항레스트로바이러스제를 포함하여 몇몇 주요 의약품들의 가격은 최근 급격히 낮아졌다. 그러나 새로운 항레스트로바이러스제들은 1세대 보다 더욱 효과적이고 독성이나 저항성을 극복하였는데 가격은 거의 10배나 더 비싸다. 게다가, 세계 보건 기구에 따르면 비전염성 질병으로 인한 사망의 80퍼센트 이상이 개발도상국에서 일어나며 이로 인한 부담이 증가하고 있다. 산업계가 적극적으로 특허권을 획득한 암, 심장 질병, 당뇨병을 치료하는 새로운 의약품은 가난한 이들이 쓸 수 없는 높은 가격이 형성되어 있다. 2011년 9월 UN 총회 기간 중 비전염성 질병의 부담에 대한 정상 회담에서 미국과 EU는 공중 보건과 항레스트로바이러스제를 최종 선언문에 빼버렸다. 그 대신 최종 선언문은 각국은 의약품 가격을 인하하기 위하여 항레스트로바이러스제 수입 제한 조치와 유연성을 적용할 권리가 있다는 점만 인정하였다.[80, 81] 그렇게 함으로써 부유한 국가들은 비록 비전염성 질병들이 중·저소득 국가들에서 사망의 주요 원인임에도 불구하고 도하 선언의 범위를 HIV, AIDS, 말라리아, 폐질환과 같은 몇몇 고위험 질병으로 한정시키기 위하여 노력하였다.

---

[80] See R. Horton (2011).
[81] See S. Boseley (2011).

제약 산업은 의약품을 빈곤한 수백만의 사람들이 구입할 수 없게끔 비싸게 유지하며 아시아와 라틴 아메리카의 중·저소득 국가들에서 환자들이 고가의 의약품을 구입하도록 압박한다. 이러한 국가들이 최근 항레스트로바이러스제 수입 긴급 제한조치를 이용하려 할 때, 기업들은 몇 년 전 크게 혼났을 때와 동일한 공세적인 법률 작전으로 회기 하였다. 노바티스Novatis와 화이자Pfizer는 인도와 필리핀에서 각각이 법적 다툼을 벌였고 2차 HIV 약품인 카레트라에 대한 태국의 강제적 면허 결정 후 애봇 제약Abbott Pharmaceuticals의 7개의 신약을 태국 시장에서 철수시켰는데 후에 애봇은 전 세계적인 저항에 부딪히게 되었다.82

부국 역시 양자 협정에 더욱 엄격한 특허 규정을 포함함으로써 무역 관련 지식재산권에 관한 협정에서 공중 보건 긴급 수입 제한조치를 무의미하게 만들고 있다. 2000년 체결된 미국과 요르단의 자유무역협정은 요르단이 '데이터 독점권'이라 불리는 규정에 합의하기를 요구하였다. 이는 특허권이 없는 약품의 등록과 마케팅을 5년 이상 동안 금지하는 것이다. 데이터 독점권은 2002년에서 2006년 중반까지 21개의 다국적 제약 회사들이 만든 의약품 79퍼센트의 복제를 막아 복제 형태의 값싼 의약품을 불가능하게 하였다. 최근의 연구들은 큰 공중 보건의 도전을 맞고 있는 가난한 국가인 과테말라가 유사하게 공중 보건에 반하는 충격을 받고 있다는 사실을 보여준다.83 무역 관련 지식재산권에 관한 강화 협정 TRIP-PLUS의 결과로 요르단과 과테말라의 의약품 가격은 급격히 올랐고 정부의 공공 보건 프로그램의 재무상 지속가능성을 위협하였다. 요르단에서

---

82 면허 취소 결정은 태국에서 더 이상 HIV, 심혈관과 다른 질병 치료를 위한 의약품들이 더 이상 판매가 가능하지 않다는 것을 의미한다. 또한 이는 전기 사용이 어려운 가난한 농촌 지역에서는 칼레트라Kaletra와 같은 내열성 약품도 사용이 어려워진다는 것을 의미한다.
83 See E. Shaffer and J. Brenner (2009).

엄격한 수준의 지식 재산 보호는 해외 직접 투자, 국내 연구 개발 혹은 신약의 조속한 도입 측면에서 볼 때 거의 이익을 가져다주지 못한다.

2011년 미국은 경제동반자협정Trans-Pacific Partnership Agreement의 9개국 지역 협상에[84] 베트남과 페루와 같은 저소득국가에서는 의약품의 접근을 제한할 수 있는 강제적 특허권 확대, 확대된 범위, 데이터 독점권, 특허권 등록 연계, 적극적 집행 조치, 사전이의신청의 배제를 제기하였다.[85] 몇몇 새로운 무역 규정들은 약품에 위조 제품이라는 상표를 붙여 복제 약 운동을 막으려 하였다. 2008년 EU는 지식재산권 규정을 강제 집행하는 세관원을 요구하였고 인도와 중국에서 다른 개발도상국으로 가는 최소 20개의 복제약 상선이 유럽 항구에 강제 구금 되었다. 이것은 HIV와 AIDS 그리고 심장혈관 질환 치료를 위한 의약품을 포함한다. 2011년 EU 및 10개국이 합의한 위조품거래방지협정Anti-Counterfeiting Trade Agreement은 국경에서 유사하게 보이는 관련 상표가 붙어 지식재산권을 침해할 수 있는 어떠한 제품이라도 압수 대상이 될 수 있음을 분명히 함으로써 이와 같은 집행을 활성화할 수 있도록 하였다.[86]

지식재산권의 부정적 영향에 대한 두 번째 염려는 개발도상국에서 전통 지식에 대한 특허권을 도둑질하는 이른바 '생물 해적질'이다. 1995년 일어난 가장 유명한 사례 중 하나는 미시시피 의학센터에서 온 2명의 연구자는 상처 부위를 치료하는 심황 사용법으로 미국에서 특허를 획득하였다. 심황 이용법은 인도에서 수천 년간 사용되어 온 방법이다. 특허권을 무효화

---

[84] See http://www.ustr.gov/tpp
[85] Rohit Malpani for Oxfam America, Submission for the Record to the Subcommittee on Trade of the Committee on Ways and Means, Hearing on the Trans-Pacific Partnership, December 14, 2011.
[86] See Oxfam's statement regarding ACTA and Public Health (2011) http://www.oxfamsol.be/fr/IMG/pdf/Oxfam_ACTA_analysis_FINAL.pdf

하기 위하여 인도는 고대 산스크리트어로 쓰인 문헌을 제시하였다.

유사한 특허권 논쟁은 인도 농민들이 세대에 걸쳐서 만든 식감이 좋은 쌀인 바스마티 쌀basmati rice, 콜롬비아 토착민들에게는 신성한 아마존 열대 식물인 아야후아스캄ayahuasca, 약품과 살충제를 만들기 위하여 사용되는 전통 인도 식물은 님 나무neem tree 그리고 흑후추 추출물에 대한 미국의 특허권을 둘러싸고 벌어졌다.[87] 2005년 페루 정부는 레몬주스의 60배가 넘는, 지금까지 알려진 어떠한 식물보다도 비타민 C가 고함량으로 포함되어 카무 카무Camu Camu 추출물을 특허 내려는 일본 과학자들을 비난하였다.[88]

전통적 지식에 기반을 둔 제품의 이익에서 공동체를 제외하는 것과 함께 생물 해적질은 더 큰 문제를 안고 있다. 공적인 것으로부터 사적인 것으로 지식을 이전시키는 것은 혁신이나 인간 복지의 혜택을 빼앗는 것이다.

세계 시스템에서 어떻게 적절한 지식재산권 규정을 자리매김할 것인가에 대한 다음과 같은 여러 방안들이 있다.

- 무역 관련 지식재산권 내에서 대단히 쉽게 긴급수입제한조치를 발효한다든가 의무적인 면허와 생명을 구하는 의약품과 기술에 대한 병행 수입 그리고 기술 이전의 적극적 시행을 포함하여 지식재산권의 다양한 적용을 개발에 수준에 맞추어야 한다.
- 더 적극적으로 보면 세계무역기구에서 지식재산권을 제외시키고 무역 관련 지식재산권을 없애며 유엔의 세계 지식재산권 기구World Intellectual Property Organization을 새롭게 구성하는 것이다. 세계 지식재산권 기구는 '선교사들을 보내어 남반구의 비문명화

---

[87] T. Apte (2006). See also the 'Captain Hook Awards' for bio-piracy on www.captainhookawards.org
[88] W. Giles (2006).

된 경제가 엄격한 지식재산권의 수혜를 보도록 한다'는[89] 비판을 받아왔지만 2004년 이후에는 아르헨티나와 브라질이 이끄는 개발도상국이 세계 지식재산권 기구에 개발 의제를 성공적으로 도입하게 하였다.

- 제약 회사들로 하여금 의약품 공동 특허권에 자신의 지식재산권을 환원할 것을 독려한다. 2008년 국제의약품구매기구 UNITAD는 적절한 새로운 치료의 개발을 독려하고 신 항레트로바이럴 의약품의 가격을 낮추기 위하여 의약품 공동 특허권과 항공 세금 환급 의약품 구매 시설을 발족하였다. 2011년 9월 질레드 싸이언스Gilead Sciences는 자신의 지식재산권을 공동 특허권에 이전하는데 동의하였다.[90] 미국 정부 역시 국립보건원National Institutes of Health을 통하여 중요한 항레트로비럴 제제에 대한 지식재산권을 공동 특허권에 이전하는데 동의하였다.

- 공공의 이익과 혁신의 인센티브 사이의 균형을 위한 국제적 가이드라인을 세우고 지식과 혁신이 개발에 자리 잡을 수 있도록 하는 것은 아마도 '지식 접근에 대한 국제 협약International Convention on Access to Knowledge'을 통하여 가능할 것이다. 지식 접근에 기반을 둔 접근에는 리눅스Linux 컴퓨터 운용 시스템과 이용자들이 만드는 무료 온라인 백과사전인 위키피디아Wikipedia를 만든 오픈 소스 운동이 있다.

- 보건과 기후 변화와 같은 주요한 주제들에 대한 연구 개발을 독려하는 대안적인 방법을 탐구한다. 이러한 방법들은 새로운 백신과 약품을 개발하기 위한 공동의 노력에 공공 기금을 늘리는 방법 등을 포함한다. 2010년 PATH, 세계 보건 기구, 국립보건원, 인도 세럼 연구소Serum Institute는 서아프리카에서 주기적으로 나타나는 뇌수막염 A를 예방하기 위한 저가의 백신을 성공적으로

---

[89] P. Drahos (2004).
[90] T. Rosenburg (2011).

만들었다.91 거기에 더하여, '선행적 시장 조성advance market commitment'은 아직 개발되지 않은 의약품이나 특정한 보건 문제에 대한 백신을 협상 가능한 가격에 대량으로 구매하도록 원조 공여국을 참여시킨다. 15억 달러를 배정하여 세계 최빈국 국가들에서 폐렴알균 백신을 구매하도록 한 첫 번째 선행적 시장조성은 옥스팜과 국경없는 의사회에서 매우 비싼 가격으로 조달 계약을 맺었다고 비판받았다. 선정된 백신은 선진국 시장에서 높은 수익률을 보장하며 다국적 제약회사에서 이미 개발 중인 것들이고 많은 국가들에게 협상 가격은 지나치게 높게 책정이 되어있었다.92 노벨 경제학상 수상자인 조셉 스티글리츠Joseph Stiglitz가 제안하고 시민 사회가 확산시킨 방안은 약품 개발에 큰 보상을 부여하는 대신 특허권을 신청하지 않고 바로 복제약을 생산할 수 있도록 하는 것이다. 현재 세계 지식 규정 시스템은 개발에 심각하게 거대한 방해물이 되고 있다. 이것은 기술 보유자와 미보유자를 나누고, 북반구에서도 혁신을 가로막으며 최악의 경우 경제학자들이 '지대추구rent seeking'93라고 부르는 것보다 나을 것이 없게 된다. 이것을 변화시키는데 가장 방해가 되는 것은 지적인 것이 아닌 정치적인 문제이다. 지적으로는 많은 훌륭한 개혁 논의가 있다. 불평등과 빈곤을 극복하는데 필요한 장기적 이해를 가지고 이러한 기업의 리더들은 로비를 중단해야만 하고 북반구와 남반구의 정치 지도자들은 리더십을 보여 주어야 하며 세계 경제에서 지식의 흐름을 저해하는 기업들의 단기적 자기 이익을 허용하는 정치적 영향력을 억제해야만 한다.

---

91 'MenAfriVacTM reaches three new African countries', http://www.meningvax.org
92 D. Light (2010). See also A. D. Usher (2009); and the Oxfam/MSF critique: D. Berman and R. Malpani (2011).
93 역자 주 - 경제주체들이 이익을 위하여 비생산적인 일에 경쟁적으로 참여하는 현상. 한국에서는 부동산 투기가 대표적인 경우임.

이러한 변화들은 남아공의 치료 행동 캠페인이 보여 주었던 것과 같이 (4부 참조) 능동적이고 정보를 가진 시민들을 요구한다. 이것은 또한 빈곤과 불평등에 대한 이해를 가지고 무역 협상 압력과 법정에서 버틸 수 있는 효과적인 정부를 필요로 한다. 자국에서 그리고 국제적으로 대중의 압력을 받는 개발 도상 국가 정부들은 자국 시민들의 보건과 지식에 대한 권리 보호를 더욱 적극적으로 하게 된다. 그 정부들이 그렇게 하도록 허용하고 독려하는 것이 중요하다.

이주[94]

> 이주는 빈곤에 맞서는 가장 오래된 행위이다. 이주는 가장 도움이 필요한 이들을 선별해준다. 이주민들이 가려는 국가에 좋고, 그들의 출신 국가에서 빈곤의 균형을 깨는 데도 도움을 준다. 사람들로 하여금 이렇게 분명한 선한 일을 거부하게끔 하는 인간 영혼의 심술궂음은 무엇이란 말인가?
> (J.L. 갈브레이트Galbraith, 극심한 빈곤의 본질, 1979)

국제 사회가 자본과 상품 그리고 서비스의 국제적 흐름을 관리하기 위하여 시스템을 구축하는데 많은 노력을 기울이고 있으나 또 다른 생산 요소인 노동의 흐름에 대한 효과적인 전 지구적 규정은 아직 없다. 이것은 지구 거버넌스의 핵심에 공백으로 남아있다. 이주를 받아들이지 않는 국가들도 이주 노동자들의 권리를 보호하는 것을 목적으로 하고 2003년에 강제력을 지니게 된 1990년 협정된 모든 이주노동자와 그 가족의 권리 보호에 관한 국제협약International Convention on the Protection of the Rights of All Migrant Workers and Members of their Families을 비준하였다. 모든 비준 국가들은 이주의 출신 국가가 아니라 도착 국가들이다.[95]

---

[94] 이 부분은 대부분 Oxfam Intermón(2007)에 기초하여 작성되었음.

옥스팜 연구자들은 세네갈의 해변가에서 스페인으로 가기 위하여 카나리아 제도로 가는 위험한 보트를 기다리는 젊은이들에게 접근을 하였다. 그들은 왜 생명의 위협을 무릅쓰는가에 대한 간단하지만 강력한 이유를 말해 주었다. "왜냐하면 스페인은 가깝고 일을 할 수 있기 때문입니다." 자신이 태어난 곳보다 더한 개인의 생명을 결정할 수 있는 것은 없고 이주는 더 나은 삶을 위한 변화를 위하여 가장 직접적인 방법이다.

역사상 이주는 빈곤을 대처하는 가장 효과적인 방법 중 하나이다.

1846년에서 1924년 사이 4천 8백만 명의 유럽인들이 구대륙을 떠나 세계로 흩어졌다. 영국, 포르투갈, 이탈리아에서 전체 인구 1/3이 자신의 고향 땅을 버렸다.[96] 이 수치는 불법적 이주를 합친 현재 이주민 수준의 5배를 넘는다. 새로운 것은 이러한 이주를 막으려는 의도이다. 우리들의 증조부들은 오늘날 이주민들이 겪는 장애에 훨씬 미치지 못하는 장애를 가지고 있었다. 여권은 1차 세계 대전 후까지도 현대적 형태를 갖추지 못하였고 19세기에는 영국으로 오려는 그 누구도 거부되지 않았다.[97]

이주민들은 계속하여 확대되는 법적, 물리적 장벽을 직면한다. 제 1세계와 3 세계가 만나는 미국과 멕시코 국경 혹은 모로코 북부의 작은 스페인 고립 지역인 멜리라Melilla에서 국경선에는 감시 탑과 철조망 그리고 비행기, 헬리콥터, 보트, 레이더, 열 감지 장비 그리고 전자 탐지기가 설치되어 있다.

그러나 이주민들은 계속하여 늘어난다. 이주를 가져오는 경제적, 사회적 추동력은 불가항력적이고 늘어나고 있다. 그중 가장 큰 것은 부국과 빈곤국의 임금 차이다. 생활 비용의 차이를 고려하더라도 유사한 직군에

---

95 See http://www.ohchr.org/Documents/Publications/FactSheet24rev.1en.pdf
96 D. Massey (2003).
97 R. Winder (2003).

대한 고소득국가의 임금 수준은 저소득 국가에 비하여 거의 5배가 높고 국가 간 불평등이 냉혹하게 커지며 그 차이는 더욱 벌어지고 있다.[98] 인구 차도 이주에 압력을 가한다. 이주민들은 보통 젊은이들이고 청년 실업률은 개발도상국에서는 높은 반면 부국의 노년층은 더 많은 노동력을 필요로 하고 특히나 가정 의료 보장, 간병인, 패스트푸드 노동자 혹은 기사와 같은 미숙련 기술 노동자가 필요하다.

북반구 정부들이 제시한 정치적 장벽을 제외로 하면 이주는 갈수록 쉬워진다. 교통 비용이 인하되고, 정보 접근성의 발전은 이주가 더 이상 미지의 것이 아닌 것이 되게 하였으며, 향상된 통신은 이주민들이 가족이나 자국과 전화, 인터넷 그리고 집에서 텔레비전으로 교류할 수 있게 해주었다.

세계 인구의 3퍼센트 정도인 2억 1천 5백만 이상의 사람들이 모국을 떠나 살고 있다.[99] 이 수치는 남-북 이주와 걸프만 국가들에서 일하는 수천 명의 방글라데시인들 혹은 홍콩과 중동에서 일하는 많은 필리핀 여성들과 같은 증가하는 남-남 이주를 포함한다. 남-남 이주는 현재 북-남 이주만큼이나 많은데 주로 국경을 맞대고 있는 국가들 사이에서 일어난다.[100] 양쪽 모두 태국의 미얀마 이주민들에 대한 광범위한 폭력과 같은 밀수, 성폭력, 노동권 침해를 수반한다.

이주민들은 막대한 금액을 모국으로 송금한다. 개발도상국에 대한 송금은 2011년 3천 5백 10억 달러에 이르는데 이는 세계 원조의 3배이며 1990년 기준으로는 12배에 다다른다.[101] 비공식 통로를 통한 흐름을 합하면

---

[98] World Bank (2006) Global Economic Prospects 2006.
[99] The World Bank (2011) 'Migration and Remittances'.
[100] D. Ratha and W. Shaw (2007).
[101] Ibid.

그 금액에 1천억 달러가 더해진다. 더 나아가, 송금의 흐름은 외국 직접투자나 원조에 비하여 더 신뢰할 만하며 지속적이다.

개발도상국에서 가난한 가계로의 송금은 교육과 의료 보장을 포함한 기본적 필요를 위해 쓰인다. 송금은 가족이 아프거나 농사가 실패할 경우 혹은 공동체 차원에서는 흩어진 공동체들이 겪는 지진이나 몬순과 같은 가계와 공동체에서 빈곤한 이들의 삶에 영향을 미치는 위험들을 더 잘 극복할 수 있도록 해준다. 에콰도르가 1990년 후반 경제 위기로 고통받을 때 수천의 사람들이 자국을 떠나 스페인으로 갔고, 그들의 송금은 GDP의 10퍼센트까지 크게 증가하여 위기에 빠진 자국에 생명줄이 되었다.[102] 이 주민들의 송금은 또한 북한과 미얀마 그리고 짐바브웨에서 위기에 허우적대고 있는 이들이 생존할 수 있도록 도와준다.[103]

이러한 현금 주입은 분명한 효과를 가져온다. 가족이 이주를 한 가계의 어린이는 학교에 더 잘 출석을 하고 더 오랫동안 학교에 머물 수 있으며 이주 가족이 없는 어린이보다 더 빠르게 학업 진척이 있다. 긍정적인 교육 효과는 특히나 여자 어린이에게 강하게 나타난다. 예를 들어, 파키스탄에서 이주한 가계의 경우, 여자 어린이들의 학교 등록률은 35퍼센트에서 54퍼센트로 증가 되었다.[104] 세계은행은 송금은 우간다에서 11퍼센트, 방글라데시에서 6퍼센트 그리고 가나에서 5퍼센트 정도 빈곤 감소를 가져왔다고 추정한다.[105]

이주는 이주민 자국의 실업을 완화 시키는 것뿐만 아니라 자국으로의 자본의 흐름을 증가시키고 급증하는 재외 공동체를 통하여 외국 무역과

---

[102] Intermón Oxfam (2001).
[103] A. Kazmin (2007).
[104] Ç. Özden and M. Schiff (2007).
[105] World Bank (2006) Global Economic Prospects 2006.

투자를 향상시키며 원조뿐만 아니라 기술 이전과 관광을 촉진한다. 또한, 이주는 보이지 않는 새로운 아이디어의 흐름을 가속화 한다.

가난한 이들에게 이주는 분명히 집과 모국을 떠나는 개인 비용, 일터에서의 높은 폭력 위험, 특히나 이주민들이 불법 상태이고 법에 호소할 방법을 가지고 있지 못할 경우에는 혜택뿐만 아니라 비용도 든다.

박스 5.1
이주민들이 변화를 만들어 낸다.

사카테카스Zacatecas는 미국으로의 이주 역사가 100년이 넘는 멕시코의 한 주이다. 지난 15년간 미국의 사카테카스 이주민들은 단체를 형성해 왔는데 이는 고향에 사회 인프라 프로젝트에 기금을 송금하기 위해서이다. 첫 번째 단체는 1970년대부터 계속된 가뭄으로 인구가 감소한 사카테카스의 한 농촌 마을인 조물퀼로Jomuquillo에서 온 이주민들이 세웠다. 1970년대 후반 로스앤젤레스로 이주를 온 53세의 안토니오 로드리게스Antonio Rodriguez는 다음과 같이 기억한다. "14년 전 파티를 열었습니다. 우리는 좋은 옷과 자동차를 가지고 있지만 고향에는 아무것도 없다는 생각했고 이를 위해 무언가를 하기로 결정했습니다."

조물퀼로 클럽은 설립된 뒤로 사교 행사, 모금, 복권을 통하여 수천 달러를 모았다. 그 돈으로 마을 냇가에 철교를 놓고, 배수로, 하수로 그리고 수도를 설치하였다. 학교를 다시 세우고, 무도회장을 건립하며 포장도로는 조물퀼로와 가장 가까운 도시인 제레즈Jerez를 연결하였다. 로드리게스는 이렇게 말했다. "노인들은 믿지 않았죠. 우리는 그곳에서 하는 일들에 매우 기분이 좋았습니다." 2005년 말까지 이주민 단체들과 정부는 2억 3천만 달러를 사카테카스의 5,000개 프로젝트에 투입하였다.

카타르의 수단 이주민들은 모국 공동체에서 유사한 사회적 의식이 있는 기적을 행하였다. 아마도 가장 놀라운 송금 프로젝트는 1994년 문을 연 인도 케랄라Kerala주의 국제 공항일 것이다. 이 공항은 델리 공항에서 세관원들 번잡하고 번거롭게 하는 것에 지친 걸프 지역 도시에서 일하는 400만 명의 노동자들이 직항노선을 원하여 세운 것이다.

출처: *Finalcial Times*, 2007년 8월 31일, 2007년 8월 29일

여성들은 총 이주민의 절반을 차지한다. 그들은 남성보다 더 큰 위협과 위험에 직면하지만, 그들은 경제적 독립성을 얻을 기회도 가지고 있다. 파트너 이주민 역시 독립적인 여성들은 자신의 은행 계좌를 열고 토지와 집을 자신의 이름으로 등기하며 혹은 자신의 소득을 얻고 싶어 하는 경향이 있다. 여성 이주민들은 고향에 더 많은 돈을 송금하는 경향이 있으며(방글라데시 여성들은 고향으로 자신의 월급의 72퍼센트를 집으로 송금한다) 송금을 받았을 때는 교육과 보건에 투자하려는 경향이 있다.[106]

의사나 간호사와 같은 중요한 노동자들의 '두뇌 유출'을 둘러싼 걱정이 있다. 인도 의사 중 최소 12퍼센트가 영국에서 일하고 자메이카와 그레나다에서는 5명의 훈련받은 의사 5명 중 1명만이 남는다.[107] 의사와 간호사들도 누구 나와 마찬가지로 이주의 권리를 가지고 있지만 가난한 국가에서 사람들은 공공 예산으로 훈련 받은 전문가들이 오랫동안 자국에서 머무는 것을 기대할 권리를 가지고 있다. 두뇌 유출에 대한 다른 논의도 있다. 워싱턴의 씽크 탱크 중 하나인 지구 개발 센터Center for Global Development의 미첼 클레멘스Michael Clemens는 다음과 같이 주장한다. "개발도상국에서 온 많은 숙련된 노동자가 외국에서의 높은 소득의 기회를 얻고자 기술을 습득한다." 이로 인하여 모국의 숙련노동자 수도 증가한다.[108]

이주에 대한 대부분의 공적 토론은 출신 국가가 아닌 이주 수용 국가에 대한 비용과 혜택에 대한 것이다. 대중적 인식과 증거들 사이 그리고 경제와 정치 사이에는 차이가 있다. 많은 경제 연구들은 이주가 상품과 서비스의 수요를 증가시키고 새로운 아이디어와 기술을 도입하며 사회 서비스 비용을 소모 시키지 않는다는 것을 보여준다. 대신 이주민들은 가장 역동

---

[106] UNFPA (2006).
[107] World Bank (2006) Global Economic Prospects 2006.
[108] M. A. Clemens and D. McKenzie (2009).

적인 사회 구성원이며 복지에 기대어 살지 않는다. 이들은 노동을 통하여 더 많은 수익을 올린다. 영국, 오스트리아 등에서의 연구는 이주민들이 국가에 상당한 순수 비용을 지불한다는 것을 보여준다.[109]

그러나 몇몇 수용국가에서의 대중적 정서는 갈수록 반이주민으로 흐르고 북아메리카와 유럽에서 2008년 경제 위기 이후 심각하게 나빠졌다. 이러한 정서는 개발을 위한 이주 노동을 하는데 주요한 장벽이 되었다. 미국 학자 랜트 프리챗Lant Pritchett은 이주에 대한 논의에 영향을 미치는 많은 '구성체적' 전체들을 명시한다. 국적으로 차별을 하는 것은 도덕적으로 정당하다는 것, 개인을 위한 개발이 아니라 국가를 위한 개발, 타자를 향한 우리의 책무성은 지리적 접근성에 따라 다양하다는 전제가 있다.[110]

이것은 '이주의 권리'에 대한 중요한 문제를 제기한다. UN 인권선언은 다음과 같이 제시한다. '모든 이들은 각국의 국경 안에서 이전과 주거의 자유에 관한 권리를 가지며 (따라서 국내 이주의 권리가 있으며) 자국을 포함하여 어느 국가든지 떠날 수 있으며 돌아올 수 있는 권리를 가진다. (따라서 타국으로 이주할 권리를 가지지만 모든 국가는 이주를 받아들일 의무를 지지는 않는다. 다만 망명자는 제외가 된다. 더 최근에는 식량 권리에 대한 UN 특별 조사 위원회는 망명자의 권리가 확대되어 굶주림과 기아로부터 도망 나온 이들을 포함해야 한다고 주장한다. 이들은 현재 '경제 이주민'으로 분류된다.[111] 그러나 일반적으로 이주민들은 국제 인권법으로 위안을 삼지는 못한다. 그들은 그들의 법이 있다.

이주를 멈추는 것은 잘못된 것이며 가능하지도 않다. 그러나 예측 가능한 미래에 사람들의 자유로운 이주가 가능한 세계를 주장하는 것도 기대

---

[109] P. Legrain (2006).
[110] L. Pritchett (2006).
[111] UN (2007) 'The Right to Food'.

해볼 만하지 않다. 더 성공 가능한 접근은 '세계의 가난한 이들에게 (그들 중 대부분은 빈국에 거주한다) 가장 많은 혜택이 돌아가면서도 부국들이 정치적으로 수용 가능한 이주 정책은 무엇인가?'를 묻는 것일 것이다.112 이러한 접근은 두 가지 공통된 제안은 배제한다. 자격과 부의 조합에 기초한 이주자 선택을 하거나 세계 무역 기구를 통하여 규정에 동의하는 것이다. 첫 번째 접근은 가장 가난한 이들의 이주를 방지하고, 두 번째 접근인 세계무역기구 협정은 극단적으로 약하고 비효율적이다. 양자 합의는 성공의 전망을 밝게 한다.

개발에 대한 이주의 기여를 향상시키는 것은 대중적인 압력으로 뒷받침하는 정부뿐만 아니라 남반구와 북반구 모두의 국제적 차원의 행동이 필요하다113. 장기적으로 보면, 사람의 흐름은 아마도 제 역할을 수행할 수 없는 국제 이주 기구International Organization for Migration를 대체할 세계 이주 기구World Migration Organization를 통하여 자본이나 상품만큼이나 주의를 기울일 필요가 있다. 유럽에서 공동 이주 정책Common Migration Policy은 정치인들이 '이주에 미온적'이라는 오명을 두려워할 때, 국내 정치의 외국인 혐오와 점수 매기기로부터 이주 이슈를 구출하는 데 도움을 줄 수 있었다.

합법적으로 이주를 하는 이주민의 비율이 증가하고 있다는 것은 그들의 권리와 안전을 보호하는 데 도움이 되며 모든 정부는 모든 이주노동자와 그 가족의 권리 보호에 관한 국제협약에 가입하고 이를 비준해야 하며 이주 노동자들이 국내 노동자와 동일한 권리를 향유 할 수 있도록 보장해야만 한다. 1998년 이탈리아는 시민권 지위와 관계없이 의료 지원과 노동권을 보호하는 '테스토 유니코Testo Unico' 법과 성매매와 폭력으로부터 이

---

112 L. Pritchett (2006).
113 http://www.iom.int. The idea of a World Migration Organisation has been proposed by Professor Jagdish Bhagwati, among others.

주민을 보호하는 조치를 제시하였다.114 홍콩은 부분적으로는 이주민 노동자 조직과 그 연대의 압력 덕분에 이 분야에서 가장 발전된 정책을 가지게 되었다. 홍콩의 정책은 공항에서 이주민에게 정부 정책에 대한 정보를 제공하고 이주 노동자들과 일하는 NGO들에게 정보를 주며 노동권리에 대한 정부 연수를 제공하는 이주 노동자 조합 및 '이동 대사mobile ambassador'와 함께 한다.115

북반구에서 능동적 시민들은 더 나은 이주 규정을 위하여 압력을 넣고 최악의 폭력과 싸우는 데 중요한 역할을 한다. 이주민들 스스로가 이것을 주도하고 있다. 2007년 미국의 158개의 이민자 보호 단체들이 미국에서 가장 큰 송금 회사인 웨스턴 유니온Western Union에 대한 전국적 불매를 벌였다. 그들은 웨스턴 유니온이 과도한 요금을 요구하면서도 이민자 공동체에는 적절한 재투자를 안 하고 있다고 비난하였다.116

국제적으로 고국으로 돌아가는 새로운 단기 이주민들의 흐름이 증가하는 것이 목표이다. 순환적 이주는 수용국의 두려움을 완화하고 이주민들이 돌아갈 때는 새로운 기술, 아이디어 그리고 현금을 가져가기에 모국의 이익을 극대화한다. 한 조사에 따르면, 이주하고 싶어 하는 이들은 영구 이주와 단기 이주가 모두 합법일 경우 영구 이주보다 단기 이주를 훨씬 더 선호하는 것으로 나타났다.117

한 가지 가능성은 이주민의 사회적 안전이나 연금을 표준 연금과 유사하게 노동자의 귀국 시 사용 가능한 '귀국 기금'으로 전환하는 것이다. 이것은 노동자들이 귀국할 때 투자 가능한 자원을 가지고 가는 것을 보장

---

114 M. Chen (2006).
115 ibid.
116 A. Chang (2007).
117 World Bank (2006) *World Development Report 2007*.

한다. 자국민들이 귀국 요건을 따르지 못했을 때는 모국 정부가 벌금을 물어야 할 수 있다. 예를 들어, 돌아가지 않는 이주민의 숫자에 따라 국가에 이주 노동자를 보낼 수 있는 수를 정해주는 것이고 이는 이주민들이 자국으로 돌아올 수 있도록 정치적이고 경제적인 우호적 환경을 만들도록 독려할 것이다.

선진국 정부들은 공공 서비스에서 노동력 위기의 원인을 해결하고 개발도상국들이 절실하게 필요로 하는 숙련된 노동자를 선택적으로 데려가는 것을 피함으로써 두뇌 유출의 위험을 최소화할 수 있다. 이주 노동자 채용 국가들을 위한 윤리 헌장이 시도되었고 어느 정도는 성공을 이루었다. 예를 들어, 영국의 윤리적 채용 헌장은 국립 보건 서비스National Health Service의 외국인 간호사들의 채용을 중단시켰다. 하지만 대부분의 민간 병원들은 여전히 외국인 간호사들을 채용하고 있다. 부유한 정부들은 자국에 와서 일하는 신규 보건 및 보건 노동자들의 훈련 비용을 그들의 모국 정부에게 지급할 수 있다.

이주 노동자 조직의 로비는 개발도상국 정부들이 이주의 혜택을 최대화할 수 있도록 도움을 준다. 필리핀과 스리랑카는 노동자들이 자국을 떠나는 노동자들이 정부에 등록하는 것을 요구한다. 출국하는 이주 노동자들은 등록비를 지불하고 그들의 고용주의 이름과 국적과 같은 자세한 사항을 정부에 제공한다. 돌아올 때, 정부는 고용주와 고용 계약을 어기거나 이주 노동자를 어떠한 방식으로든 착취한 고용주를 조사하여 블랙리스트를 만든다. 등록의 또 다른 이점은 스리랑카 정부가 떠나는 노동자들에게 생명 보험, 어린이 장학금, 공항 서비스, 이주 비용을 돕는 무이자 대출 그리고 다른 혜택을 제공한다.[118]

---

[118] M. Chen (2006).

이주의 양과 질의 증가는 세계 빈곤과 불평등을 극복하는 가장 효과적인 방법 중 하나이다. 이것은 세계화의 근본적 문제들 중 하나인 자본과 상품은 장벽 없이 흘러 다닐 수 있지만 사람은 할 수 없다는 사실을 바로 잡을 수 있다. 그러나 이 문제는 정치인들과 로비스트들이 민족주의적 반격을 두려워하여 개발 논의에서는 다들 꺼리는 주제Cinderella issue로 남아 있다. 앞으로 다가올 시대에는 이주가 증가할 것이다. 개발에 관심이 있는 이들에게, 이주가 인간 복지에 가능한 많은 기여를 하도록 보장하는 것은 긴급하고 중요한 과제이다.

지구 비즈니스

무역, 이주 그리고 다른 경제적 주제를 관리하는 국제 규정과 조약들은 정부 간의 합의를 통하여 만들어지고 각국 정부의 정책과 시행을 지도한다. 지구 거버넌스는 마치 방 안의 코끼리처럼 지구 비즈니스의 규정이 결여되어 점점 커지고 있다. 초국적 기업은 일자리 창출, 세수, 기술 그리고 소비재의 발전과 성장에 중추적 역할을 하지만 국가 정부가 선택한다면, 국제 조약의 원칙에 복속이 된다.

부의 창출, 혁신 그리고 기술 이전을 통한 비즈니스의 긍정적 개발 공헌은 종종 책임은 거의 지지 않지만 방대한 권력과 특권을 부여하는 지구 거버넌스의 불의한 구조에 의하여 훼손된다. 기업들은 국가의 효과적인 규제에 의한 재분배를 통하여 지속 가능한 성장을 창출하는 새로운 사회적 합의의 일부가 되어야 한다.

많은 기업들은 특히나 환경 문제뿐만 아니라 증가하는 사회적 문제에 대하여 발전을 이루어 내었다. 문제 해결을 위한 자원과 능력을 가지고 있는 것은 대기업들이다. 그들이 대중의 기대에 미치지 못할 경우 그들의

'운영 면허'가 위기에 처하게 된다. 몇몇 기업들은 기업의 공공 보고를 획기적으로 향상시켰고 많은 경우 그대로 시행되었다.

아쉽게도, 여전히 많은 기업들이 자국의 법적 기준에는 미치지 못하는 것을 외국에서는 시행하고 있다. 이러한 상황 속에서 임의 표준의 문제는 그 기준들이 임의적이며 기업 스스로에게만 강제력을 부여하여 이러한 표준을 무시하는 '무임승차'를 만들고 그들의 양심적인 경쟁자들에 대한 가격 우위를 가져다준다. 임의 표준은 중요하지만 개발도상국에서 활동하는 거대 초국적 기업에 의한 권력 남용을 방지할 규제의 필요성을 대체할 수는 없다.

정치와 마찬가지로 비즈니스에서도 크기는 중요하다. 2011년 월마트 Wal-Mart의 매출은 4천백 9억 달러가 되어[119] 저소득 국가 35개국의 GDP를 합한 것보다 많고 아르헨티나, 남아공, 노르웨이의 경제 규모보다도 크다. 초국적 기업들은 88만 6천 개의 외국 자회사를 포함하는 10만 3천 개의 모기업을 총괄한다.[120] 2010년 이러한 외국 자기업들은 6조 6천억 달러의 가치를 부가한 것으로 추정되고 6천 8백만 명의 노동자를 고용하고 6조 2천억 달러 이상의 상품과 서비스를 수출한다.[121]

초국적 기업의 성장은 비즈니스, 기술 그리고 정치 변화가 이끌어 왔다. 발전하는 통신과 운송 비용의 하락은 기업들이 수익을 극대화하기 위하여 국경을 넘어 상품과 관리 시스템을 전파하도록 해주었다. 전 세계적인 구조 조정과 자유화 프로그램은 관세와 투자 제한을 없애고 많은 국가 소유

---

[119] Wal-Mart (2011) 'Five-Year Financial Summary', http://walmartstores.com/sites/annualreport/2011/financials.aspx
[120] UNCTAD (2010) 'Number of parent corporations and foreign affiliates, by region and economy', http://www.unctad.org/sections/dite_dir/docs/WIR11_web%20tab%2034.pdf
[121] UNCTAD (2011) *World Investment Report*.

의 기업을 민영화하였으며 그 기업들을 초국적 기업의 손에 넘겨버렸다. 그 결과 개발도상국에 대한 해외 직접 투자는 2009년 위기를 제외하고는 두 배씩 성장하였다. 2010년 해외 직접 투자는 5천 7백 4십억 달러에 다다르고 이는 연간 원조의 4배에 다다른다.[122]

기업의 행태를 규제할 때는 지구 거버넌스가 약하거나 존재하지 않지만, 기업의 이익을 위해서는 정부를 규제하고 이것은 종종 개발의 전망을 어둡게 한다. 초국적 기업들은 지속적으로 끈질기게 국가 정책 및 국제 무역과 투자의 규정을 변화시키고자 로비를 한다. 겹겹의 양자, 지역 그리고 세계적 협약에서 개발도상국 정부들은 자국의 이익을 위하여 외국 기업들을 규제할 권리를 포기하게 된다. 투자자들은 점점 더 정부에 의한 규제뿐만 아니라 자신의 수익에 영향을 미치는 정부의 정책에 대항하여 국제 협약을 이용한다.

박스 5.2
'운영 면허' 취득

국내 및 국제적으로 노조, 소비자 운동 및 NGO와 같은 시민 사회 조직들은 외국 직접 투자의 이익을 견인하는데 유용한 역할을 수행할 수 있다. 마다가스카르 남동쪽에 위치한 광물회사 리오 틴토Rio Tinto는 현재 페인트 생산에 주로 쓰이는 티타늄 디옥사이드 색소의 원료인 일메나이트ilmenite를 발굴하고 있다. 그 회사는 노동자의 건강과 안전을 무시하고 환경과 사회 재해를 방치하여 악명이 높았다.

호주 법정을 포함하여 호의적이지 않은 여론에 의한 명성의 타격, 그리고 NGO 캠페인에 압박을 느낀 나머지 그 회사의 혼혈 호주인 최고 경영자는 지역 공동체와 정부로부터 '사회적 운영 면허' 재구축을 이끌어낸다. 20년간 이 회사는 사전 연구를 하고 프로젝트를 진행하기에 앞서 NGO 및 지역 사회와 신뢰 구축을 먼저 하였다.

---

122 Ibid.

초기에 회의적이었던 NGO들도 리오 틴토의 변화된 접근에 (그중에는 자연과 보전을 위한 세계 기금도 있음) 호의적으로 변하였다. 투자자들의 압력과 리오 틴토가 프로젝트의 사회적 환경적 영향을 해결할 수 있도록 도운 경험 많은 NGO들과의 파트너십이 이 변화를 이끌었다.

이러한 기업 행태의 변화는 다음과 같은 교훈을 준다.

- 기업은 지속 가능한 개발을 위한 비즈니스 사례가 있다는 것을 인식하였다.
- 초기부터 공동체, 소비자 그리고 NGO들이 기업에 압력을 가하였다.
- NGO들은 지역 공동체와 일을 하는 기업들과의 중요한 가교 역할을 한다.
- 정부 규제는 전략적 변화를 강조한다.
- 기업의 최고위부터 변화의 리더십과 주식 매입이 있다.

출처: 관계자와의 전화 인터뷰 및 출간 서적에 기반함.

기업들은 언제나 정부에 영향을 미치려 하고 규모의 성장은 영향력의 규모도 키웠다. 개발도상국의 정부들이 생명을 살리기 위한 특허권을 무효화 하는 것을 막기 위하여 제약회사들의 휘두르는 강력한 전술들은 악명이 높다. 미국에서 제약회사들은 1998년과 2004년 사이 1,400개의 국회 법안에 영향을 미치기 위하여 7억 5천 9백억 달러를 썼고 3,000명의 로비스트를 고용하였다.[123] 이 중 대부분은 국내 법안에 초점을 두었고 로비스트들 역시 세계무역기구와 여타 기구에서 미국의 협상 전략을 만드는 데 중요한 역할을 하였다.

1995년 세계무역기구를 탄생시킨 우루과이 라운드 협상에서 제약회사들은 그 의미가 많은 이들에게는 명확하지 않은 지식재산권에 대한 합의를 이끌어 내며 막강한 로비를 휘둘렀다. 그 합의가 발표되고 난 뒤에야 개발 도상 국가들은 자신이 기업의 독점권을 확대해 주는데 동의하였고

---

[123] J. Stiglitz (2006).

병들고 죽어가는 수천 명의 목숨에 사망 선고를 내린 높은 약품 가격에 동의하였다는 사실을 인식하였다.

몇 가지 이슈에 대하여 기업들은 긍정적인 변화를 이끌어 내기 위하여 언론에 대한 자신들의 영향력을 이용한다. 네덜란드에서 ABN AMRO는 옥스팜 노비브Novib와 함께 집속탄에 대한 강력한 규제를 요청하며 네덜란드 국회로 갔다. 영국에서 인사이트Insight와 같은 제도권 투자자들은 영구 정부가 다국적 기업들에 대한 OECD 가이드라인을 개선하라는 로비를 하였다. 특히 아래에서 설명한 기후 변화에 대해서는 발전적인 기업 로비와 피해를 양산하는 기업 로비 모두가 공존한다.

옥스팜은 커피, 광산, 의류업과 같은 다양한 분야에서 초국적 기업들과 함께 일을 하며 초국적 기업들이 자신의 이익을 증진시키기 위하여 공공의 영역에 영향력을 행사한다는 것은 공공영역에서의 초국적 기업의 활동 중 하나라는 사실이다. 기업의 행태에 대한 더 나은 거버넌스의 필요성을 보여주는 이슈들은 다음과 같다.

소비재 가치 사슬: 인도의 동인도 회사 시절부터 독점과 카르텔은 대기업들이 시장을 좌지우지하도록 해주었다. 최근에는 몇 개의 초국적 기업들이 커피, 차, 곡물, 과일 그리고 채소와 같은 상품들의 가치 사슬을 독점하고 있다. 6개의 거대 초콜릿 생산업자들이 전 세계 판매의 50퍼센트를 담당하고 있다.[124] 듀퐁Dupont, 몬산토Monsanto, 신젠타Syngenta 그리고 리마그라인Limagrain 4개 기업은 전 세계 종묘 매출의 50퍼센트를 차지한다.[125] 이러한 시장 집중화는 빈국과 무역의 잠재적 이익 수혜자들을 황폐화하는 세계 불평등을 촉진시킨다.

초국가 기업들은 케이크의 큰 조각을 얻어내기 위하여 자신의 시장 권

---

[124] FAO (2004) 'The State of Agricultural Commodity Markets'.
[125] 2007년 세계 종묘 시장 등록 가격에 기초함. G. Meijerink and M. Danse, (2009).

력을 이용하여 왔다. 1990년대 초, 커피 생산국가들의 이익은 10억~12억 달러 정도가 되고 산업화된 국가에서의 커피 소매 판매의 가치는 300억 달러 정도가 되었다. 10년 만에 소매 판매가는 700억 달러를 넘어섰으나 커피 생산국은 55억 달러만을 받았을 뿐이다.[126] 이러한 지배력은 빈국들이 단순한 원자재를 수출하는 것이 아닌 커피나 초콜릿을 가공하는 것과 같은 생필품 사슬의 가치 증대로 참여하는 것을 막아왔다.

긍정적인 신호도 있는데, 캐드베리Cadbury와 유니레버Unilever와 같은 기업들이 점점 더 그 수가 늘어나고 있는데 이들은 위험을 분담하고 필요한 수량과 질을 확보하기 위하여 농민들과 함께 일하며 그들로부터 생산물을 구매한다.[127]

노동 권리: 식량, 의류, 전자제품과 같은 다양한 영역에서 소매상들은 공급 사실에서 위험과 비용을 하향 부담시킴으로써 경쟁자들을 무찔렀는데 이는 상품을 생산하는 멀리 떨어져 있는 국가들의 사람들을 황폐화하는 결과를 가져왔다. 탕헤르에서 스페인 소매상들을 대상으로 생산을 하는 11개 중소 규모 의류 공장 각각에 대한 연구를 진행한 옥스팜에 따르면, 빠른 회전율에 맞춘 과중한 노동, 강요된 초과 노동, 건강과 안전에 위험을 야기하는 화장실 사용 금지나 지나치게 빠른 노동 속도 등과 같은 기초적인 권리에 대한 부정이 있었다.

한 연구는 개발도상국에서 초국적 기업들은 일반적으로 자국 기업들보다 노동자의 사망, 가해 혹은 학대가 덜 일어난다는 사실을 보여준다.[128] 그러나 공급업자들이 판매하는 상품을 생산하는 근무조건에 대한 책임에

---

[126] N. Osorio (2002).
[127] Oxfam International (2010) 'Think Big Go Small: Adapting business models to incorporate smallholders into supply chains'
[128] R.M. Locke et al. (2007).

대해서는 초국적 기업들의 무능과 의지가 부족해 보인다. 이는 빈곤과 불평등에 대한 싸움에 방해물이 된다.

석유, 가스 그리고 채광: 시에라리온, 앙골라, 그리고 콩고 민주 공화국과 같은 국가에서 폭력적인 군벌들은 자신들의 소유나 자국 회사 혹은 초국가 기업과 연계된 광물을 이용하여 무기를 구입하고 자신의 지지자들에게 돈을 지급한다. 이러한 자원을 통한 전쟁은 황폐한 인간성을 요구한다. 더 넓게 보면, 초국적 기업들은 채취 산업에서 일반적으로 일어나는 부패를 막는데 거의 아무것도 하지 않고 따라서 정치적 안정과 장기적 개발을 저해해 왔다. 이것은 이미 2부에서 논의되었다.

부패: 세계은행 지표는 매년 1조 달러의 뇌물이 국제적 기업들의 이익을 보장하기 위하여 사용됐다는 것을 보여준다. 2004년 세계은행은 다국적 기업들의 60퍼센트 이상이 계약을 성사시키기 위하여 비 OECD 국가들에게 보고되지 않은 뇌물을 지급하였다고 추정한다.[129] 개발도상국들에서 무역과 투자를 하는 거대 기업들을 보증하는 부국 정부의 수출 신용 기관들은 개발도상국 부패에 공모되어 있을 가능성이 있고 대부분은 문서에 남지 않는 형태로 전체 규모에 숨겨진 뇌물인 커미션을 제공한다. 미국 상공 회의소에 따르면, 최악의 경우 1994년과 1999년 사이 세계적으로 주고받은 뇌물의 50퍼센트는 무기 거래였다.[130]

북반구 정부들의 의지가 있다면 몇 가지 긍정적인 발전이 있을 수 있다. OECD의 국제상거래에서 외국 관료에 대한 뇌물 협약International Business Transactions OECD Convention on Bribery of Foreign Officials은 전 세계 모든 곳에서 OECD 가입국들이 정부 관료에게 뇌물을 주는 것은 범죄적 행위로 규정하였다. 이 협약이 도입되기 이전의 공무원 처벌과 달리 현재는 기업

---

[129] D. Kaufman and R. Li (2006).
[130] S. Hawley (2003).

책임자와 관리자가 적극적으로 부패에 가담하였을 경우 감옥에 가게 된다. 협약 이후 미국, 프랑스, 독일, 이탈리아와 같은 국가들은 반뇌물법으로 집행을 하지만, 일본, 캐나다, 호주에서는 중요한 조치가 거의 이루어지지 않았다. 영국 정부는 2007년 브리티시 에어로스페이스British Aerospace와 사우디아라비아 사이의 무기 거래에 대한 조사를 국가 안보와 관련된 사항으로 중간 시키자 큰 비난을 샀다.[131] 2010년 영국은 1년 뒤 시행을 하게 되는 새로운 해외뇌물법을 통과시켰는데[132] 그 법은 영국에서 비즈니스를 하는 외국 회사나 타국에서 영국법에 의거하여 설립된 회사 모두에게 뇌물을 주거나 받은 것은 범죄로 본다.

어떠한 국가도 미국보다 더 기업의 책무성을 강조하는 국가는 없다. 1977년 해외 부패 방지법은 수많은 기소 건을 남겼다. 예를 들어, 2006년 미국증권거래위원회US Securities and Exchange Commission는 티코Tyco의 브라질과 남한의 자회사가 지속적으로 비즈니스를 위하여 정부 관료들에게 지속적으로 불법뇌물을 주었다고 보고한다. 미국증권거래위원회는 벌금으로 5천만 불을 부가한다.[133]

국제상공회의소International Chamber of Commerce와 국제투명성기구Transparency International는 각각이 뇌물에 반대하는 자발적 행동 규범을 발전시켰고 영국 정부는 기업들이 무기 생산과 무기 거래에 대한 유사한 자발적 규범을 도입할 것을 독려하였다. UN 반부패 협약은 2005년 강제력을 가지게 되었다. 이 협약은 140개 국가가 참여하였고 그중 80개국이 비준하였다. UN 반부패 협약은 선진국과 개발도상국 모두에 해당하며 공적,

---

[131] H. Williamson and Peel, M. (2007).
[132] See the UK Bribery Act, http://www.fco.gov.uk/en/global-issues/conflict-minerals/legally-binding-process/uk-bribery-act
[133] *New York Law Journal*, 4 January 2007.

사적 부패 그리고 뇌물 공여자와 수수자 모두 대하여 국가의 개입을 요구한다. 이 협약은 또한 협력 수사, 범죄자 인도, 법적 및 기술 지원, 정보 공유와 같은 국제 협력을 독려하고 북반구 은행들에 은닉된 수백만 달러의 자금을 회수하는 것과 같은 자산 반환 그리고 제보자 보호를 제공한다.

마지막으로, 테러 조직으로 의심되는 금융 계좌를 추적하고 압수하는 국제적 노력은 규제는 정치적으로 불가능하다는 이전의 주장을 거짓으로 만든다. 북반구의 정부들은 은행들과 조세도피처들이 부패에 공조하지 못하도록 방지할 수 있었다. 이것은 대형 민간 기업들의 시민적 책임이며 안정적이고 민주적인 세계의 국가들이 장기적인 번영을 확보할 수 있도록 해준다.

초국적 기업들의 거버넌스는 책임성 있는 기업과 없는 기업 모두를 파악하여 최소한 책임성 없는 기업들이 개발에 대한 외국 무역과 투자의 공헌을 손상 시키는 과정에서 노동자, 공동체 그리고 환경을 학대하여 얻은 불공정한 이윤을 취득하지 못하게 할 수 있다. 국가의 이익을 위하고 (3부 참조) 부패에 대한 관용을 보여주지 않음으로 외국 투자와 무역을 효과적으로 관리하고 규제해야 하는데 (지속적으로 논의되었음) 이를 위한 국가의 역할을 재건하기 위해서는 국제적 차원에서 다음과 같은 단계들이 필요하다.

- 책임성: 초국적 기업들에게 첫 번째 단계는 수적으로 대단히 작은 자신들이 직접 고용한 노동자들뿐만 아니라 자신들이 영향력을 미치는 사람들에 대한 책임감을 받아들이는 것이다. 초기에는 이것을 거부하였던 대부분의 대형 의류 브랜드들도 오늘날에는 제조 공장에서 노동 조건에 대한 책임성을 받아들이고 있다.
- 기업의 사회적 책임corporate social responsibility에 대한 인정은 현재

개발도상국의 빠르게 성장하는 몇몇 국내 기업에서 퍼져나가고 있다. 이코노미스트Economist에서 실시한 2008년 조사에 따르면 기업의 사회 책임 의식이 브라질과 인도에서 싹트고 있고 중국에서는 그 중요성이 날로 커지고 있다. 그러나 브릭 BRIC 국가 중 러시아에서는 아직 찾아보기 힘들다.[134] 홍콩에서 옥스팜은 캄보디아와 인근 국가에서 의류 공장을 운영하고 있는 의류 회사 중 사회적 책임에 대해 인식하기 시작한 기업들과 정기적인 대화를 하고 있다. 인도네시아에서, 유니레버는 소농, 공급업자, 유통업자뿐만 아니라 피고용자들에게 미치는 영향을 알아보고자 그들의 '빈곤 발자국poverty footprint'을 탐구하는 획기적인 연구를 옥스팜과 함께 실시하였다. [135]

- 투명성: 기업이 책무성을 지니기 위해서는 사회 및 환경적 정책의 영향과 같은 문제들에 대한 정보를 먼저 제공해야만 한다. 나이키는 2004년 전 세계에서 상품을 공급하는 공장 목록을 공개하였을 때 새로운 개척자가 되었다. 데이터를 수집하고 보고 하는 방법은 수없이 많다. 특히 지구적 보고 체계Global Reporting Initiative는 점차적으로 정교해졌고 지금은 여러 산업에서 앞서가는 기업들이 공통적으로 사용되고 있다.[136] 투명성의 일반 원리 역시 국가적 그리고 국제적 차원에서 기업의 로비 활동에까지 확장되어야 한다.

- 모니터링과 검증: 기업들이 투명해지기 위해서는 보고를 할 만한 가치가 있는 무엇인가를 가지고 있어야만 한다. 많은 경우, 기업들은 어떻게 관련된 사회적, 환경적 데이터를 수집할 것인가를 학습만 하고 있는데 (유럽의 한 대형 의류 소매상이 자신이 판매하는 의류들이 어디서 생산되는가를 아는 데만 2년이 소요되었

---

[134] D. Franklin (2008).
[135] J. Clay (2005).
[136] http://www.globalreporting.org

다) 또한 그렇게 하기 위한 건전한 시스템을 발전시킬 분명한 이유가 있다. 동종 업계와 다른 전문가들로부터 학습을 하는 것은 중요하다. 윤리적 무역 운동Ethical Trading Initiative은 주로 슈퍼마켓과 의류 부문의 회사들, 노조, 그리고 NGO를 한군데 모아 세계 공급 사슬에서 노동권을 촉진하고 모니터링하며 독립적으로 확진하도록 하고 있다.137

- 법적 보고 의무화: 자국 정부가 기업의 활동 영향을 모니터링하고 발견하게 된 사실을 보고하도록 기업에 압력을 넣는 것은 기업의 실적을 향상시키고 학대를 줄이는 데 크게 도움이 될 수 있다. 영국에서 기업들이 '비재무 위험'이라 불리는 자체 평가 출간을 의무화하는 법의 변화는 연기금과 같이 자신이 투자하는 기업이 명성에 상처를 받지 않도록 하거나 사회적 환경적 문제를 등한 시하여 장기적 발전에 해가 되지 않도록 보호하는 것과 같이 장기 투자자들의 노력이 활발해졌다.

- 경쟁법: 몇 개 되지 않는 세계적 기업에 의한 수많은 시장 장악이 증가하고 있음을 볼 때 어떠한 형태로든 지구 경쟁에 대한 관리가 필요하다는 강력한 주장이 있다. 이론상으로는 이러한 관리는 세계무역기구에 자리 잡을 수 있지만 많은 개발도상국들은 개발의 결과를 향상시키려는 관심보다는 시장 접근성의 향상을 바라는 초국적 기업들의 욕구가 이 논의를 이끌고 가려 하고 있다고 주장한다. 그 결과, 경쟁은 2004년 도하 회의에서 빠지게 되었다. 아마도 UN 시스템 안에 자리 잡게 될 별도의 세계 경쟁 관리가 더 신뢰를 받게 될 것이다.

- 법적 책임: 기업이 1984년 인도 보팔Bhophal의 유니온 카비드Union Carbide에서의 가스 누출 사고로 2만 명가량의 사람들이 사망하고 10만 명에게 평생의 상처를 남긴 사건과 같은 심각한 문제를 일으켰을 때 기업은 사건을 일으킨 국가에서 법적 책임을

---

137 http://www.ethicaltrade.org

져야 하는가 아니면 모국에서 법적 책임을 져야만 하는가? 국가들은 미국의 외국인 불법행위 배상 청구법US Tort Claims Act의 예를 따를 수 있는데 이 법은 희생자들이 회사의 모국에서 소송을 제기할 수 있도록 한다. 이는 특히나 법적 규정이 약할 경우 중요하다. 다른 경우, 부국에서 피해 사례들을 모아 피해국 법원의 판결을 강화할 수 있다.

박스 5.3

기업의 책임성 혹은 책무성?
자율성 vs 규율

대부분의 비즈니스는 자율적 방식에 의한 자기 규율을 통하여 성취될 수 있는 기업의 책임을 주장한다. 다른 한편 시민 사회 조직들은 특히나 자신의 생명이 기업의 활동에 직결된 광산으로 소개된 이들, 노동 착취 현장에서 적절한 노동 조건을 거부당한 여성들, 자신의 생산물 가격으로는 생계가 어려운 농민들과 같은 이들에 대한 기업의 책무성을 요구한다.

자발적 활동은 향상된 행태를 약속하는 초국적 기업의 홍보로부터 기업과 관계된 단체들이 포함되어 개발 가이드라인, 모니터링 그리고 문제 극복에 참여하는 '다중 이해 관계자' 활동까지를 모두 포괄한다. 이것 중에는 윤리적 무역 운동이나 지속 가능한 팜 오일 라운드테이블Roundtable on Sustainable Palm Oil과 같이 독립적으로 활동하는 것도 있지만 UN 글로벌 콤팩트Global Compact[138]와 같은 정부 간 활동을 하는 기구들도 있다.

더 효과적인 시행 방안은 독립적 형태의 모니터링과 기업의 주장과 시행을 검증하고 거기에 더하여 국제 노동 기구나 UN 인권법과 같은 국제적 표준에 명백히 연계된 활동을 하는 것이다. 기업의 책임 있는 활동은 기업의 부서뿐만 아닌 이사회나 최고경영자가 그 활동을 견인할 때 그리고 '부가적인 윤리 활동'에 머무르는 것이 아니라, 비즈니스의 핵심 영역에 변화를 가져올 때 더 효과적일 수 있다. 예를 들면, 소매업자들은 매시간 의류나 다른 상품을 빠른 회전율로 주문을 하는 것과 공급 사슬의 맨 마지막에 위치한

---

138 역자 주 - 코피 아난 전 UN사무총장의 주도로 2000년 출범한 기업의 사회적 책임(CSR)에 관한 자발적 국제협약.

노동 조건에 대한 책무성을 가져야 하고 제약 회사들은 대중이나 정부의 압력에 대하여 임시적인 양보를 하는 것이 아닌 부국과 빈국에 다른 가격 정책을 가질 필요가 있다.

자발적 시행은 비즈니스가 기업의 책임성을 적절히 수행하도록 독려함에 있어 중요한 역할을 한다. 또한, 자발적 시행은 법적 체계에도 영향을 미칠 수 있다. 예를 들어, 선도 기업들이 정부를 대상으로 로비를 하여 후발 기업들이 보고를 하도록 요구하는 규정을 만든다면, 불공정한 경쟁우위를 얻는 것을 방지할 수 있을 것이다. 영국에서 윤리적 무역 운동은 정부를 성공적으로 로비하여 영국 농장과 포장 공장에서 이주 노동을 조직한 '악덕 고용주'에 대한 규제를 도입하였고 최저 노동 기준을 강제할 수 있었다.

규제 체계와 그것을 강제할 역량이 약한 개발도상국에서는 비즈니스와 연계된 지구 거버넌스의 부재를 해결해야 한다. 자국과 외국에서의 비즈니스에 이중 기준이 있어서는 안 된다.

출처: www.unglobalcompact.org; for a dauntingly comprehensive guide to global business and human rights, see: www.business-humanrights.org/Home

UN은 기업이 처벌받지 않는 시대는 종결되었다고 본다. UN 비즈니스와 인권 특별 대표부는 다음과 같이 주장한다. '기업들은 점차적으로 국제법하에서 권리와 의무를 지닌 국제적 차원 '참여자'로 인식되고 있다.'[139] 특별 대표인 존 루기John Ruggie 교수는 UN 인권 위원회가 수용하였지만 기업의 실천은 여전히 정착되지 않은 비즈니스와 인권 체계에 대한 '보호, 존중 그리고 치유'를 주장한다.

악법을 폐기하는 것은 좋은 법률을 만드는 것만큼이나 도움이 되는데 쓰레기통으로 사라져야 할 두 가지 법률 후보 중 하나는 세계무역기구의 무역 관련 투자조치와 무역 관련 지식재산권 협의인데 두 가지 모두 개발도상국들이 산업 정책을 효과적으로 사용하는 능력을 심각히 저해한다. 세계 기업세를 만들려는 협의는 빈곤국들이 '하향 질주race to the bottom'

---

[139] J. Ruggie (2007).

피하고 대신 공공서비스와 인프라 기금을 조성하는 적절한 세수를 받도록 보장한다.

개발도상국에서 초국적 기업들의 영향을 향상하려는 노력의 핵심적인 사항은 초국적 기업들이 효과적인 국가와 능동적인 시민권을 세우려는 노력을 강화하거나 침해하는가에 달려있다. 그것이 가능한 곳에서, 초국적 기업들은 자국의 시민들에 대한 책무성을 가지고 또한 강력한 국가 정부에 의해 규제되어야만 한다.

최상의 시행 방안은 이미 이렇게 구현되고 있다. 국제노동기구 핵심 조약에 기반을 둔 공급 사슬 방안은 종종 적대적 상황에서도 노동권과 노조의 발언권을 강화한다. 채취산업 투명성 방안Extractive Industries Transparency Initiative은 자원이 풍부한 국가들이 석유, 가스, 광물 수익과 지출을 모두 공개하고 검증받으며 시민 사회 감시단체들이 정부가 자연 자원 수익으로 무엇을 하는지를 모니터링하는 데 필요한 정보를 제공하여 거버넌스를 향상시키는데 도움을 준다.[140] 윤리무역운동에 참여하는 기업들은 방글라데시에서 로비를 하여 노동 조사의 질을 향상시켜왔다.

이러한 변화의 동력은 노동자, 노동 활동가, NGO뿐만 아니라 투자에 대한 장기적 발전 가능성에 대하여 관심을 가지고 있는 기관 투자자들을 포함한다. '주주 옹호'라 불리는 것은 개개 기업 및 국가 차원에서 모두 발전을 가져오는데 중요한 분야가 되었다. 미국에서 전례 없이 의결권의 92퍼센트를 획득한 주주 결의는 금광계의 거대 회사인 뉴몬트Newmont사가 '지역 공동체에 의하여 지금 반대되거나 반대될 가능성이 있는 기업의 정책과 행태'에[141] 대하여 검토하는 독립적인 지구적 평가 위원회를 설립하도록 하였다.

---

[140] http://eitransparency.org
[141] Oxfam America (2007) 'Newmont Mining Company Background'.

세계화는 전에 없었던 상품, 서비스, 지식 그리고 인력의 무역 확장을 이끌어 왔다. 이러한 흐름은 언제나 어떠한 규정의 대상이 되는데, 심지어 자유 시장들도 규정이 필요하고, 전 지구 시스템은 자유 시장과는 거리가 있다. 그러나 규정은 협상과 정치로부터 등장한다. 협상과 정치는 논리 구사나 인간 행복의 극대화 그 이상인 권력 투쟁의 산물이다. 이러한 투쟁에서, 강자인 기업과 정부는 자신의 이익을 약자를 희생시켜 얻으려 할 가능성이 크다.

국제 무역과 투자의 조작된 규정을 바로잡는 것은 개발을 위한 전 지구적 거버넌스가 작동하도록 하는데 중심적인 역할을 한다. 이 시스템은 몇몇 분야에서는 세수나 이민과 같은 더 많은 규정이 필요하고 지식재산권과 같은 다른 분야에서는 규정이 약화 될 필요가 있다. 규정을 바로잡고 강화하는 것은 권력의 불균형을 바로 잡을 역량이 있어 세계 협상을 이끌어 내고 밑바닥에서부터 개발의 이익을 극대화하기 위하여 민간과 협력할 수 있는 능동적 시민, 북반구와 남반구, 그리고 적극적이고 효과적인 정부의 결합이 필요할 것이다. 그래야만 세계화의 힘이 공평하고 지속 가능한 성장을 실현할 수 있을 것이다.

국제 원조 시스템

몇 년 전 말라위에서는 간호사 자리의 60퍼센트가 공석이었고, 많은 지역에서는 의사가 아예 없었다. 낮은 급여와 열악한 노동 환경으로 직원들이 급격히 떠나, NGO, 민간 병원이나 다른 분야, 심지어 해외로까지 일자리를 찾아 나갔다.

대부분의 개발도상국뿐만 아니라 몇몇 부국에서도 마찬가지로 이러한 익숙하고 해결하기 어려운 위기는 적정한 원조의 유입으로 빠른 시간 내에 변모될 수 있다. 예산의 90퍼센트를 영국 및 AIDS, 말라리아, 결핵과 싸우는 글로벌 펀드Global Fund로부터 받는 말라위 보건부는 5천 4백 명의 현장 보건 인력의 월급을 50퍼센트 인상하였고, 700명의 새로운 직원을 고용하였으며 훈련 학교와 교관을 증원 및 재교육하고, 해외 자원봉사자들로 특별 관리가 필요한 곳에 인력을 충원하였다.

말라위 수도인 리롱웨Lilongwe의 카무주 중앙 병원Kamuzu Centra Hospital의 원장인 다미슨 카티욜라Damison Kathyola는 다음과 같이 말한다. "2003년 간호사들의 사임은 일주일에 한두 명이었습니다. 이것은 충격이었지요. 우리가 장려금 제도를 실시하자 이는 한 달에 한두 명으로 줄어들었습니다."142

부국에서 빈국으로의 원조는 빈곤과 고통을 해결할 수 있고 빈국이 필

---

142 Oxfam International and WaterAid (2006).

요로 하는 수백만의 교사와 보건 노동자 및 깨끗한 물에 예산을 투입하며 빠른 경제 성장을 도울 수 있는 노하우와 자본의 투입을 제공할 수 있다. 원조의 가장 눈에 보이는 성공은 보건 분야에서 나타났다. 백신은 천연두를 박멸하고 1999년에서 2005년까지 홍역으로부터 750만 명의 생명을 구했다.[143] 더 많은 어린이들이 이전에 없었던 예방접종을 받고 있는데, 최근 매년 1억 명 이상의 어린이들이 접종을 받고 있다.[144] 기록된 역사에서 처음으로 매년 죽어가는 어린이의 숫자가 1,000만 명 이하로 줄었고, 이는 깨끗한 물과 위생시설에 대한 향상된 접근, 늘어난 예방접종 그리고 필수 보건의 통합적 관리 덕분이다.[145]

더 거시적으로는 오늘날 성공적인 국가 중 다수는 전후 유럽을 변화시킨 미국 마셜 계획과 같은 원조의 유입으로 발전이 시작되었다. 원조는 보츠와나, 대만 그리고 남한의 초기 발전 기금을 지원하였고 EU 구조 기금은 아일랜드와 스페인의 변화를 견인하였다.

원조는 부자 지역, 부국 그리고 부자들의 재산을 가난한 이들에게 재분배하고 궁핍과 싸우며 질병 관리와 환경 보호와 같은 지구 공공재에 투자하지만, 원조 자체로 이러한 성과를 거두지는 못한다. 잘 기획된 원조 프로그램은 효과적 국가와 능동적 시민을 강화하여 국가와 지역의 개발 노력을 지원하고 완성한다. 반대로, 소홀히 기획된 원조는 국가와 시민과 경쟁하거나 심지어 그들을 약화한다.

원조의 공식 이름인 해외 개발원조는 제2차 세계 대전 이후 탈식민주의와 전후 복구로부터 나타난 비교적 최근에 일어난 현상이다. 해외 개발원조의 탄생은 종종 1949년 미국 트루먼 대통령의 취임 연설과 연관되어

---

[143] Wolfson, L. et al. (2007).
[144] WHO, UNICEF and World Bank (2009).
[145] WHO, UNICEF, UNFPA and World Bank (2010).

있다. 그 연설에서 그는 다음과 같이 선언한다. "역사상 처음으로 우리는 비극 속에서 살아가는 지구 절반 사람들의 고통을 해결할 지식과 기술을 가지고 있습니다." 전쟁 기간과 전후에 여전히 오늘까지 국제 원조를 이끌어 가고 있는 UN, 세계은행, 국제 통화 기금 그리고 국제 NGO들이 만들어졌다.

원조는 열정을 불러일으킨다. 열정적인 주창자들은 원조를 '현대를 만든 위대한 사건'이라고 보고 '빅 푸시big push'는[146] 가장 저명한 원조 지지자 중 하나인 제프리 삭스Jeffrey Sachs가 쓴 책의 제목이기도 한 '빈곤의 종말end of poverty'을 가져올 수 있다고 주장한다. 유사하게 열정적인 비관론자들도 트루먼 대통령의 1949년 연설이 60년 후의 세계의 상태를 그대로 반영하였다는 점을 지적한다. 1960년 이후[147] 3조 9천억 달러에 다다르는 원조가 이렇게 작은 효과를 가져왔다면 원조는 거의 아무것도 한 것이 없다고 그들은 주장한다.[148] 양쪽 진영에서 저명한 경제학자들은 상반된 수치와 결론을 제시한다. (표 5.2 참조) 다른 이들은 냉전 동맹에 기반을 둔 원조의 분배가 형태를 달리하여 개발 요구와는 관계없는 '테러와의 전쟁' 지원에 기반을 둔 모습으로 변하였다고 주장하며 원조를 자기 욕심과 외국 정책이 이끌어 가는 것으로 본다.

심지어 원조 지지자들도 원조가 세계의 소득 분배에서 극심한 불평등 균형을 맞추기 위한 합리적이고 관대한 태도로 볼 수 있는지 또는 정의의 문제로서 식민주의, 제국주의 그리고 오늘날의 불공정한 무역과 금융으로

---

[146] 역자 주 - big push 이론은 대표적으로 로젠슈타인-로단Rosenstein-Rodan과 같은 학자들의 입장으로 사회 모든 분야의 빈곤 원인들이 악순환을 일으키는 것을 막기 위하여 발전 초기 단계에서부터 충분한 양의 개발 투자가 모든 분야에서 이루어져야 한다고 주장한다.
[147] 계수는 다음에 기초함. http://stats.oecd.org
[148] W. Easterly (2006).

인해 발생한 문제들에 대한 보상이 될 수 있을지에 대해서는 서로 다른 입장을 가지고 있다.

동기가 무엇이든, 국제 원조 시스템의 목적은 1990년대 잇단 UN 정상 회담이 부, 물, 교육 그리고 교육과 2000년 특별 정상 회의에서 합의된 새천년개발계획Millennium Development Goals에서 (표 5.1 참조) 제시한 것들을 성취하는데 필요한 필수적인 사항들에 대한 가난한 이들의 접근성을 향상시키는 것이다. 정상회의들은 원조를 늘리고 원조가 빈곤과의 싸움에 집중해야 한다는 주장을 강화하는 선례 없는 국제적 합의를 제공하였다. 쥬빌레 2000Jubilee 2000과 빈곤에 대항하는 지구 행동 요청Global Call for Action against Poverty을 포함하는 많은 전 지구적 운동들은 정치적 차원의 개발 문제를 제기하고 그것에 대한 정치적 보상을 향상시켰다. AIDS 위기는 대중의 관심을 환기해 미국과 전 세계적으로 많은 양의 기금과 새로운 양자 기금이 조성되었다. 새천년개발계획은 2015년을 목표로 하고 있고 지금은 이후 이를 대체할 것들에 대하여 논의 중에 있다.[149]

표 5.1 새천년개발계획

목표	핵심 과제
1. 절대 빈곤과 기아 퇴치	2015년까지 하루 1달러 이하로 살아가는 사람들의 수를 절반으로 감소시킨다. 2015년까지 기아로 고통받는 사람들을 절반으로 감소시킨다.
2. 보편적 초등교육 달성	2015년까지 전 세계 모든 어린이들이 초등교육 전 과정을 마칠 수 있게 한다.
3. 양성평등과 여성 역량 강화	2005년까지 초등, 중등 교육에서 2015년까지 모든 수준의 교육에서 성별 불균형을 없앤다.

---

[149] C. Melamed and A. Sumner (2011).

4. 유아 사망률 감소	2015년까지 5세 미만 유아 사망률 2/3를 감소시킨다.
5. 모성 건강 증진	2015년까지 여성의 임신 관련 사망률을 25퍼센트 감소시킨다.
6. HIV/에이즈, 말라리아 등 기타 질병 퇴치	2015년까지 HIV/AIDS의 확산을 멈추게 하고 감소시킨다.
7. 환경적 지속 가능성 보장	2015년까지 안전한 물과 기본 위생 환경에 대한 접근을 못 하는 이들의 수를 절반으로 줄인다.
8. 개발을 위한 국제 파트너십 구축	비차별적이고 규정에 기반을 둔 무역 시스템을 발전시키고, 더 관대한 원조를 제공하고 부채 문제를 포괄적으로 다룬다.

국제 NGO

옥스팜과 같은 국제 NGO들은 재정적인 측면에서 보자면 전체 원조 시스템에서 작은 부분을 차지하고 있지만 이들의 발언권은 개발 논의에서 더욱 인정받고 있다.[150] 대부분의 NGO는 선진국인 부국에 본부를 두고 대중과 정부를 대상으로 모금을 한다. 그들은 갈수록 영향력이 강해지는 남반구에 기반을 둔 NGO들과의 협력을 통해 일을 한다. 이들은 BRAC이나 SEWA와 같이 현장에서 프로그램을 운영하거나 제3세계 네트워크 Third World Network나 남반구 집중 Focus on Global South과 같이 옹호 활동을 한다.

공적 개발원조와 마찬가지로 국제 NGO들은 비교적 최근에 나타난 현

---

[150] 'NGO'는 어색하고 부정확한 용어로, 그 조직이 무엇인가가 아니라 무엇이 아닌가를 표현한다. 이것은 일반적으로 개발, 인권, 환경 활동에 포함된 제 3섹터나 자발적 조직의 하위 부문에 속한다. 이들 중 대부분은 지역에서 활동하는 반면, 일부(옥스팜이나 세이브 더 칠드런 펀드와 같은)는 국제적인 규모가 되었다.

상이다. 예를 들어, 옥스팜은 1942년에 설립되었다. 기본적으로는 일반 대중의 기부로 일을 하는 국제 NGO들은 세 가지 이유에서 정부의 원조 기구와 구별된다. 첫째, 국제 NGO들은 비교적 국가의 지리 이해관계에서 독립되어 있다. 둘째, 그들은 일반 시민들이 (특히 북반구의 시민들) 빈곤 및 불평등과의 싸움에 지지자로, 자원봉사자로, 혹은 기부자로 참여할 기회를 제공한다. 셋째, 국제 NGO들은 현존하는 제도 구조로부터 배제된 개발도상세계의 시민들과 정부보다 더 효과적으로 협력할 수 있다.[151]

주요 국제 NGO들은 제2차 세계대전에서 승전한 미국, 영국, 프랑스와 같은 국가들에 기반을 두고 있고 지구 거버넌스의 제도에서 우위를 점하고 있다는 사실은 주목할 만하다. 그 다음으로는 전 식민지 경영 국가들(네덜란드, 벨기에, 이탈리아, 독일, 스페인, 일본)에 기반을 둔 국제 NGO가 있고 개발도상세계에서 역사적으로 연계성이 없는 부유한 국가들(캐나다, 호주, 뉴질랜드)의 NGO가 있다.

1980년대 주요 국제 NGO들이 정부 기금으로 일을 하기 시작하고 에티오피아 기아와 같은 인도주의적 재앙에 대하여 막대한 기부를 하며 이들은 대거 성장을 하게 되었다. 성장을 하며 규모, 전문성, 관계, 활동의 다양성이 커졌다.

개발 문제와 관련하여 국제 NGO들에 대한 정부의 전체 지원 금액은 2003년 3억 7천 9백만 달러에 추산되지만 그보다 10년 전에는 3배가 넘었다. 그동안 자신의 지역 내에서 활동하던 NGO들은 그 금액의 4배를 받았다.[152] 국제 개발 기금Development Finance International에 따르면 2008년 NGO와 재단으로 나온 전체 금액은 연간 230억 5천만 달러로 공적 정부 원조의 1/5에 해당하는 것으로 추산된다.[153]

---

[151] D. Lewis (2007), p.133.
[152] See OECD Development Assistance Committee data, http://www.oecd.org/dac

원조의 양

많은 원조가 전통적으로 지정학적 동기에서 나온다는 것을 반영하며 원조의 양은 냉전이 끝나자, 2000년에는 580억 달러 미만으로 줄어들었다. 그러나 2010년에는 최고 수준인 전 세계 원조가 1,290억 달러에 다다랐다.154 이것은 2008~9년 공여국의 금융 위기를 생각해 보면 더 놀라운 일이라고 볼 수 있다. 그러나 세계은행은 지난 30년간 공여국들의 24번의 금융 위기를 제시하며 경고를 하고 있다. 세계은행은 원조가 위기가 시작된 후 2~3년간 평균적으로 상승했고 10년간 급속도로 줄어들며 위기 후 17년간은 위기 전 수준으로 회복되지 않는다. 이 글을 쓰는 시점은 급속히 원조가 줄어드는 시작점이 되었고 많은 정부들이 자신들이 한 원조 약속을 저버리고 있다.155

9.11 테러 이후 높아진 국제 안보 이슈는 이라크와 아프가니스탄에 원조 금액을 늘리는 역할을 하였다. 부시 대통령의 정책 기획국장인 리처드 하스Richard N. Haass는 다음과 같은 발언을 9.11 테러 후 몇 개월 있다가 하였다. "테러리즘에 대항한 지구적 캠페인의 활동으로 우리는 효과적인 해외 원조도 포함해야만 한다."156

2005년 부국들은 2010년까지 원조를 500억 달러까지 높이기로 약속하였고 그중 반이 아프리카를 위한 것이었다. 유럽 정부들은 이러한 약속들의 최대 몫을 맡기로 하고 2010년까지는 국가 총수익의 0.51퍼센트를 원

---

[153] M. Martin (2012) Correspondence with Development Finance International personnel.
[154] OECD 원조 통계. http://www.oecd.org/document/49/0,3746,en_2649_34447_46582641_1_1_1_1,00.html
[155] Oxfam International (2011) 'Cooking the books won't feed anyone: The 8 shamefully try to cover their tracks on broken promises'.
[156] Speech at the Chicago Council of Foreign Relations, 26 June 2002.

조 목표로 하였고, 2015년까지는 GNI의 0.7퍼센트까지를 설정하였다. (이 합의의 배경을 보기 위해서는 변화는 어떻게 일어나는가: 2005년 글레니글스 Gleleagles 협약 참조) 공여국들은 500억 달러 인상분의 320억을 동원하였고 '창조적인 계산법'으로 이를 490억 달러처럼 보이게 하였다.[157]

지난 10년간 중국, 인도, 브라질, 남아공, 러시아, 베네수엘라, 사우디아라비아를 포함한 새로운 공여국들이 등장하였고 원조 세계에서 중요한 부분을 차지하고 있다. 위 공여국들로부터의 원조는 2005년 46억 달러에서 2009년 104억 달러로 두 배가량 늘어났다. 중국은 연간 15억 에서 20억 달러를 원조로 제공하는데 이중 절반이 아프리카로 간다. 아프리카 정부들에게 중국 원조는 인기가 높은데 세네갈 대통령 압둘라예 와데Abdoulaye Wade가 EU와의 팽배한 협상 도중 다음과 같이 설명하였다. "내가 세계은행이나 다른 국제 금융 기구들과 5킬로미터 도로를 건설을 논의할 때는 최소 5년이 걸립니다. 1년 동안 회의를 하고 또 1년씩 오가며 회의를 하고 나머지 일 년은 무얼 하는지 모릅니다. 그러나 중국과 할 때는 할지 안 할지를 정하는데 며칠 걸리지 않습니다. 중국에서 팀을 보내면 우리는 사인을 합니다."[158]

새로운 공여국과는 별개로 빌 & 멜린다 게이츠 재단Bill & Melinda Gates Foundation과 같은 자선 기업가들도 참여하였다. 국제 민간 자선사업의 규모는 추정하기 어렵지만 매년 70~95억 달러로 추산되고 그중 게이츠 재단은 25억 달러가 된다.[159] 유사한 규모는 아니지만 국제 NGO들도 이전 보다 훨씬 많은 돈을 집행하고 있다.

정치적으로 새로운 공여국의 등장은 빈곤국의 협상력을 강화하고 따라

---

[157] Ibid.
[158] A. Bounds and P. Wise (2007).
[159] M. Edwards (2011).

서 그들이 받고 있는 원조에 피해가 되는 조건은 피할 수 있는 역량이 강화된다. 동시에, 인권과 정부 개혁에 대한 압력을 가하던 기존 공여국들을 약화시킨다. 그러나 2011년 한국 부산에서 열린 원조 효과성에 대한 고위급 회담은 중국과 다른 공여국들이 자신의 원조 프로그램에 대하여 언급을 꺼리며 결론을 내림으로써 신-구 공여국들의 새로운 지구 파트너십은 긴장 관계로 매듭이 맺어지게 되었다.[160]

원조의 질

좋은 원조는 삶을 변화시킬 수 있지만 나쁜 원조는 개발을 약화시킨다. 원조를 공여하는 이들은 언제나 자기 이익, 오만 그리고 이타심이 섞인 동기를 가지고 있다. 안타깝게도 원조를 집행하는 우선순위와 방법을 결정해야 하는 순간이 오면 경험이 많고 헌신된 원조 실무진들은 국내 정치나 지정학적 계산법에 의해 지배를 당하게 된다. 미국 원조 프로그램의 분석에 따르면 미국 원조 총액의 1/3은 이스라엘과 이집트로 가는데 양국 모두 저소득 국가가 아니며 원조액의 많은 부분은 무기를 사는 데 쓰인다.[161]

최소한 양자 원조의 20퍼센트가 구속성이고 그중 대부분은 미국, 독일, 이탈리아, 일본이 공여한 것인 것, 이들은 자신의 원조로 자신의 상품과 서비스를 구매하는 데 사용하라고 주장한다.[162]

---

[160] O. Barder (2011).
[161] US Census Bureau, The 2012 Statistical Abstract, http://www.census.gov/compendia/statab/cats/foreign_commerce_aid/foreign_aid.html
[162] ActionAid (2011).

표 5.2 원조에 대한 세 가지 거시적 관점: 삭스, 이스털리, 그리고 콜리어 비교

원조 낙관주의자 : 제프리 삭스Jeffrey Sachs (빈곤의 종말 End of Poverty)	원조 비관주의자: 윌리엄 이스털리William Easterly (백인의 짐White Man's Burden)	폴 콜리어Paul Collier (10억의 밑바닥 인생The Bottom Billion)
핵심 주장: 진단		
원조 낙관주의: 극단적 빈곤은 한 세대 안에 사라질 수 있다. 빈곤의 덫: 빈곤 그 자체가 기본 서비스에 대한 투자를 감소시켜 가난한 이들의 자본금을 고갈시켜 더 깊은 빈곤으로 빠져들게 한다. 적대적 지정학: 동떨어져 있고 내륙국이며 혹은 산악 지역인 국가는 거대한 추가적인 장애를 대면하게 된다.	원조 비관주의자: 원조는 실패한다. 왜냐하면, 원조는 책무성의 구조와 원조를 받는 이들의 피드백이 없이 위에서 아래로 계획을 하달하기 때문이다. 원조는 개발이나 빈곤 감소와는 관계가 거의 없는 왜곡된 인센티브를 제시한다. (이는 당신이 얼마를 지출할 수 있는가에 따라 승진이 이루어지는 것과 같다) 위에서 아래로 '계획'을 하는 것과 반대로 아래서 위로 '탐구'하는 것은 주민들이 무엇을 원하는지를 알 수 있고 그것을 시장 메커니즘을 이용하여 공급한다. 탐구자는 현장 상황에 명민하게 적응하고 소비자들을 만족시킨다. 그들은 인센티브와 책무성을 이해한다.	네 가지 '덫'이 십억의 사람들은 지구적 번영으로부터 소외를 시키고 있다: 분쟁의 덫, 너무 적은 것이 아니라 너무 많은 것이 문제인 자연 자원의 덫; 나쁜 이웃에게 둘러싸인 내륙국; 나쁜 거버넌스. 콜리어는 이것들을 다루기 위하여 네 가지 도구를 이용한다. 원조, 군사 개입과 같은 안보, 국제법과 헌장, 무역 정책
핵심 주장: 해결책		
부국들에 가능한 원조 투입. 농업, 교육, 보건, 물과 위생시설, 통신, 교통과 같은 기초 서비스를 목표로 하여 빈곤의 덫에서 벗어	'큰 계획'이 있는 것은 아니지만 몇 가지 원칙은 있다. 원조 참여자들이 책무성을 갖도록 하고 무엇이 제대로 작동하는지를 찾아	가장 어려운 환경에 집중한다. 더 많은 위험과 높은 실패를 수용한다. 유연하고, 초기에 개혁의

남. 그래서 가난한 이들이 자신의 힘으로 저축을 하고 투자하며 번영을 한다. 삭스의 목표는 아프리카에서 선별된 마을에서 통합적 농촌 개발 프로젝트인 '새천년 마을 프로젝트 Millennium Villages Project'를 통하여 이러한 생각을 실천에 옮기는 것이다.	보게 하는 것이다. 수혜자들로부터 피드백을 받고 과학적인 테스트에 기반하여 평가를 한다. 성공의 경우 상을 주고 실패하는 경우에는 벌을 준다.	기회를 잡는다.
강점		
원조 논쟁을 둘러싼 회의주의에 반대하는 강력한 원조 옹호. 삭스 스스로가 영감을 주고 지치지 않으며 열정적이고 격정적인 특별한 원조 대사이다. 원조를 개혁 옹호자: 수혜국이 발전시키는 국가 빈곤 전략은 새천년개발계획에 필요한 투자와 예산을 파악한다. 예산을 채우기 위하여 공여국들 간의 조율이 필요하다. 차관이 아닌 무상 원조 장기적이고 예측 가능한 원조 투자 결정의 분산화 다양한 배경에서 역할을 해온 기초 기술과 개입을 강조 부패, 과거의 실패, 권위주의적 정부 그리고 문화에 대한 반 원조 주장들에 맞선다.	원조를 부국에서 빈곤국의 빈곤을 끝내기 위하여 일방적으로 가는 것으로 보는 '원조는 우리에게 달려 있다'는 시각에 대하여 의구심을 가지고 있다. 수혜국에 대한 책무성을 공여국이 가질 필요가 있다는 점을 강조한다. 원조와 정부 공무원들의 행태를 결정함에 있어 인센티브 시스템의 중요성을 분명히 한다. 위에서 아래로의 구조 조정, 충격 요법, 원조의 조건을 올바로 잡는다. (이스털리는 한때 세계은행 내부에서 일을 하였다) 그의 일반적인 주장과 책의 제목과는 반대로 그의 주장의 속뜻은 '원조를 금지'하는 것이 아닌 '더 나은 원조'와 어떻게 이를 성취할 것인가에 대한 몇 가	원조에 대하여 삭스와 이스털리의 중간에 위치하지만 원조 회의주의인 이스털리에 가깝다. 원조를 언제 주고 언제 주지 말아야 하는지 그리고 재정 형태로 혹은 기술적 지원 형태로 해야 하는지에 대한 좋은 논의를 하였다. 빈곤에서 벗어나도록 전후 재건의 순간을 이용하는데 더욱 창조적일 필요가 있으며 시에라리온의 경우와 같은 군사적 개입의 예를 포함하여 개발과 분쟁의 상관관계에 가장 강한 점을 보인다. 또한 아프리카 내륙국의 특별한 문제들과 제한된 해결방법에 대한 설득력 있는 주장을 한다.

		지 좋은 아이디어들을 펼친다. 그는 개발을 촉발할 수 있는 개발 도상 국가들의 고유 창조성에 대한 깊은 이해를 하고 있다. 기초적 수준을 넘어선 서비스와 기술을 주장함에 있어 삭스에 대한 좋은 보충적 성격을 띠고 있다.	
약점	대량 원조가 필요하지만 충분하지는 않을 것이다. 삭스는 빈곤의 덫을 깨는 것은 경제적 성장을 가져올 것으로 추측한다. 개입은 농업, 기초 사회 서비스 그리고 기본적 농업 인프라에 제한된다. 개발에서 정치와 권력의 중요성을 낮게 보았다. 제도의 취약점: 강한 제도는 국가 전략이 효과적인 투자로 이어지게 하는 데 필요하다. 시민권의 취약성: 능동적 시민권은 가장 빈곤한 이들을 대상으로 하는 분권화된 투자를 하고 지방과 중앙 기관이 책무성을 가지게 하는 데 필요하다. 삭스의 빅 푸쉬는 정부의 지원 지역 엘리트들의 속임수 그리고 낮은 참여율로 인하여 실패한 1970년대	기본 사회 서비스를 제공하고 새천년개발계획을 달성하는데 필요한 원조 예산 지원을 폄훼한다. 개발에서 정치와 권력의 중요성을 경시한다. 탐구자들이 넘쳐날 수 있는 시장 조건을 창조하는데 국가의 역할을 무시한다. 시장 해결방법은 부와 소득이 너무 낮아서 시장수요를 맞추기 어려운 사람들에게는 작동하지 않을 것이다. 중국, 베트남, 남한이나 보츠와나와 같은 성공적인 개발 계획에서 중앙 정부의 역할을 무시한다. 공여자에게 교훈을 적용할 기회를 주지 않고 더욱 많은 수혜자의 책무성과 주인의식을 지닌 원조를 계획하지 않는다. 대안적 제안보다 비판에	전반적으로 전후 복구를 제외하고는 진단이 결론보다 더 강하다. 불평등, 지속 가능성, 기후변화 그리고 권리에 대한 논의가 전혀 없다. 정치학, 역사, 다른 학문을 무시하고 원조와 분쟁과 같은 변수 간의 관계와 원인을 찾기 위하여 계량경제의 마법에 배타적으로 의존한다. 이러한 부류의 계량경제 분석의 적용은 논쟁이 된다. 원조라는 드라마에 등장하는 인물들은 거의 자애로운 경제학자와 영웅적인 재무장관들과 그들을 방해하는 무능하고 부패한 정부 관료들로 채워져 있다. 정당, 노조 혹은 어떤 종류의 능동적 시민권에 대한 인식이 없다. 무역과 투자에 대하여 성

의 농촌종합개발 프로그램과 유사하다. 하지만 삭스는 프로젝트를 기획할 때 참여의 중요성을 강조함으로써 마지막 문제를 해결하려 하였다.	강하다.	숙하지 못한 자유화의 부정적 영향에 대한 NGO의 염려는 거의 고려하지 않는 교조적 자유주의자이다.

출처: Jeffrey Sachs (2005) *The End of Poverty: How We Can Make it Happen in Our Lifetime*, Penguin; www.millenniumvillages.org; William Easterly (2006) *White Man's Burden: Why the West's Efforts to Aid the Rest Have Done So Much Ill and So Little Good*, Penguin; Paul Collier (2007) *The Bottom Billion: Why the Poorest Countries are Failing and What Can Be Done About It*, Oxford University Press[163]

원조 분배는 종종 지정학적 이해로 왜곡된다. 한 연구에 따르면, 개발도상 국가가 UN 안보리의 비상임 이사국이 될 때 미국으로부터의 원조는 평균 60퍼센트가 증가한다.[164] 유럽의 경우, 동일한 언어 사용과 같은 문화적 연계성과 식민지 통치 이후 죄책감으로 이전 식민지 국가들에 대하여 원조가 더 가게 된다. 다른 문제들은 비잔틴 절차 즉 공여자들이 원조의 조건으로 요구하는 정책 변화, 구속성 원조와 기술 지원에 대한 지나친 의존으로 야기되는 허비 그리고 국가 구조를 훼손하는 중복되고 조율되지 못한 접근이다. 최근에는 민간 영역을 통한 원조를 선호하고, 원조가 가장 중요한 곳이 아닌 가장 쉽게 측정될 수 있는 것에 사용되도록 하는 '돈의 가치'나 돈의 결과에 대하여 갈수록 강조를 하고 있다.[165] 이 모든 것이

---

[163] 역자 주 - 제프리 삭스, 빈곤의 종말 (김현구 역), 서울:21세기 북스, 2006; 윌리엄 이스털리, 세계의 절반 구하기 (황규득 역), 서울: 미지북스, 2011; 폴 콜리어, 빈곤의 경제학 (류현 역), 살림 출판사, 2010.
[164] I. Kuziemko and E. Werker (2006).
[165] E. Roetman (2011).

원조의 효과성을 줄일 수 있고 효과적 국가와 능동적 시민권을 세우는 노력을 방해할 수 있다.

원조 전달은 대단히 복잡하고 성가신 일이다. 훈련된 공무원의 수가 제한된 개발도상국들은 특정한 질병이나 문제를 해결하기 위한 90개의 세계 보건 기금을 포함한 확산되어 가는 국제 '금융 메커니즘'과 싸워야 한다. 우간다에는 원조를 전달해 주는 40여 개의 원조기구가 있다. 우간다 정부 통계에 따르면, 우간다 정부는 2003/04년과 2006/07년 사이 중앙 정부 예산으로만 오는 원조를 위해 684개의 원조 기구 및 관련 협의를 처리해야 했다. 인구 11만 7천 명인 세인트 빈센트 St Vincent는 HIV와 AIDS에 대한 191개의 지표를 모니터링하라는 요구를 받았다.[166]

2006년 몇몇 말리 공무원은 3일에 하루씩 세계은행과 IMF 출장단에게 설명을 하느라 1년에 100일을 보냈다. 말리의 한 재무부 공무원은 다음과 같이 말한다. "공여국 출장단은 1년에 3~4번씩 출장을 오고 올 때마다 10개 부처를 방문하며 일주일을 보낸다. 우리가 수족같이 그들과 함께 움직인다."[167] OECD와 세계은행에서 14개국을 조사한 것에 따르면 매년 평균 200여 건의 공여 출장이 있고 그중 3/4은 몇몇 소수의 공여 출장단인 '만성적 출장단'에 의한 것이다. 캄보디아와 베트남은 각각이 400건, 니카라과는 289건, 볼리비아는 270건, 방글라데시는 250건을 받았다.[168]

대부분의 원조는 여전히 1년에서 3년 단위로 단기적으로 제공되고 그 규모는 변동이 있어 개발도상국이 장기 계획이나 투자를 할 수 있는 역량을 훼손시킨다. IMF가 실시한 최근 연구는 원조의 유입은 재정 수입보다

---

[166] S. Burall and S. Maxwell with A.R. Menocal (2006).
[167] 관련된 사항은 2006년 10월 세네갈과 말리에서 옥스팜이 수집한 정보에 기반한 것이다.
[168] S. Burall and S. Maxwell with A.R. Menocal (2006).

더 변동의 폭이 크고 한 나라의 원조 의존도가 높을수록 변동의 폭 또한 크다는 것을 보여준다. 염려스러운 것은 이 연구는 원조의 변동성이 최근에 더 커졌다는 것을 보여준다는 점이다.[169] 안정적인 세입에 의존할 수 없는 개발도상국 정부들은 의료 서비스, 교육, 사회적 보호 및 물과 위생시설과 같은 필수적 서비스를 제공하는 데 중요한 역할을 하는 공공 부문 노동자들의 임금과 같은 경상비에 투자하기를 주저한다.

공여국은 개발도상국으로 하여금 공여국의 적절치 않고 비싼 상품과 서비스를 구매하도록 함으로써 자신의 돈이 다시 돌아오게끔 지속적으로 강요하고 있다. OECD는 이러한 '구속 원조'가 15~30퍼센트의 경비를 상승시킨다고 추정한다.[170] 2001년 OECD 회원국들은 최저개발국에 대하여 식량 원조와 기술 지원을 제외한 모든 양자성 원조를 불구속성으로 하기로 합의한다. 1999~2001에서 2008년 사이 불구속성 양자 원조의 비율은 46퍼센트에서 82퍼센트로 급격히 상승하였다.[171]

지난 30년간 원조 현장의 전문성은 모니터링, 평가, 반영, 기획의 수준을 향상 시켜왔으나 이것은 기술 지원 지출에 대한 예산이 왜곡하여 원조 프로그램을 기획하고 모니터링하며 평가하는 컨설턴트들은 고액을 받으며 전체 원조액의 6퍼센트를 가져간다.[172] 모잠비크에서 기술 지원에 대한 한 연구는 부국들이 매년 3,500명의 기술 전문가에게 3억 5천만 달러를 지급하지만, 모잠비크의 공공부문 노동자들에게 지급하는 전체 임금은 겨우 7천 4백만 달러에 불과하다는 것을 발견하였다.[173] 기술 지원은 아마도

---

[169] A. Bulir and J. Hamann (2005).
[170] OECD (2005).
[171] OECD (n.d.), 'Untying Aid: The right to choose'.
[172] 기술 원조는 연수, 컨설팅, 및 연구에 소요되는 원조이다. 이것은 2010년 기준 64억 달러에 다다른다. OECD 국제 개발 통계OECD International Development Statistics 온라인 데이터베이스를 기반으로 계수하였다. http://www.oecd.org/dataoecd/50/17/5037721.htm

수혜국 정부들이 다른 정부의 경험을 배울 수 있는 도움을 줄 수 있고, 공여국은 개발도상국들이 기술 지원금을 스스로 통제할 수 있게 하여 수혜국이 자신의 필요와 우선순위에 맞추어 일을 추진할 수 있고 자국이나 외국 컨설턴트를 고용할지를 결정할 수 있도록 한다.

심지어 좋은 의도로 공여국이 제시한 긴 조건들은 오늘날 경제적으로 성공한 모든 국가들이 해왔던 것과 같은 수혜국의 경제와 사회 구조에 기반을 둔 정책과 제도를 훼손할 수 있다. 물론 부국의 납세자들과 빈국의 시민들은 원조가 개발을 진작하고 분명한 책임성을 가지기를 기대한다. 그러나 많은 공여국들은 자신이 선호하는 경제 정책 개혁을 주입함으로서 원조의 질을 약화시킨다. '조건'은 빈국들이 증거가 아닌 도그마와 이데올로기에 기반을 둔 정책을 수행하도록 압박한다. 예를 들어, 3부에서 논의된 민영화와 자유화는 성장을 촉진하거나 빈곤을 줄이는 데 기여한 바가 없다.

공여국의 오만함 역시 국가의 제도를 약화시킬 수 있다. 2000년 선거 이후 새로운 대통령의 새 정책을 실시하려는 가나의 시도에 대한 내부 평가는 원조에 의지한 제도를 신랄하게 보여준다. 원조 공여국 직원들은 산업을 진흥하려는 대통령의 시도를 적대시하고 이러한 프로그램을 구현하는 공무원의 능력을 불신하였다. 그들은 정부가 최고의 산업 정책을 만드는데 '기술 지원'을 이용해야 한다고 주장하였고 인적 자원이 필요하였던 정부는 이에 동의한다. 곧 민간 부분 개발부는 공무원보다 더 많은 외국인 컨설턴트를 고용하게 되었다. 국제 원조 산업에 뿌리를 둔 정책 배경을 가진 컨설턴트 스스로가 정부 안에 대하여 회의적이었다. 원조가 효과적인 정부를 세우려는 노력을 지지하는 것이 아닌, 김빠지는 공여국과의 논

---

173 Oxfam International and WaterAid (2006).

쟁으로 정부를 수렁에 빠트리게 하고 개발 계획의 힘을 모조리 빼내 가 버렸다.174

원조의 형편없는 질을 해결하려고 공여국과 수혜국이 실시한 한 가지 혁신적인 접근은 1999년에서 2008년 사이 학교에 등록해 본 적이 없는 5천 2백만의 어린이들을 돕고자 출범된 모든 이를 위한 교육Education for All이다.175 이 프로그램의 일환으로 가난한 국가 정부들은 교육 부문에 대한 실제적인 장기 계획을 세우고 초등 교육에 대한 투자를 늘릴 약속을 하였다. 반대로 공여국들은 세계은행 개발 위원회가 '모두를 위한 교육 프로그램을 진지하게 수행하는 어떤 국가도 자원의 부족으로 인하여 그 목표 성취를 하지 못 하는 일은 벌어지지 않을 것이다'라고 말하였듯 수혜국들과 함께 일하겠다는 뜻을 밝혔다. 30여 개의 개발 도상 국가들이 계획을 승인받아 재정을 받았고 시민운동의 압박에 의해 70개 국가 정부들도 전체 정부 지출 대비 더 많은 예산을 교육에 투자하였다.176

OECD 개발 자문 위원회OECD's Development Advisory Committee에서 전통적인 공여국들은 원조의 질을 개선해야 한다는 필요성을 인지하고 있다. 2005년 원조 효과성에 대한 파리 선언Paris Declaration on Aid Effectiveness은 그 뒤로 아크라(2008)와 부산(2011)에서 유사한 회의가 열렸고 공여국과 수혜국이 함께 따라야 할 원칙을 만들었다.177 개발도상국들은 빈곤과 싸

---

174 L. Whitfield and E. Jones (2007).
175 UNESCO (2011).
176 EFA Global Monitoring Report (2006).
177 파리 선언은 원조 효과성에 대한 5대 원칙을 제시 하였다: 주인의식, 원조일치, 공여국간 활동의 조화, 원조성과 관리, 공여국, 수원국간 상호 책임성. 우즈 등B. Woods et al(2011)은 다음과 같이 결론 내린다. '5대 원칙 중 국가 주인의식이 가장 많은 성과를 보여 왔고 원조 일치와 공여국간 활동의 조화는 어느 정도 발전이 있었으며 원조성과 관리와 공여국, 수원국간 상호 책임성은 가장 더딘 발전이 있었다.'

우는데 우선권을 두는 것을 동의하였고 자국 시민들의 참여로 국가 빈곤 계획을 세우고 법제화하는 것을 약속하였다. 또한, 그들은 자원이 필요로 하는 곳으로 갈 수 있게 하기 위하여 공공 예산에 대한 투명하고 책무성 있는 관리 시스템을 구축하는데 동의하였다.

반대로 부국들은 더 많은 원조를 제공하는 것뿐만 아니라 개발에 대한 수혜국의 주인의식이 성공적인 개발을 이루는데 필수적인 사항이라는 사실을 인식하며 개발도상국의 우선순위와 시스템을 원조와 연계시키는데 동의하였다. 또한, 공여국들은 수혜국과의 조율을 더욱 강화하여 출장과 보고서를 공동으로 진행하는 것과 같은 방식으로 지나친 행정의 부담을 더는 데 동의하였다.

파리 원칙이 일반적으로 긍정적이었지만, 이 원칙은 효과성보다는 효율성을 해결하는 데 집중하였고 시민 사회 조직들은 원칙들이 정의, 인권, 성평등, 민주주의 혹은 빈곤 감소와 같은 가치와는 상관없어 보인다는 점을 지적하였다. 더 나아가, 파리 선언은 세계 원조의 크기가 줄어들고 있다는 점을 공론화하지 못하였는데 그 이유는 이 원칙이 민간 기금과 새로운 공여국들에게는 적용되지 않기 때문이다.

뜻밖의 석유 세입과 마찬가지로, 대규모 원조 유입은 국가와 시민권 간의 사회 계약을 훼손할 위험이 있다. 원조에 의존하는 정부들은 시민들보다는 공여국의 이해관계와 필요에 더 자주 응답한다. 한 다국적 연구에 따르면, '아프리카에서 높은 원조 수준과 거버넌스의 저하 사이에는 높은 통계적 상관관계'가 있으며 '정치 엘리트들은 막대한 양의 원조가 정실 후원금과 부가수당으로 지급되고 있는 현재 상황을 바꾸고 싶어 하지 않는다.'[178]

---

[178] D. Bräutigam and S. Knack (2004).

공여국이 시민사회와 국회의 감시 기능에 재정을 지원하여 정부의 책무성을 감시한다면 이러한 문제는 피할 수 있을 것이다. 이러한 책무성 메커니즘에 대한 원조는 국가에 대한 원조에 비하여 작지만 이 원조는 국가를 책임 있게 만드는 데 도움을 줄 수 있고 개발 방정식의 능동적 시민 측면에서 중요한 역할을 한다. 장기적으로 볼 때, 교육과 성인 문해 교육 프로그램에 기금을 지원하는 것은 시민운동을 강화하고 사회적 계약에 대한 잠재적인 위협을 상쇄할 수 있는 권리의 개념을 전파 할 수 있다.

IMF와 함께 몇몇 경제학자들은 큰 규모의 원조가 수혜국에서 인플레이션 상승, 환율 인상, '도이치 질병Deutch disease'으로 알려진 증후군인 경제적 경쟁력 훼손의 연쇄 효과를 가져온다고 주장한다. [179] 그러나 도이치 질병에 대한 두려움은 실제보다 지나치게 크게 포장된 것으로 보인다. 최근 7개국을 대상으로 한 조사는 대규모 원조가 실제로 도이치 질병을 유발한다는 증거를 거의 발견하지 못하였다. 그 이유는 개발도상국 정부들은 원조의 변동성과 예측 불가성의 다층적 효과를 이미 알고 대응하는 데 익숙해져 있기 때문이다.[180]

원조 의존성의 위험을 최소화하는 한 가지 방법은 미국이 유럽의 마샬 플랜 대상 국가들과 1960년대 남한과 대만에 했던 것과 같은 방식으로 원조에 시한을 두는 것이다. 유아 산업의 시한적 보호와 유사한 시간에 제한을 두는 원조는 자원과 인센티브를 모두 제공하여 원조가 끝나기 전에 세수나 경제를 다양화시키고 원조에 대안적인 수익원을 마련하는 것이다. 이러한 접근은 정치적으로 시행하기가 어렵지만 일정한 출구 전략은 수혜국과 공여국 모두에게 필수적이다.

---

[179] 도이치 질병이라 불리게 된 이유는 네덜란드가 1960년대 천연 자연 가스를 발견하고 발굴하며 경쟁력의 감소를 경험하였기 때문이다.
[180] M. Foster and T. Killick (2006).

우간다 대통령 요웨리 무세비니Yoweri Museveni는 2005년 워싱턴 DC에서 열린 컨퍼런스에서 다음과 같이 말하였다. "나는 세수 확보를 최우선 제도로 하였습니다. 왜냐하면 세수는 우리가 친구들에게 구걸하지도 친구들을 귀찮게 하지 않도록 해주기 때문입니다. 만일 우리가 현재 수준의 두 배인 국민총생산의 22퍼센트를 징수할 수 있다면, 원조를 요청하기 위하여 그 누구도 귀찮게 할 필요가 없어집니다. 이곳에 와서 이것을 달라 저것을 달라 하며 귀찮게 하는 대신에 여러분에게 인사하고 무역을 할 수 있을 것입니다."[181] 많은 다른 지도자들은 무세비니의 조언을 따라왔다. 지난 10년간 원조 의존성은 최빈곤국에서 평균 1/3 감소하였다.[182]

최고의 원조는 책임감 있는 국가 구조를 강화하는 것이다. 수십 년간 아프리카의 경제 성공의 모범이 되어온 보츠와나는 정부가 독립 후 바로 원조를 통제하였고 원조를 국가 예산과 계획 과정에 편입을 시켰다. 원조에 대한 지나친 의존에도 불구하고 (경제 도약이 잘 이루어지고 있던 1973년에도 원조 기금은 전체 정부 예산의 45퍼센트를 차지하였다) 보츠와나는 자신의 우선순위에 맞지 않는 공여 제안을 거절하고 정부가 하는 방식에 공여국의 활동을 맞추게 하였다.[183]

반대로, 공여국이 작은 프로젝트를 지원하거나 NGO나 다른 서비스 공급 기관들과 양립적인 시스템을 구축할 때, 공여국은 수혜국을 강화하는 것이 아닌 약화시킬 가능성이 크다. 고급 공무원들은 급여가 더 높은 원조 기관으로 떠나고 정부 기획자들은 서로 다르거나 서로 경쟁을 하는 이해당사자들을 한자리로 모아 일관된 국가 개발 계획을 세우는 데 어려움을 겪게 된다.

---

[181] Cited in T. Moss et al. (2006).
[182] ActionAid (2011) op. cit.
[183] G. Maipose et al. (1996).

더 나은 원조를 하기 위한 방법 중 하나는 정부에 일반 예산 지원General Budget Support으로 알려진 핵심 재정을 지원하거나, 농업이나 보건과 같은 특정 분야에 재정 지원을 하는 분야별 총괄 접근Sector-wide Approach을 하는 것이다. 예산이 개발부 장관이 방문을 하여 사진을 찍기 위한 특정 프로젝트에 쓰이도록 하기보다는 일반 예산 지원이나 분야별 총괄 접근을 하여 정부로 하여금 교사나 보건 인력 임금과 같은 전략적 목적을 위해 쓰일 수 있도록 하는 것이 바람직할 것이다.

7개국에 대한 일반예산지원의 효과에 대한 정밀한 평가에 따르면 일반예산지원은 교육과 보건 분야에서 기본 공공 서비스를 강화하고 다양한 회의, 공여국 방문, 보고서 등에 필요한 사무비용을 절감시킨다.184 더 중요한 것은 일반예산지원은 정부가 빈곤과 불평등 감소를 시킬 수 있도록 제도적 역량을 강화시킬 수 있다. 그러나 이것은 공여국의 신뢰할만한 장기적 시행 계획이 필요하다. 프로젝트 지원은 있건 없건 전반적인 안정성에 제한된 영향만을 가지고 있지만 일반예산지원은 그렇지 않은데 그 이유는 만일 임금과 다른 '경상비용'을 위한 지원이 중도에 끊기면 정부는 과도한 적자의 위험을 감수하며 스스로 돈을 찾아야 하기 때문이다.185

일반예산지원의 효과성에 대한 증거가 있음에도 불구하고 세계재정위기가 시작된 이후 정치적인 이유에서 일반예산지원을 실시하는 것은 어려움에 봉착해 있다. 공여국들은 예산을 삭감하거나 원조 효과성을 '증명'하려 혈안이 되었고 따라서 일반예산지원이라는 더욱이 복잡해진 방법보다는 손쉽고 구체적인 방법을 더 선호하게 되었다. 담비사 모요Dambisa Moyo, 윌리엄 이스털리 그리고 다른 학자들의 원조에 대한 비판은 특히나 정부

---

184 IDD and Associates (2006).
185 Chris Adam, Queen Elizabeth House, University of Oxford, personal communication.

지원에 집중되어 있다. 2010년 원조 중 2퍼센트만이 정부 예산 원조로 유입되었다.

유약하고 분쟁이 있는 국가

전 세계의 많은 최빈국들이 유약하거나 자신의 국민들을 착취할 때, 원조의 질에 대한 관심은 아무런 의미가 없어 보인다. 전체 인구의 1/4인 15억이 넘는 인구가 분쟁이나 큰 규모의 폭력에 영향을 받는 취약 지역에 살고 있다.[186] 2011년 세계개발보고서에 따르면 이러한 지역에 지구 빈곤이 점진적으로 더욱 집중되어 가고 있다.[187]

원조 공여국들에게 유약하고 분쟁이 있는 국가들은 해결하기 대단히 어려운 문제가 된다. 이러한 국가는 가장 많은 지원이 필요로 하지만 효과적으로 지원을 전달할 메커니즘은 허약하고 횡령이 잘 일어난다.

안타깝게도 이러한 지역에 대한 원조를 거부하려는 정치인들의 뻔뻔한 반응은 문제를 더 크게 만들며 또한 억압적인 정부를 지원하고 국민에 대한 책임은 약화시키는 나쁜 원조 또한 문제를 악화시킨다.

케냐에서 다니엘 아랍 모이Daniel Arap Moi의 30년에 걸친 통치 기간 중 마지막 1년 동안 공여국들은 심각한 부패로 인하여 원조를 중단하였다. 2003년 새로운 정부가 선출되었고 부패와 싸우며 초등 무상 교육을 실시하자 원조는 다시 재개되었다. 곧 1백 60만 어린이들이 첫해부터 교실 안쪽을 볼 수 있게 되었다. 정부는 원조를 이용하여 지원을 하였고 무상 교육에 필요한 비용 대부분을 부담하였다. 그러나 새 정부는 지속하여 부패와

---

[186] http://stats.oecd.org/qwids
[187] World Bank (2011) *World Development Report 2011: Conflict, Security and Development*, p. 1.

의 싸움을 이어가는 데 실패하였고 두 명의 부패한 장관을 재 인명 하였는데 그중 한 장관이 교육부 장관이다. 이러한 상황에서 공여국들은 원조를 끊어야 했는가? 그렇게 하면 어린이들이 학교에 다시 갈 수 없게 되는데도 말이다.

원조를 중단하는 것은 부패 문제를 해결하는데 어리석은 방법이라는 것이 증명되었다. 차관에 조건을 부가함으로써 변화를 꾀하는 것이나, 법적 체계 개혁, 훈련과 같은 기술적 해결을 제시하고, 원조를 줄이는 것과 같은 시도들은 부패는 누군가가 유용하고 이익이 된다고 생각하는 한 지속이 된다는 문제의 정치적 본질을 간파하지 못한 것이다.

2부에서 자세히 논의된 것과 같이 부패는 빈곤의 원인이자 증상이며 부패의 파급은 국가가 발전해 감에 따라 사라진다. 최근 세계은행의 발표에도 불구하고 부패는 효과적인 정부 제도를 세우는데 장기적인 노력을 돕지도 해치지도 않을 것이다. 원조는 무상으로 제공되어야만 하는 교사, 보건 인력, 공무원과 같은 공공 부문의 임금 비용을 가난한 이들에게 청구하는 부패를 줄이는 데 중요한 역할을 할 수 있다. 공여국 정부는 뇌물을 주는 기업을 처벌하고 범죄 수익을 안전하게 보관하는 조세피난처를 폐쇄함으로서 '탐욕적 부패'를 대처할 수 있다.

다른 방법도 있다. 예를 들어 미국 새천년 과제 계정US Millennium Challenge Account과 같은 기관은 효과성과 민주적 거버넌스나 빈곤을 줄이는데 진전을 보이는 정부로 원조가 흘러가도록 하는 '선별'을 한다. 원조가 실패할 경우 이에 상응하는 조건을 부과하는 선별은 앞으로 할 것보다는 성취된 것에 주안점을 둔다. 물론, 원조를 중단하는 것은 가난한 이들을 곤경에 처하게 하며 후에 더 비싼 대가를 치러야만 한다. 선별에 기반을 둔 원조 분배 모델은 가난하지만 좋은 의도와 정통성을 지닌 정부인 '빈곤하지만 도덕적인' 국가를 대상으로 한다. 아쉽게도 이에 해당하는 국가는 거의 없다. 선별은 피상적으로는 설득력이 있겠지만 실제적으로 최빈공동체에는 큰 도움이 되지 않는다.

선별은 역설적이게도 원조가 가장 덜 필요한 국가에서 가장 큰 역할을 한다는 것을 보여준다. 이 역설은 쉬운 답을 찾기 어렵지만, 몇몇 일반적인 원리가 적용될 수 있다. 첫째, 원조는 이미 취약해진 국가 시스템에서 공무원을 빼내 가지 않도록 장기적인 원조 전달 시스템을 세우는 것과 같이 함으로써 국가를 약하게 해서는 안 된다. 반대로, 원조의 목적은 효과적이고 책무성 있는 국가를 건설하는 것이 되어야 한다. 둘째, 겸손함이 따라야 한다. 공여국 혼자만으로는 국가 건설에 따르는 문제를 '해결'할 수 없다. 공여국들은 현지 정부의 노력을 단순히 지원하거나 훼손할 수 있을 뿐이다. 국가를 건설하는 것은 부국 정치인들의 단기적인 계획 혹은 '원조의 가치'를 보여주려는 압박을 받고 있는 공무원들에게는 맞지 않는 장기적 노력이 필요하다. 마지막으로 원조를 중단하는 것이 인간 고통을 가중한다면, 원조 공여국들은 장기적 혜택이 단기적 비용을 압도한다는 것이 분명할 때에만 원조를 중단해야 한다.[188]

국제 NGO와 원조의 질

국제 NGO들은 비교적 정부의 원조를 왜곡하는 국내 정치로부터 자유로우며 이타주의적 열정이 그들 안에서 폭넓고 깊게 자리하고 있다. 그러나 이타주의는 종종 오만의 가면이 되고 이기심을 제어하는 데 충분하지도 않다. 규모와 역량에서 성장을 한 국제 NGO는 때때로 자신의 중요성을 과대하게 포장하거나 자신만이 개발의 문제에 대한 해답을 제시할 수

---

[188] Ibid. p.4, Fig F1.3

있다고 스스로 믿게 되기도 한다.

국제 NGO들의 자율성은 공적 원조와 긴급 구호 프로그램을 수행하며 북반구 정부에 대한 높은 의존도 때문에 제한이 된다.[189] 국제 NGO들이 규모와 영향력에서 성장해 감에 따라 그들의 사고와 실천도 발전해 나간다. 1950년대와 1960년대 퍼져있던 자선의 열정은 1970년대와 1980년대 '하루 치 식량으로 물고기를 주지 말고 평생 먹을 수 있는 물고기 낚는 법을 가르치라'라는 말에서 보이는 것과 같은 자립정신으로 치환되었다. 1990년대 중반 이후 '권리에 기반을 둔 접근'은 국제 NGO와 몇몇 공여국 정부 사이에서 지속적으로 설득력을 가지기 시작하였다. 권리에 기반을 둔 접근으로의 변화는 시민적, 정치적 권리 그리고 경제적, 사회적, 문화적 권리를 핵심적으로 여긴다. 또한, 환경 (수질 오염이 물고기를 다 죽인다면?) 지속가능성과 (모든 물고기를 사람들이 다 잡아간다면?) 성 권리(남성이 물고기를 잡을 때 여성은 무엇을 하는가?)에 대한 관심도 그 중요도가 갈수록 커지고 있다.[190]

국제 NGO 활동은 지역 차원의 개발과 구호를 넘어섰다. 1970년대 후반부터 광범위한 사회적, 정치적 영향력을 가진 국제 NGO들은 남아공과 중앙아시아에서 억압에 대항한 투쟁에 연대하였다. 1980년대와 90년대 개발도상국의 부채 위기와 IMF의 구조조정 프로그램으로 인하여 국제 NGO들은 공공 교육, 캠페인, 로비에 더 많은 자원을 투입하여 정부, 기업 그리고 가난한 이들의 삶에 영향을 미치는 제도의 행태에 영향을 미치었다. 오늘날, 국제 NGO들은 단순히 기금을 나누어 주는 일보다 훨씬 더 많

---

[189] 국가의 공적 NGO 기금의 범위는 대단히 넓어서 스웨덴은 85%인데 반해 영국은 10% 정도 밖에 되지 않는다. D. Lewis (2007), p. 136.
[190] 옥스팜은 5개 기본 권리를 다음과 같이 규정한다. 지속가능한 삶을 위한 권리, 기초적 사회 서비스를 위한 권리, 삶과 안전의 권리, 들릴 권리, 평등 권리.

은 일들을 한다. 그들은 촉매 역할자로서 직접적으로 혹은 언론을 통하여 대중 인식을 높여 사회운동, 정부 그리고 민간 영역 간의 관계를 중계하고, 또한 로비스트로서 세계은행이나 세계무역기구와 같은 국제기구들에 대한 압력을 행사한다. 남반구에 기반을 둔 국제 NGO들은 점차적으로 북반구에서도 영향력이 강해지고 있다.

1970년대 중반부터 가장 큰 국제 NGO들은 다른 기관들과의 관계를 옥스팜 인터내셔널과 같이 연맹 또는 연합으로 공식화하였다. 그들은 공산주의의 몰락, 세계화의 질주 그리고 강력한 새로운 통신과 언론이 고통과 빈곤에 대한 세계적 대응을 필수적이고 타당한 것으로 만들었다고 인식하였다. 더 이상 국내 NGO들을 느슨하게 합친 것이 아니라, 이러한 국제 NGO들은 현재 원조, 부채 해결, UN의 역할, IMF, 세계은행 문제에 대한 전 지구적 대응을 하는 초국적 기구가 되었다.

국제 NGO의 성장은 1980년대부터 세계은행과 주요 원조 공여국들이 주창해온 자유화와 비규제화의 워싱턴 합의 정책에 도전을 하는데 도움이 되었다. 하지만, 국제 NGO들은 종합적이고 신뢰할 만한 대안적 패러다임을 제시하는 것보다는 현존하는 정책과 정책의 시행을 비판하는 것이 더 적절하다. 그 이유 중 하나는 NGO들의 능동적 시민권 독려가 의문의 여지없이 정치적 주제에 대한 참여와 권리의 문제를 제기하는 데는 도움이 되었지만 개발에서 국가의 역할과 어떻게 분배뿐만 아니라 부를 창출할 것인가에 대해서는 관점을 제시하고 있지 못하기 때문이다.

국제 NGO들이 성장해 감에 따라 비판과 감시의 대상이 되어왔다. 몇몇 비판은 정치적 견해 차이에서 나온 것이었으나 많은 비판들은 긴급히 논의가 되어야 하는 사항들이고 근본적인 핵심적 문제를 제기하였다.

효과성: 정부의 원조에 대한 비판은 동일하게 국제 NGO에도 적용이 될 수 있다. 정부의 원조는 지연이 되고, 모금이 못 미치지는 경우도 있고,

조율이 미진하거나 적절치 않으며 지역의 파트너들에게 과도한 요구를 부과하기도 한다. 정부 기금에 대한 국제 NGO들의 지나친 의존이기도 하지만 이러한 문제들은 광범위한 개발 주제로부터 야기되기도 한다. 그들은 더 큰 투명성과 더 효과적인 책무성의 메커니즘으로 보완될 수 있다.

국가의 역할에 대한 존중. 몇몇 국제 NGO들은 개발도상국에서 특히나 국가가 제 기능을 하지 못하는 곳에서 의료 서비스와 교육과 같은 기초 서비스를 제공한다. 이러한 노력들은 요구되는 규모나 범위를 성취할 수 없을 수 있고 효과적인 국가를 건설하는 일과 경쟁을 할 수도 있다. 전 세계에서 가장 크고 영향력 있는 NGO들이 활동하는 방글라데시와 같은 곳에서도 전체 NGO 서비스는 인구의 18퍼센트의 혜택 밖에 주지 못한다.[191] 장기적으로 볼 때, 이러한 활동의 목적은 가난한 이들이 필수적인 서비스를 받을 수 있도록 정부 시스템을 강화하는 것이 되어야만 한다.

단기적 서비스 제공. 공여국 정부가 주장하는 '결과 중심적 관리'라는 말은 국제 NGO 활동과 지역 파트너 기관들이 장기적인 변화와 권리의 존중을 독려하는 것이 아닌 측정 가능한 단기적 결과를 추구하도록 할 수 있다. 얼마나 많은 보건소와 병원들이 세워졌는지를 계수하는 것은 여성의 권리에 대한 태도가 얼마나 변하였는가를 보여주는 것보다 쉽다. 유사하게, 정부 원조 예산의 큰 부분은 NGO들을 단순히 '전 지구적 부엌'의 국자 하나로 만들어 버려 서비스를 나누어 주는 역할만을 하게 할 수 있다.[192] 새로운 원조 기금의 대부분은 구호와 긴급 활동을 위한 것이어서 사회적 변화보다는 서비스 전달에 치우쳐져 있다. 몇몇 NGO 내부자들은 더 나아가 다음과 같은 말을 한다. "우리는 원조 패러다임을 버려 그로부

---

[191] 이러한 서비스들은 기능적으로 토지가 없는 인구의 35%에 제공된다 (그 수자는 방글라데시 전체 인구인 1억 3천만 명의 절반에 해당).
[192] A. Fowler (1994).

터 우리 자신을 해방시킬 필요가 있다. 그래야 우리가 원하는 결과를 성취할 수 있다."[193]

주의와 타협. 북반구 의사 결정자들의 제약에 대한 더 폭넓은 이해 때문이건 정부와의 정기적 접촉을 통하거나 '합리적 중재자'로 보이고 싶은 욕망 때문이건 국제 NGO 들은 풀뿌리 파트너와 함께 일하는 이들보다는 정부에 대하여 더욱 타협적인 태도를 가지고 있다. 정부 기금에 대한 의존이나 일을 추진하는데 거절당할 것이라는 두려움은 자기 검열을 하고 토론을 협소하게 만들 수 있다. 몇몇의 경우, 콘돔 사용보다는 성관계 자제를 독려하는 미국 HIV 및 AIDS 기금의 사례에서 볼 수 있는 것과 같이 공여국의 영향은 경직되어 있다.

정확성. 사무소, 직원, 그리고 어떤 경우에는 공급 물자 창고와 같은 방대한 네트워크를 유지하기 위해서는 기부를 지속적으로 받아야 하는 압박감으로 국제 NGO들은 2004년 남아공에서 식량 공급이 떨어지고, 몇몇 기관들은 기아가 임박했다는 주장을 했던 것과 같이 지나치게 빨리 배고파 우는 늑대로 변한다. 이러한 압박과 더불어 무엇인가를 해야 한다는 열정으로 국제 NGO는 위기를 과장하려 하고 재앙이 일어난 이후 자신이 할 수 있는 능력의 범위에 대하여 솔직하지 않게 전달하여 현실적이지 않은 기대를 불러일으킬 수 있다.

책무성

원조의 질에 이어 국제 NGO들을 포함하여 국제 원조 시스템이 직면한 두 번째 주요한 도전은 책무성이다. 원조에 대하여 가장 신랄한 비판을

---

[193] Michael Edwardes, speech, June 2005.

하는 윌리엄 이스털리는 세계은행에서 16년간 일을 한 뒤 위에서 아래로 일을 하는 '계획자'는 소련의 인민 위원과 같이 비판받지 않고 서툴며 스스로 봉직하는 사람이라고 비웃는다. 그는 계획자를 새로운 아이디어와 기회에 개방되어 있고 명민하며 또한 도그마가 아닌 수용자(이 경우 가난한 이들)가 주도하는 아래서 위로의 '탐구자'와 비교한다.

> 해외 원조에서 기획자는 선한 의도를 발표하지만 그 누구도 그것을 실행하도록 동기부여를 주지 못하지만 연구자는 작동 가능한 것을 찾아내고 그 보상을 얻어낸다. 계획자는 예상을 하지만 그에 대한 책임은 지지 않지만 탐구자는 자신의 행동에 대한 책임을 진다. 계획자는 무엇을 공급할지를 결정하지만 탐구자는 무엇이 필요한지를 발견한다. 계획자는 지구적 청사진을 적용하지만 탐구자는 지역의 상황에 맞춘다. 계획자는 맨 위에서 바닥에 대한 현실적 지식을 가지고 있지 못하지만 탐구자는 바닥의 현실이 어떤지를 발견한다. 계획자는 자신의 계획이 사람들이 필요로 하는 것인지를 알지 못하지만 탐구자는 사용자가 만족하는지를 발견해 낸다. 원조의 새로운 물결이 여전히 말라리아에 걸린 어린이들을 위한 12센트짜리 약품을 사줄 수 없을 때 골든 브라운Gordon Brown은[194] 책임을 지겠는가? 사실, 피드백과 책무성은 탐구를 가능하게 하고 그것이 없이는 계획이 어렵다.[195]

이스털리에 따르면 문제의 핵심은 책무성의 부재이다. 효과적인 원조는 지역의 문화, 정치 그리고 제도에 맞추어져야 하고 워싱턴, 브뤼셀, 런던에서 만들어진 청사진의 저주를 피해야만 한다. 위에서 논의된 많은 문제

---

[194] 역자 주 - 골든 브라운은 2007년부터 2010년까지 영국의 총리를 역임하였고 현재는 세계경제포럼 고문을 맡고 있다.
[195] W. Easterly (2006) p. 5.

지역들은 위에서 아래로의 계획자적 접근의 실수로부터 나타난 것이다. 그러나 이스털리가 시장에 대한 순진한 믿음에 기반을 두어 제안한 해결 방법은 많은 가난한 사람들의 삶에서 나타나는 소외와 무기력이라는 현실과 효과적이고 책무성 있는 정부를 세우는 것의 중요성을 간과한다.

국제 원조는 근본적으로 불평등하게 작동한다. 수혜국들은 공여에 대한 책임을 지고 그 책무성을 증명하기 위하여 수백 페이지의 보고서와 수십 명의 출장단을 맞이한다. 하지만 그렇게 한다고 책무성이 생기는 것은 아니다. 아프가니스탄과 같은 몇몇 가난한 국가들은 2002년 재건에 참여하는 공여국 규정을 갖추기로 결정하였지만[196] 자문이 부실하고 프로젝트가 해가 될 때조차도 공여국 제재를 할 수 있는 수단도 그럴 의지도 가지고 있지 않았다.

해답은 파리 선언의 실천에 있는데, 공여국은 개발도상국 정부가 핵심적인 역할을 하여 시민사회, 민간 영역, 정당 그리고 다른 국내 이해 당사자들과 협력하고 국가가 필요로 하는 정책을 갖추도록 해야 한다는 사실을 받아들여야 한다.

그러나 공여국의 철학이 바뀌지 않은 채 진행되는 파리에서 정한 공여국 사이의 조정은 실제로 수혜국 정부에 하나의 목소리로 말할 수 있는 능력을 크게 하고 이는 공여국이 좋아하지 않는 '수혜국이 주도하는 전략'을 약화시킬 수 있다. 공여국들은 자신의 입장에서 원조를 주장하는 아프가니스탄, 보츠와나, 가나와 같은 적극적 정부와 싸우기보다는 이들을 존중해야만 한다.

국제 NGO들은 자신의 입장에서 북반구와 남반구의 기업들과 정부들을 가난한 이들에 대한 책임성이 없다고 비판을 하지만 많은 NGO들은 정부

---

[196] 여기에는 각 부문별 기부자를 명시하고 신탁기금을 위한 예산지원을 하는 최소한의 금액을 설정하는 것이 포함된다. P. de Renzio and A. Rogerson (2005).

가 자신의 유권자들에 대하여 그리고 기업들이 자신의 주주들에 대한 책무성을 지는 것만큼의 책무성을 가지고 있지 못하다.

국제 NGO들은 재정 보고서와 정책들을 출간 하는 것과 같은 방식으로 투명성을 제고 하고, 인도주의적 구호 활동과 같은 문제들에 대한 실천 규약에 동의하며, 회원제 구조를 도입하고, 개발도상국 국가의 파트너 조직을 포함한 '이해 당사자'들과의 정기적 회의를 개최함으로써 이 문제 해결을 위해 노력했다.[197]

대부분의 국가에서 국제 NGO들은 해당 국가에 대하여 법에 의해 책무성을 가지는데 이는 국가가 NGO 활동을 싫어하게 되면 긴장이 생긴다. 국제 NGO들은 또한 자신의 공식적인 기부자들에게 필히 보고서를 제출해야만 한다. 2006년 인권, 개발, 환경, 소비자 부문의 11개 주요 국제 NGO들은 구성원들에게 기준을 제시하고 이해 당사자들에게 신뢰를 주기 위하여 국제 NGO 책무성 헌장을 만들었다.[198] 현대 25개 참가 NGO들은 세계 매년 지구적 보고 체계 가이드라인에 맞추어 책무성 보고서를 만들고, 이 보고서들은 독립 평가 패널Independent Review Panel에 의해 평가된다. 보고서와 패널의 피드백은 국제 NGO 홈페이지에 모두 기재된다.[199]

개발도상국의 활동가들은 그들의 조직이 국제 NGO로부터 받는 지원에 감사하지만 다른 한편 그들은 국제 NGO들이 권력을 휘두르고, 자원과 기술을 이용하여 관심을 독차지하고, 자신만의 의제를 제시하고 높은 급여를 약속하여 능력 있는 직원들을 꾀어간다고 불평한다. 장기적으로 이러한 구조는 개발도상국에서 능동적인 시민권을 세우려는 노력을 약화시

---

[197] See: http://www.oxfam.org.uk/resources/accounts/legitimacy.html
[198] http://www.ingoaccountabilitycharter.org
[199] www.ingoaccountabilitycharter.org/reporting-monitoring-compliance/Oxfam GB's accountability reporting is available on http://www.oxfam.org.uk/accountability

키고 특히나 북반구 기부자와 가난한 공동체 사이에서 중재자로서 그리고 풀뿌리 조직들의 '역량을 세워주는' 전통적인 북반구 이해 당사자로서의 역할에 도전을 하는 점차적으로 수준이 높아져 가는 남반구 NGO의 성장을 볼 때 중요하다.

남-북의 대결에서 보면, 개발도상국 정부들은 종종 자신이 인식하는 것보다 더 강한 위치에 서 있다. 왜냐하면 공여국 직원들은 원조금을 집행해야 하는 큰 압력을 받고 있기 때문이다. 수동적 저항이나 합의한 것과는 다른 행동과 같은 '약자의 무기'는 종종 공식적 대결보다 더 많은 것을 가져다준다. 한 르완다 공무원이 비꼬며 다음과 같이 말한다. '공여국을 다룰 때는 젖소처럼 다루어야만 한다. 그들에게 친절하게 대해주면 예상한 것만큼의 우유가 흘러나오지만, 나쁘게 대하면 우유 통을 발로 차버린다.'[200]

수혜국의 권한을 강화하는 것은 원조를 더 이상 독점이 아니라 경쟁 시장으로 만드는 것과 같고 이러한 의미에서 파리 선언은 좋은 의도를 가지고 있지만 원조를 더욱 독점적으로 만든다. 이러한 시장을 만드는 것은 새로운 공여국, 수직적 기금, 자선사업가, 서구 정부, 다자 및 지역 기구와 같은 원조 공여 기관의 급격한 증가와 흐름을 함께 한다. 그러나 현재 원조는 개발도상국 정부인 소비자들이 선택을 하기 어려운 시장인데 그 이유는 그들이 권한을 가지고 있지 않기 때문이다.[201]

한 가지 방법은 전체 세계 원조 예산을 수혜국에 배분하여 어느 원조 기구가 예산을 사용할지를 결정하게 하는 것이다. 성공적인 배분 제도는 건전한 경쟁에 의존하여 소비자가 영향력을 가지게 된다. 하버드 경제학자인 대니 로드릭Dani Rodrik은 농담 반으로 세계은행의 정책 자문을 개발

---

[200] 다음에서 인용. R. Hayman (2007).
[201] O. Barder (2009).

도상국들에 기반을 두어 몇 개의 분리된 경쟁 조직으로 만들자고 주장한다.[202] 분리된 조직들은 개발 도상 국가들이 실제로 원하고 원조를 집행할 준비가 된 부문에 대한 자문을 하도록 압박을 받을 것인데 이는 '선 후를 바꿈으로써' 현재의 관계를 정반대로 변화시킬 것이다.[203]

다른 대안으로 중앙 정부가 지방정부에 하는 것과 마찬가지로 원조를 이전 지출transfer payment로 받아들여지게 하여, 가이드라인 안에서 집행이 되어야 하지만 수혜국 정부가 원하는 방식으로 집행되게 하는 것이다. 일반예산지원이 이와 유사하다. 두 가지 방법 모두 원조 시스템이 세계의 부를 부자로부터 가난한 지역 국가 그리고 사람들에게 재분배하려는 목적과 더욱 부합하게 할 것이다.

그렇게까지는 못할지라도 세계 원조 시스템은 더 책무성 있게 운용될 수 있을 것이다. 세계무역기구와 UN은 부국과 빈국이 모여서 전반적인 무역과 정치적 관계를 관리할 포럼을 개최한다. 원조를 위한 포럼과 같은 것은 없다. UN의 경제 사회 이사국UN Economic and Social Council이 그 역할을 하거나 아니면 부국들만 초청되는 모임인 OECD가 빈국들의 영향력을 개발 원조 위원회Development Assistance Committee에서 확대하고 중국이나 게이츠 재단과 같이 개발 원조 위원회의 동료 평가 없이 원조를 수행하고 있는 새로운 원조 기구들을 포함시키는 것이다.

수혜국의 발언권은 약속을 지키지 않거나 공여국의 잘못된 권한 행사를 조사하는 국제 감사기구를 만듦으로써 강화될 수 있을 것이다. 다른 방법으로는 다양한 공여 기구들로부터의 원조의 질을 평가하여 공개하고 정기적으로 자료를 수집하는 것이 있다. 정치인과 공무원에게 수치를 안겨 주어 행동하게끔 하는 최후의 수단도 있다.

---

[202] D. Rodrik (2005).
[203] R. Chambers (1997).

최근의 가장 주목할 만한 진전은 원조 투명성에서 있었다. 2011년 부산 최고 원조 회의에서 국제 원조 투명성 기구International Aid Transparency Initiative 그리고 기부 공개Publish What You Find와 같은 시민 사회 조직의 활동은 미국 국무부 장관 힐러리 클린턴이 미국은 세계 원조의 75퍼센트를 차지하는 회원이 참여한 국제 원조 투명성 기구에 가입할 것이라고 발표함으로써 정점을 찍었다. 공여국들은 2015년까지 현재와 향후 원조 프로젝트의 상세한 사항을 일반인들에게 공개적으로 인터넷을 통해 밝히기로 하였다.204

원조의 제역할

이 책에서 나는 능동적 시민권과 효과적 정부의 결합을 통하여 발언권, 권력, 자산 및 기회가 수혜국과 공여국에 재분배되어야 한다고 주장하였다. 원조는 빈곤과 불평등을 해결하기 위한 국가와 사회의 역량의 구축을 함에 있어 제효과성으로 평가되어야만 한다.

시스템이 향상되어 가고 있지만 원조는 정치, 자만, 이기적 관심에 의해 훼손되고 있다. 미래에는 더 많은 수혜국들이 약한 국가와 근본적인 경제 사회문제들을 안게 될 것이다. 동시에, 공여국의 급증은 파리 선언이 제시한 공여 활동의 조화를 이루려는 더딘 활동들을 더 복잡하게 만들 것이다.

변화를 위한 힘은 아늑한 원조 세계 외부에서 와야 할 것이다. 이 힘은 개발 도상 국가 정부가 이미 이룬 진척을 기반으로 하여 변화를 구축하고, 더 큰 책무성과 효과성을 요구하는 시민 사회 조직에 의해 독려를 받으며, 북반구와 남반구의 NGO들 및 남반구의 번영을 이룬 인도적, 상업적 사례들에 대한 거시적인 시각을 지닌 민간 부문 지도자들이 지원을 할 것이다.

---

204 O. Barder (2009) op. cit.

빠르게 변화하는 세계에서, 어떻게 국제 NGO들이 책임감 있는 시민권과 효과적 정부를 구축하는데 기여할 수 있을 것인가? 원조 예산이 감소하고, 9.11 사태가 지구 정치를 변모시키려 하던 2000년 많은 NGO 감시자들이 모임을 갖고 '원조를 넘어선 NGO'에 대하여 논의를 하였다.[205] 그들은 '비정부 개발단체들이 국가와 시장 그리고 시민 사회 사이에서 가치에 기반을 둔 위상을 가질 것과 NGO의 역할은 시민의 권리를 지키는 의무에 순응하고 이를 촉진 시키는 것과 함께 다각적 협상을 해야 함'을 제안 하였다.

복잡한 말들을 쉽게 풀어 보면, 그 모임은 NGO들이 다음과 같은 것을 추구해야 한다고 제안하였다.

- 빈곤한 이들과 그들의 조직이 자신의 권리와 그들의 가족을 부양하기 위해 필요한 기술과 조직 역량을 갖추도록 돕는 지원자
- 경쟁 단체 간의 긴장이 분쟁으로 번지를 것을 막거나 소농과 슈퍼마켓 구매자들이 함께 세계 시장 진출의 실용성을 논의하도록 하는 협상가와 신뢰 있는 중재자
- 강력한 정부와 기업의 행태에 대한 존경받는 감시자
- 보건, 교육, 물, 위생과 같은 영역에서의 정부나 다른 거대 이해 당사자들이 자신의 공익적 혁신을 어떻게 받아들이는가를 지속적으로 살펴볼 혁신가

전 지구적 차원에서, 그들은 국제 NGO들이 대중을 조직하여 공식적인 세계기구들에는 적합하지 않고, 기존의 국가 정부들만으로는 해결할 수 없는 문제들을 해결하기 위한 국제적 행동을 촉구하도록 제안한다. (부채,

---

[205] A. Fowler (2000).

원조, 무역 그리고 환경 변화에 대한 옥스팜의 활동은 지구 거버넌스에서 이러한 공백을 해결하려는 시도이다)

이 입장은 10년쯤 앞서가는 것으로 보이지만 앞으로도 불평등, 배제, 환경 지속가능성 혹은 책무성과 같은 많은 문제들이 위도와 경도에 관계없이 모든 국가에 공통적이라는 인식을 가지고 남-남 간, 남-북 및 북-남 간 아이디어의 교환이 더 필요할 것이다. 이 제안들은 건강한 겸손함이 필요하지만 그렇다고 하여 국제 NGO들이 단순히 비영리 서비스를 제공하는 것이 되어서는 안 된다. 무엇보다 국제 NGO들은 효과적 정부와 능동적 시민들을 지원하는 개발을 견지해 나가야만 한다. (절대 그들의 자리로 들어가서는 안 된다)

원조는 개발의 만병통치약이 아니다. 원조만으로는 빈곤을 '지나간 역사'로 만들 수 없다. 원조는 능동적 시민권과 효과적 정부를 구축하는 개발도상국들을 도울 수도 방해할 수도 있으나, 국가 발전 과정을 대리할 수는 없다. 한 전직 에리트리아 재무장관은 2005년 열린 글레니글스Gleneagles G8 정상 회담을 다음과 같이 회상한다.

> 2005년은 여러 측면에서 부채 경감, 원조에 대한 인식 제고 및 G-8 지도자들이 원조 증액을 약속하여 아프리카에는 좋은 한 해였다. 세계가 아프리카에 큰 관심을 가지게 된 것에 감사하지만 동시에 마음속으로는 나는 이렇게 외쳤다. "잠시만. 이것은 진짜 개발이 아니잖아!" … 우리는 외부에서 주어진 개발 모델이 우리를 인도해 나가지 못한다는 엄중한 사실을 계속하여 무시하고 있다. 아프리카를 위한 유일한 방법은 아프리카가 자신의 자동차를 운전하고 승객과 운전사가 어디로 갈 것인가에 대한 충분한 동의를 구한 다음 길을 떠나는 것이다. 그리고 나서 탱크에 연료를 채울 도움이 필요하다.[206]

전지전능의 환상에서 벗어나는 것은 가난한 이들에 대한 원조가 제대로 작동되게 하는 첫걸음이 된다. 부국들이 최우선으로 해야 할 것은 '해치지 않는다'는 확신을 주는 것이다. 그들은 가부장주의적 신식민주의로부터 공통의 문제를 직면한 상호 존중의 관계로 나아가야만 한다. 그들은 자원 분쟁이나 부패 혹은 국가 개발을 훼손하는 것이 아니라 정부 역량을 구축하고 시민들에 대한 책무성을 가질 수 있도록 돕는 방향으로 원조를 제공해야만 한다. 부국들은 2005년에 한 약속을 지키고 더 많은 양질의 원조를 제공함으로써 연료 탱크를 채우는 데 도움을 주어야만 한다. 나머지는 개발도상국 정부와 시민들에게 달렸다.

> ### 사례 연구
>
> **변화는 어떻게 일어나는가: 2005년 글레니글스 협약**
>
> 2005년 연례 정상회담에서 8개국 G8 지도자들은 개발 기금을 위한 부국들의 의지에 대하여 획기적 전환을 약속하였다. 그들은 2010년까지 세계 원조 수준을 매년 500억 달러로 증액하고 최빈 50개국의 부채를 탕감해 주겠다는 합의를 하였다. 부적절한 약속이었다는 비판과 집단적 후퇴로 그 빛을 잃기는 하였으나 글레니글스에서의 약속은 과거와는 다른 새로운 출발점을 만들었다. 만일 아무 일도 벌어지지 않는다면, 지도자들은 자신이 한 약속을 지키지 않은 것에 대한 정치적 대가를 치러야 할 것이다. 이러한 약속은 어떻게 하게 된 것일까?
>
> 스코틀랜드 글레니글스 정상 회의에 앞서 몇 개월간 예상하지 못한 정부와 시민 사회 활동의 협력이 있었다. 주최국 정부인 영국은 이 행사

---

206 G.Y. Tesfamichael (2005).

가 성공적으로 이루어지도록 하기 위하여 몇몇 아프리카 정상들과 음악가이자 활동가인 밥 겔도프Bob Geldof와 함께 처음부터 개발 기금 문제를 제기하며 이끌어 나갔다. 이를 통하여 추가적인 원조가 얼마나 필요한가에 대한 구체적인 논의와 계획이 나왔다.

그동안 시민 사회 단체들은 빈곤에 대항하는 지구 행동의 일원으로 영국과 다른 국가들에서는 '빈곤을 과거의 것으로' 운동으로 알려진 캠페인을 G8을 포함한 전 세계 70여 개국에서 벌였다. 같은 2월 G8 재정 장관들이 모였을 때 넬슨 만델라는 도덕적 중요성을 덧붙였다. 유명인사들인 겔도프와 보노와 같은 이들은 정상회의가 있기 일주일 전에 대부분의 G8 국가에서 'Live 8' 콘서트를 연속적으로 개최하였고 20억 명의 사람들이 이를 지켜보았다. 이 캠페인은 놀랍게도 3천 8백만 명의 서명을 받았고 이를 전달하기 위하여 에든버러에서 22만 5천 명의 사람들이 행진을 할 때 최고조에 다다랐다.

대중적 압력과 영국 정부의 정상회담 주제에 대한 명민한 전략은 G8 정부의 친 원조 장관들의 힘을 강화시켜주었고 미국, 일본 그리고 이탈리아의 반대를 약화 시켰으며 양쪽을 오가던 국가들인 캐나다와 독일에 확신을 주었다. 그 결과 G8 재무장관들이 부채 무효화 계획을 만들던 2월 첫 번째 징조가 나타났고 5월에는 EU 지도자들이 500억 달러를 목표로 원조 상향을 약속하였다.

2000년 이후 하향되던 원조가 다시 상향되는 것에서 볼 수 있는 개발 약속으로 정부 내외의 활동가들은 혜택을 보게 되었고 같은 해 UN의 새천년개발목표를 출범시킬 수 있었다. 아프리카 정부의 노력은 아프리카 개발을 위한 새로운 경제 협력New Economic Partnership for African Development, 선거의 확산, 그리고 성장 전망의 회복을 통하여 진전을 가져왔으며 또한 원조가 정치적으로 바람직하게 되는 데 도움을 주었다. 지도자들은 2003년 이라크 침공에 따른 깊은 분열 이후 국제적 공조를 재건할 수 있기를 바랐다.

세계 경제의 성장으로 G8 지도자들은 과거 정상회담의 위기관리 체계에서 벗어나 장기적 이슈에 집중할 수 있었다. 또한, 예상치 못한 일들도 주요한 역할을 하였다. 6개월 전 아시아 쓰나미는 이전에 없었던 대중 기부를 일으켰고 어떤 경우는 정치인들에게 수치심을 안겨 정부의 인도주의적 구호를 늘렸으며 개발 이슈에 대한 대중적 관심을 환기시켰다. 정상 회담 첫날 런던의 테러리스트 폭격은 50명 이상의 사상자를 냈고 G8 지도자들이 영국 정부를 적극적으로 지원하는 연대의식을 불러일으켰다.

원조와 부패에 대한 낙관적 메시지는 기후 변화와 세계무역기구 회담에서 있어 주요한 진전을 가져오지 못한 지도자들의 무능력과 크게 대비가 된다. 일반적으로 보면, 지도자들은 자신의 정책을 바꾸는 것보다는 돈을 약속하는 것을 더 쉽게 느낀다. 탄소 배출을 감소시키는 것이나 세계 무역의 왜곡된 규정을 바로잡는 것은 수표를 주는 것으로는 해결되지 않는다.

30년간의 G8 정상 회담으로부터의 교훈은 진전은 오직 매년 정상 회담에 동일한 주제를 지속적으로 제기하는 것으로만 성취할 수 있다는 것이다. 2005년 정상 회담에서는 아프리카에 대한 5번째 연이은 토론이 있었지만 기후 변화는 1997년 이후 G8 주제로 상정되지 못했다. 글레니글스 이후 기후 변화가 주제로 재등장한 것은 교토 의정서를 따르는 회담에서 진전이 있을 것이라는 희망을 보여준다.

요약하자면,

주제에 대한 대중적 정당성, 그것을 성취하려는 의지를 지닌 정부의 리더십, 대중의 광폭 적인 지지 표현, 연차적 반복, 금전으로 제한된 요구, 예상하지 못한 사건들이 뒤얽혀 글레니글스 협약을 가능하게 하였다.

출처   Oxfam International (2005) 'What Really Happened at the G8 Summit?'; N. Bayne 'Overcoming evil with good: impressions of the Gleneagles Summit, 6‐8 July 2005', in M. Fratianni, J.J. Kirton, and P. Savona (eds) (2007) *Financing Development: The G8 and UN Contribution*, Aldershot, UK: Ashgate.

국제적 규정과 규범

아이디어를 (아마도 궁극적으로는 '지구적 공공의 선') 교환하고 발전시키며 확산하는 국제 시스템은 장기적으로 볼 때 금융이나 무역보다 더 불명확하겠지만 그 만큼 영향력이 있다. 톰 페인Tom Paine이나 칼 마르크스Karl Marx의 연구가 시사하는 바와 같이 아이디어는 항상 국가 경계를 거의 존중하지 않았지만 제1차 세계 대전 이래로 수십 년 동안 규범으로 가장 잘 묘사된 일련의 가치에 대한 토론과 합의를 위한 전 지구적 시스템이 생겨났다. 그 규범이란 국제법을 포함하여 국내에서뿐만 아니라 국제적으로도 국가와 국가의 지도자들이 수용할 수 있는 행위를 특정한 명시적이거나 암시적인 규정이다.

전 지구적 논의가 지속적으로 확장되어 가던 중 다음 장에서 논의될 전쟁 규정과 1948년 UN 인권 선언은 하나의 이정표가 되었다. 이 규정과 선언문은 밀레니엄 개발 목표Millennium Development Goals와 협상된 조약과 같은 국제적 목표를 설정하는 회의 및 최고위급 패널의 급증을 가져왔다. 국제노동기구만 189회의 회의를 개최하였고, 가장 최근에 국내 노동자권리 회의는 2011년에 열렸다. 이러한 협정들은 시민들과 기업 단체들의 집요한 로비에 의한 몇 년에 걸친 정부 간 협상 결과이다. 이 모든 것은 국가, 기업, 시민 그리고 그 외의 이해 당사자들의 행태에 영향을 주기 위한 것이지만 더욱 중요한 것은 사람들이 어떻게 생각하고 '적절한 것'이나 바람직한 것은 무엇인가에 대해 영향을 주기 위한 것이다.

쳇바퀴같이 도는 국제회의들은 의미 없는 대화일 뿐이라는 비난을 받지만, 회의의 전체적인 영향력은 부인할 수 없다. 협상 된 국제 협약의 본문은 인간에게 주어진 조건에 대한 이해의 확장을 보여주고 모든 주제에 대한 태도와 신념을 전진시킨다. 뇌물은 허용될 수 있는가?, 부모들은 아이들을 체벌해도 되는가? 우리는 이주 노동자, 원주민, 장애인에 대한 차별을 허용해야 하는가? 어떤 활동이 '노동'으로 여겨질 수 있는가?

UN 안전보장이사회, 국제형사재판소International Criminal Court와 세계무역기구를 제외하고는 협상과 협약 중 벌금과 제재와 같은 법적 강제력을 지니는 '강한 의미에서의 법Hard Law'을 포함하는 경우는 거의 없다. 대부분은 도덕적 설득력과 수치심을 줌으로써 강한 국내법이 요구하는 기준을 준수하도록 하는 '약한 의미에서의 법Soft Law'이다.

여성의 권리

여성의 권리에 대한 치열한 논쟁은 아이디어의 확산에서 국제적 시스템의 좋은 본보기를 보여준다. 왜냐하면, 국제적 논의와 협의는 소년, 소녀의 삶을 규정하고 여성의 삶에 엄격한 제한을 가하는 정책, 제도, 신념과 기대에 대한 도전을 하는데 중요한 역할을 하기 때문이다.

1979년 UN 총회에서 선언된 여성차별철폐협약Convention on the Elimination of All Forms of Discrimination against Women은 여성 권리에 대한 국제적 어음으로 묘사된다. 여성차별철폐협약은 다음과 같이 여성에 대한 차별을 정의하고 국가는 이에 대하여 다음과 같은 조치를 취해야 한다고 밝힌다.

- 법적 시스템하에서 남성과 여성은 동일하다는 원칙을 받아들이고, 차별적 법을 폐지하며, 여성에 대한 차별을 금지하는 법을

수용해야 한다.
- 차별에 대항하여 여성을 효과적으로 보호하는 제도와 위원회를 설치해야 한다.
- 개인적, 조직적 그리고 기업 차원에서 여성에 대한 모든 차별 행동의 철폐를 보장해야 한다.

국제여성차별철폐협약은 그 뒤로 1994년 카이로에서 열린 세계인구개발회의International Conference on Population and Development와 1995년 베이징에서 열린 세계여성회의World Conference on Women와 같은 주요한 국제 운동이 뒤따랐고 지속적으로 여성의 권리를 위하여 압력을 가할 수 있는 기틀을 마련하였다. 2011년 UN 세계 여성 발전 보고서에 따르면,[207]

> 1911년 세계에서 단 2개국만이 여성에게 투표를 허용하였다. 한 세기가 흐른 뒤, 여성의 권리는 보편화되었고 여성은 그 어느 때보다도 의사 결정에 많은 영향을 미치고 있다. 여성의 정치적 영향력과 함께 여성의 정치적, 시민적 권리뿐만 아니라 경제적, 사회적 문화적 권리에 대한 인식이 신장 되었다. 오늘날 전 세계 186개국이 국제여성차별철폐협약을 조인하였고[208] 성평등과 정의의 걸림돌을 무너뜨리며 여성과 소녀의 인간 권리를 충족시키려는 노력을 기울이고 있다.

1970년대 페미니즘이 분출한 것과 같은 방식으로 국제여성차별철폐협약 역시 국제적 과정과 사회에서의 폭넓은 흐름 사이의 미묘한 상호 과정

---

[207] UN Women's resources on Progress of the World's Women http://www.unifem.org/progress/progress.html
[208] CEDAW에 대한 자세한 사항은 다음에서 찾을 수 있음. http://www.un.org/womenwatch/daw/cedaw/

을 보여준다. 이 국제 시스템은 이러한 변화를 정착시키고 확산하는 데 도움을 주며 지지자들과 반대자들에게 상징적 논쟁의 장을 제공한다. 예를 들어, 카이로 회의에서 바티칸과 몇몇 이슬람 정부들은 예외적 연합을 하여 피임 권리에 대해 격렬한 반대를 하였다.

2003년 체결된 여성 권리에 대한 아프리카 연합 조약African Union Protocol on the Rights of Women[209]과 2010년 미셸 바츨렛Michelle Bachelet의 리더십의 영향하에서 출범한 'UN 여성'[210] 그리고 2012년 세계은행에서 출간된 개발과 성평등에 대한 첫 보고서는[211] 여성의 권리를 옹호하는 국제 시스템을 정착시키는데 또 다른 이정표가 되었다.

여성 운동은 국가 차원에서 진보적 개혁을 통하여 여성의 권리를 법제화하기 위한 중요한 투쟁의 계기가 되었으며 이는 국제적 규범을 형성을 하는데 큰 힘이 되었다. 또한, 이러한 노력들은 이 책의 앞부분에서 인용한 모로코 가족법의 예에서 볼 수 있었듯이 (2부 참조) 태도와 믿음의 변화를 가져오는데 결정적 역할을 하였다.

국제적 규범을 만드는 것은 국내법과 특히 태도와 신념을 변화시키는 것보다 더 큰 난항을 겪는다. 여성 운동 내부에서 계속된 논쟁은 국제적 협약에 영향을 미치는 것이 우선 되어야 하는 것인가에 대한 의문을 제기한다. 오늘날까지 이룬 성취를 인정하지만 많은 사람들은 국제적 논의에 초점을 두는 것이 여성의 삶에 실질적인 변화를 가져오는 국가적, 지역적 투쟁에 필요한 자원을 약화 시켜왔다고 주장한다.

---

[209] See 'Protocol to the African Charter on Human and People's Rights on the Rights of Women in Africa', http://www.africa-union.org/root/au/Documents/Treaties/Text/Protocol%20on%20the%20Rights%20of%20Women.pdf
[210] See http://www.unwomen.org/
[211] World Bank (2011) *World Development Report 2011: Gender Equality and Development*.

영국국제개발부, 캐나다국제개발청, 스웨덴국제개발협력청과 같이 전통적으로 국제적 차원이 아닌 국가적 차원에서 일을 해온 원조 공여 기관들은 여성의 지위를 향상하기 위한 방법으로 진보적 법제화와 인식 개선이 아닌 여성의 고용과 소녀들의 교육을 크게 강조함으로써 또 다른 논쟁에 불을 당겼다. 여성을 위한 개발development for women을 의미하는 여성의 삶과 권력 그리고 권리를 향상시키는 재정적, 경제적 시스템을 재구성하는 것보다 개발을 위한 여성women for development을 의미하는 여성을 교육하고 고용하는 것은 어느 정도의 성장을 가져올 수 있는가?

강한 의미의 법과 약한 의미의 법

'강한 의미의 법'과 '약한 의미의 법'의 상관관계는 분명히 복합적이다.[212] 강한 의미의 법은 근본적으로는 국가의 권위와 권력에 의존하지만 약한 의미의 법은 거버넌스 관리체계의 구축과 실행 그리고 운영에 있어 근본적으로 비정부 행위자에 의지한다. 강한 의미의 법은 국제회의에서 규정된 법적 정당성을 가지지만, 약한 의미의 법은 훨씬 더 넓은 의미를 지니어 공정 무역과 같은 합의된 기준이나 조약에 대하여 모호한 권고안으로부터 정기적 보고에 이르기까지 모든 것을 다 포함한다.

이러한 특징들을 고려해 볼 때 별개의 문제들은 별개의 접근을 요구한다. 강한 의미의 법은 법적 또는 준법적 절차를 충족시킬 수 있을 만큼 충분하게 엄격히 적용될 수 있는 단순한 문제에 가장 적합하다. 약한 의미의 법은 더 많은 당사자들에게 영향을 미치는 더 복잡한 문제에 적합하다. 약한 의미의 법이 노동권과 같은 강한 의미의 법을 돕는지에 대하여

---

[212] T. Risse, S. C. Ropp, and K. Sikkink (eds.) (1999).

혹은 약한 의미의 법이 '환경 세탁'이라 불리는 낮은 비용의 비효율적인 선물이 되어 대중의 관심을 돌리는데 사용되는 것인지에 대하여 서로 다른 의견들이 있다. 양쪽 다 옳을 수 있다. 약한 의미의 법을 효과적으로 만드는 두 가지 특징은 흔히 정부, 기업 그리고 시민 사회 조직을 포함하는 다층적 이해 당사자 과정과 공공의 조사, 보고 그리고 기술 지원을 통한 법의 시행 통해 나타난다.[213] 자신의 실패와 성공을 공개적으로 밝히는데 리더의 마음이 움직이는 것보다 더 좋은 방법은 없다.

규정과 규범에 대한 국제적 논의는 세계 시민권의 중요한 측면인 옳음과 그름의 의미에 대하여 전체 인류가 논의해야 할 방향을 제시한다. 권고, 협정 그리고 강제적 압박의 결과는 리더, 시민 그리고 기업들이 어떻게 자신의 역할과 정체성 그리고 자신을 둘러싼 세계의 본질을 이해해야 하는가에 영향을 미친다. 이러한 논의들은 남성과 여성의 더욱 평등한 관계와 진보를 가져오고자 하는 이에게 상징적이고 실제적인 중요한 논의의 장으로 남는다.

---

[213] J. J. Kirton and M. J. Trebilcock (eds.) (2004).

인도주의적 구호와 평화를 위한 국제 시스템

국제 인도주의 법

대부분 인도주의적 구호는 이웃, 친척, 과거에는 친구 그리고 지역 정부와 중앙 정부에 의해 지역적으로 이루어진다. 구호를 통하여 생명을 구하는 것은 역사만큼이나 오래되었다. 과거에는 종교 기관들이 대부분의 인도주의 활동을 하였으나, 오늘날에는 전쟁과 자연재해의 피해자들과 연대를 구축하는 일을 한다. 예를 들어, 코란에 명시되어 있는 무슬림의 자캇 Zakat으로 알려진 십일조나 의연금 전통은 오늘날까지도 도움이 필요한 사람들에게 빠르고 자유롭게 현금 지원을 직접 전달하는 것이다.

사실상 21세기에는 인도주의적 구호의 대부분은 더욱 지역화되고 있다. 세계는 서구 중심, UN 중심의 인도주의적 대응에서 더 다양하고 지역화되며 지속 가능한 방식으로 변화하고 있다. 재난에 준비가 되었는지, 재난이 닥쳤을 때 대응을 어떻게 해야 하는지와는 관계없이 원조의 상당 부분은 지방 및 중앙 정부, 공동체, 기업 그리고 해당 국가의 군대와 NGO가 제공한다.

이러한 방식은 점차적으로 증가하는 중소 규모의 재난에 대응하는 필수적이고 옳은 방향이다. 그러나 국제 인도주의적 기관들은 여전히 중요한 역할을 가지고 있지만, 최근에 성취한 개혁보다도 더 많은 성과를 이루도록 발전시켜나갈 막중한 책임을 지고 있다.

잘 조직되고 운영되는 인도주의적 시스템은 위기 시 취약성을 예방하도록 돕는데 안전망을 제공하고 만성적 빈곤과 불평등을 증가시키는 분열을 막아 단기적 취약성을 예방하는데 여전히 중요하다. 이 장에서는 인도주의적 대응을 하는 지구 시스템을 검토하고 어떻게 실책들을 바로 잡을 수 있는지에 대하여 제시하도록 하겠다.

과거 150년 동안 인도주의적 구호를 하는 전문 기관들이 나타났는데 그들은 종교 기관, 정부 비정부 기구에 기반을 두었다. 1863년 설립된 적십자 운동은 20세기에 들어서며 가톨릭 자선 기관인 카리타스Caritas가 합류하며 세계적 기관이 되었다. 제1차 세계 대전 이후 국제 적십자사연맹 International Federation of the Red Cross과 적신월사Red Crescent Societies, 세이브 더 칠드런 기금Save the Children Fund이 설립되었다. 옥스팜은 나치 점령하의 그리스에서 기아문제에 대응하고자 1942년에 세워진 기아 구호를 위한 옥스퍼드 위원회Oxford Committee for Famine Relief가 성장을 하게 된 기관이고 케어 CARE는 제2차 세계대전 이후 난민 위기에 대응하고자 설립되었다. 국경 없는 의사회Médecins Sans Frontieres는 20년 후 나이지리아의 비아프라Biafra 전쟁 위기 때 등장하였다. 지난 10년간 옥스팜을 포함하여 많은 인도주의적 기관들이 유사한 정신을 지닌 조직 간의 국제 네트워크를 형성하여 지구적 접근성을 확대하고 향상하였다.

많은 전문 기관과 함께 UN 시스템은 자연재해, 식량 위기 그리고 분쟁을 예방하고 대응하는데 중요한 선도적 역할을 수행한다.214 냉전의 종식과 함께 UN과 비정부기구들은 역량을 확대해 나가기 시작하였는데 부국 정부들 또한 그러하였다. 오늘날 인도주의 시스템은 중앙 정부, UN 기관, NGO 그리고 적십자 운동이 미로처럼 복잡하게 얽혀있고 1999년에서

---

214 여기에는 UNDP, UNHCR, WFP가 포함된다.

2002년 사이 연간 총지출은 평균 57억 달러에 이른다. 2004년 12월 아시아 쓰나미에 대한 전례 없는 대응으로 인하여 2010년 추정 지출은 167억 달러까지 치솟게 되었다.[215]

이들이 함께하여 거의 모든 전쟁과 자연재해에 집중하는 지구적 복지 시스템의 기초를 형성한다. 그러나 생명을 구하는 일에 성공을 할지라도 인도주의적 시스템은 조직적인 그리고 다른 한계로 인하여 위기 대응이 늦고, 모금이 모자라고, 조율이 부실하고 비효율적인 결과를 가져와 명백한 실책을 가져오기도 한다. 장기적으로 볼 때 가장 심각한 문제는 국제 인도주의적 원조 단체들이 해당 지역과 국가의 시민 사회와 정부와 같은 조직들을 무시하는 것이다. 이것은 긴급 대응을 하는 지역 조직들의 역량을 구축하는 데 실패할 뿐만 아니라 역량 있는 직원들을 빼돌리고 자원을 독점함으로써 지역 기관의 역량을 약화시킨다. 최근에는 아래서 논의된 사항들에 대한 발전이 있었지만 여전히 지속적이고 효과적인 국제 인도주의적 시스템을 구축하는 데는 모자라다.

인도주의 시스템은 많은 실패를 하였다.

미디어나 정치에 따른 기금 배분. 기부자가 제공하는 원조는 종종 너무 적거나 늦게 도착한다. 2011년 아프리카의 뿔 지역에서 식량 기근의 경고는 2010년 11월에 이미 나왔고 몇 달간 그 위급성이 더욱 커졌지만, 원조가 시작된 것은 2011년 3월에서 5월 사이, 비가 적게 오고 UN이 2011년 UN이 기아 상황을 보고하며, 세계 TV에 고통받는 어린이들의 사진이 나오게 되면서이다. 그때까지 1천 1백 3십만 명이 굶주리고 원조가 필요하게 되었다. 많은 이들이 식량을 구하기 위하여 가축과 토지 그리고 씨앗과 농기구를 팔거나 빚을 얻어 미래 위기에 더욱 취약하게 되었다.[216]

---

[215] Global Humanitarian Assistance (2011).
[216] Oxfam International and Save the Children (2012).

'CNN 효과'에 의지하는 것은 극적인 장면이 연출되지 않는 만성적 취약성이나 위급한 상황에 대한 관심을 분산시킴으로써 원조 분배에 왜곡을 가져온다. UN의 언론 호소는 (급속한 자연 재앙이나 분쟁 혹은 기존의 인도주의적 위기의 급격한 악화의 경우) 며칠 안에 나오지만, 요청이 클 경우, 대부분의 경우 첫 달에는 필요로 하는 양의 30퍼센트 미만을 받는다.

원조 결정이 필요보다는 정치적 이해관계에 따라 이루어지는 경우가 너무나 많다. 2011년 UN 통계는 정치적 관심을 받는 위급 사항에 대하여 원조가 더 이루어진다는 것을 보여준다. 같은 해, UN 인도주의적 요청은 인도주의적 원조가 필요한 6천 2백만 인구를 위한 기금의 60퍼센트를 받았다. 공여국 정부들이 비교적 관대하게 원조를 하는 국가들의 위기와 나머지 국가들의 위기는 명백히 대비가 된다. 니제르, 중앙아프리카 공화국, 짐바브웨에서는 거의 1천 5백만 명의 사람들이 원조가 필요하지만 거의 모든 경우가 50퍼센트 미만의 원조를 받았으나, 리비아는 83퍼센트를 받았다. 5백 4십만 인구가 파키스탄 역사상 두 번째로 큰 홍수로 피해를 봤으나 국제 언론의 관심을 끌지 못하여 필요 원조의 46퍼센트만을 받았다.[217]

원조금의 차이는 명백하게 인도주의적 원조가 필요한 곳에 원조를 가져가야 한다는 인도주의적 필요성이 아닌 다른 이유에 의해 좌지우지된다는 것을 보여준다. UN 시스템은 강한 리더십을 구가하지 못하였고 또한 인도주의적 평가에서 등락을 하는 등 실패를 하지만 UN을 비난만 할 수는 없다. 어떤 곳에는 긴급한 상황에도 원조가 거의 가지 않음에도 다른 곳에

---

[217] UN Financial Tracking Service, Consolidated and Flash Appeals 2011: Summary of Requirements and Pledges, as of 3 January 2012: http://fts.unocha.org/reports/daily/ocha_R21_Y2011_asof___3_January_2012_(14_39).pdf; and UN Office for Coordination of Humanitarian Affairs, Overview of the 2012 Consolidated Appeals, pp. 2 and 7: http://www.unocha.org/cap/appeals/overview-2012-consolidated-appeals-andsimilar-concerned-humanitarian-action-plan

는 넘치는 원조가 간 것에는 근본적으로는 공여국들에 책임이 있다.[218]

취약한 조율. 인도주의적 원조 기관의 폭발적 증가는 지속적인 자원봉사 활동의 힘을 보여주며 자원봉사의 따뜻한 역동성은 파급효과가 크다. 그러나 이것은 원조의 효과적 전달을 복잡하게 만들 수 있다. 자연재해 몇 시간 몇 일간 혹은 전쟁의 아수라장 가운데 혼돈은 불가피하다. 긴급 구호는 생명을 구할 수 있지만 혼돈을 가져올 수 있어 대응의 효과를 약화시킬 수 있다. UN 인도주의 업무 조정실Office for the Coordination of Humanitarian Affairs은 UN과 NGO들의 재해 대응을 조정하지만, 이를 하기에는 버거운 도전에 직면한다. 2010년 아이티 지진 이후 인도주의 업무 조정실은 매일같이 필요한 것들을 파악하고 책임을 배분하며 업무의 중복을 막기 위한 조정 회의를 열었다. 그러나 대부분의 경우 주요 재난에 경험이 없던 수천 개의 NGO들과 하루에 몇 차례씩 열리는 회의, 남아 있는 건물이 없어 뜨거운 텐트 안에서 회의를 열어야 하는 열악한 상황으로 인하여, 결과적으로는 예측할 수 없는 혼돈으로 빠져들고 말았다. 많은 기관들이 UN의 조정 역할을 알지도 못했고 이에 주의를 기울이지도 못하였다.

이러한 문제들이 반복되어서는 안 된다. 르완다 인종 학살과 아시아 쓰나미라는 두 개의 예외적인 위기에서 (두 사건은 10년을 간격으로 일어났고 그 기간 NGO 섹터는 크게 성장하였음) 인도주의적 구호에 대한 평가는 수백 개의 기관에 대한 효과적인 조정이 없이는 비교적 소수의 주요 핵심 NGO들이 중요한 인도주의적 원조를 과점하는 것을 막을 수 없다는 것이다.[219] 더 나아가 인도주의적 구호에서 중요한 역할을 하는 것은 외국 기관이 아니라 당사자 국가 기관들이다. 2009년 방글라데시에 닥친 태풍

---

[218] Oxfam International (2011) 'Whose Aid is it Anyway? Politicizing aid in conflict and crises'.
[219] ODI (1996); J. Cosgrave (2007).

아일라Aila에 대한 대응 중 37퍼센트는 국제 NGO로부터 왔고 이는 UN의 9퍼센트에 비하여 4배가 많은 것이지만 방글라데시 정부의 52퍼센트에는 미치지 못했다.[220]

재해가 생기면 수많은 비정부 기관들이 참여하는 것 말고도 많은 기금, 프로그램, 위원회, 특별 기구가 참여하는 UN 시스템은 여기저기로 뻗어 나가게 되는데 이에 대한 합리화와 개혁이 필요하다.[221] 베트남에는 단지 2퍼센트의 원조금을 책임지는 11개나 되는 UN 기구들이 있다. 에티오피아에는 17개의 UN 기구가 있고 잔지바르에는 20개나 된다.[222] 쓰레기와 위생 시설을 책임지는 27개나 되는 UN 기관들이 있다. 서로 경쟁하는 UN 기구 간의 분절화와 경쟁으로 인하여 UN의 아프리카 AIDS 특별 위원회는 절망하게 되었다. '그 누구도 책임을 지고 있지 않다. 돈도 없고 긴급 구호도 없으며 힘이 모조리 빠져 버렸다.'[223]

잘못된 형태의 원조 먼 곳에 위기가 닥치면 일반 대중들은 자신이 가지고 있는 것을 전해 준다. 그 결과 배로 실어 나르기에는 너무 비싸거나 사실은 전혀 필요하지 않은 부피가 나가는 옷이나 캔 종류들은 인도주의적 기관들의 자원을 갉아 먹는다. 예를 들어 2004년 아시아 쓰나미 이후 수집된 아이들 옷이나 장난감으로 가득 찬 컨테이너로 인하여 스리랑카의 콜롬보 항구는 심각한 병목 현상이 벌어져 깨끗한 물을 공급하는데 필수적인 장비 보급이 지연되었다.

아쉽게도 공여국 정부들도 유사한 방식으로 그 해당 위기 시에 필요치

---

[220] Oxfam GB (2011) 'INGO Humanitarian Co-ordination in Bangladesh', internal note.
[221] See the UN's organisational chart: http://www.un.org/en/aboutun/structure/pdfs/un_system_chart_colour_sm.pdf
[222] UK Government (2006).
[223] S. La Franiere (2005).

않은 잉여 물품들을 배정하거나 재해 지역 혹은 그 인근 지역에서 더 싸게 구매 가능한 물품을 제공하고 있다. 유효기간이 지난 의약품들이 이러한 구호 물품에 섞여 있는 것은 흔한 일인데 아마도 가장 심각한 예는 식료품 구호가 될 것이다.

일반인들에게 인도주의적 구호에 대하여 물어보면 대부분은 굶주리는 이들에게 식량을 제공하는 것을 떠올릴 것이다. 식량 원조는 오늘날 북한과 같은 식량이 부족한 지역에서 생명을 살릴 수 있다. 전 세계적으로 2010년 5백 7십만 톤의 국제 식량 원조가 제공되었는데 1990년대 후반의 150만 톤에서 감소한 양이다. 그 식량은 1억 5천만 명의 굶주리는 이들에게 배분이 되었다.

식량 구호의 양이 줄어드는 것이 반듯이 나쁜 것은 아니다. 모든 문제의 뿌리는 빈곤이지 생산이 아니며, 식량이 시장에 있을 때에도 굶주림은 존재한다. 이러한 상황에서, 미국이나 그 외 지역으로부터 초과 곡물이 들어오는 것은 시장으로의 유입량이 늘고, 가격이 하락하여 지역 농민들에게 피해가 간다. 심지어 긴급 위기로 인하여 지역에서 식량을 구할 수 없을 때에도 식량 원조는 평균 4~6개월씩 걸리는데, 그 시간 동안 대상 국가는 회복이 될 수 있고, 갑작스레 도착한 저렴한 곡물은 스스로 위기를 벗어나 갈 수 있는 지역 농민들을 파괴하게 된다.224

식량류 원조는 전통적으로 위기 시 깊은 고려 없이 자동적으로 대응하는 방법이었는데 이는 식량이 지구를 반 바퀴 돌아가야 할 만큼 긴급하기 때문이 아니라, 부유한 국가들이 자신의 초과 농산물을 보낼 필요가 있기 때문이다. 사실, 식량 원조를 관할하는 공여 단체는 공여 기구가 아니라

---

224 비상시가 아닐 경우, 식량 원조는 배고픈 이들이 아닌 정부에게로 직접 지원되어 세수를 늘리기 위하여 지역 시장에서 판매가 된다. 이것은 화폐화로 알려져 있고 국내시장가격을 낮추는 효과를 가져온다.

런던에 본부를 둔 무역 기구인 국제 곡물 위원회이다.

또한, 공여국으로부터 오는 식량은 쓸모가 없을 수도 있다. 높은 유류가로 인하여 수송 비용은 많은 식량 원조 예산을 갉아 먹을 수 있는데, 2004년 캐나다의 경우 40퍼센트까지 운송비가 전체 원조 예산에 소요되어 지역에서 식량 구매를 늘리도록 정책의 변화를 가져왔다.[225] 여기에 더하여, 세계 식량 원조 예산의 1/3은 폐기 처분되고 있는데 그 이유는 미국이 식량 원조를 국내 식량과 국내 수송 수단을 이용하는 것을 주장하고 있기 때문이다.[226] 한 OECD 연구에 따르면, 구속성 식량 원조 공여의 실제 비용은 수혜국에서 식량을 구매하는 것에 비하여 50퍼센트 가량 더 비싸고, 이른바 삼각 거래라 불리는 제3국에서 조달하는 비용에 비하여 33퍼센트 가량 더 비싸다.[227] 부국들, 특히나 미국이 식량 원조를 현금으로 지원한다면, 빈곤국을 위한 원조에서 매년 7억 5천만 달러가 절감될 것이다.

지역 시장에서 식량 구매가 가능한 지역에서는, 식량 지원이 품위를 격하시킬 수 있다. 현금 지원 프로그램에 대한 평가에 따르면, 사람들은 수프를 나누어 주는 것보다 현금을 더 선호 하는데 그 이유는 현금지원은 그들을 수혜자로 비치게끔 하지 않고, 자신의 선호도에 따른 선택의 폭을 넓혀줄 수 있고 그들의 존엄성을 존중하기 때문이다. 사람들이 농업 투입재를 구매하기 위하여 현금을 이용한다면, 이것은 생계 향상과 더불어 지역 경제를 활성화 시키는데도 도움이 된다. (4부 참조)[228]

4개의 주요 공여국 3개(EU, 캐나다, 호주)는 좀 더 적절한 식량 원조와 자국에서 식량을 보내는 것이 아니라 개발도상국에서 식량을 구매하는 비

---

[225] 옥스팜의 계수는 다음을 기초로 하였다. Canadian International Development Agency (http://www.acdi-cida.gc.ca) data.
[226] FAO (2006) 'The State of Food and Agriculture 2006'.
[227] OECD (2006) *The Development Effectiveness of Food Aid. Does Tying Matter?*
[228] P. Creti and S. Jaspars (eds) (2005).

율을 높이기로 약속하였다.229 농비즈니스와 수송업자들의 로비로 인하여 세계 식량 원조의 50퍼센트 이상을 담당하고 위기에 대한 세계의 대응을 왜곡하고 있는 미국은 여전히 무례한 태도를 유지하고 있다. 워싱턴은 비용 효율성이 높은 지역 구매와 현금 지급을 위해 3억 달러를 지출하지만, 이는 모두 인도주의 예산에서 나온 것들이다. 매년 15억~20억 달러에 이르는 식량 원조 프로그램 예산은 변하고 있지 않다.

장기적 문제에 대한 단기적 해결책. 4부에서 논의된 대로 가난한 이들과 공동체가 경험하고 있는 취약성의 대부분은 실제로는 단기적인 사건이 아니라 만성적이며, 단기적인 인도주의적 지원이 아닌 국제 원조에 도움을 받는 중앙 정부의 사회 보장 시스템을 통하여 접근해야 한다는 인식이 증가하고 있다. 이는 '긴급 상황'과 '개발' 사이의 경계를 불명확하게 만들고 또한 빈곤의 극단에 몰려 살고 있는 수백만의 실제의 삶을 정확하게 반영한다.

실패를 인식함으로써 최근에는 국제 인도적 시스템을 현대 복지 국가의 조율된 대응에 가까운 것으로 만들려는 시도들이 줄 잇고 있다. UN은 11개의 인도적 활동 영역에서 선도적 역할을 하는 기관을 지정하는 권역 접근을 도입하였다. 예를 들어, UNICEF는 영양, 교육, 물, 위생 시설을, UNHCR은 전쟁과 재해로 피해를 본 이들을 위한 캠프 관리를 책임지고 있다.

---

229 오스트레일리아는 식량원조의 67%를 지역에서 구매하도록 허용하였다. EC는 특정 개발 도상국가에서는 무제한으로 구매할 수 있도록 하였고 2005년 9월 캐나다는 정부 식량 지원금의 50%까지 지역에서 구매 될 수 있도록 하였는데 이는 과거의 10%에서 향상된 것이다. 다음을 참조. Canadian Foodgrains Bank/Oxfam Canada (2005). In addition, 'the UK, Belgium, Germany, Sweden, and the Netherlands also source their food through local purchase and unrestricted tendering' (OECD, 2006, *The Development Effectiveness of Food Aid: Does Tying Matter?*).

그러나 전체적으로 볼 때, 이러한 권역별 접근은 단기적이고 비용적인 측면에 주안점을 둔 것이다. 위 권역들은 인도주의 기관들의 책무성과 역할에 대한 이해 및 국제적인 참여 기관 간의 조율 향상시키지만, 이는 국내 기관들과의 조율을 약화시킨다. 앞으로 해야 할 일들이 많지만, 국제적인 조율 메커니즘이 NGO와 정부의 국내 조율 시스템을 무시하는 것이 아닌 이를 완성하는 것이 되어야 한다.

2005년 9월 열린 UN '정상 회의'에서 192개국 UN 가입국 정부 대표단은 UN의 중앙 긴급 대응 기금Central Emergency Response Fund를 강화하는 것을 포함하여 인도적 구호 활동의 시의성과 예측 가능성을 향상시킬 것을 약속하였다. 그렇게 함으로써 UN 시스템이 공여국들에 모금을 추렴하느라 시간을 낭비하지 않고 빠른 대응과 적절한 기금을 조성할 수 있게 되었다.

첫해에만, 중앙 긴급 대응 기금은 35개국에서 331개 프로젝트에 2억 5천 9백 3십만 달러를 출연하였는데 이는 조속한 대응을 위한 1억 8천 2백 4십만 달러와 충분히 모금이 되지 않은 긴급 사안에 대한 7천 6백 9십만 달러를 포함한다. 공여국들은 2011년 약속한 기부액을 4억 1천 8백만 달러로 상향하였다.[230] 중앙 긴급 대응 기금은 분명 생명을 구하는데 기여를 하였고 특히나 기금이 모자라거나 사람들에게서 잊혀진 위급 사항에서 큰 기여를 하였다. 그러나 중앙 긴급 대응 기금은 뉴욕 본부와 현장에서의 행정 중심주의와 지연된 지급으로 인한 문제를 안고 있다. 왜냐하면, 기금은 그간의 관행을 그대로 유지하고 있는 UN 산하 기관들을 통하여 집행이 되고 있어 중앙 긴급 대응 기금의 효율성을 격하시키고 있기 때문

---

[230] CERF Statistics 2011: CERF funds by window, http://ochaonline.un.org/CERF Figures/CERFfundsbywindow/CERFfundsbywindow2011/tabid/7381/language/en-US/Default.aspx

이다.231

2006년 UN 사무총장이 주최한 고위급 패널은 인도주의 대응을 향상 시킬 수 있는 개선 사항을 제시하였다. UN 기구들은 개발도상국에서 하나가 되어 동일한 체계, 예산 그리고 사무실에서 함께 일할 필요가 있고, UN 활동을 위한 장기적이고 예측 가능한 기금을 조성하여 개발을 촉진할 뿐만 아니라 단기적 위기에 대한 대응을 하며, 여성 문제에 대한 단일하고 강력한 발언권을 유지하고(현재는 3개의 기구로 나누어져 있음), 환경과 지속가능성 이슈에 대한 더 많은 관심을 가져야 할 필요가 있다는 것이다.232

2003년 공여국 정부들은 최상의 시행을 파악하고 보급하기 위하여 효과적 인도주의 공여 계획Good Humanitarian Donorship Initiative을 세웠다. 이 계획은 수요에 의거한 원조 제공과 원조의 시의성을 향상시키는 것을 포함한 23개의 원칙에 기반을 두었다.233 또한 국제 NGO들은 앞글자를 딴 약어들이 많은 일련의 학습과 책무성 프로젝트를 시행해 왔다. 인도적 지원 책임성 연대 HAP는 수혜자들에 대한 하향성 책무성을 감시하고 인도주의 활동에서 책무성과 성과를 위한 활동 학습 네트워크 ALNAP는 섹터별 평가와 학습을 하나로 모으며 스피어 프로젝트Sphere Project는 현장에서 인도주의 활동가를 위한 인도주의 헌장, 웹사이트, 종합 매뉴얼을 통하여 기술적이고 좋은 시행 기준을 보급한다.234 마지막으로, 국제 적십자와 적월운동 그리고 재해 구호 NGO를 위한 행동 강령Code of Conduct for the International Red Cross and Red Crescent Movement and NGOs in Disaster Relief은 독립

---

231 Oxfam International (2007) 'The UN Central Emergency Response Fund One Year On'.
232 UN (2006) 'Delivering as One'.
233 www.goodhumanitariandonorship.org
234 Humanitarian Accountability Partnership (HAP): www.hapinternational.org; Active Learning Network for Accountability and Performance in Humanitarian Action (ALNAP): www.alnap.org; The Sphere Project: www.sphereproject.org

성, 효과성, 영향력과 함께 높은 수준의 행동 유지를 추구한다.[235]

4부에서 논의된 대로, 이 모든 계획들은 다양한 층위에서 자기 평가 및 동료 평가, 투명성, 공개 보고서에 의해 특징지어 지지만, 무자격이나 태만, 남용에 대한 법적 책임까지는 나아가지 못한다. NGO 행동 강령의 서문은 다음과 같이 되어있다. '이것은 이를 기준으로 받아들이려는 기관의 의지에 의해 자발적으로 유지되는 강령이다.' 따라서 NGO들은 다양하게 제시되는 법적 책임과 자격 모델에 대하여 동의하기 어려웠다. 거기에는 매우 많은 이유들이 있는데, 그중 하나는 피해를 본 국가의 중앙 정부는 북반구 공여국에 의해서가 아닌 스스로 자신의 선택을 해야 하기 때문이다.

인도주의적 '공동체'(몇몇 사람들은 이를 산업이라고 부른다)는 어느 정도 기간 동안 모범적 시행의 조정과 확산의 중앙화 된 모델을 추구해 왔다. 점점 더 복잡해져 가고 비정부화 된 국제 원조 시스템은 정부가 주도하는 복지 체계의 지구적 형태보다는 시장 형태를 띠고 있다. 새로운 NGO, 해로운 공여 정부, 민간 비즈니스들이 지속적으로 참여하고 있고, 수백의 서로 다른 기관들의 활동을 조율하는 것보다는 투명성을 제고 하는 것이 더 효과적이기 때문이다. 한 저자는 이렇게 평한다. '제네바에서 보내주는 새로운 조직도를 기다리거나 뉴욕에서 올바른 결정이 될 수 있도록 캠페인을 하느라 시간을 보내지 말고 현장에서 혁신적인 해답을 찾자'[236]

개발 원조에서보다 이러한 시장에서 '소비자들에게 권한을 주는 것은' 더 어려울 수 있는데 그 이유는 재해를 당한 사람들은 최상의 공급자를 찾아 쇼핑을 하려 하지 않기 때문이다. 이러한 상황에서 실제 소비자는 필요에 맞는 최상의 국제 구호 기관을 찾고 선택하는 국가 정부가 될 것이다.

---

[235] http://www.icrc.org/eng/resources/documents/misc/code-ofconduct-290296.htm
[236] H. Slim (2007).

그러나 그 어느 때보다 남반구의 역량을 중요시하는 인도주의적 활동에 대한 '새로운 비즈니스 모델'에 대하여 많은 이야기들이 오가고 있지만, 정부들에 권한이 주어지지는 않았다. 2011년 말, 쿠알라룸푸르에 본부가 있는 대형 국제 NGO 중 하나인 멀시 말레이시아Mercy Malaysia의 회장은 남반구, 국가, 지역 NGO의 가장 큰 역할은 점점 더 늘어가는 재해에 대응하는 것이라고 주장하며 기후 변화 적응, 예비 그리고 위험 감소는 긴급구호를 전개해야 하는 '인도적'인 행위하고 말한다. 그는 전통적인 서구의 인도주의적 기부는 점점 더 늘어 가는 필요에 부응하는 만큼 계속하여 늘지 않을 것 같다고 덧붙인다.

이러한 이유에서, 인도주의적 행위의 중심은 남반구로 향하고 있다. 이 전환은 방글라데시에서 일어난 태풍 아일라Aila에서 볼 수 있는 바와 같이 많은 나라에서 진행 중에 있다. 이 전환은 자기 스스로 원조를 하기보다는 다른 기관을 지원하는 '인도주의적 중계'의 역할을 하고 있는 옥스팜과 같은 국제 인도주의 단체에 중요한 도전을 던지고 있다.[237]

그리 머지않은 미래에도 계속하여 수백만의 가난한 이들과 그들의 공동체가 국제 및 국내 원조의 조합에 의존하여 만성적인 취약성과 스스로는 해결하기 어려운 재해를 극복하게 될 것이다. 이러한 노력이 성공하게 되면, 심화된 불평등, 고통 그리고 빈곤의 압정을 끝내게 될 것이다. 이러한 상황에 놓인 이들을 돕는 것은 고동을 구제하는 즉각적인 필요와 국가를 재건하는 장기적인 노력과 사람들로 하여금 자신에 삶에 대한 주도권을 다시 가지게 함으로써 죽음을 예방하는 일이 조합된 매우 복잡하고 도전이 되는 일이다. 이 임무를 위하여 성장해온 국제 시스템은 그것 자체로 문제가 되지만, 최근에는 빠르고 조율된 대응을 하는 놀라운 성과를 보여

---

[237] Oxfam International (2011) 'Crisis in a new world order: Challenging the humanitarian project'.

왔다. 이것은 대단한 성과이다.

평화, 전쟁, 보호의 책임

분쟁 지역에서 구호 활동을 벌여온 옥스팜의 오랜 경험을 볼 때, 폭력으로부터 보호를 하는 것은 깨끗한 물과 식량 혹은 구호소를 제공하는 것보다 더 긴급한 것일 수 있다. 4부에서 보았듯이 분쟁은 가난한 이들과 그들의 공동체에 가장 많은 타격을 주고 불평등을 조장하며 가뭄과 재해와 같은 다른 위험에도 더 취약하게 만든다. 더 직접적으로는 무장 분쟁으로 인한 사망, 상해, 성폭력, 인프라의 파괴로부터 가장 많은 고통을 입는 것은 시민들이다.

폭력에 대한 신념과 태도를 변화 시키려는 오랜 노력 끝에 종종 군인들이 의도적으로 비무장 시민들을 대상으로 가한 '부수적 피해'에 대한 국제 사회의 태도가 변화 하고 있다. 최근 텔레비전, 휴대 전화, SNS들은 세계에서 일어나는 폭력과 잔학한 사진들을 전송하고 있다. 시민들을 공격하고 죽이는 이들은 이를 숨기기가 더 어렵게 되었다. 이로 인하여 몇몇 정부들은 최소한 시민의 안전을 더욱 심각하게 받아들이게 되었다. UN에는 10여 년에 걸친 시민의 보호를 최우선으로 하려는 느리지만 고통스러운 진전이 있었다.

냉전이 종식되기까지 1945년 UN 헌장에 명시된 국제 평화와 안전을 지키기 위한 UN 안전보장이사회의 책임은 양 강대국 간의 경쟁에 의해 방해된 것만은 아니었다. 분쟁이 본질적으로 이미 국가 내부에서의 폭력으로 잠식되고 있었음에도 안보리는 국가 간 평화를 지키는 문제만을 다루는 것으로 이해되고 있었다. 지금은 이것이 변하고 있으며 내부적인 무장 분쟁을 포함한 폭력으로부터 시민을 보호하는 것이 안전보장이사회의 중요한 역할이 되어 전 세계에서 평화 유지를 위한 역할 수행이 늘고 있다.

이러한 역할의 도덕적이고 법적인 근거는 새로운 것이 아니다. 국제 인도주의 법에 따르면 전쟁 당사자들은 시민들에 대한 피해를 억제해야 하고 자국 내에서의 시민들의 삶과 안전을 보호할 뿐만 아니라 기초 서비스를 제공해야 할 의무를 지니고 있다. 국가와 관련 당사자들이 자신의 의무를 수행할 의지가 없거나 할 수 없을 때 그 정도에 따라 국제법은 다른 국가들이 행동을 취할 수 있게 한다.

무관심

국가와 다른 당사자들이 자신의 책임을 다할 수 없거나 의지가 없을 때 UN, 지역 조직 그리고 다른 당사자들이 자신의 시민 권리를 지키도록 국가를 지원하거나 압박을 해야 한다는 인식이 최근 증대되고 있다. 자국 내 분쟁과 시민 보호에 대한 UN 안전보장이사회의 관심은 이러한 발전의 중요한 신호가 되는데 이것은 단지 서구에서만 일어나는 추세가 아니다. 아프리카 연합African Union이 구성국들의 폭력 문제를 관리하지 못하고 있었던 아프리카 연합 기구Organization for African Unity를 대체하게 된 2000년, 아프리카 연합은 반인륜 범죄 및 전쟁 범죄 그리고 인종 학살을 예방하는 개입의 권리를 명시한 헌장을 가결한다.[238] 이것은 UN 헌장이 발효되고 식민주의 시대가 종식된 이래 국제법의 근간이 되어온 타국의 문제에 대한 비간섭을 인정하는 '무관심'에 대한 새로운 원칙의 표식인 개입의 권리를 밝히는 최초의 국제 협약이었다.

2005년 UN 세계 정상회담은 반인륜 범죄, 인종 학살, 전쟁범죄, 인종청

---

[238] B. Kioko (2003).

소로부터 시민을 '보호할 책임'(R2P)에 동의하였다. 아프리카 연합의 결정과 마찬가지로, 이것은 1990년 르완다에서의 80만 명 인종 대학살과 보스니아와 스레브레니차Srebrenica에서 수천 명의 대량학살 사건을 방치한 국제사회의 비극을 다시는 반복하지 않겠다는 결단이었다.

2011년 UN 안전보장이사회는 리비아의 시민들을 보호하기 위한 무력 사용을 허가함으로써 그 책임을 수행하고자 하였다. 이 책을 쓰고 있는 시점, 이 결정이 수천 명의 생명을 구한 것인지 아니면 정권을 전복하기 위함이었는지에 대한 논쟁은 계속되고 있다. 2005년 세계 정상 회담의 결정이 국제 관계의 결정적 변화로 보일 것인지 혹은 그것을 실행하는 정부들의 복합적인 동인들이 보호를 하기 위한 책임을 신뢰하지 못하게 할 것인지는 시간이 지나면 알게 될 것이다.

그동안, UN 안전보장이사회는 시민들을 보호해야 한다는 더 큰 인식하에 두 가지 근본적인 문제를 직면하고 있다. 세계적으로 시민들에 대한 위협에 대한 신뢰할 만하고 세밀한 분석과 정보의 부재 그리고 시민들의 안녕에 대한 위협과 위험에 따른 모든 위기에 대한 지속적인 고찰의 부재가 그것이다. 지금까지는 주로 UN의 영속적이고 최강의 국가들의 정치적 이익에 따라 행위가 취해 져왔다.[239]

국제적인 개입이 성공한 경우, 이들은 네 가지 기준에 의거하여 평화를 구축하도록 도움을 주었다. 개발, 화해, 정치적 기틀 마련, 안전 보장이 그것이다. 이 네 가지 기준에 의거한 행동은 지역 시민사회에서 국가 정부에 이르기까지 모든 차원에서 필요로 하며 국제 사회의 단기적 관심을 넘어 오랜 기간 동안 유지되어야만 한다.

지난 십 년간 수십만의 전투원들이 30여 개국에서 UN의 '군축, 복원

---

[239] Oxfam International (2011) 'Protection of Civilians in 2010: Facts, Figures and the UN Security Council's Response', p. 2.

그리고 재통합' 프로그램에 참여해 왔고[240] UN의 하늘색 헬멧을 쓴 평화 유지군이 전 세계의 분쟁지역에서 점차적으로 더 많이 눈에 띄게 되었다. 평화유지군은 UN이 르완다와 발칸 반도에서 잔악한 행위에 대한 방관자가 아니라 시민들을 보호할 준비가 되어있음을 보여주는 무력을 사용할 수 있게 되었다.

그러나 이를 효과적으로 수행할 수 있는 능력이 없다는 사실은 앞으로 행동을 위한 의지와 훈련 그리고 자원을 마련하기 위하여 얼마나 많은 일들을 해야 하는지를 보여준다. 또한, 이는 공동체가 이끌어가는 평화 구축, 안전 부문 개혁, 모든 취약한 사회에서 원조의 효과성을 향상시키는 것을 포함하여 평화와 안정화를 구축하기 위하여 해야만 하는 일들이 없이는 평화유지군이 할 수 있는 일의 한계가 무엇인지를 보여준다.

옥스팜은 어떻게 공동체 평화 구축과 보호를 할 수 있을 것인가에 더욱 많은 중점을 두고 있다. 콩고 민주 공화국 동부에서 옥스팜은 지역 공동체 전체 회의에서 선출된 6명의 남성과 여성으로 이루어진 '보호 위원회'와 함께 활동하고 있다. 위원회는 콩고 법과 인권에 대한 인식 개선을 수행하고 있고 지역 공무원 및 평화 유지군들과 협의하여 폭력과 학대를 예방하고 대응하고자 협의를 해왔다. 또한 폭력과 학대의 피해자들과 생존자들이 도움을 얻을 수 있도록 돕고 있다.

공동체 평화 구축은 캄보디아, 베트남, 네팔을 포함한 분쟁 및 분쟁 후 지역에서 국내외 단체들에 의해 많은 성과가 나타나고 있다. 옥스팜은 1990년대 초기부터 부족한 자원을 둘러싼 분쟁이 시작되고 있는 케냐 북부에서 평화 구축 프로그램을 시행해 오고 있으며 유목민 사이의 평화적 공존과 분쟁이 확연히 감소하고 있음을 확인하고 있다. 옥스팜은 현재 에

---

[240] OI Policy Compendium Note on Disarmament, Demobilisation and Reintegration (DDR) (2007).

티오피아, 수단, 말리 등에서 유사한 프로젝트를 시행하고 있는데 이 프로젝트들은 유목민 교육을 출발점으로 시작하고 있다. 심지어 아프가니스탄에서는 평화와 연합을 위한 협력Cooperation for Peace and Unity과 같은 조직들이 펼치고 있는 공동체 주도형 평화 구축 프로젝트는 토지와 물을 두고 경쟁하고 있고 부족 불화를 포함하여 여러 가지 분쟁을 평화적으로 해결하는 것과 같은 구체적인 결과를 가져오고 있다.241

동시에, 개발 공여국들은 이라크와 아프가니스탄 등으로부터의 교훈으로 점차적으로 취약한 사회의 안전과 정의의 향상 및 필수적인 서비스 제공에 초점을 두고 있다. 경찰과 이외의 안전 관련 기구들이 유지하는 권리에 대한 존중과 이들의 역량의 향상을 가져오는 안전 부분 개혁은 최근 개발 원조의 중요한 축이 되었다. 콩고 민주 공화국에서 군대는 공동체 입장에서는 안전이 아닌 위협과 동일시되고 있다. 부분적으로만 훈련을 받고, 장비도 제대로 갖추어지지 않았으며 과거 반군 출신들까지도 뒤섞인 군대는 종종 법의 집행이 아닌 무법을 행사한다. 몇몇 공여국들은 이를 안전 부문 개혁이 아닌 안전 부문 '구성'이라고 묘사한다. 공여국들은 군대에 급여를 주고 훈련시키며 주둔시키는 프로그램에 투자를 하지만 효과적이고 책임감 있는 군대를 만들기 위해서는 콩고 정부의 충분한 정치적 의지와 더불어 조율이 필요하다.

아직 할 일이 많이 남아 있다. 2009년 OECD는 공여국들을 향하여 '국가 간 (중앙아프리카 공화국은 원조 고아로 남아있다), 지역 간 (아프가니스탄, 콩고 민주 공화국, 아이티) 그리고 사회적 그룹 간 (아이티) 원조가 불균형적으로 이루어지고 있다'고 비판을 하였다.242 몇몇 공여국들은 점차적으로 자신의 안보를 위협하는 것으로 보이는 국가에 원조를 집중하였

---

241 Waldman, M. (2008).
242 OECD (2009), p. 2.

고, 이는 원조를 부유한 국가들의 통일된 해외 정책의 일부로 보려는 큰 흐름의 일부였다. 2002년 이후 OECD가 '취약한'이라는 이름을 붙인 48개 국에 대한 모든 개발 원조의 1/3이 이라크, 아프가니스탄, 파키스탄에 집중 되었다.[243] 정책 통일성을 추구하는 가운데 너무나 많은 공여국들이 '정부 전체'적 접근을 하여 경제적, 사회적 개발과 평화와 안전에 대한 권리인 인간 안전 및 취약한 공동체와 국가의 이익을 위한 조율된 접근이 아닌 공여국 자신의 이익을 최우선시하였다.

이 책의 중심 주장은 너무나 많은 원조가 취약국의 정부를 구축하는 것에만 초점을 맞추고 있고 시민 사회, 특히나 노동조합, 여성 단체와 같은 시민들을 지원하지 않아 국가가 필수적인 서비스를 제공하는 것에 책무성을 가지게 하지 않고 있다는 것이다.

국제 인도주의 법International Humanitarian Law이라 알려진 분쟁에 대한 국제 법의 확대는 UN의 평화 유지 기능과 국제 사회 전체의 안보 시스템을 강화시킨다. 비전투원 및 전쟁 포로에 대한 대우를 다룬 1948년 제네바 협약Geneva Conventions, 전쟁 범죄에 대한 사법처리를 다룬 뉘른베르크 규율 Nuremberg Rules, 인종 학살 예방과 처벌에 대한 1948년 협약1948 Convention on the Prevention and Punishment of Genocide로 가장 잘 알려진 국제 인도주의 법은 인간의 고통을 줄이고 무장 분쟁에서 시민을 보호하기 위하여 제안된 것이다. 이 규칙들은 분쟁에서 정부와 군대뿐만 아니라 무장한 반대 그룹과 모든 참여 당사자들이 존중해야만 한다.

---

[243] 옥스팜 GB 계수는 OECD-DAC의 'ODA 2a' 데이터셋을 기초로 하였다. 48개국은 OECD에 포함된 국가들로, 취약한 국가들이 제외되지 않도록 하였다: 요약 보고서 (2009년 3월). OECD-DAC의 모든 기부자들에 의한 ODA 지출 데이터 셋에 따르면 취약한 국가들이 받은 ODA 비율은 2009년 OECD 보고서에 제시된 수치와 어느 정도 다르다. 그 이유는 아마도 2009년 보고서가 작성된 이후 OECD 데이터베이스가 업 데이트 되었기 때문일 수 있다. 다음을 참조. M. Lewis (2011) 'Whose aid is it anyway? Politicising aid in conflict and crises'.

국제 인도주의 법의 기본 원칙과 의무는 다음과 같다.

- 구분 짓기. 시민과 그 적대 세력 간의 구분을 지어야만 한다. 공격은 오직 군사적 대상에게만 향해야만 한다. 군사적 대상과 시민 간의 구분을 짓는 데 실패한 무차별적 공격은 금지된다.
- 예방. 시민들과 그들의 재산이 공격의 대상이 되어서는 안 되는 것뿐만 아니라 군사적 대상을 공격하고 지정할 때는 피할 수 있도록 예방 조치를 취하고 어떤 경우라도 시민의 피해와 손실을 최소화해야만 한다.
- 균형. 전쟁 당사자들은 시민에게 피해를 주는 공격에서 얻는 군사적 이득을 세밀히 추산해야만 한다. 어떠한 경우에도 이러한 피해가 예상되는 직접적이고 구체적인 군사적 이익을 넘어서는 안 된다.

제네바 협약의 중요한 측면들은 모든 분쟁 당사자들이 구호를 필요로 하는 시민들에게 인도주의적 구호를 조속하고 방해를 받지 않은 채 허용하도록 의무화하는 것이다. 정부와 전쟁 당사자들은 자국 공무원, 동맹국이나 시민들이 생명을 구하는 원조를 방해하도록 해서는 안 된다. 그럼에도 불구하고 원조 활동가를 포함한 시민들에 대한 공격은 일반적인 것이 되고 있다. 이라크에서 옥스팜은 2004년 직원들에 대한 위협으로 인하여 사무소를 폐쇄하게 되었고, 이라크 파트너들과 아프가니스탄, 소말리아, 다르푸르 등에서 지속적인 지원을 펼쳐왔음에도 불구하고 2006년 이후로 원조 활동가들에 대한 공격이 계속 이어졌다. 개인 공격에 대한 동기는 복잡하고 불명확하지만, 이러한 공격의 점진적인 확대에는 정치적인 동기가 있다.[244] 군사적인 활동과 인도주의 활동 간의 경계가 불명확해지는

---

[244] A. Stoddard, A. Harmer and V. DiDomenico (2009).

것도 문제가 되는데 예를 들면, 민간인 옷을 입은 군인들이 가슴과 마음을 얻기 위하여 원조를 제공하는 것이나 전쟁 당사자로 보이는 군부대가 구호를 지원하는 것과 같은 것이다. 이러한 이유에서 리비아에서 인도주의적 활동을 도와 달라는 EU 군대의 요청을 2011년 UN이 거부하였고 이 책을 쓰고 있는 시기 소말리아에서 동일한 활동을 해 달라는 아프리카 연합의 요청을 UN이 거절하였다.

국제법은 시민들의 권한을 강화하여 국가가 책무성을 가질 수 있도록 할 수 있다. 콜롬비아에서는 법률가 모임인 CCJAR은 1997년 49명이 준군사조직에 의하여 구금되고 고문당하며 살해된 마피리판Mapiripan 마을 학살의 희생자들을 대신하여 정부를 미대륙 인권 법원에 제소 할 수 있었다. 법원은 정부의 살해 조사가 부적절하였고 학살이 진행된 5일간 공동체를 지켜야 할 책임을 다하지 못했다고 판단하였다. 법원은 정부가 희생자의 가족들에게 보상금을 지급하고 그들이 마을로 돌아갈 수 있도록 보장하라고 명령하였다.

국제 인도주의 법의 영향력은 인종 학살, 반인륜범죄 그리고 전쟁 범죄에 대한 세계적 사법권을 가진 국제 형사 재판소가 2002년 탄생함으로 증명되었다. 국제형사재판소의 사법권은 우간다의 경우에서 많은 이들이 주장 하듯이 민감한 평화 협상을 복잡하게 할 수 있고 위협에 처한 시민들을 즉각적으로 보호할 수 없을 수도 있으나, 국제법 전문가들은 장기적으로 볼 때 전쟁 범죄에 대한 국제형사재판의 기소는 국제 인도주의 법의 훼손을 막을 수 있다고 보고 있다.

난민

　박해와 폭력을 피하여 국경을 넘은 이들은 국제법에 의하여 보호받고 보호처를 가질 권리를 가진다. 그러나 더욱 많은 이들이 폭력을 피하여 도망을 가고 있으나 의도적으로 혹은 비의도적으로 자국의 영토 내에 머물러 있으며 이들은 국제법에 보호를 받고 있지 못하다. 2010년 말에는 4천 3백 7십만 명이 강제로 세계를 떠돌고 있는데 이는 최근 15년 간 가장 많은 수치이다. 이 중 2천 7백 5십만 명은 국내에서 떠도는 이들이다.[245] UN의 보호하에 있는 4백 8십만의 팔레스타인 난민들을 포함하여 오늘날에는 1천 5백만의 난민들이 있는데 그중 대다수는 개발도상국에서 온 이들이다. 개발도상국은 그들 중 4/5에게 보호처를 제공하고 있다.[246]

　피난처를 찾는 이들은 종종 자신을 더 위험하고 학대에 처하게 하는 촘촘한 국경 수비대와 자신들을 차단하는 여러 방법들에 직면한다. 그들은 국경에 도착하여 보호처를 요구하면 적대와 불신의 문화를 보게 되고 궁핍, 격리, 강제 추방을 당하거나 법적인 절차를 거부당한다. 예를 들어 유럽의 항공, 해로, 육로 차단과 국경 통제는 분쟁과 박해를 피해온 이들을 허용하지 않는다. 정부 장관들과 공무원들이 인정하듯이 이것들은 정당한 보호 요청을 하는 많은 이들을 가로막는 '쌀쌀맞은 방법들'이다.[247]

　인도주의적 구호와 분쟁의 현장에서 강화된 전 세계적 거버넌스의 경우들이 있다. 국제적인 메커니즘과 제도들은 소요 경비를 평등하게 분배하고 모든 참여자들이 동등하게 다루어질 수 있도록 보장할 필요가 있다.

---

[245] UNHCR (2011), *60 Years and Still Counting*, *UNHCR Global Trends 2010*, http://www.unhcr.org/4dfa11499.html
[246] UNHCR (2002).
[247] UK Home Affairs Select Committee Report on Immigration Controls, www.publications.parliament.uk/pa/cm/cmhaff.htm

무기 무역

세계적 무기 무역이 없이는 분쟁이 이렇게까지 편만하고 재앙적이지는 않았을 것이다. 또한 대단히 많은 국가에서 발전을 약화 시키는 것은 무기를 지닌 폭력이다. 2001년 11월 많은 시민들의 죽음을 가져온 콩고 민주 공화국 키상가니Kisangani의 치열한 전투 현장에서 국제 앰너스티는 북한, 중국, 러시아산 중화기, 러시아산 기관총, 남아공산 저격용 총, 중국산 대공 화기, 러시아, 불가리아, 슬로바키아산 자동 수류탄 발사기를 실은 군수 화물을 발견하였다. 당시 콩고 민주 공화국은 모든 무기 판매가 중지되는 EU와 UN의 무기 수출 금지국이었다.[248]

무기 통제에 대한 국제 사회의 노력은 오랫동안 핵무기와 고성능 무기 시스템에 맞추어져 있었지만, 실제로는 경화기와 무기들이 대량 학살을 가져오고 있으며 2003년에만 30만 명의 사상자를 가져왔다.[249] UN은 무기 수출 금지를 하고 있지만 그것은 산업이 되어 이를 강제하기는 어렵다.

많은 무기들이 많은 국가에 퍼져있는 전 지구적 공급망에 의해 생산되고 있는데 이는 전자 산업과도 유사하다. 그리하여 북반구와 남반구의 정부들이 공모하여 인권을 침해하는 이들에 대한 무기 수출은 국가가 통제할 수 있는 수준을 넘어서 있다. 예를 들어, 오스트리아 권총 제조사인 글로Glock은 EU의 무기 수출 행동 강령 대상 지역에서 벗어난 브라질에 생산 설비를 확충할 계획이고 2002년 인도 정부는 자국 무기 수출을 금지하는 국가 블랙리스트를 폐지하였다. 인도는 계속하여 UN과 국제 앰너스티가 조직적으로 인권을 유린하고 있다고 지정하고 EU와 UN의 무기 수출 금지국으로 지정한 미얀마와 수단에 무기를 수출해오고 있다.[250]

---

[248] Control Arms Campaign (2003).
[249] Small Arms Survey (2005).

중앙정부 자체가 이러한 잔혹한 무역을 금지할 의지도 없고 할 수도 없는데 그것은 자국과 판매국에서의 대형 무기 회사의 로비 때문만은 아니다. 지난 세기 동안, 세계에서 가장 큰 무기 수출국은 미국, 러시아, 영국, 프랑스였다. 그러나 지난 10년간, 위 4개국은 중국, 인도, 이스라엘, 남한 그리고 남아공으로 늘었다.

무기 회사들은 전형적으로 지연 혹은 미수금에 대한 '수출 신용 보장'의 형태로 공적인 보조금을 받는다. 2000~3년간 영국에서 무기 수출은 전체 수출의 1.6퍼센트밖에 되지 않지만 무기 수출은 전체 정부의 수출 신용 보장의 43퍼센트를 차지하였다.[251]

전체적으로 아시아, 중동, 라틴 아메리카, 아프리카 국가들은 2010년 19억 달러를 무기 구입을 위하여 소비하였는데 이는 전 세계적 무기 구매의 3/4에 해당한다.[252] 높은 사망률과 돈의 낭비로 인하여 정부와 시민 단체들은 점차적으로 행동을 취하고 있다. 2006년 서아프리카에서 서아프리카 경제 공동체Economic Community of West African States 15개국은 세계에서 최초로 지역 무기 무역 조약을 체결하였다. 옥스팜을 포함한 많은 NGO들이 주도한 대중 캠페인의 결과인 이 조약은 국제 무기 수출 통제와 비정부 단체에 대한 무기 판매를 금지한다.[253] 서아프리카 경제 공동체 참여국가들의 지원으로 같은 해 UN 총회는 세계 무기 무역 조약에 대하여 논의하고 압도적으로 표결을 통과하였다. 국제 인권 및 인도주의 법 원칙에 기초한 조약은 무기 수출에 대한 최소한의 세계적 기준을 만들어 인권을 파괴하고 개발을 방해하는 데 무기가 쓰이는 것을 금지할 것이다. 지뢰에 대해

---

[250] Control Arms Campaign (2006), p. 3.
[251] Campaign Against Arms Trade (2009).
[252] R. F. Grimmett (2011).
[253] ECOWAS의 무기 거래 조약에 대한 전체 설명은 다음 참조. http://www.ecosap.ecowas.int/

서도 유사하게 성공한 경우가 있는데 (변화는 어떻게 일어나는가: 지뢰, 성공적인 군수 통제 참조) 이것은 조율된 국제적 행동을 통하여 성취될 수 있는 것들을 보여준다.

이 글을 쓰고 있는 시점, 정부와 시민 사회는 함께 2012년 UN의 주요 회의에서 무기 무역 조약Arms Trade Treaty를 체결하여 인권과 국제 인도주의 법을 파괴하고 개발을 방해하는 무책임한 무기 거래를 방지하려는 준비를 하고 있다. 이 조약이 강제력을 지니기까지는 앞으로 20년이 더 필요로 할 것이다. 그러나 이 조약이 강제력을 가지고 효과적으로 작동하는 것은 평화와 안전을 위한 국제 시스템에 필수적인 것이 될 것이다.

안전과 '테러와의 전쟁'

2001년 9월 11일 미국에 대한 공격의 여파는 근본적이었고 여러 측면에서 재앙적이어서 분쟁을 해결하고 막으려는 국제적 노력에 영향을 미쳤다. 가장 강력한 많은 국가의 정치적 의제가 원인을 정책적 결과로 돌리는 데에서 벗어났으며, 서구는 냉전 시대의 전쟁의 패러다임으로 빠져들었다. 돌이켜 볼 때, 1990년대는 군사 안보에 압도적 초점을 두는 황량한 전경에 나타난 막간극과 같이 보인다. 나아가 테러와의 전쟁은 테러와 '테러와의 전쟁' 간에 또 다른 악순환을 가져왔고 서로를 북돋는 역할을 하였다.

'테러와의 전쟁'은 테러와 대립을 하고 있으나 조지아와 파키스탄과 같은 국가에서 인권을 유린하는 이들에 대한 통제를 느슨하게 하였고, 선진국에서 난민들과 망명 신청자들에 대한 엄격한 기준을 적용하게 했으며 이주에 대한 과도한 인종 차별적 선입견을 가지게 하였다.[254] 테러를 피해

---

[254] E. Cairns (2008).

달아난 이들은 '테러와의 전쟁' 명목하에 보호를 받지 못한다. 구호 단체는 또한 많은 국가에서 분쟁 중인 전투원들의 간섭 없이 시민 사회 조직과 함께 지원을 할 수 있는 능력을 제고해야 했다.

21세기 초 10년간 미국 정부와 다른 정부들이 도덕적 우위를 상실하고 또한 이것에 대한 문제의식을 느끼지 못함에 따라 '테러와의 전쟁'은 또한 인권과 정부를 향상시키려는 시도를 약화시켰다. 2005년 고문의 사용은 효과적인 미국 정책이 되었음이 분명하다.[255] '테러와의 전쟁'에 서명을 함으로써 정부가 인권과 거버넌스에 대한 도전을 무시할 수 있도록 해주었고 이로써 체첸으로부터 이스라엘과 짐바브웨에 이르기까지 정부들이 빠져나갈 허점을 만들어 주었다.

'테러와의 전쟁'은 분쟁을 적들을 섬멸하기 위한 군사적 갈등으로 보기에, 분쟁의 정치적, 사회적, 경제적 요인들을 찾아내는 데 실패 하였다. 테러와 전투를 치르는 것은 분명 효과적인 정책 및 안보 관련 법률을 필요로 하지만 2001년 이후에는 본질적으로 군사적인 것 이상인 문제인 테러에 대하여 군사적인 해결책을 추구하는 것을 정당화하게 되었으며 가난한 이들이 그 값을 치르게 되었다. 미국과 다른 정부들은 실패로 끝난 '테러와의 전쟁' 정책으로부터 몇가지 교훈을 얻은 것으로 보이고 그다음 10년간에는 테러와 분쟁을 줄이는 더욱 효과적인 행동을 찾을 수 있기를 바란다.

4부에서 보았듯이 분쟁은 지역에 뿌리를 두고 있는데, 평화를 추구하고 능동적인 시민과 개발의 열쇠를 쥐고 있는 효과적이고 책무성 있는 정부의 조화를 강화하는 지역 내에서의 해결을 필요로 한다. 국제사회의 시스템은 분쟁을 예방하는 지역의 노력을 지원하고 분쟁이 발생하였을 때는

---

[255] Human Rights Watch (2006).

인명을 구하는 원조와 외교적 노력을 기울일 수 있다. 국제 사회는 허약하고 분쟁이 있는 국가에 대한 원조를 향상하고 폭력과 허약성을 post-2015 개발 의제의 중심에 놓아야 한다. 그 중요도에 따라 원조는 공여국의 정치적 안보적 이해관계가 아닌 필요에 의해 원조를 제공해야 한다. 특히 아프리카에서 평화 유지를 위한 지역적 노력에 더 많은 노력을 기울여야 한다. 정부가 시민을 보호하지 못하는 예외적인 경우 국제 사회는 군사적 행동을 감행해야 한다. 또한, 강대국들 자신이 무기를 판매를 하거나 자연 자원 구매를 통하여 해당국의 전쟁 자금을 대는 것과 같은 분쟁을 돋구고 있는 역할을 중단해야만 한다.

개인과 공동체 차원에서 위험과 취약성이 장기적인 재해로 돌아오게 되는 충격을 예방하기 위하여 사회적인 보호와 안전망을 필요로 하는 것과 같이 자연재해나 분쟁이 지나치게 커서 국가가 시민들의 권리와 존엄을 지켜줄 수 없을 경우 전 지구적 차원의 국가 지원이 필요하다. 그 지원은 조율되어야만 하며 필요에 기반을 두며 특히 UN과 같은 공정하고 건강한 국제기구에 기반을 두어야만 한다. 복지 국가의 건설자들이 국가 차원에서 그러했던 것처럼, 강력한 정부들은 도덕성과 장기적 자기 이익에는 리더십뿐만 아니라 단기적인 이익을 보류할 필요가 있다는 사실을 인식하고 국가적 차원에서 원조와 무기 거래와 같은 의제들을 직접 해결하려 한 것과 같은 전 지구적 차원의 비전을 제시할 필요가 있다.

> 사례 연구

변화는 어떻게 일어나는가: 지뢰, 성공적인 군수 통제

최근까지 정부들과 군수 통수권자들은 대인 지뢰를 저렴하고 쉬운 기술을 이용한 믿을만한 무기라고 여겨왔다. 매년 지뢰는 2만 6천 명을 다치게 하고 125개 국가가 보유를 하고 있다. 지금은 국제 지뢰 금지 조약으로 1만 5천 명에서 2만 명으로 그 수가 줄어들었다. 2005년 오직 미얀마, 네팔, 러시아 3개 정부만이 지뢰의 사용을 인정하고 있다. (지뢰를 사용하는 반군까지 합하면 10개국이 된다) 전 세계 정부 중 1/4이 그 조약을 체결하거나 비준하지 않았을 지라도 지뢰를 생산하는 국가의 수는 50개국에서 13개국으로 줄어들었다.

1997년 지뢰 금지 협약Mine Ban Treaty과 이를 실행에 옮기기 위한 '오타와 프로세스 Ottawa Process'는 정부와 NGO들이 새로운 눈으로 안보 이슈를 볼 수 있도록 하는 냉전 후 낙관주의의 물결을 타고 외교사에 새로운 물꼬를 텄다. NGO들이 주도하는 지뢰 금지를 위한 국제 캠페인 International Campaign to Ban Landmines에서 전 지구적 시민 사회는 대부분의 정부들이 일반적이고 받아들일 수 있는 무기라고 여기는 것들을 금지할 필요가 있다는 놀라운 계기를 만들어 내었고 이에 대한 국제적 의제를 제시하였다.

지뢰 금지를 위한 국제 캠페인은 대중적 여론을 동원하여 전 세계 정부에 단순하고 구체적인 메시지를 전달하였다. 그 무엇도 지뢰로 인한 인명 학살을 정당화할 수 없다는 것이다. 그 캠페인을 시작한 NGO들은 지뢰를 제거하고, 희생자들을 위한 의구를 제공하며 시민들에 대한 지뢰의 영향을 문서화 하는 일을 하였다. 정부들은 즉각적으로 그들이 이 의제에 대한 탁월한 전문성을 가지고 있음을 인정하게 되었고 지뢰 금지를 위한 국제 캠페인 구성원의 다양성과 유연한 구조는 (지뢰 금지를 위한 국제 캠페인은 사무총장이 없고 단지 1997년 노벨 평화상을 받은 뒤로 법적 단일성만을 유지하고 있다) 운동을 더욱 강하게 만들었다.

아마도 이 운동의 성공의 요인은 지뢰 금지를 위한 국제 캠페인과 유사한 마음을 가진 몇몇 정부들 (특히나 캐나다, 노르웨이, 오스트리아, 남아공)뿐만 아니라 UN 기관(특히나 유니세프)과 국제 적십자 위원회의 밀접한 조율이라고 할 수 있을 것이다. 강대국으로부터의 반대에 직면하여 이 핵심 단체들은 UN 시스템 외부에서 활동하려는 의지, 광범위한 NGO의 참여, 중소국들의 리더십, 합의 규정의 거부, 지역 블록의 회피에 기반을 둔 새로운 형태의 국제 외교를 만들어 내었다.

이 운동은 외교적 과정에 필수적인 전문성을 제공하였고 실질적인 조약 작성에도 주도적인 역할을 하였다. 예를 들어 1996년 오타와에서 열린 첫 번째 공식 외교 회의에서 캐나다 외교관들과 지뢰 금지를 위한 국제 캠페인은 함께 활동하여 정부들의 관심을 최대화하였다. 지뢰 금지를 위한 국제 캠페인은 협의장에 자리를 매정 받았고 아직은 지뢰의 완전한 금지를 지지할 의지가 없었던 정부 대표단들은 방청 지위만을 가지게 되었다. 캠페인 활동가들은 최종 선언과 활동 계획을 문서화 하는 데 도움을 주었다. 회의 종반에 캐나다 외무부 장관 로이드 엑스월디Lloyd Axworthy는 캐나다가 매년 조약 서명을 위한 회의를 1년 안에 개최하게 될 것이라고 하여 대표단들을 놀라게 하였다.

캠페인 활동가들과 핵심 정부 지원단은 UN이 지원하는 1995~6 지뢰 의정서 협상의 실패로부터 교훈을 얻었는데 그때는 합의가 필요한 공식 구조로 인하여 최강대국들이 지연을 시키고 회의를 희석시킬 수 있는 기회를 가지게 되었으며 전통적인 동맹국들과 지역 정치는 그 과정을 약화시켰었다. 사무총장 코피 아난의 전적인 지원하에 그들은 '동일한 마음'을 가진 참여자 정신에 따라 합의의 정신에 기초하여 조약이 최소분모로 전락하는 것 대신에, 모든 지뢰는 금지되어야 한다고 믿는 이들끼리 따로 UN 외부에서 활동을 하였다. 협상의 원칙에 따라 협약을 변경하기 위해서는 2/3 이상이 동의가 필요하여 미국과 다른 국가들이 이 조약을 약화시키려는 노력을 효과적으로 차단하였다.

1997년 122개국 정부가 오타와에서 만나 조약에 서명을 한 지뢰 금지 협약은 모든 정부가 아닌 의지의 동의였다. 그러나 위에서 제시된 대로, 이 협약은 협약에 서명을 하지 않은 정부의 행태에도 영향을 미치었다. 보편적으로 동의 되지 않은 국제 인도 주의법의 다른 조항들과 마찬가지로 이 협약은 거의 모든 정부들이 현재 따르고 있는 모범적 행위의 국제적 규범을 만들어 냈다.

캠페인은 다른 사례들에서는 볼 수 없는 분명한 장점이 있었다. 그것은 단일한 무기에 초점을 맞추고, 이해하기 쉬운 메시지이며, 높은 정서적 공감을 이룬다는 것이다. 무기 자체는 경제적으로 중요하지도, 군사적으로 핵심적인 것도 아니다. 그러나 캠페인은 정부와 시민사회의 협력은 세계에서 가장 크고 타협적이지 않은 국가들의 반대를 이겨내고 중요한 인도주의적 관심 사안을 조속히 해결할 수 있다는 것을 보여주었다.

출처 International Campaign to Ban Landmines (2001, 2005) 'Landmine Monitor Report' (www.icbl.org); International Campaign to Ban Landmines (2006) 'Global Success, Big Challenges: Mine Ban Treaty Turns 7', press release, 1 March 2006; R. Muggah and S. Batchelor (2002) 'Development Held Hostage: Assessing the Effects of Small Arms Availability', UN Development Programme, Bureau of Crisis Prevention and Recovery, New York (this report mentions a figure of 25,000 casualties a year); S. Goose (2000) 'The Campaign to Ban Antipersonnel Mines – Potential Lessons', paper presented at the conference Human Security: New Definitions and Roles for Global Civil Society, Montreal International Forum.

기후 변화

　기후 변화는 계속된 공해로 인한 결과로서, 더 이상 잠재적 위협으로 머물러 있지만은 않는다. 2003년 3만 명 이상을 사망하게 한 유럽의 폭염에 대한 과학적 분석은 그 사태가 이전 재해들과는 달리 지구 온난화에 기인하는 것이라는 사실을 보여준다. 기후 변화의 결정적 원인을 찾게 된 것이다.[256] 이전에 볼 수 없었던 기후 위기의 해인 2010, 파키스탄에서의 홍수는 2천만 명에 피해를 줬으며 UN 사무총장 반기문은 지금껏 본적 없는 최악의 재해라고 표현을 하였다. 같은 해 호주, 중국, 콜롬비아, 필리핀, 태국에서는 최악의 기록으로 남는 홍수가 발생했으며, 아마존 분지에서는 100년만의 가뭄이 나타났고, 러시아에서는 최악의 산불이나 50명 이상의 사상자를 냈다. 2011년 아프리카의 뿔 지역에서의 가뭄은 앞으로 기후 변화가 이대로 계속된다면 전체 대륙에 일어날 일들을 미리 보여주었다. 이러한 재해들은 2007년 기후 변화 정부 간 패널Intergovernmental Panel on Climate Change이 논의하였던 잠재적 피해가 실제적인 피해로 나타나고 있음을 재확인해 주었다. 국제사회에 대한 이것보다 더 위급한 도전은 아직까지 없었다.

　부국 정부들은 이미 대응을 하고 있다. 영국 정부는 홍수 통제와 해안 침식 대응 예산을 두 배로 늘렸고[257] 보험 할증료는 위험 요소의 증가로

---

[256] P.A. Stott, D.A. Stone, and M. R. Allen (2004).
[257] 2007년 DEFRA의 예산 보고서에 따르면 영국은 2007/2008 분기 예산을 4억 3

수직적으로 상승해 간다. 4부에서 논의된 대로, 개발도상국들은 기후 변화로 인하여 더 큰 위험을 직면하게 되는데 그 이유는 그 국가들은 기후와 연관된 위험에 노출되어 있고 또한 가난한 이들과 공동체는 이러한 충격에 대응할 준비가 덜 되어 있기 때문이다. 조속한 행동이 취해지지 않는다면, 기후 변화는 향후 수십 년간 진척되어온 개발에 손상을 가할 것이고 전 세계적으로 그리고 국내적으로도 빈곤과 불평등을 증가시킬 것이다. 심지어 부국들도 이러한 급격한 충격에 대한 대비가 되어 있지 않지만, 빈국들이 먼저 그리고 가장 크게 피해를 볼 것이다.

과학자들은 수십 년간 기후 변화에 의한 위협에 대하여 인지하고 있지만, 이 문제를 해결하기 위한 국제기구는 최근에야 세워졌고 아직도 완전하지는 않은 상태이다. 몇몇 정부들의 산발적인 노력 이외에 몇 개 부국들은 온실가스 배출 감소(완화)와 이를 위한 탄소 배출권 거래 제도 및 평가를 위한 소규모 국제 기금 설립과 개발도상국에서 기후 변화(적응)를 다루기 위한 부가적 비용을 부담하기로 합의하였다.

1992년 UN 기후 변화 협약UN Framework Convention on Climate Change과 1997년 교토 의정서로 제시된 이러한 대응들은 협약의 궁극적 목표를 성취하기에는 아직까지는 완전하다고 할 수는 없다. 그 목표는 환경 시스템이 자연적으로 적응하고 식량 생산이 위협받지 않도록 보장하며, 지속 가능한 개발이 이루어질 수 있도록 기후 변화를 안정화하는 것이다. 점차적으로 많은 이들이 공개적으로 그 협약이 목표를 달성하는 데 실패했다고 평가하고 있다. 정부들이 칸쿤에서 열린 2010년 UN 기후 회의에서 지구 평균 기온이 2도 이상 상승하는 것을 피하기 위해 노력하기로 합의하였지만, 많은 과학자들은 그 목표를 성취하기 위해서는 1.5도 이상의 상승을

천 6백만 파운드에서 6억 파운드로 증액을 하였고 2010/11년 분기 까지 8억 파운드로 증액 할 것이다.

피하는 것보다 더 많은 노력이 필요하다고 주장한다. 과학자들은 2도 상승을 피할 수 있는 성공 확률을 2/3 이상 높이는 것은 2020년이 고비가 될 것이라고 평가한다.[258] 2011년 더반에서 열린 UN 기후 회의에 따르면 이것은 가능성이 거의 희박해 보인다. 정부들은 필요한 행동을 제시간에 맞추어 행동에 옮기지 않고 있고 또한 충실히 이행 하려고도 않는다. 정부들은 2020년 이후에나 효과가 나타나기 시작할 2015년 대기 배출가스 감축 합의안을 2015년에 마련하였다.

무엇이 공정한 것인가. 해를 가하지 말고 도움을 주라

이 도전을 해결하는 것은 전 지구적 전시 동원의 규모로 수행해야 할 대단히 어려운 일이 될 것이다. 세계 경제는 지구 온실가스 배출을 양산하는 최악의 범죄자인 화석 연료에 완전히 의존하고 있기에 이 배출 문제를 다루는 것은 대단히 복잡한 일이다. 거의 모든 경제 부문이 연관되어 있고 급속한 변화에 대한 정치적, 관리적, 조직적 차원의 도전은 수없이 많다. 더 나아가 증가하는 배출에 대한 대응과 파괴력의 순차적 효과는 무역 제도와 금융의 흐름, 원조와 인도주의적 구호 및 분쟁과 안보를 포함한 국제 시스템의 여러 측면에도 영향을 미친다.

그러나 국제 기후 체계에 대한 도전은 온실가스의 전 지구적 배출을 급속하고 빠르게 감축하는 것에 있지 않다. 이 문제는 기후 변화의 핵심에 놓여 있는 깊은 부정의를 제거하는 방식으로 해결되어야만 한다. 기후 변화에 대한 최소의 책임을 가진 가난한 이들은 기후 변화에 의한 최대의 피해를 보고 있다. (4부 참조) 기후 변화는 개발 도상 국가들이 이전에 없던

---

[258] J. Rogelj et al. (2011).

자연재해에 준비를 하고 중대한 가뭄이나 홍수(혹은 둘 다)에 농업을 적응시키는 것뿐만 아니라 화석 연료에 대한 심한 의존 없이 경제를 현대화하도록 압박하고 있다. 그 어느 국가도 지금까지 이를 해본 일이 없다. 이 모든 것은 빈곤과 불평등을 극복하는 일로부터 시작된다.

산업화된 국가들은 오늘날 지구가 감당할 수 없는 탄소 배출에 책임에 대한 막중한 역사적 책임을 지고 있기에, 자국과 해외 모두에서 완화와 적응을 주도할 의무를 지니고 있다. 이것은 부국이 빈국에 지고 있는 '생태적 빚ecological debt'이며 이는 1.8조 달러에 이르는 개발도상국의 실제 빚을 능가한다.[259] 다른 말로 하면, 국제 체제는 가장 부유하고 이 문제에 대한 책임을 지닌 국가들이 더 이상 해를 입히지 말고 도와야 한다는 것을 보증해야만 한다는 것이다.

이 관점을 지지하는 평등의 원리는 부유한 국가는 '기후 변화와 이로 인한 부정적 효과와 싸우는 데 앞장서야만 한다'고 국제 기후 체제에 기록되어 있다.[260] 정의의 중요성에 덧붙여 공평과 평등의 실제적인 연관성은 그것의 권리가 된다. 개발도상국들은 공평하지 않은 국제 기후 변화 체제 하에서 행동을 취하려 하지 않는다. 지금까지 부국들의 실효성 없는 선언들은 필요 요건을 충족시키지 않는다. 정치적인 도전들은 국제 기후 협상의 교착을 가져오는 것으로 보인다.

효과적인 국제 기후 체제를 보장하기 위해서는 부국들이 UN 기후 변화 협약이 체결된 이후 20년 가까이 매년 계속하여 증가하고 있는 자국의 온실가스 배출을 (해를 가하지 말라) 감소시켜야만 한다. 거기에 더하여, 부국들은 개발도상국들이 지속 가능한 개발과 빈곤 감소를 독려하는데 필요한 (도움을 주라) 개발과 이와 관련된 기술을 포함한 적응과 감소에 재

---

[259] University of California (2008).
[260] See Article 3.1 of the UN Framework Convention on Climate Change.

정적인 도움을 주어야만 한다. 반대로 개발 도상 국가들은 불가피한 기후 변화에 복원력을 구축하기 위하여 부국들의 도움을 이용해야만 하고 스스로 탄소 저배출 개발로 나아가야만 한다.

적응

기후 협약 초기에, 기후 변화로 인하여 많은 국가들이 상승하는 해수면 밑으로 잠식되는 것에 초유의 관심을 가지고 있는 소규모 도서 국가연맹 Alliance of Small Island States은 기후 변화에 의한 배상을 국제 환경법에 의거하여 제기하였다.[261] 기후 변화가 엄청난 산업 재해를 가져온 딥워터 호라이즌Deepwater Horizon 사건과 동일하게 다루어질 수 있을 것으로 보았으나 아마도 이와 가장 유사한 경우는 담배 산업의 경우 일 것이다. 담배회사들은 다음과 같은 질문에 대답을 해야만 해야 했다. "수백만의 죽음을 가져올 수 있음을 알면서도 왜 계속하여 거래를 하고 증거를 숨겨 왔는가?" 동일한 질문에 대한 책임이 기업과 정부에 있음을 보여주는 강력한 증거가 있음에도 불구하고 탄소 배출 감소에 실패한 원인은 무엇인가? 우간다 대통령 요웨리 무세베니 대통령은 기후 변화를 '가난한 이들에 대한 부자들의 공격적 행위'[262]라고 묘사하였다. 언젠가 법원도 그 와 같은 판단을 할 것인가?

---

[261] 국제법은 모든 국가는 다른 국가를 의도적으로든 아니면 무시를 통해서든 해를 가해서는 안 된다는 입장을 고수 한다. 예를 들어 다음 참조. 스톡홀름 선언의 21개 원칙 (1972 UN Conference on the Human Environment, http://www.unep.org/Documents. Multilingual/Default. asp?documentid=97&articleid=1503) 그리고 환경과 개발에 대한 1992 리오 선언에 대한 2원칙 참조Principle 2 of the 1992 Rio Declaration on Environment and Development (http://www.unep.org/Documents.Multilingual/Default.asp?documentid=78&articleid=1163).

[262] 2007년 4월 17일 UN 안보리에서 영국의 외부성 장관 마가렛 베커Margaret Beckett가 인용함.

많은 경우, 대답은 자신의 배출한 오염 비용을 피해자가 아니라 오염을 오염 생산자가 내는 '오염 배출자 부담' 원칙과 같은 것들을 부국들이 지지하고 이에 대한 노력을 기울이는가에 달려있다. 기후 변화로 인해 나타나는 최악의 결과들은 홍수를 예방하고, 폭염과 가뭄을 예측하며, 기후 관련 재해의 예상치 못한 수치와 범위를 견딜 수 있는 인프라를 건설하는 등의 효과적인 예방책으로 크게 감소될 수 있기에, 피해가 아닌 적응에 투자를 하는 것이 훨씬 더 효율적이고 오염 배출자가 책임을 다하는 인간적인 접근일 것이다. 배출자 부담 원칙은 혼란스러운 논쟁을 피할 수 있도록 도움을 줄 수 있지만 또한 생명을 살리고 인간 개발을 약화 시키는 것이 아닌 향상시킬 수 있다.

적응은 개발도상국에서 어느 정도의 비용을 필요로 하는가? 이러한 비용을 산출하는 것은 복잡하고 부정확하지만, 국제 사회에 준칙을 제공하기 위하여 어림잡은 금액을 제시하는 것은 중요하다. 2009년 세계은행의 '기후 변화에 대한 적응의 경제학' 프로젝트는 2010년에서 2050년 사이 개발도상국의 적응 비용을 매년 700~1,000억 달러로 추정하는데 이는 가뭄이나 홍수가 지속되거나 2050년까지 2도의 온도 상승을 가정한 것이다.[263] 2007년 인간 개발 보고서는 '적응의 차별adaptation apartheid'을 피하기 위해서는 2015년까지 매년 860억 달러가 필요하다고 보았는데, 적응의 차별은 막대한 적응이 이미 준비된 부국과 현재 말 그대로 가라앉거나 수영을 하게 된 빈국 간의 격차를 의미한다.

국가적 적응 비용의 추산은 적응 투자를 어떻게 산정하고 실제로 할 것인가를 이해하는 데 중요하며, 최악의 피해를 본 국가들이 국제적인 기금으로 보상을 받지 않는다면, 기후 변화와 싸우는 것은 장기적으로 빈곤

---

[263] Economics of Adaptation to Climate Change: Global Cost Estimate, http://climatechange.worldbank.org/content/adaptation-costs-global-estimate

을 감소시키려는 노력을 방해하게 되리라는 것은 명백하다. 동일하게 적응 기금이 빈곤 감소 목표를 달성하는데 필요한 국제 원조 기금에 부가적으로 더해지지 않는다면, 개발도상국들은 기후 변화와 빈곤이라는 두 가지 도전 모두를 해결하지 못하게 될 것이다.

누가 무엇에 근거하여 비용 부담을 할 것인가? UN 기후 변화 협약의 원칙인 '공동의 그러나 차별화된 책임과 각자의 역량'(3조 1항)은 여전히 유의미하다. 국가들은 과도한 배출에 대한 책임을 지고 있고 원조를 할 역량이 있는 국가들이 비용을 부담해야 한다는 것을 가정하고 옥스팜은 각국이 부담해야 하는 것을 명시한 '적응 기금 지수Adaptation Financing Index'를 개발하였다. 이를 기반으로 옥스팜은 미국, EU, 일본, 캐나다, 호주가 필요한 기금의 95퍼센트 이상을 책임져야 한다고 계수하였다. 미국은 40퍼센트, EU는 30퍼센트, 일본 10퍼센트이다. EU 가운데 상위 5개국은 독일, 영국, 이탈리아, 프랑스, 스페인이다.[264]

적응 비용과 탄소 배출 감소를 해결하기 위하여 국제 기후 체제는 강하고 질서 정연한 지구 시스템이 되어야 한다. 부국들은 개발도상국에 5억 5천만 달러 이하를 약속하였는데 이는 필요한 금액의 0.5퍼센트에 불과하다.[265] 심지어 가장 신뢰가 가는 새로운 기금원인 기후 변화 적응 기금 Climate Change Adaptation Fund은 개발도상국에서 적응에 필요한 기금을 지원할 것인데 초기에는 아래에서 논의될 청정 개발 메커니즘Clean Development Mechanism 하에서 창출되는 탄소 배출에 부과되는 2퍼센트의 과세로 충당되지만, 이는 2008~12년 사이 매년 겨우 8백만 달러에서 3천만 달러만을

---

[264] Oxfam International (2007) 'Adapting to Climate Change'.
[265] World Bank (2011) Status Report of the Least Developed Countries Fund and the Special Climate Change Fund, http://www.thegef.org/gef/sites/thegef.org/files/documents/Status%20Report%20on%20the%20Climate%20Change%20Funds%20-%20May%202011.Rev_.1.pdf

조달할 수 있을 뿐이다.

적응 기금이 개발도상국에서 적응을 위한 재원에 중요한 통로가 되어야 하지만 이는 적응을 포함한 기후 변화에 필요한 모든 기금을 담당하는 2010년 녹색 기후 기금Green Climate Fund의 보완하기 위한 역할을 해야만 한다. 녹색 기후 기금의 주안점인 여성과 시민 사회의 참여는 빈곤국에서 분명히 필요하다. 그러나 모든 기금은 기금의 기반이 수요의 범위를 충족시키기 위하여 장기적으로 확대 가능할 때 제 역할을 할 수 있다. 배출 감소를 위한 장려책의 한 방법은 2007년 이후 독일에서 시행하고 있는 EU 탄소 배출 무역과 같은 국내 탄소 시장에서 탄소 배출 허용치를 배당하거나, 국제 해상 및 항공 무역에서 발생한 갈수록 높아져 가는 탄소 배출에 대한 적정한 탄소세를 만드는 것이다. 최종적으로 적용될 방법이 무엇이건 간에, 부국들은 취약한 국가들이 기후 적응에 필요한 비용을 충당할 수 있도록 돕는데 자신의 의무와 책임을 다하는 것이 공정한 것일 것이다.[266]

완화의 도전

UN 기후 협약이 리오 정상 회담에서 맺어진 1992년 국제 사회는 2000년까지 부국들의 탄소 배출을 1990년 수준으로 하향시키기 위한 행동에 나섰다. 하지만 오늘날 매일 같이 뉴스가 기후 변화가 식량 사슬을 위협하기 시작하고 자연의 생태 시스템의 적응 범위를 넘어서고 있다는 소식을 전하며 기후 변화를 해결하기 위한 국제 사회의 노력은 최소한 기후 협약의 궁극적 목적에 비교해 볼 때 실패한 것이 분명해졌다.

---

[266] 별첨 II에 포함된 개발도상국 및 선진국 당사자들은 개발도상국들은 특히나 기후 변화에 취약한 개발 도상국가를 지원하여 그 비용을 충당할 수 있도록 해야 한다. UNFCCC, Article 4.4.

전 세계적으로 온실가스 배출은 급격하고 빠르게 감소되어야만 한다. 궁극적으로 볼 때 '얼마나How far' 그리고 '얼마나 빨리How fast'라는 질문은 정치적인 것으로 국제 사회가 대답해야만 하고 각각의 질문에 대하여 정치 지도자들은 가난한 이들이 가장 직접적으로 위험을 감당할 것이라는 사실을 유념해 두어야 한다. 지구 온난화를 2도 이하로 유지하기 위해서는 이 세기 중반까지 1990년의 거의 80퍼센트 수준으로 전 지구의 탄소 배출량을 줄여야 하고, 1.5도가 되어야 안전한 수준인 것으로 받아들이는 이들이 많아지고 있다. 하지만 배출이 이렇게 놀랍게 낮아질지라도 세계는 여전히 재앙적인 기후 변화의 1/3을 직면하게 될 것이다.[267] 매일, 매주, 매달 그리고 매년 배출이 높아져만 갈수록 2도의 문턱을 건너 돌아올 수 없게 된다. 탄소 배출을 감소시키려는 노력이 연기될 때마다 그 목표의 80퍼센트가 더욱 비용이 들게 되고 또한 달성도 어렵게 된다.

2006년 전 세계은행 수석 경제학자 니콜라스 스턴 경Sir Nicholas Stern은 탄소 배출을 안정시키는 비용을 2050년까지 세계 GDP의 1퍼센트로 추산하였는데 이 비용은 엄청난 것이지만 궁극적으로 부담 가능하고, 스턴 경이 행동을 취하지 않는inaction 비용으로 추산한 GDP의 5~20퍼센트에 비하면 작은 것이다.[268] 그의 영향력 있는 검토는 완화는 '지금은 비용이 들지만 다가올 수십 년 안에 매우 심각한 위험을 피할 수 있는 투자로 받아들여져야만 한다'고 주장하며 긴급한 행동을 촉구하였다. 그 보고서는 다음과 같은 결론을 내린다. '기후 변화에 대응하는 것은 장기적으로 볼 때 친 성장 전략이며 부국이나 빈국의 성장을 위한 열망에 찬물을 끼얹지

---

[267] P. Baer et al. (2007), p. 9.
[268] HM Treasury (2006), pp.ix‐x. 스턴의 추정치는 2050년까지 500 ppm에서 안정화 된다는 것을 가정하였는데 이는 1990년대의 80퍼센트 정도이다 (CO_2e나 탄소, 이산화탄소는 전 세계적으로 온실가스 배출을 측정하는 척도로 쓰인다).

않는 방법으로 이루어질 수 있다. 조속히 효과적인 행동을 취할수록 그 비용은 줄어들 것이다.'

지금까지의 논의들은 종종 비생산적인 교착으로 빠졌는데, 부국들은 중국과 인도 같이 빠르게 성장하는 국가들이 탄소 배출 감소에 나서야 한다고 주장하면서도 정작 자신들은 느린 진척을 보이고 있으며 가난하고 인구가 많은 국가들은 자신들의 인구 대비 탄소 배출량이 적고 지구의 탄소 수준 유의 수준을 넘어서게 만든 부국의 역사적 죄과를 지적함과 동시에 성장을 위한 개발의 필요성을 강조하였다.

이러한 차이를 중재하는 것은 분명 전 세계적인 탄소 감축으로 나아가는데 필요한 전제 조건이자 미래의 기후 체계가 얼마나 정의를 수반할 것인지를 보여주는 척도가 된다. 가난한 국가들과 공동체들에게 지구를 구하기 위하여 번영을 포기해 달라고 요청하는 것은 선진국들에 의한 수세기 동안 오염 계산서를 빈국들 보고 지불해 달라고 요청하는 것과 같다. 이것은 정의롭지 않고 그대로 되지도 않을 것이다.

2011년 더반에서 열린 UN 기후 회의 이후 지구적 완화 행동을 어떻게 할 것인가에 대한 질문은 2015년 결론이 나는 통합적 합의 협상의 핵심이 될 것이다. 이 질문은 몇 년간 속담에 나오는 방 속의 코끼리와 같아 왔다. 2007년 발리에서 시작한 최근의 UN의 논의에서 1-b-i 과 1-b-ii 사이의 어색한 균형을 수반한 채 1992년 합의되고 여전히 모호하게 남아있는 선진국과 개발도상국 사이의 공식적인 구분을 유지하고 있다. 그러나 국가의 탄소 배출에 대한 책임과 그 책임을 질 수 있는 능력간의 현실적인 차이로 인하여 기후 행동을 위하여 공정한 분담을 결단하는 것은 전 세계적인 합의 하에서만 가능하다. 파이의 크기를 알지 못하면 누구의 조각이 더 크고 작은지를 알기가 어렵다.

2009년 코펜하겐에서 정부들은 대안적 접근으로 방향을 선회하였다. 대부분의 정부들은 의무가 아닌 자발적인 '서약과 검토pledge-and-review' 모델에 동의하며 전 지구적 목표인 2도 상승을 막는 것에는 입으로는 의사를 표하였지만 정작 서약한 아래서 위로의 배출 감소와 지구적 목표 달성을 위해 필요하거나 각국이 공평하게 나누어야 할 몫과의 분명한 차이에 대해서는 관심을 보이지 않았다.

2011년 더반 회의의 중요한 결과 중 하나는 정부 서약들이 제시한 완화 행동들의 부적절성을 인정했으며 2013~14 제5차 정부 간 패널 평가 보고서의 결과로 인해 이 문제에 대한 염려는 더 커졌다. 그리하여 책임을 분명히 하고 나누어야 할 필요가 있다는 사실은 기후 과학의 결론만큼이나 이론의 여지가 없는 것이다. 세계적 탄소 배출 의무 사항들을 분담하는 방식은 여러 가지가 있겠지만, 실행 가능한 부담 공유의 합의들은 다음과 같은 윤리적 원칙을 따라야 한다.

- 인구 1인당 동일한 배출. 그 누구도 다른 이들에 비하여 세계 환경의 탄소 순환 역량에 대한 더 큰 권한을 갖지 않는다.
- 책임과 역량. 시민과 국가는 문제를 야기한 것에 (역사적 배출) 대한 책임과 이를 지원할 수 있는 능력에 따라 행동을 취해야만 한다.
- 개발에 대한 권리. 국가의 빈곤 수준은 완화와 적응에 대한 의무를 결정할 때 고려되어야만 하는 사항이다.

2012년 이후 기후 체제에서 구체화된 의무 분담 계획은 위와 같은 원칙의 객관적 적용 가능성에 의거하여 지켜져야만 하고 또한 정의와 공평성의 주관적 이념 또한 더욱 충족시켜야만 한다. 이를 실현하기 위한 한 가지 접근인 온실 개발 권리 체계Greenhouse Development Rights Framework는 과거의 배출에 대한 책임과 이에 대한 분담 능력에 기초하여 현재의 국가별 탄소

규제 혹은 탄소 배출에 따른 분담을 하게 하고 가난한 국가에는 개발의 권리를 보장한다. 다른 접근 방법과는 반대로, 이 방법은 소득과 배출의 국가 간 불평등을 고려하여 세계적으로 볼 때 중산층인 1인당 7천 달러 소득 미만인 이들의 소득과 배출에는 예외를 인정한다. 이는 부국들은 현재의 기후 변화에 대한 책임을 지고 지구적 적응과 완화의 노력에 대한 부담을 해야만 하고 개발도상국들은 빈곤 감소와 개발에 초점을 두게 한다는 주장이다.[269]

그러나 부담은 분담되어야 하고, 탄소 배출량을 줄이는 것은 쉽지 않은 일이다. 어떻게 정부, 기업, 개인이 5년 안에 배출을 하향하는 배출 감소를 확보할 수 있을 것인가? 이 질문은 기후 변화에 어떻게 대응하는가에 대한 시급한 논쟁의 핵심이 된다. 정부 정책의 전통적 도구들을 이용하는 세 가지 주요 방법들이 있다.

배출 기준. 정부들은 여러 산업에 적용되는 배출 기준을 마련하는 세계적 그리고/혹은 국가적 합의를 만들어 내고 이를 규제화 할 수 있는 체제를 마련할 수 있다. 예를 들어 자동차 매출에 대한 질적 기준이나 신축 주거의 탄소 중립을 법적으로 의무화하는 것이 있다.

보조금. 부국 정부들은 재생 에너지나 탄소 절감 분야에서 신기술을 연구하는 것과 같은 탄소 절감 노력에 대하여 보조금을 지급하거나 기업 혹은 개인들이 현존하는 저탄소 장비를 생산하거나 적용할 수 있도록 지원할 수 있다. 또한, 모든 국가들은 재생 에너지원 구축에 필요한 비용의 6배가 넘는 연간 4천억 달러에 이르는 화석 연료 사용에 대한 보조금을 종료해야 한다.[270] 이러한 방향 전환이 가능하다면, 개발도상국의 적응에

---

[269] P. Baer et al. (2007).
[270] Bloomberg (2011) 'Fossil Fuel Subsidies Six Times More than Renewable Energy' http://www.bloomberg.com/news/2011-11-09/fossil-fuels-gotmore-aid-

필요한 기금을 조달할 수 있다.

세금. 탄소 배출 비용이 소비자 가격에 포함되도록 함으로써 정부는 저탄소 해결 방법에 대한 시스템적 독려를 할 수 있고 이러한 새로운 요구를 충족시키기 위한 혁신을 가져올 수 있다. 탄소 배출에 대한 세금은 온실가스를 감소시킬 수 있고 동시에 다른 목적의 적응을 위한 기금을 조성할 수도 있다. 그러나 시행은 단순할지라도 세금이 지구 온난화와의 싸움에서 중요한 부문을 차지하는 탄소 배출의 양을 반드시 감소시키지는 않는다.

그동안 많은 성과를 거둔 다른 접근은 기준과 세금을 조합하여 지역, 국가, 세계 시장에서 탄소 배출을 감소시키기 위한 가격 압력에 사용하는 것이다. 아황산가스를 감소시키기 위하여 미국이 채택한 청정 공기법Clean Air Act을 모델로 한 탄소 거래는 기업들이 '탄소 허용치'를 사고팔 수 있도록 함으로써 탄소 배출 감소가 쉬운 이들은 탄소 배출량을 줄이기 쉽지 않은 다른 기업에 줄인 만큼의 허용치를 판매하여 이윤을 창출할 수 있다.

각국의 정부들은 배출을 감소시키기 위한 위의 접근들을 사용하였고 전 세계적 대응을 가속화하기 위한 중점적 방법으로 탄소 거래를 적용하였다. 그러나 2005~2008년보다 거의 10배가량 탄소 거래가 성장한 2009년에는 세계 탄소 시장의 가치가 1천 4백 4십억 달러에 이르렀고 이를 기점으로 정체가 되었다. 지금까지 가장 큰 시장은 유럽 연합의 배출권 거래제Emission Trading Scheme인데 이는 2010년 세계 탄소 시장 가치의 84퍼센트를 차지하여 1천 2백억 달러에 다다랐다. 교토 의정서의 청정개발체계Clean Development Mechanism가 두 번째로 크지만 2012년 이후에 대한 불확실성으로 인하여 그 가치는 2007년 대비 2010년에는 더 줄어들었고

than-clean-energy-iea.html

종국에는 교토 의정서가 발효되던 2005년에 비해서도 더 낮아졌다. 남아 있는 탄소 시장인 호주, 일본, 캐나다, 미국 국내 시장들은 전체 규모의 작은 부분들을 차지한다.[271] 이들은 EU의 거래제나 청정개발체계와는 달리 교토 의정서에 구속되지 않는다. 또한, 여전히 빠르게 성장하는 소규모의 자생적인 탄소 차감 시장이 있다. (2010년 기준 3억 9천 4백만 달러/1억 2천 5백만 CO_2 톤)

오늘날 시장에는 두 가지 종류의 탄소 거래가 있다. 첫째는 탄소 배출 무역이고 또 하나는 탄소 차감 무역이다. 전자는 '배출권 거래제cap and trade'로 알려졌는데 정부는 특정 경제 부문에서 배출되는 탄소의 상한선과 시간별 배출 저감 스케줄을 제시한다. 그 부문의 기업들은 배출에 대한 무역 허용치를 배정받고 만일 배출이 한계를 넘어서면 벌금을 내야만 한다. 배출량을 줄이는 비용이 더 저렴한 기업들은 저감을 하고 다른 기업들에 자신이 받은 허용치를 판매한다. EU의 배출권 거래제는 이러한 탄소 시장의 초기 모형이다.

탄소 차감 거래는 경제 외부에서 배출에 의무적 제한을 가하여 배출을 절감하는 프로젝트를 포함한다. 예를 들어, 개발도상국에서 에너지 효율 프로젝트에 기금을 출연하여 정부나 기업은 그만큼 차감된 것에 대한 신용을 획득하고 획득된 신용을 배출 허용에 적용받는다. UN이 운영하는 청정개발체계는 차감 거래를 포함하고, EU의 배출권 거래제는 두 가지 모두를 포함한다.

탄소 시장은 정부 정책의 구성물이며 그 효과성은 정부가 배출에 대한 강력한 제한을 가하고 시간이 지남에 따라 배출을 감소시키는 의지와 결

---

[271] 여기에 일본의 Voluntary Emissions Trading Scheme, 호주의 the New South Wales Abatement Scheme, 미국의 the Regional Greenhouse Gas Initiative and the Chicago Climate Exchange이 포함된다.

의에 달려 있다. 정부의 의지는 시장의 희소성을 창출하고, 탄소 가격을 상승시키며, 배출량을 줄이고 더 효과적인 성과를 얻도록 민간 영역에 인센티브를 제공한다. 대부분의 시장 참여자들과 연구자들은 2012년까지는 거래제가 다른 국가와 부문으로 확대될 것이라고 보지는 않으나, 2020년에는 세계 탄소 가격에 수렴이 일어날 것이라고 기대하고 있다.[272] 시장에 기초하거나 그렇지 않건 관계없이 어떤 제도도 탄소 성장을 억제하고 제한하는 정부의 행동을 대체할 수 없다.

지금까지, 탄소 시장은 허약하고 증명되지 않았으며 논란의 여지가 남아 있다. 탄소 시장은 비교적 소규모로서 세계 탄소 배출의 한 부분만을 차지하고 있다. 긍정적 측면으로는 탄소 시장이 탄소에 대한 시장 제도와 규율 그리고 가격을 형성하여 실시간으로 변화하는 세계 상황에 대처한다는 것이다. 이는 제도적 혁신의 괄목할만한 성과를 가져오고 또한 post-2012 체제하에서 탄소 거래의 미래에 대한 논의들이 활발해 지고 있다. 그러나 이 시장이 빠르고 중요한 배출 절감과 북반구와 남반구에서 저탄소 투자를 가져올 것인지 확실치 않다. 여기에는 중요한 문제들이 있기 때문이다.

- 산업계의 로비로 인하여 유럽에서 처음으로 기획을 할 때부터 배출권이 너무 높게 설정되었고 탄소 가격이 무너져 배출 절감의 인센티브가 사라졌다. 계속된 산업계의 로비는 배출 허용 경매제

---

[272] K. Hamilton (2006) 'Business Views on International Climate Policy: Summary and Key Observations', Business Council for Sustainable Energy and The Climate Group; C. Cundy (2007) 'Carbon funds: paying up to cut emissions', in *Environmental Finance*, July - August 2007, pp.20 - 2; and World Bank (2011) 'State and Trends of the Carbon Market 2011', Washington: World Bank, http://siteresources.worldbank.org/INTCARBONFINANCE/Resources/StateAndTrend_LowRes.pdf

를 배출권 거래 제도에 도입하려는 제안을 약화시키기 위하여 위협을 가하고 있다.
- 탄소 가격은 유동성이 지나치게 강하여 재생 에너지와 같이 배출 감소를 위해 필요한 영역에 장기적 투자를 활성화시키기 어렵다.[273]
- 탄소 거래는 온실가스 배출을 가장 낮은 포괄적 가격으로 할 수 있는 방법을 찾으려 하기에, 민간 영역이 인프라를 교체하고, 새로운 기술의 도입 및 다양한 배출원(예를 들어 교통과 주거와 같은)을 도입하는 것과 같은 장기적으로 중요한 것보다는 값싼 절감 방식을 찾는 통로 역할을 한다.

청정개발체계는 다른 문제들에도 직면하여 왔다. 몇몇 국가들에서는 탄소 감소의 모니터링과 검증의 신뢰성을 둘러싼 심각한 의문이 제기되고 있고, 최빈국들은 배출이 적고 집중된 배출원이 부재하여 결과적으로 배제되어 있다. 또한, 이 계획은 청정 개발 체계하에서 '소득이 들어오는' 기회를 기다리게 하여 오염을 감소시키는 데 있어 정부의 역할을 제한할 수 있을 것이다. 이러한 환경에서 EU의 배출권 거래제 내에서의 차감 제도는 기업들에게 저렴한 가격에 탄소 제한으로부터 벗어날 수 있는 방법을 제시하여 전체적인 배출 감소에는 거의 도움이 되지 않은 채 큰 누수를 발생시킬 수 있다.

또한, 청정 개발 체계의 두 가지 목표인 전체 배출량 감소와 남반구에서 저탄소 투자를 위한 기금을 마련하는 것 사이에는 실제적인 긴장이 있다. 시장은 가난한 이들에게 직접적으로 이익을 주는 분산 투자 보다는 오래된 화학 공장을 정밀 검사하는 것과 같은 크고, 저렴한 탄소 배출 감소 프로젝트에 적정하다.

---

[273] M. Lockwood (2007).

이러한 시장의 강점과 효용성은 현존하는 정책의 틀이 시장을 더욱 예측 가능하고 신뢰할 만하며 중요하게 만들기 위하여 어떻게 개혁될 것인가에 의존한다.274 허용량에 따른 배출권 거래제가 채택됨으로써 몇 가지 중요한 발전 가능성이 다음과 같이 나타났다. 확장된 지리 영역과 국가 간 시장의 연계, 항공과 같은 새로운 부문들의 포함, 그리고 과거에 허용량을 배분하는 방식이었던 오염 배출자에 자유롭게 허가량을 정해 주는 것이 아닌 경매를 통한 허가량 배분의 확대. 장기적으로 볼 때 시장 해결보다 더욱 많은 급진적인 방식인 에너지를 절약하는 개인에게 인센티브를 주고 절약한 만큼 항공을 이용하고 레저용 자동차를 운전하는 이들에게 판매를 할 수 있도록 하는 개인 탄소 허용량의 가능성이 대두되고 있다.

그러나 오늘날까지 탄소 시장이 유의미한 탄소 배출 감소나 지속 가능한 개발 모델을 향한 진척을 보이고 있지는 못하고 있다. 실패할 위험이 크다. 탄소 거래가 실제적으로 효과를 낼 수 있을 때까지 탄소 수십 톤이 대기로 뿜어져 나올 것이며 불가역적인 변화가 일어날 것이라는 사실을 우리는 알고 있다.

탄소 거래에 대한 의존은 또 다른 수익 시장을 만드는데 열중인 중개업자들의 영향력 있는 로비와 이념적 편향성의 복잡성을 드러낸다. 단순한 규제나 세금이 더욱 직접적이고 더 효과적일 수 있다면, 탄소 거래와 같은 시장 해결 방식을 모든 문제에 적용하는 것은 끊임없는 기형적 형태를 수반 할 수 있다.275 이러한 도전의 시급성에 세계적 대응이 부응하려면

---

274 For a detailed proposal of the reforms required to the CDM, see J. Cozijnsen et al. (2007).
275 예를 들어 영국에서 탄소 감축 서약Carbon Reduction Commitment은 현재 EU의 무역 제도에 포함되지 않은 영국의 상업 및 소매회사(그리고 대형 공공부문 조직)를 위한 복잡한 배출권 거래 제도이다. 온실가스감축의 상당 부분은 새로운 건축규제 하에서 이루어질 것이다. 이 계획은 최고 경영자들의 관심을 끌게 될 것이지만, 탄소배출에 대한 몇몇 규제가 통과되거나 이사들이 고민을 했더라도 동일한

규제, 보조금, 세금 부과와 같은 다른 접근들이 포함되어야만 한다.

어떠한 방식이 되건 간에, 세계적 완화 노력은 소비사회의 삶의 방식과 전 세계를 아우르는 금융과 기술의 분배에 큰 변화를 요구할 것이다. 적응과 마찬가지로 성공적인 완화를 가져오기 위해서는 개발도상국에 적정하고 조절된 형태로 대규모의 청정에너지 기술과 금융의 이전이 필요하다. 국가 빈곤 감축 전략의 환경적 문제에 대응하는 청정 개발을 위한 혁신 기금은 개발도상국들이 배출량을 줄일 뿐만 아니라 빈곤과 불평등을 해결하는데 필수적인 것이 될 것이다. 녹색 기후 기금이 이 일을 할 수 있을지는 기다려 보아야 한다.

정부 간 기후변화패널은 좋은 세계 거버넌스가 성취할 수 있는 성과가 무엇인지를 보여준다. UN 세계 기후 기구 World Meteorological Organization와 EU 환경 계획 Environment Programme이 1988년 설립한 정부 간 기후변화패널은 설립 이후 기후 변화와 연관된 과학, 기술 그리고 사회 경제 지식의 네 가지 종합적 평가를 1990년, 1995년, 2001년 그리고 2007년 실시하였다. 정책 수립자들은 이 보고서를 기후와 관련한 과학적 근거로 이용한다.

정부 간 기후변화패널의 주목할 만한 영향력과 권위는 기구의 세심한 절차와 거버넌스 구조로부터 나온다. 정부 간 기후변화패널은 새로운 과학 연구를 자체적으로 수행하지는 않으며 그 보고서는 기존의 과학적 연구들에 대한 전문가들의 검토일 뿐이다. 검토에 기초하여 정책 제언을 하는 것은 명시적으로 금지되어 있다. 결론은 '정책과 관련 policy relevant이 되어 있으나 정책을 규정 policy prescriptive하는 것'이 되어서는 안 된다.

결과가 나왔을 것이다. 2011년 CRC의 비판에 대응하여 간소화 절차를 연합 정부가 제시 하였다. CRC 에너지 효과성 계획에 대해서는 다음을 참조. http://www.decc.gov.uk/en/content/cms/emissions/crc_efficiency/simplification/simplification.aspx (Matthew Lockwood, IPPR, personal communication).

가장 중요한 것은, 정부 간 기구로서 정부 간 기후변화패널이 내리는 모든 결론은 발표되기 전 모든 구성 멤버 정부들의 동의를 거쳐야 한다. 이것은 정부 간 기후변화패널이 내리는 결론은 천여 명의 과학자들의 판단과 해석뿐만 아니라 전 세계의 정부들의 합의를 고려해야 한다는 것을 의미하며[276] 또한, 가장 보수적인 형식을 유지한다는 것을 의미하는데 그 이유는 불편한 과학적 사실에 함구를 해온 정부들이 의사 결정권을 쥐고 있기 때문이다.

'과학적 행동주의'나 지나치게 강대국 정부의 이해관계에 매여 있다는 비난을 받는 정부 간 기후변화패널은 집중적인 정치적 압력에도 불구하고 인간이 초래한 기후 변화에 대한 지식을 통합하고, 발전시키며 소통시켜 왔다. 이러한 노력으로 정부 간 기후변화패널은 2007년 전 미국 부통령이자 기후 캠페인을 벌이고 있는 앨 고어와 함께 노벨 평화상을 받았다.

이와는 대조적으로 진심 어린 반대자로부터 자기 이익에 충실한 로비스트에까지 이르는 지연 작전과 부인의 방법들이 반대편을 이룬다. 1989년 에너지와 자동차 업계가 설립한 세계 기후 연대Global Climate Coalition는 담배 로비스트들이 이용한 방법(담배회사 로비스트 중 한 명은 '우리가 하는 일은 의심'이라는 슬로건을 가지고 있었다)을 채택하여 내부 서류가 말하는 것과 같이 '세계 온난화는 사실이라기보다는 이론'이라는 주장을 하였다. 이들의 가장 중요한 승리는 아마도 미국의 온실가스 감축 의무를 요구한 어떠한 협의(예를 들어 교토 의정서)에도 참여를 반대한다는 1997년 미 상원의 95대 0 만장일치 투표였다.

세계 기후 연대는 교토 의정서에 반대하는 '이것은 세계적인 것도 아니

---

[276] 2001 3차 평가 보고서는 122명의 코디네이터와 515명의 공동 저자, 21명의 편집자 그리고 337명의 전문가들이 참여하였다. 다음을 참조. http://www.ipccfacts.org/how.html

고 제 역할을 하지 못할 것이다'라는 캠페인을 하는데 1천 3백만 달러를 쓰고 이 의정서가 경쟁력을 약화시키고 중국과 다른 개발도상국들에는 불공정한 면책권을 준다고 주장한다. 하지만 결국에는 증거들이 축적되어 브리티시 페트롤륨British Petroleum(BP)이 1996년 세계기후연대를 탈퇴하고 쉘Shell과 포드Ford가 그 뒤를 따랐다. 2002년 세계 기후 연대는 문을 닫았으나, 유럽에 이어 몇 년 뒤에는 세계에서 가장 큰 탄소 배출국인 미국에서 공적 논쟁이 계속되고 있다. 중요한 시기를 낭비하게 되어 이 문제에 대응하는 어려움과 시급성이 높아졌고 이미 시작된 피해가 커지고 있다.[277]

기후 변화를 부인하는 이들이 벌이는 '우리가 하는 일은 의심' 로비의 가장 놀라운 최근의 예는 그들이 '기후 게이트climategate'라고 명칭한 것을 둘러싸고 벌어진 일이다. 2009년 중요한 코펜하겐 기후 정상회담 전날 동앙글리아East Anglia 대학에서 기후 과학자들이 엉성한 과학 실험을 하였다는 이메일이 유출되었다. 이에 따라 6개의 위원회가 그 주장을 조사하였고 과학적 실수나 부정한 방법을 사용한 증거를 찾지 못하였다. 그러나 그 과학자들의 실험은 피해를 보았고 기후 변화에 대한 과학적 증거에 대한 의심이 쌓이기 시작하였다. 기후 변화의 원인과 결과에 대한 과학적 합의는 계속하여 강화되고 있으나, 특히나 북반구에서 대중적 관심은 약화되고 있다.

또 다른 논쟁에서, 환경 조직과 개발 조직들이 민간 영역에서 흔하지 않은 연맹을 맺고 있다. 30년 단위로 투자를 하는 연기금이나 정유 회사들과 같은 몇몇 비즈니스는 자연히 4년마다 투표를 하는 정치보다는 장기적으로 전망을 한다. 은행, 보험, 재보험 산업은 자연재해로 인해 상승하는 비용에 대한 경고를 해왔고 친환경 에너지원, 기술, 제조 시스템에 관심을

---

[277] M. Hertsgaaard (2006).

보여 왔다. 다른 장기 투자자들은 다른 형태의 '기후 위험'을 두려워하는데, 이 위험이란 담배 회사나 패스트푸드 산업과 마찬가지로 석유 회사나 다른 기후 변화에 책임이 있는 기업들이 미래에 탄소 배출을 규제를 하지 못하였다는 이유로 소송을 당할 수 있다는 것이다.[278]

몇몇 경제학자들은 미래의 비용과 피해가 현재의 비용보다 덜 중요하다는 입장을 받아들여 여전히 선행한 성장과 빈곤 감소의 측면에서 이익이 비용을 정당화할 수 있을지에 대한 의문을 제기한다.[279] 이 입장은 현재는 의미 있는 비용이 발생하지 않는 불가역적인 피해의 가능성이나 영향을 무시한다. 스턴 보고서는 이러한 주장을 효과적으로 반박한다. 기후 변화를 주도해온 자연 과학자들과 개발 논의를 주도해 온 사회 과학자들 간의 지적 차이는 진척을 더디게 해 왔다. 학계의 두 집단은 서로 다른 언어로 말해 왔고 공동의 전선을 세우기 위해 갈등해 왔다.

운송, 농업, 에너지 생산에 대한 화석 연료 의존도를 급격히 낮추어 온 저탄소 경제로의 이전에 있어 기술은 중심적인 역할을 한다. 어떤 이들은 기술이 부국과 빈국이 자국의 시장을 성장시킬 수 있게 할 '구속으로부터의 해방'을 가져올 수 있으며 동시에 재앙적인 기후 변화를 피하기 위해 필요한 탄소 배출을 감소시킬 수 있다고 본다. 그러나 이러한 기술 낙관주의는 정당화될 수 있는가?

한 가지 가능성은 세계의 탄소 의존을 변화시키는 탄소가 배출되지 않는 에너지를 생산하는 청정 핵융합과 같은 신기술이다. 이러한 종류의 기

---

[278] 65개 기관 투자가가 관리하는 자산 4조 달러 이상의 기후 위험 투자 네트워크 Investor Network on Climate Risk는 정부에 대하여 배가 가스와 기타 기업에 대한 정보를 더 엄격히 공개할 것을 요구하였다. 회원국들이 41조 달러에 이르는 큰 규모를 관리하는 탄소 공개 프로젝트는 세계적으로 가장 큰 기업들로부터 기후 변화와 온실 가스 배출 데이터에 의해 야기되는 사업 위험과 기회 정보를 찾는다.
[279] 예를 들어 다음 참조 B. Lomborg (2006).

술은 아직 나타나지 않았지만, (지난 50년간 과학자들은 이러한 융합을 시도해왔지만 거의 성공하지 못하였다) 이러한 기술이 발견된다 할지라도 기술을 보급하고 상업화하는 데는 수십 년이 더 걸린다. 세계 경제가 성장해가고 탄소 배출이 늘어 감에 따라 세계는 이러한 문제를 해결하기 위한 기술을 더 이상 기다릴 수만은 없다.

이론상으로는 현존하는 기술로 우리에게 시간적 여유를 벌어줄 수 있고 가장 진보된 청정 기술은 모든 국가들에 빠르게 퍼져 나갈 수 있다. 만일 전 세계가 GDP 대비 탄소 배출량의 측면에서 탄소 효율성을 독일, 이탈리아, 일본, 영국, 스위스와 같은 탄소 효율 선진국과 같아진다면, 전 세계 탄소 배출은 43퍼센트로 줄어들 것이다. 현존하는 기술적 흐름은 (세계 탄소 효율성은 1975년 이래 매년 1.6퍼센트씩 개선되고 있다) 2050년까지 세계 탄소 배출을 1990년 수준 대비 80퍼센트 감소시킬 수 있는 기술과 개발의 방법을 찾을 수 있는 10년의 시간을 벌어줄 수 있다. (이 수준은 재앙적인 기후 변화 위험을 최소화할 수 있는 수준이다)[280]

현존하는 그리고 신청정 기술로의 이러한 전체적 이전은 지식재산권 규정과 단기적인 상업적 이해관계를 해결하고 적정한 기금 마련이 필요하여 전 세계적 규모의 막대한 노력이 필요할 것이다. 또한 이는 대체 방법이 없이, 주요한 온실가스 배출원이 되어 가고 있는 항공 여행의 급증과 같은 문제들도 고려해야만 한다. 생산의 방식만큼 소비의 방식도 변화해야 할 것이다. 이러한 것들은 큰 도전이 되는 것은 사실이지만 이외의 대체 방법 또한 없다. 문제를 해결해줄 마술 상자와 같은 기술이 나타나는 것을 소망하거나 아니면 세계 시장 경제의 낮은 성장률을 수용해야 한다.

실제로 재앙적인 기후 변화를 피하는 것은 가속화된 기술 이전과 혁신

---

[280] R. King (2007).

그리고 오염을 많이 시키는 국가들에서 탄소 배출량을 줄이는 것을 포함하는 복합적인 해법이 필요하다. 이 해법이 몇몇 혹은 모든 국가의 낮은 성장률을 포함할 것인가 혹은 인간 창조성과 정치적 리더십의 조합으로 기후 변화 문제를 해결하는데 충분할 것인지는 문제로 남아있다.

최빈국가에는 저탄소 경제로의 전환은 그리 시급한 것이 아니며 거대하고 빠르게 성장하는 중국과 인도의 경제를 제외하고는 그들의 탄소 발자국은 매우 작다. 그러나 결국에는, 화석연료 비용이 너무 많이 들거나 경제를 산업화하기 위해 이미 막대한 탄소를 사용한 국가들은 핵 확산 조약과 마찬가지로 다른 국가들이 이러한 방법을 사용하지 못하게 하기 때문에 최빈국들은 막대한 화석 연료 소비에 의존하지 않는 개발 방법을 찾아낼 것이다. 또 다른 주요 고려 요소는 빈곤국들이 미래에 경쟁력을 높여줄 저탄소 신에너지 시스템에 접근하지 못하게 될 수 있다는 것이다.

사실, 빈곤국들은 오늘날 높은 문해, 낮은 어린이 사망률 그리고 낮은 인구 증가율을 성취하는 것과 마찬가지로 오늘날의 선진국이 했던 것보다도 더 빨리 탄소 효율적 경제로 전환해야만 할 것이다. 이러한 전환은 최소한 개발도상국에서 미국의 소비 지향적 모델을 열망하는 엘리트들의 정신 변화가 필요하다.

만일 기술적인 대안이 없다면? 또한 계획되고 대중적 합의를 거친 균형 있는 성장이 일어나지 않는다면? 그렇다면, 경제 조정은 이성이 아닌 탄소 쟁탈이라는 사나운 힘이 가져오는 혼돈 속에서만 일어날 수 있다. 가까운 미래에 세계는 석유 생산이 최고점에 이르는 '오일 피크oil peak'를 맞아 갑작스러운 가격 상승과 나아가 탄소 보유를 둘러싼 긴장을 가져올 가능성이 있다. 가격의 상승은 세계의 탄소 배출 절감을 유도하는 반면 (사실 이것이 탄소 거래와 탄소세의 이유이기도 하다), 평등에는 재앙적인 결과를 가져올 수 있다. 정치적 리더십은 사라지고, 세계의 가난한 이들과 연료를 많이 소모하는 엘리트들 간의 자원을 둘러싼 가격 갈등이나 심지어 군사적 갈등은 권력이나 부가 없는 이들은 탄소에 대한 접근권을 가지지 못하게 되는 결과만을 가져올 수 있다.

전 지구적 차원에서 탄소를 가진 이들과 가지지 못한 이들 간의 권력 투쟁은 식민주의가 종말을 고한 뒤에 빠르게 나타난 세계 개발의 시대에 종언을 고할 수 있다. 여기서 우리는 탄소에 대한 접근 통제와 기후 변화의 파괴로부터 자신을 보호할 수 있는 부유하고, 첨단 기술을 가진 국가들(혹은 국가 내의 이러한 사람들)과 부유한 그룹에 참여하고자 할 때 요구되는 탄소를 구입할 수 없고, 갈수록 불규칙해지고 파괴적인 기후 상황에 노출된 빈국과 새로운 암흑의 세기를 살고 있는 공동체를 나누고 있는 '탄소 장벽'이 무너지는 것을 볼 수 있을 것이다.

과거에는 이러한 것들은 종말론적인 상상일 뿐이고 환경론자들은 울부짖는 늑대이며 이들의 주장은 새로운 기술과 나아가 새로운 자연 자원의 발견에 의해 잘못된 것으로 판명되었다고 비난을 받아왔다. 그러나 제레드 다이아몬드Jared Diamond의 책 『**붕괴***Collapse*』[281]가 도표를 통해 보여 주었듯, 환경 피해와 이에 대한 사회의 대응은 역사 속에서 가장 위대했던 문명들이 왜 갑자기 사라졌는가를 설명해 준다.[282] 이솝의 우화에서 늑대가 실제로 양치기 소년의 양 떼를 공격할 때 아무도 도와주러 오지 않았다는 것을 기억해야만 한다.

EU와 미국이 국제 환경 체제가 어떻게 발전할 것인지에 대하여 관망하는 자세를 취하고 있는 동안, 산업화된 부국들과 개발도상국 간에는 큰 격차가 남아 있을 것이다. 더 복잡한 문제는 개발도상국 정부들 스스로가

---

[281] 역자 주 - 『제레드 다이아몬드, 문명의 붕괴: 과거의 위대했던 문명은 왜 몰락했는가』, 강주헌 역, 김영사, 2005.
[282] J. Diamond (2005).

기후 변화에 대하여 입장이 갈라져 있다는 것이다. 방글라데시와 같은 지대가 낮은 국가들과 많은 소규모 섬나라들은 해수면이 계속하여 높아지면 국가적인 재앙에 직면하게 되어 행동을 취하라는 요구가 심해지게 될 것이다. 분출되는 거대한 경제 성장 가운데서 높아지는 화석 연료 사용에 크게 의존하고 있는 다른 국가들은 세계에서 가장 큰 온실가스 배출국이 될 것이다.

이러한 정부들은 탄소 배출을 절감하라는 요청에 대한 의구심을 가지고, 부유한 북반구 국가들은 화석 연료에 기반을 두어 산업화를 이루었음을 지적하며, 동일한 기회를 가난한 국가들에게 주라는 요구를 한다. 또한, 그들은 중국이나 인도 같이 큰 국가들이 막대한 배출을 하는 것은 자연스러운 것이라고 주장한다. 실제적인 '탄소 형평'은 인구 1인당에 기초해야만 한다는 것이다. 탄소 배출의 총합을 보게 되면 산업화된 국가들의 배출은 여전히 떠오르는 국가들의 배출보다 많다.

그들의 말도 일리가 있지만 지구 온난화는 실재이다. 거대한 개발 도상국가들은 배출에 대한 규정을 거부하며, 능동적으로 자기규정을 만들고 있다. 브라질, 중국, 인도, 멕시코, 남아공은 그들의 배출량 증가를 조정하기 위한 자발적인 규정을 제시하였다. 그러나 국제적 합의라는 관점에서 특히나 국가 간 그리고 국가 내 그룹 간 고통 분담이라는 정의와 불의라는 측면에서 볼 때 규정 사항들은 계속하여 뜨거운 논쟁이 되고 있다. 부국들이 먼저 빠르게 (부국들이 배출량을 획기적으로 줄이고, 빠르게 성장하는 개발도상국들이 현재의 수준에서 배출량을 안정화시켜야 한다) 화석 연료에 대한 의존도를 낮추는데 필요한 부가적 예산과 기술을 제공하고, 개발도상국이 다가올 미래의 최악의 결과를 예방하고 적응하기 위하여 필요한 막대한 규모의 예산을 제공한다면, 저탄소 경제로의 전환은 매우 쉬울 수 있다. 그러나 매년, 매월 탄소 공해가 늘어 감에 따라 새로운 경제 강국들이 지구 탄소 배출 감소에 대한 공평한 분담을 해야 한다는 압력은 커지고 있다.

기후 변화는 전 지구적 거버넌스에 대한 가장 큰 도전 중 하나이다. 이는 국제 시스템이 대응해야 하는 전쟁이나 금융 위기와 같은 다른 위협들보다도 더 크다. 어떻게든 국제 사회는 함께 탄소 배출을 급격히 줄여야만 하며 탄소 억제의 세계에서 가난한 여성과 남성에게 개발의 기회를 보장해야 한다. 그리고 이 도전은 시간 제약이 있다. 부적절한 행동은 다음 10년간 되돌릴 수 없는 결과를 가져올 것이다.

무기 거래나 자본의 흐름보다도 CO_2 배출의 경우 규제가 없으면 막대한 이익이 권력을 가진 이에게 가게 된다. 국제기구들은 약하거나 기득권을 가진 정부에 장악되어 있다. 예방 조치를 취함으로서 생기는 이익은 비교적 먼 미래에 모든 국가들에 동일하게 나타날 것이다. 뉴올리언스나 중유럽에 밀어닥친 홍수는 방글라데시의 태풍이나, 니제르의 가뭄보다 훨씬 더 빨리 워싱턴이나 브뤼셀의 반응을 일으킬 공산이 크다는 것이 정치적 현실이다.

기후 변화가 요구하는 새로운 제도는 과거에는 전쟁이나 경기 불황과 같은 동맹들에게는 충격이 되고 방관자들에게는 확신을 주었던 충격의 결과로 나타난 것과 같은 양상으로 나타나게 되었다. 이러한 충격은 특히 가난한 이들에게 막대한 비용을 치르게 한다. 중대한 조직적 충격을 기다리게 되는 경우, 되돌릴 수 없는 지점을 넘어서게 될 수 있다. 그렇게 되면, 이것은 충격이 발생하기 이전에 전 세계적인 합의가 이루어져야만 하는 핵전쟁과 유사해진다.

많은 국가에서 연금 개혁의 매우 느린 것에서 볼 수 있듯이 장기적인 해결을 위하여 단기적인 희생이 필요하다는 것을 대중에게 확신시키는 것은 언제나 어렵다. 도하 회의에서 부국들이 언제라도 경쟁자가 될 수 있는 빈국들에게 부가적인 혜택을 주는 것에 반대했듯이 모든 것을 공평의 정신에 입각하여 해결하는 것은 더욱이 어렵다. 정치인들은 아마도 어려운 협상이 필요 없이 비용이 적게 되는 기술적 해법을 고대할 것이다. 그러나 기술적 해결책은 결국 불평등을 증가시키고, 해조류의 성장을 위해 철분제를 대양에 뿌리거나 거대한 반사경을 우주에 설치하는 것과 같은 지구 공학적 계획은 의도하지 않은 심각한 결과를 초래할 수 있다.

정치적인 반대도 크지만, 그 피해의 범위는 거의 상상을 넘어선다. 기후변화는 지구의 대부분을 사람이 살지 못하게 만들며 공룡의 종말에 비견할 만한 종의 멸종을 불러일으킬 것이다. 인간이 바로 멸종할 종 가운데 하나가 될 것이다. 아마도 사회를 몇 세기 후퇴시키는 문명의 단절이 일어날 것이 분명하다. 국제 사회의 지구 거버넌스에 이보다 더 큰 가혹한 시련은 없을 것이다.

21세기 지구 거버넌스

21세기는 이미 성장하는 국가 간 경제 **통합**과 이동하는 권력 균형으로 특징지어진다. 2차 세계 대전 이후 성장한 권력의 퇴조와 중국과 인도와 같은 신흥 강국의 도약, 아프리카 연합, 동-남아프리카 연합인 COMESA, 카라비안 군도의 CARICOM, 동아시아의 ASEAN과 같은 지역적, 지역 하부 블록의 역할이 증대해 가고 이러한 변화의 주변부의 빈국들의 돌발적인 붕괴가 있다. 지구 거버넌스 제도는 빠르게 침식해 가는 질서 위에 구축되었고 새로운 도전에 발맞추어 발전해야만 할 것이다.

지구 거버넌스는 그 한계를 안고 있지만 강대국을 제어하여 어느 정도의 공평성과 예측 가능성을 국제 관계에 구축해야 한다. 그렇게 함으로써 빈국들이 빈곤과 취약성에서 벗어날 수 있도록 충분한 정책적 여유와 자원을 가질 수 있도록 보장해야 한다. 이 도전을 통하여 지구 거버넌스는 안전의 덫이 아닌 안전의 망을 닮아야 한다.

현재 지구 거버넌스 체제는 이러한 희망을 이루기에는 한참 모자라다. 새롭게 등장한 G20은 아무런 책임도 지고 있지 않은 'G0'가 될 것인지 새롭고 더 포괄적인 지구 리더십을 제시하는 것인지의 사이에서 방향을 잘 잡아야 한다. UN은 스스로를 개혁하여 새로이 합의된 '보호의 책임'을 구현할 수 있도록 노력을 기울여야 한다. 세계은행과 IMF는 많은 국가에서 큰 피해를 주고 있는 시효가 지난 이념적 경제 교리에 머물러 있고 세계무역기구도 동일하다. 원조 공여 기관은 서서히 비 효과성을 극복해

가고 있고 새롭게 탄생한 민주주의 국가를 약화시키는 것이 아니라 강화시키는 방향으로 원조금을 사용하고 있다.

더 나아가, 개발의 측면에서 보면 지구 거버넌스 자체에 문제가 있다. 이주민이나 지식 접근성과 같은 빈국에 중요한 이슈들은 거의 다루어지지 않고 시장 접근성, 자본의 흐름이나 기술적 우위를 보호하는 것과 같은 강대국에 문제가 되는 사항들만 강제성을 띠고 있다. 지금까지 이러한 문제들에 대한 대응은 기후 변화가 가져온 근본적인 체계적 도전과 빈국과 부국 모두 저탄소 개발 모델로 나아갈 필요가 있다는 것을 볼 때 형편없다.

그러나 그럼에도 불구하고 최근의 발전은 지구 거버넌스가 더 나아질 수 있다는 낙관주의를 보여준다. 모든 면에서 G20은 G8의 신식민주의보다 낫다. 국제 사회는 아랍의 봄의 봉기를 지원하여 왔다. 국제 형사 재판소가 만들어 짐으로서 이전에는 기소하는 것도 어려웠던 독재자와 고문을 하는 권력자의 출현을 막을 수 있게 되었다. 개발도상국들이 결성한 새로운 연합은 서구가 독점해온 세계무역기구와 같은 기구들에 도전할 수 있게 되었다. 지구적 빈곤과 불평등에 대한 서구의 대중적 인식은 이전에 볼 수 없을 정도로 높고 모든 정당의 정치인들은 기후 변화와 같이 지구적 대응이 필요한 지구적 문제에 대한 관심이 갈수록 높아지고 있다. 시민 사회 조직의 전 세계적 급증은 더 큰 진보를 위한 강력한 추진력을 더하고 있다.

뉴스와 사건 이면에 있는 태도와 신념이 변하고 있다. 국제 인권법과 조약들이 서서히 정부와 시민의 마음에서 중요성과 영향력을 얻어가고 있다. 심지어 가장 터무니없는 독재자조차도 실제로는 아니지만 입으로라도 인권과 민주주의에 대해 칭송을 하고 있다. 무기와 무기 거래에 대한 국제적 규제는 권력을 가진 이들의 약탈적 습성을 완화시키고 있고 국제적 공조는 지구적 공공재에 대한 투자를 이끌고 있다. 아마도 무엇보다도 중요한 것은 국제 시스템이 가난한 남성들과 여성들의 투쟁에 연대를 하고 있다는 사실이다. 그럼에도 불구하고 도전의 시급성과 규모를 볼 때 지구적 거버넌스는 훨씬 더 많은 일들을 해야만 한다.

예측과 소망은 역사가 실제로 얻은 것들을 따라가지 못해왔다. 1812년 노예제의 종말을 예견한 사람은 거의 없었다. 1912년 뉴질랜드가 보편 선거권을 가진 유일한 독립국이 되었다. (하지만 그곳에서도 여성은 국회의원이 될 수는 없었다) 이 세기는 어떠한 놀라운 변화를 가져올 것인가? 몇몇 이들이 예측하듯이 이 세기는 '아시아의 세기가 되어 유럽과 미국의 구 세력을 중국과 인도가 대체할 것인가? 독재를 종식 시키고 민주주의를 가져온 국가 내 중산층의 등장과 유사하게 두각을 나타내는 국가들로부터 지구 '중산층'이 등장할 것인가? 만일 그렇다면, 우리는 1국가, 1투표권 혹은 (더 극단적으로는 권리의 차원에서 정당화될 수 있는) 1인 1투표권 제로 나아가는가? 어느 경우든 오늘날 IMF와 같은 기구들의 1달러 1투표권 보다는 더 선호될 것이다.

그렇다면 UN은 어떠한가? UN 안전보장이사회가 그 영역을 정치로부터 경제 환경 안보로 옮겨가며 (기후 변화에 대한 논의를 거치며 이미 그러한 행보를 보이고 있다) 지구 정부의 형태와 유사하게 되지는 않을 것인가?

국제기구, 법, 조약이 늘어 감에 따라 지구 정부와 유사한 것이 태동하지만 그 형세는 분명하지 않고 발전은 역전에 역전을 계속하고 있다. 누군가에게는 구세주이지만 다른 이들에게는 괴물에 가깝다. 어떻게 보면, UN은 적자생존의 법칙에 의해 지배받는 것으로 보이고 다르게 보면 지구적 협력의 원칙에 의해 지배 받는 것으로 보인다. 다윈과 간디 중 누가 대세가 될지는 아직 모른다. 그러나 우리는 그 결과가 시민들과 국가가 이 세기에 걸쳐 빈곤을 물리치고 불평등과 고통 그리고 환경의 위협을 다루는 데 있어 중요한 역할을 하리라는 것을 알고 있다.

제6부

2008-11년 식량과 금융 위기

2008-11년 식량과 금융 위기

글을 쓰는 작가라면 누구나 책을 쓰는 것은 모험적인 비즈니스라고 말할 것이다. 빈곤에서 권력으로From Poverty to Power는 2008년 초기에 탈고되었는데 이 책은 '세계자본 시장에 몰려든 먹구름'에 대하여 다루었다. 먹구름은 이후에 놀라울 만한 결과를 가져왔다. 레만 브라더스Lehman Brothers의 몰락은 지난 반세기 동안 최악의 지구 경제 침체를 가져왔다. 2008년과 2011년 식량 가격의 지구적 폭등과 같은 역사적인 사건들은 서구의 정책 결정자들과 언론의 주목을 받지 못하였는데 그 이유는 아마도 그 피해가 주로 빈국들에게 가기 때문일 것이다. 이 장은 위의 두 위기에 대한 원인과 인간에 미치는 영향 그리고 장기적인 결과를 탐구하여 이 책의 2008년 판을 증보하도록 하겠다. 아랍의 봄의 봉기가 가져온 긍정적 충격은 이 책 어딘가에서 논의를 하였다.

다시 한번, 이 책을 쓰는 시점인 2012년 1월 현재 경제 몰락은 미국과 유럽의 경제를 강타하고 있는데 이번에는 민간 영역이 아니라 공공 영역의 빚과 초과채무가 문제가 되었다. 독자들이 이 책을 읽고 있을 시점, 이 위기는 구체적으로 나타났거나 아니면 사라졌을 것이다. 세계와 세계의 발전은 기로에 서 있다.

세계 금융 위기

2008년 세 번의 연속적인 충격파를 가져온 금융 쓰나미가 세계를 집어삼켰다. 첫 번째는 세계에서 가장 잘 알려진 금융기관들이 규제 감독 시스템의 실패로 인한 악성 부채의 축적으로 인해 생긴 금융 부문의 몰락이다. 세계 무역과 투자의 몰락은 세계 금융 시장에 편입되지 않은 경제들까지에도 영향을 미치었다. 이 책을 쓰고 있는 시점에도 계속되고 있는 세 번째 충격은 AIG나 스코틀랜드 왕립 은행과 같은 금융 기관들에 대한 막대한 공적자금 투입으로 인하여 야기된 재정 악화로 만들어진 빚을 공공기관들이 갚음으로 해서 나타난 신용 하락이다.[1]

UN에 따르면[2] 2008년 말 은행 부도를 해결하기 위하여 선진 경제들은 전체 GDP의 49퍼센트 금융 부문 지원에 사용하였다. 거기에 더하여, GDP의 3.7퍼센트를 경제가 정상적으로 작동할 수 있도록 하는 이른바 '경기 부양책'을 위해 지출하였다. 금융 부문에 크게 영향을 받지 않은 개발도상국들은 무역과 투자의 후퇴를 만회하기 위하여 GDP의 5퍼센트를 경기 부양책에 투자하였는데 당시 경기 슬럼프는 이례적인 것이었다. 2008년까지 세계 무역은 20퍼센트 감소하였고 해외 투자 금액은 2009년 39퍼센트 줄어들었다.

이러한 정치적 개입은 획기적인 것이었고 비록 문제 해결은 하지 못하

---

[1] P. A. G. van Bergeijk, A. de Haan and R. van der Hoeven (eds) (2011), p. 5.
[2] UNCTAD (2009).

였지만 매우 긍정적인 효과를 거두었다. 국가들은 은행을 구제 하였고 경기를 되돌리기 위하여 재정진작에 예산을 쏟았다. 영구 총리 고든 브라운과 미국의 버락 오바마 대통령 당선자는 2009년 4월 런던 G20 정상 회담에서 세계경기 활성화를 위해 1조 1천억 달러를 제공하기로 합의하며 국제적 공조를 이끌었다. 그중 2천 4백억 달러 정도는 개발 도상 국가를 위한 것이었다. 7천 5백억 달러는 IMF를 통해 지출이 되어 위기와는 관련이 없어 보이는 기관들을 재활성화시키기 위해 사용되었다.3

다른 분야에서 세계 리더들은 대통령 오바마의 선임 보좌관 램 임마누엘Rahm Emmanuel의 명언 "당신은 심각한 위기가 아무 쓸모 없이 되기를 원하지 않는다"에 귀를 기울이지 않았다. 금융 부문에 대한 심도 있는 개혁이 실패하자 예전과 같은 파티가 벌어졌고 새로이 탈바꿈한 금융 기관들은 은행 구제금을 포함한 끊임없는 지출을 통해 유럽 정부의 발목을 잡았다. 비즈니스 규제를 무력화시키는 조세피난처를 규제하려는 초기의 시도는 관련 비즈니스의 로비로 인해 달팽이 속도로 느려졌다.

이러한 무기력은 '도덕적 해이'를 낳았다. '대마불사too big to fail'를 알고 있는 은행들은 높은 위험의 '카지노 자본주의'를 계속 추구할 것인데 그 이유는 은행들은 자신이 돈을 잃었을 때 정부와 납세자들이 자신을 구제해 주리라는 것을 알기 때문이다.

2009년 9월 '국제 경제 협력을 위한 고위급 포럼'을 개최하기로 했었던 G20의 초창기 열의는 2012년까지 무역 불균형과 환율을 둘러싼 논쟁 가운데 흐지부지해져 버렸고 세계는 결국 이것도 경제 격랑에 대하여 그 누구도 책임지지 않는 'G0'가 될 것이라고 여기게 되었다.

이러한 경제적 격랑은 아일랜드, 포르투갈에 대한 구제를 요청한 유럽

---

3   D. Green (2009).

부채 시장의 혼돈으로 나타났다. 그에 따라 유럽의 정부들은 1980년대와 90년대 개발도상국들에 요구했던 것과 동일한 방식으로 정부 스스로와 시민들을 일종의 급격한 구조조정으로 떠밀게 되었다. 미국에서는 정치적 마비로 인해 신용등급 회사인 스탠다드 & 푸어스Standard & Poor's 미국의 부채 등급인 트리플 A를 낮추었고 유로존도 이를 따랐다.

유럽과 미국이 긴축과 빚 그리고 정치적 마비의 늪에 빠져 있을 때 중국과 인도가 이끄는 부상하는 경제라는 명칭을 얻게 된 경제권은 하버드 대학 경제학자인 대니 로드릭Dani Rodrick이 '대분열 시대'라고 명명한 현상인 초고속 성장을 다시 이어 갔다.4 이 위기가 남긴 한 가지 개념적인 유산은 세계를 부유한 북반구와 가난한 남반구로 나누었던 1970년대식 분할에 최종적 종말을 고했다는 것이다.

전 지구적 권력의 이동은 중국이 미국의 엉성한 경제 관리에 대한 충고를 공개적으로 하면서 드러났다. 이는 몇 년 전까지만 해도 상상조차 할 수 없는 것이었다.5 신화 뉴스는 공식적으로 중국이 '미국에 구조적 부채 문제를 해결하고 중국의 달러 자산의 안전을 보장하라는 요구를 할 권리를 가지고 있으며 미국 달러에 대한 국제적 감시가 도입되어야 하고 새롭고 안정적이며 안전한 국제 통화는 한 국가가 초래할 수 있는 재앙을 방지할 수 있을 것이다'라고 밝혔다.

---

4   D. Rodrik, 'The great divergence, the other way around', July 2011, http://rodrik.typepad.com/dani_rodriks_weblog/2011/07/the-greatdivergence-the-other-way-around.html
5   'US credit rating downgrade prompts warning from China' *the Guardian*, 6 August 2011, http://www.guardian.co.uk/business/2011/aug/06/uscredit-rating-downgrade-china

금융위기의 피해

언론과 정치계에서 지도자들과 주요 기업들은 세계 금융 위기가 어떻게 국가 경제에 영향을 미치는가에 대해서 폭넓은 논의를 한다. 그러나 어떠한 식으로든 가난한 이들은 이 논의에서 배제가 된다. 위기의 심각성이 분명해져 감에 따라 이 문제를 해결하기 위하여 옥스팜은 12개 나라에서 금융위기가 간에 미치는 영향에 대하여 연구를 하였다.[6]

빈곤하게 살고 있는 이들이 개인적으로 위기를 어떻게 경험하고 있는가는 정형화된 '위에서 아래로'의 분석을 거부한다. 세계 위기는 일반인들이 그 위기의 뿌리가 무엇인지를 구분하기 어려웠던 (앞에서 다루었던) 2007~8년 세계 식량 위기로 인하여 매일 같이 일어나는 생존을 위한 투쟁과 기후 변화의 영향 사이에서 중첩적으로 일어난다. 개발 연구소Institute of Development Studies[7]의 몇몇 아프리카 국가와 방글라데시에서의 연구에 따르면 가난한 공동체들은 식량 가격의 상승을 세계 금융 위기보다도 심각하게 받아들이는데 세계 금융 위기는 오히려 식량 가격의 상승을 막고 있는 긍정적 역할을 하고 있는 것으로 인식되고 있다.

나아가 지역 차원에서는 금융 위기의 영향이 '잡음 가운데 사라지는' 것으로 보이지만 큰 범위로 볼 때는 점증적으로 중요해 질 수 있다. 옥스팜 직원들은 많은 아프리카 국가들의 지역 공동체에서는 거의 눈에 띨만한 영향력이 없는 것으로 보고를 할지라도, 국제 개발 금융Development Finance International[8]이 실시한 연구에 따르면 금융 위기는 실제적인 국가 재정에 미치는 영향이 매우 크고 국가가 제시하는 미래의 기본적 서비스와 대출

---

6   D. Green, R. King and M. Miller-Dawkins (2010) op. cit.
7   N. Hossain, and R. Eyben (eds) (2009).
8   K. Kyrili and M. Martin (2010).

서비스에는 심각한 문제를 야기할 수 있다. 금융 위기는 56개 최빈곤국에서 정부 수익의 감소를 가져와 2009년에는 5백 30억 달러(3백 30억 파운드)의 피해가 생겼고 이는 위기 이전 수준에서 10퍼센트 정도 하락한 것이다. 2010년에는 1백 20억 달러의 추가 손실이 생겨 2년간 총 6백 5십억 달러의 재정 구멍이 생겼다.

일반화는 위험하지만 전체적으로 볼 때 위기는 동아시아 공동체의 무역과 노동 시장을 가장 먼저 강타하여 세계시장에 수출 하는 전자제품과 의류 생산 공급망에 막대한 차질이 생겨 비공식 부문에도 그 충격이 왔다. 사하라 이남 아프리카와 태평양 섬나라에 그 충격은 대부분 생필품 수출 감소와 무역 세수의 감소를 통하여 나타났다. 라틴 아메리카는 이 두 가지 모두를 경험하였다. 동유럽은 큰 폭의 GDP 감소와 재정 위기로 고통을 받았고 중앙아시아는 유류가 하락과 은행 위기로 고통을 받는 러시아 경제에 대한 의존도로 인하여 어려움을 겪었다. 남아시아도 금융위기로 인해 피해를 보았는데 이 지역에서 스리랑카가 가장 큰 타격을 입었다.

여성들은 급여 가정 노동에 더하여 고통 받고 있는 자신의 가계에 보탬이 되고자 비싼 대가를 치렀다.9 가계 소득을 올리기 위하여 많은 이들이 이주를 하거나 법적 보호를 받지 못하거나 사회 보장이 없는 비공식 경제에서 추가적 일자리를 구하였다. 가정에서 많은 여성들이 덜 먹거나 영양이 부족한 음식을 섭취하여 남편과 아이들을 부양하였다.

전 세계적인 이러한 위기에 대한 공식적 대응은 남성과 여성의 근본적 차이를 무시하였고 따라서 정의롭지도 효과적이지도 않았다. 예를 들어, 필리핀에서 한 석간 뉴스 사설은 여성이 대다수인 의류, 반도체, 전자 산업에서 4만 2천 개의 일자리가 없어졌다고 보고하였으나 정부는 정부 인프

---

9   R. King and C. Sweetman (2010).

라 프로젝트를 통하여 4만 1천 개의 새로운 일자리가 생겼다고 발표하였다. 문제는 여성들이 일자리 감소의 부담을 여성이 떠안음에도 그 혜택은 대부분 남성에게로 돌아간다는 것이다.[10]

금융위기의 영향에 대한 옥스팜의 연구 중 가장 중요한 주제는 바로 '탄력성'과 국가, 공동체, 가계 그리고 개인들이 이 난국을 어떻게 돌파할 것인가에 대한 것이다. 탄력성은 '짖지 않는 개dogs that didn't bark'를 설명하는데 그것은 과거의 사례를 볼 때 어떤 일이 일어날 것 같지만 일어나지 않거나 다르게 일어나는 것을 의미한다. 예를 들어 놀라울 정도로 많은 경우, 이주민들은 자신의 고향으로 돌아오지 않고 사람들은 낮은 임금과 시간제 일자리 그리고 나쁜 노동 환경 속에서도 일을 하였으며 가족들은 아이들을 학교에 보내고 정부는 최소한 단기적으로는 공공 서비스를 줄이지 않았고 아이슬란드를 제외하고는 정치 체제의 큰 격변은 없었다.

금융위기와 같은 충격에 대한 탄력성은 위기가 실제로 일어나기 오래전에 광범위하게 결정된다. 어떠한 사건에 대한 탄력성을 강화하는 위기 전 요소들은 다음과 같은 것들을 포함한다.

사회 네트워크 가계 차원에서 탄력성은 가난한 이들 스스로, 그들의 친구와 가족, 종교 기관이나 공동체 그룹과 같은 지역 기관의 힘으로 구축된다. 어디서나 사람들은 일자리를 잃거나 송금액이 줄었을 때 이를 극복하기 위하여 서로 음식, 돈 그리고 정보를 나눈다. 농사를 지을 수 있는 토지가 있거나 어업이 가능한 가정은 그렇지 않은 가정보다 훨씬 더 잘 생존할 수 있다. 강한 사회 네트워크를 가진 이주민들은 지역의 지원이나 심지어 베트남에서는 고향으로부터의 역송금에 의존할 수도 있다. 그러나 국제 개발 연구소의 연구는 이러한 사회적 응집력을 과대포장 하는 것을 경고

---

[10] B. Emmett (2009).

한다. 연구자들이 금융위기가 있던 해 5개국을 재방문하였고 이렇게 보고를 하였다. '모두가 경제적 곤란을 겪고 있을 때 일반적으로 이웃들과 공동체는 서로를 도우려 하지 않았다.'[11]

경제 구조. 국가 차원뿐만 아니라 가계차원에서 한두 개의 시장이나 상품에 의존하는 것은 경제가 하락할 때는 위험성을 높인다. 세계 경제 특히나 금융 부문의 통합 정도와 성격에 따라 취약성의 정도가 난다. 브라질과 같이 은행 시스템에 대한 국가의 통제력을 유지하고 있는 국가들은 현금이 부족한 중소규모 상공인들과 농민들에게 신용대출을 원활히 해줄 수 있다. 효율적인 국내 징세 시스템을 갖춘 국가들은 무역세나 외화 유입의 갑작스러운 중단에 대하여 취약성이 적다. 지역 무역 연계는 세계 시장의 침체기에 대한 방어벽이 될 수 있다. 예를 들어, 서남아시아의 많은 국가들은 계속된 중국 수요로부터 많은 혜택을 받고 있다.

국가의 역할. 정부가 낮은 부채와 예산 흑자 그리고 높은 잔고 보유고를 가지고 있어 예산상 여유가 있는 채로 위기를 맞이할 때 탄력성은 더욱 커진다. 효과적인 국가의 관료들은 재정진작으로 위기에 빠르게 대처할 수 있었다. 잘 만들어진 노동 법률은 부도덕한 고용주가 경제 위기를 이용하여 노동자의 권리를 공격하는 것을 막는 데 필요하다. 베트남과 스리랑카와 같은 국가에서 정부는 소농과 농부 가계의 생존 전략을 지원할 수 있다.

사회 정책. 무상 건강과 교육 그리고 효과적인 사회 보호 시스템을 갖춘 국가들이 더욱 탄력성을 지니었다는 것은 이미 입증되었다. 이러한 충격 보호 장치를 가지고 있는 사회는 가난하게 사는 이들이 보건 충격에 대한 취약성을 줄일 수 있고 학교 중도 탈락을 예방할 수 있다. 더 일반적으로는

---

[11] N. Hossain et al. (2010).

자동성은 위기 시 유익한 혜택을 준다. 실업 보험이나 수요에 기반을 둔 인도의 국가 농업 고용 보장 계획과 같은 공공 일자리 계획과 같은 자동 안전장치는 정부가 행동에 옮기라는 심한 압박을 느끼기 전에 자동적으로 위기에 대한 대응을 한다.

또한, 위기는 심각한 결함을 나타낸다. 심지어 개선된 사회 보장 시스템을 적용하는 국가들조차 이주민같이 비공식적이거나 비급여 돌봄 부문에서 일하는 사람들에게는 그 혜택을 주지 못하고 있으며 이들은 위기 시 심각한 영향을 받는다.

국가 혹은 개인 차원에서 탄력성은 그 한계를 가지고 있다. 탄력성은 절망을 딛고 일어서는 데 큰 도움을 주지는 못한다. 많은 빈곤국에서 충격 뒤에는 조속한 복구가 있을 것일 때 사람들은 그 위기를 가장 잘 대처할 수 있다. 한번 고갈된 자산은 회복하는 데 수년이 걸려 빈곤한 이들이 다시 일어서는 것을 막으며 일과 후 초과 노동은 노동자들을 지치게 만든다. 금융 소비를 위해 얻은 부채는 빚으로 축적되어 간다. 제때 음식 섭취를 못한 아이들은 평생에 걸쳐 그 영향을 받는다.

금융 위기는 사회적 보호 시대가 정치적으로 도래하고 있다는 것을 발전의 문제로 보게 하였다. (4부 참조) 사회 보호는 가장 취약한 이들에 대한 사회 지원이나 안전망과 개인 부담에 기반을 둔 사회 보험(예를 들어 실업 보험)을 포함한 '충격 흡수제'를 포괄한다.

금융 위기에 대한 연구에 따르면 금융 위기 기간 금융 전쟁의 포화 속에서 새로운 시스템을 도입하고 그 시스템이 의도된 수혜자들에게 돌아가게끔 하는 것은 어렵다. 금융 위기 이전에 세워진 사회 인프라가 없을 때 새로운 시스템은 무엇인가를 시도하지만, 단기적으로 볼 때는 영속적인 시스템보다도 단기적인 대응이 더 선호된다. 이와는 반대로, 부르키나파소에서 브라질에 이르기까지 사회 보장 시스템을 이미 갖추고 있는 정부들은 새로운 시스템의 규모를 빠르게 확대하여 금융 위기라는 최악의 상황으로부터 많은 가난한 이들을 위한 완충지대를 만들어 준다. 여기서 중요한 것은 탄력성이 충격 기간에 강화되는 것이 아니라 적절한 역량을 구축하는 '평화 기간'이나 충격 이후 이를 극복해 가는 과정 중에 강화된다는 것이다.

위기가 남긴 것

금융위기의 총체적인 역사적 의미를 판단하기에는 아직 이르지만 초기의 금융 위기의 증후들은 금융 위기가 근본적이라는 것을 보여준다. 세계 경제의 중심이 현재 세계 경제의 성장 동력의 예상치 못한 몰락을 막고 있는 중국과 여타 부상하는 시장으로 빠르게 옮겨가고 있다는 것은 부인할 수 없고 되돌릴 수도 없어 보인다. 중국과 인도가 이끌고 있는 '부상하는 경제'는 지난 10년 동안 부자 나라들의 경제적 생산량을 처음으로 앞지르고 세계 GDP 성장의 4분의 3을 차지할 만큼 성장했다.[12] 그러나 금융 불안정 역시 부상하는 경제를 약화시킬 수 있다고 볼 수 있는 근거가 있다. 중국이나 브라질에서의 과잉 투자와 주택 거품은 오늘날 새로운 불안정의 신호가 되며 세계 경제의 새로운 잠재적 문제들이다.

IMF가 은행들에 대한 두 가지 세금을 제안하고[13] EU가 제임스 토빈이 1970년대에 처음으로 제시하고 로빈 후드 세금[14]이라 불리는 '금융 거래세'의 가능성에 깊은 관심을 보이며 금융 위기와 그에 이은 긴축 재정은 세계 과세에 대하여 재고할 수 있는 여지를 열어 주었다.

---

[12] D. Rodrik, op. cit.
[13] IMF (2010).
[14] More information about the Robin Hood Tax campaign can be found at: http://robinhoodtax.org/

처음에 위기는 골든 브라운이 런던 정상 회담에서 말한 것과 같이[15] 1990년 워싱턴 합의의 또 다른 최종적 사망 선고로 여겨졌다. 1980년대와 90년대의 재앙적인 규제철폐는 종결되었고, 광범위하고 파괴적인 금융에는 고삐가 채워지며 1930년대의 대공황 뒤에 나타난 것과 유사한 새로운 시대가 열렸다. 그러나 금융 시장이 회복되어 감에 따라 정부가 긴축 재정을 펴 부채위기를 피하게 되자 개혁의 기치도 사그라지게 되었다. 그럼에도 불구하고 점차적으로 IMF는 자본 통제에 대한 전통적인 반대를[16] 재고하게 되었고 불평등의 부정적 효과를 강조하기 시작하였다.[17]

하지만 전체적으로 보면 세계 경제에 대한 탈금융화의 희망은 가로막힌 것으로 보인다. 금융 거품이 터지자 정부들이 사회적 악성 부채를 떠안게 되어 (사실은 그 부채를 납세자에게 떠넘긴 것이다) 결국은 금융 부문이 되살아나고 과거의 방식으로 회기 하게 된 것으로 보인다. 1970 년대 이후 많은 선진국에서 금융이 죽지 않는 불사조가 된 것은 우연이 아니다. 경제학자 피터 분Peter Boone과 시몬 존슨Simon Johnson에 따르면, '은행들은 돈과 최고의 법률가가 있으며 정치 시스템에도 돈을 대고'[18] 있기 때문이다. 이러한 무기력증은 유로존의 위기 이외에도 정부가 단독적으로나 아니면 집단적으로 금융 시스템이 사회적으로 유용한 기능을 할 수 있도록 할 때까지 더 깊고 잦은 금융 격변을 불러낼 것이다.

더 큰 희망이 경제학에 대한 위기의 결과로 나타날 것이다. 지도자들에게 경제 위기에 대한 경고를 하는데 실패한 혹은 더 심하게는 경제 위기를 불러일으켜 재정파산을 가져온 경제학의 역할에 대한 의구심과 지구의 생

---

[15] http://news.sky.com/home/politics/article/15254629
[16] J.D. Ostry (2010).
[17] D. Strauss-Kahn (2010).
[18] P. Boone and S. Johnson (2010).

태시스템이 정한 유한한 발전의 범주로 인해 경제적 활동을 무제한적으로 확장하지는 못할 것이라는 각성에 영향을 받아 경제학에 대한 근본적인 재고찰을 하게 하였다. 이 위기로 촉발된 지적 패러다임의 전환은 몇십 년이 걸리겠지만, 인간이 경제 활동을 관리해온 방식에 대한 근본적인 영향을 미칠 수 있다.

칼날 위의 삶: 2008년과 2011년의 식량 가격 위기

> 나는 종종 가격을 물어보는 것이 무섭습니다. 멀리서 가격을 물어보고 대답을 듣고 그냥 슬그머니 가버리죠.
> (농업 노동자, 방글라데시 나오가온Naogaon주 다무이랏Dhamuirhat)

세계금융 위기의 먹구름 속에서 희망이 보이지 않았으나 부국들의 경기 침체는 2007~8년 식량 가격의 급속한 상승으로 인한 고통을 완화해 주었다. 세계의 평균 식량 가격은 비교적 오랫동안 안정세를 보였으나 2007년 1월과 2008년 중반 사이에는 두 배로 올랐고 그 이후에는 세계 경제가 침체기를 맞으며 다시 떨어졌다. 그러나 가격 완화는 오래가지 못했고 2010년 다시 요동치기 시작했으며 2011년 2월에는 최고점을 찍었다.

그림 6.1 식량 가격 지수

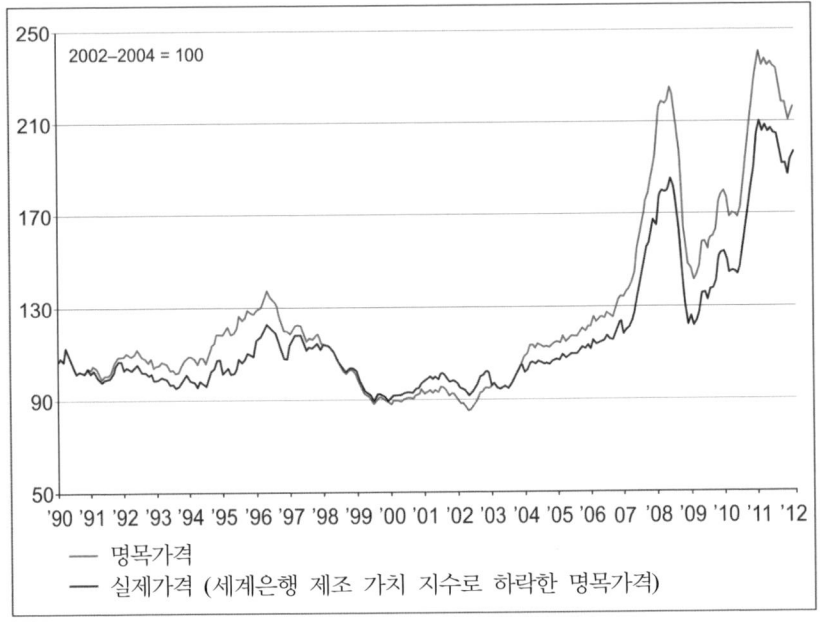

출처: Source: UN Food and Agriculture Organisation.

첫 번째 식량 가격의 정점은 30여 개 국가에서 식량 폭동을 일으켰고 IMF 연구자들은 저소득 국가들에서 식량 가격의 폭등은 '반정부 시위와 폭동 그리고 분쟁의 심대한 증가'와 연계되어 있다고 경고 하였다.[19] 이 식량 위기에 대한 대응의 차이는 놀라운 일이 아니다. 빈국에서 사람들은 식량을 사는데 가계 소득의 80퍼센트를 소비하지만 부국에서 식량 구입비는 작은 부분 중 하나일 뿐이다.

2009~11년 4개국에서 8개 공동체를 주기적으로 방문한 개발학 연구소 연구원들에 따르면, 개발도상국에서 폭동에 참여하지 않는 가난한 이들의

---

[19] R. Arezki and M. Brückner (2011).

삶 또한 식량 가격 폭등으로 타격을 받았다. 2010년까지 세계 경제가 회복되는 것으로 보이고 식량 가격이 다시 하락 하였을 때에도 연구원들은 긴장의 징후가 여러 곳에서 지속되고 있다고 보고 하였다.[20] 발견된 징후들은 금융 위기의 결과들이었다. 사람들은 자신들이 섭취하는 식량의 양과 질을 저하시켰고 교육, 보건 비용을 대느라 고생하고 있으며 자산을 팔거나 빌리고 있었다. 추가적으로 이들의 연구는 또 다른 문제를 발견하였는데 그것은 버림받은 어린이와 노인의 증가, 소규모 채무 불이행, 폭력 그리고 위험한 섹스 행태 등이다. 공동체들을 하나로 묶었던 끈이 풀려 버려 사람들은 과거와 같이 서로를 돕거나 축하해 주지 않게 된 것이다.

나이로비에서, 여성들은 자신의 일상생활이 급격히 변했다고 설명한다. 2007년 대부분의 여성들은 가사와 육아에 전념하였다. 그러나 2008년에는 점차 많은 여성들이 추가적인 가계 소득원을 찾아 나섰고 2009년이 되자 대부분의 여성들은 집을 일찍 나서 빨래일이나 청소 혹은 길가에서 석탄, 채소, 땔감을 파는 일을 하게 되었다.

두 번째 식량 가격이 급등 되었던 2011년 재방문을 하였고 경제 위기의 몇 가지 장기적 영향을 발견하게 되었다.

일반적으로는 '약자가 패자가 되고 강자는 승자'가 되었다. 소규모 거래, 길거리 행상, 성매매, 일용직 건설 노동, 빨래, 운반, 수송 부문에서 이미 낮은 임금으로 고생하고 있던 패자들은 더욱 어려워졌다. 많은 이들의 임금이 정체되거나 소폭으로 향상되었으나 높은 식량 가격과 더불어 일자리나 고객을 찾기가 어려워져 상황을 악화시켰다. 이들은 분명히 작년보다 더 어려운 처지에 놓였다. … 가난한 이들은 더 어려운 시기를 보내고 있고 매일 같이 겪는 두려

---

[20] IDS (2009).

움은 더욱 커져만 간다.[21]

반대로 기존에 공식 경제에서 활동을 하거나 상황이 좋은 이들은 경제 반등의 혜택을 입었고 가격 상승을 잘 대처할 수 있었다. 다른 경제 충격과 마찬가지로 식량 가격 위기는 불평등의 영향을 증폭시켰다. 비록 두 번째 폭등 때는 첫 번째 폭등 때보다는 완화된 폭동이 나타났지만, 가격 급등의 책임이 누구에게 있으며 이에 대한 대응은 무엇인가에 대한 나이로비 빈민가 주민들의 논의는 그들의 깊은 분노를 표출 보여 주었다.

이러한 지역적 영향에서 그 범위를 크게 해 보면, UN은 2008년 가격 급등과 경제적 위기로 인하여 전 세계적으로 굶주린 이들의 수가 처음으로 전 세계인구의 1/7인 10억 명을 넘겼다고 추산하였다.[22]

높은 식량 가격은 소비자에게는 타격을 주지만 대부분이 개발도상국의 최빈 공동체에 살고 있는 소농들은 국내 시장에서 상승된 가격으로 인해 오히려 혜택을 볼 수 있다. 그러나 불행하게도 상태가 좋지 않은 도로, 열악한 시장, 신용의 부재와 지속적으로 높은 비료와 살충제 가격으로 인하여 소농들은 가격 상승의 덕을 보지 못한다.

나아가 금융 시장에서 다름 아닌 도박꾼들이 최근의 가격 변동성으로 인한 이익을 보고 있다.[23] 가격의 등락은 투자를 저해하고 농민들이 언제, 무엇을 파종할지에 대한 혼돈을 주며 소비자들의 가족 부양을 어렵게 한다.

---

21 N. Hossain and D. Green (2011).
22 FAO (2011).
23 FAO (2010).

가격 폭등에 대한 설명

세계적 빈곤을 끝내려는 시도들에 대한 이러한 갑작스럽고 역사적인 좌절은 가격 폭등의 원인에 대한 열띤 논란을 불러일으켰다. 이것은 일시적인 현상인가 아니면 장기적인 전환인가? 각각의 주장들에서 상대적인 중요도의 차이는 있지만 양자 모두 식량 가격 상승의 원인 요인들로 뽑은 것들은 동일하였다.

단기적 요인. 2010년 러시아 가뭄과 2007년 호주 가뭄과 같은 대형 곡물 생산자들의 날씨 악화가 요인이 되었다. 또 다른 것은 식량 가격에 두 방향으로 영향을 미친 바이오 연료이다. 첫 번째로 바이오 연료는 곡물, 토지, 물을 두고 식량과 경합을 한다. 미국 옥수수의 40퍼센트가 사람들이 아닌 연료 탱크로 돌아가 공급은 줄고 가격은 상승을 시킨다. 두 번째로, 바이오 연료는 화석 연료에 기반을 둔 비료와 마찬가지로 식량을 석유 가격과 연동시킨다. 석유 가격이 상승하면, 농민들은 바이오 연료로 눈을 돌리고 식량 가격도 동시에 상승한다.

가장 큰 논쟁이 되는 요소는 금융 시장이다. 최근 생필품 시장으로 자본이 유입되고 그중 많은 부분이 비밀스러운 파생 시장으로 투자된다는 사실에는 그 누구도 이의를 달지 않지만[24] 실제 세계에 가격이 미치는 영향에 대해서는 그만큼 합의가 이루어지고 있지는 않다.

중기 요인. 다른 시장과 마찬가지로 농업에도 비즈니스 주기가 있다. 저투자 기간에는 공급이 줄고 가격이 오른다. 이것은 수확을 향상시키기 위해 생산과 연구에 대한 투자의 급등을 가져와 생산성의 급증과 가격의

---

[24] O. De Schutter (2010) 'Food Commodities Speculation and Food Price Crises', United Nations, http://www2.ohchr.org/english/issues/food/docs/Briefing_Note_02_September_2010_EN.pdf

폭락을 부른다. 투자는 다시 줄어들고 동일한 주기가 반복된다.

하지만 다른 요인들은 피할 수 있는 것들이다. 역사적으로 세계 곡물 재고가 세계 소비의 15~20퍼센트 미만으로 떨어질 때, 가격이 크게 오르고, 시장의 몰락이 뒤따른다. 1973/74, 1995/96 그리고 2007/08년 과거 50년간 세계 식량 시장에서 나타난 세 가지 주요 가격 폭등은 재고 비율과 맞물려 있었다. 2007년 이 비율은 세계 곡물 생산의 16.5퍼센트에 육박하였고 1973년 (1974년에도 세계 식량 위기가 있었다) 이후 최저치였다.[25]

1인당 육류 소비가 1996년 36킬로그램에서 2005년 51킬로그램[26]으로 상승한 중국과 같은 국가들이 부유해 짐에 따라 육류 소비의 상승 하는 것과 같은 세계 소비 패턴의 변화 역시 식량 생산을 압박하였다. 특히나 붉은 살 육류는 토지 면적당 열량 변환율이 다른 식품에 비하여 비효율적이다.

장기적 요인. 1970년대 초기의 식량 위기는 부분적으로는 해결 가능하였는데 그 이유는 녹색혁명과 연계되어 곡물 생산의 급진적인 향상이 있었기 때문이었다. 하지만 최근에는 곡물 생산의 증가율이 더뎌졌다. 부분적으로 이것은 정부와 원조 공여국의 농업에 대한 연구 개발 투자의 폭락 때문이다. 공식적으로 농업 원조는 1983년 20퍼센트에서 2006년에는 4퍼센트로 줄었다.[27]

마지막으로, 기후 변화가 있다. 모든 이상 기후의 원인을 기후 변화로 돌리는 것은 어렵지만 일반적으로 기후는 이미 계절의 불규칙성과 마찬가지로 빠르게 변하고 있고 이러한 변화는 미래에 더욱 극단적으로 되리라는 것에는 과학적으로 강한 합의가 이루어져 있다. 이상 기후는 생산에

---

[25] J.D. Crola (2011).
[26] N. Alexandratos (2008).
[27] R. Bailey (2011) op. cit. p. 16.

타격을 입히고 높은 평균 기온은 수확량을 감소시킬 것이다.[28]

결론과 피드백의 고리 사슬. 높은 식량 가격은 긍정적인 혹은 부정적인 대응을 불러일으킨다. 긍정적으로는 가격 폭등은 정부와 원조 공여국들 충격을 주어 식량 안보와 농업에 대한 관심을 가지게 하였고 정부가 시민들을 부양하기 위하여 무역에만 의존할 수 있으며 국내 식량 생산에 특별한 관심을 가질 필요가 없다는 앞선 주장에 대해 불신을 하였다.

그러나 몇몇 대응은 사태를 더 악화시켰다. 돈은 있으나 식량 생산은 적게 하는 국가들은 장기적인 식량 공급을 위해 농촌 인구를 희생시킨 대가로 얻은 토지에 의존한다. (3부 참조) 식품 수출업자들은 내수 가격을 낮추고 공급을 확보하기 위해 취한 수출 금지 조치를 무력화시킴으로써 높은 가격에 상응해 왔고 결국 세계 곡물 가격을 높게 하여 식량 수입에 의존하는 국가들에 피해를 주었다.

무엇을 해야 하는가

2011년, 식량 가격, 굶주림 그리고 개발도상국의 가난한 공동체에 미치는 기후 변화의 영향력에 대한 갈수록 커지는 경고로 옥스팜은 4년 동안 세계 캠페인 GROW를 시작하였다.

GROW의 출발점은 이 세기의 인간의 번영과 생존을 위한 두 가지 도전이다. 첫째 도전은 굶주림을 종식 시키는 것이고 둘째 도전은 지구의 생태적 범주 안에서 살아가는 법을 배우는 것이다.

상황이 시급하다는 것은 명백하다. 세계는 위기의 시대로 이미 접어들었다. 식량 가격의 폭등과 유류 가격의 인상, 토지 쟁탈과 증가하는 물

---

[28] R. Bailey (2011) op. cit. p. 19.

문제, 기후 변화 등의 위기는 이미 세계에 영향을 주고 있다. 우리가 직면한 위기는 지난 60년간 역사적으로 유례가 없는 지속적인 개발과 대조가 된다. 이것은 개발의 이해와 현존하는 개발모델에 대한 근본적인 도전을 제기한다.

GROW는 단순한 메시지를 전한다. 우리가 함께 무서운 이 암울한 미래를 피할 수 있지만, 국가적, 국제적인 행동을 필요로 할 것이다.

식량위기와 금융 위기의 비교

이 장은 2008년 빈곤에서 권력으로 판을 증보하여 세계 금융의 붕괴와 식량 가격 폭등이라는 두 가지 '충격'에 논의할 것이다. 피상적으로 이 두 가지 충격은 별개의 문제로 보이는데 하나는 금융 시장의 신비한 연금술에 대한 것이고 또 하나는 굶주림이라는 치명적 단순함에 대한 것이다. 내가 글을 쓰듯이 TV 스크린은 소말리아의 기아에 대한 이미지로 가득하다.

하지만 두 가지 위기는 분명한 공통의 기반을 가지고 있다. 두 위기 모두 가난한 이들의 삶에서 안정성의 중요성을 일깨워 주었다. 가난한 삶의 경험은 단순하게 평균 소득에 대한 것이 아니라, 내일 무슨 일이 일어날지에 대해 모르는 두려움과 일어난 충격을 극복하는 공적, 사적 안전망의 부재를 중심으로 형성된다. 점차적으로 전 지구적 혹은 가족 차원에서 우리 모두는 유동성을 줄여나갈 충격 흡수제가 필요하다.

금융과 식량 가격 충격에 대한 대응은 지구적 조율과 지역적 행동의 조합이 필요하다. 한 국가가 결국은 자기 파괴적인 무역 대상 국가를 의도적으로 가난하게 만드는 인근 궁핍화 전략에 빠지지 않으려면, 세계적 조율이 필수적이며 능동적 시민과 효과적 국가의 상호 관계는 이 책에서 주장한 대로 성공적인 개발의 핵심이 된다.

사실, 현안은 성공적 개발이다. 대부분의 세계에서 식민주의가 종식된 이후 60년간 이전에 볼 수 없었던 진보가 있었고 이 기간은 교육, 문해, 빈곤 감소, 개선된 보건 인권의 확장 측면에서 보면 개발의 세기라고 볼 수 있다. 이러한 성과는 지금 금융 시장과 식량 가격의 냉혹한 혼돈에 의해 위기를 맞고 있다. 인간이 창조한 것들에 대한 통제권을 되찾고, 지구상의 모든 이들을 부양하고 모든 인류에게 이 지구가 살기 적절한 곳으로 남아 있도록 확보하는 가장 기초적이고 기본적인 일들을 인간의 본연의 임무로 보는 것이야말로 앞으로 다가올 미래에 인류의 궁극적인 사명이 될 것이다.

제7부

·

결론

새 시대를 위한 새로운 계획

이 책에서 나는 지구상의 모든 공동체에서 여성과 남성이 교육을 받고, 적절한 보건을 향유 하고, 권리와 존엄, 그리고 발언권을 가지는 비전을 제시하였다. 효과적이고 책무성 있는 정부와 역동적인 경제는 국가가 앞으로 나아갈 수 있도록 하며 자산, 기회 그리고 권력의 균등히 배분을 보장한다. 세계 거버넌스의 민주적 시스템은 국가들 사이의 불가피한 긴장을 관리하고 다가오는 환경의 폭풍과 같은 것들을 대비하게 한다.

부, 기술, 물, 토양, 탄소를 '가진 자들'과 '가지지 못한 자들' 간의 간극이 갈수록 깊어져 간다면 대륙, 국가, 그리고 부유한 국가 내에서의 소외된 집단의 불필요한 고통을 가져올 것이다. 이러한 암울한 세계상은 도덕적으로 잘못된 것일 뿐만 아니라 불안정하고 자기 파괴적이다. (로버트 챔버 Robert Chamber의 용어인) '상층부의 사람들'은 다수의 '하층부 사람들'이 자신들의 특권을 흔들기 위해 접근을 하지 못하도록 하는데 많은 시간을 보낸다.

우리는 어떻게 이 역사적인 갈림길에 서게 되었는가? 20세기는 이전에 보지 못했던 유혈 참사를 가져온 놀라운 드라마를 썼을 뿐만 아니라 식민지 해방, 경제 성장, 여성 해방, 기술 혁신에서 놀라운 진보를 가져왔다. 그러나 반대로 20세기는 빈곤에 종말을 가져오고 빈곤을 과거의 것으로 만드는 '새로운 계획'을 진작시킬 수 있는 기술적, 물질적 진보를 이용할 유일무이한 기회를 놓치고 버리고 말았다.

아직 늦지는 않았으나 기후 변화와 유한한 자연 자원이 부과한 환경적 제한은 이전에 없던 시급함을 가져왔다. 낮은 수준의 민주주의, 위에서 아래로 흐르는 경제, 더러운 성장¹ 그리고 적정치 못한 지구 거버넌스라는 과거의 방식이 문제가 있는 것으로 밝혀졌다.

빈곤과 불평등을 종식시키기 위한 중심적인 역할은 능동적 시민과 효과적 국가가 수행해야 한다. 더 나은 미래를 위해 함께 노력할 남성과 여성이 그들의 정부와 함께 상호 작용을 할 때 가장 가난한 개인과 공동체가 개발을 하는데 필요한 사회적 정치적 구조를 만들 수 있다.

새로운 접근과 분석적 도구들이 가장 시급히 필요하다. 세계 경제가 더럽고, (빈곤 감소 측면에서) 비효과적인 성장에서, 부를 가난한 이들에게 분배할 수 있는 청정하고 현명한 성장으로 이동하기 위해서는 경제학은 경제학의 틀에 변화를 가져와 정책 결정자들이 자신이 내리는 결정들의 사회, 정치 그리고 환경적인 총체적 영향을 볼 수 있도록 해야만 한다.

안전의 개념은 '인간 안전' 개념으로 바뀌어야만 한다. 이것은 가난한 개인과 공동체를 괴롭히는 중첩적인 취약성을 대상으로 하여 그들에게 권력을 주고 그들을 보호하는 것을 의미한다. '안전'은 더 이상 무장을 한 폐쇄적 공동체와 끊임없는 전쟁을 의미하지는 않는다.

빈곤을 끝내고 불평등과 고통을 해결하는 일은 더욱 세계화되고 다극화된 세계에서도 계속되어야 한다. 세계화 낙관 주의자들의 관점과는 반대로 국가 정부는 사라지지 않을 것이지만, 그 역할은 좋은 의미건 나쁜 의미건 지구적 규정과 기구들로 인해 갈수록 축소될 것이다. 이것은 부국과 신흥국의 정부와 시민 모두에게 중요한 역할을 제시한다. 그들은 처음으로 강대한 국가와 기업이 '해를 끼치기를 멈추게 하고' 능동적 시민과 효

---

1 역자 주 - 토머스 프리드먼은 지구의 자원을 허비하면서도 환경에 해를 미치는 성장을 더러운 성장dirty growth이라고 부른다.

과적 국가의 조합에 근거한 국가적 개발로의 노정에 놓인 장애물들을 정리하는 지구 거버넌스 시스템을 구축하는 데 도움을 줄 필요가 있다.

이것보다 더 가치 있는 대의를 상상하는 것은 쉽지 않다. 노예제에 대항하여 싸우는 것이나 보편적 투표를 위해 투쟁하는 것이 이전 세기를 규정하였다면 빈곤과 불평등의 천형 그리고 환경적 몰락의 위협에 대항하여 싸우는 것이 21세기를 규정할 것이다. 실패한다면, 미래세대들은 우리를 용서치 않을 것이며 성공한다면 어떻게 이 세계가 이러한 불필요한 불의와 고통을 이렇게나 오랫동안 용납하였는지 의아해할 것이다.

참고문헌

ActionAid (2006) *Climate Change, Urban Flooding and the Rights of the Urban Poor in Africa: Key Findings from Six African Cities*, London: ActionAid.

ActionAid (2011) *Real Aid: Ending Aid Dependency*, London: ActionAid.

Active Learning Network for Accountability and Performance in Humanitarian Action (ALNAP) (undated) www.alnap.org/

Adams, W.M. (2006) *The Future of Sustainability: Re-thinking Environment and Development in the Twenty-first Century*, Gland, Switzerland: The International Union for Conservation of Nature (IUCN).

AFP (2005) 'Tsunami calamity highlights key protective role of coral, mangroves', Asia Pacific News, Channel News Asia, 6 January 2005, <www.channelnewsasia.com/stories/afp_asiapacific/view/125966/1/.html>

African Agency for Trade and Development (2011) 'An overview of the West and Central African cotton sectors, by the actors', *GLOCAL African Trade and Development Journal*, 4.

African Union (2005) 'Status of Food Security and Prospects for Agricultural Development in Africa', Addis Ababa: African Union.

African Union and Interafrican Bureau for Animal Resources (2007) 'Pastoralism in Africa: Introducing a Pastoral Policy Framework for the Continent', Addis Ababa: African Union.

Akyüz, Y. (2006) *Reforming the IMF: Back to the Drawing Board*, Penang: Third World Network.

Alexandratos, N. (2008) 'Price Surges: Possible Causes, Past Experience, and Longer Term Relevance', *Population and Development Review* 34(4): 663-97 (December 2008).

Allain, M. (2007) 'Trading Away Our Oceans: Why Trade Liberalization of Fisheries Must Be Abandoned', Amsterdam: Greenpeace.

Anderson, E. and T. O'Neill (2006) 'A New Equity Agenda?' London: Overseas Development Institute (ODI).

Annan, K. (1999) *Annual Report on the Work of the Organization of the United Nations*, New York: United Nations.

Annan, K. (2005) *In Larger Freedom: Towards Development, Security and Human Rights for All*, New York: United Nations.

Annan, K. (2005) 'Report on the Protection of Civilians in Armed Conflict', New York: United Nations.

Apte, T. (2006) 'A Simple Guide to Intellectual Property Rights, Biodiversity and Traditional Knowledge', London: International Institute for Environment and Development (IIED).

Arcand, J.L. (2004) in M.R. Mercoiret and J.M. Mfou'ou (2006) 'Rural Producers' Organizations for Pro-poor Sustainable Agricultural Development', paper for World Development Report 2008 Workshop, Paris 2006, Washington DC: World Bank.

Asser, M. (2007) 'Obstacles to peace: water', BBC Online, <http://news.bbc.co.uk/2/hi/middle_east/6666495.stm> [last accessed 28 March 2012].

Arezki, R. and M. Brückner (2011) 'Food Prices and Political Instability', IMF Working Paper, Washington DC: IMF, <http://www.imf.org/external/pubs/ft/wp/2011/wp1162.pdf> [last accessed 28 March 2012].

Awasthi, U.S. (2001) 'Resurgence of Co-operative Movement through Innovations', *Co-op Dialogue* 11(2): 21-6.

Ayyagari, M., T. Beck, and A. Demirgüç-Kunt (2003) 'Small and Medium Enterprises across the Globe: A New Database', Washington DC: World Bank.

Baer, P., T. Athanasiou, and S. Kartha (2007) 'The Right to Development in a Climate Constrained World: The Greenhouse Development Rights Framework', <www.ecoequity.org/docs/TheGDRsFramework.pdf> [last accessed 28 March

2012].

Bailey, R. (2011) 'Growing a better future: Food justice in a resource- constrained world', Oxford UK: Oxfam International.

Baker, R. (2005) *Capitalism's Achilles Heel,* Chichester: Wiley.

Banerjee, A., A. Deaton, E. Hsu, N. Lustig, and K. Rogoff (2006) 'An Evaluation of World Bank Research, 1998-2005', Washington DC: World Bank.

Banister, J. (2005) 'Manufacturing employment in China', *Monthly Labor Review.*

Bank for International Settlements (2010) 'Triennial Central Bank Survey: Foreign exchange and derivatives market activity in April 2010: Preliminary results', Basel: Bank for International Settlements, <http://www.bis.org/publ/rpfx10.pdf> [last accessed 28 March 2012].

Barder, O. (2009) 'Beyond Planning: Markets and Networks for Better Aid', Working Paper 185, Washington DC: Centre for Global Development.

Barder, O. (2011) 'What happened in Busan', *Owen Abroad*, blog, 11 December, <http://www.owen.org/blog/5131> [last accessed 28 March 2012].

Bateman, M. (2011) 'Microfinance as a development and poverty reduction policy: is it everything it's cracked up to be?', ODI Background Notes, March 2012, London: Overseas Development Institute.

Bateman, M., J. Pablo, D. Ortiz and K. Maclean (2011) 'A post-Washington consensus approach to local economic development in Latin America? An example from Medellín, Colombia', UK: Overseas Development Institute, <http://www.odi.org.uk/resources/docs/7054.pdf> [last accessed 28 March 2012].

Baviskar, B.S. (2003) 'The Impact of Women's Participation in Local Governance in Rural India', paper presented at conference 'A Decade of Women's Empowerment through Local Government in India', ISS/South Asia Partnership Canada/International Development Research Centre, 20-21 October 2003, New Delhi.

Bayne, N. (2007) 'Overcoming evil with good: impressions of the Gleneagles

Summit, 6-8 July 2005', in M. Fratianni, J.J. Kirton, and P. Savona (eds.) *Financing Development: The G8 and UN Contribution*, Aldershot: Ashgate.

Bazzi, S., S. Herrling, and S. Patrick (2007) 'Billions for War, Pennies for the Poor: Moving the President's FY2008 Budget from Hard Power to Smart Power', Washington DC: Center for Global Development (CGD).

Beall, J. and S. Fox (2006) 'Urban Poverty and Development in the 21st Century: Towards an Inclusive and Sustainable World', Oxfam Research Reports, Oxford: Oxfam GB.

Beall, J. and S. Fox (2008) *Cities and Development*, London: Routledge.

Becker, G. (1992) 'The Economic Way of Looking at Life', Nobel Prize lecture, <http://nobelprize.org/nobel_prizes/economics/laureates/1992/becker-lecture.html> [last accessed 28 March 2012].

Behnke, R.H., I. Scoones, and C. Kerven (1993) 'Rethinking range ecology: implications for rangeland management in Africa', in R.H. Behnke, I. Scoones, and C. Kerven (eds.) *Range Ecology at Disequilibrium: New Models of Natural Variability and Pastoral Adaptation in African Savannas*, London: Overseas Development Institute (ODI).

Berman, D. and R. Malpani (2011) 'High time for GAVI to push for lower prices', *Human Vaccines*, 7(3): 290.

Birch, I. and R. Grahn (2007) 'Pastoralism - Managing Multiple Stressors and the Threat of Climate Variability and Change', Occasional Paper for *Human Development Report 2007/2008*.

Birdsall, N. (2006) 'Stormy Days on an Open Field: Asymmetries in the Global Economy', Washington DC: Center for Global Development (CGD).

Birdsall, N. (2007) 'Do No Harm: Aid, Weak Institutions and the Missing Middle in Africa', Washington DC: Center for Global Development (CGD).

Birdsall, N. and D. Kapur (2005) 'The Hardest Job in the World: Five Crucial Tasks for the New President of the World Bank', Washington DC: Center for Global Development (CGD).

Black, R. E. et al. (2010) 'Global, regional, and national causes of child mortality in 2008: a systematic analysis', *Lancet* 375(9730):1969-87, 5 June 2010.

Bobbio, N., translated by M. Ryle and K. Soper (1990) *Liberalism and Democracy*, London: Verso.

Boko, M., I. Niang, A. Nyong, C. Vogel, A. Githeko, M. Medany, B. Osman-Elasha, R. Tabo, and P. Yanda (2007) *Africa Climate Change 2007: Impacts, Adaptation and Vulnerability*, Cambridge: Cambridge University Press.

Bonwick, A. (2006) 'Protection in Colombia: A Bottom-up Approach', London: Overseas Development Institute (ODI).

Boone, P. and S. Johnson (2010) 'The doomsday cycle', *CentrePiece* 14(3) Winter 2010, London: London School of Economics, <http://cep.lse.ac.uk/pubs/download/cp300.pdf> [last accessed 28 March 2012].

Bounds, A. and Wise, P. (2007) 'Africa warns of rupture over European tariffs', *Financial Times*, 10 December.

Boseley, S. (2011) 'Pharma supporters ensure new drugs for cancer are not on the UN agenda', *Guardian*, 20 September.

Bourke, M. (2005) 'Agricultural production and customary land in Papua New Guinea', in J. Fingleton (ed.) *Privatising Land in the Pacific - A Defence of Customary Tenures*, Discussion Paper, Australia Institute.

Boyer, D. (2001) 'Trade: The Connection between Environment and Sustainable Livelihoods', Boston MA: Oxfam America.

Bräutigam, D. and S. Knack (2004) *Foreign Aid, Institutions and Governance in Sub-Saharan Africa*, Chicago IL: University of Chicago Press.

Bretton Woods Project (2010) 'Analysis of World Bank voting reforms', <http://www.brettonwoodsproject.org/art-566281> [last accessed 28 March 2012].

Bretton Woods Project (2010) 'Out of sight, out of mind?' <http://www.brettonwoodsproject.org/art-567190> [last accessed 28 March 2012].

Brigmann, J. and C.K. Prahalad (2007) 'Co-creating business's new social compact', *Harvard Business Review*, February.

Brooks, N. (2006) 'Climate Change, Drought and Pastoralism in the Sahel', discussion note for the World Initiative on Sustainable Pastoralism, <www.iucn.org/wisp/documents_english/climate_changes.pdf> [last accessed 28 March 2012].

Brouwer, M., H. Grady, V. Traore, and D. Wordofa (2005) 'The Experiences of Oxfam International and its Affiliates in Rights-Based Programming and Campaigning', The Hague: Oxfam Novib.

Brown, D. (2007) 'Globalization and Employment Conditions', Social Protection discussion paper, Washington DC: World Bank.

Bruce, J. (1989) 'Homes divided', *World Development* 17(7).

Brundtland, G.H. (1987) *Our Common Future*, Oxford: Oxford University Press, for the World Commission on Environment and Development.

Bryceson, D.F. and J. Fonseca (2006) 'Risking death for survival: peasant responses to hunger and HIV/AIDS in Malawi', *World Development* 34(8).

Buckner, L.J. and S.M. Yeandle (2007) 'Valuing Carers - Calculating the Value of Unpaid Care', Leeds: University of Leeds.

Bulir, A. and J. Hamann (2005) 'Volatility of Development Aid: From the Frying Pan into the Fire?' Washington DC: International Monetary Fund (IMF).

Bunting, M. (2011) 'Can microfinance be a friend to the poor?' *Guardian* (Poverty Matters Blog), 10 June, <http://www.guardian.co.uk/global-d evelopment/poverty-matters/2011/jun/10/microfinance-friend-or-foe?INTCM P=SRCH> [last accessed 28 March 2012].

Burall, S. and S. Maxwell with A.R. Menocal (2006) 'Reforming the International Aid Architecture: Options and Ways Forward', London: Overseas Development Institute (ODI).

Caceres, E. (2007) 'Territories and Citizenship: the Revolution of the Chiquitanos', background paper for Oxfam International, Oxford.

Çag˘atay, N. and K. Ertürk (2004) 'Gender and Globalization: A Macroeconomic Perspective', Geneva: International Labour Organization (ILO).

Cairns, E. (2008) 'For a Safer Tomorrow: protecting civilians in a multipolar world', Oxford: Oxfam International, <http://policy-practice.oxfam.org.uk/publications/for-a-safer-tomorrow-protecting-civilians-in-a-multipolarworld-112344> [last accessed 28 March 2012].

Cairns, E. (2012) 'Crises in a New World Order: Challenging the humanitarian project', Oxford: Oxfam, <http://policy-practice.oxfam.org.uk/publications/crises-in-a-new-world-order-challenging-the-humanitarian-project-204749> [last accessed 28 March 2012].

Campaign Against Arms Trade (2009) 'Jobs & Subsidies', <http://www.caat.org.uk/issues/jobs-subsidies.php> [last accessed 28 March 2012].

Canadian Foodgrains Bank/Oxfam Canada (2005) 'Increasing Local Purchase Flexibility in Canadian Food Aid Procurement - An Idea Whose Time has Come', Ottawa: Oxfam Canada.

Casella, D. (2004) 'Gender and Poverty', WELL Publications, Leicestershire: Water, Engineering and Development Centre, Loughborough University.

Castillo, G. and M. Brouwer (2007) 'Reflections on Integrating a Rights-Based Approach in Environment and Development', Gland, Switzerland: International Union for the Conservation of Nature (IUCN).

Center for American Progress (2007) 'Iraq by the Numbers', <www.americanprogress.org/issues/2007/03/iraq_by_the_numbers.html> [last accessed 28 March 2012].

Center on International Cooperation (2007) 'Annual Review of Peace Operations 2007: Briefing Paper', New York: New York University.

Centre for Humanitarian Dialogue (2007) 'Charting the Roads to Peace: Facts, Figures and Trends in Conflict Resolution', Geneva: Centre for Humanitarian Dialogue.

Centre for Women's Development Studies (1999) 'From Oppression to Assertion:

A Study of Panchayats and Women in Madhya Pradesh, Rajasthan and Uttar Pradesh', New Delhi: Centre for Women's Development Studies.

Centre on Housing Rights and Evictions (2009) 'Global Survey on Forced Evictions: Violations of Human Rights 2007-2008', Geneva: Centre on Housing Rights and Evictions, <http://www.cohre.org/globalsurvey>

Chakravarty, S. et al. (2009) 'Sharing global CO2 emission reductions among one billion high emitters', *Proceedings of the National Academy of Sciences* 106(29) July 2009, <http://www.pnas.org/content/106/29 /11884> [last accessed 28 March 2012].

Chambers, R. (1997) *Whose Reality Counts? Putting the First Last*, Bourton on Dunsmore: Practical Action Publishing.

Chambers, R. (2006) 'Transforming Power: From Zero-Sum to Win-Win?', *IDS Bulletin*, November 2006, p.108.

Chambers, R., D. Narayan, M.K. Shah, and P. Petesch (2000) *Voices of the Poor: Crying Out for Change*, Oxford: Oxford University Press for World Bank.

Chandy, L. and G. Gertz (2011) 'Poverty in Numbers: The Changing State of Global Poverty from 2005 to 2015', Washington DC: The Brookings Institution, <http://www.brookings.edu/~/media/Files/rc/papers/2011/01_global_poverty_chandy/01_global_poverty_chandy.pdf> [last accessed 28 March 2012].

Chandy, L. and G. Gertz (2011) 'Two Trends in Global Poverty', Brookings Institution, <http://www.brookings.edu/opinions/2011/0517_global_poverty_trends_chandy.aspx> [last accessed 28 March 2012].

Chang, A. (2007) 'Groups boycott Western Union', *Los Angeles Times*, 11 September, <http://articles.latimes.com/2007/sep/11/business/fi-moneysend11> [last accessed 28 March 2012].

Chang, H.J. (2001) 'Institutional Development in Developing Countries in a Historical Perspective: Lessons from Developed Countries in Earlier Times', paper presented at the European Association of Evolutionary Political

Economy, Siena, Italy, November 2001.

Chang, H. J. (2001) *Kicking Away the Ladder*, London: Anthem Press.

Chang, H. J. (2005) 'Why Developing Countries Need Tariffs', Geneva and Oxford: South Centre and Oxfam International.

Chang, H. J. (2007) *Bad Samaritans*, London: Random House.

Chang, H. (ed) (2011) *Public Policy and Agricultural Development*, Oxford: Routledge.

Chang, H. J. and D. Green (2003) 'The Northern WTO Agenda on Investment: Do As We Say, Not As We Did', Geneva: South Centre.

Chaudhry, P. (2007) 'Why Has Viet Nam Achieved Growth With Relative Equity, and China Hasn't?', background paper for Oxfam International.

Chaudhry, P. and G. Ruysschaert (2007) 'Climate Change and Human Development in Viet Nam', Occasional Paper, *Human Development Report 2007/2008*, New York: United Nations Development Programme (UNDP).

Chen, M. (2006) 'Empowerment of Informal Workers: Legal and Other Interventions', WIEGO, www.wiego.org/publications/

Chen, M., J. Vanek, F. Lund, and J. Heintz with R. Jhabvala and C. Bonner (2005) *Progress of the World's Women 2005: Women, Work and Poverty*, New York: UNIFEM.

Chirwa, E., A. Dorward, R. Kachule, I. Kumwenda, J. Kydd, N. Poole, C. Poulton, and M. Stockbridge (2005) 'Walking Tightropes: Supporting Farmer Organizations for Market Access', *Natural Resource Perspectives* 99, November 2005, Overseas Development Institute (ODI).

Chronic Poverty Research Centre (2004) *Chronic Poverty Report 2004-05*, CPRC.

Chronic Poverty Research Centre (2008) *Chronic Poverty Report 2008-09*, CPRC.

Ciconello, A. (2007) 'The Challenge of Eliminating Racism in Brazil: The New Institutional Framework for Fighting Racial Inequality', background paper for Oxfam International.

CIDA (Canadian International Development Agency) (2003) 'Promoting

Sustainable Development through Agriculture', <www.acdi-cida.gc.ca/CIDAWEB/acdicida.nsf/En/REN-2181377-PRU> [last accessed 28 March 2012].

Civil Society Organisations for Peace in Northern Uganda (2006) 'Counting the Cost, Twenty Years of War in Northern Uganda', Kampala: CSOPNU.

Clark Leith, J. (2006) *Why Botswana Prospered*, McGill: Queen's University Press.

Clay, J. (2005) 'Exploring the Links between International Business and Poverty Reduction: A Case Study of Unilever in Indonesia', Oxford and The Hague: Oxfam GB, Oxfam Novib, Unilever.

Clemens, M.A. and D. McKenzie (2009) 'Think Again: Brain Drain', *Foreign Policy*, 22 October.

Coady D., M. Grosh, and J. Hoddinott (2002) 'Targeting Outcomes Redux', paper commissioned by the Social Protection Anchor unit for the Safety Nets Primer series, World Bank, <www1.worldbank.org/sp/safetynets/Primers/Targeting_Article.pdf> [last accessed 28 March 2012].

Cobham, A. (2005) 'Tax Evasion, Tax Avoidance and Development Finance', Queen Elizabeth House, University of Oxford.

Collier, P. (2004) 'Development and Conflict', Centre for the Study of African Economies, Department of Economics, Oxford University, 1 October 2004.

Collier, P. (2006) 'The Resource Curse, Democracy and Growth', talk at Centre for Islamic Studies, Oxford, 15 November 2006.

Collier, P. (2007) *The Bottom Billion: Why the Poorest Countries are Failing and What Can Be Done About It*, Oxford: Oxford University Press.

Collins, D., J. Morduch, S. Rutherford, O. Ruthven (2009) *Portfolios of the Poor: How the World's Poor Live on $2 a Day*, Princeton: Princeton University Press.

Commission for Africa (2005) *Our Common Interest*, Final Report of the Commission for Africa.

Commission on Growth and Development (2008) 'Final Report', <www.growthcommission.org/index.php> [last accessed 28 March 2012].

Control Arms Campaign (2003) 'Shattered Lives: The Case for Tough International Arms Control', Oxford and London: Oxfam International and Amnesty International.

Control Arms Campaign (2006) 'Arms Without Borders: Why Globalized Trade Needs Global Controls', London and Oxford: Amnesty International, IANSA, Oxfam International.

Cosgrave, J. (2007) 'Synthesis Report: Expanded Summary. Joint evaluation of the international response to the Indian Ocean tsunami', London: Tsunami Evaluation Coalition

Cosgrave, J., C. Goncalves, D. Martyris, R. Polastro, and M. Sikumba-Dils (2007) 'Inter-Agency Real Time Evaluation of the Response to the February 2007 Floods and Cyclone in Mozambique', Inter-Agency Humanitarian Standing Committee, Humanitarian Country Team, Mozambique.

Coulibaly, M. (2007) 'From Moratorium to a Convention on Small Arms: A Change in Politics and Practices for the 15 Member Countries of the Economic Community of West African States (ECOWAS)'.

Coulter, J., A. Goodland, A. Tallontire, and R. Stringfellow (1999) 'Marrying Farmer Cooperation and Contract Farming for Service Provision in a Liberalising Sub-Saharan Africa', London: Overseas Development Institute (ODI).

Court, J. (2006) 'Policy Engagement for Poverty Reduction - How Civil Society can be More Effective', London: Overseas Development Institute (ODI).

Cousins, B., T. Cousins, D. Hornby, R. Kingwill, L. Royston, and W. Smit (2005) 'Will Formalising Property Rights Reduce Poverty in South Africa's "Second Economy"? Questioning the Mythologies of Hernando de Soto', Cape Town: Programme for Land and Agrarian Studies, University of the Western Cape.

Cozijnsen, J., D. Dudek, K. Meng, A. Petsonk, J.E. Sanhueza (2007) 'CDM and the Post-2012 Framework', Environmental Defense Discussion Paper prepared for Vienna Intersessionals, 27-31 August 2007.

Cramer, C. (2006) *Civil War is Not a Stupid Thing: Accounting for Violence in Developing Countries*, London: C. Hurst.

Creti, P. and S. Jaspars (eds.) (2005) *Cash Transfer Programming in Emergencies*, Skills and Practice series, Oxford: Oxfam GB.

Crola, J.D. (2011) 'Preparing for Thin Cows: Why the G20 should keep buffer stocks on the agenda', Oxford: Oxfam International.

Cundy, C. (2007) 'Carbon funds: paying up to cut emissions', *Environmental Finance*, July-August 2007, 20-2.

Dasgupta, S., B. Laplante, C. Meisner, D. Wheeler, and J. Yan (2007) 'The Impact of Sea Level Rise on Developing Countries: A Comparative Analysis', World Bank Policy Research Working Paper 4136, Washington DC: World Bank.

Davies, J. and R. Hatfield (2006) 'Global Review of the Economics of Pastoralism', prepared for the World Initiative for Sustainable Pastoralism, Nairobi: The International Union for Conservation of Nature (IUCN).

Davies, J. and M. Nori (2007) 'Change of Wind or Wind of Change? Climate Change, Adaptation and Pastoralism', summary of an online conference prepared for the World Initiative for Sustainable Pastoralism, Nairobi: The International Union for Conservation of Nature (IUCN).

De Jouvenel, B. (1949) *On Power*, New York: Viking Press.

De Moore, A. (2001) 'Towards a Grand Deal on Subsidies and Climate Change', *Natural Resources Forum* 25(2).

De Renzio, P. and A. Rogerson (2005) 'Power to Consumers? A Bottom-up Approach to Aid Reform', *Opinions*, May 2005, <http://www.odi.org.uk/opinion/docs/678.pdf> [last accessed 28 March 2012].

De Schutter, O. (2010) 'Food Commodities Speculation and Food Price Crises', United Nations, <http://www2.ohchr.org/english/issues/food/docs/Briefing_Note_02_September_2010_EN.pdf> [last accessed 28 March 2012].

De Soto, H. (2000) *Mystery of Capital*, New York: Basic Books.

Deininger, K. and D. Byerlee (2011) *Rising Global Interest in Farmland: Can it Yield Sustainable and Equitable Benefits?* Washington DC: The World Bank.

Delforge, I. (2007) 'Contract Farming in Thailand: A View from the Farm', Focus on the Global South.

Denning, G. and J. Sachs (2007) 'The rich world can help Africa', *Financial Times*, 29 May 2007.

Development Prospects Group (2006) 'Migration and Development Brief 2', Migration and Remittances Team, Remittance Trends 2006, Washington DC: World Bank.

Development Studies Association, UK (2007) 'Mobiles and Development: Infrastructure, Poverty, Enterprise and Social Development', Information, Technology and Development Study Group workshop summary and papers, <www.sed.manchester.ac.uk/research/events/ conferences/mobile.htm> [last accessed 28 March 2012].

Devereux, S. (1997) 'Household Food Security in Malawi', IDS Discussion Paper 362, Institute of Development Studies, University of Sussex.

Devereux, S. and R. Sabates-Wheeler (2004) 'Transformative Social Protection', IDS Working Paper 232, Institute of Development Studies, University of Sussex, <www.ntd.co.uk/idsbookshop/details.asp?id=844>

Dey, N., J. Dreze, and R. Khera (2006) *Employment Guarantee Act: A Primer*, New Delhi: National Book Trust.

DFID (2004) *Agriculture, Hunger and Food Security*, London: Department for International Development

DFID (2005) *Growth and Poverty Reduction: The Role of Agriculture*, London:

Department for International Development

DFID (2005) *Reducing Poverty by Tackling Social Exclusion*, London: Department for International Development

DFID (2007) *Civil Society and Good Governance*, London: Department for International Development

DFID (2007) *Governance, Development and Democratic Politics: DFID's work in building more effective states*, London: Department for International Development

Di John, J. (2006) 'The Political Economy of Taxation and Tax Reform in Developing Countries', United Nations University World Institute for Development Economics Research (UN WIDER).

Diakonia, La Paz (2006) 'Género, etnicidad y participación politicia', García Linera.

Diallo, Y., F. Hagemann, A. Etienne, Y. Gurburzer and F. Mehran (2010) *Global child labour developments: Measuring trends from 2004 to 2008*, Switzerland: International Labour Office.

Diamond, J. (2005) *Collapse: How Societies Choose to Fail or Survive*, New York: Viking.

Dichter, T. (2006) 'Hype and hope: the worrisome state of the microcredit movement', <www.microfinancegateway.org/content/article/detail/ 31747> [last accessed 28 March 2012].

Doran, A., N. McFayden and R. Vogel (2009) 'The Missing Middle in Agricultural Finance: Relieving the capital constraint on smallholder groups and other agricultural SMEs', Oxfam GB Research Report, UK: Oxfam GB.

Dorward, A., J. Kydd, and C. Poulton (2005) 'Beyond liberalisation: development coordination policies for African smallholder agriculture', *IDS Bulletin* 36(2).

Dorward, A., J. Kydd, J. Morrison, and I. Urey (2004) 'A policy agenda for pro-poor agricultural growth', *World Development*, 32(1): 73-89.

Dorward, A., S. Fan, J. Kydd, H. Lofgren, J. Morrison, C. Poulton, N. Rao, L. Smith, H. Tchale, S. Thorat, I. Urey, P. Wobst (2004) 'Institutions and Economic Policies for Pro-Poor Agricultural Growth', Washington DC: The International Food Policy Research Institute (IFPRI).

Drahos, P. (2004) 'Access to Knowledge: Time for a Treaty?', *Bridges*, April,

Easterly, W. (2006) *White Man's Burden: Why the West's Efforts to Aid the Rest Have Done So Much Ill and So Little Good*, London: Penguin.

ECLAC (various years) *Statistical Yearbook for Latin America and the Caribbean*, <www.eclac.cl/publicaciones/>

Economic Policy Institute (2006) *State of Working America 2006-2007*, Washington DC and New York: The Economic Policy Institute and Cornell University Press.

The Economist, 'The Economics of Violence', 14 April 2011: <http://www.economist.com/node/18558041> [last accessed 28 March 2012].

The Economist, 'The Rise of Capitalism', 21 January 2012, <http://www.economist.com/node/21543160> [last accessed 28 March 2012].

Edigheji, Omano (2007) 'The Emerging South African Democratic Developmental State and the People's Contract', Johannesburg, South Africa: Centre for Policy Studies, <http://www.aigaforum.com/ articles/Developmental_State_SouthAfrica.pdf> [last accessed 28 March 2012].

Edwards, M. (2011) *The Role and Limitations of Philanthropy*, New York: The Bellagio Initiative.

EFA Global Monitoring Report (2006) *Literacy for Life,* Paris: UNESCO.

Elshorst, H. and D. O'Leary (2005) 'Corruption in the Water Sector: Opportunities for Addressing a Pervasive Problem', Berlin: Transparency International, <www.siwi.org/downloads/WWW-Symp/Corruption_in_the_water_sector_Elshorst.pdf>

Emmett, B. (2009) 'Paying the Price for the Economic Crisis', Oxford: Oxfam

International.

EQUITAP Project (2005) 'Paying Out-of-Pocket for Health Care in Asia: Catastrophic and Poverty Impact', Working Paper #2.

ETC Group (2003) 'From Genomes to Atoms, The Big Down - Atomtech: Technologies Converging at the Nano-scale', <www.etcgroup.org/upload/publication/171/01/thebigdown.pdf> [last accessed 28 March 2012].

Eubank, N. (2010) 'Taxation, Political Accountability, and Foreign Aid: Lessons from Somaliland', *Journal of Development Studies*, <http://papers.ssrn.com/sol3/papers.cfm?abstract_id=1621374> [last accessed 28 March 2012].

European Commission (2011) 'The Intellectual Property and Investment Chapters of the EU-India FTA: Implications for Health', <http://ec.europa.eu/health/eu_world/docs/ev_20110616_rd01_en.pdf> [last accessed 28 March 2012].

European Platform for Conflict Prevention and Transformation (2006) 'The pastor and the imam: from rivals to partners', *Conflict Prevention Newsletter* 9(1):18-19, <http://www.gppac.org/documents/Newsletter/Newsletter_9.1.pdf> [last accessed 28 March 2012].

Evans, A. (2010) 'Globalisation and Scarcity: Multilateralism for a world with limits', New York: New York University Center on International Cooperation, <http://www.cic.nyu.edu/scarcity/docs/evans_multilateral_scarcity.pdf> [last accessed 28 March 2012].

Evans, P. (1995) *Embedded Autonomy: States & Industrial Transformation*, Princeton NJ: Princeton University Press.

Fairtrade International (2010) 'Challenge and Opportunity: Supplement to the Annual Review 2010-11: 2010 Financials and Global Sales Figures', Germany: Fairtrade International, <http://www.fairtrade.net/fileadmin/user_upload/content/2009/about_us/FLO_Annual-Financials-Sales_2010.pdf> [last accessed 28 March 2012].

Falvey, R. and N. Foster (2006) 'The Role of Intellectual Property Rights in Technology Transfer and Economic Growth: Theory and Evidence', Vienna: United Nations Industrial Development Organization (UNIDO).

FAO (2001) 'Zero Tillage: When Less Means More', Rome: Food and Agriculture Organization (FAO).

FAO (2004) 'The State of Agricultural Commodity Markets', Rome: Food and Agriculture Organization (FAO).

FAO (2006) 'The State of Food and Agriculture 2006', Rome: Food and Agriculture Organization (FAO).

FAO (2006) 'The State of Food Insecurity in the World 2006', Rome: Food and Agriculture Organization (FAO).

FAO (2007) 'State of Food and Agriculture 2007', Rome: Food and Agriculture Organization (FAO).

FAO (2010) 'Price Volatility in Agricultural Markets', Economic and Social Perspectives Policy Brief #12, Rome: Food and Agriculture Organization (FAO), <http://www.fao.org/docrep/013/am053e/am053e00.pdf> [last accessed 28 March 2012].

FAO (2011) 'The State of Food Insecurity in the World 2011', Rome: Food and Agriculture Organization (FAO), <http://www.fao.org/publications/sofi/en/> [last accessed 28 March 2012].

Fariba, N. (2006) 'How the West short-changed Afghanistan', *Times Online*, 29 October 2006.

Ferreira, F.H.G., P.G. Leite, and J.A. Litchfield (2005) 'The Rise and Fall of Brazilian Inequality: 1981-2004', World Bank Policy Research Working Paper, Washington DC: World Bank.

FLO (2006) *Annual Report 2006*, Bonn: Fairtrade Labelling Organizations International (FLO).

Folbre, N. (1994) *Who Pays for the Kids? Gender and the Structure of Constraint*, London: Routledge.

Folbre, N. and M. Bittman (2004) *Family Time: The Social Organization of Care*, London and New York: Routledge.

Foster, M. and T. Killick (2006) 'What Would Doubling Aid Mean for Macroeconomic Management in Africa?' Working Paper 264, London: Overseas Development Institute (ODI).

Fowler, A. (1994) 'Capacity Building and NGOs: A Case of Strengthening Ladles for the Global Soup Kitchen?' *Institutional Development* 1(1), Delhi: PRIA.

Fowler, A. (2000) 'NGO Futures: Beyond Aid: NGDO Values and the Fourth Position', *Third World Quarterly* 21(4): 589-603.

Franklin, D. (2008) 'Just good business', *The Economist*, 19 January, special report.

Freedom House (2005) 'How Freedom is Won: From Civic Resistance to Durable Democracy', Washington DC: Freedom House.

Fresco, L.O. (2003) 'Which Road Do We Take? Harnessing Genetic Resources and Making Use of Life Sciences, a New Contract for Sustainable Agriculture', paper presented to EU Discussion Forum 'Towards Sustainable Agriculture for Developing Countries: Options from Life Sciences and Biotechnologies', Brussels, 30-31 January 2003.

Frideres, J.S. (1998) *Indigenous Peoples of Canada and the United States of America: Entering the 21st Century*, Ottawa: University of Ottawa Press.

Friedman, M. (1980) *Free to Choose,* Fort Washington PA: Harvest Books.

Galeano, E. (1973) *Open Veins of Latin America*, New York: Monthly Review Press.

Gallagher, K. and J. A. Ocampo (2011) 'The IMF's welcome rethink on capital controls', *Guardian*, 6 April, <http://www.guardian.co.uk/commentisfree/cifamerica/2011/apr/06/imf-capital-controls> [last accessed 28 March 2012].

Gallin, D. (2004) 'Organizing in the Global Informal Economy', paper presented to the Bogazici University Social Policy Forum: Changing Role of Unions in the Contemporary World of Labour, Istanbul, 26-27 November 2004, cited at: <www.global-labour.org/workers_in_the_ informal_economy.htm>

Gauri, V. and D.M. Brinks (eds) (2008) 'Courting Social Justice', The World Bank, Cambridge: Cambridge University Press.

Gaventa, J. (2005) 'Triumph, Deficit or Contestation? Deepening the "Deepening Democracy" Debate', Institute of Development Studies, University of Sussex.

Gender and Development, 'Uganda Demographic and Health Survey 2000-2001', November 2006, p.411.

Gereffi, G. and D.L. Wyman (1990) *Manufacturing Miracles: Paths of Industrialization in Latin America and East Asia*, Princeton NJ: Princeton University Press.

Gereffi, G. and D.L. Wyman (2001) 'Rethinking East Asian industrial policy - past records and future prospects', in P.-K. Wong and C.-Y. Ng (eds.), *Industrial Policy, Innovation and Economic Growth: The Experience of Japan and the Asian NIEs*, Singapore: Singapore University Press.

Giles, W. (2006) 'Brazil, India's Bio-Piracy Proposal May Curb Patents, WTO Talks', *Bloomberg*, 9 June.

Gladwell, M. (2000) *The Tipping Point: How Little Things Can Make a Big Difference*, London: Little, Brown.

Global Humanitarian Assistance (2004) 'Updated Trends November 2004', <www.globalhumanitarianassistance.org/ghqafrNov2004update.htm> [last accessed 28 March 2012].

Global Humanitarian Assistance (2006) *GHA Report 2006*, United Kingdom: Global Humanitarian Assistance.

Global Humanitarian Assistance (2011) *GHA Report 2011*, United Kingdom: Global Humanitarian Assistance.

Global Platform for Disaster Risk Reduction (2007) 'Disaster Risk Reduction: 2007 Global Review'.

Gning, M.C. (2004) 'Trade, Political Influence and Liberalization: Situating the

Poor in the Political Economy of Livestock in Senegal', PPLPI Working Paper No.8, Pro-Poor Livestock Policy Facility.

Goldin, I. and K. Reinert (2006) 'Globalization For Development', Washington DC: World Bank.

Goldsbrough, D. (2007) 'Does the IMF Constrain Health Spending in Poor Countries?', Washington DC: Center for Global Development (CGD).

Goldschmidt-Clermont, L. and E. Pagnossin-Aligisakis (1995) 'Measures of Unrecorded Economic Activities in Fourteen Countries', Human Development Report Office Occasional Papers 20, New York: United Nations Development Programme (UNDP).

Goldstein, A. (2005) 'Emerging Multinationals in the Global Economy: Data Trends, Policy Issues, and Research Questions', Paris: OECD Development Centre.

Gonsalves, C., P.R. Kumar and A.R. Srivastava (2005) 'Right to Food', New Delhi: Human Rights Law Network.

Graham, C. and S. Sukhtankar (2004) 'Does economic crisis reduce support for markets and democracy in Latin America? Some evidence from surveys of public opinion and well being', *Journal of Latin American Studies* 36: 349-77.

Gready, P. and J. Ensor (2005) *Reinventing Development?: Translating Rights Based Approaches, from Theory to Practice*, London: Zed Books.

Green, D. (1998) 'Fashion Victims: Together We Can Clean up the Clothes Trade', London: CAFOD.

Green, D. (1998) *Hidden Lives: Voices of Children in Latin America and the Caribbean*, London: Cassell.

Green, D. (1999) 'Capital Punishment: Making International Finance Work for the World's Poor', London: CAFOD.

Green, D. (2003) *Silent Revolution: The Rise and Crisis of Market Economics in Latin America*, London: Cassell.

Green, D. (2005) 'Conspiracy of Silence: Old and New Directions on Commodities', Oxford: Oxfam GB.

Green, D. (2006) 'Equality, Inequality, and Equity', background paper for Oxfam International.

Green, D. (2006) *Faces of Latin America*, London: Latin America Bureau.

Green, D. (2009) 'What Happened at the G20? Initial Analysis of the London Summit', Oxford: Oxfam International, <http://policy-practice.oxfam.org.uk/publications/what-happened-at-the-g20-initial-analysis-of-the-londonsummit-115064> [last accessed 28 March 2012].

Green, D., R. King, M. Miller-Dawkins (2010) 'The Global Economic Crisis and Developing Countries', Oxford: Oxfam, <http://policy-practice.oxfam.org.uk/publications/the-global-economic-crisis-and-developing-countries-112461> [last accessed 28 March 2012].

Green, D., J. Morrison, and S. Murphy (2004) 'Agricultural Trade and Poverty Reduction: Opportunity or Threat?' London: Department for International Development (DFID).

Greenhouse, S. and M. Barbaro (2006) 'An Ugly Side of Free Trade: Sweatshops in Jordan', *New York Times*, 3 May, <http://www.nytimes.com/2006/05/03/business/worldbusiness/03clothing.htm> [last accessed 28 March 2012].

Grimmett, R. F. (2011) 'Conventional Arms Transfers to Developing Nations, 2003-2010', Congressional Research Service Report for Congress, <http://www.fas.org/sgp/crs/weapons/R42017.pdf> [last accessed 28 March 2012].

Guardian (2009) 'Climate change increasing malaria risk, research reveals' 31 December, <http://www.guardian.co.uk/environment/2009/dec/31/climatechange-malaria-kenya> [last accessed 28 March 2012].

Gueye, C.F., M. Vaugeois, M. Martin, and A. Johnson (2007) 'Negotiating Debt Reduction in the HIPC Initiative and Beyond', Debt Relief International Ltd.

Guha-Sapir, D., F. Vos and R. Below (2011) 'Annual Disaster Statistical Review

2010: The numbers and trends', Brussels: Centre for Research on the Epidemiology of Disasters, <http://www.cred.be/sites/default/files/ADSR_2010.pdf> [last accessed 28 March 2012].

Guttmacher Institute (2010) 'Facts on Investing in Family Planning and Maternal and Newborn Health', New York: Guttmacher Institute, <http://www.guttmacher.org/pubs/FB-AIU-summary.pdf> [last accessed 28 March 2012].

Habyarimana, J. and W. Jack (2009) 'Heckle and Chide: Results of a Randomized Road Safety Intervention in Kenya', Working Paper 169, Washington DC: Center for Global Development, <http://www.cgdev.org/files/1421541_file_Habyarimana_Jack_Heckle_FINAL.pdf> [last accessed 28 March 2012].

Hamilton, K. (2006) 'Business Views on International Climate Policy: Summary and Key Observations', Business Council for Sustainable Energy and the Climate Group.

Harbom, L. and P. Wallensteen (2005) 'Armed Conflict and its International Dimensions, 1946-2004', Uppsala Conflict Data Programme, *Journal of Peace Research* 42(5): 624-34.

Hart, S. (2005) *Capitalism at the Crossroads,* Philadelphia PA: Wharton School Publishing.

Hartridge, D. (1997) 'What the General Agreement on Services Can Do', speech at the conference Opening Markets for Banking Worldwide: The WTO Agreement on Trade in Services, 8 January 1997, UK.

Hawley, S. (2003) 'Underwriting Bribery: Export Credit Agencies and Corruption', Corner House Briefing.

Hayek, F. (1944) *The Road to Serfdom*, Chicago IL: University of Chicago Press.

Hayman, R. (2007) 'Milking the Cow: Negotiating Ownership of Aid and Policy in Rwanda', Global Economic Governance Programme, University College, University of Oxford.

Hellin, J. and S. Higman (2003) *Feeding the Market*, Bourton on Dunsmore: ITDG Publishing.

Hellin, J., D. White, and R. Best (2006) 'High-Value Agricultural Products: Can Smallholder Farmers Also Benefit?', CIAT Annual Report, <http://gisweb.ciat.cgiar.org/SIG/download/Annual_Report_2006.pdf#page=56> [last accessed 28 March 2012].

Hellin, J., M. Lundy, and M. Meijer (2007) 'Farmer Organization, Collective Action and Market Access in Meso-America', Washington DC: Consultative Group on International Agricultural Research (CGIAR).

Hepburn, C. (2007) 'Carbon trading: a review of the Kyoto Mechanisms', *Annual Review of Environment Resources*, 32: 375-93.

Hertsgaard, M. (2006) 'While Washington Slept', *Vanity Fair*, May, <http://www.vanityfair.com/politics/features/2006/05/warming200605> [last accessed 28 March 2012].

Hesse, C. and S. Cavanna (2010) 'Modern and Mobile: The future of livestock production in Africa's drylands', London: International Institute for Environment and Development (IIED) and SOS Sahel International UK.

Hesse, C. and J. MacGregor (2006) 'Pastoralism: Drylands' Invisible Asset? Developing a Framework for Assessing the Value of Pastoralism in East Africa', IIED Issues paper number 142, London: International Institute for Environment and Development (IIED).

Hesselbein, G., F. Golooba-Mutebi, and J. Putzel (2006) 'Economic and Political Foundations of State-Making in Africa: Understanding State Reconstruction', London: London School of Economics.

HM Treasury (2006) Stern Review on the Economics of Climate Change, Executive Summary, <http://webarchive.nationalarchives.gov.uk/+/http://www.hm-treasury.gov.uk/media/4/3/Executive_Summary.pdf> [last accessed 28 March 2012].

Hochschild, A. (2005) *Bury the Chains: The British Struggle to Abolish Slavery*,

New York: Houghton Mifflin.

Hogg, A. et al. (2008) 'Death and Taxes: The true toll of tax dodging', London: Christian Aid.

Hopkins Leisher, S. (2003) 'A Case Study of Donor Impact on Political Change at the Grassroots in Vu Quang District, Ha Tinh Province, Viet Nam', London: Department for International Development (DFID).

Horton, R. (2011) 'The Great European Betrayal', *Lancet*, 387(9792): 650.

Hossain, N. et al. (2010) 'The Social Impacts of Crisis: Findings from Community-Level Research in Five Developing Countries', Brighton: Institute of Development Studies.

Hossain, N. and D. Green (2011) 'Living on a Spike: How is the 2011 food price crisis affecting poor people?' Oxford: Oxfam International.

Hossain, N. and R. Eyben (eds) (2009) 'Accounts of Crisis: Poor People's Experiences of the Food, Fuel and Financial Crises in Five Countries', Brighton: Institute of Development Studies.

Howell, J. and J. Pearce (2001) *Civil Society and Development: A Critical Exploration*, Boulder, CO: Lynne Rienner Publishers Inc.

Human Rights Research and Advocacy Consortium (2004) 'Take the Guns Away: Afghan Voices on Security and Elections', <www.cmi.no/pdf/?file=/afghanistan/doc/TaketheGunsAwayEnglish.pdf> [last accessed 28 March 2012].

Human Rights Watch (2006) *World Report 2006*, <http://hrw.org/wr2k6/introduction/2.htm> [last accessed 28 March 2012].

Human Rights Watch (2007) 'Get the Gun! Human Rights Violation by Uganda's National Army in Law Enforcement Operations in Karamoja Region', *Human Rights Watch*, 19(13A).

Human Security Centre (2005) 'The Human Security Report 2005', University of British Columbia.

Human Security Centre (2006) 'Human Security Briefing 2006', University of

British Columbia.

Humphreys, M. and A. Varshney (2004) 'Violent Conflict and the MDGs: Diagnosis and Recommendations', paper prepared for the MDG Poverty Task Force Workshop, Bangkok, June 2004.

Humphreys, R. (2008) 'Evaluation of the Cash Transfers for Development Project in Vietnam', Oxford: Oxfam GB, < http://policy-practice. oxfam.org.uk/ publications/evaluation-of-the-cash-transfers-for-development-project-invietn am-119457> [last accessed 28 March 2012].

IDA/IMF (2010) 'Heavily Indebted Poor Countries (HIPC) Initiative and Multilateral Debt Relief Initiative (MDRI) - Status of Implementation', Washington DC: World Bank.

IDD and Associates (2006) 'Joint Evaluation of General Budget Support 1994-2004', Birmingham: University of Birmingham.

IDS (2003) 'Safe as houses: securing urban land tenure and property rights', IDS Insights Issue 48, October 2003, Institute of Development Studies, University of Sussex.

IDS (2005) 'Signposts to More Effective States Responding to Governance Challenges in Developing Countries', Institute of Development Studies, University of Sussex.

IDS (2006) 'Building Effective States: Taking a Citizen's Perspective', Institute of Development Studies, University of Sussex.

IDS (2009) 'Accounts of Crisis: Poor People's Experiences of the Food, Fuel and Financial Crises in Five Countries', Brighton: Institute of Development Studies, <http://www.ids.ac.uk/download.cfm?objectid=7BE94835-9BC2-DD93-0A16851C3CFE4738> [last accessed 28 March 2012].

ILO (2001) 'Reducing the Decent Work Deficit: A Global Challenge', Report of the Director General, International Labour Conference 89th Session, Geneva: International Labour Organization.

ILO (2002) 'Decent Work and the Informal Economy', Report VI to the International Labour Conference, 90th Session, Geneva: International Labour Organization.

ILO (2005) 'Promoting Fair Globalization in Textiles and Clothing in a Post-MFA Environment: Report for Discussion at the Tripartite Meeting on Promoting Fair Globalization in Textiles and Clothing in a Post-MFA Environment', <www.ilo.org/public/english/dialogue/sector/techmeet/tmtc- pmfa05/tmtc-pmfa-r.pdf> [last accessed 28 March 2012].

ILO (2006) 'Global Employment Trends Brief', January 2006, Geneva: International Labour Organization.

ILO (2007) 'Global Employment Trends for Women', Geneva: International Labour Organization.

ILO (2008) 'Global Employment Trends 2007', <www.ilo.org/trends> [last accessed 28 March 2012].

ILO (2011) 'Global Employment Trends 2011: The challenge of a jobs recovery', Switzerland: International Labour Office, <http://www.ilo.org/wcmsp5/ groups/public/@dgreports/@dcomm/@publ/documents/publication/wcms_15 0440.pdf>[last accessed 28 March 2012].

IMF (2002) 'Article IV Consultation, Chile', Washington DC: International Monetary Fund, <www.imf.org/external/pubs/cat/longres.cfm?sk=1523.0> [last accessed 28 March 2012].

IMF (2010) 'A Fair and Substantial contribution by the Financial Sector: Final Report for the G-20', Washington DC: International Monetary Fund, <http://www.imf.org/external/np/g20/pdf/062710b.pdf> [last accessed 28 March 2012].

International Campaign to Ban Landmines (2001, 2005) 'Landmine Monitor Report', <www.icbl.org> [last accessed 28 March 2012].

International Committee of the Red Cross (1996) 'Annex VI: The Code of Conduct for the International Red Cross and Red Crescent Movement and

NGOs in Disaster Relief', <http://www.icrc.org/eng/resources/documents/misc/code-ofconduct-290296.htm> [last accessed 28 March 2012].

International Federation of Red Cross and Red Crescent Societies (2004) *World Disasters Report 2004*, Geneva: IFRC.

International Food Policy Research Institute (IFPRI) (2004) *Ending Hunger In Africa, Prospects for the Small Farmer*, Washington DC: The International Food Policy Research Institute (IFPRI).

International Institute for Environment and Development (IIED), Natural Resources Institute (NRI), Royal African Society (RAS) (2005) 'Land in Africa: Market Asset or Secure Livelihood?'

International Rescue Committee (2004) 'Mortality in the Democratic Republic of the Congo: Results from a Nationwide Survey', New York: International Rescue Committee (IRC).

International Telecommunications Union (2011) 'Key Global Telecom Indicators for the World Telecommunication Service Sector', <http://www.itu.int/ITU-D/ict/statistics/at_glance/KeyTelecom.html> [last accessed 28 March 2012].

Inter-Regional Inequality Facility (2006) 'Overview', London: Overseas Development Institute (ODI), <www.odi.org.uk/inter-regional_inequality/overview.html> [last accessed 28 March 2012].

Inter-Regional Inequality Facility (2006) 'Social Grants in South Africa', Inter-Regional Inequality Facility case study, London: Overseas Development Institute (ODI).

IPCC (2007) 'Summary for Policymakers', in B. Metz et al. (eds) Climate Change 2007: Mitigation. Contribution of Working Group III to the Fourth Assessment Report of the Intergovernmental Panel on Climate Change, Cambridge, UK and New York, NY, USA: Cambridge University Press, <http://www.ipcc-wg3.de/publications/assessment-reports/ar4/.files-ar4/SPM. pdf> [last accessed 28 March 2012].

IPEA (2007) 'On the Recent Fall in Income Inequality in Brasil', Florence MA: Institute for People's Education and Action (IPEA).

Jarman, M. (2007) *Climate Change*, Small Guides to Big Issues series, Oxford and London: Oxfam GB and Pluto Press.

Javorcik, B.S. (2004) 'Does foreign direct investment increase the productivity of domestic firms? In search of spillovers through backward linkages', *American Economic Review* 94(3): 605-27.

Jenkins R. and A.M. Goetz (1999) 'Accounts and accountability: theoretical implications of the right to information movement in India', *Third World Quarterly* 20(3): 603-22.

Jennings, S. and J. Magrath (2009) 'What Happened to the Seasons?', Oxfam GB Research Report, Oxford: Oxfam.

Joint Committee on Taxation (2003) 'Report of Investigation of Enron Corporation and Related Entities Regarding Federal Tax and Compensation Issues, and Policy Recommendations' (JCS-3-03), February, <http://www.jct.gov/s-3-03-vol1.pdf> [last accessed 28 March 2012].

Joint Learning Initiative (2004) 'Human Resources for Health: Overcoming the Crisis', Boston, MA: Harvard University Global Equity Initiative.

Jubilee Debt Campaign (2005) 'Nigeria gets debt cancellation - but at what price?', 10 November, <http://www.jubileedebtcampaign.org.uk/?lid=1103> [last accessed 28 March 2012].

Jubilee Debt Coalition (undated) 'Vulture Funds and Zambia', London: Jubilee Debt Coalition.

Kaganzi, E., S. Ferris, A. Abenakyo, P. Sanginga, and J. Njuki (2006) 'Sustaining Linkages to High-value Markets through Collective Action in Uganda: The Case of the Nyabyumba Potato Farmers', paper for Research Workshop on Collective Action and Market Access for Smallholders, 2-5 October 2006,

Cali, Colombia.

Kantor, P. and P. Nair (2005) 'Vulnerability to Crisis in Lucknow, India: The Role of Assets in Mitigating Risk', New Delhi: Oxfam GB.

Kar, D. and K. Curcio (2011), 'Illicit Financial Flows from Developing Countries: 2000-2009', Washington DC: Global Financial Integrity, <http://iff-update.gfintegrity.org/> [last accessed 28 March 2012].

Karatnycky, A. and P. Ackerman (2005) 'How Freedom is Won: From Civic Resistance to Durable Democracy', Freedom House research study.

Karlekar, Karin Deutsch (2011) 'Press Freedom in 2010: Signs of change amid repression', Freedom House, <http://www.freedomhouse.org/report/freedompress-2011/overview-essay> [last accessed 28 March 2012].

Kasryno, F. (2004) 'The linkage between agriculture development, poverty alleviation and employment', <www.jajaki.or.id/data/publications/Faisal%20Kasryno.pdf> [last accessed 28 March 2012].

Kaufman, D. and Li, R. (2006) 'Symposium Participant Views on Corruption, and on Anti-Corruption', preliminary analysis of the survey of participants at the 3rd ICAC Symposium, presented 11 May, <http://siteresources.worldbank.org/···/icac_hk_survey_results_5_06.pdf> [last accessed 28 March 2012].

Kazmin, A. (2007) 'Backstreet bankers', *Financial Times*, 30 August.

Kelleher, K. and M.L. Weber (2006) 'Towards sustainable management of world fisheries and aquaculture', in V.K. Bhargava (ed.), 'Global Issues for Global Citizens', World Bank Report No. 29090-GLB 2006, Washington DC: World Bank.

Kenny, C. (undated) 'Information and Development', unpublished.

Keynes, J.M. (1941) 'The Post-War Currency Policy', in *Keynes Papers Volume XXV*, Basingstoke, UK: Macmillan.

Khan, M.H. (2002) 'State Failure in Developing Countries and Strategies of Institutional Reform', paper for World Bank ABCDE Conference, Oslo,

2002.

Khan, M.H. (2006) 'States and Economic Development: What Role? What Risks?', presentation at the Overseas Development Institute (ODI), <www.odi.org.uk/events/states_nov06/index.html> [last accessed 28 March 2012].

Kimmis, J. (2005) 'Financial Markets', background paper for Oxfam International: Oxford.

King, M.L. (1968) *Where Do We Go From Here? Chaos or Community*, Boston MA: Beacon Press.

King, R. (2007) 'Carbon Dioxide Emissions, Technology, and Economic Growth', background paper for Oxfam International: Oxford.

King, R. and C. Sweetman (2010) 'Gender Perspectives on the Global Economic Crisis', Oxford: Oxfam International, <http://policy-practice.oxfam.org.uk/publications/gender-perspectives-on-the-global-economic-crisis-112420> [last accessed 28 March 2012].

Kioko, B. (2003) 'The right of intervention under the African Union's Constitutive Act', *International Review of the Red Cross* 852, 31 December, ICRC: Geneva, <http://www.icrc.org/eng/resources/documents/misc/5wnjdl.htm> [last accessed 28 March 2012].

Kirton, J. J. and M. J. Trebilcock (eds.) (2004) *Hard Choices, Soft Law: Voluntary standards in global trade, environment and social governance*, United Kingdom: Ashgate.

Klasen, S. and C. Wink (2003) '"Missing Women": Revisiting the Debate', *Feminist Economics* 9(2-3).

Klein, M. and T. Harford (2005) *The Market for Aid*, Washington DC: World Bank.

Knight, B., H. Chigudu, and R. Tandon (2002) *Reviving Democracy: Citizens at the Heart of Governance*, London: Commonwealth Foundation.

Kraay, A. (2006) 'When is growth pro-poor? Evidence from a panel of countries',

Journal of Development Economics 80(1) 189-227.

Krause, K., Muggah, R., and Wennmann, A. (eds.) (2008) 'Global Burden of Armed Violence', Geneva: Geneva Declaration Secretariat, <http://www.genevadeclaration.org/fileadmin/docs/Global-Burden-of-Armed-Violence-full report.pdf> [last accessed 28 March 2012].

Kruzenga L. (2004) 'Report confirms health disparities for aboriginals, poor;comparisons with Third World continue', *The First Perspective* 13(3).

Krznaric, R. (2007) 'How Change Happens: Interdisciplinary Perspectives for Human Development', Oxfam Research Reports, Oxford: Oxfam GB.

Kumhof, M. and R. Ranciere (2010) 'Inequality, Leverage and Crises', IMF Working Paper, Washington DC: IMF, <http://www.imf.org/external/pubs/ft/wp/2010/wp10268.pdf> [last accessed 28 March 2012].

Kuziemko, I. and E. Werker (2006) 'How much is a seat on the Security Council worth? Foreign aid and bribery at the United Nations', *Journal of Political Economy* 114(5): 905-30.

Kyrili, K. and M. Martin (2010) 'The Impact of the Global Financial Crisis on the Budgets of Low-Income Countries', Oxford: Oxfam International.

Lacina, B. and N.P. Gleditsch (2005) 'Monitoring Trends in Global Combat: A New Dataset of Battle Deaths', *European Journal of Population* 21: 145-66.

LaFraniere, S. (2005) 'Women's Rights Laws and African Custom Clash', *New York Times*, 30 December.

Laird, S. and S. Fernández de Córdoba (2006) *Coping with Trade Reforms: A Developing Country Perspective on the WTO Industrial Tariff Negotiations*, Basingstoke: Palgrave.

Lanjouw, J.O. and I.M. Cockburn (2001) 'New pills for poor people? Empirical evidence after GATT', *World Development* 29(2): 265-89.

Latigo, A. (2005) 'A New Round of Time-use Studies for Africa: Measuring Unpaid Work for Pro-poor Development Policies', paper presented at

UNDP/Levy Economics Institute Global Conference on Unpaid work and the Economy, 1-3 October 2005, <www.levy.org/undp-levy-conference/papers/paper_Latigo.pdf> [last accessed 28 March 2012].

Layard, R. (2005) *Happiness: Lessons from a New Science*, London: Penguin.

Layton, M.D., B.C. Carrete, I. Ablanedo Terrazas, and A.M. Sánchez Rodríguez (2007) 'Mexico Case Study: Civil Society and the Struggle to Reduce Maternal Mortality', unpublished.

Le Quang, B. (2006) 'What Has Made Viet Nam a Poverty-Reduction Success Story?', background paper for Oxfam International: Oxford.

Leach, M. and I. Scoones (2006) 'The Slow Race: Making Technology Work for the Poor', London: Demos.

Legrain, P. (2006) *Immigrants: Your Country Needs Them*, London: Little, Brown.

Lewis, D. (2007) *The Management of Non-Governmental Development Organizations*, 2nd edition, London: Routledge.

Lewis, M (2011) 'Whose aid is it anyway? Politicising aid in conflict and crises', Oxfam Briefing Paper 145, Oxford: Oxfam International, <http://policy-practice.oxfam.org.uk/publications/whose-aid-is-it-anyway-politicizing-aid-in-conflictsand-crises-121669> [last accessed 28 March 2012].

Lewis, S. (2005) *Race Against Time*, Toronto ON: House of Anansi Press.

Light, D. (2010) 'GAVI's Advance Market Commitment', *Lancet*, 375(9715): 638.

Liu, J. and J. Diamond (2005) 'China's environment in a globalizing world: How China and the rest of the world affect each other', *Nature* 435: 1137-286.

Locke, R.M., F. Qin, and A. Brause (2007) 'Does monitoring improve labor standards? Lessons from Nike', *Industrial and Labor Relations Review* 61(1): 3-31.

Lockwood, M. (2005) *The State They're In*, Bourton on Dunsmore: ITDG Publishing.

Lockwood, M. (2007) 'A rough guide to carbon trading', *Prospect*, January 2007.

Lomborg, B. (2006) *How to Spend $50 Billion and Make the World a Better Place*, Cambridge: Cambridge University Press.

Lopez, H. (2006) 'Did Growth Become Less Pro-Poor in the 1990s?' Washington DC: World Bank.

MacAuslan, I. (2007) 'India's National Rural Employment Guarantee Act: A Case Study for How Change Happens', background paper for Oxfam International: Oxford.

Maipose, G., G. Somolekae, and T. Johnston (1996) 'Effective Aid Management: The Case of Botswana', Foreign Aid to Africa, Nordic Africa Institute.

Mansfield, E.D. and J. Snyder (2005) *Electing to Fight: Why Emerging Democracies Go to War*, Cambridge, MA: MIT Press.

March, C., I. Smyth, and M. Mukhopadhyay (1999) *A Guide to Gender Analysis Frameworks*, Oxford: Oxfam GB.

Massey, D. (2003) 'Patterns and Processes of International Migration in the 21st Century', paper prepared for Conference on African Migration in Comparative Perspective, Johannesburg, South Africa, 4-7 June, 2003.

Maxwell, S. (2005) 'Should We Provide a Guarantee That No Child will be Brain-Damaged by Malnutrition in Africa if Money Can Prevent It?', ODI Opinions, No39, London: Overseas Development Institute (ODI).

McCulloch, N., B. Baulch, and M. Cherel-Robson (2000) 'Poverty, Inequality and Growth in Zambia during the 1990s', IDS Working Paper 114, Institute of Development Studies, University of Sussex.

McMillan, J. and P. Zoido (2004) 'How to subvert democracy: Montesinos in Peru', *The Journal of Economic Perspectives* 18(4): 69-92.

Mehrotra, S. and R. Jolly (1997) *Development with a Human Face: Experiences in Social Achievement and Economic Growth*, New York: UNICEF.

Meijerink, G. and M. Danse, (2009) 'Riding the Wave: High Prices, Big Business? The role of multinationals in the international grain markets', Den

Haag, Netherlands: LEI Wageningen UR.

Melamed, C. and A. Sumner (2011) 'A Post-2015 Global Development Agreement: why, what, who?', London: Overseas Development Institute.

Meridian Institute (2007) 'Global Dialogue on Nanotechnology and the Poor: Opportunities and Risks', background paper for the Meridian Institute International Workshop on Nanotechnology, Commodities, and Development, Rio de Janeiro, 29-31 May 2007.

Microcredit Summit Campaign (2006) 'Report of the Microcredit Summit Campaign', <www.microcreditsummit.org> [last accessed 28 March 2012].

Milanovic, B. (2003) 'Why we all do care about inequality (but are loath to admit it)', Washington DC: World Bank.

Ministry of Health and Family Welfare (2007) 'National Family Health Survey, 2007', Delhi: Government of India.

Mkandawire, T. (2001) 'Thinking About Developmental States in Africa', *Cambridge Journal of Economics* 25: 289-314.

Mkandawire, T. (2004) 'Disempowering New Democracies and the Persistence of Poverty', in M. Spoor (ed.), *Globalisation, Poverty and Conflict*, Dordrecht: Kluwer Academic Publishers.

Moran, T. (2002) *Beyond Sweatshops: Foreign Direct Investment and Globalization in Developing Countries*, Washington DC: Brookings Institution Press.

Moss, T., G. Pettersson, and N. van de Walle (2006) 'An Aid-Institutions Paradox? A Review Essay on Aid Dependency and State Building in Sub-Saharan Africa', Washington DC: Center for Global Development (CGD).

Muggah, R. and S. Bachelor (2002) 'Development Held Hostage: Assessing the Effects of Small Arms Availability', Bureau of Crisis Prevention and Recovery, New York: United Nations Development Programme (UNDP).

Mulgan, G. (2006) *Good and Bad Power*, London: Allen Lane.

Murray, C.J.L., A.D. Lopez, B. Chin, D. Feehan, and K.H. Hill (2006) 'Estimation of potential global pandemic influenza mortality on the basis of vital registry data from the 1918-20 pandemic: a quantitative analysis', *Lancet* 368: 2211-18.

Mutangadura, G., D. Mukurazita and H. Jackson (1999) 'A Review of Household and Community Responses to the HIV/AIDS Epidemic in Rural Areas of Sub-Saharan Africa', Geneva: UNAIDS.

Narayan, S. (2006) 'Serve the Essentials: What Governments and Donors Must Do to Improve South Asia's Essential Services', New Dehli: Oxfam India

Nash, R., A. Hudson, and C. Luttrell (2006) 'Mapping Political Context: A Toolkit for Civil Society Organisations', London: Overseas Development Institute (ODI).

Nature (2009) 'Editorial', 461: 447-8, <http://www.nature.com/nature/journal/v461/n7263/full/461447b.html > [last accessed 28 March 2012].

Nestlé (2003) 'Nestlé and Ethiopian Government Reach Settlement', Nestlé press release, 24 January, <http://www.nestle.com/Media/PressReleases/Pages/AllPressRelease.aspx?PageId=89> [last accessed 28 March 2012].

New Economics Foundation (2006) 'A Long Row to Hoe: Family Farming and Rural Poverty in Developing Countries', London: New Economics Foundation (NEF).

New Economics Foundation (2006) 'Growth Isn't Working: The Unbalanced Distribution of Benefits and Costs from Economic Growth', London: New Economics Foundation (NEF).

New Economics Foundation (2007) 'Towards a New Economics Paradigm for Poverty Eradication in a Carbon-Constrained World', London: New Economics Foundation (NEF).

Newman, J. (2003) 'Environmental Benefits of Subsidy Removal in the German and United States Energy Sectors', OECD Technical Expert Meeting on

Environmentally Harmful Subsidies, 3-4 November 2003, Paris.

Norwegian Refugee Council (2007) 'Internal Displacement: A Global Overview of Trends and Developments in 2006', Global IDP Project: Geneva. Prepared for the 3rd Expert Consultative Meeting on Gender and Early Warning, London, 11 February 2002.

Nussbaum, M. (1999) *Sex and Social Justice*, Oxford: Oxford University Press.

Nyamu-Musembi, C. (2006) 'Breathing Life into Dead Theories about Property Rights: de Soto and Land Relations in Rural Africa', IDS WP272, Brighton: Institute of Development Studies, University of Sussex.

O'Brien, P. (2001) 'Fiscal Exceptionalism: Great Britain and Its European Rivals', Working Paper 65/01, Department of Economic History, London School of Economics.

ODI (1996) 'The Joint Evaluation of Emergency Assistance to Rwanda', London: Overseas Development Institute (ODI).

ODI (2004) 'Inequality in Developing Countries', London: Overseas Development Institute (ODI).

ODI (2007) 'Community-Based Workers: A Possible Solution to More Services, Reaching Many Communities and Within Budget', London: Overseas Development Institute (ODI).

ODI (undated) 'Inequality in Developing Countries', Policy Briefing Pack, London: Overseas Development Institute (ODI).

OECD (2005) 'Making poverty reduction work: OECD's role in development partnership', Paris: Organisation for Economic Co-operation and Development (OECD).

OECD (2006) *The Development Effectiveness of Food Aid. Does Tying Matter?*, London: OECD Publications.

OECD (2006) 'Developing Country Multinationals: South-South Investment Comes of Age', Paris: Organisation for Economic Co-operation and

Development (OECD).

OECD (2006) *Development Cooperation Report 2006*, Paris: Organisation for Economic Co-operation and Development (OECD).

OECD (2007) 'Agricultural Policies in OECD Countries: Monitoring and Evaluation 2007', Paris: Organisation for Economic Co-operation and Development (OECD).

OECD (2007) 'OECD in Figures 2007', Paris: Organisation for Economic Co-operation and Development (OECD).

OECD (2010) 'Agricultural Policies in OECD Countries: At a Glance 2010', <http://www.oecd.org/dataoecd/17/0/45539870.pdf> [last accessed 28 March 2012].

OECD (2009) 'Monitoring the Principles for Good International Engagement in Fragile States and Situations: Executive Summary of Global Report', <http://www.oecd.org/dataoecd/33/24/46233053.pdf> [last accessed 28 March 2012].

OECD (n.d.) 'Untying aid: The right to choose', <www.oecd.org/dac/ untiedaid> [last accessed 28 March 2012].

OECD DAC (2005) 'Making Poverty Reduction Work: The OECD's Role in Development Partnerships', Paris: Organisation for Economic Co-operation and Development (OECD).

OECD DAC (2006) 'Implementing the 2001 DAC Recommendations on Untying Official Development Assistance to the Least Developed Countries', Paris: Organisation for Economic Co-operation and Development (OECD).

Offenheiser, R. (2007) 'A 21st Century Green Revolution that Works for the Poor', unpublished memo to the Gates Foundation.

Offenheiser, R. and S.H. Holcombe (2003) 'Challenges and opportunities in implementing a rights-based approach to development: an Oxfam America perspective', *Nonprofit and Voluntary Sector Quarterly* 32(2): 268-301.

Offices of the Democratic Leaders Harry Reid and Nancy Pelosi (2006) 'For and By Big Oil', A Special Joint House and Senate Democratic Report.

Ortiz, I. and M. Cummins (2011) 'Global Inequality: Beyond the Bottom Billion- A Rapid Review of Income Distribution in 141 Countries', Working Paper, London: UNICEF, http://www.unicef.org/socialpolicy /index_58230.html [last accessed 28 March 2012].

Ortmann, G.F. and R.P. King (2007) 'Agricultural cooperatives II: can they facilitate access of small-scale farmers in South Africa to input and product markets?', *Agrekon* 46(2): 219-44.

Osorio, N. (2002) 'The Global Coffee Crisis: A Threat to Sustainable Development', Néstor Osorio, Executive Director, ICO, Submission to the World Summit on Sustainable Development, Johannesburg.

Ostry, J.D. (2010) 'Capital Inflows: The Role of Controls', Staff Position Note No. 2010/04, Washington DC: IMF, <http://www.imf.org/external/pubs/cat/longres.cfm?sk=23580.0> [last accessed 28 March 2012].

Oxfam America (2003) 'Weathering the Storm: Lessons in Risk Reduction from Cuba', www.oxfamamerica.org/newsandpublications/publications/research_reports/art7111.html

Oxfam America (2007) 'Newmont Mining Company: Background', Boston, MA: Oxfam America.

Oxfam America (2007) 'Paying the Price: How US Farm Policies Hurt West African Cotton Farmers - and How Subsidy Reform Could Help', Boston, MA: Oxfam America.

Oxfam GB (2005) 'Decentralization Learning Guide', internal paper, Oxford.

Oxfam GB (2006) 'Overcoming Poverty and Suffering through Land Rights: Oxfam's Policy and Practice', internal paper.

Oxfam GB, World Vision, Care, RHVP, and OVHA (2006) 'Food Security in Southern Africa: Changing the Trend?'.

Oxfam Intermón (2001) 'La realidad de la ayuda 2001-02', Barcelona: Ed. Intermón Oxfam.

Oxfam Intermón (2007) 'Puertas al mar. Por qué todos deberíamos estar interesados en una política migratoria más justa e inteligente', Barcelona: Ed. Intermón Oxfam.

Oxfam International (2002) 'Death on the Doorstep of the Summit', Oxford: Oxfam International.

Oxfam International (2002) 'Rigged Rules and Double Standards: Trade, Globalization, and the Fight Against Poverty', Oxford: Oxfam International.

Oxfam International (2004) 'From Donorship to Ownership?: Moving Towards PRSP Round Two', Oxford: Oxfam International.

Oxfam International (2004) 'Trading Away our Rights: Women Working in Global Supply Chains', Oxford: Oxfam International.

Oxfam International (2005) 'A Round for Free: How Rich Countries are Getting a Free Ride on Agricultural Subsidies at the WTO', Oxford: Oxfam International.

Oxfam International (2005) 'Food Aid or Hidden Dumping? Separating Wheat from Chaff', Oxford: Oxfam International.

Oxfam International (2005) 'Kicking Down the Door: How Upcoming WTO Talks Threaten Farmers in Poor Countries', Oxford: Oxfam International.

Oxfam International (2005) 'Truth or Consequences: why the EU and USA Must Reform Their Subsidies or Pay the Price', Oxford: Oxfam International.

Oxfam International (2006) 'Causing Hunger: An Overview of the Food Crises in Africa', Oxford: Oxfam International.

Oxfam International (2006) 'Kicking the Habit: The World Bank and IMF Still Addicted to Economic Policy Conditionality', Oxford: Oxfam International.

Oxfam International (2006) 'The View from the Summit - Gleneagles G8 One Year On', Oxford: Oxfam International.

Oxfam International (2007) 'Adapting to Climate Change: What's Needed in Poor Countries, and Who Should Pay', Oxford: Oxfam International.

Oxfam International (2007) 'Bio-fuelling Poverty: Why the EU Renewable Fuel Target May Be Disastrous for Poor People', Oxford: Oxfam International.

Oxfam International (2007) 'Blind Spot: The Continued Failure of the World Bank and IMF to Fully Assess the Impact of Their Advice on Poor People', Oxford: Oxfam International.

Oxfam International (2007) 'Climate Alarm: Disasters Increase as Climate Change Bites', Oxford: Oxfam International.

Oxfam International (2007) 'Paying for People: Financing the Skilled Workers Needed to Deliver Health and Education Services For All', Oxford: Oxfam International.

Oxfam International (2007) 'Policy Compendium Note on Disarmament, Demobilisation and Reintegration (DDR)', Oxford: Oxfam International.

Oxfam International (2007) 'Pricing Farmers out of Cotton: The Costs of World Bank Reforms in Mali', Oxford: Oxfam International.

Oxfam International (2007) 'Signing Away the Future: How Trade and Investment Agreements between Rich and Poor Countries Undermine Development', Oxford: Oxfam International.

Oxfam International (2007) 'Sink or Swim: Why Disaster Risk Reduction is Central to Surviving Floods in South Asia', Oxford: Oxfam International.

Oxfam International (2007) 'The UN Central Emergency Response Fund One Year On', Oxford: Oxfam International.

Oxfam International (2007) 'The World is Still Waiting: Broken G8 Promises are Costing Millions of Lives', Oxford: Oxfam International.

Oxfam International (2008) 'For a Safer Tomorrow: Protecting Civilians in a Multipolar World', Oxford: Oxfam International.

Oxfam International (2008) 'Rethinking Disasters: Why Death and Destruction Are Not Nature's Fault but Our Failure', New Delhi: Oxfam International.

Oxfam International (2010) 'Think Big, Go Small: Adapting business models to incorporate smallholders into supply chains', Oxford: Oxfam International.

Oxfam International (2011) 'Cooking the books won't feed anyone: The G8 shamefully try to cover their tracks on broken promises', Media Briefing,

Oxford: Oxfam International, 18 May 2011.

Oxfam International (2011) '"We are Entirely Exploitable": The lack of protection for civilians in eastern DRC', Oxford: Oxfam International.

Oxfam International (2011) 'Protection of Civilians in 2010: Facts, Figures and the UN Security Council's Response', Oxfam Briefing Paper 147, Oxford: Oxfam International.

Oxfam International (2012) 'Crisis in a new world order: Challenging the humanitarian project', Oxford: Oxfam International.

Oxfam International and Save the Children (2012) 'A Dangerous Delay: The cost of late responses to early warnings in the 2011 drought in the Horn of Africa', Oxford: Oxfam International.

Oxfam International and WaterAid (2006) 'In the Public Interest: Health, Education, and Water and Sanitation For All', Oxford and London: Oxfam International and WaterAid.

Özden, Ç. and M. Schiff (2007) 'International Migration, Economic Development and Policy', Washington DC: World Bank.

Palma, J. G. (2011) 'Homogeneous Middles vs. Heterogeneous Tails, and the End of the "Inverted-U": It's All About the Share of the Rich', *Development and Change* 42(1), <http://onlinelibrary.wiley.com/> doi: 10.1111/j.1467-7660.2011.01694.xPardey, P., N. Beintema, S. Dehmer, S. Wood (2006) 'Agricultural Research: A growing global divide', Washington DC: International Food Policy Research Institute.

Parry, M.L., O.F. Canziani, J.P. Palutikof, P.J. van der Linden, and C.E. Hanson (2007) 'Contribution of Working Group II to the Fourth Assessment Report of the Intergovernmental Panel on Climate Change', Cambridge: Cambridge University Press.

Patz, J. A. et al. (2005) 'Impact of regional climate change on human health', *Nature* 438: 310-17, doi:10.1038/nature04188

Pauly, D., R. Watson, and J. Alder (2005) 'Global trends in world fisheries: impacts on marine ecosystems and food security', *Philosophical Transactions of the Royal Society* 360(1453): 5-12.

Pauly, D., V. Christensen, S. Guenette, T.J. Pitcher, U. Rashid Sumaila, and C.J. Walters (2004) 'Towards sustainability in world fisheries', *Nature* 2002: 418.

Pembina Institute (2005) 'Government Spending on Canada's Oil and Gas Industry: Undermining Canada's Kyoto Commitment'.

Penrose-Buckley, C. (2007) *Producer Organisations: A Guide to Developing Collective Rural Enterprises*, Oxford: Oxfam GB.

Perez, J., M. Gistelinck, and D. Karbala (2011) 'Sleeping Lions: International investment treaties, state-investor disputes and access to food, land and water', Oxfam Discussion Paper, Oxford, UK: Oxfam International.

Physicians for Human Rights (2002) 'War-Related Sexual Violence in Sierra Leone: A Population-Based Assessment', Boston MA: Physicians for Human Rights (PHR).

Picard, A.A. (2001) 'Resultados del Tratado de Libre Comercio de America del Norte en Mexico', Mexico: RMALC.

Piron, L.-H. (2004) 'Rights Based Approaches to Social Protection', London: Overseas Development Institute (ODI).

Polaski, S. (2004) 'Protecting Labour Rights Through Trade Agreements - An Analytical Guide', Stanford CA: Carnegie Foundation.

Popkin, B. (2003) 'The nutrition transition in the developing world', *Development Policy Review* 21(5/6): 581-97.

Pradhan, S. (2006) Presentation and background papers from 'Consultation on the World Bank's Approach to Governance and Anti-Corruption', 4 December 2006, World Bank.

Prahalad, C.K. (2005) *The Fortune at the Bottom of the Pyramid: Eradicating Poverty through Profits*, Philadelphia PA: Wharton School Publishing.

Preidt, R. (2012) 'Malaria's Global Death Toll Much Higher Than Thought', Medline Plus, <http://www.nlm.nih.gov/medlineplus/news/fullstory_121551.html>

Pretty, J. (2006) 'Agroecological Approaches to Agricultural Development', background paper for *World Development Report 2008*, Washington DC: World Bank.

Pritchett, L. (2006) 'Let Their People Come: Breaking the Gridlock on Global Labor Mobility', Washington DC: Centre for Global Development (CGD).

Prowse, M. (2007) 'Making Contract Farming Work with Co-operatives', London: Overseas Development Institute (ODI).

Raab, M (2011) 'The "We Can" Campaign in South Asia, 2004-2011: External Evaluation Report', Oxford: Oxfam GB.

Rama, M. (2003) 'Globalization and Workers in Developing Countries', World Bank Research Working Paper 2958, Development Research Group, Washington DC: World Bank.

Ramirez-Machado, J.M. (2003) 'Domestic Work, Conditions of Work and Employment: A Legal Perspective', Conditions of Work and Employment Series No. 7, Geneva: International Labour Organization (ILO).

Ratha, D. and W. Shaw (2007) 'South-South Migration and Remittances', Development Prospects Group, Washington DC: World Bank. Ratha, D., S. Mohapatra and A. Silwal (2010) *Migration and Remittances Factbook 2011*, World Bank.

Ravallion, M. (2004) *Pro-Poor Growth: A Primer*, Washington DC: World Bank.

Raworth, K. (2012) 'A safe and just space for humanity: Can we live within the donut?', Oxford: Oxfam International.

Reardon, T. and J.A. Berdegué (2002) 'The rapid rise of supermarkets in Latin America: challenges and opportunities for development', *Development Policy Review* 20(4): 317-34.

Reardon, T., P. Pingali, and K. Stamoulis (2006) 'Impacts of Agrifood Market Transformation during Globalization on the Poor's Rural Nonfarm Employment: Lessons for Rural Business Development Programs', Michigan State University.

Reeler, D. (undated) 'A Theory of Social Change and Implications for Practice, Planning, Monitoring and Evaluation', Cape Town: Community Development Resource Association.

Reis, E. and M. Moore (2005) *Elite Perceptions of Poverty and Inequality*, London: Zed Books.

Republic of South Africa (1996) *Constitution of the Republic of South Africa*, Section 27, 1c.

Riad El-Ghonemy, M. (1999) 'The Political Economy of Market-Based Land Reform', Discussion Paper 104, Geneva: United Nations Research Institute for Social Development (UNRISD).

Ricardo, D. (1817) *The Principles of Political Economy and Taxation*, London: John Murray.

Risse, T., S. C. Ropp, and K. Sikkink (eds.) (1999) *The power of human rights: International norms and domestic change*, Cambridge: Cambridge University Press.

Roach, R. (2007) 'Two Degrees, One Chance', London: Tearfund, <www.tearfund.org/webdocs/website/Campaigning/Policy%20and%20research/Two_degrees_One_chance_final.pdf>

Rockström, J. et al. (2009) 'A safe operating space for humanity', *Nature* 461, 23 September, doi:10.1038/461472a

Rodin, J. (2007) Speech to National Association of Women Judges' Annual Conference, November 2007.

Rodrik, D. (2003) *In Search of Prosperity: Analytic Narratives on Economic Growth*, Princeton NJ: Princeton University Press.

Rodrik, D. (2004) 'Rethinking Growth Policies in the Developing World',

Harvard University.

Rodrik, D. (2005) 'Making Globalisation Work for Development', lecture at London School of Economics, 18 November 2005.

Roetman, E. (2011) 'A can of worms? Implications of rigorous impact evaluations for development agencies', Working Paper 11, New Delhi: International Initiative for Impact Evaluation.

Rogelj, J. et al. (2011) 'Emission pathways consistent with a 2°C global temperature limit', *Nature Climate Change* 1: 413-18.

Rosenberg, T. (2001) 'Look at Brazil', *New York Times Magazine*, <www.nytimes.com/library/magazine/home/20010128mag-aids.html> Rousseau, J.-J. (1762) *Social Contract, I*, 9.

Rowlands, J. (1997) *Questioning Empowerment*, Oxford: Oxfam GB.

Ruggie, J. (2007) 'Report of the Special Representative of the Secretary-General on the Issue of Human Rights and Transnational Corporations and Other Business Enterprises', New York: United Nations.

Sachs, J. (2005) *The End of Poverty: How We Can Make It Happen in Our Lifetime*, London: Penguin.

Sands, P. (1995) *Principles of International Environmental Law, Volume I: Frameworks, Standards and Implementation*, Manchester: Manchester University Press.

Schewe, J., A. Levermann, and M. Meinshausen (2010) 'Climate change under a scenario near 1.5°C of global warming: Monsoon intensification, ocean warming and steric sea level rise', *Earth System Dynamics Discussions* 1: 297-324.

Schlenker, W. and D. B. Lobell (2010) 'Robust negative impacts of climate change on African agriculture', *Environmental Research Letters* 5(1).

Schrijver, N. and F. Weiss (2004) *International Law and Sustainable Development: Principles and Practice,* Leiden: Martinus Nijhoff Publishers.

Schumpeter, J. (1975) *Capitalism, Socialism and Democracy* (originally published 1942), New York: Harper.

Sekhamane, N. (2004) 'Impact of Urban Livelihoods on Women's Caregiving Behaviours, Household Food Security and Nutrition of Children in Lesotho: A Community Case Study', unpublished.

Sen, A. (1999) *Development as Freedom*, New York: Knopf.

Senderowitz, J. (1995) 'Adolescent Health: Reassessing the Path to Adulthood', World Bank Discussion Paper No. 272, Washington DC: World Bank.

Shand, H. (2010) 'Africa: Patent grab threatens biodiversity and food sovereignty' *allAfrica*, 11 November,

Shaffer, E. and J. Brenner (2009), 'A Trade Agreement's Impact on Access to Generic Drugs', *Health Affairs*, 28(5): 957-68.

Shepherd, A., R. Marcus, and A. Barrientos (2005) 'Policy Paper on Social Protection', London: Overseas Development Institute (ODI).

Shepherd, A.W. (2007) 'Approaches to Linking Producers to Markets: A Review of Experience to Date', Agricultural Management, Marketing and Finance Occasional Paper 13, Rome: Food and Agriculture Organization (FAO).

Shiferaw, B., G. Obare, G. Murich, and H. Mukhong (2006) 'Building Market Linkages: Experiences from Commercialization of Smallholder Production', International Crops Research Institute for the Semi-Arid Tropics (ICRISAT).

Singh, S. (2005) 'Contract Farming for Agricultural Development: Review of Theory and Practice with Special Reference to India', CENTAD Working Papers, New Delhi: India, <www.centad.org/cwp_02.asp>

Singh, S., J.E. Darroch, M. Vlassof, and J. Nadeau (2004) 'Adding It Up: The Benefits of Investing in Sexual and Reproductive Health Care', Washington DC and New York: The Alan Guttmacher Institute and United Nations Population Fund (UNFPA).

SIPRI (2011) 'World military spending reached $1.6 trillion in 2010, biggest increase in South America, fall in Europe according to new SIPRI data',

Stockholm: Stockholm International Peace Research Institute, <http://www.sipri.org/media/pressreleases/milex>

Slim, H. (2007) *Killing Civilians: Method, Madness and Morality in War*, Oxford: Signal Books Ltd.

Small Arms Survey (2005) *Small Arms Survey 2005: Weapons at War*, New York: Oxford University Press. <www.smallarmssurvey.org/files/sas/ publications>

Smith, D. and J. Vivekananda (2007) 'A Climate of Conflict: The Links between Climate Change, Peace and War', London: International Alert.

Sparrow, M. K. (2006) 'Corruption in Health Care Systems: The US Experience', in *Global Corruption Report 2006*, Berlin: Transparency International.

Spence, M. (2007) 'Presentation to Commission on Growth and Development', London.

Standing, G. (1999) *Global Labour Flexibility*, New York: St. Martins.

Stern Review (2006) *The Economics of Climate Change*, Cambridge: Cambridge University Press, <www.hm-treasury.gov.uk/media/4/3/ Executive_Summary.pdf> [last accessed 16 April 2012]

Stern Review (2006) 'What is the Economics of Climate Change?', discussion paper, <www.hm-treasury.gov.uk/media/213/42/What_is_the_Economics_of_Climate_Change.pdf> [last accessed 16 April 2012]

Stiglitz, J. (2000) 'What I learned at the world economic crisis', *New Republic*, April 2000.

Stiglitz, J. (2006) *Making Globalization Work*, London: Penguin.

Stockbridge, M. (2006) 'Agricultural Trade Policy in Developing Countries during Take-Off', Oxfam Research Reports, Oxford: Oxfam GB.

Stoddard, A., A. Harmer and V. DiDomenico (2009) 'Providing aid in insecure environments: 2009 update - trends in violence against aid workers and the operational response', Policy Brief 34, Humanitarian Policy Group, London: Overseas Development Institute.

Stott, P.A., D.A. Stone, and M.R. Allen (2004) 'Human contribution to the

European heatwave of 2003', *Nature* 432, 610-14.

Strauss-Kahn, D. (2010) 'Human Development and Wealth Distribution', Washington DC: IMF, <http://www.imf.org/external/np/speeches/2010/1101 10.htm>

STREAM (2004) 'System Requirement Report for Level 2 - National Management Institutions', Bureau of Fisheries and Aquatic Resources in the Philippines.

Stringfellow, R., J. Coulter, T. Lucey, C. McKone, and A. Hussain (1997) 'Improving the Access of Smallholders to Agricultural Services in Sub-Saharan Africa: Farmer Cooperation and the Role of the Donor Community', Natural Resources Perspectives No. 20, London: Overseas Development Institute (ODI).

Suarez, P. (2005) 'Predictions, decisions and vulnerability: theoretical explorations and evidence from Zimbabwe', in *Decision-Making for Reducing Vulnerability Given New Climate Predictions: Case Studies from Metro Boston and Rural Zimbabwe*, Boston University, April 2005, p.35, quoted in M. Jarman (2007) *Climate Change, Small Guides to Big Issues*, Oxford/London: Oxfam/Pluto Press, p.24.

Suarez, P. (2006) 'Combined Effect of Climate Change and HIV/AIDS on Subsistence Farmers in Monze District, Zambia', unpublished.

Swift, J. (undated) 'Pastoralism and Mobility in the Drylands', New York: United Nations Development Programme (UNDP).

Tax Justice Network (2005) 'The Price of Offshore', Tax Justice Network, <http://www.taxjustice.net/cms/upload/pdf/Price_of_Offshore.pdf>

Taylor, L. and von Arnim, R. (2007) 'Modelling the Impact of Trade Liberalisation: A Critique of Computable General Equilibrium Models', Oxfam Research Reports, Oxford: Oxfam GB.

Telford, J., J. Cosgrave, and R. Houghton (2006) 'Joint Evaluation of the

International Response to the Indian Ocean Tsunami: Synthesis Report', London: Tsunami Evaluation Coalition.

Tesfamichael, G.Y. (2005) 'In Africa, Just Help Us to Help Ourselves', *Washington Post*, 24 July.

Tilly, C. (1990) *Coercion, Capital and European States, AD 990-1990*, Oxford: Wiley Blackwell.

Times of India (2011) 'India's income inequality has doubled in 20 years' <http://timesofindia.indiatimes.com/india/Indias-income-inequality-has-doubled-in-20-years/articleshow/11012855.cms> [last accessed 16 April 2012].

Timilsina, G. and S. Mevel (2011) 'Biofuels and Climate Change Mitigation: A CGE Analysis Incorporating Land-Use Change', Policy research working paper, The World Bank, <http://www-wds.worldbank.org/servlet/WDSContentServer/WDSP/IB/2011/06/02/000158349_20110602160352/Rendered/PDF/WPS5672.pdf> [last accessed 16 April 2012].

Tomalin, E. (2007) 'Sociology, Religion and Development: Literature Review', Birmingham, UK: University of Birmingham.

Tyndale, W. (1998) 'Key Issues for Development: A Discussion Paper for the Contribution by the World Faiths Development Dialogue (WFDD) to the World Bank's World Development Report 2001', World Faiths Development Dialogue.

UK Department of Health (2005) 'Tackling Health Inequalities: Status Report on the Programme for Action', London: Department of Health.

UK Government (2006) 'System-Wide Coherence - A Vision for the United Nations', informal discussion paper.

UN (1994) 'Framework Convention on Climate Change (UNFCCC), Article 2 (Objective)', New York: United Nations.

UN (2004) 'A More Secure World: Our Shared Responsibility', Report of the UN High-Level Panel on Threats, Challenges and Change, New York:

United Nations.

UN (2005) 'The Inequality Predicament: Report of the World Social Situation 2005', New York: United Nations.

UN (2006) 'Report of the Secretary-General on International Migration and Development', May 2006, General Assembly, 60th Session, New York: United Nations.

UN (2006) 'The Millennium Development Goals Report', New York: United Nations.

UN (2006) 'World Economic and Social Survey 2006: Diverging Growth and Development', New York: United Nations.

UN (2006) 'Delivering as One', Report of the Secretary-General's High-Level Panel, 9 November.

UN (2007) 'The Millennium Development Goals Report', New York: United Nations.

UN (2007) 'The right to food', Note by the Secretary-General, A/62/289, 22 August.

UN Commission on Human Security (2003) 'Final Report of the UN Commission on Human Security', <www.humansecurity-chs.org/final report/index.html>

UN Department of Economic and Social Affairs (2004) 'The Impact of AIDS', <http://www.un.org/esa/population/publications/AIDSimpact/AIDSWebAnnounce.htm> [last accessed 16 April 2012].

UN Department of Economic and Social Affairs (2006) 'UN Report on the World Social Situation 2005: The Inequality Predicament', <www.un.org/esa/socdev/rwss/media%2005/cd-docs/fullreport05.htm> [last accessed 16 April 2012].

UN Department of Statistics (2011) 'The Millennium Development Goals Report 2011', New York: United Nations, <http://unstats.un.org/unsd/mdg/Resources/Static/Data/2011%20Stat%20Annex.pdf > [last accessed 16 April 2012].

UN OCHA (2007) 'Israeli-Palestinian Fatalities since 2000: Key Trends', <www.ochaopt.org>

UN OCHA (2007) 'The humanitarian impact on Palestinians of Israeli settlements and other infrastructure in the West Bank', <www. ochaopt.org>

UN OCHA/IDMC (2009) 'Monitoring disaster displacement in the context of climate change', United Nations Office for the Coordination of Humanitarian Affairs (OCHA) and the Internal Displacement Monitoring Centre (IDMC).

UN Women (2011) 'In Pursuit of Justice: Progress of the World's Women 2011-2012', New York: United Nations Women.

UNAIDS (2010) 'The global AIDS epidemic', Global Report Fact Sheet, Geneva: Joint UN Programme on HIV/AIDS, <http://www.unaids.org/en/media/unaids/contentassets/documents/factsheet/2010/20101123_FS_Global_em_en.pdf> [last accessed 16 April 2012].

UNAIDS (2010) 'UNAIDS Report on the Global Aids Epidemic', Geneva: Joint UN Programme on HIV/AIDS, <http://www.unaids.org/globalreport/Global_report.htm> [last accessed 16 April 2012].

UNAIDS and WHO (2007) '07 AIDS epidemic update', <http://data.unaids.org/pub/EPISlides/2007/2007_epiupdate_en.pdf> [last accessed 16 April 2012].

UNCTAD (2009) 'The Global Economic Crisis: Systemic Failures and Multilateral Remedies', Geneva: United Nations Conference on Trade and Development.

UNCTAD (2010) *World Investment Report 2010*, New York: United Nations Conference on Trade and Development.

UNCTAD (2011) *World Investment Report 2011*, New York: United Nations Conference on Trade and Development.

UNDP (2000) *Human Development Report 2000*, New York: United Nations Development Programme.

UNDP (2001) *Human Development Report 2001*, New York: United Nations

Development Programme.

UNDP (2002) *Human Development Report 2002*, New York: United Nations Development Programme.

UNDP (2004) 'Reducing Disaster Risk: A Challenge for Development', New York: United Nations Development Programme.

UNDP (2004) 'Unleashing Entrepreneurship: Making Business Work for the Poor', Commission on the Private Sector and Development, New York: United Nations Development Programme.

UNDP (2005) *Human Development Report 2005*, New York and Oxford: United Nations Development Programme and Oxford University Press.

UNDP (2006) 'China, Country Programme Document 2006-10', New York: United Nations Development Programme.

UNDP (2006) *Human Development Report 2006*, New York: United Nations Development Programme.

UNDP (2007) *Human Development Report 2007/2008*, New York: United Nations Development Programme.

UNDP (2008) *Human Development Report 2008*, New York: United Nations Development Programme. UNEP, 'Climate Change', <http://www.unep.org/tools/default.asp?ct=clim> [last accessed 16 April 2012].

UNEP and International Energy Agency (2002) 'Reforming Energy Subsidies', New York: United Nations Environment Programme.

UNESCO (2001) 'Barbed wire in the research field', <www.unesco.org/courier/2001_11/uk/doss14.htm> [last accessed 16 April 2012].

UNESCO (2007) 'EFA Global Monitoring Report 2007', New York: United Nations Educational, Scientific and Cultural Organisation.

UNESCO (2011) 'EFA Global Monitoring Report 2011', New York: United Nations Educational, Scientific and Cultural Organisation.

UNESCO (2011) *The hidden crisis: Armed conflict and education*, France: United Nations Educational, Scientific and Cultural Organisation.

UNFPA (2000) 'State of World Population 2000', New York: The United Nations Population Fund.

UNFPA (2005) 'State of World Population 2005', New York: The United Nations Population Fund.

UNFPA (2006) 'State of World Population 2006', New York: The United Nations Population Fund.

UNHCR (2002) 'Developing countries host most refugees, according to new statistical yearbook from UNHCR', press release, 8 November, <http://www.unhcr.org/3dcb9c314.html> [last accessed 16 April 2012].

UNHCR (2005) 'Asylum Levels and Trends in Industrialised Countries', New York: The Office of the UN High Commissioner for Refugees.

UNHCR (2006) 'Global Trends, UNHCR', New York: The Office of the UN High Commissioner for Refugees.

UNICEF (2011) 'The State of the World's Children 2011', New York: UNICEF <http://www.unicef.org/sowc2011/statistics.php> [last accessed 16 April 2012].

UNISDR (2004) 'Living With Risk: A Global Review of Disaster Reduction Activities', New York: United Nations International Strategy for Disaster Reduction.

University of California (2008) 'Rich nations' environmental footprint falls on poor', 22 January, <http://www.universityofcalifornia.edu/news/article/17184> [last accessed 16 April 2012].

US Department of Justice - Federal Bureau of Investigation (2006) 'Crime in the United States', US Department of Justice.

US Department of State (2011) 'Country Reports on Terrorism 2010', <http://www.state.gov/g/ct/rls/crt/2010/index.htm>

Usher, A. D. (2009) 'Dispute over pneumococcal vaccine initiative', *Lancet*, 374(9705): 1879-80.

Uvin, P. (2004) *Human Rights and Development*, Sterling VA: Kumarian.

van Bergeijk, P. A. G., A. de Haan and R. van der Hoeven (eds) (2011) *The Financial Crisis and Developing Countries: A Global Multidisciplinary Perspective*, Cheltenham, UK; Northampton, MA, USA: Edward Elgar.

Van Mulekom, L. (1999) 'An institutional development process in community based coastal resource management: building the capacity and opportunity for community based co-management in a small-scale fisheries community', *Ocean & Coastal Management,* 42: 439-56.

Vaux, T. and F. Lund (2003) 'Working women and security: Self Employed Women's Association's response to crisis', *Journal of Human Development* 4(2): 265-87.

Venkataramani, G. (2004) 'Mangroves can act as shield against tsunami', *The Hindu*, 28 December 2004, <www.hindu.com/2004/12/28/stories/2004122805191300.htm> [last accessed 16 April 2012].

Venton, C.C. (2010) 'Cost Benefit Analysis for Community Based Climate and Disaster Risk Management: Synthesis report', Tearfund and Oxfam America, <http://www.preventionweb.net/english/professional/publications/v.php?id=15116> [last accessed 16 April 2012].

Verschoor, A., A. Covarrubias, and C. Locke (2006) 'Women's Economic Empowerment: Gender and Growth', Research Report. Department for International Development (DFID).

Vorley, B. (2003) 'Food, Inc.: Corporate Concentration From Farm to Consumer', UK Food Group.

Wainwright, H. (2003) *Reclaim the State: Experiments in People's Democracy*, London: Verso.

Waldman, M. (2008) 'Community Peacebuilding in Afghanistan', Oxford: Oxfam International, pp. 17-19, <http://policy-practice.oxfam.org.uk/publications/community-peacebuilding-in-afghanistan-the-case-for-a-nationalstrategy-112364> [last accessed 16 April 2012].

WaterAid (2007) 'Global Cause and Effect: How the Aid System is Undermining the Millennium Development Goals', London: WaterAid.

Watt, P. (1999) 'Social Investment and Economic Growth: A Strategy to Eradicate Poverty', Oxford: Oxfam GB.

Watts, J. (2006) 'Wal-Mart backs down and allows Chinese workers to join union', *Guardian*, 11 August, <http://www.guardian.co.uk/business/2006/aug/11/china.supermarkets> [last accessed 16 April 2012].

Wells, D. (2006) 'Best Practice in the Regulation of International Labor Standards: Lessons of the US-Cambodia Textile Agreement', Hamilton ON: McMaster University.

Whitfield, L. and E. Jones (2007) 'Ghana, the Political Dimensions of Aid Dependence', Global Economic Governance Programme, University of Oxford.

WHO (2002) *World Health Report 2002: Reducing Risks, Promoting Healthy Life*, Geneva: World Health Organization.

WHO (2005) 'Immunisation Against Diseases of Public Health Importance', Fact Sheet No. 288, Geneva: World Health Organization.

WHO (2006) 'Cumulative Number of Confirmed Human Cases of Avian Influenza A/(H5N1) Reported to WHO', <www.who.int/csr/disease/avian_influenza/country/cases_table_2008_01_24/en/index.html> [last accessed 16 April 2012].

WHO (2006) *World Health Report 2006*, Geneva: World Health Organization.

WHO (2007) 'Lifetime Maternal Mortality Risk', from *Maternal Mortality in 2005*, Geneva: World Health Organization.

WHO (2007) 'Progress Towards Global Immunization Goals - Summary Presentation of Key Indicators', <www.who.int/immunization_monitoring/data/SlidesGlobalImmunization.pdf> [last accessed 16 April 2012].

WHO (2008) *Countdown to 2015: Tracking progress in maternal, newborn and child survival*, Geneva: World Health Organization, <http://www.

who.int/child_adolescent_health/documents/9789280642841/en/index.html> [last accessed 16 April 2012].

WHO (2008) 'Safer water, better health: Costs, benefits and sustainability of interventions to protect and promote health', Spain: World Health Organization.

WHO (2010) 'Maternal Mortality', Fact Sheet No. 348, Geneva: World Health Organization, <http://www.who.int/mediacentre/factsheets/fs348/en/index.html>

WHO (2010) *Trends in maternal mortality: 1990 to 2008*, Geneva: World Health Organization, <http://whqlibdoc.who.int/publications/2010/9789241500265_eng.pdf> [last accessed 16 April 2012].

WHO (2010) 'Tuberculosis', Fact Sheet No. 104, Geneva: World Health Organization, <http://www.who.int/mediacentre/factsheets/fs104/en/index.html> [last accessed 16 April 2012].

WHO (2011) 'Alcohol', Fact Sheet, Geneva: World Health Organization, <http://www.who.int/mediacentre/factsheets/fs349/en/> [last accessed 16 April 2012].

WHO (2011) 'HIV/AIDS', Fact Sheet No. 360, Geneva: World Health Organization, <http://www.who.int/mediacentre/factsheets/fs360/en/index.html> [last accessed 16 April 2012].

WHO (2011) 'Indoor air pollution and health', Fact Sheet No. 292, Geneva: World Health Organization, <http://www.who.int/mediacentre/factsheets/fs292/en/index.html> [last accessed 16 April 2012].

WHO (2011) 'Malaria', Fact Sheet No. 94, Geneva: World Health Organization, <www.who.int/mediacentre/factsheets/fs094/en/index.html> [last accessed 16 April 2012].

WHO (2011) 'Obesity and overweight', Fact Sheet No. 311, Geneva: World Health Organization, <http://www.who.int/mediacentre/factsheets/fs311/en/index.html> [last accessed 16 April 2012].

WHO (2011) 'The top 10 causes of death', Fact Sheet No. 310, Geneva: World Health Organization, <http://www.who.int/mediacentre/factsheets/fs310/en/index.html> [last accessed 16 April 2012].

WHO (2011) 'Tobacco', Fact Sheet No. 339, Geneva: World Health Organization, <http://www.who.int/mediacentre/factsheets/fs339/en/index.html> [last accessed 16 April 2012].

WHO: Global Health Observatory (2011) 'Child Health', Geneva: World Health Organization, <http://www.who.int/gho/child_health/en/> [last accessed 16 April 2012].

WHO: Global Health Observatory (Undated) 'Causes of child mortality for the year 2008', Geneva: World Health Organization, <http://www.who.int/gho/child_health/mortality/causes/en/index.html> [last accessed 16 April 2012].

WHO and UNICEF (2010) 'Progress on sanitation and drinking water, 2010 update', Switzerland: World Health Organization and UNICEF.

WHO, UNICEF and World Bank (2009) *State of the world's vaccines, and immunization*, 3rd edition, Geneva: World Health Organisation.

WHO, UNICEF, UNFPA and World Bank (2010) *Trends in Maternal Mortality: 1990 to 2008*, Geneva: World Health Organisation.

Wiggins, S. (2005) 'Southern Africa's Food and Humanitarian Crisis of 2001-04: Causes and Lessons', Discussion Paper, Agricultural Economic Society Annual Conference, Nottingham, April 4-6 2005.

Wiggins, S. with K. Higgins (2008) 'Pro-Poor Growth and Development', London: Overseas Development Institute (ODI).

Williamson, H. and M. Peel (2007) 'UK criticised for axing BAE probe', *Financial Times*, 18 July.

Williamson, J. (2003) 'The Washington Consensus and Beyond', *Economic and Political Weekly*, 38(15) (April 12-18): 1475-81.

Williamson, J., S. Griffith-Jones, and R. Gottschalk (2003) 'Should Capital

Controls have a Place in the Future International Monetary System?', paper prepared for a meeting of the International Monetary Convention held by the Reinventing Bretton Woods Committee, Madrid, May 2003, Brighton: Institute of Development Studies, University of Sussex.

Winder, R. (2003) 'A place of greater safety. "In the whole of the 19th century, not a single person was refused entry to the United Kingdom." Robert Winder on the human urge to roam around the globe', *New Statesman*, 7 April.

WMO (2006) 'Statement on the Status of the Global Climate in 2006', <www.wmo.ch/pages/themes/wmoprod/documents/WMO_1016_E.pdf> [last accessed 16 April 2012].

WMO (2011) 'WMO statement on the status of the global climate in 2010', Geneva: World Meteorological Organization, <http://www.wmo.int/pages/publications/showcase/documents/1074_en.pdf> [last accessed 16 April 2012].

Wolfson, L., Strebel, P., Gacic-Dobo, M., Hoekstra, E.J., McFarland, J.W. and Hersh, B.S. (2007) 'Has the 2005 measles mortality reduction goal been achieved? A natural history modelling study', *Lancet* 369(9557): 191-200.

Wood, B., Betts, J., Etta, F., Gayfer, J., Kabell, D., Ngwira, N., Sagasti, F., Samaranayake, M. (2011) 'The Evaluation of the Paris Declaration', final report, Aarhus: Danish Institute for International Studies.

Woods, N. (2006) *The Globalizers: The IMF, the World Bank and their Borrowers*, New York: Cornell University Press.

Woods, N. (2007) 'Global economic governance: a programme of reform', in D. Held and D. Mepham (eds.), *Progressive Foreign Policy*, Cambridge: Polity.

World Bank (2001) 'Commercialization and Mission Drift: The Transformation of Microfinance in Latin America', Washington DC: World Bank.

World Bank (2002) 'Country Assistance Strategy - Mexico 2002', Washington DC: World Bank.

World Bank (2003) 'Economies Perform Better in Coordinated Labor Markets', Press Release No. 2003/211/S, <http://go.worldbank.org /DCFCSPJL20> [last accessed 16 April 2012].

World Bank (2003) 'The Impact of Microfinance', donor brief, July 2003, Washington DC: World Bank.

World Bank (2003) *World Development Report 2004*, Washington DC: World Bank.

World Bank (2004) 'Saving Fish and Fishers: Toward Sustainable and Equitable Governance of the Global Fishing Sector', Washington DC: World Bank.

World Bank (2005) 'Economic Growth in the 1990s: Learning from a Decade of Reform', Washington DC: World Bank.

World Bank (2005) 'FDI Trends', *Public Policy for the Private Sector Journal*, September 2005, <http://rru.worldbank.org/documents/publicpolicyjournal/273palmade_anayiotas.pdf> [last accessed 16 April 2012].

World Bank (2005) 'Review Of World Bank Conditionality', Washington DC: World Bank.

World Bank (2005) *World Development Report 2006,* Washington DC: World Bank.

World Bank (2006) *Global Economic Prospects 2006,* Washington DC: World Bank.

World Bank (2006) 'Where is the Wealth of Nations? Measuring Capital for the 21st Century', Washington DC: World Bank.

World Bank (2006) *World Development Report 2007*, Washington DC: World Bank.

World Bank (2007) *Remittance Trends 2007,* Washington DC: World Bank.

World Bank (2007) 'State and Trends of the Carbon Market 2007', Washington DC: World Bank.

World Bank (2007) *World Development Indicators 2007,* Washington DC: World Bank.

World Bank (2007) *World Development Report 2008,* Washington DC: World Bank.

World Bank (2008) 'World Bank Updates Poverty Estimates for the Developing World', Washington DC: World Bank, <http://go.worldbank.org/C9GR27WRJ0>

World Bank (2011) *World Development Report 2011: Conflict, Security and Development*, Washington DC: World Bank.

World Bank (2012) 'Global Development Finance: External Debt of Developing Countries', Washington DC: World Bank, <http://data.worldbank.org/sites/default/files/gdf_2012.pdf>

World Bank (undated) 'Public Policy for the Private Sector', Note Number 314, Washington DC: World Bank.

World Food Programme (2007) 'The Changing Face of Famine', Rome: World Food Programme (WFP).

World Refugee Survey (2006) 'Table 3', <www.refugees.org/data/wrs/06/docs/refugee_and_asylum_seekers_worldwide.pdf> [last accessed 28 March 2012].

Worldwide Fund For Nature (WWF) (2010) 'Living Planet Report 2010: Biodiversity, biocapacity and development', Switzerland: WWF International, <http://wwf.panda.org/about_our_earth/all_publications/living_planet_report/> [last accessed 16 April 2012].

Wray, R. (2010) 'Parliament's last virtuous act: to stop vulture funds picking off the poor', *Guardian*, 11 April, <http://www.guardian.co.uk/politics/2010/apr/11/vulture-funds-banned-uk-courts > [last accessed 16 April 2012].

WTO (2006) *World Trade Report 2006*, Geneva: World Trade Organization.

WTO (2007) *World Trade Report 2007*, Geneva: World Trade Organization.

WTO (2011) *World Trade Report 2011,* Geneva: World Trade Organization.

책을 쓰는 데 도움이 된 논문들과 사례 연구들

서론

Barber, C. (2005) 'Notes on Poverty and Inequality'.

Beghin, N. (2008) 'Inequality and Poverty in Brazil: Current Situation and Challenges'.

Green, D. (2006) 'Equality, Inequality, and Equity: Where Do These Fit in the Poverty Agenda?'

King, R. (2007) 'Global Inequality'.

권력과 정치

Beall, J. and S. Fox (2007) 'Urban Poverty and Development in the 21st Century: Towards an Inclusive and Sustainable World', Oxfam Research Reports, Oxfam GB.

Caceres, E. (2007) 'Territories and Citizenship: the Revolution of the Chiquitanos in Bolivia'.

Cerdena, K.M. (2007) 'Indigenous People's Education: Mindanao, the Philippines'.

Ciconello, A. (2007) 'The Challenge of Eliminating Racism in Brazil: the New Institutional Framework for Fighting Racial Inequality'.

Ciconello, A. (2007) 'Social Participation as a Democracy-Consolidating Process in Brazil'.

Essoyan, C. (2007) 'Israel: The ADVA Center: an Equality and Social Justice NGO'.

Essoyan, C. (2007) 'The Centre for Trade Union and Workers' Services (CTUWS), Egypt'.

Fung, K. (2007) 'Oxfam Hong Kong's Advocacy Work on the Relocation of Rural Schools in China'.

Hine, C. and M. Cacace (2007) 'Armenia's Community-Based Healthcare

Programme'.

Hine, C. and M. Cacace (2007) 'Israel: Advocacy on Employment Issues for Arab Women'. 447

Horner, L. (2006) 'Democracy and Building Political Voice'.

Judeh, R. (2007) 'Capacity Building in Serbia: Roma Organisations'.

Mahmoud, O., S. Aikman, and M. Kamal-Yanni (2006) 'Essential Services Background Paper'.

Oxfam Australia (2007) 'Land Rights in Papua New Guinea'.

Oxfam Australia (2007) 'Natural Resources and Forestry in the Solomon Islands'.

Oxfam GB (2007) 'Social Spending Advocacy in Guatemala'.

Pandjiarjian, V. (2001), adapted by Sweetman, C. (2006) 'Campaigning on Reproductive and Sexual Rights: CLADEM and the African Women's Protocol'.

Sweetman, C. (2006) 'Change Models: What Worked to Gain Suffrage for Women?'.

Sweetman, C. (2006) 'How Title Deeds Make Sex Safer: Women's Property Rights in an Era of HIV'.

Sweetman, C. (2007) 'Women's Political Participation and Leadership'. van Tongeren, P. and M. Nahabedian (2007) 'The Georgian Young Lawyers Association (GYLA)'.

빈곤과 부

Borkenhagen, L. with N. Fenton (2006) 'Rural Realities, Now and in the Future'.

Chaudhry, P. (2007) 'Why Has Viet Nam Achieved Growth with Equity, and China Hasn't?'.

Gaye, M. (2006) 'Agricultural Reforms and Rural Poverty: The Case of the Peanut Industry in Senegal'.

Hine, C. and M. Cacace (2007) 'Rebuilding the Co-operative Ethic in Albania'.

Hine, C. and M. Cacace (2007) 'Russia: Economic Marginalisation'.

Kidder, T. and M.S. Smiaroski (2006) 'Decent Work'.

Le Quang, B. (2006) 'What Has Made Viet Nam a Poverty-Reduction Success Story?'.

Raworth, K., S. Dhanarajan, and L. Wren-Lewis (2006) 'The Private Sector and Poverty Reduction'.

Raworth, K. and L. Wren-Lewis (2006) 'Private Sector Case Studies: How the Biggest Supermarket in Africa Started Buying Locally Grown Vegetables in Zambia'.

Stockbridge, M. (2007) 'Agricultural Trade Policy in Developing Countries During Take-off', Oxfam Research Reports, Oxfam GB.

Sweetman, C. (2006) 'Feminist Economics'.

Taylor, L. and R. von Arnim (2007) 'Modelling the Impact of Trade Liberalisation: A Critique of Computable General Equilibrium Models', Oxfam Research Reports, Oxfam GB.

Tórrez, B. (2007) 'Building Advocacy Capacity and Labour Rights in the Garment Industry in Honduras (CODEMUH)'.

van Mulekom, L. (2007) 'Reflections on Community-Based Coastal Resources Management (CB-CRM) in the Philippines and South-East Asia'.

Vinuales, D. (2007) 'Market Access for Indigenous Women Producers in Guatemala'.

인간 안전

Cairns, E. (2006) 'Security Background Paper'.

Coulibaly, M. (2007) 'From Moratorium to a Convention on Small Arms: A Change in Politics and Practices for the 15 Member Countries of the Economic Community of West African States (ECOWAS)'.

Doran, A. (2006) 'Private Sector Microfinance'.

Fried, M. (2007) 'Somaliland: Local Resources for Development'.

Goulet, L. (2007) 'Ethiopia: The ABCD Project'.

Grootenhuis, F. (2007) 'Community Recovery Grants Supporting Gotong Royong in Indonesia'.

Henderson-Andrade, N. (2006) 'Health Risks'.

Hine, C. and M. Cacace (2007) 'Yemen: Advocacy on Violence Against Women'.

MacAuslan, I. (2007) 'India's National Rural Employment Guarantee Act: A Case Study for How Change Happens'.

Ng, D. (2007) 'The All Ukraine Network of People Living With HIV (PLWH)'.

Oxfam GB (2007) 'Haiti: Community Information Campaigns for Disaster Risk Reduction'.

Oxfam GB (2007) 'Justice for Maria: Violence against Women in Guatemala'.

Turnbull, M. with E. Smith and D. Walker (2006) 'From Vicious Spirals of Vulnerability to Virtuous Spirals of Disaster Risk Reduction'.

Vinuales, D. (2007) 'Nicaragua: A Tool Against Climate Change - and Hurricanes'.

국제 시스템

Barber, C. (2006) 'The Logic of Migration'.

Fenton, N. (2005) 'Aid and Middle-Income Countries'.

Fraser, A. (2006) 'International Finance Background Paper'.

Hill, A. (2006) 'Environment and Climate Change'.

Kimmis, J. (2005) 'Financial Markets and Developing Countries'.

King, R. (2007) 'Carbon Dioxide Emissions, Technology, and Economic Growth'.

Mulley, S. (2006) 'Global Governance'.

Prasopa-Plaizier, M. (2006) 'Improving the Provision of Humanitarian Assistance in Major Crises'.

■ 용어풀이

책무성 Accountability 권력이 책임감 있게 사용되는 방식. 인도주의적 문맥에서, 책무성은 원조 수혜자들의 책임을 지고 그들에게 책임감을 지우는 것을 포함한다.

능동적 시민권 Active Citizenship 개인과 국가를 연계시키는 의무와 권리의 조합으로서 이는 세금을 내고, 법에 복종하며, 정치적, 시민적 사회적 권리를 행사하는 것을 포함한다. 능동적 시민들은 종종 집단적 행동을 통하여 정치적이거나 시민적 삶의 권리를 향상시키기 위한 그들의 권리를 사용한다.

항레트로바이러스제 Antiretrovirals 주로 HIV와 같은 레트로바이러스를 치료하는 데 필요한 약품들. HIV 주기에 따라 다양한 3~4개의 약품 조합으로 항레트로바이러스제들이 사용된다.

바이오 연료 Biofuels 일반적으로는 옥수수, 사탕수수나 유채와 같은 것들이 바이오 경유나 휘발유와 섞을 때 혼합되는 바이오 에탄올을 만드는 데 사용된다. 바이오 연료는 처음에는 화석 연료의 '녹색' 대체재로 각광을 받았으나 연료용 작물을 심는 것 그 자체로 환경에 나쁜 영향을 미치고 또한 식량 생산에도 심각한 문제를 발생시킨다는 증거가 있다.

자본 계정의 자유화 Capital Account liberalisation 자본의 국제적 흐름에 대한 정부의 간섭을 배제하는 것으로서 성장과 효과성을 배가하기 위하여 IMF와 세계은행과 같은 기구들이 많은 개발도상국 정부에 추천을 하는 정책이다. 그러나 많은 경우 이는 금융 시장에서 불안정성과 유동성을 가져왔다.

탄소 거래 Carbon Trading 두 가지 주요 탄소 거래가 있다. 첫째는 배출 거래 혹은 배출권 거래제로서 정부들이 특별한 산업 부문의 배출에 상한을 제시하고 기업들은 주어진 배출권을 거래하는 것이 허용된다. 또 하나는 탄소 차감상품 거래인데 이것은 배출에 상한이 있는 경제 외부의 프로젝트에서 탄소 배출량을 줄이는 것을 포함한다.

비교 우위 Comparative Advantage 19세기 경제학자 데이비드 리카르도David Ricardo가 발전시킨 이론으로서 국가는 비교적 효과적으로 생산할 수 있는 상품만을 생산함하고 그 상품을 다른 국가들과 무역을 함으로써 더 큰 부를 축적할 수 있다.

부패 Corruption 부패는 주어진 권력을 사적인 이익을 위해 남용하는 것이다. '필요에 의한 부패'는 급여가 낮은 정부 관료들에 의해 벌어지는 작은 규모의 부패를 의미하고 '욕구를 위한 부패'는 큰 범위에서 조직적으로 일어나는 부패로서 고위급 관료, 정부 혹은 초국적 기업을 포함한다.

창조적 파괴 Creative destruction 경제학자 조셉 슘페터Joseph Schumpeter가 그의 1942년 작 자본주의, 사회주의 그리고 민주주의Capitalism, Socialism and Democracy에서 사용하여 대중화시킨 용어로서 급진적인 혁신을 이끄는 변화와 변동을 가리킨다. 이 개념에 의하면, 기업가들은 경제 성장을 자극하는 데 대단히 중요한 역할을 한다.

부채/금융 위기 Debt/financial crisis 여러 가지 형태로 나타난다. 예를 들어, 빈곤국 정부들은 감당할 수 없는 부채를 채권국이나 국제 금융 기관에 가질 수 있고, 중진국에서 민간의 막대한 채무 불이행은 경제를 불안정화 시킬 수 있고, 정부가 공공이나 민간 채권자에게 부채를 갚을 수 없을 수도 있다. 첫 번째 경우는 전형적인 만성 문제인 부채 위기이고 두 번째의 경우 두 가지 모두 자본 시장과 관련된 갑작스럽게 나타나는 위기인 금융 위기이다.

덤핑 Dumping 국제 무역에서 정부나 한 국가의 제조사가 다른 국가에 자국 시장보다 낮은 가격에 수출을 하거나 생산가보다 낮은 가격에 판매를 할 때를 가리킨다. 덤핑 행위는 국제 무역을 왜곡하고 빈곤 국가들의 생산자에게 피해를 준다.

효과적 정부 Effective state 안전과 법치를 보장하고 포괄적인 경제 성장을 보장하는 효과적인 전략을 시행할 수 있는 국가이다. 이러한 국가는 시민들에 대한 책임을 지고 그들의 권리를 보장할 수 있다.

수출 가공 지구 Export processing zone 개발도상국에서 외국의 투자를 끌어들이려는 목적으로 세금, 관세, 관료주의로부터 자유로운 특별 경제 혹은 자유 무역 지구이다. 비록 수출 가공 지구가 이러한 목적에서 성공하는 경우가 있을지라도 규제가 없어 낮은 임금과 노동자 환경의 문제가 생기기도 한다.

공정 무역 Fairtrade 공정무역 상품은 FAIRTRADE 마크를 다는데 이 마크는 이 상품이 공정무역 라벨 기구Fairtrade Labelling Organization에 의해 국제적 사회, 경제, 환경 기준을 충족시킨 것이라는 확인을 의미한다. 최소 가격이 사전에 생산자에게 지급이 되어야만 하고 부가 수익은 지역 발전을 위해 써져야만 한다.

유연한 노동 Flexible Labour '유연성'은 때로 휴직이나 노동 시간 측면에서 노동자들에게 혜택을 주지만, 더 일반적으로는 낮은 임금, 임시 계약, 열악한 노동 조건 그리고 노동권에 대한 인정 부재를 포함하고 있다. 또한, 이는 직원의 고용과 해고를 쉽게 해 준다.

자유무역협정 Free trade agreement 양자적 혹은 지역적 무역 협정으로서 무역과 투자의 관세와 규정을 줄이는 것이다. 자유무역협정은 특히 한쪽이 개발도상국이고 다른 한쪽이 강한 선진국이거나 무역 블록일 경우, 시장 접근성, 관세, 지식재산권에서 참여자 간 권리와 혜택의 중요한 불균형을 가질 수 있다.

전체비용회계 Full-cost accounting 상품과 서비스의 실제 비용을 반영한 가격으로써 제조, 유통 그리고 환경적 영향을 포함한다. 또한, 이는 대부분은 여성이 감당하는 비임금 노동 경제의 가치로 계수한다.

복제약 Generic medicine 특허권으로 더 이상 보호받지 못하는 복제 의약품. 복제약은 오리지널 약과 동일한 성품을 포함하지만 동일한 제제製劑는 아니다. 복제약은 오리지널 약보다 가격이 싼데 그 이유는 제조자가 신약과 관련된 연구 개발 비용을 부담하지 않으며 일단 특허권이 소멸되면 제조사 간의 경쟁이 시장 가격을 낮추기 때문이다.

녹색혁명 Green Revolution 1960년대와 70년대 아시아에서의 농업 생산성의 높은 상승을 가리킨다. 신종 쌀과 밀, 화학 비료의 사용, 도로와 같은 인프라 구축, 국가의 관개시설 투자, 안정적인 곡물 가격 유지를 위한 새로운 기관 설립에 기반을 둔 기술적 혁신이 녹색혁명을 가져왔다.

HIV와 AIDS 인간 면역 부전 바이러스 Human immunodeficiency virus는 바이러스이고 후천성면역결핍증 AIDS은 HIV 감염의 마지막 상태에서 발전할 수 있는 기회감염 opportunistic infections 증상이다. HIV 자체로 인해서는 사망하지 않는다. 사실 HIV 양성 반응을 보이는 많은 사람들이 비교적 일반적인 생활을 하고 오랫동안 AIDS로 발전하지 않는다.

국제 금융 기관 International financial institutions 세계은행, 국제 통화 기금 그리고 여타 지역 개발 은행과 같은 초국가 금융 기관을 의미한다.

케인즈 경제학 Keynesian economics 영국 경제학자 존 메이너드 케인즈 John Maynard Keynes(1883~1946)에 기반을 둔 경제 이론. 케인즈는 국가와 민간 영역이 함께 중요한 역할을 감당하는 혼합 경제를 진작시켰다.

소액 금융 Microfinance 가난한 이들이 신용 대출, 보험, 저축, 송금 등을 할 수 있도록 함으로써 빈곤을 감소시키려는 금융 서비스이다. 소액금융은 지역 공동체 구성원 사이에서 공동체 차원에서 조직될 수 있고 또는 더 공식적으로는 NGO나 소액 금융 기관이 서비스를 제공할 수도 있다.

완화 Mitigation 기후 변화를 언급할 때 '이주'는 해로운 온실가스의 배출량을 줄이는 것을 의미한다. 자연재해를 논할 때 이 말은 재해의 가능한 영향을 줄이는 것을 의미한다.

신고전 경제학 Neoclassical economics 세계은행과 국제통화기금과 같은 기관들이 자주 주장하는 경제 접근으로서 실리와 이윤을 극대화하기 위하여 개인의 능력에 대한 수요와 공급을 이용한다. 수학 모델에 기초한 신고전 경제학은 종종 실제 세계에서의 복잡한 인간 행동을 설명하는 데는 실패한 가설에 의존한다는 비판을 받는다.

유목 Pastoralism 유목 농업은 유목민들의 주요 수익원인 소, 낙타, 염소, 양과 같은 동물들을 기르는 것에 기반을 둔다. 유목은 세계의 여러 부분에서 많은 형태로 나타나지만, 일반적으로는 계절과 환경적 조건에 따라 물과 신선한 초지를 찾아 유목(때로는 아주 먼 거리)하는 이동적 측면을 포함한다.

송금 remittance 해외에서 이주민 노동자들이 고향의 가족들에게 보내는 돈이다. 송금은 발전도상국의 경제에 중요한 기여를 한다.

권리에 기반을 둔 접근 Right based approach 국가와 시민 사이의 '사회적 계약'을 구축하기 위한 목적으로 경제적 권리, 사회적 권리, 정치적 권리 그리고 시민권을 포괄한 인간 개발의 접근이다. 모든 인간이 동일한 존엄성과 가치 그리고 천부의 권리를 가지고 있지만 동시에 자신의 공동체에 대한 책임을 지고 있다는 개념이 그 핵심에 있다.

중소규모 기업 small and medium sized enterprises 개발도상국에서 중소규모 기업들은 초국가 기업들보다도 가난한 이들을 고용하고 지역과의 관계를 구축하는 데 훨씬 더 큰 역할을 한다.

사회적 자본 social capital 정치적 혹은 시민 단체와 같은 기관이나 개인들의 비공식적 네트워크를 포함한 사회적 자산이다. 여기에는 교회와 같은 공식적 단체의 회원, 신뢰 관계, 교환, 호혜성이 포함된다.

사회적 보호 social protection 두 가지로 구성되어 있다. 사회적 지원은 자원을 취약한 그룹에 연금, 자녀 보육비 등의 형태로 지원하지만 사회 보험은 개인과 가계들이 서로 자원을 공유함으로써 자신을 위험으로부터 지키게 한다.

구조조정프로그램 structural adjustment programme 1980년대와 1990년대 구조조

정프로그램은 많은 개발도상국 정부와 세계은행 그리고 국제통화 기금 간에 합의가 되었다. 경제 지원을 받기 위해 국가들은 종종 사회적 서비스와 산업이나 농업 부문을 발전시킬 자신의 능력을 약화시키는 경제 재구조화를 받아들이도록 압박을 받았다.

지속가능한 발전 sustainable development 1987년 브룬틀란 보고서는 '미래세대의 가능성을 제약하는 바 없이, 현세대의 필요와 미래 세대의 필요가 만나는 것'이라고 정의하였다.

교역 조건 terms of trade 원자재와 제조된 상품과 같은 서로 다른 상품 간의 교환율을 표시하는 경제 용어이다. 예를 들어 트럭 한 대를 사기 위해 필요한 커피 자루의 수나 석유 배럴과 같은 것이다.

이전가격 Transfer pricing 초국가 기업들이 세금을 최소화하고자 이용하는 전략이다. 이것은 특별 관할권 내에서 세금의 양을 줄이려는 목적으로 계열사 내 거래에 지나치게 많은 비용을 청구하거나 지나치게 싸게 거래하는 것을 포함한다.

취약성 Vulnerability 가족의 죽음, 환자, 강도, 소개, 일자리를 잃거나 작물의 손실과 같은 개인적 스트레스 혹은 전체 공동체에 영향을 끼치는 가뭄이나 분쟁과 같은 주요 사건들을 다루려는 공동체나 가계의 역량이 줄어든 상태

벌처펀드 vulture fund 개발도상국 정부의 부채를 낮은 가격에 사들이고 정부에 소송을 걸어 이자를 포함하여 전체 금액을 받아 내려 한다.

워싱턴 합의 Washington Consensus 1980년대와 1990년대 경제학자, 정치인, 세계은행과 국제 통화 기금과 같은 기관들이 합의한 경제적 통념. 개발도상국들은 자신의 경제적 문제를 인플레이션을 억제하고 국가의 권력을 약화시키며 시장의 권력에 제한을 가하지 않음으로써 해결할 수 있다고 주장하였다. 이는 시장의 자유화와 구조조정 프로그램의 시행을 가져와 종종 개발에 부정적 영향을 미치었다.

찾아보기

용어색인

➡ ㄱ

가나 ·· 134, 481
가족계획 ·· 63
강한 의미의 법 ······································· 495
개발 도상 경제 ······································· 226
개발 원조 위원회Development Assistance Committee
··· 484
경제 동반자 협정Economic Partnership Agreement
··· 413
경제동반자협정Trans-Pacific Partnership Agreement
··· 423
경제적 권리 ·· 106
공공 서비스 ······································ 55, 56
공공화 캠페인 ······································· 118
공산주의 ·· 104
공정 무역 ··· 181
과테말라 ··· 87
관세 및 무역에 관한 일반 협정
    General Agreement on Tariffs and Trade ······· 409
교육 ··· 56, 58
교토 의정서 ··· 403
구조 조정structural adjustment ···················· 381
구조 조정 계획 ··· 18
구조 조정 참여 평가 위원회
    Structural Adjustment Participatory Review ····· 382
국가 ·· 19
국가 농촌 고용 보장 법안National Rural
    Employment Guarantee Act ························· 283
국가 마케팅 보드 ·································· 383
국제 개발 기금Development Finance International
··· 457
국제 금융 회사International Finance Corporation(IFC)
··· 287

국제 농업 연구 자문 그룹Consultative Group on
    International Agricultural Research(CGIAR) ····· 186
국제 이주 기구International Organization for
    Migration ·· 434
국제 인권 시스템 ····································· 37
국제 통화 기금 IMF ······························· 378
국제개발부 DFID ··································· 361
국제노동기구 ··· 201
국제상거래에서 외국 관료에 대한 뇌물 협약
    International Business Transactions OECD Convention
    on Bribery of Foreign Officials ················· 443
국제식량농업기구(FAO) ····················· 275
국제투명성기구 ···································· 114
국회 ··· 109, 110
권력 ··· 39, 40, 41
권리 ··· 34, 37, 38
그라민 은행 ··· 287
그리스 ··· 104
근대적 법률 ··· 101
급성 호흡기 증후군 ······························ 299
긍정적 여성 네트워크Positive Women's Network
··· 298
기술 ·· 75
기아 ·· 293
기업 ·· 222
기후 변화 ······································· 329, 527
기후 변화 정부 간 패널Intergovernmental Panel
    on Climate Change ···································· 527
기후 변화에 대한 정부 간 패널
    Intergovernmental Panel on Climate Change ··· 330

➡ ㄴ

나이지리아 ············· 49, 54, 115, 127, 176
    239, 353, 363, 393
남남 투자 ··· 226

남미비아 278
남수단의 해방군Liberation Army 361
남아공 43, 52, 65, 94, 95, 127, 130 198, 226, 234, 272, 273, 276, 278, 280, 292 296, 356, 420, 438, 459
남한 104, 119, 125, 133, 144
네덜란드 380, 441
네팔 104, 407
노동 권리 442
노동자 정당Partido dos Trabalhadores 110
노르웨이 117, 170, 395, 438
녹색혁명 168
뉴질랜드 104
능동적 시민 18, 118, 124
능동적 시민권 17, 18, 28, 29
니카라과 12, 368, 465

➡ ㄷ

대기업 225
대만 17, 104, 108, 159, 232
대처리즘Thatcherism 381
덴마크 380
도미니크 공화국 216
도하 라운드 414

➡ ㄹ

랑도 위원회Landau Commission 403
러시아 232, 316, 459, 519
레바논 106
레소토 65, 205
레이건노믹스Reaganomics 381
록비카스 사마직 산스타Lokvikas Samajik Sanstha 211
루마니아 113
르완다 109, 115, 134
리베리아 317

➡ ㅁ

마다가스카르 439
마리아 엘레나 콰드라 운동Maria Elena Cuadra Movement(MEC) 212
마우리투스 17
마우리티우스 133
마케팅 178
마케팅 위원회 182
말라위 121, 179, 185, 263, 277, 327, 452
말레이시아 174, 226, 232, 246
말리 290
멕시코 68, 97, 203, 278, 292, 412, 428
멩기스투 395
모든 이를 위한 교육Education for All 58, 468
모든 이주노동자와 그 가족의 권리 보호에 관한 국제협약International Convention on the Protection of the Rights of All Migrant Workers and Members of their Families 427
모로코 90
모리셔스 216, 253
모잠비크 134, 319, 321, 357
몰디브 318, 330
무다와나Moudawana 90
문화적 권리 106
물 60, 61, 62
물화reification 89
미국 53, 106, 115, 119, 159, 184, 187 198, 230, 247, 292, 407, 428
민영화 142, 240, 383
민주주의 104, 105, 106, 107, 108, 109
민주화 104
믿음 51
밀레니엄 개발 목표Millennium Development Goals 491

➡ ㅂ

바루키스탄 105
바이오 연료 172, 173, 174, 188
바티칸 53
방글라데시 12, 74, 104, 163, 197 203, 208, 233, 317, 406, 407, 465
방글라데시 농촌 발전 위원회Bangladesh Rural Advancement Committee 322

배출권 거래제cap and trade ··················· 540
배출권 거래제Emission Trading Scheme ······· 539
백신과 예방을 위한 세계 연대Global Alliance
    for Vaccines and Immunization(GAVI) ·········· 309
벌처 펀드Vulture Find ························· 393
베네수엘라 ···································· 459
베트남 ········ 12, 49, 134, 157, 245, 277, 465
보츠와나 ········ 17, 125, 133, 232, 246, 253
    278, 481
볼리비아 ······· 73, 98, 99, 117, 131, 149, 179
    465
볼사 파밀리아Bolsa Familia ···················· 273
부룬디 ·· 106
부르키나파소 ························ 158, 177, 290
부패 ····························· 113, 114, 115, 118, 443
북아일랜드 ···································· 356
분권화 ······························· 131, 132, 133
분쟁 ··· 358
불가리아 ····································· 519
불리비아 치키타노 ··························· 43
불평등 ········ 4, 5, 6, 7, 15, 59, 61, 71, 98, 175
    237, 358
브라질 ······ 57, 67, 79, 99, 110, 127, 131, 132
    134, 232, 273, 276, 280, 323, 459
브레턴우즈 ··································· 379
브룬트란트 보고서Brundtland Report ·········· 148
비아 캄페시나Via Campesina ··················· 88
빅 푸시big push ································ 454
빈곤 ····························· 9, 10, 11, 14, 38
빈곤 발자국 ································ 225
빈곤에 대항하는 지구 행동Global Call to
    Action against Poverty ···················· 391
빈곤을 과거의 것으로Make Poverty History
    ··· 391
빌 & 멜린다 게이츠 재단Bill & Melinda
    Gates Foundation ······················ 459
빌리탈Bilitaal ································· 347

➡ ㅅ

사우디아라비아 ······························· 459

사회 감시Social Watch ························· 88
사회적 계약 ·································· 126
사회적 권리 ·································· 106
새천년개발계획Millennium Development Goals
    ······························ 11, 58, 352, 455
생산적 안전망 프로그램 ···················· 273
서비스 ······································· 55
성장과 개발 위원회Commission on Growth and
    Development ···························· 237
세계 교육 캠페인the Global Campaign for Education
    ··· 59
세계 기후 연대Global Climate Coalition ····· 545
세계 사회 포럼World Social Forum ············· 88
세계무역기구 ·········· 246, 409, 410, 413, 419
세계여성회의World Conference on Women ···· 493
세계은행 ·········· 96, 113, 133, 149, 171, 182
    183, 203, 246, 262, 274, 368, 378, 381, 383
    384, 386, 477, 483
세계인구개발회의International Conference on
    Population and Development ·············· 493
세계화 ·· 4
세네갈 ······································ 290
소극적 권리 ································· 35
소득 빈곤 ································ 11, 12
소말리아 ················ 84, 134, 295, 517
소말릴란드 ·································· 134
소비에트 연방 ······························· 105
소유권 ··································· 98, 99
소유권리 ···································· 97
수단 ·· 236
수직적 불평등 ································ 8
수평적 불평등 ································ 8
스리랑카 ···························· 60, 66, 318
스리마 마힐라 사미티Sreema Mahila Samity(SMS)
    ··· 338
스코틀랜드 ································· 391
스톡홀름 복원력 센터Stockholm Resilience Centre
    ··· 151
스페인 ······································ 104
슬로바키아 ·································· 519

658 | 빈곤과 권력

시민 ·· 19
시민 조직 ·· 81
시민사회조직 ···································· 80, 81, 86
시에라리온 ···························· 3, 116, 365, 395
시장 ··· 108
식량 가격 상승 ··· 575
신 이슬람 가족법a new Islamic Family Code ·· 90
신고전주의 ······································ 142, 143, 155
신고전주의 경제학 ······················ 153, 238
신의 저항군Lord's Resistance Army ············ 360
실업자 ·· 195
싱가포르 ·· 232

➡ ㅇ
아드바 센터Adva Centre ······························ 87
아렌AREN ·· 347
아르메니아 ·· 65, 72
아르헨티나 ································ 106, 438
ILO ·· 218, 219
아이티 ································ 316, 327, 365, 514
아파타이트 ··· 130
아프가니스탄 ········· 106, 134, 318, 322, 357
   481, 514
아프리카 고위급 위원회High-Level Africa
   Commission ·· 278
아프리카 녹색혁명 연대Alliance for a Green
   Revolution in Africa(AGRA) ···················· 169
아프리카 농업 개발 프로그램
   Comprehensive Africa Agriculture Development
   Programme(CAADP) ································ 184
안전 ··· 268
안정화stabilization ································ 381
알제리 ·· 106
앙골라 ································ 116, 357, 365
약한 의미의 법 ·· 495
어촌 공동체 ································ 191, 192
AIDS ················ 14, 52, 56, 72, 102, 158, 264
   272, 278, 299, 300, 302, 303, 304, 305, 309
   313, 419, 420, 421, 452, 465
HIV ··········· 14, 52, 56, 72, 75, 76, 86, 98, 102

158, 263, 264, 299, 300, 301, 302, 303, 304
   307, 311, 312, 419, 420, 421, 422, 465
ARV ··· 304, 312, 313
IMF ·· 379, 381, 383, 384, 385, 386, 476, 477
SARS ·· 299
에콰도르 ······························· 73, 163, 395
에티오피아 ·············· 134, 177, 273, 346, 395
에티오피아인 ··· 275
엘리트 ··· 49
엘살바도르 ································ 134, 290
여성 권리에 대한 아프리카 연합 조약
   African Union Protocol on the Rights of Women
   ··· 494
여성 활동가 연맹Union de l'Action Feminine ·· 90
여성에 대한 모든 형태의 차별 철폐 협약
   Convention on All Forms of Discrimination
   Against Women ·· 354
여성을 포함한 개발 활동 계획Plan of Action
   for the Integration of Women in Development ·· 91
여성의 노동 ··· 196
여성차별철폐협약Convention on the Elimination of
   All Forms of Discrimination against Women ·· 492
영국 ································ 114, 428, 441
예멘 ··· 128
예멘 여성 연대(YWU) ··························· 128
오스트레일리아 ································ 106, 345
오스트리아 ··· 96
온두라스 ·· 12
온실 개발 권리 체계Greenhouse Development
   Rights Framework ································ 537
온실가스 ·· 529
외채 과다 최빈국을 위한 외채 경감 계획
   Heavily Indebted Poor Countries Debt Reduction
   Initiative(HIPC) ··· 390
우간다 ········ 60, 117, 134, 179, 261, 346, 353
우루과이 ································ 115, 125
우루과이 라운드 ····································· 440
우크라이나 HIV와 AIDS 감염자 네트워크
   All Ukraine Network of People Living with HIV
   and AIDS ··· 302
UN 기후 변화 협약UN Framework Convention

찾아보기 | 659

on Climate Change ············ 528, 530
UN 세계 기후 기구UN World Meteorological
　Organization ························ 544
워싱턴 합의Washington Consensus ······· 121, 240
　381, 382
원조 ························· 452, 453, 455
원조 효과성에 대한 파리 선언Paris Declaration
　on Aid Effectiveness ··················· 468
위조품거래방지협정Anti-Counterfeiting Trade
　Agreement ························ 423
유고슬라비아 ······················ 106
유교주의 ························· 125
이란 ··························· 49, 53
이스라엘 ························· 366
EU 환경 계획 EU Environment Programme ····· 544
이주 ···························· 427
이집트 ····················· 12, 292, 395
이탈리아 ······················ 115, 428
인간 개발 ·························· 37
인간 개발 보고서Human Development Report
　······························· 150, 268
인간 안전 ························· 268
인도 ·· 49, 64, 70, 99, 127, 131, 132, 150, 192
　211, 233, 241, 318, 337, 412, 419, 424, 459
인도네시아 ············ 49, 82, 126, 127, 163
　174, 239, 246, 326, 359
일반 예산 지원General Budget Support ········ 472
일본 ··························· 247

➡ ㅈ
자메이카 ························ 395
자본 계정 자유화capital account liberation ···· 397
자연재해 ························· 315
자영업 여성 연합Self Employment Women's
　Association ·············· 212, 213, 275
자유 무역 협정 ····················· 412
자유 시장 접근법인 구조조정 프로그램
　Structural Adjustment Programmes(SAPs) ····· 159
자유 아체 운동Free Aceh Movement ·········· 369
자유주의 ························· 144

자유화 ························· 142
자이르 ···················· 36, 115, 119
잠비아 ················ 230, 277, 383, 393
장하준 ······················ 108, 133
재분배 ······················· 7, 16, 133
재산권 ························ 94, 102
적극적 권리 ······················· 35
적정 기술 ························· 77
전쟁 ··························· 360
전체비용회계Full Cost Accounting ············ 148
전통적 법률 ······················ 101
전환 경제 ························ 226
정당 ······················· 110, 111
정보에 대한 접근 ···················· 71
조세피난처 ······················ 393
조지아 ······················ 115, 521
조지아 청년 법조인 연맹Georgian Yougn Lawyers'
　Association ························ 82
종교 ···························· 50
종교간의 협력 ····················· 51
종합 지원과 자원봉사 조직General Assiatance
　and Volunteer Organiation(GAVO) ········ 84
중간 소득 국가 ······················ 5
중국 ····· 49, 65, 144, 149, 150, 203, 232, 233
　236, 245, 248, 249, 412, 459
중소규모 기업 ············· 221, 222, 223
중앙아프리카 공화국 ·················· 514
지뢰 금지 협약Mine Ban Treaty ·········· 524
지속 가능한 개발 ··················· 148
지속가능성 ······················· 145
지속가능한 성장 ···················· 249
지식 재산 ···················· 415, 417
지식 재산 권리intellectual property rights ········ 78
지식재산권 ······················ 408
짐바브웨 ·········· 49, 100, 102, 277, 297
집단적 권리 ······················· 35

➡ ㅊ
차드 ··························· 200
차별 ···························· 38

청정개발체계Clean Development Mechanism ·· 539
체코 공화국 ·································· 114
초국적 기업 ································· 233
초등 교육 ···································· 107
취약계층 발전을 위한 소득 증대 프로그램
　Income Generation for Vulnerable Group
　Development(IGVGD) ····················· 280
취약성 ························· 265, 267, 285
취약성 평가 위원회Vulnerability Assessment
　Committees(VACs) ·························· 296
치료 행동 캠페인Treatment Action Campaign(TAC)
　································· 312, 420
치키타노 ······································· 98
칠레 ············· 36, 108, 114, 130, 134, 163, 198
　203, 204, 246

➡ ㅋ
카자흐스탄 ···································· 66
캄보디아 ············ 99, 114, 290, 357, 407, 465
케냐 ··········· 59, 102, 106, 162, 199, 343, 346
　473
케인즈 경제학 ······························· 153
케인즈주의 ·································· 142
코스타리카 ··························· 159, 216
코피아난 ····································· 323
콜롬비아 ················ 131, 162, 198, 204, 365
　424, 517
콩고 민주 공화국 ········· 116, 119, 134, 356,
　359, 513, 514, 519
쿠바 ··· 322
키르기스스탄 ································ 274
키리바티 ···································· 330

➡ ㅌ
타지키스탄 ·································· 334
탄소 거래 ··································· 543
탄자니아 ················ 110, 134, 228, 344, 346
탈동조화decoupling ·························· 150
태국 ··· 164
테러 ··································· 521, 522

토빈세Tobin Tax ······························ 404
토지 없는 노동자 운동Landless Workers Movement
　·· 79
투발루 ······································ 330
특허권 ······································ 408
특허권 보호를 포함한 무역 관련 지식
　재산권에 관한 협정Agreement on Trade
　Related Aspects of Intellectual Property Rights
　·· 418
티캄가르 ···························· 191, 193
티감가르Tikamgarth 수산 공동체 ············· 33
TAC ···························· 312, 313, 314

➡ ㅍ
파리 선언 ··································· 481
파시즘 ······································ 104
파키스탄 ···················· 105, 133, 327, 521
파푸아뉴기니 ································· 96
팔레스타 ···································· 106
팔레스타인 ···························· 366, 518
페루 ························· 73, 95, 150, 189, 395
페미니즘 ··································· 148
페미니즘적 ································· 145
평등 ································· 107, 122
평화와 연합을 위한 협력Cooperation for Peace
　and Unity ································ 514
포괄적 경제성장 ···························· 28
포르투갈 ···························· 104, 428
폭력 ································· 353, 360
프랑스 ······························· 380, 403
프로그레사PROGRESA ························ 68
피노체트 ··································· 108
피임 ··· 64
필리핀 ············· 82, 99, 104, 133, 216, 327

➡ ㅎ
한국 ······························ 108, 236, 246
해외직접투자 ······························ 397
헤시오드 ···································· 48
화장실 ····························· 60, 61, 62

환경 발자국environmental footprint ············· 150
환경세 ·· 403
효과적 국가 ················· 17, 28, 118, 124
효과적 인도주의 공여 계획Good Humanitarian
　　Donorship Initiative ······························ 507
희년 2000Jubilee 2000 ······························· 51

인명색인

J. K. 갈브레이트J. K. Galbraith ·············· 36
M. S. 스와미나단M. S. Swaminathan ············ 77
니콜라스 스턴 경Sir Nicholas Stern ············ 535
다니엘 아랍 모이Daniel Arap Moi ············ 473
담비사 모요Dambisa Moyo ······················ 472
대니 로드릭Dani Rodrik ················· 241, 483
데이비드 리카르도David Richard ············ 246
룰라 다 실바Lula da Silva ······················ 282
마우구스토 피노체트Augusto Pinochet ········ 36
모부터 세세 세코Mobuto Sese Seko ············· 36
무하마드 유누스Muhammad Yunus ····· 286, 288
수하르토Suharto ································ 126
순더 나그리Sunder Nagri ······················ 70
아마두 투마니 투레Amadou Toumani Touré
　　··· 378

아마티아 센Amartya Sen ············ 34, 107, 141
　　295
아우구스토 피노체트Augusto Pinochet
　　··· 395
압둘라예 와데Abdoulaye Wade ········ 346, 459
어네린 베반Aneurin Bevan ····················· 42
에드먼트 버크Edmund Burke ················· 129
에르난도 드 소토Hernando de Soto ············ 95
요웨리 무세비니Yoweri Museveni ············ 471
윌리엄 이스털리William Easterly ······· 461, 472
자크 시라크Jacques Chirac ····················· 403
장 자크 루소Jean-Jacques Rousseau ············· 127
제레드 다이아몬드Jared Diamond ············ 550
제프리 삭스Jeffrey Sachs ························· 454
조셉 슘페터Joseph Schumpeter ················· 237
조셉 스티글리츠Joseph Stiglitz ······· 142, 183
칼 마르크스Karl Marx ··························· 491
칼모지비 나리Karmojibi Nari ················· 198
타보 음베키Thabo Mbeki ······················ 303
탄디카 만다위Thandika Mkandawire ········ 121
톰 페인Tom Paine ·································· 491
페스투스 모개Festus Magae ····················· 303
폴 콜리어Paul Collier ················· 116, 461
해리 트루먼Harry S. Truman ················· 453
호세 사르니Jose Sarney ························· 303